Financial Supervision, System, and Policy

금융감독, 제도 및 정책

회·계·규·제·를·중·심·으·로

손성규 저

박영사

머 리 말

본 저술은 저자가 2010년 4월부터 금융위원회 증권선물위원회 비상임위원 활동을 수행하면서 학습한 금융/회계 규제 및 감독과 관련된 내용을 정리한 저술이다.

위원 선임과정에 도움을 주신 박상용 학장님과 김지홍 교수님께 감사드린다. 또한 진동수 전임 금융위원장님, 김석동 금융위원장님, 권혁세 금융감독원장님, 신제윤 전임 금융위원회 부위원장 겸 증권선물위원회 위원장님, 추경호 금융위원회 부위원장 겸 증권선물위원회 위원장님께 좋은 기회를 주심에 감사드린다. 또한 같이 위원회 활동을 수행한 최규연/홍영만 전임 증선위 상임위원님, 유재훈 증선위 상임위원님, 덕성여자대학교 법과대학의 조인호 교수님, 서울시립대학교의 허창수 교수님, 류시관 위원님께 감사드린다. 금융위 비상임위원 활동을 같이 수행한 경기대학교의 채희율 교수님과 중앙대학교 심인숙 교수님께도 감사드린다. 위원회 활동에 법률적 자문을 해 주신 박순철, 김범기, 최성환 법률자문관께도 감사드린다. 이들과 같이 활동하면서 많은 내용을 같이 고민하고 학습할 기회가 있었다. 증선위 활동을 수행한 지난 2년간 항상 배운다는 자세로 위원회 활동을 하였다. 자본시장국의 조인강/진웅섭 국장님, 정완규/김학수 자본시장, 신현준/권대영/김정각 자산운용, 최준우/김인/최유삼 공정시장 과장님과 증선위를 운영해 주신 최명수/전요섭/이윤재/성기철 팀장께 감사드린다. 또한 송경철/박원호/김건섭 부원장님, 정연수 공시조사부원장보님, 박영준 금융투자부원장보님, 김호중 회계전문심의위원님, 회계감리1국의 최진영/최금환, 회계감리2국의 윤석남/오세정/박희춘 국장님, 회계제도실의 정용원 실장님과 공정시장과의 구의청, 국주성, 이재인, 오화세, 이동엽 사무관께도 감사드린다. 저자의 지식이 회계와 공시에 국한되어 있으므로 본 저술의 내용도 그 정도로 국한되었다.

삼일의 심리실장 정문기 전무님, 한국거래소의 이창호 본부장님, 박성래 이사님, 공인회계사회의 정기영 부회장님과 심영수, 오태겸, 조연주 위원님, 조상규 법무위원님, 회계기준원 전임 서정우 원장님, 권성수 실장님, 박세환/최현덕 팀장님, 안진회계법인의 전괄 부대표님, 삼정회계법인의 박영진 부회장님, 금융감독원 박권추 팀장님, 장석일 팀장님, 삼일회계법인의 김의형 대표님, 안진회계법인의 김세환 부대표, 한국기업평가 윤우영 전무/조현성 실장님, 이화여자대학교 법과대학 오수근 교수님, 법무법인 세종의 송창현 변호사님께 감사한다.

바쁜 와중에도 시간을 내어 초고를 꼼꼼히 읽어 주고 비공개되어야 할 민감한 내용이 없는지를 점검하며 저술에 좋은 comment를 해 준 금융위 공정시장과 구의청, 국주성 사무관께 감사의 뜻을 전한다.

특히나 삼일의 정문기 전무님은 수차례 용역 보고서 작성 과정에서의 여러 단계에서 많은 도움을 주셨으며 전괄 부대표님은 오랫동안의 품질관리 경험에서 오는 풍부한 지식과 보관 중인 자료로 많은 도움을 주셨다.

주로 증권선물위원회에서 안건으로 다루었던 주제들이 분식회계/부실감사, 주가(시세)조작, 내부자거래, 허위 공시 및 관련 규정, 불성실공시, 금융기관 인가 및 금융기관 규정 개정 등이었다. 위원회 활동을 하면서 소중한 내용을 학습할 기회가 있었으며 이러한 내용을 공유하고픈 생각으로 이 저술이 시작되었다.

일부의 내용은 저자가 회계기준위원회 비상임위원으로 또한 한국거래소의 유가증권시장 공시위원장으로 활동하면서 얻은 지식에 근거한다.

본 저술은 2006년 저자가 간행한 '회계감사이론, 제도 및 적용', 2009년 간행한 '수시공시이론, 제도 및 정책'과 관련된다.

첫 저술의 연장선에서 본 저술을 이해하면 된다. 단, 중복은 거의 없으며 첫 저술이 간행된 2006년 1월 이후의 지난 6년여 동안의 회계/회계감사/공시/감독제도 등 이슈를 정리한다.

본 저술은 실무의 공인회계사, 감독/규제기관의 관계자, 한국거래소의 관련 실무자, 기업의 회계/공시/금융 책임자와 담당자, 금융 관련 법률전문가, 회계와 재무 관련 교수/대학원생에게 도움이 될 것으로 기대한다.

본 저술은 저자가 증권선물위원회 활동중에 학습한 내용에 기초하지만 회계학 교수로서의 저자의 지식이 매우 제한되어 있어서 금융이나 불공정거래, 주가조작, 일반적인 금융과 관련된 내용은 충실하게 작성되지 않았을 수도 있다.

본 저술을 정리하면서 가장 어려웠던 부분이 저술의 순서 및 구성과 관련된다. 각 Chapter는 거의 독립적이라고 판단되어 전체적인 순서를 정하기보다는 주제별로 Chapter를 구성하였다. 또한 본 저술 과정에서 특정 기관이 공개되는 것을 가능한 실명으로 표현하는 것을 회피하려 하였지만 신문기사 등에서 실명이

드러나는 것은 이미 공개적인 내용이므로 이는 실명으로 표현할 수밖에 없었으며 매우 민감한 경우는 신문기사에서 실명으로 거명되었다고 해도 실명처리하지 않았다. 또한 신문기사에서의 표기가 잘못된 경우도 내용 전달에 오해가 있을 정도가 아니면 원본에 충실하기 위해서 수정하지 않았다.

연세대학교 회계분야의 선배, 동료, 후배 교수인 주인기, 장명, 김지홍, 이경태, 이호영, 최원욱, 장진호, 문두철, 윤대희 교수님께 감사한다. 이들이 편하게 연구할 수 있는 환경을 만들어 주셨다.

같은 연구실에서 연구해 온 숙명여대 박종성 교수, 동덕여자대학교 이은철 교수, 중국 하북공업대학교의 김연화 교수, 서울시립대학교 이영한 교수, 호주국립대학교 이정화 교수, 경희사이버대학교 오원정 교수, 명지대학교 오명전 교수, 광운대학교 김성환 교수, 덕성여자대학교 김태동 교수, 세명대학교 곽지영 교수와 정기위 박사, 오윤숙 박사과정과 배창현 조교에게 감사한다.

대부분의 본 저술은 저자가 경영대학원 부속교육기관인 상남경영원 원장을 맡고 있던 기간에 작성되었다. 행정중에서도 저술 활동의 시간을 가능하게 하여 준 허대식 부원장, 김도화, 최인실, 신성균, 성중렬 팀장을 비롯한 모든 직원들께 감사한다.

이러한 정책적인 내용의 저술을 하면서 상법 및 관련된 법에 대한 지식의 부족에 항상 많은 한계를 느꼈다. 이 저술에는 경제신문기사가 많이 인용된다. 신문기사는 현재 실무를 반영하여 가능한 많은 신문기사를 인용하며 trend를 기술하는 것이 저자의 글로 내용을 옮기는 것보다는 더욱 현실적일 수 있다. 일부 신문기사 중에는 제도로 채택되지 않았던 논의 단계의 아이디어도 있으나 이 모든 내용이 제도 개선을 위한 제안으로 기술한 것도 있다.

본 저술이 가능하게 하여 준 부모님, 장인/장모님을 포함한 모든 가족에게 감사한다. 인생에 있어서 많은 가르침을 주신 부모님들 모두 건강하게 생활하고 계시니 너무 감사하고 이 또한 큰 축복이다. 특히 인생의 의미를 알게 해 준 우리의 두 아들 승현, 승모와 사랑하는 아내 두연에게 크게 감사한다.

2012년 6월

저자

차 례

01 chapter

지분법/연결재무제표

연결재무제표 이슈를 제일 첫 장으로 선정한 이유는 국제회계기준이 도입되면서 기존의 K-GAAP과 비교하여 크게 변화될 내용이 공정가치평가와 연결재무제표이기 때문이다.

K-GAAP하에서의 30% 이상의 지분을 가지면서 최대주주일 경우는 연결하는 기준이었으나 K-IFRS가 도입되면서 50% 이상의 지분을 가질 경우에 연결하는 것으로 회계기준이 변경된다. 반면에 50% 이상의 지분을 갖지 않더라도 실질적으로 지배한다면 de facto control(실질적 지배)에 의해서 연결할 수 있다. 이와 같이 기준이 변경되면서 기존의 K-GAAP에서 연결하던 기업이 연결하지 않는 경우도 있으며 반대로 연결하지 않던 기업을 연결하는 경우도 발생한다. 실질적 지배의 판단과 관련되어 논한다. 다음의 내용은 오수근(2010)의 원고와 최현덕(2010)에서 참고/인용하였다.[1]

일반적으로는 과반수의 지분을 갖는다면 실질적으로 기업을 지배할 수 있다고 판단할 수 있지만 상위의 지배개념이 존재한다. 이는 법적인 이슈이다. 특별결의권은 2/3 이상이 되어야 하므로 51%의 의결권이라도 기업을 지배하고 있는지 여부가 불확실하다.

특별결의요건은 출석한 주주의 의결권의 3분의 2 이상과 발행주식총수의 3분의 1 이상의 찬성이 있어야 하므로 과반수의 의결권으로는 특별결의사항에[2]

---

1 직접 인용을 별도로 표시하는 것이 오히려 번거롭다고 판단되어 직접 인용과 저자의 기술이 혼재됨에도 불구하고 직접인용을 별도로 표시하지 않았다.

2 상법이 규정하고 있는 특별결의사항은 정관변경의 결의(제434조) 이외에, 주식의 분할(제329조의2 제1항), 이익소각(제343조의2), 주식회사의 포괄적 교환·이전(제360조의3,

대해서는 의사결정권이 없을 수 있다. 이에 반해 보통결의는 출석 주주 의결권의 과반수와 발생주식총수의 4분의 1 이상을 요건으로 한다. 주주 전원의 동의를 요하는 이사의 책임면제(상법 제400조)도 과반수의 의결권만으로는 결정할 수 없었다. 따라서 과반수의 의결권을 갖고 있다고 하여 기업에서 모든 사항에 대해 의사결정권을 갖는다는 의미로 해석해서는 안 된다.

그러나 이는 특별한 의결요건을 의미하며 또한 일반적인 내용은 아니다. 또한 이는 우리 상법상의 특별한 경우인데, 국제회계기준은 전 세계에 적용되는 국제기준이지만 IASB에서는 각국의 특별한 법적인 요건을 감안한다.

다음은 지배력과는 조금 다른 의미인 공동 지배와 관련된 국제회계에서의 이슈를 논한다.

매경이코노미 2011.6.8.

'50%+1주'라도 자회사 편입 장담 못해

자회사가 아니라 조인트벤처로 처리해야 한다는 답변을 내놓았다.

50%+1주를 취득해도 자회사로 편입될 수 없는 경우가 생긴다는 점을 모르고 한 말이다.

지배력과 비슷한 개념으로 공동지배가 있다. 공동지배는 피투자회사의 주요 재무와 영업정책에 관한 결정을 복수 당사자가 만장일치로 하는 경우에 성립한다. 지배력과 공동지배는 주요정책을 결정할 수 있는 능력이 있다는 점에서 비슷하다. 다만 지배력은 지배회사가 단독으로 행사하고 공동지배는 약정에 따라 복수회사가 정책 결정권을 갖는다는 차이가 있다.

공동지배 사례는 일반적으로 두 회사가 공동투자를 위해 전략적으로 제휴하는 경우에 많이 발생한다. 공동투자와 관련해 체결한 계약서 문구에 따라 공동지배가 성립되기도 하지만, 경우에 따라 두 회사 중 특정회사가 지배력을 보유하게 되기도 한다.

일례로 두 투자자가 피투자회사의 주요 영업정책과 재무정책을 서로 합의해 결정하

제360조의16), 영업의 전부 또는 중요한 일부의 양도(제374조 제1항 제1호), 영업전부의 임대 또는 경영위임, 타인과 영업의 손익 전부를 같이 하는 계약 기타 이에 준할 계약의 체결 · 변경 또는 해약(제374조 제1항 제2호), 다른 회사의 영업 전부의 양수(제374조 제1항 제3호), 사후설립(제375조), 이사 또는 감사의 해임(제385조 제1항, 제415조), 액면미달의 신주발행(제417조 제1항), 자본의 감소(제438조 제1항), 회사해산(제518조), 회사계속(제519조), 합병계약서의 승인(제522조 제3항), 분할 · 분할합병(제530조의3 제2항), 신설합병에서의 설립위원의 선임(제175조 제2항) 등이다.

기로 계약을 체결한 경우를 보자. 이때 투자자 간 합의가 이뤄지지 않는 경우(교착상태), 한 투자자가 다른 투자자 주식을 매입할 수 있는 선택권(콜옵션)이 있다면 콜옵션을 보유한 투자자가 지배력을 보유하게 된다. 또 해당 피투자기업을 회계상 연결해야 한다.

반면 교착 상태에서는 두 투자자가 동일한 권리와 의무를 갖는다면 실질적으로 공동지배한다고 보고 피투자기업은 공동지배기업이 되며 일반적으로 지분법으로 회계처리한다. 위의 사례에서 A사가 피투자회사의 주요 재무와 영업정책을 다른 투자자와 공동으로 결정하기로 약정하고 교착상태에 이른 경우, 궁극적으로 주요정책들을 마음대로 결정할 수 없다면 50%를 초과하는 지분을 보유하고 있다고 해도 피투자회사를 연결할 수 없게 된다.

20% 미만의 지분이 있다면 미국 교과서에서는 minor investor/passive한(수동적인) 역할을 수행한다고 하며, 20% 이상, 50% 미만의 지분을 갖는다고 하면 minor investor/active한(적극적) 유의적 영향력을 미친다고 한다. 50% 이상의 지분을 갖는다면 major investor/active한 적극적이고 유의적인 지배력을 갖는다고 한다.

정도의 차이는 있지만 모든 기업은 정부의 규제를 받는다. 따라서 기업의 재무정책과 영업정책을 결정할 수 있는 능력이 있다고 하여도 이는 정부의 규제를 받는다는 것을 전제로 한 것이다. 그런데 이러한 일반적인 규제와는 달리 기업의 의사결정구조가 상위의 지배력에 의해 바뀌는 경우가 있다. 대표적인 것이 기업이 법정 도산절차에 들어가는 경우이다. 「채무자 회생 및 파산에 관한 법률」이 규정하고 있는 회생절차에서는 기업의 재산과 사업에 대한 의사결정권한이 관리인에게 전속되고, 파산절차에서는 파산관재인에게 전속된다. 이들 관리인과 파산관재인은 법원의 광범위한 감독을 받아야 하고 구체적인 행위시에도 법원의 허가를 받아야 하는 경우가 많다.[3] 따라서 종속회사가 회생절차나 파산절차에 들어가는 경우에는 연결실체에 포함시킬 수는 없다고 본다. 즉, 도산법(파산법과 화의법이 통합된 법)하에서는 관리인이 실질적인 영업활동을 수행하므로 이사회로 대변되는 경영권의 개념이라는 것이 불명확해진다. 쌍용자동차가 수년 전까지 법정관리에 있었고 정상상태에서 수행되던 이사회가 해체되어 관리인이 관리를

3 채무자 회생 및 파산에 관한 법률 제61조, 제81조, 제358조, 제492조 등.

수행하고 있었다. 즉, 상위의 지배력에 의해 기존 이사회의 기능이 무력화된 경우이다.

그러나 「기업구조조정촉진법」에 따른 관리절차에서는 기존 의사결정구조과 의결권이 유지되므로 의결권에 입각한 지배력의 판단이 유효하다고 본다. 다만 채무기업이 채권단과 체결한 약정(이른바 워크아웃 MOU)에서 대주주의 주식을 채권단에 맡기거나 의결권 행사를 제한하는 합의를 하는 경우가 있다. 이 경우는 의결권 행사의 합의에 의한 제한이 있는 경우이므로 그 제약요소를 고려하여 지배력을 판단하여야 한다.

지배력은 기업회계기준서 IAS 27(제1027호 문단 13)에서는 다음과 같이 정의한다.

1. 다른 투자자와의 약정으로 과반수 의결권 행사
2. 법규나 약정에 따른 의사결정 능력
3. 이사회 등 의사결정기구의 구성원 과반수 임면 능력
4. 이사회 등 의사결정기구의 과반수 의결권 행사 능력

2009년 4월 회계학회 심포지움에[4] 의하면, 현행 IAS 27의 실질지배에 대한 회계법인(big 4)의 입장은 다음과 같이 big 4의 입장이 상이하다.

A: IAS 27의 지배력 정의는 법적 또는 계약적 권한을 의미하며, 실질지배가 발생할 수 있는 상황은 매우 드물다.

B: 실질지배의 존재여부에 대한 결정은 특정 사항에 근거하기 때문에 지배력에 대한 증거를 제공하는 행동이 취해지기 전에는 충분히 확신할 가능성이 낮다.

C: 지배할 수 있는 권한과 실질 지배에 의한 연결이 모두 가능하지만 지배할 수 있는 권한에 근거한 연결을 선호한다. IAS 27에 의한 지배력 기준의 적용은 회계정책의 선택이다.

D: 실질지배를 기준으로 연결을 결정하기로 한 기업은 이러한 결정이 일관되게 적용될 수 있도록 그 정책을 정의해야 한다.

또한, K-IFRS 도입에 따라 30-50% 보유지분으로 연결범위에서 제외된 피투자기업은 LG의 경우는 190여 피투자기업이며, LG 및 LG전자를 제외하면 약 20

---

4 한국회계학회. 연결재무제표 작성상의 지배력 판단 심포지움. 2009.4.

개 피투자기업이 연결범위에서 제외되었다. 한편, 30−50% 보유지분으로 K-IFRS하에서도 여전히 연결범위에 포함된 사례도 8건 정도가 있었다. 지분율 이외에 공동이사, 전환사채, 이사 임명권, 비지배주주의 분산도 등을 고려하여 실질지배가 있다고 판단한 것으로 파악되었다.

2011년 11월 18일에 회계기준 제1110 연결재무제표가 제정되어 2013년 1월 1일 이후 적용되면서 사실상의 지배력 개념을 명문화하여 의결권이 과반수 미만인 경우 의결권의 상대적 규모와 분산 정도 등을 지배력 판단시 고려하게 되었고 이를 명문화하였다. 이제까지는 이와 관련된 논의만이 진행되었으며 IASB의 입장은 국제회계기준이 원칙중심의 회계이기 때문에 이를 자세하게 규정하지 않는 원칙을 준수해 왔다. 예를 들어 회사가 피투자회사 의결권의 48%를 보유하고 잔여 의결권은 다수의 주주들이 조금씩 보유한 경우 회사가 지배력을 보유하고 있음을 명문화한 것이다. 단, 2011년 12월 현재 IASB 자체적으로 이 기준서에 대한 이견이 제시되어 이 제정된 기준서를 수정할 가능성도 상당히 높다.

일반적으로 연결하는 기업의 입장에서는 연결대상 기업을 연결하지 않을 유인이 클 수도 있다. 이는 연결대상 기업의 영업 결과를 포함하여야 하기 때문이다. 단, 연결대상 기업의 업적이 좋기 때문에 영업의 결과가 더 좋게 보일 수도 있으며 연결대상 기업의 영업의 결과가 좋지 않을 경우는 연결을 원하지 않을 수도 있는데 단, 기회주의적으로 연결대상 기업을 선정하는 것은 바람직하지 않다. 이는 지분법의 경우도 동일하다. 즉, 연결의 결과가 어떠한 영향을 받을지 모르는 상황에서는 연결하는 기업이 영업의 결과를 통제할 수 없는 연결대상 기업의 영업의 결과까지를 연결하여 보고한다는 것은 부담이 아닐 수 없다.

실질지배에 따라 연결범위를 결정할 경우 몇 가지 우려가 국내 실무에서 대두되었다. 첫째, 실질지배는 특정사항을 근거로 판단하기 때문에 상황변화에 따라 그 지배가 연속적이지 않을 가능성이 높고, 어느 정도 지속될지 예측하기 어렵다. 둘째, 조직화되지 않고 분산된 주주 중에 기관투자자가 있는 경우 그러하다. 다음에 기술될 산업은행(정책금융공사)의 국력에 대한 지분법 적용의 사례도 그러한 경우이다. 즉, 실질 지배는 주관적인 판단에 의존하며, 지배가 외부환경에 따라 변화하여 비일관적일 수 있어 연결범위에 대한 비교가능성이 훼손될 가능성이 상존하여 실질지배에 따른 연결범위 결정은 매우 신중하여야 하며 예외적이어야 한다. 즉, 실질지배에 대한 판단이 연도별로 상이해질 수 있는 상황이 전개될 수도 있으며 실제로 이렇게 된다면 시계열적인 비교가능성의 차원에서 바람직하지 않다.

그러나 비교가능성의 요청이 실체적 진실보다 우선할 수 있을지 의문이다. 왜냐하면 연결된 회계정보는 과거에 대한 기록이므로 실체적 진실에 가까운 것이다. 지배력은 세 가지 시점에서 관찰할 수 있다. 첫째는 회계기간 중의 지배력이고, 둘째는 연결재무제표 작성시의 지배력이고, 셋째는 미래의 지배력이다. 이 중에서 입증이 가능한 것은 첫째와 둘째의 경우이다. 즉 회계기간과 연결시점에서 지배력이 있는지는 객관적으로 입증이 가능한 것이다. 이렇게 지배력의 입증이 가능하다면 연결을 하지 않는 것은 오히려 실체적 진실을 왜곡하는 것이다.

문제는 연결의 기준으로 미래의 지배력을 요구할 것인가, 요구한다면 어느 정도의 지배력을 요구할 것인가 그리고 이를 어떻게 입증할 것인가 하는 점이다. 현재의 지배(current control)를 연결의 전제로 삼을 것인지 아니면 영속적인 지배(perpetual control)를 연결의 전제로 삼을지는 입법정책의 문제이다. 후자를 택한다면 미래에도 지배력이 유지될 수 있다는 입증을 해야 할 것이다. 그러나 미래 시점에 경영환경이 어떻게 변화할 것인지를 예단한다는 것은 매우 어려운 일이다. 과반수의 의결권을 갖고 있는 기업도 영원히 지배력을 행사하게 되는 것은 아니다. 어떤 이유에서 지분율이 떨어지면 지배력을 상실하게 된다.

미래 지배력과 관련되어서는 미래 지배력의 가정하에 연결을 하였다고 하여도 막상 그 미래 시점이 도달하였을 때는 지배할 수 없는 경우도 나타날 것이며 반대로 미래 시점에 지배하지 않는다는 가정하에 연결하지 않았는데 미래시점에 실질적으로 지배하는 경우도 있다. 따라서 미래의 영속적인 지배력에 근거하여 연결을 판단한다는 것은 쉽지 않은 결정이다.

IFRS는 현재의 지배력(current control)에 대한 기준인 반면, US GAAP은 영속적인 지배(perpetual)에 대한 기준으로 두 기준은 상이하다.

그런데 IAS는 현재의 지배를 기준으로 하므로 이 기업에 대한 지배력이 장래에 어떻게 변화할지에 따라 과거의 지배력 행사 여부가 달라지는 것은 아니라고 본다. 따라서 과반수의 의결권을 갖고 있지 않은 경우라 하더라도 지배력이 행사되었다면 그 기업을 연결범위에 포함시키는 것이 현실을 더 정확히 설명하는 일이다.

이렇게 보면 연결범위를 결정할 때는 지난 회계연도에서 사실상의 지배력이 행사되었음을 적절히 입증하였는지가 중요한 것이지 미래에도 그와 같은 사실상의 지배력이 계속 유지될지가 더 중요한 것은 아니다. 미래의 전개될 상황은 가변적이기 때문에 현재 및 과거의 상황을 두고 미래를 추정할 수 없다.

물론 다음 회계연도에 사실상의 지배력을 행사할 수 없는 상황이 예상되는 경우라면 비교가능성을 고려하여 연결범위에 대해 제외할 수 있을 것이다. 이는 회계정책의 문제이다. 어떤 회계정책을 취하는가는 해당 기업이 결정할 사항이다. 사실상의 지배력에 대한 회계정책이 일관성을 유지한다면, 미래에 사실상의 지배력이 없을 수 있다는 점 때문에 사실상의 지배력을 근거로 하여 연결해서는 안 된다고 말할 수는 없다고 본다.

IAS 27의 개정안인 Exposure Draft 10이 2008년 12월에 발표되었는데 그 내용은 다음과 같으며, 기업의 지배구조와도 밀접하게 연관되는 내용이다.

- 보고기업이 dominant shareholder이고 다른 주주들이 넓게 분산되어 있으며, 보고기업보다 더 많은 의결권을 행사하기 위하여 활동적으로 협력하는 등의 방법으로 조직화되어 있지 않을 경우
- 약정으로 활동을 지시하는 힘이 있는 경우
- 자신의 효익을 위한 중요한 거래를 체결하기 위하여 피투자기업을 지시하는 능력이 있는 경우
- 거부권 보유자와의 합의(지배력을 갖기에 충분하지 못한 의결권을 보유하고 있더라도 거부권 보유자와 합의로 자신이 보유하고 있는 의결권만으로 자신을 위한 수익 창출에 사용할 수 있는 경우)

위에서도 기술되었듯이 주주의 분포가 중요한 변수이다. 이는 다음의 두 개념과 연관된다.

- 주주간의 비조직화 정도(level of disorganization)
- 지배력을 행사하는 주주 이외의 주주들의 무관심(aparthy of the remaining shareholders)

즉, 상황에 따라 매기마다 연결범위에 포함하였다가 제외하는 경우가 다음과 같이 반복될 수 있어, 기업의 비교가능성이 훼손될 수 있는 것으로 보인다. 이는 영속적인 지배력이 아닌 현재의 지배력이 기준이 되기 때문이다.

1. 피투자기업의 실적 저하로 인한 주주의 의결권 행사가 증가하거나
2. 주주가 변경되거나

3. 신규지분에 대한 새로운 주주가 편입되거나

4. 소수주주들이 주주의 의결권을 재조직하여 기존의 경영진이 제안을 실행하지 못하도록 유도하는 경우에는 실질 지배기업이 아무런 행위를 하지 않아도 지배력이 상실된다.

회계학연구에서 조직화 정도는 경영자가 소유지배기업/가족기업(owner controlled company)인지 아니면 경영자지배기업(manager controlled company)인지를 구분하는 잣대이기도 하다. 소유주가 지배하지 않는 기업이 있을 수 있는지에 대한 의문이 있을 수 있지만 예를 들어 대주주가 없는 금융기관이거나 아니면 정부가 많은 지분을 갖고 있더라도 정부가 경영에 관여하지 않으면 경영자지배기업이라고도 할 수 있다. 가장 대표적인 예라고 할 수 있는 것이 최근 경영권의 심각한 문제를 보인 금융지주사를 들 수 있다. 지분을 얼마 갖지도 않은 소수의 등기이사/대표이사가 최대주주 정도의 역할을 수행하는 것이다. 소액주주의 힘이 결집되기 어려운 환경에서는 얼마든지 가능한 경우이다. 또한 금융지주의 대표이사 회장이 누가 선임되는지가 지배권의 큰 이슈이며 그때마다 지배구조에 대한 도전을 받게 된다.

물론, 대표이사 회장 선임을 위해서는 이사회를 어느 정도 지배하여야 한다. 특히나 일부 재벌기업의 형태에서 owner가 많지 않은 지분을 갖고도 경영권을 전횡하고 있다고 하여 문제가 되기도 한다. 이 경우도 일단 주주가 분산된 소유를 하고 있어서 가능한 경우이다.

금융지주의 경우는 금융업의 성격상 정부의 영향력을 무시할 수 있는 것도 아니라서 대표이사 회장의 선임이 정치적인 의사결정 process일 수도 있다. 최대주주가 지분을 확보하지 않은 상태에서는 금융기관에는 정부의 입김이 미칠 수 있다. 주주가 어느 정도의 주주권을 행사하고 있는지를 판단하기 위해서는 주주총회에서의 위임(proxy)의 정도 등으로 이를 가늠할 수도 있다.

IASB의 director인 Wayne Upton과 일본인 IASB 전임 위원인 Tatsumi Yamada의 개인적인 의견은 다음과 같다. IASB는 rule based(규범중심)의 원칙이 아니라 principle(원칙) based(원칙중심) 회계이므로 자세하게 어떠한 경우는 실질 지배한다고 규명하지 않으므로 IASB의 위원이나 임원의 의견도 방향을 설정하는데 도움이 된다. 다음 4 항목은 이들의 개인적인 의견이다.

1. 실질지배 판단시 우호지분을 포함할 수 있는가? 공정거래법에 따른 종속기업을 회계기준상 종속기업으로 볼 수 있는가?

「독점거래 및 공정거래법상」의 지주회사는 지주회사의 이사회와 CEO와의 정기적인 회의를 통하여 자회사의 성과평가 및 전략 등을 정하고 있으며, 이러한 것을 통하여 영업정책을 사실상 지배하고 있다. 또한 정보 이용자 관점에서도 신용평가기관에서는 자회사와 지주회사를 하나로 보아 신용등급을 정하고 있으며, K-GAAP에서도 실질 지배력을 고려하여 지주회사의 경우 이를 연결범위에 포함하고 있다. 한국의 법률(금융지주회사법 및 공정거래법 등)에서도 50% 미만 보유하고 있더라도 지배기업에 해당하는 규정이 있었다.

2. 35% 지분율만으로 연결할 수 있는가? 실질지배에 대하여 IFRS와 US-GAAP은 동일한가?

지분율이 40% 정도라도 주주총회 참석률이 75%라면 지배력이 있다고 본다. 이 수치는 지분율을 60% 정도 보유하고 있는 비지배주주가 평균적으로 주주총회에 참석한다고 해도 45%(60%×75%=45%) 정도의 의결권을 보일 것이므로 과반의 의결권을 가질 수 없음에 기인한다. 물론, 어느 주주(지배주주 또는 비지배주주)도 100% 주총에 출석할 수 있다는 가정하에서는 과반의 의결권수가 '50% 지분 + 1주'로 정의될 수밖에 없다.

3. 한국의 금융지주회사법상 지배력을 인정받아야만 자회사로 편입될 수 있다. 이 경우 금융지주회사법상 지배력에 있어 이미 지주회사로 인정받았는데 (30% 지분율 및 기타 소수주주 분산 정도 파악 후 지배력 인정) 회계상으로는 기타 소수주주들이 향후 극단적인 상황에서 의결권을 행사할 수 있을 것이므로 현재 지주회사에게 지배력이 없다고 할 경우, 법률상 지배력을 인정받고 있다면 연결범위에 포함될 수 있도록 기준서에 명시되어 있으면 명확해질 것이다.

연결범위 결정시 평판위험을 고려해야 하는가라는 이슈를 정리한다.

ED 10에 의하면, 연결을 위한 기준으로 평판위험을 고려하였으나 평판위험은 경영진의 의도만을 반영하기 때문에 연결을 위한 충분한 기준이 아니라고 보았다. 평판위험(reputational risk)은 IASB가 지난 2008년 12월에 발표한 ED 10 Consolidated Financial Statements 결론도출근거에서 언급하고 있다.

즉, IASB는 연결을 위한 근거로서 평판위험을 고려하였는데, 특히 금융기관이 SPC(Special Purpose Corporation)를 지원하고 있을 경우 그 SPC에 대한 연결기준으로 평판위험을 검토하였으나, 결론은 평판위험이 경영진의 의도만을 반영하므로 연결기준으로 적절하지 않다는 내용이다.

예를 들어 시장에서 제3자로부터 자금을 공급받을 수 없는 SPC에게 금융기관이 자금을 제공하고 이에 대한 재정적 이해를 취득한 경우 금융기관은 이 SPC를 연결해야 하는가? 금융기관은 SPC가 설계될 때 스폰서의 역할을 하였으며 설계된 기업에 대한 법적 擬制적 의무는 없으며, '활동을 지시하는 힘' 기준으로는 연결범위에 해당하지 않는다고 가정한다.

우리나라 그룹일 경우도 '활동을 지시하는 힘'이 없다면, 동일 그룹명을 갖고 있고 서로 상부상조하는 계열기업이라도 연결범위에 포함하는 것은 적절하지 않다. 그 대신에 연결하지 않는 계열 기업에게 계약적·의제적 의무 없이 지원해 왔다면 그 사실을 공시하여야 할 것이며, 만약 명시적 약정이 있을 경우에는 IASB에 따라 부채로 인식하여야 한다.

IASB는 'ability view'에 따라 보고기업이 다른 주주들보다 중대하게 의결권을 갖고 있으나 나머지 주주들의 지분이 분산되어 있는 경우 지배력이 있다고 보는 반면, FASB는 'evidence view or ability view with evidence'에 따라 활동을 지시할 수 있다는 증거를 요구하고 있다.

우리나라 기업이 실질지배에 대한 판단이 어렵다는 것은 50% 이하 지분으로 지배력을 행사하는 경우이다. 그러나 그 지배력의 행사가 암묵적이거나 상황상 또는 결과적으로 행사한 것으로 보이는 경우에 대하여, 각 기업의 경영진이 자신의 이해관계에 따라 연결범위에 포함해야 한다고 또는 포함해서는 안 된다고 주장하거나, 감사인과 의견이 다를 수 있다.

그러나 실질지배는 적용되는 회계기준에 따라 바뀌는 것이 아닌 현재의 사실 관계이다. 따라서 실질지배에 대한 판단은 모든 정보와 상황을 고려하여 1차적으로 경영진이 실질지배에 대한 판단을 하고, 감사인은 이러한 경영진의 판단이 올바른지 감사해야 할 것이다.

IFRS는 원칙 중심(principle based)의 기준이기 때문에 구체적인 경우의 수보다는 많은 부분을 기업의 판단에 맡긴다. 예를 들어 실질지배력의 판단을 주주총회에서 주주의 투표권이 어느 정도 위임(proxy)되었는지에 근거하여 판단될 수도 있다. 기업 의사결정의 최고 의결 기관인 주주총회의 투표권의 향배가 실질지배력의 가장 명확한 변수이다.

연결재무제표에 대한 이슈가 복잡하자 일부 기업은 이에 대한 고민을 하기보다는 오히려 합병을 선택하는 경우가 있다. 아래의 신문기사의 경우인데, 이는 회계학 연구 문헌에서 일부 기업이 발생액을 이용한 이익조정을 수행하기도 하지만 이는 단순히 회계적인 이익의 조정이 아니라 실제이익조정을 수행한다는 것과 같은 맥락이다. 즉, 영업의 결과를 조정하기 위해서 실질적인 경영활동 자체가 달라진다는 것이다. 이러할 경우, 우려할 사항은 이익 조정의 유인이 없을 경우는 the first best option을 선택할 것인데 그렇게 의사결정하지 않고 the second best option을 선택할 수도 있다는 것이다. 이는 매우 바람직하지 않은 결과이다. 이를 회계에서는 RAM(Real Activity Management)이라고 지칭한다. bottom line 수치를 어떻게 보고하는 것이 어떠한 경영활동을 영위할 것인지보다도 더 중요할 수 있다. 관련된 연구는 Graham *et al.*(2005)에 잘 정리된다.

아래의 경우도 합병이 기업이 선택하는 the first best가 아닐 수 있는데 연결재무제표 보고에서 발생하는 복잡성을 회피하기 위하여 the second best option을 선택한 것일 수 있다.

매일경제신문. 2010.4.6.

IFRS 때문에 자회사 합병 바람. 회계처리 복잡하고 실익 적은 탓

지난달 끝난 올 주총시즌에는 유달리 계열사간 인수합병 승인 안건이 많았다. 특히 기존에 지분을 보유하고 있던 자회사를 합병하는 사례가 두드러졌다.

증시 전문가들은 '지분율 90% 가까이 보유한 자회사 흡수는 국제회계기준을 대비한 사례가 많다'고 분석했다. 연결재무제표가 중심이 되는 IFRS 시대에는 합병이 분리보다 실익이 크기 때문이다.

지난달 말 자회사인 두산모트롤홀딩스와 손자회사 두산모트롤을 한꺼번에 합병한 (주)두산의 사례도 그렇다.

두산은 두산모트롤홀딩스의 지분의 100%, 두산모트롤 지분의 95%를 소유하고 있어 합병은 '시간'과 '선택'의 문제로 여겨져 왔다. 두산 관계자는 '자회사로 보유하고 있을 때는 영업이익이 배당 등 지분법이익으로밖에 잡히지 않지만 직접 사업을 운영하면 직접 통제를 통해 더욱 가치를 높일 수 있다'고 설명했다.

IFRS 체계 아래에서는 자회사를 흡수 합병할 경우 연결재무제표 하나만 작성하면

되지만 자회사를 그대로 두면 연결재무제표는 물론 지주회사와 자회사가 개별 재무제표를 따로 작성해야 한다.

100% 출자기업인 치즈제조사 상하를 합병한 매일유업 관계자는 'IFRS가 도입되면서 비상장 자회사라는 개별회사로 보유할 때 생기는 장점이 사라진 것도 또 다른 이유'라고 설명했다.

연결재무제표 때문에 감사인을 통일하는 추세를 보이는데 지주사와 주된 역할을 하는 자회사의 감사인이 상이할 경우는 상당한 정도의 물밑작업이 개입될 소지도 있다.

매일경제신문. 2010.7.19.

IFRS로 모자 회사 감사인 다를 땐 혼선
LG 두산 회계감사 통일 논란

내년 국제회계기준(IFRS) 전면 도입을 앞두고 새로운 환경에서 시장을 선점하려는 회계법인간에 물밑 경쟁이 치열하다. 특히 대형 회계법인들은 '자회사-모회사간 감사인 통일' 필요성을 역설하며 큰손 고객인 대기업을 유치하기 위해 발 벗고 나서고 있다.

한 대형 회계법인 관계자는 18일 "IFRS가 본격 도입되면 연결기준으로 회계감사 보고서를 작성해야 하므로 자회사와 모회사 회계법인을 통일할 필요가 있다"고 전했다.

현재 LG그룹 지주회사격인 주식회사 LG는 딜로이트-안진에 외부 회계감사를 맡기고 있다. 그런데 주력 자회사인 LG전자 담당은 PwC-삼일이다. 그러나 내년부터 IFRS가 본격 도입되면 지분관계로 얽힌 모회사와 자회사간 '연결 기준'을 토대로 상세한 재무제표를 작성해야 한다. LG그룹은 (주)LG를 맡고 있는 딜로이트-안진으로 통일해야 할지, LG전자를 맡은 PwC-삼일로 통일해야 할지 고심할 수밖에 없다.

특히 IFRS와 함께 내년부터 국제감사기준(GAAS)이 새로 도입된다. 이전까진 다른 회계법인이 감사했던 부분에 대해선 '타회계법인이 감사했다'는 사실을 감사 보고서에 표기할 수 있어 책임 구분이 명확했다. 그러나 GAAS가 도입되면 계열사 부분만 다른 회계법인이 감사를 맡았다고 표기할 수 없다. LG전자를 잘못 감사해서 (주)LG 감사보고서까지 오류가 발생하면 LG전자와 관계없는 안진도 책임에서 자유로울 수 없다. 한 회계법인 관계자는 "특히 지주회사로 묶인 그룹은 통일할 필요성을 많이 느낄 것"이라고 말했다.

현재 금융지주회사 중 KB금융지주와 한국금융지주는 PwC-삼일, 신한금융지주는 삼정KPMG, 우리금융지주는 딜로이트-안진, 하나금융지주는 언스트앤영-한영이 각각 맡고 있다.

제조업체 중엔 모회사격인 (주)두산은 딜로이트-안진이, 주력 자회사인 두산중공업은 삼정KPMG가 담당한다. 규모가 큰 모회사 감사를 어떤 회계법인이 맡느냐에 따라 업계에 판도 변화가 일 수도 있다.

현재 2,000명 이상 공인회계사를 보유한 PwC-삼일과 딜로이트-안진(1,200명), 삼정KPMG(800명), 언스트앤영-한영(600명)이 '빅4'를 형성 중이다.

또 하나의 주력 자회사인 두산인프라코어는 안진이 담당하고 있다.

신국제감사기준(New ISA, International Standards on Auditing, 600)에 의하면 타감사인이 감사를 했다는 사실을 감사보고서에 언급한 것만 가지고는 감사책임을 완전히 회피할 수 없고, 주감사인이 타감사인이 감사한 감사보고서 및 감사조서에 대하여 감사절차가 적절하게 이루어졌는지에 대한 합리적 증거를 확보하여야만, 감사책임을 분리할 수 있다는 것이다. 즉, 다른 회계법인의 감사가 적절했으며, 다른 회계법인으로부터 수행된 부문에 대한 적절한 추가적 감사절차를 취해야 하는 책임이 추가로 주감사인에게 부과되는 것이다.

이러한 이슈가 회계업계에도 영향을 미친다. ISA 600이 도입되면 대부분의 기업이 회계법인을 통일하려고 할 때에 가장 가능성이 높은 경우가 대형회계법인 위주로 회계법인이 통일될 것이므로 중소형 회계법인은 이를 반대할 것이며 이러한 움직임이 있다. 회계법인 대형화의 이슈는 다음에 기술한다.

머니투데이. 2010.8.6.

주요그룹 연결회계 대상, 지분율 50%가 대세

현재 지주회사의 자회사 등에 대한 소유지분율 요건은 제조업의 경우 상장회사는 20% 이상, 비상장회사는 40% 이상이다. 금융지주회사의 경우는 이보다 10%씩 더 많은 30%와 50%이다. 한 대기업 회계담당자는 'FRS가 국제기준이다 보니 국내 기업 환경에 맞지 않는 부분도 있다'면서 '실질 지배력에 대한 해석이 모호한 상태'라고 지적했다.

지주회사 관련 지분율 요건 중 중요한 내용은 크게 3가지이다.

1. 지주(모)회사의 자산 총액 중 자회사 지분의 비중 요건(50%)

2. 지주회사의 손/자회사에 대한 지분율 요건
3. 지주회사 손회사의 증손회사 지분율 요건(100%)

상기 2는 다시 일반지주회사, 금융지주회사로 지분율이 구분된다.
지주회사의 손/자회사에 대한 하한 지분율 요건
– 일반지주회사 : 40%(상장회사는 20%)
– 금융지주회사 : 50%(상장회사는 30%)

위의 지분율은 2007년 4월 13일 이후로 개정된 내용이다. 이전에는 일반지주회사의 경우, 손/자회사에 대한 하한 지분율 요건은 50%(상장회사는 30%)였다. 즉, 시간이 갈수록 지주회사 전환이 용이하도록 하고 있어 경제력 집중 심화가 우려되고 있다.

지분법

이러한 영향력에 대한 내용은 연결재무제표에만 국한하는 것이 아니라 지분법에도 해당된다. 어느 정도 이상의 지분을 갖는 경우에 지분법으로 지분법대상기업의 영업의 결과를 지분법평가손익으로 반영하여야 하는데 이를 판단하는 근거로 단순한 지분율을 사용하여야 할지 아니면 회계기준에서의 영향력을 판단할 수 있는 실질 지배력 기준을 사용하여야 할지의 이슈이다.

한국경제신문. 2005.12.27.

신격호 롯데그룹회장, 지분법평가 번거로움 피하자
7개 계열사 등기이사 내 놓는다

그룹 등기 임원이 다른 계열사의 공동이사로 있을 경우 해당 계열사의 중대한 결정에 영향을 미칠 수 있는 만큼 지분법 평가 대상에 포함된다는 통보를 금융감독원으로부터 받았다.

매일경제신문. 2005.12.27.

신격호회장, 일부 계열사 등기 이사 사임. 지분법때문? 승계준비?

롯데는 신회장이 공동 이사로 돼 있어 몇 개 회사가 그동안 원가법으로 모든 회계 장부를 맞춰왔던 것을 다 고쳐야 하는 번잡함을 피하기 위해 몇 개 계열사 등기이사를 사퇴하는 것이라고 전했다.

지분법이 적용되면 이익와 불이익을 떠나 기존 재무제표 회계 방식을 다 바꿔야 한다며 회장이 몇 개 등기이사를 사임한다고 그 영향력이 줄어 드는 것은 아니기 때문에 사임하는 것 뿐 …

이러한 이슈는 이미 삼성의 에버랜드에서도 발생하였다. 삼성의 이건희 회장이 에버랜드의 등기임원을 겸직하든 겸직하지 않든지에 무관하게 영향력을 미칠 수 있음은 자명한데 등기임원을 사퇴함으로써 에버랜드를 연결하지 않는다면 연결대상회사의 영업의 결과에 따라 연결하는 회사의 영업의 결과가 영향을 받는 일은 발생하지 않는다. 지배력은 법적인 이슈이며 이는 상황적인 이해보다도 법적 요건의 이슈이다.

매일경제신문. 2006.8.7.

'에버랜드 회계 위반사항없다' 공인회계사회

삼성에버랜드는 삼성생명 지분의 회계처리 방식에 따라 금융지주회사로 분류돼 규제를 받을 수도 있기 때문에 회계처리 방식 변경에 대한 논란이 계속돼 왔다. 공인회계사회는 이 날 '삼성에버랜드가 기업회계기준을 위반해 회계처리한 사항이 없다고 판단했다'며 '에버랜드가 삼성생명의 임원선임에 상당한 영향력을 행사했다는 근거도 발견할 수 없다'고 밝혔다.

에버랜드 회계에 대한 공인회계사회의 의견은 다음과 같다.

보도참고자료: (공개)
2005년도의 재무제표상 삼성생명주식에 대하여 원가법으로 평가하고 있으나 이를 지분법으로 평가하여야 한다고 참여연대가 민원을 제출.

기준원은 지분법 회계처리시 '중요 의사결정에 참여할 수 있는 임원선임에 상당한 영향력을 행사할 수 있는 경우에 해당하는지' 여부는 투자회사의 경영자와 감사인이 사실에 근거하여 판단하도록 하였다.

삼성에버랜드와 삼성생명보험으로부터 관련 제반 자료를 제출받아 검토하였다. 또한 안진회계법인으로부터는 삼성생명주식에 대하여 회계처리를 한 회사경영자의 판단내용과 그 판단의 근거에 해당하는 제반 자료 등에 대해 감사절차를 수행하였다 … 영향력을 행사할 수 있는 경우에 해당된다는 사실의 근거를 발견할 수 없었다.

2006년 7월
수신: 참여연대 공동대표
발신: 공인회계사회
참조: 경제개혁연대소장
제목: 민원(감리요청)에 대한 회신

3. 한국회계기준원에서는 「기업회계기준서 제15호 지분법 문단 6의 (다)항인 투자회사가 피투자회사의 재무정책과 영업정책에 관한 의사결정에 참여할 수 있는 임원선임에 상당한 영향력을 행사할 수 있는 경우에 해당하는지 여부는 투자회사의 경영자와 감사인이 사실에 근거하여 판단하여야 한다」라고 해석하고 있습니다.

4. 본회에서는 삼성에버랜드(주)가 2005회계연도 감사보고서에 첨부된 재무제표상 매도가능증권에 포함된 삼성생명보험(주)의 주식에 대하여 기업회계기준서 제15호(지분법)에 따라 적정하게 회계처리하였는지의 여부를 확인하기 위하여, 투자회사인 삼성에버랜드(주), 피투자회사인 삼성생명보험(주) 및 외부감사인인 안진회계법인으로부터 본 건의 회계처리와 관련된 사실의 근거에 해당되는 제반 자료(삼성에버랜드(주)와 삼성생명보험(주)의 정관, 이사회 의사록, 주총 의사록 및 삼성에버랜드(주)와 삼성생명보험(주)간의 주요 약정사항이 포함된 계약관련 문서, 삼성생명보험(주)의 주주간의 약정사항이 포함된 계약관련 문서, 삼성에버랜드(주)의 삼성생명보험(주) 주주총회와 관련한 주주제안권 행사 사례, 삼성생명보험(주)의 2006.5.30자 주주총회 안건 중 이사선임관련 자료, 삼성에버랜드(주)와 삼성생명보험(주)간의 내부거래 자료 및 외부감사인의 감사절차시 감사증거로 수집한 자료 등)를 제출받아 예의 검토하였는바, 삼성에버랜드(주)가 피투자회사인 삼성생명보험(주)의 중요 의사결정에 참여할 수 있는 임원선임에 상당한 영향력을 행사할 수 있는 경우 등에 해당된다는 사실의 근거를 발견할 수 없었습니다. 따라서 기업회계기준에 위반하여 회계처리된 사항을 발견할 수 없었음을 알려드리오니 이 점 양지하여 주시기 바랍니다.

물론, 지분법 적용을 결정할 때 적용되는 기업회계기준에서의 여러 criteria가 존재하지만, 기업이 지배구조에 있어서 가장 명확한 경영의사결정에 영향을 미치는지는 이사회의 장악 여부이다. 이는 최근의 신한금융지주의 경우에서도 확인할 수 있다.

연결재무제표에서 지배하는 기업의 감사인이 어느 정도까지 종속기업에 대한 권한과 의무가 있는지에 대해서도 많은 논란이 있다. 한국회계학회(2008)의 세미나에서 한 참석자는 planning에만 30% 이상의 시간이 투입되고, 주 감사인의 연결감사 비중에서, 현재 약 10% 정도만 연결하는 기업의 감사인이 감사를 하는 경우도 있는데 연결하는 감사인에게 더 많은 책임을 지우는 것은 현실적으로 어려울 수도 있다는 비판적인 내용도 있다.

매일경제신문. 2006.2.28.

산은, 한전 주식 회계처리 논란

감사원은 산은(저자 추가, 현재는 정책금융공사)이 보유중인 한전주식은 정부위탁지분으로 사실상 산은이 직접 의결권을 행사하지 않음에도 불구하고 전량 지분법평가이익으로 잡는 것은 회계상 과대계상이라고 지적했다. 산은은 한전의 최대주주로 정부에서 위탁받은 주식 1억 9,216만주(29.99%)를 갖고 있다. 한전지분가치는 지난해 말 기준 7조 5,000억원에 이른다. 또 해마다 2,000억원 이상 배당금을 받아 간다.

산은 관계자는 '경영참여 목적용으로 주식보유신고서를 제출했으며 실제 한전 주총에 산은이 직접 참여해 의결권을 행사하고 있다'며 '주주로서 정당한 권리를 행사하고 있다'고 강조했다.

그러나 회계전문가는 '지분법 평가대상과 규모를 정할 때 자회사에 대해 어느 정도의 실질적인 영향력을 행사하는지도 중요한 판단 요소'라며 '단순히 정부 위탁 지분인데 주식 전량을 지분법 평가 대상으로 잡았다면 회계처리상 논란의 소지가 있다'고 지적했다.

감사원의 입장은 산은이 실질적인 영향을 미치지 않는 데도, 한전을 지분법으로 엮으면서 지분법적용이익을 계상하는 것이 적절하지 않다는 입장이며 산은의 입장은 의결권을 실질적으로 행사하기 때문에 지분법을 적용하는 것이 적절하다는 입장이다.

이 문제에 대해서는 다음과 같이 해결되었다. 감사원측과 산은측이 의결권행사여부에 대해 합의가 어려워지자, 그 절충안으로 회계법인과 금감원측에 유권해석을 받기로 하였고, 두 기관 모두 산은측이 한전주식에 대해 의결권을 행사하는 것으로 보아 지분법을 적용하는 것이 타당하다는 의견을 회신하였다. 그 이후, 정책금융공사도 지분법을 계속 적용하고 있다고 한다.

감사원이라고 하여도 민간에서 이루어지는 감사활동에 대해서 강한 의견을 내기 어렵고 또한 감사인에 대해서는 금융위원회/금융감독원이라는 별도의 규제기관이 존재하므로 더더욱 그러하다.

당시의 금융감독원의 유권해석은 다음과 같다.

① 기업회계기준상 지분율이 20% 이상인 경우 지분법적용이 원칙이고 산은은 한전주식의 29.99%를 소유하고 있는 최대주주이며, 더욱이 정부와 지배 · 종속관계에 있어 지배 · 종속회사의 보유지분율 합계가 53.96%임

② 한전은 한국토지공사(현재의 한국토지주택공사)나 한국관광공사와는 달리 주권상장법인이므로, 한전의 결산승인 등은 주총의결을 거치도록 되어 있어 주주권 행사가 가능함

③ 산은의 정부에 대한 주주권 위임의 법률적인 의견을 고려할 때, 동 위임은 주주권의 포기가 아닌 위임계약으로서 사무처리의 위탁이며, 수탁자인 산은은 위탁자인 정부에 따라 위임사무를 처리할 의무가 있음

한국경제신문 2011.3.16.

산은지주, 지분 39% 대우증 '연결대상' 포함
'지분분산 잘되 실질 지배 판단' 사장평가 추천권 행사도 감안
글로벌 회계법인서 인정
지분 '50% 미만 자회사' IFRS 연결재무 참고 사례로

산은금융지주가 올해 국제회계기준을 도입하면서 보유지분이 50% 미만인 대우증권을 연결대상에 포함시켜 관심을 모으고 있다. 특히 산은금융지주의 재무제표를 감사하는 한영회계법인이 글로벌 펌과 의견 조율 끝에 적정하다는 의견을 밝힌 것으로 알려져 IFRS 연결재무제표의 실질지배력 기준 적용시 참고할 만한 사례라는 평가다.

산은지주 관계자는 15일 지분 39%를 보유한 대우증권을 연결재무제표를 작성하는 대상에 포함시키기로 결정했다고 밝혔다. 한영회계법인은 해당 재무제표를 감사하면서 글로벌 펌과 의견수렴과정을 거쳐 적정하다는 의견을 제시했다.

업계 관계자는 'PWC, 딜로이트, KPMG, EY 등 글로벌 big 4 회계법인이 국내기업

의 50% 미만 지분을 보유한 자회사를 연결대상에 포함시킨 사례는 그동안 없었다'며 '국내 회계법인의 판단을 해외에서 동의한 만큼 실질지배력 행사 여부가 불분명한 연결대상기업을 판단하는 데 참고할 만하다'고 말했다.

산은지주는 연결대상에 포함시킨 가장 큰 근거로 대우증권 지분이 잘 분산돼 있다는 점을 들었다. 대우증권은 1대 주주인 산은지주와 2대 주주인 국민연금(5%), 3대주주인 우리사주조합(3%)을 제외하고는 2.5% 이상의 지분을 보유한 개별주주가 없다.

또 과거 5년간 대우증권 주주총회를 보면 주총 참석률이 전체 의결권의 60% 내외이며 산은지주는 39% 지분으로 주총의결시 과반수 이상의 의결권을 행사해 왔다. ○○○산업은행 회계팀장은 '과거 주총 때 산은지주를 제외한 다른 주주들이 뭉쳐서 표대결을 하는 등 과반수 의결권행사를 위협받은 적이 없었고 현재의 지분구조로는 앞으로도 그럴 가능성이 거의 없다'며 '실질지배력을 가졌다는 점이 명확하게 입증되기 때문에 연결대상에 포함시켰다'고 설명했다.

대표이사에 대한 평가 및 추천권이 있는 점도 실질지배력의 근거로 제시했다. 산은지주는 대우증권과 양해각서를 맺어 대표이사를 임명하고 있다. 또 대우증권 이사회는 산은지주 및 산업은행의 임의로 임명되고 있다.

올해부터 IFRS가 상장사를 대상으로 본격적으로 도입되면서 연결대상기준이 바뀌어 혼란이 컸다는 게 업계의 공통된 지적이었다.

하지만 다양한 해석의 여지가 있어 기업들이 50% 미만 지분을 보유한 자회사를 연결대상에 포함한 사례는 드물었다. IFRS 조기 도입기업 61곳 중 STX엔진, STX팬오션, LG, 삼성전기, A&P 등 5개사만 50% 미만 지분을 보유한 자회사를 포함시켰다.

권성수 한국회계기준원 조사연구실장은 '원칙 기준의 IFRS는 상세한 규정이 없는 만큼 원칙을 어떻게 융통성 있게 해석하느냐가 관건'이라며 '기존 사례를 참고해 해당 자회사를 실질적으로 지배한다는 것을 입증할 수 있다면 연결해야 할 것'이라고 조언했다.

위의 산업은행지주의 경우에서는 대우증권과 양해각서를 맺어 대표이사를 임명하고 있는 점도 실질지배력의 근거로 제시하고 있다. 통상적인 이사회 운영일 경우는 주주총회에서 선임된 등기이사 중에서 이사회가 이사회 의장을 선임하게 된다. 많은 기업에 있어서는 이사회 의장과 대표이사가 겸직한다. 이사회의 의견이 결집되지 않는다면 당연히 이사회 내에서 표결로 이사회 의장을 결정하는 것이 원칙이겠으나 이의 선임에까지 의결권으로 결정하는 경우는 매우 드물 것이다.

대표이사가 실질적인 경영활동을 수행하기 때문에 대표이사의 선임권한은 상당한 의미가 있는 것으로 산업은행이 이 권한을 행사한다는 것은 산업은행이 실질적으로 대우증권의 경영을 지배한다는 의미가 있다. 산업은행이 대표이사뿐만 아니라 모든 이사에 대한 선임권이 있다는 것은 실질적으로 산업은행이 대우증권 운영에 상당한 영향력을 미친다는 데 이견이 있을 수 없다.

매일경제신문 2011.4.4.

현대차, 기아차와 '딴살림'…IFRS 결산 연결대상서 제외

새로운 회계체계에서는 현대차와 기아차가 장부상 '남남'으로 분리된다. 현대차가 최근 금융감독원에 제출한 감사보고서에 따르면 국제회계기준(IFRS) 아래 현대차는 현대하이스코, 현대위아와 더불어 기아차를 기존 연결대상기업에서 제외했다.

현대차가 기아차와 장부상 분리를 택하게 된 배경은 "지분율이 50% 이하이거나 실질 지배력이 없다고 판단되면 연결대상에서 제외된다"는 IFRS 규정 때문이다. 현대차의 기아차 지분율은 2010년 말 기준 33.75%이다. 현대위아와 현대하이스코의 지분율은 각각 39.46%와 26.13%이다.

기존 회계 장부에서 기아차의 영업실적은 현대차 연결재무제표에 그대로 반영됐다. 현대차의 연결 장부에는 '현대차+기아차'로 이뤄졌던 것이다. 그러나 올해부터 현대차는 기아차의 영업활동을 제외하고 재무제표를 작성한다. 기아차 등 주력사의 이탈로 손익계산서 항목인 매출액과 영업이익의 감소는 불가피해졌다.

그러나 순이익 규모 변화는 상대적으로 크지 않을 전망이다. 기아차의 실적이 지분법 형태로 반영되기 때문이다. 박화진 신영증권 연구원은 "기업 가치평가가 주로 순이익을 기준으로 한 PER(주가수익비율)로 이뤄지는 점을 감안하면 순이익은 IFRS 체제하에서도 기아차 지분 보유에 따른 현대차의 수혜 효과는 유지될 것"이라고 말했다.

기아차와 현대위아, 현대하이스코뿐만 아니라 현대다이모스, 케피코, 현대파워텍, 오토에버시스템즈, 현대커머셜, 엠앤소프트 등 16개 법인이 현대차의 연결대상에서 제외된다. 또 엔지비, 현대카네스, 전북현대모터스에프씨 등 11개 법인이 새로 추가된다. 추가 법인에는 청산이 예정돼 있는 현대차의 헝가리법인도 포함된다.

IFRS 도입으로 장부상 변화의 결과에 대해 현대·기아차그룹의 소극적인 대응은 비판을 받아왔다. 삼성전자, LG전자 등 다른 대기업들은 작년부터 IFRS를 적용한 실적을 발표했다. 그러나 현대차가 IFRS 체제로 바뀠을 때 변화하는 가이드라인을 제시하기는 이번이 처음이다.

한 증권사 자동차 애널리스트는 "기업에서 나서서 시장의 의문을 풀어줘야 하는데 현대·기아차는 그렇지 못하다"며 "IFRS 체제가 적용돼 처음 발표되는 올해 1분기 실적 후 혼란이 적지 않을 것"이라고 말했다.

위의 두 경우, 즉, 산업은행지주와 현대차의 경우를 비교해 본다. 산업은행지주는 대우증권의 39%의 지분을 가지면서 연결을 하였고 현대차는 33%를 보유하고 있는데 연결을 하지 않았다. 이 두 경우를 비교하면 지분율만이 연결재무제표의 연결 범주를 정하는 데 있어서 절대적인 기준이 아님을 보이고 있다. 이는 지분법 적용 여부에 대한 판단에서도 지분율만이 절대적인 기준이 아닌 점도 일맥상통한다.

특히나 최근에는 감사인 이외에도 자문회계법인의 도움을 피감사인이 받는 경우도 다수 있는데 자문은 자문에 그칠 수밖에 없으며 감사권한을 갖는 감사인의 의견을 넘어설 수는 없다.

지분법/연결재무제표가 지분법이나 연결재무제표로 연계하기를 기업들이 선호하지 않는다. 이는 지분법일 경우는 지배하는 기업의 영업의 결과가 연결대상 기업의 경영의 결과에 의해서 영향을 받기 때문이다. 물론, 연결대상 기업의 영업의 결과가 좋다면 연결하는 기업의 영업의 결과가 더 양호하게 보이므로 연결을 선호할 수도 있지만 일단은 연결대상 기업의 영업의 결과가 어떻게 보고될지도 알 수 없는 것이며 또한 연결대상 기업의 영업의 결과를 직접적으로 통제할 수 없는 상황에서 영업 결과에 대한 책임을 지는 식으로 보고됨에 대해 기업이 부담을 느낄 수 있다. 또한 연결대상 기업의 영업의 결과에 따라 연결하는 기업이 연결하거나 연결하지 않는 의사결정을 기회주의적으로 갖고 갈 수도 있으나 회계에서의 연속성이 중요하므로 과도하게 기회주의적일 수는 없다.

연결재무제표가 주 재무제표가 되면서 발생하는 이슈 중의 하나는 연결하는 기업과 연결대상 기업의 회계방법을 일치시켜야 할지와 관련된다.

지배종속회사간에는 연결을 수행함에 있어서 유사한 상황에서 발생한 동일한 거래와 사건에 대하여 동일한 회계정책을 적용한다. 다른 회계정책을 적용하여 조정을 하는 경우, 조정에 따른 손익효과는 지분율에 따라 지배기업지분과 소수주주지분에 배분한다.

항상 지배회사와 종속회사가 회계방법을 일치하는 방향으로 허용한다면 종속회사의 회계변경을 정당화하는 데 악용될 수 있다. 정당화할 수 있는 네 가지 경우가 제시된다. 기준서 1호에 산업 모두 A 방법을 사용하는데 특정 기업만이 B를 사용한다면 이는 기업간의 횡단면적 비교가능성을 저해할 수 있기 때문이다.

종속기업의 회계정책이 지배기업의 회계정책과 다를 경우, 기준서에 따라 연결재무제표 작성을 위하여 동일한 회계정책을 적용해야 하는데 이러한 절차가 상당히 번거롭다. 이러한 번거로움을 없애기 위하여 종속기업의 회계정책을 지배기업의 회계정책과 동일하게 변경하고 싶은데, 이때 회계변경을 정당한 회계변경으로 봐줘야 쉽게 회계변경할 수 있다.

종속기업의 회계정책을 지배기업의 회계정책과 동일하게 변경하는 것이 자동으로 정당한 회계변경으로 보기는 어렵다. 그 이유는,

첫째, 지배기업이 바뀔 수 있는데 그 때마다 종속기업의 회계정책 변경을 정당한 회계변경이라고 봐야 하는가? 정당하지 않다.

둘째, 이미 기업회계기준서 제1호 '회계변경과 오류수정' 문단 7에서 정당한 회계변경의 예를 제시하고 있다. 특히 문단 7 (나)는 '동종산업에 속한 대부분의 기업이 채택한 회계정책 또는 추정방법으로 변경함에 있어서 새로운 회계정책 또는 추정방법이 종전보다 더 합리적이라고 판단되는 경우'를 들고 있는데, 지배기업과 종속기업이 동종산업에 속하는 데도 다른 회계정책을 갖고 있다면, 이 문단에 따라 정당한 회계변경이 충분히 가능하다. 이는 동종 산업에 속한 기업간의 횡단면적 비교를 위한 것이다.

법규간에 사실상 지배에 대한 해석에 차이가 있다. 금산분리법과 외감법간의 이슈이다. 금산법의 내용은 다음과 같다.

금산법24조의 내용은 다음과 같다.

① 사실상 지배의 정의를 대통령령에서 정한 것

② 사실상 지배로 인정되는 경우, 추가적으로 시행령의 요건에 해당되는지를 판단토록 한 것

금산법	시행령
§24 ① 다음의 경우 금융위 승인 필요 1. 주식 20% 이상 소유 2. 주식 5% 이상 소유 + 사실상 지배하는 것으로 인정되는 경우로서 대통령령이 정하는 경우	§6 ② 대통령령이 정하는 경우 1. 주식소유비율이 1위인 경우 2. 주식분산도로 보아 주주권 행사에 의한 지배관계가 형성된 경우

사실상 지배하는 것으로 인정되는 경우로서 대통령령이 정하는 경우는 사실상 지배하는 것으로 인정되는 기준을 대통령령으로 정한다는 의미이다.

즉 위의 금산법의 경우는 주식 20% 이상의 지분만을 소유하고 있어도 사실상 지배한다고 판단하고 있다. 또한 주식 5% 이상을 소유하면서 주식소유비율이

1위인 경우 즉, 최대주주인 경우와 최대주주가 아니라도 분산도로 판단하여 주주권을 행사할 수 있는 경우를 금산법은 사실상 지배한다고 판단하고 있다. 상이한 법은 상이한 법 취지를 갖기 때문에 상이한 법에서 동일한 주제를 동일하게 해석하여야 하는지에 대해서는 이견이 있을 수 있다.

이와 같이 사실상 지배에 대한 판단 기준이 법안에 따라 각기 상이하다. 아래에는 자본시장법에서의 최대주주 및 주요주주의 내용을 기술한다.

Chapter 9에서 자세히 설명되지만 소득세법 시행령에 따르면, 대주주의 범주는 지분율 3% 이상(코스닥은 5% 이상)이거나 시가총액이 100억원(코스닥 50억원) 이상인 경우로 정의된다.

자본시장법에서는 주요주주를 10% 이상의 소유주주와 사실상 영향력 행사 주주로 구분하고 있다.

자본시장법상 대주주

구분	내 용		법조문
최대주주	본인 및 특수관계인이 소유하는 주식을 합하여 그 수가 가장 많은 경우의 그 본인		法 §9①1호
주요주주	1) 10% 이상 소유주주	자기 계산으로 법인의 의결권 있는 주식의 10% 이상을 소유한 자	法 §9①2호가목
	2) 사실상 영향력 행사 주주	단독으로 또는 다른 주주와의 합의 · 계약 등에 따라 대표이사 또는 이사의 과반수를 선임한 주주	法 §9①2호나목 令 §9 1호
		의결권 있는 주식의 1% 이상 소유한 임원인 주주	法 §9①2호나목 令 §9 2호 금투규정 §1-6

단독으로 또는 다른 주주와의 합의 계약 등에 따라 대표이사 또는 이사의 과반수를 선임한 주주라는 내용은 IFRS에서 지배권을 정의하는 방식이나 같은 맥락에서 이해할 수 있다.

연결재무제표의 시행시기와 관련되어 2011년에 연결재무제표의 주재무제표화는 K-IFRS가 도입되지만 분반기 재무제표는 자산 규모 2조원이 넘는 기업에만 2011년부터 강제되고 자산 규모가 2조원이 넘지 않는 기업은 2013년에 가서 분반기 재무제표가 연결재무제표로 작성된다. 따라서 이들 기업은 2011년부터 2013년까지 연차는 연결, 중간재무제표는 개별 재무제표가 공시되는 비교가능성의 문제도 존재한다. 대규모 기업이 아닌 기업에 중간재무제표까지 연결재무제표를 강제한다는 것에 대한 유예의 의미로 적용에 예외를 둔 것인데 오히려 혼란을 초래할 수 있어서 적절한 정책방향인지에 대해서는 의문이 제기될 수 있다.

다음의 신문기사는 연결재무제표를 보고함에 있어서 eps 보고의 이슈를 기술한다.

한국경제신문. 2011.3.4.

5월부터 'IFRS 대혼란' PER 다시 계산해야
비지배주주 지분 포함여부 따라 연결 순이익, PER 등 큰 편차
영업익 구성 항목 달라 '혼선'

전기 전자 업종을 담당하는 애널리스트 A씨는 최근 삼성전기의 주가수익비율을 계산하다 큰 실수를 할 뻔했다. 연결재무제표에 나온 순이익에서 자회사의 비지배주주 지분을 제외하지 않고 계산했던 것.

종전 기업회계기준(K-GAAP)에서 했던 것처럼 순이익을 그대로 반영했더니 PER에 착오가 있었다.

연결순이익은 비지배주주 몫 빼야

연결재무제표의 순이익이 모회사가 보유하지 않은 비지배주주 지분까지 100% 포함한 순이익이라는 점이다. 반면 K-GAAP에서 주 재무제표인 개별 재무제표의 순이익은 자회사 실적을 소유지분만큼만 반영해 계산한 순이익이다.

정종혁 우리투자증권 연구원은 '연결재무제표에서 순이익을 이용하는 기업평가 지표인 주당순이익, PER, 자기자본이익률을 계산할 때는 비지배주주 지분을 제외한 순이익을 이용해야 한다'며 '자산으로 계산하는 주당순자산가치(BPS), 주가순자산비율(PBR)도 비지배주주 지분만큼을 제외한 순자산으로 계산해야 한다'고 설명했다.

K-GAAP의 개별재무제표와 IFRS의 별도 재무제표간 차이에도 주의해야 한다. 개별재무제표에선 관계회사(지분 20-50% 미만 보유 회사)의 실적을 지분법을 통해 본사 실적에 반영했다. 하지만 별도 재무제표는 원가법을 적용하므로 순수한 본사 실적을 집계한다.

이승종 NH투자증권 리서치센터장은 '자산총액 2조원 미만 회사는 내년까지 분반기 연결재무제표를 작성할 의무가 없어 별도 재무제표만 공시할 가능성이 있다'며 '본사 기준 실적만 나오므로 주석을 통해 자회사 실적을 확인한 뒤 지분법을 반영해 분석해야 한다'고 지적했다.

영업이익 공시해도 내용이 달라진다.

공시의무가 없어 논란이 됐던 영업이익은 포괄손익계산서에 포함시키지 않을 경우 주석에 공시한다. 하지만 회사별로 영업이익 공시항목이 달라 기업간 비교가능성이 떨어진다는 문제가 생긴다. IFRS에서는 영업이익 구성항목에 대한 명시적 규정이 없기 때문이다.

실제로 삼성전자는 작년 1-3분기 누적기준으로 외환차손익과 외화환산손익 5조 668억원을 금융수익/비용으로 구분해 영업이익에 반영하지 않았다. 하지만 LG전자는 유사항목인 외환차익 1조 4,407억원을 기타영업수익으로 표기해 영업이익에 반영했다. 같은 영업이익이라도 기준이 다른 것이다.

이를 해결하기 위해 K-GAAP의 영업이익과 비슷한 항목으로 구성하는 '조정영업이익'이란 지표를 금융정보업체와 증권사 리서치센터 등이 만들고 있다. 하지만 세부항목을 포함시키는 문제에 있어서 이견이 커 당분간 혼란이 불가피할 전망이다. 2009년 IFRS를 조기적용한 기업 14곳 중 K-GAAP와 같은 방식으로 영업이익을 산출한 기업은 7개에 불과했다.

매일경제신문. 2012.1.7.

영업이익 기준 없는 애매한 K-IFRS. 일회석 HDD 매각 차익 등 7,000억원 포함

삼성전자가 지난해 4분기 실적을 집계하며 내부적으로 고민한 것이 있다.

HDD사업부 매각 차익과 마이크로소프트 로열티 충당금 환입 덕에 생긴 일회성 수익을 영업이익에 포함시킬지 여부였다. 이를 영업이익에 포함시키느냐 여부에 따라 실적은 상당한 차이가 난다.

증권사들은 HDD 사업부 매각 차익이 6,000억-7,000억원일 것으로 추정하고 있다. 이를 제외하면 순수한 영업이익은 4조 5,000억원-4조 6,000억원선이 된다. 이런 논란이 생긴 것은 한국채택 국제회계기준에 영업손익의 구분기준을 제시하지 않고 있기 때문이다. 과거 기업회계기준(K-GAAP)에서는 일회성 특별이익으로 간주해 영업외 이익으로 처리하던 것이지만 K-IFRS에서는 분류기준이 애매하다. 삼성전자는 이번에 이를 기타 영업수익으로 분류하고, 반도체 사업부 영업이익에 포함시킨 것으로 알려졌다.

금융감독원 회계감독국 관계자는 "기업이 자율 선택할 문제지만 관련 내용을 주석으로 공시해야 한다"고 말했다. 이 관계자는 "다만 한번 방식을 정했으면 기간간 비교가능성이 확보되어야 한다"고 말했다. 기업이 판단할 문제라고 해도 실적의 규모에 있어 착시 현상이 나타날 수 있으므로 투자자들은 유의할 필요가 있다.

'알집', '알약'으로 유명한 소프트웨어 업체인 이스트소프트는 지난해 3분기 영업이익이 전년 동기 대비 579% 증가했다고 공시하자 주가가 급등했다. 영업이익이 크게 증가한 것은 사옥 매각 차익이 포함됐기 때문이었다. 이러한 내용을 확인하지 않고 증가율만 보고 '묻지마 투자'에 나설 경우 피해를 볼 수 있다.

이정조 리스크 컨설팅코리아대표는 "영업이익은 구매 생산 판매와 관련된 비즈니스 싸이클과 관련된 이익으로 보는 것이 바람직하다"며 "투자자들이 오해를 할 수 있기 때문에 사업부 매각 같은 일회성 이익은 영업이익에서 제외하는 것이 바람직하다"고 설명했다.

비지배주주지분의 개념은 과거에 소액주주지분 minority shareholding의 개념으로 사용되던 내용이다.

영업이익의 공시를 강제하기 위해서 코스닥증권시장 공시규정을 개정하여 영업손실이 주석으로도 표시되지 않는 경우 영업손실로 간주하도록 2011년 11월 21일부터 적용된다. 4년 연속적으로 영업손실이 보고될 경우는 관리종목으로 지정되므로 상장유지에도 영향을 미치게 된다. 다만, 이렇게 해서 영업이익 보고를 강제하려는 정책 기관의 취지는 충분히 이해하지만 영업이익이 공시되지 않는다고 이를 영업손실로 간주하여 정책을 추진한다는 것이 적절한 정책방향인지에 대해서는 의문이 있다.

이 신문 기사에서 기술되었듯이 영업이익은 국제기준에서는 강제되지 않지만 국내에서 가장 많이 이용되던 이익 수치이므로 감독기관에서는 이 영업이익을 포괄손익계산서 본문에 보고하거나 아니면 주석에 공시하도록 요구하고 있다. 영업이익을 계산하는 방식이 각 기업마다 모두 상이할 경우는 오히려 이 수치를 공시하는 것이 그렇게 하지 않는 대안보다 더 많은 문제를 초래할 수도 있다.

매일경제신문. 2011.4.14.

농심 빠진 농심홀딩스?

농심그룹 지주회사 농심홀딩스가 한국채택국제회계기준 연결재무제표 작성 대상에서 농심을 제외한다는 사업보고서를 내면서 논란이 일고 있다. 기존 한국기업회계기준에서 연결재무제표에 포함했던 농심은 농심홀딩스 전체 자산 중 65%나 차지하는 최대 자회사이기 때문이다.

문제의 발단은 농심홀딩스가 최근 2010년 사업보고서를 내면서 자회사 율촌화학

(지분율 40.32%)은 K-IFRS 기준에서 실질지배력이 있다고 판단해 연결대상에 포함했다'고 밝힌 반면 농심(지분율 32.75%)은 IFRS 기준에서 실질지배력이 없다고 판단해 연결대상에서 제외했다고 발표하면서 비롯됐다.

농심의 경우 홀딩스를 포함해 특수관계자 지분이 50%를 넘지 않지만(지난해 말 기준 45.51%), 율촌화학은 50%를 넘는다는(64.71%) 점이 가장 큰 차이라고 설명했다.

한국경제신문. 2011.5.4.

자회사 지분율 50% 안 되도 '실질지배력' 있으면 실적 연결

IFRS를 조기 도입한 61개사의 경우 지분율 50% 이사인 자회사를 연결시킨 곳은 5개사로 10%에 미달하는 것으로 조사됐다. 많지는 않지만 아주 드문 사례도 아닌 셈이다. 삼성전기, STX엔진, STX팬오션, LG, 삼성전기, A&P 등이 50% 이하 자회사를 연결했다. 이들은 대부분 실질적인 지배력 행사를 연결 사유로 꼽았다. 특히 LG그룹 지주사인 LG는 보유중인 전환사채를 고려해 지분율 32.30%의 에이치앤아이피를 연결시키는 이색적인 판단을 내렸다.

아시아경제 2011.7.1.

헷갈리는 IFRS '실질지배력'

국제회계기준(IFRS)에 따라 연결재무제표에 포함시키는 종속기업의 범위가 들쭉날쭉해 혼선을 주고 있다. 연결대상인 종속기업의 지분을 50% 초과해서 보유한 경우 외에 '실질지배력'이 있는 경우도 포함할 수 있도록 돼 있지만 실질지배력에 대해 명확한 기준이 없기 때문이다.

삼성전기는 지분 39.80%를 보유한 필리핀 소재의 부동산투자회사인 '카람바프리미어리얼티(Calamba Premier Realty)'를 올해 국제회계기준(IFRS) 도입에 맞춰 연결재무제표에 종속회사로 포함시켰다. 삼성전기 관계자는 "필리핀에서는 토지에 대한 해외기업의 직접 투자가 제한돼 일부 지분을 분산하게 됐는데, 나머지 지분을 필리핀 현지 종업원 퇴직연금이 소유하고 있어 실질적으로 삼성전기가 지배하고 있다는 판단 아래 종속기업투자로 분류했다"고 밝혔다.

LG CNS는 지분율이 32.2%인 에이치앤아이피를 종속회사로 넣었다. 보유중인 이 회사의 전환사채를 행사할 경우 50%가 넘는 최대주주가 된다는 논리였다. 반면 LG그룹의 지주회사인 (주)LG는 연결대상에서 주력기업인 LG전자와 LG화학을 뺐다. 이유는 지분율이 50%를 넘지 않는다는 것이다.

현대자동차는 현대카드(지분율 31.52%)를 연결 대상에 포함시켰다. 지분율이 50%를 넘지 않았지만 이사회 구성권을 행사하고 있어 실질 지배중인 것으로 분류했다는 게 현대차측의 설명이다.

SK는 수익의 양축이자 간판격인 SK이노베이션(지분율 23.2%)과 SK텔레콤(33.4%)을 연결대상에 포함시켰다. SK그룹 관계자는 "두 회사가 모두 의결권 과반수 보유 자회사는 아니지만 실질 지배력이 있다고 판단해 종속기업으로 넣었다"고 밝혔다.

삼성, LG, 현대 등처럼 기업들이 저마다 가지각색의 이유를 들어 종속회사를 연결 혹은 제외시키면서 '실질지배력' 혹은 '사실상의 지배력'에 대한 자의적인 판단이 가능하다는 지적이 나오고 있다. 실질 지배력을 판단하는 기준은 의결권 과반수 행사 능력, 영업·재무정책 결정 능력, 이사회 과반수의 임명·해임 능력 등에 따라 정할 수 있다.

김찬홍 한국회계기준원 상임위원은 "대형회계법인조차도 실질 지배력을 구분하는 기준이 상이한 실정"이라며 "각 기업마다 실질 지배력의 상황이 다르기 때문"이라고 지적했다.

연결대상을 어디까지 하느냐에 따라 실적도 뒤바뀐다. 삼성SDI는 개별 기업재무제표로는 올 1분기에 788억원의 적자를 기록했다. 하지만 종속기업인 13개의 해외법인들을 포함시킨 연결재무제표에서는 603억원의 흑자로 줄었다. LG전자도 개별기업으로는 487억원의 영업손실을 냈지만 연결된 113개 해외법인 등의 실적이 좋아 연결기준으로는 1,308억원의 흑자를 거뒀다.

최현덕 회계기준원 책임연구원은 "IFRS가 도입되면서 기업들마다 연결대상 종속회사 기준이 달라져 같은 업종의 기업간 수익성 비교가 힘들어지기 때문에 당기순이익을 단순 비교하기보다는 지배회사 지분에 귀속되는 당기순이익을 비교하는 게 좋다"고 조언했다.

삼성전기의 경우에서 보면 연결 관련 의사 결정시 해당 국가의 법률 및 제도도 고려하여야 하며 LG CNS는 전환사채의 전환여부에 의해서 의결권이 영향을 받는다. 기본주당순이익과 희석주당순이익을 구함에 있어서 전환사채의 전환여부가 이슈가 되는 것과 동일하다.

조세일보. 2011.4.13.

상장사 회계감사인 독립성 규정 특수관계자까지 확대

IFRS 연결기준 재무제표 작성 … 올해 감사계약 신규체결시부터

보유중인 주식 등 재무적 이해관계 오는 6월 말까지 처분해야

국제회계기준이 본격 적용되는 2011년부터 모든 상장회사가 연결재무제표를 작성해야 함에 따라 회계법인(감사반 포함)의 독립성 준수의무가 감사계약기업은 물론 해당 기업 특수관계기업까지 확대된다.

공인회계사 윤리기준에 따르면 상장회사가 회계감사를 요청하는 경우 상장회사와 특수관계에 있는 기업들에 대해서도 윤리기준에서 요구하는 독립성 규정을 준수해야 한다.

그동안 상장회사가 국제회계기준을 도입해 재무제표를 작성하는 때부터 준수하도록 그 시행이 유예되어 왔으나 올해부터는 모든 상장회사가 IFRS 도입으로 연결기준의 재무제표를 작성해야 하기 때문에 독립성의무가 확대됐다.

이에 따라 올해부터 상장회사 감사계약을 신규로 체결하는 회계법인 등은 계약 체결 이전에 해당 상장회사뿐 아니라 그 특수관계자에 대해서도 재무적 이해관계, 고용관계 및 비감사업무의 제공여부를 충분히 검토해야 한다.

또 2011년 이전 감사계약을 체결한 회계법인 등은 현재 보유중인 수임업체의 특수관계자에 대해 보유중인 주식 등의 재무적 이해관계에 대해서 오는 6월 말까지 처분해야 한다.

공인회계사회는 최근 회원들에게 보낸 안내문을 통해 "회계법인 등은 해당 감사수임업체의 특수관계자에게 제공중인 금지된 비감사업무는 독립성 준수를 위해 올해까지 완료해야 한다"고 밝혔다.

기업회계기준서(제20호)에서는 특수관계자를 다음과 같이 정의하고 있다.

문단9. 이 기준서에서 사용하는 용어의 정의는 다음과 같다.

(가) "특수관계자"-다음에 해당하는 경우 당사자는 당해 기업과 특수관계가 있다.

(1) 직접적으로 또는 하나 이상의 중개자를 통하여 간접적으로,

㉡ 당사자가 당해 기업에 중대한 영향력을 행사할 수 있는 지분을 소유하는 경우

(4) 당사자가 당해 기업 또는 당해 기업의 지배회사의 주요경영진의 일원인 경우

(5) 당사자가 (1) 또는 (4)에 해당하는 개인의 친인척인 경우

(6) 당사자가 (4) 또는 (5)에 해당하는 개인에 의하여 지배를 받거나 공동지배를 받는 기업인 경우

(다) "개인의 친인척"은 친인척이 당해 기업과 거래를 할 때 당해 개인에 의해 영향을 받거나 당해 개인에게 영향력을 행사할 것으로 기대되는 친인척을 말하며 다음의 경우를 포함한다.

(1) 개인의 배우자(실질적 배우자 포함)

특수관계자와 관련된 거래가 빈번하게 분식의 대상이 된다. 구체적으로, 특수관계자에 대한 담보 제공, 지급보증, 대여금 등이 이슈가 되는데 이에 대한 공시를 기업들이 간과하는 경우가 많다.

한국경제신문. 2011.10.7.

골프장 회원권, 예탁금반환권 금융상품으로 회계처리해야

'지급보증(금융보증계약)도 금융상품으로 분류해 공정가치를 측정한 뒤 해당 금액을 재무제표에 기재해야 한다'고 설명했다. 종전 기업회계기준에서는 지급보증을 한 회사가 대지급 가능성에 따라 충당부채로 인식하거나 해당 사실을 주석으로 처리하면 됐다.

위의 기사와 같이 지급보증에 대해서 공정가치의 이슈가 개입된다면 지급보증은 K-GAAP보다도 조금 더 복잡한 회계처리 대상이 될 것이다.

감독기관의 경우도 기업이 자료 제공에 협조하지 않을 경우, 특수관계자를 파악하기가 용이하지만은 않다. 최근에 특수관계자의 범위를 어느 정도 포괄적으로 해석해야 하는지와 관련되어 다음이 이슈가 되었다.

매일경제신문. 2011.7.22.

특수관계자 범위. 대법 전원합의체 판결

회사의 대주주와 친인척 관계에 있는 자 등 이른바 '특수관계자'는 법 문언 그대로 해석해야 한다는 대법원 전원합의체 판결이 나왔다.

재판부는 '조세법률주의에 따라 특수관계자의 범위를 함부로 넓혀서는 안 된다'며 '법인세 시행령 제87조 1항은 문헌 그대로 해석해야 하므로 H건설이 D사의 특수관계자에 해당한다고 본 원심은 잘못됐다'고 판단했다.

다만 일부 대법관은 '법인세법의 해당 조항은 조세 회피 행위를 막기 위한 것'이라며 '법인을 기준으로 한 경우뿐만 아니라 법인의 거래 상대방을 기준으로 해서 그 법인이 특수관계자인 경우라면 특수관계자와의 거래로 봐야 한다'고 반대의견을 냈다.

당시 법인세법 시행령에 따르면 A법인이 B와 거래한 경우, B가 법인의 주주거나 또는 A법인의 주주가 30% 이상 지분을 가진 기업이라면 B는 A의 특수관계자로서 A법인은 더 많은 법인세를 내야 한다.

특수관계자는 아니지만 로펌 관계자도 관련된 정보를 구할 수 있으므로 다음과 같은 제재를 받게 된다.

매일경제신문. 2011.7.28.

파생거래정보 빼내 매매하면 형사처벌

회사 거래 미공개정보 이용보다는 약하지만 시장에 영향을 주는 행위들은 '시장질서교란행위'로 새롭게 규정해 과징금을 부과하기로 했다.

사법적 절차, 특히 제3자에 의한 피소와 관련된 정보 이용 행위가 대표적이다.

로펌 관계자가 특정 기업이 피소될 것이라는 사실을 미리 알고 해당 기업의 주식을 미리 공매도하거나 경쟁기업의 주식을 매수하는 경우가 대표적이다.

현행법상 미공개정보 이용으로 처벌 대상이 되려면 회사 내부 업무에 해당돼야 한다.

그러나 소송 제기는 법인 내부자가 하는 것이 아니라 외부의 제3자가 하는 것이기 때문에 이에 해당되지 않는다.

금융위 관계자는 '규제 대상 업무 범위는 물론 규제 대상자까지 법인의 임직원, 법인 관계자로 한정돼 있기 때문에 이런 경우 처벌이 불가했다'며 '법 개정으로 이 부분도 제재 대상이 될 것'이라고 말했다.

chapter 02

감사계약서에 대한 공인회계사회와 상장협의 이견[1]

감사용역의 수요자라고 할 수 있는 기업의 협의체인 상장회사협의회[2]와 감사인을 대표한다고 할 수 있는 공인회계사회는 과거로부터 표준 감사보고서를 작성해 오고 있었다. 2001년 3월 합의된 표준감사 보고서에서는 공인회계사회와 상장협간에 이견이 없었으나 그 이후에는 이견이 발생하여 2005년 3월에는 양 기관이 별도의 표준 감사보고서를 작성하고 있다. 표준감사보고서에 포함되는 문구 하나하나가 소송으로 진행될 경우는 큰 의미가 있으므로 어떠한 이견이 있었는지 이 표준감사보고서에 나타나는 감사인의 감사에 있어서 부담하여야 하는 책임 범주는 어디까지인지에 대해서 검토한다. 당연한 입장의 차이지만 상장협은 가능한 많은 책임을 감사인에게 넘기려 하고 감사인은 이러한 책임을 맡지 않으려고 한다.

---

1 본 chapter는 저자의 다음의 상장협 월간지 논단에 기초한다.
손성규. 감사의뢰인과 감사인간의 감사계약서와 관련된 이견: 이론과 현황—배상책임 및 면책에 관한 사항을 중심으로. 상장. 상장자료실. 한국상장회사협의회. 2007년 2월: 70–79.

2 상장협이 기업을 대표하는 것은 아니지만 기업을 대표하는 한 기관을 선정하기도 어렵다. 공인회계사회와의 관계에 있어서 상장협이 오랫동안 counter part의 역할을 수행하여 왔기 때문에 상장협의 의견을 기업의 의견으로 대신한다. 상장협은 유가증권시장 상장기업만의 협회이며 코스닥시장상장기업에 대해서는 코스닥기업협의회가 별도로 있으며 이 이외에도 중소기업중앙회, 전국경제인연합(전경련), 상공회의소, 경제인총연합회(경총), 무역협회 등 많은 경제단체가 활동한다. 후자의 다섯 경제 단체를 경제5단체라고 지칭한다.

1. 제시된 자료의 진실성에 대한 검토 책임

공인회계사회: 감사인이 회사로부터 제공받은 자료의 위조, 변조 또는 허위사실 등에 대한 조사절차는 감사인(乙)의 감사범위가 아니므로 이러한 문서로 인한 왜곡표시를 감사인이 발견하지 못한 경우 책임을 지지 않겠다는 내용을 신설

상장협(상장회사협의회): 전문가적 의구심을 가지고 감사업무를 수행하다가 필요한 경우 자료의 진실성에 대해 검토하는 것이 감사업무의 일부가 될 수 있음.

공인회계사회의 입장은 공인회계사는 경찰도 검찰도 아니며 이 범주에 해당하는 수사권이 없기 때문에 이러한 업무를 기대하기는 무리라는 의미이다. 이러한 자료의 진실성에 대한 한계는 금감원도 동일하다. 감독기관은 조사기관이 아니므로 조사에 협조하지 않으면 뾰족한 대책이 없다. 감독기관에서 검찰에 통보나 고발을 하게 되며 그 이후에 본격적인 수사/조사가 진행될 수 있다. 감독기관이 어느 정도의 수사권이 있는지는 Chapter 12의 감독기관과 관련된 논의를 참조한다. 감독기관이 제재를 하는 과정에서도 위조, 변조 또는 허위의 결과에 의해서 감사가 적절하게 수행되지 않았다면 이 경우는 정상을 참작하게 된다.

2. 감사보고서의 수신인과 제3자의 상이한 해석 가능성

공인회계사회: 감사보고서가 수신인을 위한 것이므로 제3자가 상이하게 해석할 수 있는 상황들이 발생할 수 있음을 경영자 및 회사가 인정할 것을 내용으로 하는 조항을 신설

상장협: 제3자가 상이하게 해석할 수 있는 상황의 발생 가능성은 경영자, 감사인은 물론 정보이용자 모두가 인정하여야 하는 상황으로서 본 조항의 삽입 여부에 상관없이 갑, 을의 책임에 미치는 영향이 없다는 측면에서 공인회계사회의 개정에 반영하지 않음

재무제표를 해석/이용하는 것은 이용자의 몫인데 이러한 개연성까지 경영자 및 회사가 인정함은 불합리하다는 판단을 할 수 있다.

감사보고서는 '주주와 이사회 귀중'으로 한 보고서이다. 즉, 감사보고서는 법적인 문건이므로 수신인이 제한되어야 하며 이 문건의 수신인인 주주와 이사회

로만 감사인의 법적 책임이 국한된다고도 할 수 있다. 단, 감사인의 감사보고서가 잠재적인(potential) 미래의 투자자에 대한 용역일 수도 있다는 점에서는 감사보고서는 불특정다수에 대한 공공재일 수 있다. 또한 수신인은 제한할 수 있지만 그 사용 범주까지 제한할 수는 없다. 잠재적인 투자자까지를 포함한다면 주주라 함은 모든 시장을 포괄한다고도 할 수 있다. 그렇기 때문에 감사라는 용역은 그 영향을 미치는 범위가 매우 광범위한 용역이다. 그렇기 때문에 공인회계사는 자본주의의 파수꾼이라는 표현이 과장된 내용이 아니다. 공공적인 성격을 갖는 소송이 아닐 경우의 이해관계자는 원고, 피고로 국한된다.

반면에 내부통제제도에 대한 인증은 대표이사만이 보고서의 수신인이다. 내부회계관리제도는 대표이사와 내부회계관리자가 이사회 및 감사위원회에 보고한 사항(내부회계관리제도 운영평가보고)에 대하여 2차적으로 외부감사인이 최종보고 사항에 대하여만 평가하는 것이어서 그 보고내용이 사실과 다르지 않다는 취지로 대표이사에 대하여 발행된다.

주주에 대하여는 대표이사와 내부회계관리자가 운영평가보고를 하며, 감사(감사위원회)가 이사 및 주주에 대하여 평가보고서를 발행한다. 따라서 외부주주에게는 감사(감사위원회)가 보고서를 제출하게 되어 있다.

재무제표에 대한 감사인의 인증과 내부통제제도에 대한 감사인의 인증은 그 절차에 있어서 어느 정도 차이가 있다.

따라서 현재의 주주가 잘못된 재무제표에 근거해서 투자손실을 입었다면 감사인에 대해서 소송을 제기할 수 있다. 회사도 감사를 잘못 수행한 감사인에 대해 소 제기를 할 수 있다. Chapter 4에는 코오롱이 감사인에 대해 소 제기를 하는 사례도 본 저술에 포함된다. 예를 들어 계속기업과 관련된 변형된 감사의견이 표명되었고 이 의견에 의해서 금융기관이 대출금을 회수하며 투자자는 주식을 대량 매도하는 등의 결과가 초래되어 주가가 폭락하였다고 가정하자. 그 다음 연도에 기업이 계속성에 문제가 없다고 할 때 회사가 감사인을 소송할 수 있다.

3. 관계회사의 회계장부 및 서류의 열람 및 등사 등에 관한 경영자(회사)의 협조 책임

공인회계사회: 회사의 업무 협조 범위에 있어 회사의 자료 등은 물론 관계회

사의 회계에 관한 장부와 서류의 열람 또는 등사 등에 신속히 응할 것을 요구함

상장협: 관계회사의 장부와 서류의 열람권은 회사의 권한 밖에 있는 것임. 이는 회계자료의 일부로서 감사증거 제공을 위하여 관계회사 등과 협조할 수 있는 것으로서 관계회사의 장부와 서류를 열람하거나 등사하는 것 등에 신속히 응하라는 것이 모든 회사에 항시 적용될 수 있는 계약 조항이 될 수 없으며 회계자료의 제출요구에 응할 것을 규정하는 정도로서 충분함

위의 내용은 2005년도에 양 기관이 이견을 가졌던 내용인데 그 이후에 많은 상황의 변화가 있다. 소위 연결모회사의 자회사에 대한 정보요구권이다. 연결재무제표가 주재무제표가 되면서 연결하는 회사의 감사인이 연결대상 기업의 재무제표에 대한 책임을 지게 되었고 당연히 이에 상응하는 정보의 제공을 요구할 권한이 확대되었다고 이해할 수 있다.

외감법은 재무제표 작성시 지배회사의 종속회사에 대한 자료 요구권을 명시적으로 인정하고 있다.

자본시장법 개정안은 IFRS 도입 관련 지배종속회사간 권한・의무를 신설하였는데 지배회사가 연결기준 공시서류를 작성시 종속회사에 대한 자료요구권과 공시 위반시 종속회사에 대한 벌칙조항을 신설하였다.

주식회사의 외부감사에 대한 법률 제6조 1항에 따르면 "감사인은 언제든지 회사 및 해당 회사의 주식을 일정 비율 이상 소유하고 있는 등 대통령령으로 정하는 관계에 있는 회사(이사 "관계회사"라 한다)의 회계에 관한 장부와 서류를 열람 또는 등사하거나 회계에 관한 자료의 제출을 요구할 수 있으며, 그 직무를 수행하기 위하여 특히 필요하면 회사 및 관계회사의 업무와 재산상태를 조사할 수 있다"고 규정을 하고 있으며 동 법률 시행령 제5조에 관계회사의 범위를 정하고 있다.

주식회사의 외부감사에 관한 법률 시행령 제5조[관계회사의 범위] 법 제6조 제1항에서 "해당 회사의 주식을 일정 비율 이상 소유하고 있는 등 대통령령으로 정하는 관계에 있는 회사"란 해당 주식회사와 다음 각 호의 어느 하나에 해당하는 관계에 있는 회사를 말한다.
(2009.12.31. 개정)부칙
1. 제1조의 3에 따른 해당 주식회사의 종속회사
2. 해당 주식회사의 발행 주식 총수의 100분의 20 이상을 소유하고 있는 회사 또

는 해당 주식회사가 발행주식총수 또는 출자지분의 100분의 20 이상을 소유하고 있는 회사

3. 동일인이 해당 주식회사를 포함한 둘 이상의 회사의 각 발행주식총수 또는 출자지분의 100분의 30 이상을 소유하고 있는 경우 해당 주식회사 외의 회사
4. 제1호부터 제3호까지의 규정 외에 해당 주식회사와 상당한 이해 관계가 있다고 인정되는 회사

다음은 2006년 9월 11일 개최된 Korea RCP Group(Regulatory Contact Partners, 회계법인 대표자 모임)에서 논의되었던 Korea Public Policy Overview라는 내용이다. 물론, 회계법인들의 모임에서 논의된 내용이므로 회계법인의 이익이 대변되는 편향성을 띨 수도 있다.

조세일보. 2006.9.14.

감사인 부담 미 유럽 비해 너무 크다

회사가 최초 상장을 하거나 유상증자를 하는 경우 회사는 감사받은 재무제표를 유가증권 신고서에 포함하도록 증권거래법(저자 추가, 현재는 자본시장법)에 규정하고 있지만, 일부 회사는 감사가 종료된지 무려 1년이 지난 뒤 재무제표를 감사인의 동의 없이 등록서류에 포함시키고 있다.

이 같은 경우 투자자들은 1년간 회사의 영업환경이 어떻게 달라졌는지 모르는 상황에서 재무제표만 보고 투자를 하게 되므로 자칫 커다란 손해를 볼 수 있으며, 감사인도 이 책임을 떠안아야 한다.

회계선진국과 마찬가지로 회사가 최초 상장하거나 유상증자를 하는 경우 등록서류에 감사보고서가 포함되는 경우 감사인의 동의(consent letter)를 받도록 하는 자본시장법이 개정되어야 한다는 주장이 있다.

"이러한 절차는 감사보고서 발행일과 감사보고서 실제 이용일 사이의 회사 주요 변경사항이나 이슈를 감사인이 추가 검토하게 된다"며 "이를 통해 보다 최신의 정보를 투자자에게 제공할 뿐 아니라 궁극적으로 투자자를 보호할 수 있다"고 말했다.

1년 후에는 연차 재무제표가 다시 발행되므로 이러한 내용이 문제가 되는 기간은 최장 1년이다. 그러나 상장협은 이러한 consent letter의 도입에 반대하고 있다. 2011년 11월에 발표된 회계선진화방안은 consent letter의 도입을 제안하고

있다.

이러한 제도는 감사인을 보호하는 제도일 뿐 아니라 더 우선적으로 투자자를 보호하는 제도이기도 하다. 즉, 투자자가 최신화(updated)되지 않은 정보를 이용하여 잘못된 투자활동으로부터 투자자를 보호한다는 의미도 있다.

그러나 상장협의 입장은 재무제표에 대한 인증의 대가를 이미 지불한 것이므로 이러한 재무제표와 이에 관련된 인증인 감사보고서를 회사가 사용하는 데 제한이 있어서는 안 된다는 입장이다. 이슈는 이러한 감사보고서를 추가로 사용하는 데 대해서 감사인이 추가적인 부담을 안을 수밖에 없다는 것이다.

상장협의 주장도 한편 일리가 있는 것이 모든 정보이용자가 요구하는 정보를 timely하게 계속 제공함에는 한계가 있다고 생각할 수 있다. 정기 공시가 정시에 인증을 받아 제공되므로 이러한 interval간에 정보가 생성된다면 이는 정기공시가 제공할 수 없는 부분이다. 즉, 재무제표는 정기공시인데 수시공시 정도의 신속성을 만족시킬 수는 없다는 것이다. 또한 모든 재무제표와 이에 대한 인증 문건에는 일자가 명기되므로 이를 간과하고 정보를 이용한 것은 정보이용자의 책임이므로 이를 제도가 보호해 줄 필요는 없다는 주장이다.

그러나 공인회계사회에서 요구하는 것은 정기공시의 빈도수나 인증을 확대하라는 것이 아니라 증자 등을 진행하기 전에 이미 오래된 정보가 전달되면서 증자에 참여하는 회계정보 이용자가 이러한 정보에 의해서 왜곡되지 않도록 하자는 취지이다.

신규상장 및 증자 등의 경우 회사의 유가증권신고서 첨부 재무서류에 대한 comfort Letter(감사증명제도, 확인 또는 서약으로도 번역) 제도의 도입 필요성도 제기된다.

신규 또는 추가 유가증권 발행시 선진 practice와 마찬가지로 회사의 유가증권신고서에 첨부된 감사보고서 및 검토보고서에 대한 감사인의 동의서(consent Letter) 입수를 의무화하고,[3] 인수주간사(underwriter)로 하여금 유가증권신고서상의 재무정보에 대하여 감사인의 comfort letter를 반드시 입수하도록 하는 제도를 규

3 consent letter는 감사보고서와 검토보고서를 첨부해도 문제가 되지 않는다는 동의서한이며 comfort letter(서약서)는 금액의 정확성에 문제가 없다는 확인서한인데 이 두 문건의 영어 표현이 유사하다.

정화하는 것이 필요하다. 이 제도는 회사의 추가적인 비용부담만을 고려할 것이 아니라 신규상장에 따른 발행시장진입에 대한 자격요건의 사전검증 및 유통시장에서의 증자요건 타당성에 대한 검증의무와 책임을 명확히 하는 차원의 국내자본시장의 회계투명성제고를 위한 선결과제라고 주장한다.

현재 손해를 입은 투자자가 모든 손해배상을 deep pocket을 갖고 있는 감사인에게만 청구할 수는 있지만, 법원에서 회사, 회계법인, 신용평가사 등의 과실의 경중에 따라 판결을 하고 있어 큰 문제는 없다는 것이 감독기관의 입장이다.

과거에는 예비심사청구서의 부속서류로 각 재무수치에 대한 감사인의 확인서한(comfort letter)이 있는 경우 첨부하도록 하였으나, 상장신청인의 부담 경감을 위해 제출대상 서류에서 삭제되었다.

(구)증권거래법 제14조 제2호에 따르면 유가증권 신고서의 기재사항 또는 그 첨부서류가 진실 또는 정확하다고 증명하였거나 서명한 공인회계사 및 감정인은 허위의 기재 또는 표시가 없거나 중요한 사항을 기재 또는 표시하지 아니함으로써 유가증권 취득자에게 손해를 끼친 때에는 그 손해에 관하여 배상의 책임을 진다고 규정되어 있다.

이와 관련하여 과거에는 유가증권신고 등에 관한 규정 제23조에 따라 구 증권관리위원회(1998년4월 증권선물위원회로 변경)의 위원장이 정하는 유가증권신고 등에 관한 서식집에 외부감사인의 서약서를 첨부하도록 하였다. 이 서약서는 유가증권신고서에 기재된 '모든' 사항에 대하여 사실과 차이 없음을 외부감사인이 증명하도록 표준문구가 되어 있음으로써 직업적 전문가로서 부담할 책임의 한계를 넘어서고 있었다. 이러한 불합리한 점을 해소하기 위하여 1993년 10월 21일자로 문구를 수정하여 모든 사항이 아닌 재무에 관한 사항과 이에 대한 감사인의 감사의견에 대하여만 사실과 다름이 없다고 증명하도록 개선되었다. 즉, 유가증권신고서에 포함된 모든 정보에 대한 책임이 아니라 책임은 재무에 관한 사항만으로 국한한 것이다.

그러나 외부감사인이 감사보고서일 이후에 감사보고서에 표명한 감사의견을 감사보고서일 이후의 일자로 다시 증명한다는 것이 논리에 어긋나며, 요약재무정보, 재무제표 이용상 유의점, 재무제표 등 재무에 관한 사항에 대하여 사실과 다름이 없다고 증명하는 것은 기업회계기준에 따라 적정하게 표시하고 있는지의 여부에 대한 감사의견과 서로 맞지 않는다는 문제가 제기되었고 또한 상장 신청

기업들의 부담을 경감시킨다는 측면에서 1995년 4월 14일자로 유가증권신고 등에 관한 서식집의 개정시 이러한 서약서(comfort letter)의 첨부요구가 폐지되었다.

따라서 구 증권감독원에서 외부감사인에게 요구하던 서약서가 법정서식에서 폐기되어 외부감사인의 확인서한(comfort letter)이 '주간사회사와 외부감사인'간의 사항으로 바뀌게 되었다.

1995년에 서약서 첨부 요구가 폐지되고 난 다음에 공인회계사회에서는 기존의 규정이 없어졌으므로 자율적으로 지침을 만들어서 운용하기로 하고 각 회계법인들의 협조를 얻어 확인서한 작성요령을 만들어 회원들에게 배포하게 된 것이다. 따라서 법적 의무는 없으나 현재도 회사들이 필요한 경우에는 개별적으로 회계법인에 comfort letter를 요구하는 경우가 있으므로 그러한 경우에 참고하도록 작성요령을 만든 것이다.

상장 후 증자, 사채 발행시 제출되는 증권신고서에도 감사보고서가 첨부되나 중요한 재무정보의 변경여부에 대한 확인절차가 이루어지지 않고 있고 감사인은 감독기관의 수리통지서의 수신참고인으로 통지를 받아 감사보고서의 첨부사실을 알게 된다.

통지 내용은 "증권신고서 중 중요사항에 관하여 거짓의 기재 또는 표시가 있거나 중요사항이 기재 또는 표시되지 아니함으로써 증권의 취득자가 손해를 입은 때에는 감사인은 연대하여 손해배상책임을 부담하게 될 수 있으며 또한 형사처벌의 대상이 될 수 있음을 알려드립니다"이다.

이러한 통지의 한계점은 감사인이 사후적으로 이러한 위험 부담에 대한 통지만을 받는 것이지 이를 사전적으로 대처할 수 있는 기회가 주어지지 않는 것이다.

감사보고서 발행 이후 회사의 재무상태에 중대한 영향을 미치는 사건이 발생한 경우에도 회사가 이를 반영하지 않은 감사보고서를 공시서류에 첨부하여 투자자에게 예측하지 못한 피해를 줄 위험이 크다. 이 경우 피해자는 투자자와 이렇게 감사보고서가 제시됨을 인지하지 못하였던 감사인일 수 있다.

특히 상당 기간이 경과한 감사보고서의 제출도 허용하고 있는 현재의 법규정은 '대표이사는 증권신고서의 기재 또는 표시 사항을 이용하는 자로 하여금 중대한 오해를 일으키는 내용을 기재 또는 표시하여서는 안 된다(자본시장법 시행령 제124조 2호)'는 규정과 충돌할 가능성도 있다.

미국은 발행회사가 감사보고서를 증권신고서에 포함시키기 위해 공인회계사의 서면동의(consent letter)를 필요로 한다[미국 증권법(1933 ACT) Sec. 11(a)(4)]. 허위·부실기재로 책임을 지게 될 공인회계사는 효력 발생일을 기준으로 별도의 검토절차(S－1 Review)를 거쳐 유가증권신고서에 첨부될 감사보고서를 발행인에게 제공하고 있다[미국 증권법(1933 ACT) Sec. 11. (a)].

동의서한(consent letter) 작성에 대해서는 당연히 그 대가가 지불된다. 이 부분이 기업이 consent letter의 도입에 반대하며 감사인은 consent letter의 도입에 동의하는 이유일 수 있다.

미국의 경우에서 대가 산정 방법은 정형화된 방법은 없고, 일반적으로 time charge방식에 의하여 산정된다. 우리나라에서도 감사수임료를 time charge 형태로 변경하는 방안을 한국공인회계사회가 추진중이다. 단, 공인회계사가 수행하는 업무에 대한 대가가 지불됨은 당연한 것이지만 감사인의 입장에서는 이는 경제적인 유인보다는 법적인 책임 구분을 명확히 하려는 점이 더 클 수도 있다. 기업의 입장에서는 이러한 부분이 부담이 되어 동의서한의 도입을 반대할 수는 있지만 추가적인 업무에 대한 경제적인 보상이라는 측면에서는 이러한 내용이 부정적이라고 할 수 없다.

회사와의 계약에 따라 증권신고서 등에 감사보고서를 첨부하는 경우에는 감사인의 사전 동의를 받도록 한 경우, 회사가 이를 어기고 동의서 없이 증권신고서 등에 첨부한 경우의 감사인 책임 관련, 제3자에 대한 감사인의 책임관계는 명확하지 않으며, 관련 사례나 판례도 없다.

현재 일반적인 감사계약서의 경우, 감사보고서 첨부에 있어 감사인의 동의를 받도록 하고 있는데, 이러한 경우에 감사인의 동의없이 감사보고서를 증권신고서 등에 첨부하는 경우에는 이해관계자 등 제3자 보호에 중요한 문제점이 발생할 수 있으므로 이를 보완하기 위해서라도 동의서한 제도가 필요하다는 것이 공인회계사회의 주장이다.

싱가폴의 경우에는 상장시 동의서한 이외에도 회사의 내부회계관리제도를 review하여 회사의 내부통제 및 경영진의 적정성에 대한 의견서를 감사인이 회사에 제출하고 이를 증권신고서에 첨부하고 있다.

이 내용은 재무제표는 내부회계관리제도와 불가분의 관계가 있으며 또한 내부회계관리제도에 대한 내용도 가장 최근, 감사인이 인증한 이후에도 변화될 수 있으므로 이를 update하는 의미도 있다. 매우 흥미로운 내용이다.

즉, 재무제표에 대한 동의서한이 존재한다면 내부회계관리제도의 인증과 관련된 동의서한도 존재하여야 한다는 내용이므로 동의서한이 도입된다면 이 또한 같이 고민해야 할 내용이 아닌가 한다.

consent letter는 registration statement에 (통상 F-Section에) 첨부되는 재무제표에 대한 감사의견이 filing 시점에 유효한지를 확인하는 절차이다.

이에 반해 comfort letter는 1933 Act에 부여된 underwriter들의 due diligence 의무에 대해서, underwriter들이 registration statement에 포함된 각종 재무정보(F-section 자체에 포함된 재무제표 및 감사의견 제외-이것은 consent letter로 커버될 것임)가 제대로 된 것인지에 대해서 감사인으로부터 comfort(서약)를 얻어 책임을 분담하기 위해서 받는 문건이다. 우리나라 유가증권 신고서와는 달리 Form S-1을 보면 front section에 방대한 양의 selected financial information 및 MD&A (management discussion and analysis), pro forma f/s가 들어간다. 이 부분에 대해서 underwriter들이 comfort(서약)를 얻고자 함이다.

우리나라의 확인서한 관련한 일반적인 절차는 다음과 같다.

1. 재무제표에 대하여 감사한 사실과 유가증권신고서에 포함되었음을 언급
2. 독립성 견지여부
3. 재무제표가 기업회계기준 등에서 요구하는 형식을 준수하고 있는지 여부
4. 최근 검토한 재무제표의 명시 및 검토 후 의견
5. 최근 재무제표 보고서일 이후 유가증권 신고서일까지 주총 의사록, 이사회 의사록의 검토 및 의견
6. 주간사와 합의된 절차 및 발견사항 기술
7. 보고서의 사용제한 기술

이 중에서 5의 내용이 주요한 내용이 될 수 있다. 재무제표 보고서일 이후는 해당 기업과 관련된 주요한 안건이 있는지를 확인하여야 한다. 주총의사록, 이사회 의사록은 이를 점검하기 위한 중요한 정보의 원천이다. 최근 많은 이슈가 되고 있는 지급보증 등도 이사회 의사록에서 확인할 수 있다.

Chapter 27에서 기술될 내용이지만 조회공시에 대한 번복일 경우도 번복과 관련된 정당한 사유가 있는지를 주총 의사록과 이사회 의사록을 검토하게 되어

있다. 주총의사록과 이사회 의사록은 기업지배구조 측면에서 경영의사결정과 관련된 가장 중요한 기록이다.

상기 확인서한과 관련한 보수 등에 대하여 규정된 바는 없으며, 감사인은 통상 업무범위, 투입시간 및 복잡성 등을 감안하여 보수를 수령하고 있다. 물론, 감사인이 수행하고 있는 고유의 또한 가장 주된 활동이라고 할 수 있는 감사수임료도 갑과 을 사이에 자의적으로 감사수임료를 결정하므로 부수적인 업무라고 할 수 있는 확인서한에 대해 양자간에 적절히 수임료를 결정함은 너무 당연하다.

상기한 바와 같이 확인서한이 합의된 절차 수행이라는 본질적 성격을 감안할 때 확인서한(Comfort letter)이 유가증권 신고서에 기재된 모든 기재사항을 증명하는 것이 아니며, 책임 또한 의뢰인에게 한정되는 것이다.

확인서한의 sample format은 다음과 같다.

유가증권 신고서에 대한 확인서한(Comfort letter)

본 감사인은 2001년 8월 13일자로 작성된 유가증권신고서와 관련하여 다음과 같은 사항을 확인합니다.

1. 본 감사인은 회계감사기준에 따라 회사와 독립성을 견지하고 있습니다.

2. 본 감사인의 의견으로는 상기 감사받은 재무제표는 중요성의 관점에서 기업회계기준에서 요구하는 형식을 준수하였습니다.

3. 본 서한의 작성을 위하여 본 감사인은 회사의 의사록 관리책임자가 제시한 2001년 1월 1일부터 2001년 8월 13일까지의 주주총회의사록과 이사회의사록을 검토하였으며 회사의 의사록 관리책임자는 상기의 의사록을 빠짐없이 제출하였다고 진술하였습니다. 본 감사인은 상기 절차의 수행결과 특기할 사항을 발견하지 못하였습니다. 다만, 회사의 의사록 관리책임자가 주주총회의사록과 이사회의사록을 빠짐없이 제출하였는지의 여부는 확인할 수 없었습니다.

4. 2001년 1월 1일부터 2001년 8월 13일까지의 기간에 대하여 본 감사인은 다음과 같은 추가적인 절차를 실시하였습니다.

(1) 2001년 6월 30일 현재의 대차대조표와 2001년 1월 1일부터 2001년 6월 30일까지 회계기간의 손익계산서는 본 감사인이 검토하였으며 분기·반기 재무제표검토준칙에 중요하게 위배되어 작성되었다는 점은 발견되지 아니하였습니다.

(2) 2001년 8월 13일 현재의 대차대조표와 2001년 7월 1일부터 2001년 8월 13일까지 회계기간의 손익계산서가 작성되지 않아 본 감사인은 동 재무제표에 대하

여 검토할 수 없었습니다.

(3) 2001년 1월 1일부터 2001년 8월 13일까지의 기간 동안 중요한 소송 또는 분쟁사건, 주식·사채의 발행, 중요한 재해의 발생, 중요한 우발채무 또는 기타 약정사항의 발생, 회계추정의 변경 및 기타 중요사항의 발생여부에 대하여 회사 담당자에게 질의하였는바, 회사 담당자는 2001년 1월 1일부터 2001년 8월 13일까지의 기간 동안 상기에서 언급된 중요한 소송 또는 분쟁사건 등은 발생하지 아니하였고, 발생할 것을 우려하게 할 만한 알고 있는 사실이 없다고 진술하였습니다.

5. 또한 본 감사인은 본 서한의 작성을 위하여 유가증권신고서에 포함된 내용에 대하여 다음과 같은 추가적인 절차를 실시하였으며 동 절차는 별첨1에 나열된 각 항목에 대하여 적용되었습니다.

가. 본 감사인은 유가증권신고서에 포함된 항목의 금액과 설명을 2000년, 1999년, 1998년 감사보고서 및 2001년 반기검토보고서상의 해당금액 및 설명과 대조하였으며 서로 일치하고 있음을 확인하였습니다.

나. 본 감사인은 유가증권신고서에 포함된 항목의 금액과 설명을 회사의 결산보고서상의 해당 금액 및 설명과 대조하였으며 서로 일치하고 있음을 확인하였습니다. 본 감사인은 감사보고서 및 회사의 결산보고서에 포함되어 있지 않은 금액과 설명이 유가증권신고서에 포함된 경우에는 회사의 회계기록 또는 회사에서 제시한 분석자료 등 내부문서와 대조하였으며 서로 일치하고 있음을 확인하였습니다. 회사에서 제시한 분석자료 등 내부문서의 정확성 및 타당성에 대해서는 검토하지 않았습니다.

라. 본 감사인은 유가증권신고서에 포함된 비용, 평균 및 합계를 재계산하여 계산의 정확성을 확인하였습니다.

마. 본 감사인은 유가증권신고서에 포함된 항목들의 공시 필요 여부 또는 충분성에 관해서는 검토하지 않았습니다.

바. 본 감사인은 유가증권신고서에 포함된 사업의 현황과 관련된 추정자료 및 향후 전망과 관련된 재무제표 등의 추정자료에 대하여는 검토하지 않았습니다.

6. 상기 5에서 언급된 절차는 회계감사기준에 의하여 수행된 절차가 아니므로 이에 대한 의견을 표명하지 않으며, 또한 동 절차가 D증권주식회사가 의도하는 절차의 목적에 부합되는지의 여부에 대한 의견을 표명하지 아니합니다. 또한 상기 5에서 언급된 절차가 유가증권신고서에 포함된 금액 또는 비율의 중요한 표기상의 오류를 발견하지 못할 수도 있으며 본 감사인은 유가증권신고서상의 중요한 사실의 누락 여부 또는 공시의 적정성에 대해서는 의견을 표명하지 아니합니다.

7. 본 서한은 회사의 등록을 위한 유가증권신고서와 관련하여 작성된 것으로 간사회

사인 D증권주식회사만을 위한 정보이므로 다른 목적으로 회람되거나 인용되어서는 아니됩니다.

××회계법인

대표이사 ×××

4의 (2)에서 감사인의 이 기간 동안의 한계를 명확하게 제한한다(scope limitation).

4의 (3)에서의 내용은 대차대조표일 이후의 사건과 같은 성격을 띤다.

4의 (6)에서 확인서한은 감사절차가 아니라는 한계를 분명히 표시하고 있다.

7에서 일반적인 목적이 아니므로 사용의 범위를 제한한다.

상장신청인에 대해 확인서한을 요청한 경우, 회사는 회계법인에 이의 발행을 의뢰하고 감사인은 공인회계사회가 제정한 "확인서한 작성요령"에 따라 업무를 수행하고 확인서한을 작성, 발급한다. "확인서한 작성요령"은 공인회계사회가 제정한 감사기준과 유사하다고 할 수 있다.

만약 금감원이 상장신청인(회사)의 부담 경감을 위해 제출대상 서류에서 '삭제'시켰다면, 회사는 회계법인에 확인서한의 발급을 요청할 필요가 없다. 따라서 회계법인은 자동적으로 공인회계사회가 제정한 "확인서한 작성요령"을 적용할 일이 없어진다.

만약 회사가 해외상장을 할 때 comfort letter의 발급을 필요로 할 것이므로 회사는 회계법인에 이의 발행을 의뢰하고 감사인은 공인회계사회가 제정한 "확인서한 작성요령"에 따라 업무를 수행하고 확인서한을 작성, 발급한다.

이에 대해서 상장협은 consent/comfort letter에 반대하는 다음의 의견을 갖는다.[4]

감사보고서는 회사가 외부감사인을 용역수행자로 선정하여 감사업무를 수행하고 회사에 제출한 용역서비스의 최종 결과물이며 비록 '외부감사' 업무가 특수성(공공재적 성격)을 가지고 있다고 하나, 용역 수행 후 그 결과물의 사용을 제한하는 것은 부당하다.

4 상장회사협의회의 '감사보고서의 이용에 대한 사전 승인 및 검토 필요성에 대한 의견'에 기초한다.

감사보고서의 왜곡된 사용으로 인한 모든 책임은 회사가 지게 된다. 그러나 분식이 포함된 재무제표에 대한 소송이 제기될 때, 많은 경우 회사와 감사인이 피고가 되는 것이 사실이며 또한 회사가 부도 등의 어려움을 겪을 때에도 현금보상 능력이 있는 회계법인이 'deep pocket'의 의무를 안게 되는 경우도 다수 있다. 또한 가장 중요한 부분은 재무제표 이용자들이 유가증권신고서가 제출되면서 감사보고서가 첨부된다면 이 감사보고서가 유가증권신고서가 제출되는 시점까지의 upto date한 감사보고서라는 오해를 할 수가 있는데 이 부분이 가장 큰 문제점이다. 또한 이러한 deep pocket의 의무를 갖는 회계법인이 이에 민감하게 대응하는 것은 당연하다.

감사보고서는 특정 시점(보통 결산일) 혹은 특정 기간(통상 회계기간)의 회사의 재무상태와 경영성과에 대한 외부감사인이 감사의견을 피력한 보고서이다. 다만, 감사보고서의 내용이 왜곡 없이 재무서류에 첨부된 경우라고 하더라도, 재무서류 신고과정에서 과거 감리 등에서 발견하지 못한 감사보고서의 오류가 새롭게 발견될 수 있는바, 이 경우 회사 및 감사인 모두 법적 책임에서 자유롭지 못할 것이다.

위의 내용에서도 이전의 감사보고서가 첨부됨으로 인해 감사인이 추가적인 책임을 질 수도 있다는 점을 부인하지는 않는다. 즉, 이전에 이미 공표된 감사보고서에 문제가 있으면 해당 감사보고를 이용하고 투자활동을 수행한 당시의 투자자에게만 감사인이 책임을 지면 되는데 추후의 추가적인 유가증권신청서에 이 감사보고서가 첨부되었을 경우는 이 추가적인 유가증권신고서에 근거하여 투자를 결정한 투자자에 대한 책임을 면하기 어렵다.

만약에 추가적인 인증이 수행되었고 최초의 감사보고서에 포함된 오류를 추가적인 인증에 의해서 수정할 수 있다면 이러한 점이 consent letter/comfort letter의 장점일 것이다.

그러나 회사가 감사보고서 또는 감사보고서의 내용을 증권신고서 등에 변형, 발췌하여 게재하면서 의도하거나 의도하지 않은 내용상의 오류가 발생한 경우, 모든 법적 책임을 회사 단독으로 지게 될 것이다.

공인회계사회의 표준외부감사계약서 제15조에서도 위와 같은 상황에 대해 감사인은 어떠한 책임도 없음을 명확히 밝히고 있으며, 동 조문으로써 '감사보고서 이용' 및 '감사인의 언급'에 대한 회사와 감사인의 책임 구분은 명확해진다.

제15조(감사보고서 또는 검토보고서가 첨부된 타문서에 대한 책임) 갑(회사)이 을(감사인)의 사전 승인없이 갑의 재무서류에 감사보고서 또는 검토보고서를 포함시키거나 첨부한 경우와 을에 대하여 언급한 경우 을은 동 문서에 포함된 정보의 검토, 입증, 기타 어떠한 절차의 수행책임도 없으며, 갑은 이로 인하여 을이 소송 또는 소송외적으로 부담한 모든 손해에 대하여 책임을 진다.

많은 재무서류에서 감사보고서(검토보고서)를 첨부토록 요구하고 있다.

- 증권신고서(최근 시점의 연결감사보고서, 반기검토보고서, 분기검토보고서)(증권의 발행 및 공시 등에 관한 규정 제2-6조 제6항)
- 합병신고서(최근 3사업연도의 연결감사보고서, 감사보고서, 당해 반기검토보고서, 분기검토보고서)(증권의 발행 및 공시 등에 관한 규정 제2-9조 제2항)

이와 같이 관련 법령에서 외부감사인의 감사보고서 등을 첨부토록 요구하고 있는바, 감사보고서 등의 기준일이 신고서 제출일 시점이 아닌 최근 시점기준이다. 결국 증권신고서 등에 첨부된 감사보고서의 성격(감사보고서일, 유효한 시점)과 법령의 내용 등에 대해 충분히 숙지하여야 할 책임은 재무서류 이용자에게 있는 것으로 보는 것이 타당하다. 물론, 이를 숙지할 책임이 재무서류 이용자에게 있다는 점은 부정하지 않으나 이러한 논의가 얼마나 현실적인지는 의문이다.

그럼에도 불구하고 공인회계사회 및 회계법인 등이 재무 서류에 감사보고서 등을 첨부하거나 을에 대한 언급을 하기 위해서는 외부감사인의 '의견서(Letter of consent)'를 의무적으로 받도록 요구하는 것은 지나친 책임회피로 판단되며, 회계법인의 또 다른 수익추구 활동으로 비춰질 여지가 있다는 것이 상장협의 입장이다.

상장협의 위의 문건 중 회계법인의 또 다른 수익추구 활동이라는 표현은 회계법인이 과도한 수임료를 요구할 경우인데 추가적인 업무에 대한 정당한 수임료를 청구할 경우에는 이러한 범주에 해당되지 않는다.

책임은 재무서류이용자에게 있는 것으로 보는 것이 합당하지만 법원에서 이러한 점이 문제가 될 때에 과연 유효기간이 경과되었으므로 감사인에게 면책이 주어질지는 의문이다.

다음의 내용도 consent letter와 관련된다.

한국경제신문. 2011.1.19.

기업공개 '1~2월 장애물' 사라진다. 전 사업연도 감사보고서 최근 분기 재무제표로 대체

'지난해 감사보고서가 3월은 돼야 나오니 1~2월은 기업공개(IPO) 작업을 진행하는 게 불가능하죠. 빨리 진행해서 주식시장이 조정을 받기 전에 공모를 마무리 지으면 좋을텐데 초조합니다.'

증권시장 상장을 추진중인 IPO 관계자들이 요즘 이구동성으로 토로하는 아쉬움이다. 기업들이 상장하려면 전 사업연도의 결산재무제표를 포함한 감사보고서를 증권신고서에 첨부해야 한다. 문제는 전 사업연도가 끝나고 통상 2개월 이상 지나야 감사보고서가 나오기 때문에 매년 1~2월에는 IPO 관련 작업을 진행하기 어려웠다.

하지만 앞으로는 IPO 추진기업들이 전 사업연도 감사보고서가 나오기 전이라도 증권신고서를 제출할 수 있게 됐다. 금융감독원은 감사보고서가 나오기 이전에 IPO 신고서를 제출하려는 기업에 대해서는 최근 분기 재무제표가 포함된 감사보고서를 대신 첨부하도록 운영방식을 개선해 18일부터 시행한다고 발표했다.

미국의 경우 전 사업연도 종료 후부터 45일 이내에 IPO 관련 작업을 진행하려는 기업은 전 사업연도보다 앞선 2개 사업연도의 재무제표와 최근 분기 재무제표를 제출하도록 하고 있다. 일본은 전 사업연도보다 앞선 사업연도와 감사보고서 및 사업연도 반기 감사보고서 등을 제출하도록 규정하고 있다.

금감원 관계자는 '주식시장 활황 등의 요인으로 IPO를 희망하는 기업이 늘어나고 있지만 새 사업연도 초에는 관련 작업을 진행하기 어려운 애로가 있었다'며 '앞으로는 이 같은 어려움이 없어지게 됐다'고 말했다.

이는 물론 분기재무제표의 적정성이 담보되어야 하며 분기 재무제표가 받은 검토라는 인증이 감사 인증보다는 한 단계 낮은 수준의 인증이라는 점을 고려해야 한다. 또한 자산규모 5천억원 미만인 기업은 그나마 검토라는 인증도 받지 않은 기업이라는 점도 고려되어야 한다. 물론, 자산규모 5천억원 미만의 기업이라도 검토를 자발적으로 받은 기업도 있을 것이다.

네오세미테크(주)의 경우는 2009년 9월 22일 우회상장으로 상장이 된 이후에 2010년 9월 3일 1년도 안 되어 퇴출의사결정이 수행되어 많은 선의의 주주가 피해를 입었다고 하여 논란의 대상이 되었던 기업이다.

감사보고서 첨부 등에 대한 감사인 동의의 부재가 문제시 되었다. 감사인은 회사의 2009년 9월 22일자 및 2009년 11월 26일자 증권신고서상 '08년도 재무제표의 기재 또는 '08년도 감사보고서의 첨부를 동의한 사실이 없다.

이데일리 2012.2.6.

IPO 때 증권신고서 재무정보 회계법인 확인 의무화
이달부터 시행…분기 지나면 반드시 감사인 검토·감사받아야

앞으로는 상장공모를 위해 증권신고서를 제출하려면 재무정보에 대한 회계법인의 확인서가 반드시 필요하게 된다. 이에 따라 당장은 올 1분기에 상장공모에 착수하지 못한 기업은 1분기에 대한 회계감사인의 검토를 받아야 한다.

6일 금융감독원 및 투자은행(IB)업계에 따르면 기업공개(IPO) 때 증권신고서의 재무정보에 대한 회계감사인의 확인서(Comfort Letter)를 의무화하는 방안이 이달부터 본격 시행됐다.

확인서란 상장공모 때 증권신고서에 기재된 재무제표가 적정하고, 재무관련 사항이 재무제표로부터 적정하게 만들어졌는지 회계법인이 확인하는 보증서를 말한다. 투자자 보호를 위해 공모기업의 재무정보에 대한 신뢰성을 확보토록 한다는 취지다.

또한 믿을 수 있는 가장 최근의 재무정보가 제공될 수 있도록 분기가 지나 증권신고서를 제출할 때는 해당 분기 재무제표에 대한 회계감사인의 검토나 감사를 받아야 한다.

가령 다가오는 1분기의 경우 이 기간 내 공모에 착수하지 못했다면 무조건 1분기 내부결산을 마치고 회계법인의 확인서와 재무제표에 대한 검토보고서 또는 감사보고서를 제출해야 한다. 따라서 1분기가 끝나고 결산을 하는 데 빨라야 10~15일 걸리는 점을 감안할 때 이 기간에는 신고서 제출이 원천적으로 불가능하게 된다.

금감원 관계자는 "분기가 지나면 투자자들에게 실효성 있는 재무정보가 제공되는 게 바람직하다"고 말했다.

아울러 확인업무를 현재 감사업무계약을 맺고 있는 외부감사인을 놔두고 다른 회계법인에 맡길 수는 없다.

자본시장법에 증권신고서상 재무제표의 기재 또는 감사보고서 첨부시 감사인의 동의를 요하지 않으므로 감사인의 동의를 얻지 않고 첨부한 감사보고서라 하더라도 해당 감사인에게 과징금 부과가 가능하며 판례도 이를 지지한다. 따라서 이 경우를 보더라도 감사인이 추가적인 부담을 안는 것은 분명하다.

증권신고서 기재 등에 대한 '동의' 여부에 따른 배상책임 및 과징금 부과 대상자의 범위는 다음과 같다.

공인회계사·감정인·신용평가자	자신의 평가·분석·확인의견을 기재한 자
동의 불요(§125.①.3.)	동의 필요(§125.①.4.)

동일 법안 내에서도 공인회계사, 감정인, 신용평가자에 대해서는 동의가 불필요하며 자신의 평가, 분석, 확인 의견을 기재한 자에 대해서는 동의가 필요한 것이 불평등하지 않은지에 대한 의견도 있을 수 있다.

위의 표를 검토하면 어떠한 업군에는 동의가 필요한데 어떠한 업군에는 동의가 필요하지 않은지에 대해서 차이가 있는지가 명확하지 않다. 또한 공인회계사에 대해서는 동의가 필요하지 않지만 네오세미텍을 감사한 감사인에 대해서는 과징금이라는 책임을 부과하는 것을 보아서는 감사인들의 고충을 충분히 이해할 수 있다.

단, 동의가 필요하다고 해서 감사인들이 동의 과정에서 달리 행동했었겠는지는 별개의 이슈이다.

감사인에 대한 과징금 부과 관련 판례는 다음과 같다. 현대상선㈜의 감사인인 삼일회계법인이 제기한 '과징금부과처분취소등'에 대한 법원 판결의 요지는 다음과 같다(서울고등법원 '08.5.14. 선고, 2007누25390).

(삼일회계법인 주장) 과징금 부과대상이 되는 '유가증권신고서의 첨부서류가 진실 또는 정확하다고 증명하였거나 서명한 자'는 유가증권신고서의 제출 당시에 유가증권의 발행 및 그와 관련된 공시에 관하여 별도로 정확성을 증명하거나 서명한 자라고 보아야 한다.

원고는 외감법에 의한 외부감사를 하였을 뿐, 회사의 유가증권 발행이나 공시에 전혀 관여한 사실이 없고, 감사보고서가 유가증권신고서에 첨부되는 데 대하여 동의한 사실도 없으므로, 원고는 '유가증권신고서의 첨부서류가 진실 또는 정확하다고 증명하였거나 서명한 자'에 해당하지 않는다고 주장하였다.

이에 대한 법원의 판단은 다음과 같다.

1. 일정 규모 이상의 유가증권을 모집 또는 매출하기 위하여는 반드시 외부감사인의 감사보고서를 첨부하도록 규정하고 있으므로, 외감법에 의한 외부감사를 하는 감사인으로서는 감사대상 법인이 감사보고서를 첨부하여 유가증권을 모집 또는 매출하리라는 것을 충분히 예상할 수 있다고 보이는 점
2. 유가증권신고서에 반드시 감사보고서를 첨부하도록 하면서도 그와 관련하여 감

> 사인의 동의를 별도로 받도록 규정하고 있지는 않은 점 등을 종합하여 보면, 유가증권신고서에 첨부된 감사보고서에 '적정의견'을 표명한 감사인은, 설령 유가증권의 발행이나 공시에 전혀 관여한 바가 없고, 또 감사보고서가 유가증권신고서에 첨부되는 것에 대하여 동의한 사실이 없더라도, '유가증권신고서의 첨부서류가 진실 또는 정확하다고 증명하였거나 서명한 자'에 해당한다고 볼 수밖에 없음

이에 근거하여 네모세미테크에 관련된 이슈를 정리하면 다음과 같이 결론을 도출할 수 있다.

㉠ 비상장법인 舊 네오세미테크㈜는 2008년 6월 20일 코스닥상장법인과의 합병을 등록 목적으로 적시하면서 금융위원회에 등록법인신청서를 제출하였는바, 비상장법인임에도 불구하고 당시 증권거래법에 의한 유가증권 발행이 가능한 법인이었고

㉡ 2008년 6월 21일, 舊 네오세미테크㈜가 코스닥상장사 ㈜디앤티(2008년 9월 5일㈜모노솔라로 상호변경) 지분 33%(최대주주)를 인수하는 계약을 체결하고 같은 날 양사 이사회가 합병을 결의한 바 있으며

㉢ 비록 舊 네오세미테크㈜가 동사의 CB · BW 채권자들로부터 합병에 대한 동의를 미리 구하여야 함에도 이를 흠결한 채 합병을 결의하여 이후 합병결의를 취소하였다 하더라도, 여전히 舊 네오세미테크㈜가 ㈜디앤티의 최대주주인 등 양사가 조만간 합병할 계획을 가지고 있었으므로

➡ XX회계법인은 舊 네오세미테크㈜의 2008년도 감사보고서가 합병을 위한 증권신고서 등에 이용될 것임을 알 수 있었다.

설령 법원의 판단이 그렇다고 하더라도 감사보고서를 첨부하여 사용할 것이 예상할 수 있는 사건일 수는 있지만 '충분히' 예상할 수 있는 사건인지는 명확하지 않다. 위의 판례의 결과에 의하면 동의를 하지 않았다고 해도 감사인이 이 감사보고서가 피감기업에 의해서 사용될 때에 이에 대한 책임을 지는 것으로 판결되었다.

consent letter는 감사보고서일 이후의 해당 기업과 관련된 급격한 상황 변화가 있었는데도, 잘못된 정보가 전달되는 것과 관련되어 투자자를 보호하는 것이

기도 하다. 즉, 감사인을 보호하는 것이기도 하지만 투자자를 보호하는 것이다. 단, 감사보고서에는 분명히 감사인이 언제까지의 정보에 대해서 책임을 지겠다고 하였는데 이를 무시하고 투자자가 이 정보를 곡해하였다면 이는 투자자 책임인데 이러한 투자자까지 보호해주어야 하는지에 대한 이슈이다. 어느 정도 지적 능력이 되는 투자자를 대상으로 이러한 판단을 한다면 이러한 문건의 필요가 없겠지만 naive한 투자자들은 이러한 정보에 왜곡될 수 있다. 이러한 naive한 투자자까지를 보호할 정도로 법과 제도가 완벽하여야 하는지에 대해서는 정책적인 판단을 해 주어야 한다. 즉, 투자자 자기 책임의 이슈이다.

감독기관이 어느 정도까지 투자자를 보호해주어야 하는지에 대해서는 이견이 있을 수밖에 없다. 예를 들어 투자 관련해 많은 인터넷 주식 정보 사이트가 있다. 이러한 web상에 올라가는 정보에 대해서도 감독기관이 규제를 하여야 하는지도 고민하여야 한다. 그렇다고 하면 無價紙(속칭 찌라시)에 근거하여 투자의사결정을 수행하였다고 할 때에 감독기관이 이러한 정보지에 올라가는 정보까지도 규제해야 하는지에 대해서도 이견이 있을 수 있다.

예를 들어 팍스넷 등의 인터넷 매체는 소위 유사투자자문업자이며 감독원에 이들이 등록을 하게 되지만 어떠한 등록 요건이 있다거나 감독원이 규제를 하는 것은 아니다. 오히려 아무런 통제가 되지 않는 이러한 유사투자자문업자를 감독기관에 등록하도록 허용하여 이들이 외관상으로 공신력을 갖는 매체인 듯한 왜곡된 정보가 시장에 전달되는 것은 아닌지에 대한 우려가 있다(조선일보, 2012.3.9. 박근혜 안철수 주 먹튀, 아저씨 3인방 잡았다).

이러한 논란 끝에 comfort letter를 도입하는 정책 방향을 최근 정책 당국이 채택하였다.

아주경제. 2011.7.20.

금융당국, 기업공개 때 회계사 보증서 받는다

금융당국이 기업공개(IPO)를 위해 증권신고서를 제출할 때 감사보고서뿐 아니라 회계사로부터 보증서도 받을 계획인 것으로 전해졌다.

상장예비심사 청구 3개월 전에는 IPO 주관사를 바꿀 수 없을 뿐 아니라 중장기적으로는 공모가희망밴드를 없애는 방안도 추진됐다. 또 회계 부정이나 공모가 과다책정에 따른 투자자 손실을 줄이기 위한 조치로 설명됐다.

20일 금융투자업계에 따르면 금융위원회는 이런 내용을 담은 발행시장에 대한 제도 개선안을 내달 발표할 예정이다.

금융당국은 현행 IPO 과정을 더욱 세분화하기로 했다. 현재 IPO는 대표주관계약체결 → 기업실사 → 공모가희망밴드 결정 → 증권신고서 제출 → 기관투자자 수요예측 → 공모가 확정 · 정정신고서 제출 → 청약실시 → 주금 납입 순으로 이뤄진다.

금융당국은 이 가운데 기업실사시 외부감사인으로부터 보증서(comfort letter)를 받아 형식적인 감사를 통한 부실 기업 상장을 막기로 했다.

발행공시규정에 담겼던 공모가희망밴드도 외국처럼 사라질 것으로 보인다. 이는 시장 혼란을 막기 위해 중장기적으로 적용된다. 기관 투자자가 수요예측 과정에서 많은 물량을 받기 위해 공모가희망밴드와 상관없이 시장가로 주문을 내면서 이 제도 취지를 무색하게 했던 것으로 지적됐다.

이를 개선하기 위해 수요예측시 가격을 제시하지 않은 채 주문을 내는 기관 투자자에게는 오히려 불이익을 주는 제도도 도입하기로 했다.

이는 연초 미래에셋증권에서 현대위아 IPO를 맡았을 때 사용되기도 했다. 현대위아는 올해 상장한 신규법인 가운데 가장 높은 주가를 기록하고 있다. 확정공모가에 불만을 가진 예비 상장사가 주관사를 교체하는 것도 상장예심청구 이후 3개월 이내에는 불가능해진다.

주가수익비율(PER)뿐 아니라 자산가치도 함께 비교해 증권신고서에 담는 방안도 검토되고 있다. 금융위 관계자는 "투자은행(IB) 활성화 차원에서 자본시장법 개정을 통해 발행시장제도를 개선하기로 했다"며 "8월부터 본격 입법을 추진할 것"이라고 말했다.

chapter 03

외감대상기업/외감주체

감사인의 선임은 피감기업의 자유의사에 의해서 결정되지만 적격한 감사인으로 그 자격이 한정된다. 본 장에서는 누가 외부감사를 받아야 하는지와 누가 외부감사인이 될 수 있는지와 관련된 이슈를 논의한다.

감사반의 경우 업무의 연속성 등 현실적인 한계로 회계법인에 비하여 감사업무에 여러 가지 제한을 두고 있는바 외감법상 제한은 다음과 같다. 첫째, 감사반은 주권상장법인의 감사인이 될 수 없다. 둘째, 감사반은 결합재무제표의 감사인이 될 수 없다. 셋째, 감사반은 연결재무제표에 포함되는 회사의 회사별 직전 사업연도 말 자산총액의 합계액이 500억원(직전 사업연도에 감사한 연결재무제표를 계속 감사하는 경우에는 1,000억원) 이상의 연결재무제표 감사인이 될 수 없다. 외감법상 재무제표, 연결재무제표, 결합재무제표의 감사인은 동일하여야 하므로 감사반은 자기와 종속회사 자산총액이 500억 이상인 회사의 감사인이 될 수 없음을 의미한다. 넷째, 감사반은 증권선물위원회에 의한 감사인 지정에 따른 감사인이 될 수 없다.

현 제도하에서는 자본금 5억원 이상, 10인 이상의 공인회계사 등 형식적 요건이 충족되는 회계법인은 금융위에 등록할 수 있으며 모든 회사에 대한 감사가 가능하다.

외부감사대상을 전체 경제의 어느 정도까지로 한정할지에 대해서는 이해관계가 첨예하게 대립한다. 기업의 입장에서는 외부감사를 받는다는 것 자체가 비용적으로 부담이 되므로 외감대상기업이 축소되어야 한다는 주장이고 회계업계에서는 경제전체의 투명성을 확보하기 위해서는 외감대상법인이 확대되어야 한다는 주장을 할 수 있다. 특히나 외감대상 법인을 확대함에 있어서는 종교단체,

비영리단체뿐만 아니라 최근 이슈가 되었던 봉사단체 등도 포함되어야 한다는 주장도 있다. 이와 더불어 누가 감사를 수행하는 주체가 되어야 하는지도 이슈가 된다.

> 한국경제신문. 2006.1.31.
>
> **모든 회계법인 금융사 감사 가능, 공정위, 경쟁 막는 규제 손질**
>
> 지금까지는 자산총액 8,000억원 이상인 은행 종금사 등에 대해 감사를 할 수 있는 회계법인이 '소속회계사 100명 이상으로 외국회계법인과 제휴한 대형 회계법인'으로 한정됐었다.
>
> 시장진입을 제한하는 규제 중에서는 '금융회사에 대한 회계감사기관 제한' 규정이 폐지 대상에 올랐다.

2006년까지는 자산 총액 8,000억원 이상인 은행 종금사 등에 대해 감사를 할 수 있는 회계법인이 소속공인회계사 100명 이상으로 외국회계법인과 제휴한 대형회계법인으로 한정되었다가 이러한 규제가 폐지되었다.

규제는 폐지되었지만 외감법에는 다음과 같이 규정되어 있다.

외감법 제3조(감사인) 2.

② 금융위원회는 제1항 각 호에 따른 감사인의 형태와 그에 소속된 공인회계사의 수 등을 고려하여 감사인이 감사할 수 있는 회사의 규모 등을 총리령으로 정하는 바에 따라 제한할 수 있다.

금융회사에만 이러한 제도가 강제되었던 것이 금융은 모든 개인 및 기업의 경제활동을 지원하고 있으며 또한 모든 산업의 인프라로 작용하기 때문이었다. 공정거래위원회와 금융위원회는 여러 가지 면에서 이해 상충이 있다. 금융위의 입장은 투자자를 보호하기 위해서는 규제가 불가피하다는 입장이고 공정위의 입장은 공정한 자율적인 경쟁이 경제를 주도하는 힘이 되어야 한다는 정책방향을 갖는다. 이러한 차원에서 규제는 공정한 경쟁에 방해 요인이 될 수도 있다.

때로는 금융위원회가 제안하는 법안이 규제개혁위원회에서 기각되기도 한다. 공정위는 공정거래의 입장에서 규제개혁위는 규제철폐의 이유에서 금융위와 상충이 발생하기도 한다.

이는 과거에 적격심사낙찰제도를 시행한 것과 동일하다. 즉, 정부에서 판단하건데 자산규모 8,000억원 이상 되는 기업의 감사를 제한한 것으로 소속 회계사 100명 이상의 경우를 적격 감사인으로 판단한 것이다. 어떠한 이유에서 적격 감사인을 소속 공인회계사수로 판단하는 것이 적절한지 등의 논란이 있을 수 있다. 즉, 공인회계사수가 회계법인의 품질과 연관성 및 인과관계가 있는지가 전제되어야 한다.

공정위의 입장은 다음과 같은 논리에서는 정당화될 수 있다. 이러한 규제를 강제하지 않아도 대규모 피감기업이 자발적으로 규모가 작은 감사인을 선임하지는 않을 것이다. 즉, 대형 금융기관이 소규모 회계법인을 감사인으로 선임한다면 이는 시장에 부정적인 의미를 전달하여 기업의 내재가치에 반영하게 될 것이다. 중소형 회계법인이 삼성전자를 감사할 수 있는 품질을 갖추지 못하였다는 것이 아니라 어느 정도 규모가 되지 않는 회계법인은 초대형 기업이나 초대형 금융기관을 감사하기에는 역부족이라는 의미이다.

따라서 시장의 기능에 의해서 자율적으로 대규모 기업일 경우는 그 격에 맞는 감사인이 선임될 것이다. 더더욱 기업의 감사인 선임은 감사인선임위원회 또는 감사위원회의 적절한 절차에 의한 것이므로 어느 정도 부적합한 감사인이 선임되는 것을 방지할 것이다.

감사인선임위원회는 감사 1명, 사외이사 2명 이내, 지배주주 외 주주 2인, 채권금융기관 2인, 기관 투자자 1인으로 구성된다.

단, 이러한 모든 논리는 시장에서 자율적으로 해결될 수 있으므로 정부가 개입할 건은 아니라는 입장이며 이러한 정책적인 의지가 반영된 것이다. 물론, 경제인프라가 성숙하지 않아서 이러한 자율기능(market mechanism)이 작동하지 않는다면 규제/감독이 개입되어야 한다. 즉, 자율기능에 의해서 진행될 부분을 규제가 개입한다는 것이 오히려 부자연스러울 수 있다.

금융기관을 감사하는 감사인이 대형회계법인이 아니라도 무방하다고 시장이 인식한다면 이 또한 아무 문제가 없다. 단, 이는 시장 mechnism이 적절하게 작동할 것이라는 것을 가정하고 있으며 그렇지 않을 경우는 규제과 감독이 그 역할을 수행하여야 한다.

외감법 대상 기업을 확정하는 과정은 매우 큰 진통을 겪어 왔다. 2009년 외감법 시행령 입법 예고 안에는 자산 규모 이외에 매출액 200억원, 종업원수 300명, 부채규모 100억원 중 한 조건만 만족해도 되는 것으로 되어 있었다.

조세일보. 2010.7.23.

회계업계, "외부감사 대상에 '매출액 기준' 넣어야"
"종업원 기준은 실효성 부족, 고용정책 방향과도 역행"

올해 초 외부감사 대상기준에서 빠진 '매출액' 기준을 재추진하려는 회계업계의 움직임이 점차 확산되고 있다.

당초 금융위원회는 '주식회사의 외부감사에 관한 법률(외감법)' 시행령 개정안 입법예고에서 자산 70-100억원 기업 중 매출액 200억원 이상인 경우도 외감 대상으로 명시했다가 규제개혁위원회 심의에 의해 이 기준이 삭제됐다.

현재 시행되는 외감법시행령은 자산 70－100억원 기업 중 부채가 70억원 이상이거나 종업원수 300명 이상인 경우도 외감 대상으로 규정하는 내용의 외감법 시행령 개정안을 2009년 12월부터 시행하고 있다.

최근 공인회계사회와 회계법인 등 관련업계에 따르면 외감대상에 매출액 기준을 신설하는 내용의 외감법 및 관련 시행령 개정안을 조만간 금융위에 공식 건의할 예정이다.[1] 업계에서는 올해 초 신설된 종업원수 기준은 외부감사에 대한 투명성과 실효성 측면에서 맞지 않다는 지적이다.

외부감사대상 회사의 수는 다음의 통계를 보인다. 외부감사대상 회사의 증가는 자산총액의 자연 증가에 주로 기인한 것이나 경기 침체로 인해 '11년의 증가폭은 과거(1~2천사 수준) 대비 둔화되었다.

1 이렇게 진행되지는 않았지만 관련된, 생각해 볼 수 있는 이슈를 제기한다는 차원이며 미래 시점에도 언제든지 이러한 이슈는 다시 제기될 수 있다.

연도별 외부감사대상회사 증가 (단위: 사)

구분	2001	2002	2003	2004	2005	2006	2007	2008	2009*1	2010*2	2011
외부감사대상	9,261	10,408	11,602	13,102	14,287	15,757	18,074	20,258	17,209	18,598	19,576
전개대비 증감	-	1,147	1,194	1,500	1,185	1,470	2,317	2,184	△3,049	1,389	978

* 1: 2009년 외부감사대상 자산총액 기준금액이 상향 조정되어('08년 70억원 → '09년 100억원) 외부감사대상 회사 대폭 감소
* 2: 2010년 외부감사대상에 자산총액 70억원 이상 기업 중 부채총액 70억 이상이거나 종업원 300인 이상인 기업이 추가됨에 따라 경기 악화에도 불구하고 외부감사대상회사 증가

외부감사를 부담스러워하는 기업의 입장에서는 종업원수를 늘리지 않을 수 있고, 이는 정부의 고용정책과도 맞지 않는다는 입장이다. 따라서 외부감사대상과 관련된 정책은 외감대상에서 그치는 것이 아니라 조금 더 거시경제적인 이슈와도 연관된다.

대신 매출액 기준을 신설해 채권채무에 대한 이해관계자가 많은 기업의 투명성을 높여야 한다는 것이 업계의 주장이다.

회계업계 관계자는 "당초 금융위에서는 매출액 기준을 신설하는 개정안을 입법 예고했다가 중소기업 관련 단체의 반발로 인해 부채와 종업원수 기준만 새로 생겼다"며 "종업원수는 외부감사에 대한 현실을 전혀 반영하지 못하는 기준"이라고 말했다.

권오형 공인회계사회장도 매출액 기준 신설을 공약사항으로 내세워 관련 법 시행령 개정을 추진하겠다고 공언했다. 권 회장은 2010년 6월 당시 정기총회에서 "금융위를 중심으로 외부감사 대상을 부채규모와 매출액을 감안해 선정하도록 시행령 개정을 추진하고 있다"며 "외부감사 대상이 자산규모 85억원까지 상향조정되는 효과가 있을 것"이라고 밝혔다.

공인회계사회의 입장에서는 기존의 자산 규모 70억원의 외감대상기준에서 100억원으로 자산규모가 확대되면서 많은 수의 기업을 감사 고객으로 잃게 되었다.

종업원수가 이슈가 되는 다음의 신문기사가 흥미로운데, 이 기사에 의하면 기업이 매출은 분식할 수 있어도 영업이 진행되지 않는데 종업원을 더 채용할 수는 없으므로 기업의 규모를 추정하는 데 있어서 종업원수도 이를 가늠할 수 있는 변수라는 기사이며 이러한 측면에서는 외감대상 기업의 선정에 종업원수도 대용

치일 수는 있다. 즉, 종업원수가 기업규모의 일반적인 대용치가 될 수도 있다는 내용이다.

조선일보. 2009.11.11.

분식회계 잡는 비법? 직원수 변동 확인하라

미국 노스캐롤라이나 대학 회계학과의 조 브라질(Brazel) 교수는 재무제표보다는 직원이나 공장면적의 변화를 보는 것이 분식회계 여부를 더 쉽게 판정할 수 있다고 주장했다. 연구진은 지난 9일 미국의 220개 기업을 대상으로 직원과 수익증가율을 분석한 결과를 발표했다. 이 중 110개 기업은 1984년에서 2002년 사이에 분식회계를 했다. 나머지 110개 기업은 정상적으로 재무제표를 발표했다. 그 결과 정상적인 기업에서는 수익 증가율과 직원 증가율이 대략 4% 차이를 보였다. 하지만 분식회계를 한 기업에서는 그 차이가 20%나 났다.

브라질 교수는 '분식회계의 대표적인 방법은 회계를 조작해 수익을 부풀리는 것'이라며 '하지만 제조업의 직원수, 공장면적이나 유통업의 소매점수, 병원의 방문 환자수 등은 조작이 어렵다'고 밝혔다. 일반적으로 분식회계를 한 기업은 수익이 오르는데 직원수는 줄어드는 현상이 나타났다.

주주수가 사업보고서 보고 기업을 정하는 데도 사용된다. 주주수가 사업보고서 보고의 기준으로 사용된 이유는 관련된 이해 관계자가 많기 때문이다.

이데일리. 2009.3.10.

주주 500명 이상 외감법인 사업보고서 '비상'
자본시장법 범위 확대

자산 100억원 이상으로 주주수 500명 이상인 12월 결산 비상장사들에게 비상이 걸렸다. 앞으로는 오는 5월 15일 1분기 보고서를 시작으로 분반기나 사업연도가 끝나면 의무적으로 정기보고서를 내야 하기 때문이다.

10일 금융감독당국에 따르면 자본시장법 시행으로 사업보고서 대출 대상이 주주수 500명 이상으로 기업공개나 상장사와의 합병을 위해 금융위원회에 등록한 기업에서 주주 500명 이상 모든 외감법인으로 확대됐다.

자산총액 100억원 이상으로 의무적으로 외부감사를 받아야 하는 1만 5,000개 기업 중 주주수가 500명 이상인 곳은 앞으로 분반기 사업보고서를 정기적으로 제출해야 하는 의무가 생긴 것이다.

비상장기업이라도 주주수가 많아지는 것은 이해 관계자가 많다는 것이므로 이 정책 취지를 이해할 수 있다.

조세일보 2010.7.13.

권오형 한공회장 인터뷰

지난번에 부채규모 70억원, 종업원수가 300명이 됐는데, 종업원수 대신 매출액을 넣어야 합니다. 국회의원들도 바꿔야 한다는 데 인식을 같이 하고 있기 때문에 분위기는 마련됐다고 봅니다.

매출이 많으면 채권 채무 이해관계자가 많게 되는데, 이해관계자가 많은 곳이 투명해지려면 감사를 받아야 합니다.

부채규모가 포함된 이유가 부채가 많은 기업의 경우, '채무' 이해관계자가 많다는 이유였을 것인데 매출이 많다는 것은 채권 이해관계자가 많은 것으로 제도를 이렇게 운영한다면 채권 채무가 모두 포함될 것이다.

회계에서 종업원수가 중요한 경우가 또 있는데 이는 감독기관이 감사인(회계법인)을 지정할 때도 그러한데 소속 공인회계사수가 변수가 되기도 한다. 매출액이 이슈가 되는 경우는 피감기업의 매출만이 이슈가 되는 것이 아니고 감사인의 매출이 이슈가 된다.

품질관리감리 결과 중요 지적사항이 없는 등 품질관리 평가가 양호한 경우 감사인 지정점수를 추가적으로 높게 부여하거나, 감사인 지정회사를 추가적으로 배분할 수 있는 대안이 회계서비스 선진화 방안에 포함되어 있다.

매출액이 지정제에 의해서 감사인을 배정받는 요인이 된다. 지정제 배정 의사결정은 주로 소속 공인회계사수에 근거한다. 그렇기 때문에 과거에 안진과 삼정이 국민은행의 감사인으로 지정받기 위해서 임시적으로 소속 공인회계사수를 늘리는 편법을 동원하여 경쟁을 하기도 하였다.

2005년 3월에 국민은행 감사인 지정과 관련해서 기존의 삼일에서 다른 회계법인으로 변경되어 감사인이 지정될 때 안진과 한영이 경쟁적으로 회계사를 채용했다. 그 과정에서 과거 퇴직자 중에 대학원 재학자나 재취업을 하지 않고 쉬고 있던 회계사들을 일시적으로 채용한 것으로 처리하고 3월 말일자로 다시 퇴직 처리 하는 편법이 이용되었다. 로컬 회계법인에서도 상당수를 채용했었다.

국민은행과 같은 대형 피감기업이 지정되는 경우에는 이와 같이 단기간에 소속 공인회계사수를 늘리려는 경쟁이 재연될 가능성도 있다. 이렇게 제도의 맹점을 피해가기 위해서는 최근 몇 년간의 소속 공인회계사의 수를 비교하는 등의 대안적인 정책이 모색될 수 있다.

자유수임에서와 동일한 감사인을 다시 지정할 수도 있는데 이 점에 대해서는 감독기관이 고민할 사항이다. 물론, 계속 감사인의 장점은 충분히 이해하지만 그럼에도 문제가 있었던 기업의 피감사/감사인 관계를 쇄신한다는 차원에서 감사인이 지정되는 데 기존의 감사인이 계속 지정될 수도 있다. 동일 감사인 지정이 제한되는 경우만을 제외하고는 기존 감사인 지정에 대한 제한을 두고 있지 않다. 이렇게 지정된 감사인이 3년 연속 감사인이 될 수도 있으며 계속 감사인이 감사를 수행하는 데 대한 장점도 존재하기 때문에 이를 제한하고 있지 않다.

최근의 감사인의 선임 현황 및 지정 사유는 아래와 같다. 아래에서 보듯이 전체 감사인 선임 중, 감사인이 지정된 경우는 1.3%에 그친다.

참고로 2011년 전체 외부감사대상 회사 중 14,516사(74.2%)가 전년도 감사인을 계속 선임하였으며, 2,387사(12.2%)가 감사인 변경 선임, 2,673사(13.7%)는 신규로 감사인을 선임하였다.

시총 상위 100개 기업 중, 5년 이상 동일 회계법인을 유지한 기업이 44%를 보이고 있다. 또한 10년 이상 동일회계법인을 유지하는 경우가 11개, 9년 1개, 8년 3개, 7년 5개, 6년 7개, 5년 17개의 분포를 보인다(sbs/cnbc. 2012.2.8).

외부감사인 지정비율 (단위: 사)

지정사유 \ 지정연도	2010	2011
지정회사수(A)	295	254
외부감사 대상회사(B)	18,598	19,576
지정비율(A/B)	1.6%	1.3%

* 상장회사 지정비율은 3.7%(66사/1,779사)로 전년(4.0%) 대비 0.3%p 감소

지정사유별 감사인지정현황 (단위: 사)

지정사유 \ 지정연도	2010	2011*	증 감
감사인 미선임	9	22	13
감사인 부당교체	3	4	1
감리결과 조치	31	46	15
관리종목(유가증권시장)	12	7	△5
관리종목(코스닥시장)	41	29	△12
상장 예정	172	115	△57
회사 요청	15	2	△13
상호저축은행법	12	29	17
합 계	295	254	△41

지정대상회사의 규모를 감안하여 지정 회계법인을 제한하고 있으며 이 경우 소속공인회계사수, 설립경과연수, 매출규모, 손해배상능력, 외국법인과의 제휴현황을 고려하고 있다. 자산총액 8,000억원 이상 회사를 감사할 수 있는 회계법인은 자산총액 500억원 미만 감사인으로 지정하지 않는다(외감규정 별표 제3호).

이미 기술되었고 2006년에 이미 폐지된 내용이지만 자산 규모 8,000억원이상의 금융기관에 대해서 수임할 수 있는 제한을 강제할 경우의 잣대는 공인회계사수였는데 이 경우는 자산총액이 사용되었다. 규모를 측정하는 잣대가 무슨 변수가 되어야 하는지는 고민하여야 하며 정책적인 이슈일 수도 있다. 즉, 어느 법인은 소속 공인회계사 수는 많지만 자산규모가 적은 법인이 있을 수 있고 어느 법인은 소속 공인회계사는 적지만 자산규모가 큰 법인도 있다. 일반적인 기업의 규모의 측정은 자산 규모로 수행됨에 문제가 없지만 회계법인의 규모를 측정하는 변수로 자산규모가 적절한지에 대해서도 고민해 보아야 한다. professional 집단이며 주 업무가 용역을 제공함에 있으므로 가장 기본적인 규모의 측정은 공인회계사수여야 한다. 유사한 성격의 법률가 집단인 법무법인의 경우도 규모가 언론사에 의해서 비교될 때, 변호사 수가 비교되지 자산규모가 이슈가 되지는 않는다. 일부의 중소형 법무법인에서는 법무법인의 순위를 정함에 있어서 변호사 수보다는 승소율이 비교되어야 한다는 주장도 한다.

기업의 경우도 규모의 측정은 여러 가지로 진행될 수 있다. 매년 공정거래위원회에서 상호출자제한 대상 대기업 순위는 자산규모로 진행되며 매출 또한 기업의 규모를 측정할 수 있는 변수이다. 자본주의에서 어느 정도로 투자자들의 富가 해당 기업에 관여되었는지의 측면에서는 시가총액(market capitalization)이 기업 규모의 측정일 수 있다.

감독기관의 입장에서는 어떠한 규제가 되었건 선택하여야 할 두 가지 큰 대안은 사전예방(pre-clearance)인지 아니면 사후감독인지의 이슈이다. ideal한 접근은 사전예방이겠지만 사전적으로 발생할 수 있는 모든 문제를 예단하고 방지하는 것이 어렵기 때문에 사전예방에 대한 제안은 많지만 궁극적으로는 사후 조치로 빈번하게 귀결된다.

월간 상장 2007.3.

자본시장소식

금감위가 회계감사인 지정제도 개선과 관련한 공정위의 협조요청에 대해 불가입장을 밝혀, 오는 3월에 예정된 규개위 상정이 어렵게 되었다. 금감위는 공정위가 최근 규제학회 용역 결과 나온 52개 경쟁제한 규제개선 과제 중 '외감법'에 포함된 '감사인 지정요건개선' 필요성을 요청한 데 대해 협의불가 통보를 하였다.

공정위가 금감위 불가입장에도 불구하고 규제개혁위원회 상정을 강행할 경우 양 기관간 공방이 격화될 가능성도 있다.

규제학회도 정확한 회계감사를 위해서는 규모별로 회계감사인을 지정하는 것이 불가피하다는 측면을 인정하고 있지만 새롭게 증권시장에 공개되는 상장법인에 대해 똑같은 감사인 지정요건을 적용하는 데 대해서는 개선이 필요하다는 입장이다.

그러나 금감위는 2002년 공정위에서 감사인 지정제도의 경쟁제한성을 질의했을 당시 제도자체의 경쟁제한 측면을 공정위에서 인정한 바 있으며 시장 실패를 보완하기 위한 최소한의 규제는 존치해야 한다고 주장한다. 즉 당시에는 감사인이 지정되는 기업에 한해서는 감사보수규정을 감독기관이 정할 수 있는 것으로 양 기관간에 절충되었다.

즉, 감사인을 선임하고 감독기관이 감사인을 지정하는 데 있어서는 다른 잣대가 사용된다. 즉, 공정위에 의해서 기존의 시장진입을 제한하는 규제 중에서는 '금융회사에 대한 회계감사기관 제한' 규정이 폐지 대상에 올랐다. 즉, 금융이나 종금사도 어느 외부감사인을 선임해도 무방하다는 정책적인 판단이다.

단, 감사인을 지정하는 데 있어서 모든 규제를 철폐하려는 공정위와 규제개혁위원회의 정책방향은 금융위가 반대한다. 즉 금융위는 감사인 자유선임에 대해서는 규제를 두지 않지만 감사인이 지정될 경우는 이에 대한 규제를 양보하기 어렵다는 상이한 입장을 취하고 있다.

이는 감사인 지정제도가 이미 자유수임제도에 대한 예외적인 제도로 추진되므로 이러한 지정제도에 있어서는 선임에 제한을 두는 것이 감독기관의 몫이라는 것이다. 또한 자유수임에 대한 예외적인 제도로 지정제도를 진행하므로 규제당국의 정책적인 의지가 개입되는 것을 제한해서는 안 된다고 판단된다.

황인태와 강선민(2007)은 규제와 관련되어 정부의 정책은 약자를 보호하는 대신에 동시에 중소형 기관이 규모/능력상 업무를 할 수 없는 부분을 구분하기도 한다. 즉, 규제는 양면성을 띤다.

병원에서는 약자를 보호하기도 하는 것이 대형병원의 1차 의료 기관을 거치지 않고 감기환자가 가면 비싸다거나 대형병원에서 처방된 약제의 가격을 높게 책정하려는 것은 소형 병원을 보호하여 국가적인 체계적 의료체계를 갖추려는 취지이다.

건설회사도 1급 회사는 작은 건설용역에는 참여하지 못하며 이도 약자를 보호하려는 정책이다.

회계선진화 T/F에서 논의하는 감사인 등록 제도는 중소형회계법인의 입장에서는 big 4 회계법인들이 시장을 독식하려는 즉, 감사인을 제한하려 한다는 취지로 반대하는 의견이 있다.

동시에 위에도 언급하였듯이 감사인을 지정함에 있어서는 규모가 있는 기업일 경우는 적은 규모의 감사인이 감사를 하지 못하도록 하는 강자를 인정하는 정책 방향을 갖는다. 대형법인을 인정한다기보다는 적정 감사인을 선임하도록 하는 제도이다.

연결재무제표가 도입되면서 연결하는 기업의 감사인으로 감사인을 통일하려는 경향이 있는데 이 경우도 연결하는 기업의 감사인이 연결대상 기업의 감사인보다 대형회계법인이기 쉬우므로 대형회계법인과 중소회계법인의 이해가 첨예하게 대립된다.

공인회계사회는 공인회계사들의 이익 단체이므로 대형, 중소형회계법인, 감사반, 개인공인회계사의 이해가 얽혀 있어서 특정 집단의 이익을 대변하기는 매우 어려운 구도로 되어 있다. 또한 이러한 이해상충이 공인회계사회 회장 선거에도 영향을 미친다.

또한, 일반 기업에 대한 감사의 영역을 넘어서 신용협동조합, 상호신용금고, 공제회 등에 대한 외부 감사의무화의 이슈가 있는데 신협은 금융위, 금고는 행정안전부, 공제회는 각 부처로 그 소속이 모두 상이하여 이를 강제화하기에는 부처간 협의가 필요하다.

감사와는 상이하지만 회계기준의 제정과 관련되어서도 회계기준을 제정하는 기관이 정부회계는 기획재정부, 민간과 정부투자기관은 회계기준원, 지방자치단체는 행정안전부로 분리되어 있어서 이를 통합하여야 한다는 의견도 제시된다.

이렇게 금고 등에 대한 감독권이 통일되지 않은 부분은 다음과 같은 문제를 초래한다.

문화일보. 2011.10.10.

금감원 행안부 '새마을 금고 현황? … 몰라요'
행안부 매년 24곳만 검사 금융당국 '정보조차 없어'

'새마을 금고요? 우리가 아는 게 있나요?'

새마을 금고와 관련, 통합 감독기구인 금융감독원에 물어봤을 때 곧바로 돌아오는 답변이다. 새마을금고의 관리 감독 권한이 있는 행정안전부에 새마을금고의 현황에 대해 물어봐도 '새마을금고 중앙회에 직접 물어 보시죠'라며 비슷한 답변이 돌아온다.

새마을금고에 대한 행안부의 관리 감독이 정교하게 이뤄지지 않는 데다 금감원 등 금융당국과의 정보교환도 극히 미약한 수준이라는 의미로밖에 해석할 수 없다.

10일 금융권에 따르면 간판 상호신용기관인 새마을금고와의 신뢰성을 높이기 위해서는 공시 등 경영투명성을 높이고 금감원과의 공동 검사 횟수를 늘리는 등 행안부와 금융당국의 협력을 보다 더 강화해야 한다는 주장이 힘을 얻고 있다.

행안부는 매년 금감원과 함께 24곳을 지정, 선별적으로 검사를 수행하고 있는 수준에 머물고 있다. 관리 감독을 행안부에서 하다 보니 금융당국이 새마을금고에 대한 정확한 정보를 거의 갖고 있지 않다. 금융당국 관계자는 '새마을금고의 경우 정보가 거의 알려져 있지 않아 정책을 수립하는 데 어려움이 따른다'고 말했다.

이러는 사이 새마을금고의 가계 대출은 은행권 가계대출 규제에 따른 '풍선효과'로 급격히 증가했다. 자영업자 대출을 뺀 순수 가계 대출은 2008년 말 18조 7,313억원에서 2010년 말 28조 5,668억원으로 크게 늘었다. 올해 상반기에도 2조 3,310억원이 증가해 30조 8,978억원을 기록했다.

건전성 지표를 구하는 방법도 다르다. 다른 상호금융기관이 건전성을 뜻하는 순자본비율에 출자금을 넣지 않는 것과 달리 새마을금고는 출자금을 포함시키기 때문에 상대적으로 지표가 좋게 나올 수 있다. 개별 점포에 대한 건전성 파악도 부족하다.

김동환 한국금융연구원 선임연구위원은 '이번 기회에 행안부가 적극적으로 금융당국과 협조해 새마을금고의 투명성과 건전성을 높이려는 노력을 해야 한다'고 말했다.

정부회계에 복식부기가 도입되면서 회계법인이 정부를 상대로 감사를 수행하게 되었다.

한국경제신문. 2011.10.7.

정부부처 살림살이 회계법인이 감사. 감사원 결산 감사에 참여

기획재정부 등 중앙정부도 회계법인으로부터 재무제표에 대한 회계감사를 받는다. 발생주의 정부회계제도 도입에 이어 기업에 준하는 회계감사가 이뤄지지만 예산 집행의 적정성 및 효율성을 한눈에 파악할 수 있을 것으로 예상돼 정부의 예산 지출관행에 변화가 올 전망이다.

6일 감사원과 회계업계에 따르면 감사원은 내년 상반기 실시하는 '2011 회계연도 중앙정부 결산 감사' 때 부, 처, 청, 위원회 등 49개 정부부처가 작성한 2011 회계연도 재무제표에 대해 회계법인을 투입해 회계감사를 실시하기로 했다.

감사원은 그동안 현금주의로 작성한 정부의 세입세출 결산 결과에 대해 독자적으로 감사를 수행해 왔다. 하지만 기업회계기준과 거의 흡사한 발생주의 복식부기 방식 정부 회계제도를 2011 회계연도부터 본격 도입함에 따라 회계법인을 고용해 각 부처의 재무제표를 감사하기로 했다고 감사원은 설명했다.

감사원은 이를 위해 내년 관련 예산 50억원을 책정하고 재정부에 예산 배정을 신청해 놓은 상태다. 감사원은 예산을 배정받는 대로 이르면 올해 말부터 정부 회계감사 용역을 수행할 회계법인들을 선정할 계획이다.

회계법인들은 정부 부처 재무제표에 대해 회계감사를 실시한 뒤 '감사 발견사항(audit finding)'을 작성, 감사원에 제출한다. 감사발견사항에는 증빙 존재 여부 등 예산 집행의 적정성 등에 문제가 있을 시 이를 구체적으로 담게 된다.

전문가들은 회계법인으로 하여금 정부 재무제표를 감사하게 하는 만큼 기업회계처럼 '적정, 한정, 부적정, 의견거절' 등의 감사의견을 표명하도록 하는 것이 바람직하다고 지적했다.

회계법인의 정부 재무제표 감사는 일반적인 기업 감사 수준에 준해 이뤄질 전망이다. 회계법인들은 정부부처가 보유중인 토지, 건물 등 유형자산과 도로, 댐 등 사회기반시설을 적절하게 가치 평가해 장부에 기재했는지를 확인하게 된다.

국공채 발행액 등 정부부채가 고의 또는 과실로 누락되지 않았는지도 살펴본다. 4대 공적연금 중 정부가 최종 지급 책임을 지는 공무원, 군인연금으로부터 미래 발생하게 되는 국가 잠재부채인 '연금충당부채' 추정도 합리적으로 이뤄졌는지 집중적으로 따져보게 된다.

기업의 손익계산서에 해당하는 각 부처 '재정운영표'에 나타난 정책사업의 원가 및 관리운영비가 관련 증빙을 갖고 적절하게 집행됐는지, 예산낭비사항은 없었는지도 회계법인 감사 사항에 들어간다.

"감사의견 미 표명 조치는 개선되어야"

회계법인들은 기업 회계감사 후 적정, 한정, 부적정, 의견거절 등 감사의견을 표명한다. 하지만 감사원은 정부 회계 감사 결과에 대해선 회계법인들이 감사의견이 아니라 감사과정에서 발견한 미비점이나 오류사항 등을 정리한 '감사발견사항(audit finding)'만을 내도록 했다. 일부 정부부처가 회계법인으로부터 부적정 또는 의견거절을 받을 경우 해당 부처 및 국가 전체 신뢰도에 막대한 악영향을 줄 우려가 있는 점 등을 감안한 것으로 알려졌다.

이에 대해 한 공인회계사는 '정부의 재정 운영 성과를 국민에게 보다 충실하게 제공하기 위해선 우리도 미국 등 선진국처럼 회계법인이 정부에 대해 직접 감사의견을 표명하는 게 바람직하다'고 지적했다.

위의 이슈는 매우 민감한 부분이다. 정부는 항상 민간을 감독하고 통제하는 역할을 수행하는 데 익숙하다. 반대로 민간 sector인 회계법인이 정부에 대해서 적절하다, 적절하지 않다는 의견을 표명한다는 것이 정부로서는 부담이 아닐 수 없다. 부처가 생각하는 회계처리 절차와 법인이 생각하는 처리 절차에 차이가 있을 경우에 이에 대한 절충도 필요할 수 있는데 정부가 회계법인에 끌려다니는 듯한 인상도 바람직하지 않을 수 있다. 위의 49개 정부기관에는 회계법인을 감독하여야 하는 금융위원회도 포함될 것인데 법인을 감독하는 위원회를 감시하는 역할을 회계법인이 수행한다는 것도 technically 어려운 문제이다.

조선일보. 2012.1.11.

인천 화성 천안시 수천억대 분식회계. 감사원 재정 적자 숨겨

지방자치단체장의 선거 공약사업이나 역점사업에 대한 예산을 확보하기 위해 회계를 조작한 일부 지자체가 감사원에 적발됐다.

감사원은 10일 "작년 5-6월 서울시 등 지자체 49곳을 대상으로 지방 재정 운영 전반을 점검해 전 경기도 화성시장을 허위공문서 작성 등의 혐의로 검찰에 고발하고, 비위 공무원 14명에 대해 징계를 요구했다"고 밝혔다.

감사원에 따르면 화성시는 2009-2010년 예산을 편성할 때 경기도가 지원하는 재정보전금 등을 실제보다 2,566억원 많게 책정해 세입은 부풀리고, 사업비 653억원을 누락해 세출을 줄이는 방식으로 장부상 지출 가능 예산을 고의로 부풀렸다.

감사원은 "이렇게 부풀려진 돈은 특정 고등학교 설립 등 시장의 공약사업에 쓰였다"고 했다. 시장의 공약사업을 무리하게 추진한 결과, 화성시는 2009년 321억원, 2010년 923억원의 적자가 났다.

지방자치단체 회계는 감사원이 감사권한을 가지지만 감사원의 행정력도 제한되어 있으므로 회계법인에 의한 의무 감사도 고민해 볼 수 있는 사안이다. 지방자치가 정착되고 기관장이 임명직이 아니라 선출직으로 바뀌면서 기관장이 표를 의식하지 않을 수 없고, 선심성행정이 만연해질 위험도 있다.

04 chapter

감사인의 법적 책임

회계정보에 분식이 포함되었다면 누구 책임인지를 표현할 때에 회계법인에서 항상 인용하는 문구가 있다. 경찰이나 검찰이 도둑을 잡지 못한다고 할 때, 검찰이나 경찰에 책임을 물어야 할 것인지의 이슈이다. 즉, 감사인(회계법인)이 분식을 적발하지 못할 때 어느 정도 책임을 져야 할지의 이슈이다.

회계감사 과정에서 전수조사를 하지 않고 표본조사를 하기 때문에 문제가 있는 분식 건이 표본에 포함되지 않았다면 감사인이 분식을 발견하지 못하였다고 해도 문제가 되지 않는다. 즉, 회계감사는 감사인이 완벽하게 업무를 수행하기를 기대하는 것이 아니라 감사기준에 적절하게 절차/과정을 준수하였는지를 확인하는 것이다. 즉, 회사가 완벽하게 회계정보를 위조하였다면 감사인이 이 모든 문제를 밝혀냄은 불가능하다. 단, 어느 정도의 표본 추출과정이 없었다면 이는 감사인이 적법한 절차를 취했다고 할 수 없다. 즉 감사는 전수조사가 아니라 표본 추출 과정을 통해서 조사가 진행되지만 표본 추출에 있어서 절차가 준수되어야 한다.

재무제표에 대한 감사인의 의견은 합리적인 확신개념에 기초하고 있으므로 감사인은 부정이나 오류에 의한 중요한 왜곡표시가 감사과정에서 적발될 것임을 보장하지는 않는다(회계감사기준 100, 문단 4.2). 회계감사기준 100, 문단4에서 "부정이나 오류에 의한 재무제표의 중요한 왜곡표시가 사후적으로 발견되었다는 사실이 자동적으로 감사업무의 부적절성, 정당한 주의의무의 결여, 감사기준의 미준수를 의미하지는 않는다"라고 규정하고 있다.

법인이 책임이 있는지 아니면 행위자(또는 업무 지시자)가 책임이 있는지는 다음의 투자자문사의 불공정거래에 대한 증선위의 결정과도 연관된다.

동 건은 주식운용본부장의 위법행위에 대해 법인이 상당한 주의 또는 관리감독의무를 게을리 한 점을 물어 법인에게 양벌규정을 적용하려 했으나 동 건에 적용되는 구 증권거래법 제215조와 유사한 구조의 기타법률들이 종업원(대표자 제외)의 위법행위에 대해 법인을 처벌하는 것은 부당하다는 취지로 최근 (2010.10.28) 위헌(헌법재판소에서)판결을 받았고, 검찰도 유사 건들에 대해 불기소 처리하고 있는 등 처벌의 실익이 없다는 점을 감안하여 법인에게 양벌규정을 적용하지 않았다.

위의 투자자문사에 대한 결정과 관련되어서는, 이는 당사자 책임 즉, 행위자 책임을 강조한 것이며 투자자문사의 내부통제와도 연관된다면 양벌규정의 적용도 가능은 하다. 형법은 행위자에 대한 책임을 묻고 있으며 법인은 법인격으로서의 책임은 있지만 과거의 증권거래법하에서의 양벌처벌은 가능하지 않다는 의미이다.

회계법인에 대해서도 동일한 논리 전개가 가능하다. 행위자의 잘못을 어디까지 법인이 책임을 져야 하는지의 이슈이다. 즉, 양벌규정의 적용은 부실감사의 이슈와도 밀접하게 연관되어 있다. 부실감사에 대한 제재가 있을 때 개인 공인회계사와 회계법인에 대한 제재가 동시에 진행되게 된다.

현 제도하에서 개인 공인회계사가 표창을 받았을 경우는 징계에 있어서 경감을 받는 제도가 존재하는데 법인 차원에서는 이러한 제도가 존재하지 않는다. 개인과 조직을 구분하지 않는다는 것이 양벌규정의 근거라는 차원에서는 회계서비스 산업 선진화 방안에서 현재 논의되는 회계법인 차원에서의 품질관리 우수법인에 대한 조치 경감제도도 타당성이 있다. 즉, 법인격에 대한 인격의 인정 문제이다.

이러한 양벌제도의 적용은 하나은행의 외환은행 인수에서도 이슈가 되었다.

한국경제신문. 2011.3.15.

하나금융도 외환노조도 결론 내라는데 … 눈치만 살피는 금융위원회

과거 증권거래법(현 자본시장통합법)에 따르면 개인이 업무와 관련해 불법행위를 저지를 경우 개인은 물론 소속 법인까지 처벌하도록 돼 있다. 이른바 '양벌규정'이다. 문제는 이와 같은 양벌규정이 점차 사문화돼 가고 있다. 2008년부터 잇따라 위헌 결정이 나오고 있기 때문이다. 지금까지 상당수 법률이 모두 위헌 결정이 났다.
하나금융은 이를 근거로 '유회원전 사장의 유죄가 인정됐다고 소속 회사인 론스타가 유죄라는 주장은 성립되지 않는다'고 주장하고 있다. 고법도 '대법원 판결은 2008년 검찰이 상고했던 것이며 2년 8개월 만에 나온 판결이다 보니 당시 고법이 위헌법률 심판 청구를 하지 못했다'며 위헌법률심사를 청구할 방침이라고 밝혔다. 법원 관계자는 '양벌규정이 위헌 판정이 나게 되면 론스타와 외환은행은 사실상 무죄 선고가 나올 가능성이 높다'고 말했다. 반면 외환 노조는 '양벌규정이 위헌이라도 결국 헌법재판소가 판단해야 할 문제'라고 밝혔다.

매일경제신문. 2011.7.22.

유회원 씨 전 론스타 대표 구속. 론스타 외환은 대주주 자격 박탈될까

판단 기준은 유씨의 신분이다. 유씨의 대표권을 인정할 수 있으면 유씨의 행위는 곧 론스타의 행위가 되고 법인인 론스타도 유죄 판정을 받을 수 있다.
유씨를 대표로 보지 않고 론스타의 한국 내 활동을 대리하는 사용인 정도로 볼 경우, 유씨를 고용한 론스타에도 죄가 있다고 볼지에 대해서는 논란이 있다. 법은 단순 사용인의 불법행위에 대해서도 법인이 책임져야 한다는 '양벌규정'을 갖고 있지만 이에 대한 론스타는 위헌법률심판을 제청할 예정이다.

외감법 21조의 단서조항에 양벌규정의 정신이 2009년 2월 3일에 신설되었다.

제21조(양벌규정) 법인의 대표자나 법인 또는 개인의 대리인, 사용인, 그 밖의 종업원이 그 법인 또는 개인의 업무에 관하여 제19조 또는 제20조의 위반행위를 하면 그 행위자를 벌하는 외에 그 법인 또는 개인에게도 해당 조문의 벌금형을 과한다. 다만, 법인 또는 개인이 그 위반행위를 방지하기 위하여 해당 업무에 관하여 상당한 주의와 감독을 게을리하지 아니한 경우에는 그러하지 아니하다.

즉, 외감법에서는 관리감독의 책임에 대해서 명확하게 규정하고 있으며, 법인과 행위자에 대해 양벌로 처벌함을 의미한다. 단, 양벌규정을 기술하고 있지만 동시에 상당한 주의(due care)와 감독이 있었다면 양벌규정에서 예외가 될 수 있다. 상당한 주의와 감독의 이슈는 주관적인 판단의 영역이다.

그러나 양벌규정의 적용에 있어서도 논의가 있다.

조세일보. 2006.10.19.

2000년 이후 분식회계 감사인 처벌 회계법인은 단 한 건뿐

김의원은 현행 감리 업무에 따른 양벌조치의 문제점도 지적했다. 감사인 및 공인회계사의 조치에 있어 무거운 징계 조항은 '공인회계사법'으로 조치하고 주의 및 경고 등 가벼운 징계조항은 '주식회사의 외부감사에 관한 법률(외감법)'로 조치함에 따라 실제 회계법인의 문제점을 감리하는 금감원의 징계가 솜방망이에 그칠 수박에 없다는 것.

자본시장법에서의 양벌규정은 다음과 같다.

자본시장법 제448조(양벌규정) 법인(단체를 포함한다. 이하 이 조에서 같다)의 대표자나 법인 또는 개인의 대리인, 사용인, 그 밖의 종업원이 그 법인의 업무에 관하여 제443조부터 제446조까지의 어느 하나에 해당하는 위반행위를 하면 그 행위자를 벌하는 외에 그 법인 또는 개인에게도 해당 조문의 벌금형을 과한다.

다만 법인 또는 개인이 일반 행위를 방지하기 위하여 해당 업무에 관하여 상당한 주의와 감독을 게을리하지 아니한 경우에는 그러하지 아니하다.

즉, 자본시장법에서의 양벌규정은 외감법에서의 양벌규정과 거의 유사한 내용을 담고 있다.

법인의 책임은 다른 차원에서도 접근할 수 있다. M&A에 의해서 최대주주가 변경될 경우는 구 최대주주의 횡령 등에 의해서 법인이 과징금 등의 조치를 받을 경우, 이를 인지하지 못하였던 새로운 최대주주가 이에 대한 피해를 본다는 점이 이슈가 될 수 있다. 물론, 이러한 제재에 정상참작이 가능할 수가 있으나 동일 법인이라는 차원에서는 M&A에 의해서 회사를 인수하면 이 기업이 갖고 있는 법인격을 인수한 것이므로 법적으로는 이 법인격이 갖고 있는 모든 권한과 의무가 이월된다는 의미에서는 새로운 최대주주가 제재를 받는다는 것이 당연하다고 해석될 수 있다. 이러한 건이 분식회계에 대한 제재 이슈이면 이는 계속기업의 가정(going concern)의 이슈로도 이해할 수 있다.

즉, 최대주주가 변경되었다고 하더라도 동일법인이므로 과거의 최대주주의 책임이라고 변경된 최대주주의 책임이 없다고 하기는 어렵다.

회계법인이 감당할 수 없을 정도의 엄청난 수준의 위험을 미국에서는 cat–

astrophic litigation risk라고 지칭할 정도로 감사인(회계법인)이 경제에 미치는 영향이 적지 않으므로 본장에서는 이에 대해 논의한다.[1]

법인에 소속된 공인회계사가 부실감사를 수행하였을 때, 이 책임을 개인 공인회계사가 져야 하는지 아니면 이 공인회계사가 속한 회계법인(감사인)이 져야 하는지는 매우 심각하고 흥미로운 이슈이다.

즉, 위에서의 이러한 이슈는 일반적인 금융기관에 해당되지만 회계법인이 수행하는 모든 감사과정에서도 적용되는 이슈이다.

법인이 이러한 책임을 부담해야 하는 이유는 감사의 주체가 개인이 아니라 회계법인이기 때문이다. 즉, 법은 감사인(회계법인)이 감사를 수행한다는 의견을 견지한다. 어떻게 보면 회계감사 업무라 함은 속인적인 속성이 강하여 개인이 수행하지만 이는 개인의 차원이 아니라 법인격인 회계법인에 속한 한 조직원으로서 업무를 수행하는 것이다.

다음은 외감법 규정 개정 건의 사항을 공인회계사회가 금융위 공정시장과에 제출한 내용이다.

법인은 관념적·목적적 권리주체이므로 법인자체의 행위라는 것이 인정될 수 없고 법인의 불법행위도 당연히 인정될 수 없음에도, 현행 외감규정에서는 회계법인을 고의, 중과실, 과실 등으로 나누어 처벌하고 있다.

즉, 위의 논지를 정리하면 형법상의 범죄의 주체는 자연인에 제한되며, 법적 의제에 의하여 법인의 범죄능력을 인정할 수는 없다고 해석하는 법인의 범죄능력부정설은 독일과 일본에서는 물론 우리나라의 통설과 판례가 취하고 있는 태도이다.

위의 두 주장은 회계감사 업무가 속인적이므로 이에 대해서 법인의 책임을 묻는 것은 적절하지 않다는 주장이다. 형법에서의 양벌규정이 위헌이라는 판결 내용과 일맥상통하는 내용이다. 즉, 형법은 행위자 책임이며 자연인인 개인이 위법한 내용을 법인이 책임진다는 것이 적절하지 않다는 주장이다.

1 본 장은 손성규. 2010. 7. 감사인(법인)책임, 공인회계사 책임?. 월간 공인회계사: 56-61의 내용에 기초한다.

형법에서 양벌주의를 적용함에 있어서 여러 가지 이슈가 있다.[2] 즉, 행위자에 대한 책임과 기관에 대한 통제책임이 어디까지 있는지에 대한 이슈이다. 자기책임주의, 형법의 근본 원리인 비례의 원칙 등의 개념이 도입된다.

실질적으로 이러한 범의를 가지고 행위를 할 수 있는 주체는 개인일 수밖에 없으므로 형사법의 근본원리에 비추어서는 개인만이 범죄행위의 주체가 될 수 있다. 이에 대한 중대한 예외가 '양벌규정'으로서 실제 범의를 가지고 행위를 할 수 없는 법인에 대해서도 형사정책적 목적에 따라 그 소속 임직원 혹은 대리인의 범죄행위에 대해 일정한 조건이 충족되는 경우 그 법인에 대해서도 일정한 범위 내에서 형사벌을 가할 수 있도록 하는 근거가 된다.

양벌규정의 해석과 적용 및 집행에 있어서도 형사법의 근본원리인 자기행위 및 자기책임의 원칙은 엄격하게 준수되어야 한다. 법인이 피해를 받을 경우 그로 인한 피해는 결국 법인의 다른 종사자들과 주주들에게 돌아가게 되는바, 지극히 제한된 일부 직원의 잘못에 대하여 다른 모든 종사자들과 주주들에게 피해를 입힌다는 점을 고려하더라도 양벌규정의 적용은 가급적 신중해야 한다고 할 수 있다.

어떻게 보면 이러한 논쟁은 유한책임인지 무한책임인지의 이슈 등과 모두 맞물려 있다고 할 수 있다. 과거 대다수의 규제적 법령에 포함되어 있던 양벌규정은, 법인의 비난가능성(다시 말하면 자기책임의 원칙)을 고려하지 아니하고서 무조건적으로 형사벌을 가할 수 있게 하였다는 점으로 인하여 헌법재판소에 의해 위헌판결을 받게 된 것이다. 즉, 헌법재판소는 '영업주가 종업원의 범죄행위에 가담하였거나 종업원의 지도, 감독을 소홀히 했다는 등 영업주 자신의 비난받을 행위가 있었는지 여부와 관계없이 종업원의 범죄행위가 있으면 자동적으로 영업주도 동일하게 처벌하도록 규정한 양벌규정 조항은 위헌'이라고 판시했다(헌법재판소. 2007.11.20. 2005헌가10 결정). 즉, 이 내용은 양벌규정의 적용을 너무 포괄적으로 적용하는 것을 자제하라는 의미이다.

즉, 단지 그 직원이 법인의 업무와 관련하여 위법행위를 하였는지만을 고려할 것이 아니라, 1. 법률의 입법취지, 2. 위법행위로 인한 법익침해의 정도, 3. 양

---

2 아래의 내용은 김앤장의 문건에 근거한다.

벌규정의 취지와 같은 추상적인 사항뿐 아니라 4. 위반행위의 태양(態樣 생긴 모습이나 형태를 나타내는 법률용어), 5. 법인의 영업규모, 6. 행위자에 대한 감독가능성, 7. 구체적인 지휘감독 관계, 8. 법인이 위반행위 방지를 위하여 취한 조치 등의 구체적인 사정을 고려할 것을 요구하고 있다.

6의 행위자에 대한 감독 가능성도 흥미로운 내용인데 태생적으로 어떠한 업무에 대해서 법인이 통제할 수 없는 경우에 개인의 업무에 대한 책임을 법인에 지우는 것은 적절하지 않다는 판단을 할 수 있다.

대법원 2010.9.9. 2008도7834판정. 당해 위반 행위와 관련된 모든 사정 즉, 당해 법률의 입법취지, 처벌조항 위반으로 예상되는 법익 침해의 정도, 그 위반행위에 관하여 양벌규정을 마련한 취지 등은 물론 위반행위의 구체적인 모습과 그로 인하여 실제 야기된 피해 또는 결과의 정도, 법인의 영업규모 및 행위자에 대한 감독가능성 또는 구체적인 지휘감독 관계, 법인이 위반행위 방지를 위하여 실제 행한 조치 등을 전체적으로 종합하여 판단하여야 한다.

더 나아가 양벌규정의 적용이 가능한지에 대해서는 이를 주장하는 검사에게 입증책임이 있다는 점을 명시하고 있다. 법의 적용에 있어서 누가 입증 책임을 지는지는 매우 중대한 건인데 왜냐하면 무슨 내용을 입증한다는 것은 매우 어렵기 때문이다. 예를 들어 분식회계로 인하여 투자손실을 입은 정보이용자가 기업과 감사인을 소송하였다고 하자. 즉, 투자자는 원고이고 기업과 감사인은 피고이다. 입증책임이 원고인 투자자에게 있다고 하면 투자자는 다른 정보의 원천이 아니라 재무제표에 근거하여 투자의사결정을 수행했고 투자손실을 입었음을 입증하여야 하는데 이를 입증하기가 쉽지만은 않다. 예를 들어 재무제표가 공시되는 시점에 과거 연도에 비해서 영업의 결과가 높았을 경우에 주식을 매수하고 반대의 경우에 주식을 매도하였다고 하면 투자자가 재무제표에 근거하여 투자의사결정을 수행하였다는 것을 입증할 수 있을 것이나 그러기에는 투자의사결정에 영향을 미치는 변수가 너무 많다.

피고의 입장에서도 동일하다. 피고에게 입증책임이 있다면 투자자(원고)가 다른 정보의 원천에 근거하여 투자를 수행하였고 투자손실을 입었는데 사실과는 다르게 재무제표에 근거하여 투자의사결정을 수행하였다고 주장한다는 점을 입증하여야 한다. 이 또한 여간 어려운 입증이 아니다. 즉, 원고가 되었건 피고가 되었건 입증책임을 지운다는 것은 이러한 입증책임을 가진 자에게는 매우 불리하게 작용한다. 즉, 원천적으로 누구에게 입증 책임을 지울 것인지에 대한 법 체계 자체의 성격에 의해서 유/불리한 입장이 결정되기도 한다.

위의 이슈에서 분식회계가 있었는지는 법정이 판단하여야 할 또 하나의 사실 관계이다. 물론, 감독기관에 의해서 분식회계임이 결정된 사안에 대해서는 이러한 사실 관계의 확인은 회피될 수 있다. 감독기관이 판단한 건이 아니라면 분식회계 여부에 대한 판단은 전문가의 판단(expert witness)을 필요로 하기도 한다. 사회가 전문화되고 회계 관련된 소송이 더 보편화되면서 expert witness에 대한 수요는 증가할 것이다. 이 내용은 Chapter 38에서 상세히 기술한다.

즉, 양벌규정의 적용에 있어서 검사에게 입증책임을 지운다는 점은 검찰을 불리한 입장에 놓이게 한다.

대법원 2010.7.8. 선고 2009도 6968 판결. '법인의 범죄성립에 관한 입증책임, 즉, 법인이 부담하는 구체적인 의무의 내용과 그 위반 여부에 관한 입증책임이 검사에게 있다' 이러한 취지에 기초하여 의정부지방법원 고양지원 2009고정1162 판결과 같이 양벌규정의 적용을 배척한 사례도 있다.

마지막으로 법인에 대한 형사처벌이 형사정책적 관점에서 범죄의 재발방지를 주된 목적으로 한다는 점과 형사처벌이 최후의 수단이어야 한다는 점을 고려하여 1. 형사처벌로 인한 사회적 이익과 형사처벌로 인한 법인의 피해간의 비례관계가 유지되어야 하며(비례성의 원칙), 형사처벌은 다른 제재수단으로는 그 목적을 달성할 수 없는 경우의 최후의 수단(보충성의 원칙)이어야 한다는 원칙이 지켜져야 한다고 피고가 주장할 수 있다.

예를 들어 병원에 소속된 의사가 mal practice로 병원협회나 보건복지부로부터 제재를 받았다고 할 때, 이 책임이 개인 의사에 대한 제재여야 하는지 아니면 의사가 소속된 병원의 책임이어야 하는지가 이슈가 될 수 있다.

"주식회사의 외부감사에 관한 법률"(이하 외감법)상 감사인의 범위는 아래 제3조 1절의 1항과, 3항에 의하여 회계법인과 감사반만 해당된다. 즉, 외감법은 감사행위를 개인이 수행하는 것이 아니라 법인격인 법인이 수행하는 것으로 판단하고 있다.

제3조(감사인) ① 제2조에 따라 감사를 실시하는 감사인은 다음과 같다. 다만, 연결재무제표 또는 유가증권시장상장법인(「자본시장과 금융투자업에 관한 법률」에 따른 유가증권시장에 상장된 주권을 발행한 법인을 말한다. 이하 같다)의 재무제표를 감사하는 감사인은 다음 각 호의 감사인 중에서 대통령령으로 정한다.

1. 「공인회계사법」 제23조에 따른 회계법인(이하 "회계법인"이라 한다)
2. 「공인회계사법」 제41조에 따라 설립된 공인회계사회(이하 "한국공인회계사회"라 한다)에 총리령으로 정하는 바에 따라 등록을 한 감사반(이하 "감사반"이라 한다)

② 금융위원회는 제1항 각 호에 따른 감사인의 형태와 그에 소속된 공인회계사의 수 등을 고려하여 감사인이 감사할 수 있는 회사의 규모 등을 총리령으로 정하는 바에 따라 제한할 수 있다.

③ 회계법인인 감사인은 「공인회계사법」 제33조제1항 각 호의 어느 하나에 해당하는 관계에 있는 회사의 감사인이 될 수 없으며, 감사반인 감사인은 그에 소속된 공인회계사 중 1명 이상이 「공인회계사법」 제21조제1항 각 호의 어느 하나에 해당하는 관계에 있는 회사의 감사인이 될 수 없다.

④ 회계법인인 감사인은 동일한 이사(「공인회계사법」 제26조제1항에 따른 이사를 말한다. 이하 이 조에서 같다)에게 회사의 연속하는 6개 사업연도(주권상장법인인 회사의 경우에는 4개 사업연도)에 대한 감사업무를 하게 할 수 없다. 다만, 주권상장법인인 회사의 경우 연속하는 3개 사업연도에 대한 감사업무를 한 이사에게는 그 다음 연속하는 3개 사업연도의 모든 기간 동안 해당 회사의 감사업무를 하게 할 수 없다.

⑤ 회계법인인 감사인은 그 소속공인회계사(「공인회계사법」 제26조제3항에 따른 소속공인회계사를 말한다)를 주권상장법인인 회사에 대한 감사업무의 보조자로 함에 있어서 동일한 보조자에게 해당 회사의 연속하는 3개 사업연도에 대한 감사업무를 하게 한 경우, 그 다음 사업연도에는 그 보조자의 3분의 2 이상을 교체하여야 한다.

⑥ 감사반인 감사인은 코스닥시장상장법인(「자본시장과 금융투자업에 관한 법률」에 따른 코스닥시장에 상장된 주권을 발행한 법인을 말한다)인 회사의 연속하는 3개 사업연도에 대한 감사업무를 한 경우, 그 다음 사업연도에는 그 감사에 참여한 공인회계사의 3분의 2 이상을 교체하여야 한다.

⑦ 감사인에 소속되어 감사업무를 수행할 수 있는 공인회계사는 대통령령으로 정하는 실무수습 등을 이수한 자이어야 한다.

[전문개정 2009.2.3][시행일 : 2012.1.1] 제3조제1항

또한 공인회계사법은 회계법인에서 누가 감사에 참여할 수 있는지를 다음과 같이 규정한다.

> **제34조(업무의 집행방법)** ① 회계법인은 그 이사외의 자로 하여금 회계에 관한 감사 또는 증명에 관한 업무를 행하게 하여서는 아니된다. 다만, 소속공인회계사를 회계법인의 보조자로 할 수 있다.

① 조항은 이사(파트너)와 보조자를 분명히 구분하고 있다. 이는 감사계약서를 보아서도 그렇고 감사보고서를 보아서도 그렇다. 계약서를 보아도 계약의 당사자는 회계법인의 대표이사이며 현재 감사보고서에 서명하는 자도 회계법인의 대표이사이다. 담당이사는 단지 회계법인을 위해서 조직의 한 일원으로 피감기업에 대한 감사를 책임지고 감사를 수행할 뿐이다.

회계법인에 책임을 지우는 것은 어떻게 보면 통제(관리 감독)의 책임이다. 이러한 책임의 문제는 굳이 회계적인 이슈에 국한되지 않는다. 국가적인 사건이 발생할 때, 어느 선까지 책임을 지고 직을 사퇴해야 하는지가 이슈가 되는 것과 동일하다.

통제의 책임이 적용되는 건은 다음의 경우도 있다. 국가통합재무제표가 2011년부터 강제되면서 각 부처에서 누군가의 책임하에 부처의 재무제표를 작성하여야 한다고 해서 국가회계법 제7조에 '회계책임관'직을 신설하고 보임하도록 하여서 각 정부 부처에도 재무제표에 대한 책임을 부과하였다.

구조조정촉진법에 의해서 진행되다가 외감법으로 편입된 내부회계관리제도에 대한 인증도 통제/관리와 관련된다. 즉, system의 운영과 관련된다.

> **제34조(업무의 집행방향)** ② 회계법인이 재무제표에 대하여 감사 또는 증명을 하는 경우에는 제26조제4항의 규정에 의한 대표이사가 당해 문서에 회계법인명의를 표시하고 기명날인하여야 한다.

대형 회계법인에서 수행하고 대표이사가 서명하는 감사보고서가 수천건인데 이를 모두 대표이사가 면밀하게 검토했다고 기대하기 어렵다. 다만 대표이사에게는 책임지고 조직을 이끌기를 기대하는 차원에서 서명을 하도록 하며 동시에 책임을 묻는 것이다.

물론, 대표이사의 이러한 한계점을 법원도 잘 이해하고 있기 때문에 실제로 감사보고서 서명을 대표이사가 수행하였다고 하여도 부실감사에 대한 책임을 대표이사가 지는 경우는 거의 없다.

이러한 책임의 문제는 기업에서의 분식회계의 책임과도 연관된다. 분식회계가 수행되었을 때 회계 담당 이사에게 책임을 묻게 되는데(담당임원해임권고) 회계 담당이사가 공석이거나 등기임원이 아니면 이러한 책임을 직접 대표이사에게 묻게 된다. 따라서 회계를 직접 관여하지 않는 대표이사의 입장에서는 누군가를 회계담당임원으로 보직하지 않는다면 이 책임이 직접 본인에게 돌아온다는 현실적인 어려움도 기억하여야 한다.

Sox가 2002년에 도입되면서 CEO/CFO인증이 강제화되었다. 이 또한 책임을 부과하는 과정으로 이해할 수 있다. 회계/재무 전공자가 아닐 수 있는 CEO가 각주 포함 수백쪽이 되는 재무제표를 자세하게 검토하였을 것이라고 기대할 수는 없지만 누군가가 이를 책임지도록 조직을 통솔(지휘 감독)하여야 한다는 의미로 해석하면 된다. 특히나 국제회계기준이 도입되면서 주석에 포함하여야 하는 정보의 양이 증가하므로 이를 CEO가 개괄적으로나마 검토하는 것은 매우 어려운 일이다.

이러한 회계법인의 책임의 문제가 대두되자 미국과 대형회계법인의 법적인 실체가 LLP(Limited Liability Partnership)로 변화되면서 파트너들도 본인의 책임에 대해서만 유한책임만을 지는 것으로 변경되었다. 즉, 이러한 변화는 우선적으로 미국에서 시작되었으며 우리의 법인의 형태도 이와 같이 변화되었다.

조세일보. 2011.6.10.

회계사회, '손해배상 비례책임제' 도입 추진

현재 특정 회사가 회계부정을 저질렀을 때 회사를 감사한 회계법인까지 연대해 책임을 지우고 있다. 이는 감사인에 대한 과도한 규제라는 지적이 줄기차게 제기되어 왔다.

이에 공인회계사회는 손해배상 책임을 연대책임제에서 비례책임제(회사와 감사인의 잘못에 비례한 책임부담)로 전환하는 내용의 관련법 개정안을 국회에 제출한 바 있으며 개정안은 현재 국회에 계류중인 상태다.

외감법 제17조 제4, 5, 6항 개정안과 관련된다.

개인 공인회계사가 책임을 진다고 하여도 담당파트너의 책임인지 아니면 공인회계사(보조자)의 책임인지 문제에까지 파급된다.

공인회계사법상 회계법인은 이사로 하여금 회계에 관한 감사 또는 증명에 관한 업무를 수행하여야 한다. (제34조) 따라서 주책임자가 아닌 보조자는 보조자에 불과하다. 이러한 내용은 아래에 인용된 외감규정 54조 2항에도 명확하게 나타난다.

단, 수년 전까지만 하여도 주된 책임자는 계정 담당자로, 담당 이사는 종된 책임자(일정 수준 이하 조치의 경우)로 제재를 수행하기도 하였으나 이러한 책임이 2005년 6월 29일 조치양정기준이 개정되면서 담당 이사가 조치 수준에 관계없이 주된 책임자로, 하부 직급자는 보조 책임자로 주된 책임자보다도 한 단계 낮은 조치를 받는 것으로 조정되었다. 담당이사가 주된 책임자가 되면서 통제의 책임에 대한 부분이 강화되었다고 할 수 있다. 또한 이 부분은 업무의 숙련도에 의한 책임일 수도 있다.

대우사태로 인해서 과거 미국의 big 6의 국내 제휴회계법인이었던 산동회계법인이 해체되었으며 산동회계법인의 많은 인원이 그 당시 삼정회계법인에 흡수통합되었다.

대형회계법인이 실질적인 사형선고나 다름 없는 업무정지를 받았을 경우 결국은 다른 회계법인에 흡수통합되면서 재편의 과정을 밟아가므로 실질적으로 대형 회계법인에 대한 업무정지가 물론 그 해당 회계법인에게는 치명적이겠지만 실질적으로 산업의 restructuring 이외에는 큰 의미가 없다고도 할 수 있다. 2010년 업무 정지를 받은 화인회계법인의 많은 회계사들이 도원회계법인으로 이직하였다.

감사보고서의 서명과 관련되어, 회계법인의 이러한 이슈에 대해서 준거의 참고가 될 수 있는 법무법인의 의견서일 경우는 해당 변호사가 서명하게 된다. 물론, 감사보고서와 같이 이 의견에 대한 법적인 책임을 지는 것과 법인 소속의 개인 공인회계사가 개인 차원에서의 서명을 하는 것과는 차이가 있다. 업무를 수행한 변호사가 서명을 했다고 해도 결국 이 변호사도 법무법인 소속으로 업무를 수행하였기 때문에 법인의 책임이 없다고 할 수는 없다.

회계법인이 조직적으로 분식에 개입하였다고 하면 당연히 법인 차원에서 이에 대한 책임을 져야 한다. 이는 어떻게 보면 회계법인의 지배구조와 관련이 있다.

상장기업에서 경영의사결정이 잘못되었다면 집행기구이며 실질적인 최고 의사결정기구인 이사회의 등기임원들이 상법상의 선량한 관리자의 의무('선관의 의무')를 수행하지 못한 데 대한 책임을 지도록 되어 있다.

법인의 책임과 소속 공인회계사가 동일한 수준의 제재를 받아야 한다는 규정은 '외부감사 및 회계 등에 관한 규정 시행세칙 별표 제2호'인 "감리결과 조치양정기준"이다. 동 지침상 위법행위의 동기 판단은 고의, 중과실, 과실로 구분하도록 되어 있는바, 그 각각에 대하여 "감사인 및 공인회계사 해당 사유"를 구분하여 열거하고 있다.

따라서 담당이사가 중과실인 경우 감사인에 대하여도 동일한 단계에 해당하는 조치를 취하였으며, 감사인 조치시 감사인이 소속 공인회계사의 위법 행위 묵인 방조에 조직적으로 관여하는 경우에는 등록취소 건의 또는 업무정지 건의를 할 수 있도록 별도로 규정하고 있다.

최근에 이에 대한 예외인정은 담당이사를 고의로 본 경우 회계법인에 중과실을 적용한 사례 건과 담당이사를 중과실로 판단한 후 회계법인을 과실로 판단한 건이 있다.

감사업무는 파트너(주책임자)가 수행하도록 되어 있기 때문에 동일 건에 대해서 주감사인과 보조자간에 과오가 있을 경우는 보조자(manager, in charge 등)는 한 단계 감경을 받게 된다.

과거에는 즉, 1997년 1월 13일 이전에는 공인회계사법에 회계법인에 대해 상법상의 '합명회사'의 규정을 준용하도록 되어 있었다(구 공인회계사법 제12조의 17). 따라서 이사(partner)는 합명회사인 회계법인의 무한책임사원이었다. 이때는 현재 미국의 partnership과 유사했다고 할 수 있다. 이 당시의 감사보고서에는 대표사원 공인회계사 XXX, 책임사원 공인회계사 YYY, 담당사원 공인회계사 ZZZ 식으로 날인을 하였었다. 책임사원이 소위 engagement partner라고 이해할 수 있다. 이 당시에는 회계사, 회계법인을 상대로 한 민형사소송은 아직 없었던 시대이다. 당시 증권감독원은 감사보고서에 서명하는 회계사들을 모두 징계하였다. 즉, 담당이 제일 무거운 처벌이고, 책임사원은 약간 가벼운 징계, 대표사원은 가장 가벼운 징계였다. 단, 최근에 오면서 담당사원은 단지 보조자이므로 책임사원보다도 가벼운 처벌을 받고 있다. 또한 뒤에 기술되겠지만 미국에서 현재 논의되고 있는 engagement partner의 서명을 이미 우리나라에서는 1997년 이전에 시행한 것이다.

공인회계사법을 1997년 1월 13일에 전면 개정할 때, 회계법인에 대해 상법상의 유한회사의 규정을 준용하도록 개정되었다. 이 법 시행일 이후에는 회계법인의 대표이사가 날인을 하게 되었지만, 그것은 자연인인 개인 회계사의 날인이 아니고, 유한회사인 회계법인의 대표이사로서의 날인이다. 실제로, 국내 big 4회계법인 중 감사보고서에 대표이사가 직접 서명, 날인하는 경우는 없다.

이러한 이슈를 회계에만 국한하지 않고 3대 professional이라고 할 수 있는 의료와 법률서비스에서도 어떻게 진행되는지를 검토한다. 저자의 의료서비스와 법률서비스에 대한 지식에 한계가 있어 이러한 부분은 자문을 해 주신 분들의 의견을 인용하는 정도에 그치지만 자격증간의 이러한 차이는 흥미롭다고 판단한다.

1. 법무법인의 문서서명

법무법인도 합명회사에 관한 규정을 준용한다. 법무법인(유한)과 법무조합도 가능하지만 대형 법무법인 중, 법무법인(유한)은 태평양/화우 둘뿐으로 알고 있고 법무법인(유한)은 유한회사에 관한 규정을 준용한다.

법무법인은 법인마다 다르지만 대부분 구성원변호사가 서명하며 그럴 경우 법무법인이 전적인 책임을 져야 할 것이다. 구성원변호사도 물론 책임을 져야 한다.

법무법인에 따라서는 법인 또는 그 영어 이름으로 의견을 내보내는 곳도 있다. 세종(Shin & Kim)이 그렇고 김앤장도 형식적으로 법무법인이 아니지만 외부에 나가는 의견은 Kim & Chang으로 내보낸다. 당연히 법인이 책임을 져야 한다. 의견의 작성에 관여한 변호사의 initial이 문서에 나와 있기 때문에 이들에게도 책임 추궁이 가능할 것이다.

미국 law firm은 opinion communication이 있어서 예민한 사항에 대하여는 내부통제를 하지만 우리는 아직 그런 law firm이 없는 것으로 알고 있다. 내부통제를 하지 않은 의견에 대해서까지 법무법인이 책임이 있는지에 대한 이슈가 남는다.

의견을 잘못 주어서 고객이 손해를 본 경우 소문나지 않게 고객과 해결하는 것이 통상의 예이다. 위의 내용에 의하면 미국의 경우 민감한 사안에 대해서 내부통제가 있지만 우리의 경우에는 그러한 경우가 없다고 한다. 따라서 회계법인과 법무법인은 업무의 성격이 매우 다르지만 회계법인의 경우 중요한 부분에 대해서는 전문가적 검토를 심리실이 수행하므로 법무법인에 비해서 조직화 및 결속력이 더 강하다고도 할 수 있다. 이는 아마도 회계법인이 수행하는 업무의 공공성이 더 강한 것과 무관하지 않을 것이다.

또한 법무법인이 법인 명의로 표명하는 문건에 대해서 법무법인이 법적으로 책임을 질 수 있는 경우는 매우 제한되어 있다고 판단된다. 반면 감사보고서가 부실감사의 결과물이라면 이 보고서가 끼치는 파급효과 때문에 쉽게 소송의 대상이 될 수 있다.

매일경제신문. 2006.10.31.

대형로펌 유한회사 전환 외면 회계처리 까다롭고 법인세 부담 크다

정부가 법률시장 개방에 대비해 로펌이 대형화 · 전문화를 꾀하도록 유한 법무법인 제도를 도입했으나 기존 합명회사 형식의 법무법인 중 조직을 변경한 곳이 한 곳도 없는 것으로 파악됐다. 30일 열린우리당 김동철위원이 법무부 국정감사에 제출한 자료에 따르면 지난해 7월 27일 개정 변호사법이 시행된 후 1년 3개월이 지나도록 조직변경을 신청한 로펌이 없었다. 조직변경을 내년 7월까지 마치면 상법상 청산절차를 거치지 않고 법무부 장관의 인가만 받으면 된다.

유한법무법인과 법무조합은 수임사건과 관련해 담당변호사와 감독 지휘한 변호사만 책임지면 되고 설립하기도 쉽다. 사건수임과 관련된 손해배상에서 모든 구성원이 무한 책임을 지는(저자 추가, 현행의 합명회사) 기존 법무법인과 다르다. 이에 따라 조직을 변경하는 대형로펌이 많이 등장할 것으로 전망됐지만 실제로는 그렇지 않았다. 로펌은 조직을 변경하려면 기존의 법인을 청산하여야 하는데 청산소득에 따른 법인세 부담이 과도하기 때문이라고 설명하고 있다. 청산소득에 따른 법인세를 10년간 유예해 달라는 주장도 내놨다.

로펌이 유한 법무법인으로 변경한다면 주식회사 외부감사에 관한 법률에 따른 회계처리에 맞게 대차대조표를 작성해 법무부 장관에게 제출해야 한다.

로펌의 회사의 형태가 합명회사에서 유한회사로 변경되는 것은 회계법인의 최근의 추세와 동일하다.

한국경제신문. 2007.7.28.

로펌들 유한회사로 안 바꾸는 까닭은…
손배시 유한책임 장점에도 세금이 문제…태평양만 전환

합명회사인 로펌이 유한회사로 전환하면 손해배상시 파트너 변호사들 전체가 무한책임을 지지 않고 사건 담당 변호사와 직접 지휘 감독한 변호사, 법인만 책임을 지는 등 로펌과 파트너 변호사에 유리한 점이 많다. 또 유한회사는 출자금 한도에서, 법무조합은 손해부담비율만 책임지면 된다. 영국, 미국, 독일, 일본 등 법률선진국의 경우 조합형태가 주류다.

김앤장은 설립시부터 조합형태를 유지하고 있으며 태평양 외 나머지는 모두 합명회사 형태를 띠고 있다.

매일경제신문. 2007.7.28.

태평양 유한책임 법무법인 첫 인가. 국내 로펌 대형화 신호탄

법무부 관계자는 '다른 로펌도 지금 같은 합명회사 형태로는 국외로펌과 대항하기 어려울 것'이라며 '로펌 매출규모가 공개되는 (저자 추가, 재무제표를 제출하여야 하므로) 단점이 있는 데도 태평양은 대형화를 위해 결단을 내린 것으로 평가된다.'

회계법인이 자체 건물을 소유하지 않고 건물을 임대하여 사용하는 이유가 파트너가 파트너십에서 탈퇴할 때 지분을 정산해 주어야 하는데 건물을 법인이 소유할 경우는 파트너가 탈퇴하는 시점마다 건물의 가치를 재평가하여 그 지분만큼을 정산해 주어야 하며 이 과정이 무척이나 번거로운 것도 한 이유라고 한다.

2. 의료서비스의 경우

의사의 과실에 대한 병원의 책임에 대한 논의는 기본적으로 병원의 사용자 책임으로 볼 수 있다. 결론적으로 말하면 병원도 사용자 책임을 진다. 다만 과실에 대해 보건복지부의 징계의 경우는 그렇지 않다.

첫 번째 사용자 책임은 손해배상의 대위책임(代位책임, 제3자가 다른 사람의 법률적 지위를 대신하여 그가 가진 권리를 얻거나 행사하는 일과 관련된 책임)으로 볼

수 있는데 이는 불법행위를 저지른 사람의 손해배상능력을 담보하기 위해서 병원에 손해배상책임을 묻고 의사에게 구상하도록 함으로써 환자에게 발생한 손해를 적극적으로 보호하기 위한 제도이다. 민법의 사용자 책임의 원리는 그렇다. 다만 이때 병원이 당해 의사에게 구상권을 행사할지는 병원의 결정에 따른다.

두 번째 징계의 문제는 병원에게는 공동 책임을 묻지 않는다. 의료행위는 개별 의사의 진료에 대한 자율성이 보장되어 있어 그 진료상의 선택은 존중되기 때문이다. 따라서 손해배상과 별개로 징계는 의사의 의료행위가 현저히 상당성을 결여한 경우에 가능하고, 이때의 책임은 의사 개인에게 국한된다.

따라서 의료행위일 경우는 손해배상과 징계가 별도로 진행된다고 할 수 있다. 여기서 흥미로운 부분은 조치에 있어서는 의료행위가 개별의사의 책임하에 있으므로 병원의 책임을 크게 문제 삼지 않는다는 점이다. 물론, 손해배상은 징계와는 별도로 민사소송에 의해서 진행될 부분이다.

즉, 이제까지의 책임은 속인적인 부분에 대한 개인적인 책임 부분이다.

그러나 잘못된 의료행위가 시스템 문제인 경우에는 상황이 다르다. 병원의 시스템의 하자로 인해 발생한 손해의 경우, 병원의 책임이 인정된다고 봐야 할 것이다. 그러나 의료행위에 발생하는 과실의 경우, 대부분 의사의 진료행위상 발생하는 문제로 이는 의사의 자율적인 선택에 의해 발생하는 문제이기 때문에 많은 경우는 의사의 불법행위로 봐야 할 것이다. 다만 조직적으로 병원이 과실을 유도한 경우, 불법행위의 공동정범(共同正犯, 범죄 구성 요건에 해당하는 행위를 공동으로 실행한 사람, 또는 그 행위)으로 볼 수 있어 이때는 병원도 불법행위의 주체가 된다고 볼 수 있다.

3. 회계법인에 대한 제재 수위에 따른 보험회사의 coverage 차이

감독기관이 부실감사와 관련되어 회계법인에 취할 수 있는 제재는 과실, 중대한 과실, 고의 세 단계이다. 보험회사와의 계약에 있어서 모 회계법인의 보험계약서 내용은 다음과 같다. 보험회사는 이러한 소송과 관련된 상당한 전문성을 갖기 때문에 어느 정도로 보험에서 cover하는지를 보면 책임문제를 가늠해 볼 수 있다.

- 고의: 보험금 지급 대상에서 제외

– 과실 : 배상 대상이나, 중과실에 대해서는 명확한 언급이 없음. 따라서 중과실의 경우 보험사의 사실판단에 따라 결정될 것으로 판단됨

참고로 상법에서는 보험사의 면책사유에 보험계약자 또는 피보험자의 고의 또는 중대한 과실로 인한 경우 보험금액을 지급할 책임이 없다고 규정하고 있다.

상법 제659조 (보험자의 면책사유) ① 보험사고가 보험계약자 또는 피보험자나 보험수익자의 고의 또는 중대한 과실로 인하여 생긴 때에는 보험자는 보험금액을 지급할 책임이 없다.

따라서 규제기관이 어떠한 수준의 제재를 결정하는지에 따라서 회계법인의 보험 coverage에 차이가 있다.

물론, 개인의 범법행위에 대해서도 금융위원회가 고발, 통보, 수사기관정보사항 등의 조치를 취함에 따라서 검찰이 이를 인지하는 심각도에도 차이가 있다. 고발, 통보의 결과 검찰이 기소여부를 결정할 것인데 고발의 경우는 기소할 수 있는 확률이 통보할 경우 기소할 수 있는 확률보다 높다고 한다(Chapter 32 참조).

4. 회계법인의 경우

1998년의 IMF금융위기로 대우그룹이 붕괴하고 관련회사에 대한 조사 및 징계가 계속될 당시에 많은 회계법인들의 대표이사들이 당시의 외감규정에 의하면 대표이사는 매번 징계를 받게 되므로, 대표이사에 대해 지나치게 가혹하다는 점과 회계법인이 물적회사이므로 대표이사 XXX라고 기재하는 것이 그 대표이사 개인자격이 아니라는 점 등을 정부 요로에 청원하였으며, 외감규정이 개정되어 대표이사는 아주 중대한 처벌을 받는 경우를 제외하고는 징계대상에서 빠지게 되었다(현행 외감규정 54조 3항 1호 참조).

제54조(공인회계사에 대한 조치) ② 제1항의 규정에 의한 조치를 함에 있어서는 담당이사를 주책임자로 하여 조치하고, 당해업무를 보조한 공인회계사(이하 "담당공인회계사"라 한다)를 보조책임자로 하여(감사반의 경우에는 해당 감사업무에 참여한 공인회계사 중 주된 책임이 있는 자를 주책임자로 하고 그 외의 자를 보조책임자로

> 한다) 조치한다. 다만, 주책임자와 보조책임자를 구분하여 조치하는 것이 심히 부당하다고 인정되는 경우에는 그러하지 아니하다. 〈개정 2005.6.29〉
> ③ 제2항의 규정에 의하여 주책임자에게 제1항제1호의 조치를 하는 경우에는 위법행위 당시 감사인에 소속된 공인회계사 중 다음 각 호의 자가 감독책임을 소홀히 한 경우에도 필요한 조치를 할 수 있다. 〈개정 2005.6.29, 2010. 5.27.〉
> 1. 당해 감사보고서에 서명한 대표이사
> 2. 담당이사의 지시·위임에 따라 담당공인회계사를 감독할 위치에 있는 공인회계사
> [본조신설 2000.12.8]

54조에는 과거에는 '당해 감사보고서의 심리업무를 담당한 이사'라는 내용이 포함되어 있다가 삭제되었다. 심리담당이사의 경우 엄청나게 많은 감사문건을 검토하여야 하는데 이를 모두 자세하게 검토한다는 것이 실질적으로 가능하지 않을 뿐만 아니라 담당 이사도 아닌데 이들에게 너무 많은 부담을 준다는 것도 현실적인 한계점이라는 이슈가 될 수 있다.

다만, 심리를 담당하는 이사의 입장에서는 이들이 적절하지 않은 심리로 인해서 조치를 받을 수 있는 경우에 더욱 강하게 심리를 수행할 수 있는 힘을 받을 수도 있다. 즉, 모든 조직에는 책임이 있는 위치에, 상응하는 권한이 있는 것이다.

미국의 경우는 partnership이므로, 원칙적으로 관여한 개인들을 공인회계사이든 아니든 징계조치하고 그 내용을 PCAOB(Public Company Accounting Oversight Board)나 SEC가 공시하고 있다. 미국의 경우 Safe Harbor Rule(면책규정)이 판례로 성립되어 있어 법인이 사규를 수립하여 교육하고, 매년 임직원으로부터 확인서를 징구하고, 내부감사를 실시하는 등의 절차를 취할 경우 법인에 대해서는 조치를 취하지 않는 것을 원칙으로 하고 있다. 우리나라도, 외감법 21조의 단서조항에 이러한 내용이 2009년 2월 3일에 신설되었다. 이 내용은 이미 구 증권거래법이나 자본시장법에서 일반적인 공시에 적용되던 원칙이었다.

Big 4회계법인들의 Global실무는 담당이사(engagement partner)가 sign-off하는 것이다. 예를 들어, 안진회계법인의 영문보고서의 경우 담당이사가 자기 이름이 아닌 'Deloitte Anjin LLC'라고 수기로 sign하고 있다.

미국 PCAOB는 2010년 1분기에 회계감사기준 개정안에 대한 의견을 수렴하고 2010년 3분기 중 상장회사(public company) 감사보고서에 감사 담당이사(engagement partner)의 서명을 의무화하기 위한 작업을 진행하였다. 최근 외국에

서의 회계나 회계감사에 있어서는 public company인지 아닌지에 따라서 제도의 적용이 달라진다. 비감사서비스병행 즉, 직무제한일 경우도 public entity에 대해서는 제도를 달리 적용한다.

이러한 변화는 현재 진행형이며 현재의 논의되는 내용은 다음과 같다.

2011년 11월 9일과 10일의 PCAOB의 Standing Advisory Group(SAG)에서 관련된 논의사항은 다음과 같다.

Improving the Transparency of Audits

Another topic of discussion at the meeting was the PCAOB's October 11, 2011, proposed amendments, 3 which are intended to improve audit transparency by requiring disclosure of (1) the engagement partner responsible for the audit and (2) certain other audit participants. Overall, SAG members seemed supportive of identifying the engagement partner in the auditor's report, although many audit firms stated that they did not believe such identification would change the level of care each partner took in ensuring audit quality for any given engagement. Regarding identifying other auditors involved in the audit engagement, most members seemed to believe that entities should apply a simple, quantitative approach to identification that is consistent with other PCAOB requirements related to audit firm registration with the PCAOB.

Comments on the proposed amendments are due by January 9, 2012. The PCAOB expects to issue a final standard in the third quarter of 2012.

우리나라의 경우도 외부감사업무의 가장 중요한 법적인 문건인 감사보고서에 누가 서명을 해야 하는지에 대해서 검토할 필요가 있다. 많은 부분의 제도를 미국의 제도에서 도입해 왔는데 누가 감사보고서에 서명할지에 대해서는 우리나라의 제도가 미국과 상이하며 최근에 와서는 이에 대한 고민을 거의 해보지 않은 듯하다. 특히나 회계법인의 법적인 실체가 변화하였으므로 이 부분은 한번 점검해 보아야 한다.

피감기업의 counterpart가 기업의 CEO일 것이므로 잘못하면 회계감사를 수행하는 회계법인의 대표이사가 counterpart라고 할 수 있으나 감사의 주체가 담당 파트너이므로 담당파트너가 이에 상응하는 위치에서 권한과 의무를 가져야 하며 담당 파트너가 감사보고서에 sign을 하면서 피감기업의 CEO에 대한 counterpart로서의 위치를 공고히 할 수 있다고도 할 수 있다.

engagement 파트너가 실명을 서명하는 데 대해 회계감사 업무란 개인이라기 보다는 team으로 진행되는 것이기 때문에 개인이 책임을 지는 듯한 인상을 줄 수 있는 개인의 실명 서명이 적절하지 않다는 반론도 제기된다. 이러한 이유에서 미국에서는 회계법인명을 서명하는 것이라고도 할 수 있다.

미국에서 firm name을 각 engagement 파트너가 sign함은 partnership이므로 개인이 아니라 회사가 책임진다는 의미이므로 오히려 회계사를 보호하는 의미가 있다.

단, 현재 계획은 파트너가 자기 이름을 sign하게 되어 있는데 이 경우 파트너 이름이 공개되어서 많은 현업 파트너들이 우려를 나타내고 있다고 한다.

심층적인 분석이 수행되지 않았지만 법인의 책임인지 아니면 개인의 책임인지에 대한 형평성이 의료, 법무, 회계간에 비교 검토될 필요성도 존재한다. 즉, 이러한 검토는 국가간의 비교뿐만 아니라 국내에서의 다른 전문가 용역에 대한 비교 분석이어야 한다.

회계법인의 지배구조에 대해서는 여러 가지 의견이 있다.[3] 감사인의 손해배상 연대책임도 이슈가 되고 있다. 감사인이 회사와 함께 손해배상연대책임을 지게 되어 있는 현행 외부감사에 대한 법률과 자본시장법을 비례책임제로 개정해 회계사들의 과도한 부담을 줄이는 개정을 공인회계사회가 추진중이며 18대 국회에서는 처리되지 못하였다. 분식회계와 부실감사가 진행되었고 잘못된 회계정보에 기초하여 투자손실을 입었다고 주장하는 투자자가 소송을 제기하면 피고는 기업과 감사인이 될 것인데 기업이 도산 등의 어려운 과정에 있을 경우 경제적인 여유가 있는 감사인에 대해서 원고가 배상의 노력을 집중할 수 있다. 적절하지 않은 회계정보에 대한 1차적인 책임은 기업에 있는데 기업이 경제적인 능력이 없다고 해서 이러한 부담을 감사인이 모두 떠안는다는 것은 불합리하다. 미국에서는 이를 감사인이 deep pocket을 갖는다는 표현을 사용하는데 기업에 비해 감사

3 손성규, 미국 재무성의 회계감사에 대한 자문위원회 최종보고서(2008년 10월 6일) 요약. 월간 공인회계사. 특별기고. 2008년 12월: 66－69, 참조.

인의 책임이 극대화되는 바람직하지 않은 현상이다.

감사인이 물론 잘못된 회계절차에 대한 적절한 책임을 지는 것은 당연하고 시장 mechanism의 작동은 자본주의에서 분명 순기능이 있지만 감사인은 동시에 어느 정도까지는 그 역할과 책무를 잘 수행할 수 있도록 보호받아야 한다. 어느 정도 조직화된 감사법인이 형성되기까지는 많은 시간과 노력이 필요하며 자본주의에서의 감사의 중요성을 고려할 때, 우량 회계법인이 존재하지 않는다면 재무제표의 적정성은 담보되지 않는다. 따라서 감독기관은 감사인에 대해서 채찍과 당근을 동시에 적용하여야 한다.

EU에서는 현재 engagement 파트너가 서명을 하도록 되어 있으며 EU의 eighth directive에서는 회계법인의 web에 지배구조와 소유 지분관계도 나타내도록 강제하고 있다. 영국에서 보고되는 회계법인의 nine key indicator에는 proposal win rate도 공시하도록 되어 있어서 흥미롭다.

물론 proposal win rate은 용역을 수행할 경우의 제안서 제출에 따른 채택 비율을 의미한다. 국내 대형 법무법인을 비교할 때 일반적으로는 소속 변호사의 수라든지 매출 규모로 비교하게 되는데 일부 법무법인에서는 승소 비율로 법무법인의 능력을 평가하여야 한다는 주장도 한다. 변호사 수 또는 매출 규모는 결국은 규모에 대한 대용치인데 이보다는 내실, 품질(quality), 업적평가가 중요하다는 의미이기도 하여서 그러한 의미에서 proposal win rate은 상당한 의미가 있다고 할 수 있다.

이러한 proposal win rate의 공시가 법인의 업적에 대한 평가에 도움이 된다고도 할 수 있지만 반면에 proposal의 채택 여부가 가격 경쟁 등의 결과일 수도 있어서 proposal win rate가 높다는 것이 반드시 해당 회계법인의 업적이 우수하다고 할 수 없다. 예를 들어 감사용역을 저가 경쟁(dumping)의 결과로 수주했다고 하면 win rate로 이를 판단함은 한계가 있고 비감사용역도 동일하다. 저가 경쟁의 결과 용역을 수주했다고 해도 당연히 이에 따른 품질의 저하로 이어질 것이므로 proposal win rate의 비교는 매우 주의해서 해석되어야 한다. 감사인별로 수임하는 용역의 품질과 용역 수임료의 적정성 차이를 통제하지 않고 이러한 결과가 해석된다면 이는 매우 위험하다.

따라서 이러한 정보의 제공이 naive한 정보 이용자에게는 오히려 오해만을 유발시킬 위험도 존재한다. 반드시 많은 정보의 제공이 바람직하고 우월한 정책은 아니다. 오히려 혼란만을 초래할 수 있다. 나중에 기술되겠지만 품질관리감리 결과를 공개하는 것도 이러한 차원에서 일부 회계법인이 반대하고 있다.

어떻게 해석될지가 명확하지 않은 정보에 대한 제공 여부에 대해서 고민할 수 있다. 예를 들어 위의 proposal win rate의 공시가 어떻게 해석될지는 알 수 없고 해답도 없지만 이를 해석하고 참고하는 것은 정보 제공자와 규제당국의 몫이 아니라 정보 이용자의 몫이라고 할 수 있다. 그러나 어떻게 해석될 수 있는지에 대한 확실성이 없는 정보를 규제당국이 공시하도록 하는 것이 적절한 정책방향인지에 대해서는 고민해 보아야 한다. 사업보고서에 감사수임료를 공시하는 것도 이용자들에게 그 해석을 위한 자료를 제공해 주는 것이다.

참고로 회계에서의 중요성(materiality)원칙에서도 모든 정보를 공시하도록 하지 않고 중요한 정보만 공시하도록 강제하고 있다.

법인과 개인 회계사가 어느 정도의 책임을 져야 하는지와 더불어서 피감기업이 책임이 있는지 아니면 감사인이 책임이 있는지에 대해서도 논란이 있을 수 있다. 잘못된 것을 찾아내고 드러낼 전문가로서의 책임의 이슈이다. 이 이면에는 기업은 회계에 대한 전문성에서 감사인에 비해서 뒤진다는 현실적인 한계점에 근거한다.

그럼에도 불구하고 기업이 회계정보 생산자로서의 책임을 피하기는 어렵다. 이러한 점을 명확히 한 것이 '자본시장법과 금융투자업에 관한 법률'에서 회사의 증권신고서 및 사업보고서에 대표이사가 확인·검토 및 서명할 것을 요구하고 있는 것이라고도 판단된다(자본시장법 제119조제5항, 제159조제7항).

감사인 또는 공인회계사가 더 많은 책임을 져야 하는지 아니면 기업이 주된 책임이 있는지에 대해서는 논란이 지속된다.

조세일보. 2006.9.14.

감사인 부담 미 유럽 비해 너무 크다

RCP(Regulatory Contact Partners, 회계법인 대표자 모임)

증권거래법(자본시장법)에 의해 감사인은 제3자의 손해에 대해 회사와 무한 연대 책임을 지도록 되어 있다며 이는 미국이나 유럽이 비례책임제 또는 감사인의 책임한계를 적용하고 있는 것과는 차이가 있다.

2007년 10월, 월간공인회계사

이성우 동아대 법대 교수

'분식회계로 인해 손해를 본 투자자나, 영세 금융기관은 예외 없이' 공인회계사를 '상대로 손해배상청구소송을 제기하면서 그 책임자산에 대한 가압류나 가처분 등 보전처분을 하게 된다'면서 '원고가 분식회계를 저지른 기업에 투자했거나 돈을 빌려 준 사실만 밝히면, 그 다음부터 모든 증명 책임의 짐은 피고인 공인회계사가 지게 된다'고 현행 손해배상 청구제도의 문제점을 이같이 지적했다.

이 교수는 '현행 회계사에 대한 손해배상청구제는 비현실적인 무한 연대책임제도이며, 이를 지속화하는 것은 대중의 인기에만 영합하는 전시 입법인 동시에 사법부에게 모든 짐을 전가시키는 비겁한 처세술이 아닐 수 없다'고 지적, '피해자의 경제력과 가해자의 변제능력 모두를 감안해 입법과 사법이 함께 책임을 부담하는 방향으로 발전해야 한다'고 주장했다.

이 교수는 분식회계를 저지른 이들의 거의 대부분이 법적 무자력 상태(자기 명의의 재산이 없는 상태)에 있어 결국 "기업은 망해도 기업가는 살아 남는다"는 냉소적인 말이 '만고불변의 진리'로 인식되고 있다고 강조했다.

재무정보접근 및 분석능력이 훨씬 우월한 금융기관이 손해배상 청구소송의 원고인 경우에까지 무과실의 입증책임을 피고에게 부담지우는 현행 외감법 17조는 반드시 법의 일반 원칙에 맞도록 개정되어야 한다.

'상법개정안에서 임원의 손해배상책임 감경 근거를 규정하고 있는 만큼, 외부감사인의 손해배상책임 감경근거는 외감법에 규정하라고 미룰 것이 아니다'면서 '외감법 적용 대상이 아닌 주식회사의 외부감사인에게 법 적용의 사각지대가 생기지 않도록 일본의 경우와 동일하게 상법에 임원의 손해배상책임 감경근거와 외부감사인의 손해배상책임 감경근거를 함께 규정… 입법과 사법이 함께 책임을 부담하는 방향으로 발전해야 한다'고 주장했다.

물론, 이러한 주장의 이면에는 감사인에게 부실 감사에 대한 책임을 더욱 엄하게 물어야 한다는 주장도 제기된다.

세정신문. 2008.1.15.

회계사 손해배상 무한연대책임제, 개정 – 제자리 걸음
이성우 동아대 법대교수, '현실과 괴리감 있는 법 조속 개정해야'
분식회계 저지른 회사 임원은 법적 부자력자 – 회계사에게 떠넘겨

현실과는 동떨어진 공인회계사에 대한 무한 연대책임제도가 시급해 개정돼야 함에도 불구 이에 대한 정부당국의 개정의지 부족과 시민단체의 반대에 부딪혀 제자리 걸음만 하고 있다.

이와 관련 국내 4대 회계법인 중 모 회계법인 고위 관계자는 '회계사가 수임인의 의무를 다하지 않은 경우에는 회계사가 당연히 위임인에 대해 손해배상 책임을 져야 한다'면서도 '그러나 현실적으로 회계사가 회사를 기망하거나 회사와의 위임계약을 위반해 회사에게 손해를 입히는 경우란 거의 없다'고 밝혀 현행 회계사에 대한 무한연대책임제는 현실과 괴리가 있음을 이같이 주장했다.

이성우 교수의 주장과 같이 일반적으로 상장사는 자본시장법으로, 비상장사는 상법으로 감독하도록 하여 외감법을 폐지하자는 주장도 있다. 외감법은 Chapter 3의 외감대상기업 관련된 내용에서도 기술되었듯이 일정 규모가 되는 기업만이 외감대상기업이며 이에 해당하지 않는 규모의 기업도 상법에 의해 그 적용 대상이 된다.

따라서 어떠한 규제를 가장 상위법인 상법에 포함하는 것이 모든 기업에 적용되므로 그 효과가 가장 광범위하며, 외감법에서 규제하는 것이 그 다음이며, 자본시장법에서 규제한다면 이는 일반적으로는 상장기업에만 적용된다.

이와 관련된 법률안의 내용은 아래와 같다. 법률안에서도 감사의 과정이 전수조사가 아니므로 업무에 한계가 있다는 점을 기술하고 있다.

주식회사의 외부감사에 관한 법률 일부개정법률안
(이성헌의원 대표발의)

의안 번호	7751

발의연월일 : 2010. 2. 26.
발 의 자 : 이성헌 · 신학용 · 이한성
안홍준 · 이인기 · 신상진
윤석용 · 김정권 · 이종혁
고승덕 의원(10인)

제안이유 및 주요내용

현행법은 감사인이 회사 또는 제3자에 대하여 손해배상책임이 있는 경우 해당 회사의 이사 또는 감사도 책임이 있는 때에는 그들과 연대하여 손해를 배상할 책임이 있다고 규정하고 있음.

그러나, 회사 재무제표 작성의 일차적 책임이 있는 해당 회사의 이사 또는 감사와 전수조사가 아닌 일정한 감사절차에 따라 감사하는 감사인은 그 책임의 정도가 다름에도 불구하고 서로 연대책임을 지도록 하는 것은 형평의 원칙에 부합하지 않는다는 문제점이 제기되고 있음.

또한, 연대책임제도하에서는 피고의 과실정도에 불문하고 회계법인 등 변제력이 있는 특정피고를 대상으로 소송을 제기하는 사례가 증가하는 등 각종 부작용에 대한 우려가 커지고 있는 실정임.

이에 따라, 미국의 입법례를 참고하여 고의의 경우와 소액투자자에 대하여는 현행과 같이 연대하여 배상책임을 지도록 하되, 고의가 아닌 경우에는 귀책사유에 따라 법원이 정하는 비율에 따라 배상책임을 지도록 규정하면서 아울러 손해액의 일부를 배상받지 못하는 경우 변제력이 있는 피고가 일부를 추가부담하도록 하려는 것임(안 제17조제4항 단서, 제5항 및 제6항 신설).

주식회사의 외부감사에 관한 법률 일부개정법률안

주식회사의 외부감사에 관한 법률 일부를 다음과 같이 개정한다.

제17조제4항에 단서를 다음과 같이 신설하고, 같은 조 제5항부터 제7항까지를 각각 제7항부터 제9항까지로 하며, 같은 조에 제5항 및 제6항을 다음과 같이 신설한다.

다만, 손해를 배상할 책임이 있는 자가 고의가 없는 경우에 그 자는 법원이 귀책사유에 따라 정하는 책임비율에 따라 손해를 배상할 책임이 있다.

⑤ 제4항 단서에도 불구하고 손해배상을 청구하는 자의 소득인정액(「국민기초생활 보장법」 제2조제8호에 따른 소득인정액을 말한다)이 대통령령으로 정하는 금액 이하에 해당되는 경우에는 감사인과 해당 회사의 이사 및 감사는 연대하여 손해를 배상할 책임이 있다.

⑥ 제4항 단서에 따라 손해를 배상할 책임이 있는 자 중 배상능력이 없는 자가 있어 손해액의 일부를 배상하지 못하는 경우에는 같은 항 단서에도 불구하고 같은 항 단서에 따라 정해진 각자 책임비율의 100분의 50범위 내에서 대통령령으로 정하는 바에 따라 손해액을 추가로 배상할 책임을 진다.

부 칙

① (시행일) 이 법은 공포한 날부터 시행한다.

② (손해배상에 관한 적용례) 제17조제4항부터 제6항까지의 개정규정은 이 법 시행 후 최초로 손해배상을 청구하는 경우부터 적용한다.

위에서도 기술하였듯이 고의, 중과실, 과실간에는 위의 법률안에도 보듯이 많은 차이가 있다.

월간 공인회계사 2008. 3.

감사인에 대한 손해배상소송 관련 입증책임 개정안 국회 본회의 통과 금융기관의 경우 원고 입증책임으로 환원?

미국의 경우 연대 책임 및 입증책임의 전환으로 인해 1980-1990 무분별한 남소 등의 부작용이 나타나자, 1995년 증권민사소송개혁법을 제정하여 연대책임 대신 비례책임(proportionate liability)을 도입(fraud의 경우에는 연대책임)하고 원고에게 손해인과 관계에 대한 책임을 지도록 개선하여 시행하고 있다.

이러한 본회의 노력에 따라 공인회계사의 손해배상책임제도 개선에 공감하는 일부 국회의원이 '자기행위에 대한 책임'이라는 정의 관념에 따라 감사인의 배상책임을 연대책임에서 귀책비율에 대해 비례책임을 개선하는 것으로 개선하는 한편, 재무에 관한 정보수집, 분석능력이 뛰어나고 '여신심사규정'에 의해 다양한 요건을 심사하여 대출 여부를 결정하는 금융기관 등에게 입증책임을 부과하는 내용을 담고 있다.

금번 개정안에는 이뿐만 아니라 감사인에 대한 손해배상소송 대상을 종전 '허위의 기재'에서 '투자판단 또는 유가증권의 가치에 영향을 미칠 수 있는 것 등 중요한 사항에 관하여 거짓의 기재'로 이를 제한하고, 또한 감사인의 책임을 '사업보고서에 첨부되는 감사보고서'로 분명히 명문화함에 따라 실제 부실 감사였는지 여부에 불문하고 금융기관 등이 부실대출책임을 신뢰를 생명으로 하는 회계법인 및 공인회계사에게 전가하기 위한 위협 소송 등 남소가 방지될 수 있을 것으로 보인다.

서울경제신문. 2008.2.22.

외감법개정안 통과 기관투자자 - 권한 책임 별개 적용 불합리 회계법인 '감사인 입증 책임은 과잉규제'

은행과 보험 등 기관투자자들은 이번 외감법 개정으로 부실회계에 대한 입증책임을 지게 되자 권한과 책임의 조화측면에서 앞뒤가 맞지 않는다고 반발하고 있다.

회계법인과 달리 회계자료 제출 요구권이나 재산상태에 대한 조사권은 물론 기업의 감사과정에서 취득할 수 있는 각종 정보, 이른바 감사조서에 대한 접근권이 전혀 없는데도 앞으로 부실 피해가 생길 경우 입증책임을 묻도록 하는 것은 비합리적이라고 주장하고 있다.

이에 대해 공인회계사 업계는 기관투자자는 일반 개인투자자와 달리 고도의 전문성을 갖고 있어 감사보고서의 해독 능력이 있는 만큼 감사인에게 입증책임을 물리는 것은 과잉규제라고 맞서고 있다. 또한 민법이나 상법상으로도 손해배상소송에서 인과관계에 대한 입증책임은 원고가 지는 것이 원칙이라고 덧붙였다. (저자 추가, 여기서 원고라 함은 투자손실을 입은 금융기관이 소송을 제기했을 경우)

하지만 기관투자자들은 감사권한이 없는데 입증책임을 부담하는 것은 형평성에 맞지 않는다고 반박했다. 이들은 '최근 의료사고에 대한 대법원 판례에서도 의료행위 등 전문직 행위의 부실책임은 환자가 아닌 의사가 져야 한다고 판결하고 있다'며 '특별한 전문가만이 권한과 정보능력을 갖고 있다면 민법의 원고 입증 책임 부담은 부당하다.'고 주장하고 있다.

특히 기관투자자는 회계법인의 부실 입증에 필요한 감사조서에 대한 접근권이 없기 때문에 소송을 하지 않고서는 알 길이 없고 소송을 한다 하더라도 입증책임이 있어 승소 가능성도 낮다고 지적했다.

기관투자자 중에서도 입증책임 부담에서 자산운용사, 증권 등은 빠져 있고 은행, 보험 등만이 들어가 있는 것도 이해하기 힘들다는 지적이다. 입법발의를 한 이종구의원 측은 '은행, 보험 등은 대출 금융기관이기 때문에 대출시 거래 기업의 정보 취득이 용이하고 이에 따라 입증 책임을 지게 했다'고 설명하고 있다.

위의 신문기사에서 인과관계라는 표현을 사용하였다. 일반적인 사회 현상에서 인과관계를 입증하는 것은 무척이나 힘들다. 흔히 인과관계를 증명하기 위해 사용하는 방법론인 회귀분석은 인과관계를 논리적으로 가정하지 이를 증명하는 것은 아니다.

시사저널. 2011.3.8.

무과실, 의사가 입증해야 한다

의료사고 때 환자나 가족이 원인 규명하기는 거의 불가능 … 보상 체계도 제도로 정착시켜야

대법원도 의료 소송에서 환자 측이 의료 과실을 입증하기 어렵다는 점을 고려해 입증을 완화하는 추세이다. 따라서 의료가 특수한 영역임을 고려해 전문가인 의료인이 자신의 무과실을 입증하도록 하는 것은 현재의 의료인과 환자의 불균형적 상황을 해소할 수 있는 유일한 방법 〈입증책임전환규정〉이다.

그러나 계류중인 법안은 그동안 시민단체가 줄기차게 주장해 오던 입증책임전환 규정을 무력화시키고 말았다. 복지부는 법안에 부분적으로나마 입증책임전환이 반영되었다고 주장하고 있다. 그런데 관련 조항은 의료인이 자신의 무과실을 변명하는 구실

로 변질되어 버렸다.

시민단체는 완전한 책임보험 〈강제가입〉과 종합보험 〈임의가입〉에 의한 보상체계를 주장한다. 이는 교통사고 가해 운전자가 전적으로 보상이나 배상을 책임지는 형태와 비교하면 쉽게 이해된다.

위의 의료업에서도 동일하게 입증책임을 누가 지는지가 법원의 판단에 매우 중대한 요인일 수 있다.

과거 SK글로벌(현 SK네크워크)의 분식회계 경우에도 금융기관이 잔액증명서와 관련해서 부분적인 책임이 있지만 금융기관이 회계법인을 상대로 소송을 제기하지 않으면 소송을 제기하지 않은 데 대한 책임 문제가 따르기 때문에 소송을 제기할 수밖에 없었다. 이 경우에 영화회계법인이 법정 밖에서 금액적으로 타협을 보았다고 알려지고 있다.

특히나 이러한 금융기관이 공적자금이 투입된 금융기관일 경우는 예금보험공사 등 금융당국의 지침은 '분식회계가 벌어진 회사의 임원들은 모두 민사상 손해배상 소송 대상으로 포함시킨다'는 원칙을 견지하고 있다. 소송의 결과가 어떻게 되거나 금융기관의 임원이 해당 기업에 책임을 묻지 않으면 본인 자신도 책임을 추궁당하게 될 수 있다.

서울경제 2008.5.19.

현대상선 부실회계건, 2000 - 2002

기업에 대해 부실감사가 이뤄진다면 해당 공인회계사뿐만 아니라 회계법인도 과징금 대상이 된다는 판결이 나왔다.

과징금 부과대상자는 공인회계사만 규정되어 있다며 삼일회계법인이 낸 소송에서 1, 2심은 삼일이 승소하였으나 대법원에서 파기 환송하였고 그 결과 고법에서 패소 판결되었다.

재판부는 '과징금 부과 대상자로 규정된 공인회계사에 회계법인이 포함되지 않는 것으로 해석하게 되면 유가증권신고서 등에 포함되는 감사보고서에 허위기재 등을 한 자에 대한 과징금 부가가 불가능하게 된다'며 '관련법의 입법경과 등에 비추어 볼 때 회계법인 역시 감사보고서에 허위기재 등을 한 경우 과징금 부과의 행정제재가 가해질 수 있음을 인식할 수 있다.

코오롱의 삼일회계법인 소송건은 피감기업이 감사인을 소송한 흥미로운 경우이다. 대법원에서 최종적인 판단이 될 때까지 거의 5년 반이 경과된 사례이다.

머니투데이. 2005.9.23.

코오롱, 삼일회계법인에 216억 배상 청구

코오롱 그룹 이웅렬 회장과 계열사들이 부실 감사를 이유로 삼일회계법인에게 216억원 규모의 손해배상청구소송을 냈다. 21일 코오롱 그룹에 따르면 이웅렬 회장과 (주)코오롱, 코오롱글로텍, 코오롱건설, 하나캐피탈, 코오롱제약은 삼일회계법인의 부실 감사로 손해를 입었다며 소송을 제기했다. 코오롱 관계자는 "코오롱캐피탈 주주들이 피해 금액에 대한 구상권을 행사한 것"이라며 "소송 금액은 실 손실액의 절반정도로 삼일회계법인의 책임을 그 정도로 추정한 것"이라 설명했다. 코오롱캐피탈 자금담당 상무 정모씨는 지난해 9월, 회사돈 472억원을 횡령해 주식투자를 하다 적발됐다. 정씨는 모 증권사에 예탁해 둔 회사의 머니마켓펀드(MMF) 수익증권 등을 팔아 다른 증권사 계좌로 돈을 빼돌린 뒤 개인적으로 주식 투자를 해온 것이다. 정씨가 빼돌린 돈은 코오롱캐피탈의 총자산인 892억원의 52.9%에 해당하는 거액이다. 이후 코오롱 그룹은 이 손실 보전을 위해 (주)코오롱이 251억원을, 코오롱건설과 코오롱제약은 각각 68억원, 58억원을 출자했다. 또 코오롱글로텍은 53억원, 이웅렬 회장은 43억원씩 부담했다. 코오롱 그룹은 이 사고가 당시 외부 감사 기관인 삼일회계법인의 감사가 부실했기 때문에 이 같은 사고를 뒤늦게 인지한 것이라고 주장했다. 회사 관계자는 "당시 예금잔액 증명서 주소만 제대로 확인했어도 이 같은 사태를 막을 수 있었다"고 전했다. 한편 금융감독위원회는 지난 6월 하나캐피탈(옛 코오롱캐피탈)의 횡령사고와 관련 '기관경고'와 함께 대표이사에 해임권고 상당의 조치를 취했다. 사고자인 자금담당 상무보 정모씨에 대해서도 해임권고 상당의 제재를 가했고, 대리 송모씨 등 9명에게는 면직상당·견책 등 주의적 경고를 내렸다.

대법원에서 다음과 같이 확정되었다.

한국경제신문. 2011.1.25.

코오롱, 삼일회계 '부실감사' 소송서 패소 확정

대법원 3부(주심 차한성 대법관)는 '부실감사로 하나캐피탈의 횡령사고를 키웠다'며 코오롱과 하나캐피탈(옛 코오롱 캐피탈), 이웅렬 코오롱회장 등이 삼일회계법인을 상대로 낸 손해배상 청구소송에서 원고패소를 판결한 원심을 확정했다고 24일 밝혔다.
재판부는 '삼일회계법인이 일부 금융기관 조회서 주소를 제대로 확인하지 않은 잘못은 있지만 횡령 범행이 적발되지 않은 것은 하나캐피탈의 허술한 인감관리와 내부통제 부실 때문'이라며 '회계법인의 잘못과 손해 사이에 인과관계가 있다고 볼 수 없다'고 판시했다.
코오롱측은 하나캐피탈의 자금팀장으로 근무하던 정모씨가 1,600억원을 횡령해 손실을 입히자 삼일회계법인이 부실감사를 하는 바람에 횡령을 막지 못했다며 2005년 216억원을 배상하라는 소송을 냈다.

이 신문기사 및 판결문에서도 기업의 내부통제에 문제가 있을 경우는 횡령의 발견에 대한 일차적인 책임을 피감기업에 돌리고 있다. 즉, system을 갖추는 몫은 기업에 있다는 것이다. 이 사례에서도 내부통제에 대한 완비 및 인증이 얼마나 중요한지를 가늠하게 된다.

감사인들을 위협하여 감사 의견에 영향을 미치려는 법치주의의 근간을 흔들려는 시도도 있다.

매일경제신문. 2010.3.12.

회계감사인 위협 땐 형사처벌

최근 사업연도에 완전 자본잠식 상태에 빠진 코스닥 상장업체 A사는 퇴출위기에 처했다.
이 회사임원 B씨는 외부감사를 맡은 회계사 C씨 집 앞에서 대기했다. 그리고 귀가하는 C씨에게 다가가 상장폐지를 당하면 가족이 편치 못할 것이라고 협박하며 회계조작을 강요했다.
C씨는 다음날 A사 투자자라는 사람에게서 소송을 하겠다고 위협하는 전화를 받았다. 이런 강요와 위협에 감사인인 C씨는 두렵기도 하고 불쾌하기도 했지만 …
최근 상장폐지에 직면한 한계기업 등이 감사인을 위협하는 사례가 급증하면서 감사인 위협행위에 대한 '주식회사의 외부감사에 관한 법률'(외감법)상에 형사처벌 조항을 신설하기로 했다.
미국에서는 외부감사인 위협 행위에 대해 500만 달러 이하 벌금이나 20년 이하 징역이 부과된다.

회계법인들의 소송 위험이 증대되고 있는 현실은 다음과 같이 기사화된다.

한국경제신문. 2010.3.30.

부실감사회계법인들 '나 떨고 있니' 퇴출위기 기업 주주들 집단소송 움직임

집단소송 전문 법무법인인 한누리에는 지난주부터 소액주주들의 문의전화가 빗발치고 있다. 감사의견 '거절'로 상장사들이 잇따라 퇴출위기에 놓이자 소액주주들이 금전적 피해를 보상받을 수 있는 방안을 찾기 위해 변호사 자문을 구하고 있는 것이다.

한누리의 전영준 변호사는 '과거 사업연도에 감사를 소홀하게 한 회계법인들은 집단소송대상이 될 수 있어 케이스별로 면밀하게 살펴 집단소송 가능 여부를 검토하고 있다'고 전했다.

감사의견이 거절된 상장사들은 분식 가능성이 높아 과거 사업연도에 적정의견을 냈던 회계법인들로 불똥이 튈 것으로 예상되고 있어서다. 12월 결산 외부감사에서 의견거절로 퇴출 사유가 발생한 기업은 유가증권상장사 9개사, 코스닥 25개사 등 34개사에 달했다. 이에 따라 투자자들은 퇴출에 대비해 잇따라 주주협의회를 설립하고 집단소송에 나설 준비에 나서고 있다.

과거에는 주주모임이 상장폐지를 저지하기 위해 가처분신청 등을 제기하거나 직접 경영권을 인수해 정상화를 추진하는 경우도 있었지만…

혐의사실을 입증하는 것이 쉽진 않지만 분식이 있었다고 할 때 그 사실을 적발하지 못한 회계법인들은 문제가 될 것이라고 내다봤다.

특히 이번에 감사의견이 거절된 34개사 가운데 14개사는 지난해 사업연도의 외부감사인이 그전 사업연도와 비교할 때 교체된 것으로 나타나 책임공방이 심화될 전망이다. 퇴출위기를 맞은 네오세미테크의 경우 2009년 사업연도에 대주회계법인이 감사의견을 거절했지만 우회상장 전 비상장이었을 당시 인덕회계법인이 적정의견을 제시했었다.

주주들은 인덕회계법인의 감사과정에 문제가 없는지와 함께 지난해 우회상장과정에서 작성된 합병신고서에 문제가 없는지를 철저하게 규명한다는 계획이다. 이와 관련 합병 신고서를 작성한 신정회계법인은 '외부감사는 과거 자료를 평가하지만 합병 평가는 합당한 근거를 토대로 미래를 예측해 회사 가치를 결정하는 것이기 때문에 문제가 없다'고 강조했다.

이로 인해 회계법인들은 과거 적정의견을 제시했던 외부감사기업 검토에 나서는 등 대책 마련에 나서고 있다.

반면 인덕회계법인은 비상장기업 시절에 감사한 기업이 감사 이후에 상장하면서 분식회계로 조치를 받는다고 해서 상장 이전에 감사하였던 내용까지를 문제 삼는다는 것은 불합리하다는 주장을 하였다. 감사인의 입장에서는 상장기업과 비상장기업을 감사할 때 동일한 감사기준에 의해서 감사를 하기는 하지만 그 영향력이 동일할 수는 없기 때문에 동일한 due care를 하지는 않는데 사후적으로 문제가 되었다고 해서 조치를 강하게 하는 것은 불합리하다는 의견을 갖고 있다. 증선위가 제재를 할 때도 비상장법인에 대해서는 조치 수준을 한 단계 낮추게 되어 있다.

최근에는 저축은행의 부실 문제가 노출되자 이와 같이 문제가 많은 은행의 재무제표가 어떻게 적정의견을 받았는지에 대해서 감사인들에 대한 조치가 수행되어야 한다는 주장이 강하게 제기된다.

집단소송제도(class action suit)는 분식회계, 시세조작, 허위공시, 미공개정보이용 행위 등에 대해서 도입되었다. 집단소송이 도입되었던 시점에도 이 제도의 적정성에 대한 논란이 많았다. 이 법안이 반 기업적이며 변호사만 유리한 법안이라는 논란도 있었다. 미국 이외에는 도입한 국가가 없고 미국에서 도입 이후에도 이 제도의 장/단점에 대한 논란이 계속되는데 이 제도를 우리가 도입할 이유가 무엇인지 대한 의문이 계속되었으며 그러한 논란중에 제도가 도입되었다.

아래의 소송 이외에는 소송이 진행된 경우가 없기는 하지만 집단소송제도는 엄청난 파괴력을 갖는 제도이므로 이 제도가 어떻게 진행되는지는 유심히 관찰하여야 한다.

이데일리. 2010.1.15.

진성티이씨 증권관련집단소송 마무리

국내 첫 증권집단소송인 '진성티이씨' 증권소송이 7개월여간의 치열한 논의 끝에 마무리될 전망이다.

15일 증권업계에 따르면 진성티이씨와 1700여 명의 주주를 대표하는 서울인베스트는 화해 결정을 하고 법원의 최종허가를 기다리고 있다.

지난해 4월 진성티이씨 소액주주와 서울인베스트가 키코손실 은폐의혹과 관련해 회사 측을 상대로 20억원의 손해배상 청구소송을 제기한지 7개월 만이다.

이어 아직까지 국내에서는 배상률에 대한 판결이 없었기 때문에 배상 금액에 대해서는 알 수 없지만, 미국 측의 평균배상률인 20% 이상은 받을 수 있을 것이라고 말했다.

증권관련집단소송은 '소액주주의 피해구제'를 목적으로 참여연대가 주축이 돼 지난 2005년 1월부터 입법화된 법이다. 현재 증권관련 집단소송법 제35조에 따르면 증권

관련집단소송에 있어서 소의 취하, 소송상의 화해 또는 청구의 포기 모두 법원의 허가를 받아야 한다.

집단소송제도가 도입된지 수년이 경과되었지만 이제까지 집단소송이 제기된 건이 진성티이씨 건밖에 없자 일부에서는 법안이 잘못된 것이 아닌지에 대한 의문이 제기되었다. 소송이 제기되도록 법안이 존재하여야 하는데 소송이 수년째 제기되지 않는다는 점은 뭔가 법안이 소송이 제기되지 못하도록 잘못 제정된 것은 아닌지에 대한 의문이다.

즉, 증권집단소송 요건을 완화해야 한다는 주장이 제기되며 또한 소송 적용대상이 지나치게 제한적이라는 비판도 있다. 일례로 현행 제도는 기업이 발행공시나 정기공시를 제대로 하지 않았을 때만 소송대상에 포함시키고 수시공시 위반은 소송대상에서 제외하고 있다.

매일경제신문. 2010.10.12.

증권 집단소송 요건 완화해야

첫 번째 제약은 소송 제기를 위해 필요한 경제적 부담이 과도하다는 점이다. 대표당사자라 해도 더 많은 손해배상금을 받지 못하지만, 만약 패소시에는 대표 당사자가 소송비용을 부담해야 한다. 현재 5,000만원으로 돼 있는 인지대 상한선 역시 지나치게 높다.

물론, 법안이 존재한다고 반드시 소송이 진행되어야 하는 것은 아니며 법안 자체가 불법적인 행위에 대한 예방 효과로서 충분한 효력을 발생시킬 수 있다. 즉, 집단소송제도가 두려워 분식회계, 시세조작, 허위공시가 원천적으로 차단되었다고 하면 이 법안은 그 자체로도 충분한 의미가 있다고 할 수 있다. 단, 소송이 제기되지 않는 법안이 영향력을 갖는다고는 판단하기 어렵다.

문화일보. 2008.5.10.

감사도 분식회계 대출 책임

분식회계로 인한 원고들의 손해와, 피고들이 감사로서의 임무를 소홀히 한 것 사이에는 인과관계가 있다며 회사로 하여금 분식된 재무제표를 이용해 거래 상대방인 제3자에게 손해를 입히도록 한 경우 감사는 제3자가 입은 손해를 배상할 책임이 있다. 항소심 재판부는 금융기관들이 거액의 대출 또는 지급보증이 적절하지 않은 데도 막연히 계약을 한 과실을 인정, 배상액을 수천만-수억씩 감액했다. 이에 불복한 감사들은 상고했지만 대법원은 원심 판결이 옳다고 판시했다.

감사인에 대한 법적 책임을 한정한다는 것이 자본시장과 투자자에게 도움이 되는지 아니면 그 반대인지에 대한 논점이다. 미국의 재무성의 위원회(Chapter 13)는 이 내용에 대한 방향성은 정하지 못하였지만 감사에 대한 법정 소송 위험이 너무 제한된다면 감사의 집중도가 저하될 위험도 있다고 기술하였다. 즉, 감사인이 위험 부담을 안고 업무를 처리할 때, 피감기업과의 관계에 있어서 힘을 받을 수도 있다는 주장이다.

회계법인을 고발할 수 있는 것은 투자자, 금융기관뿐만 아니라 노조도 있다.

문화일보. 2010.9.13.

쌍용차 노조, 회계법인 고발

금속노조 쌍용자동차 지부는 13일 회계법인 삼정 KPMG를 업무상 배임과 주식회사의 외부감사에 관한 법류 위반 혐의로 서울중앙지검에 고발했다. 쌍용차 지부는 고발장에서 '삼정 KPMG는 A회계법인이 2008년 감사보고서 작성 당시 무려 5,177억원의 유형자산 손상차손(유형자산 예비손실)을 계상한 내용이 허위임을 알고도 이를 그대로 인용해 실사보고서를 작성, 외부감사에 관한 법률을 위반했다'고 주장했다.

또 '삼정은 쌍용자동차 경영진과 공모해 부정한 목적으로 회생절차를 신청했고 결국 쌍용자동차에 막대한 손해를 입혔다'고 밝혔다. 지부는 이어 '삼정은 A회계법인이 작성한 엉터리 감사보고서를 의도적으로 인용해 정리해고안까지 작성, 근로자 2,646명뿐 아니라 가족까지 거리로 내쫓기는 상황이 발생했다'고 주장했다.

소송에는 순기능이 존재하지만 역기능도 동시에 존재하는데 역기능을 쉽게 간과하기 어렵기 때문에 법무부에서 아래의 제도를 한때 검토하였다.

> 한국경제신문. 2006.12.19.
>
> **손배소에 기업 맞소송 허용. 무분별 소송 막게**
>
> 소송 남발에 따른 손해배상 소송 청구 가능
> 무분별한 손해배상소송을 막기 위해 소송을 당한 기업이 원고측을 상대로 반소(counter claim)를 쉽게 청구할 수 있도록 민사소송법 개정을 추진하기로 했다. 기업이 부담한 변호사 보수 전액을 남소로 패소한 원고에게 물리는 방안을 추진키로 했다.

아래의 신문 사설은 저축은행의 부실감사와 관련되어 회계감사인의 책임을 강조하고 있다.

> 매일경제신문. 2011.9.22.
>
> **저축은 회계감사 부실 왜 못 끊나**
>
> 무엇보다 회계법인들이 충분한 손해배상책임을 지도록 함으로써 부실 감사의 유인을 없애는 게 중요하다. 특히 손해배상책임보험에 들지 않았거나 배상한도가 작은 중소형사들이 문제다. 이들이 공인회계사회에 적립하는 공동기금으로 배상을 할 때 피해자 1인당 배상한도는 3,000만원에 불과하다. 회계법인은 자사가 적립한 기금의 두 배까지만 보상하면 그만이다.
>
> 상장사 주주와 채권자들은 증권 집단소송을 통해 배상받는 길도 있지만 저축은행들은 대부분 비상장사들이다. 집단소송 요건을 완화해 분식회계를 저지른 저축은행과 감사인이 무거운 책임을 지도록 해야 할 것이다.

주식회사의 외부감사에 관한 법률에는 감사인, 감사인에 소속된 공인회계사, 감사 또는 감사인선임위원회(감사위원회가 설치된 경우에는 감사위원회의 위원)에 대해서 다음의 벌칙을 규정하고 있다.

> **제19조(벌칙)** ① 감사인, 감사인에 소속된 공인회계사, 감사 또는 감사인선임위원회의 위원(감사위원회가 설치된 경우에는 감사위원회의 위원을 말한다)이 그 직무에

관하여 부정한 청탁을 받고 금품이나 이익을 수수(收受)·요구 또는 약속한 경우에는 3년 이하의 징역 또는 3천만원 이하의 벌금에 처한다. 다만, 벌금형에 처하는 경우 그 직무와 관련하여 얻는 경제적 이익의 5배에 해당하는 금액이 3천만원을 초과하면 그 직무와 관련하여 얻는 경제적 이익의 5배에 상당하는 금액 이하의 벌금에 처한다.
② 제1항에서 규정하는 금품이나 이익을 약속·공여 또는 공여의 의사를 표시한 자도 제1항과 같다.
③ 제1항과 제2항에서 규정하는 금품이나 이익은 몰수한다. 그 전부 또는 일부를 몰수할 수 없으면 그 가액(加額)을 추징한다.
[전문개정 2009.2.3]

19조와 20조의 벌칙 규정은 상당히 엄격한 벌칙 규정이기는 하지만 실질적으로 이 법률에 의해서 징역을 사는 사례는 거의 없다.

제20조(벌칙) ①「상법」제635조제1항에 규정된 자나 그 밖에 회사의 회계업무를 담당하는 자가 제13조에 따른 회계처리기준을 위반하여 거짓으로 재무제표 또는 연결재무제표를 작성·공시한 경우 5년 이하의 징역 또는 5천만원 이하의 벌금에 처한다.
② 다음 각 호의 어느 하나에 해당하는 자는 5년 이하의 징역 또는 3천만원 이하의 벌금에 처한다.
1.「상법」제635조제1항에 규정된 자나 그 밖에 회사의 회계업무 등 내부회계관리제도의 운영에 관련된 자로서 제2조의2제2항을 위반하여 내부회계관리제도에 따라 작성된 회계정보를 위조·변조·훼손 또는 파기한 자
2. 감사인 또는 그에 소속된 공인회계사나 감사업무와 관련된 자로서 제14조의2제3항을 위반하여 감사조서를 위조·변조·훼손 또는 파기한 자
3. 제15조의3제2항을 위반하여 신고자등의 신분 등에 관한 비밀을 누설한 자
③「상법」제635조제1항에 규정된 자, 그 밖에 회사의 회계업무를 담당하는 자, 감사인 또는 그에 소속된 공인회계사나 제9조제4호에 따른 감사업무와 관련된 자가 다음 각 호의 어느 하나에 해당하는 행위를 하면 3년 이하의 징역 또는 3천만원 이하의 벌금에 처한다.
1. 정당한 이유 없이 제4조제1항·제5항 또는 제4조의2제1항에 따른 기간 내에 감사인을 선임하지 아니한 경우
2. 감사보고서에 기재하여야 할 사항을 기재하지 아니하거나 거짓으로 기재를 한 경우
3. 제9조를 위반하여 비밀을 누설한 경우
4. 제10조에 따른 이사의 부정행위 등을 보고하지 아니한 경우

5. 제11조에 따른 주주총회에 출석하여 거짓으로 진술을 하거나 사실을 감춘 경우
6. 재무제표 또는 연결재무제표를 작성하지 아니한 경우

④ 「상법」 제635조제1항에 규정된 자나 그 밖에 회사의 회계업무를 담당하는 자가 다음 각 호의 어느 하나에 해당하는 행위를 하면 2년 이하의 징역 또는 2천만원 이하의 벌금에 처한다.

1. 감사인 또는 그에 소속된 공인회계사에게 거짓 자료를 제시하거나 거짓이나 그 밖의 부정한 방법으로 감사인의 정상적인 외부감사를 방해한 경우
2. 정당한 이유 없이 제6조 및 제6조의2에 따른 감사인 또는 지배회사의 열람, 등사, 자료제출요구 또는 조사를 거부·방해·기피하거나 관련 자료를 제출하지 아니한 경우
3. 제7조 및 제8조제2항을 위반하여 재무제표 또는 연결재무제표를 제출하지 아니한 경우
4. 정당한 이유 없이 제15조의2제1항에 따른 자료제출 등의 요구·열람 또는 조사를 거부·방해·기피하거나 거짓 자료를 제출한 경우

⑤ 「상법」 제635조제1항에 규정된 자, 그 밖에 회사의 회계업무를 담당하는 자, 감사인 또는 그에 소속된 공인회계사가 다음 각 호의 어느 하나에 해당하는 행위를 하면 1년 이하의 징역 또는 1천만원 이하의 벌금에 처한다.

1. 정당한 이유 없이 제4조의3제1항에 따른 증권선물위원회의 요구에 따르지 아니한 경우
2. 제8조제1항에 따른 감사보고서를 제출하지 아니한 경우
3. 제14조제2항을 위반하여 감사인의 명칭과 감사의견을 함께 기재하지 아니한 경우

chapter 05

배상책임 및 면책에 관한 이슈[1]

회계와 관련된 많은 이슈에 대해서는 감사의뢰인은 본인들이 수행하여야 할 업무인 데도 감사인에게 의존하는 경우가 다수 있다. 상장기업의 경우도 연결재무제표의 작성이나 각주의 작성은 피감기업의 업무인 데도 회계인프라가 적절하게 갖추어지지 않은 피감사기업일 경우에 빈번하게 이러한 업무가 감사인에게 위탁된다. 상장기업의 입장에서는 감사인들이 표준 감사계약서를 원칙적으로 사용하기 때문에 감사계약서에 사용된 문구를 면밀하게 검토하기보다는 감사수임료의 책정에 더 높은 관심을 보일 것이다. 그러나 감사계약서는 법적 구속력을 띠고 있기 때문에 수임료가 어느 정도 조정되는 것보다도 계약서에 포함된 내용이 훨씬 더 중요한 요인이다. 다만 소송 등으로 이어지는 경우가 소수이기 때문에 이러한 계약서의 중요성을 이해 당사자가 인지하지 못하고 있을 수 있다.

또한 회계법인이 사용하는 표준감사계약서가 다른 피감기업들도 사용하는 표준양식이기 때문에 별 고민없이 이를 채택할 확률도 높다. 우리가 경제활동을 수행하면서 사용하는 임대차계약을 포함한 많은 표준 계약은 법률 전문가가 아니라면 자세한 내용을 검토하고 서명을 하는 것은 아니다. 본 Chapter는 계몽적인 차원에서 현재 사용되는 감사계약서의 이슈가 되는 부분을 분석한다. 특히 관심을 갖고 분석한 부분은 배상책임 및 면책과 관련된 부분이다. 물론, 회계법인에

1 Chapter 5의 내용은 '손성규. 감사의뢰인과 감사인간의 감사계약서와 관련된 이견: 이론과 현황－배상책임 및 면책에 관한 사항을 중심으로. 상장. 한국상장회사협의회. 2007.2: 70－79'에 기초한다.

서는 각 법인에서 사용하는 표준 감사계약서의 차이, 또 일부의 피감기업에 대해서는 표준 감사계약서를 수정하는 사실이 알려진다는 점을 상당히 부담스러워한다. 그러나 감사계약서는 법적인 효력을 갖는 약속이며 법적인 이슈가 있다면 이를 공론화하여 같이 고민하여야 한다.

한국상장회사협의회(상장협)와 공인회계사회에서는 수년째 표준 감사계약서 양식을 제정하여 사용해 오고 있었으며 가장 최근의 합의에 의한 표준양식은 2001년 3월에 공표되었다. 공인회계사회와 상장협이 공동으로 작성하였으나 상장협은 공인회계사회가 주장하는 표준 감사계약서가 감사인에게 유리하게 작성되었다고 하여서 별도의 표준감사계약서를 2005년 3월 31일부터 제정하고 있다. 공인회계사회에서는 별도의 표준 감사계약서를 작성하지 않고 각 회계법인이 표준 감사계약서를 작성하여 사용하고 있다.

현재 표출되고 있는 이견으로는 다음의 내용이 있는데 거의 대부분은 법적인 이슈들과 연관된다(상장협, 한국상장회사협의회. 2005. 3. 상장회사 표준 외부감사계약서 개정(안) 주요논의사항).

2. 3. 7의 내용은 이미 Chapter 2에서 다루어진 내용이다. 본장에서는 배상책임 및 면책조항과 관련되어 기술한다.

1. 감사인 및 경영자의 책임 조항 신설
2. 감사보고서 수신인과 제3자의 상이한 해석 가능성
3. 제시된 자료의 진실성에 대한 검토 책임
4. 감사 및 검토 참여자의 명단 및 참여시간 제기
5. 감사업무 종료 후 추가업무에 따른 보수의 부담 주체
6. 내부회계관리제도 검토 업무 보수
7. 관계회사의 회계장부 및 서류의 열람 및 등사 등에 관한 경영자의 협조 책임
8. 배상책임 및 면책에 관한 사항
9. 감사보고서의 이용에 대한 사전 승인
10. 내부회계관리제도의 검토목적과 검토의 한계
11. 내부통제시스템의 취약점 통보에 대한 책임

실질적으로 법적인 문제로 대두될 수 있는 내용이 면책조항여부, 책임한도여부, 제3자의 면책조항 등이다. 이와 같이 외부감사인의 소송위험이 높아지자 공인회계사회에서는 TF팀을 구성하여 감사인에 대한 손해배상한도액에 대한 연구를 수행하였다(공인회계사회. 2004.12). TF는 기본적으로 감사인이 과도한 법적책임을 진다는 점에 반대하였으며 어느 정도의 책임한도가 주어져야 한다는 의견을 제시하였다.

감사인의 회사에 대한 손해배상책임에 있어서 상한제의 도입은 외감법 제17조 제1항의 개정을 통해 이루어질 수 있을 것으로 보이며, 그 입법안으로서는 "당해 회사의 감사보수금액의 5배 또는 20억원 중 큰 금액을 한도로 하여 손해를 배상할 책임이 있다"고 제안하고 있다. 물론, 5배 또는 20억원의 금액이 어떠한 근거에서 도출된 것은 아니다. 공인회계사회가 이러한 입장에 있으나 이 내용이 법제화되지 않으므로 손해보상 한도금액을 수임료에 근거하여 감사계약서에 기술하고 있다. 5배는 이 안이 처음 제시될 때 제안되던 내용이다. 이러한 논의가 6년의 기간을 끌면서 개정 작업이 진행되어 2011년에 상법개정안이 확정되었다.

유사한 내용이 상법 개정안에서 등기이사에 대해서는 급여의 6배, 사외이사에 대해서는 3배 등의 손해배상 한도금액을 두는 것을 논의하는 것과 같은 맥락이다. 민법에서 징벌적 손해배상제도를 금하고 있는 것과 같은 맥락이다. 단, 아래의 기사와 같이 이러한 개정된 상법에 대한 우려의 시각도 존재한다.

상법 제400조 2항은 '고의 또는 중대 과실로 회사에 손해를 발생시킨 경우를 제외하고는 정관에서 정하는 바에 따라 회사에 대한 이사의 책임을 최근 1년간 이사 보수액의 6배(사외이사는 3배) 이내로 제한'한다. 기존 상법에서는 아무런 제한이 없어서 무한 책임을 지우도록 되어 있었다. 즉, 정직한 실수로 책임을 지는 경우만 적용된다(김화진. 2012.3.20). 미국에서는 주요 기업의 90%가 이를 채택하고 있다고 한다.

국민연금에서는 이와 관련된 주총에서의 의결은 특별결의를 거치는 경우만 찬성한다는 의견을 표명하였다(매일경제신문. 2012.3.22, 한국경제신문, 2012.3.22).

권한만 있고 책임이 없다는 차원에서는 더욱 과중한 책임을 부과하여야 하지만 주주의 부의 극대화를 위해서 이사회 차원에서의 이사 결정은 risk averse만이 최선은 아니라고 생각한다. 이는 대부분의 주주가 어느 정도 risk taker인지 아니면 averser인지와도 연관된다. 대부분의 주주가 risk taker이면 이 주주들의 효용을 이사회가 대변하는 것이 적절한 것이다. 단, 주식회사 이사회가 주주들의 risk taking에 대한 성향을 판단하여 업무를 수행하는 기관이 아니므로 이러한 논의에는 명확한 해결책이 없다. 그렇기 때문에 이러한 의사결정을 주총에서 진행하는 것이 해답일 수는 있지만 주총에서의 의사결정은 대부분 최대주주 위주로 진행되므로 완전한 해결책일 수는 없다.

매일경제신문. 2012.3.2.

현대차, 한진, 포스코, LS 이사 책임 앞다퉈 축소
주총서 정관 변경 … 대표 소송 무력화 우려

본격적인 주총 시즌을 앞두고 대기업들이 이사 책임을 제한하는 사안을 대거 주총 안건으로 상정해 논란이 예상된다. 특히 정관을 변경하는 그룹 중 일부가 과거 '오너 리스크'로 한바탕 홍역을 치른 곳이라는 점에서 향후 주주의 대표소송을 무력화하고 회사 책임을 줄여 주주와 채권자의 이익을 해칠 수 있다는 염려도 나온다.

이사의 책임 감면 조항을 안건으로 올린 곳은 현대차, 포스코, 한진, LS 등 4곳으로 확인됐다. 30대 그룹을 대상으로 확대하면 대림, KCC, 동국제강, 효성 등이 포함된다.

삼성그룹과 SK, LG, 롯데 등은 당장 올해는 도입하지 않기로 잠정 결정하고 이번에 주총 안건으로 올리지 않았다.

한화, 두산, STX 등은 주총이 미확정이라 안건 도입 여부가 확인되지 않았지만 한화는 내부적으로 정관을 변경하기로 한 것으로 알려졌다.

다음달 15일부터 시행되는 개정 상법에는 회사에 대한 이사의 책임을 최근 1년간 보수액의 6배(사외이사 3배) 이내로 제한할 수 있는 내용이 담겨 있다. 다만 고의, 중과실, 겸업금지, 사업 기회 유용, 자기거래 위반 등의 경우에는 책임 감면이 적용되지 않았다

법무부 관계자는 "현행 상법은 이사의 책임 면제 요건이 총 주주의 동의로만 가능하기 때문에 너무 엄격하다"며 "유능한 인재를 영입하고 기업가 정신을 고취시키자는 차원에서 제정된 부분"이라고 설명했다.

그러나 이러한 개정상법의 책임감면제도에 대해 법조계, 학계에서는 부당한 책임회피가 이뤄질 가능성이 높다는 분석이 많다.

이지수 좋은기업지배구조연구소 연구위원은 "인위적으로 일정 한도만 책임이 있다고 규정하는 것은 경영진의 도덕적 해이(모럴해저드)를 불러일으킬 가능성이 높다"고 지적했다.

개정 상법은 기업 정관에 반영돼야만 실제 적용할 수 있다.

기업 경영 실패에 따라 주주들이 얻게 되는 피해는 끝이 없는 반면 경영진의 책임에만 상한선을 긋는 것은 불합리하다는 지적이다.

법조계 관계자는 "오너들의 횡령 배임 등은 고의 중과실에 해당돼 이사의 책임 감면이 적용되지 않을 수 있지만 개정 상법의 규정이 상세하지 않아 논란의 여지가 있다"며 "향후 시행령 등에서 이 부분에 대한 적극적인 보완이 필요하다"고 설명했다.

모 법무법인의 대표 변호사도 "기업으로서는 당장 이사의 배상책임보험료를 줄이는 금전적인 이익부터 생긴다"고 강조했다.

매일경제신문. 2012.3.15.

외국인 국민연금 '이사책임 축소' 제동 현대 건설 포스코 등에 불똥 튀나

거래소에 따르면 주총 공고를 낸 547개 상장사 가운데 이사의 책임축소를 정관 변경에 담은 상장사는 185개(34%)에 달한다.

책임이 있어야 이에 따르는 권한이 있는데 책임은 가능하면 피하려 한다는 비판을 회피할 수 없지만 동시에 감당할 수 없는 책임으로부터 경영자를 보호하려는 취지이다.

상법개정안은 회사기회유용금지도 도입했다. 이는 회사가 추진할 수 있는 유리한 사업 기회를 오너 등이 자신이나 제3자에게 넘기려면 역시 이사회 2/3 이상 동의를 받도록 했다. 제한받는 회사의 사업 기회는 직무수행과정에서 알았거나 회사 정보를 이용한 기회, 회사가 수행하고 있거나 수행할 사업과 밀접한 관계가 있는 기회 등으로 구체화되었다. 또한 이를 위반해 회사에 손해를 끼친(배임) 회사 임원 및 이를 승인한 이사에게도 손해배상책임을 지웠으며, 손해액은 회사기회 유용으로 본인 또는 제3자가 얻은 이익이라고 규정했다. 개정안이 시행되면 회사 오너 등의 배임행위에 책임을 물어 주주들이 제기하는 집단 소송이 활성화될 것으로 보인다. 법무부 관계자는 '손해액을 법으로 규정했기 때문에 배임행위 확정이 예전보다 쉬워질 것이며' 대기업 오너가 자신이 실질적으로 소유한 자회사와 대기업이 거래할 때도 제한이 갈 것이라고 설명했다. 이에 대해 재계는 기업활동이 위축될 것이라며 불만을 표했다. 이는 회사를 위해서 일해야 할 이사가 회사의 이익을 떠나 본인 개인의 이익을 위해서 회사를 이용하는 것을 방지하기 위한 제도이다.

이러한 금액이 제시된다고 해도 감사수임료가 기업간 큰 절대금액의 차이가 있을 수 있기 때문에 이러한 한도를 몇倍 등이 아니라 절대금액으로 정하는 것도 바람직하지 않다.

공인회계사업계에서는 상당한 위험 부담을 안고 감사업무를 진행하는 감사인이 법적으로 보호받지 않는다면 극단적으로는 감사업무를 수행하지 않을 수도 있으며 그렇다면 감사업무는 정부가 직접 수행할 수밖에 없다는 극단적인 의견을 피력하기도 한다.

감사용역을 효용함수로 나타낸다면 감사용역을 수임하면서 받은 용역수입으로는 正의 효용이 발생할 것이며 이와 동시에 부담하여야 하는 소송위험으로부터는 disutility가 존재할 것인데 disutility가 효용을 초과한다면 감사용역을 수임할 유인이 사라진다. 이러한 효용함수는 각 감사인이 위험을 회피하려는 성향에 따라 달라진다.

상장협에서 표준으로 제시하는 감사계약서는 거의 사용됨이 없이 각 회계법인에서 표준으로 제시하는 감사계약서가 별 수정 없이 채택되어 사용됨은 감사계약에 대한 주도적인 역할을 감사인이 수행함을 의미한다. 감사계약서에 있어서는 피감기업이 '갑'의 입장이기는 하지만 감사계약의 전문성은 '을'의 입장인 회계법인에 있으므로 감사계약서 문구 작성은 주도적으로 감사인이 수행할 수 있다.

아마도 이러한 계약서 작성과정이 일단 감사인이 선임된 이후에는 감사인이 우월적 위치를 갖을 수 있도록 되어 있고 재계약을 수행하는 시점에는 우월적 위치가 다시 피감기업으로 옮아갈 수 있다. 상장협에서 제시하는 표준 감사계약서가 채택되는 경우는 거의 없고 대부분은 회계법인에서 제시하는 계약서에 의해서 계약이 체결된다. 계약시 배상 책임 및 면책과 관련된 여러 가지 차이가 발생하는 이슈들이 있을 수 있다. 즉, 피감기업의 입장에서는 감사계약에 있어서의 갑의 위치이기는 하지만 전문성 등의 이유에서 감사계약에 소극적으로 대할 수 있다.

추가적으로 감사계약이 감사인에 의해 주도적으로 진행될 수 있는 다른 요인 중의 하나는 감사인은 법인내의 변호사 등의 도움으로 감사계약에 관한 한 상당한 수준의 전문적인 지식을 축적하고 있지만 피감기업은 사내에 법무팀이 있는 경우에도 이들 팀의 전문영역이 감사계약서에 국한된 것이 아니므로 감사계약서와 관련된 법적 공방에서 회계법인에게 뒤질 가능성이 높다. 현실에 적용하여 생각하면 우리가 아파트 매매 또는 전세 계약을 할 경우, 또는 단체 여행 등을 할 경우는 부동산/여행사에서 준비한 양식을 사용하는 것이나 동일한 내용이다. 물론 이러한 표준 양식은 공정거래위원회의 표준 약관에 근거하여 법적인 약자인 소비자가 피해를 입지 않도록 하고 있다.

기업에서 운영하는 많은 위원회일 경우, 대부분은 상장협에서 제시하는 표준을 사용하는 경우가 많다. 감사위원회모범규준도 그러하며 이사회모범규준도 그러하다. 상장협에서는 이 이외에도 사외이사모범규준 등도 제시하기는 하지만 이는 위원회를 운영함에 있어서 필수적인 규준이 아니라 사외이사들의 규범과 같은 성격이다.

규준 중에서 가장 구속력이 있는 규준이 내부회계관리제도에 대한 인증에서 규준에 적절하게 내부회계관리제도가 갖추어졌을 경우는 적정의견을 받으며 그렇지 않으면 비적정의견을 받게 된다. 이 규준은 내부회계관리제도 운영위원회에서 제정하고 있다.

감사인이 감사계약에서 주도적인 역할을 수행할 수도 있음은 감사인의 선임 및 계약과 관련된 일정과도 무관하지 않다. 감사인의 선임은 감사인선임위원회의 동의 대상으로 감사위원회가 설치된 기업일 경우는 이 업무를 감사위원회가 수행하게 된다.

감사인선임위원회(또는 감사위원회 설치된 기업은 감사위원회)가 외부 감사인의 선임에 동의하도록 제도가 되어 있지만 실질적으로 외부감사인 선임과 관련된 평가 업무 등은 기업이 내부적으로 진행하고 감사인을 내정한 후, 안건만을 감사위원회 의결사항으로 상정하는 경우도 있다. 높은 감사품질을 원하는 감사보고서 이용자(주주, 채권자 등)와 달리, 피감사대상인 경영진은 낮은 감사품질을 선호할 유인이 존재한다. 과거 일부 대기업에서도 이러한 점이 이슈가 되었으며 실질적인 평가 업무까지도 감사위원회가 수행하여야 하는지에 대해서는 이슈로 남아 있다.

즉, 외감법에 따라 외부감사인의 선임권한은 회사(주주총회에 보고)에 있으며, 내부 감시 기능은 승인권한을 지닌다.

외감법 제4조(감사인의 선임) ② 회사는 감사인을 선임할 때에는 감사(監事) 또는 전문성과 독립성이 확보된 감사인선임위원회(「상법」 제415조의2에 따른 감사위원회

> 를 설치한 경우에는 이를 감사인선임위원회로 본다. 이하 "감사인선임위원회"라 한다)의 승인을 받아야 한다. 다만, 주권상장법인은 감사인선임위원회의 승인을 받아야 한다.
> ③ 회사는 제2항에 따라 감사인을 선임하면 그 사실을 감사인을 선임한 사업연도 중에 소집되는 「상법」 제365조에 따른 정기총회(이하 "정기총회"라 한다)에 보고하거나 대통령령으로 정하는 바에 따라 주주에게 통지 또는 공고하여야 한다.

2011년 11월 발표된 회계산업서비스 선진화 방안에서는 외부감사인의 선임, 해임, 감사보수결정 등을 회사 경영진에서 상법상 회사의 내부감시기구인 감사위원회 또는 감사로 이전하는 것으로 정책 방향을 설정하고 있다. 단, 감사위원회 미설치 상장법인은 여러 이해 관계자의 의견수렴을 위하여 현행과 같이 감사인 선임위원회의 승인 권한을 유지하도록 제안하고 있다.

이는 위에도 기술되었듯이 감사인 선임과 관련된 업무를 기업 내부적으로 진행한 후, 감사위원회 또는 감사인선임위원회에서는 형식적인 추인과정이 진행되는 실무의 관행에 제동을 거려는 시도이다.

2011년 11월 30일에 발표된 EU의 회계감사개혁방안에서는 감사위원회가 주주총회에 외부감사인 선임 추천시 최소 2인 이상의 감사인을 포함하고, 선호 감사인을 기술하도록 제안하고 있다. 복수로 감사인을 추천하는 것도 흥미로운 idea이며 주주총회에서 감사인을 선임하도록 선호 감사인을 제안하는 제도도 우리나라에서 고민해 볼 수 있는 제도이다. EU에서 이러한 이슈가 제기된 배경에는 감사인 선임과 관련된 우리가 같은 고민이 있었으리라 판단된다.

감사인은 사업연도 개시일 4월 이내에 선임하고 선임일로부터 2주 이내에 증권선물위원회에 보고하여야 한다. 보고서류는 감사계약서 사본, 감사인선임위원회의 승인(동의) 증명 서류 등이다. 따라서 12월 결산 법인일 경우는 5월 15일까지는 모든 감사인 등록 업무를 종료하여야 한다. 12월 결산 법인은 3월 말까지는 주총을 마쳐야 하므로 최소한 1개월 반 동안에 감사계약이 성사되어야 한다. 5월 15일 정해진 일자에까지 감사인이 선임되지 못한다면 증권선물위원회로부터 감사인을 지정받게 되므로 이 일자를 지키지 못함은 감사인이나 감사의뢰인에게 바람직하지 않다. 감사인은 지정으로 인해서 감사용역을 잃을 수 있으며 피감기업은 자유수임에 의한 감사인 선임이 불가해지면서 지정으로 인한 감사인을 배정받게 되어 자유수임에 의한 감사인 선임권을 잃게 된다.

미국의 경우에도 1995년부터 적용되는 PSLRA(민간증권소송개혁법(PSLRA, Private Securities Litigation Reform Act))에 의해 capping이 적용되고 있다. 영국의 경우도 Companies Act에 Capping을 도입하려 하였으나 방향을 수정하여 과실에 비례한 책임제도 도입을 논의중인 것으로 알고 있다.

이러한 손해배상에 capping을 한정함은 다음의 논의되는 상법 개정안에서의 등기이사의 손해배상과 관련된 한도액의 설정과도 연관된다.

경영판단으로부터 경영자를 보호하려는 시도는 다음의 상법 개정 단계에서도 고려되었다.

조선일보. 2006.12.25.

경영판단 존중의 원칙 도입 검토. 회사에 손실 끼쳐도 기업인 책임면제

법무부가 상법 개정을 추진하는 과정에서 기업인이 회사에 이익을 준다고 믿고 성실하게 내린 경영상의 판단에 대해서는 설령 회사에 손실이 끼쳐지더라도 손해배상 책임을 묻지 않는 '경영 판단 존중의 원칙'을 도입하는 방안을 검토중이다.

경영판단 존중의 원칙은 이미 법원 판례로도 받아들여지고 있지만, 법으로 명문화된다면 기업 입장에서는 바람직한 일이라 …

즉, 위의 상법의 내용은 감사계약서에서의 capping의 내용과는 조금 다른 차원에서 이해하여야 하는데 상법 개정의 취지는 정당한 경영의사결정으로부터 등기이사를 보호하는 목적이다. 이는 경영의사결정의 결과에 의해서 책임을 추궁한다면 경영활동 자체가 위축되기 때문에 이를 사전에 예방하려는 상법개정안으로 이해할 수 있다. 즉, 경영자가 법적으로 자신을 보호하기 위해서 적극적인 경영의사결정보다는 소극적인 경영의사결정을 수행할 가능성이 높다.

경영자가 스톡옵션을 갖고 있으면 장기적으로 기업 가치를 최대화할 수 있는 의사결정을 수행하기보다는 단기적인 업적에 치중하는 것과 동일한 논리이다.

고종권 등(2005)은 감사인의 책임과 이사의 책임에 유사성이 있음을 다음과 같이 기술하고 있다.

"감사인의 책임은 이사의 회사에 대한 손해배상책임에 준하는 것으로 보고 있으며 따라서 감사인이 직무수행과 관련하여 선량한 관리자의 주의 의무를 게을리함으로써 책임을 부담하는 과실책임이라 할 수 있다."(이철송, 2005)

선관의 의무라는 이사에게 적용되는 내용을 외부감사인에게 적용하였다기보다는 외부감사인의 책임도 그만큼 막중하다는 의미로 이해할 수 있다. 이러한 6배라는 상법논의에서의 등기이사의 capping이 비상근이사인 사외이사에게는 과중한 책임이므로 추후에 진행되던 논의 단계에서는 사외이사에게 급여의 3배라는 추가적인 한도의 설정으로 정리되었다(매일경제신문. 2006.10.4.).

사외이사가 같은 등기임원이기는 하지만 상근 이사에 비해서 낮은 수준의 책임을 져야 하는 이유는 사내이사에 비해서는 정보의 접근 등에 있어서 매우 어렵기 때문이다.

소니가 전자왕국에서 추락한 심층분석에서 이사회의 80%가 전문성이 부족했으며 또한 사외이사 대부분들 대부분은 해외에 있어 화상회의로만 참석이 가능하였다는 점도 기업지배구조의 문제점으로 지적되고 있다(한국경제신문, 2012.2.2.).

단, 사외이사의 책임이 항상 제한적인 것만은 아니다. 사외이사가 본인의 의무를 해태한 경우는 다음의 조치를 받는다.

조선일보. 2011.7.16.

흥국화재 사외이사 5명 징계

금융감독원은 15일 태광그룹 계열사인 흥국화재의 전 현직 사외이사 5명에 대해 이사회 의사록을 위조했다는 이유로 '주의적 경고'에 해당하는 징계를 내리기로 했다고 밝혔다. 금융회사 현직 사외이사들이 금융당국의 징계를 받는 것은 사실상 처음이다.

이들이 받게 될 '주의적 경고'는 5단계인 금융당국 징계 수위 중에서 '주의'에 이어 두 번째로 가벼운 징계다. 금감원 관계자는 '신분상 불이익을 받게 되거나 다른 금융회사의 사외이사를 맡는 것이 금지되지는 않지만 평판에 오점이 남게 돼 앞으로 사외이사나 다른 공직을 맡기 어려울 것'이라고 말했다.

지난해 KB 금융지주 종합검사에서 변모 사외이사가 계열사인 국민은행으로부터 부적절한 대출을 받았다는 이유로 '주의적 경고'에 상당하는 징계를 받게 될 상황에 놓이자 징계가 확정되기 전에 사외이사직을 자진 사퇴한 적이 있다.

같은 논리로 감사인에 대한 책임도 이사의 책임한도보다는 상대적으로 낮아야 한다는 주장이 있다. 즉, 이사의 책임한도가 급여의 6배라면 감사인에 대한 책임한도는 수임료의 6배보다는 낮아야 한다는 논리이다. 즉, 감사인이 이사보다는 낮은 책임을 부담해야 한다는 주장이다.

물론, 급여와 수임료를 일대일로 대응시킬 수는 없지만 업무에 대한 보상이라는 차원에서는 맥을 같이 한다고 할 수 있다.

이사의 손해배상한도 설정은 그 취지가 과도한 재산상 손해배상으로 오는 적극적 경영활동 위축을 방지하기 위해서라고 기술되어 있다. 그러면 회계법인의 한도는 누구를 위한 것인가? macro하게 본다면 이사의 손해배상한도의 설정은 이사를 필요 이상의 위험으로부터 보호한다는 취지이므로 이와 같은 과정을 통하여 기업이 기업가치를 최대화할 수 있는 의사결정을 수행하도록 도와주는 순기능이 존재한다. 이에 반해서 회계법인의 피감법인으로부터의 소송에서 손해배상한도를 설정하는 것은 회계법인이 공적인 업무를 수행하므로 회계법인을 보호하기 위함이라고 이해할 수 있다.

감사수임료의 몇배로 legal liability에 cap을 제한한다는 내용의 법제화는 이미 달성하기 어렵다. 이는 최근의 사회적인 분위기와도 궤를 같이 한다. 이는 두 가지로 구분할 수 있는데 첫째는 피감기업과의 liability capping이며 둘째는 제3자와의 liability capping인데 회계정보 이용자가 불특정다수이므로 제3자에 의한 민사소송을 법에서 제한함은 문제가 있다. 이는 소송을 제기할 제3자가 누구인지 알 수 없기 때문이기도 하다. 참고로, 상법에서 논의하는 상법개정안 400조2항의 경우도, 이사의 책임을 1년간 보수의 6배, 사외이사의 경우는 3배로 제한하는 것은 회사에 대해서만이고 제3자에 대해서는 한도가 없다. 예를 들어, 분식회계의 고해성사에 대한 사면이 시행되었던 시점에도 이는 행정조치의 사면이지 민사에 의한 손해배상을 법에서 보호해 줄 수는 없다.

포괄적으로 배상책임과 관련된 주제로는 비례책임제도와 원고입증책임 등이 있다. 비례책임제도는 무한정적으로 공동 책임을 지우는 것이 아니라 본인이 책임이 있는 부분에 대해서만 책임을 지우게 하는 제도인데 법무법인과 회계법인이 LLP(limited liability partnership, 제한적 유한회사)로 전환하는 것도 같은 맥락에서 이해할 수 있다.

즉 유한회사에서 업무상 과실을 범한 partner가 아닌 파트너에게까지 어느 정도 이상의 책임과 부담을 주는 것이 바람직하지 않을 수 있다. 이러한 제한을 두지 않는 것의 장점은 공동책임을 지우기 때문에 partner로 편입하는 시점에서 quality control을 확실하게 하라는 강한 message를 줄 수 있는 장점은 있다.

원고입증책임도 오랫동안 공인회계사업계에서 주장해 오던 내용이다. 회계와 관련된 내용은 누가 입증책임을 지는지에 따라 그 부담이 입증책임이 있는 주체에게로 이관되는데 현재의 법 체제하에서는 이러한 책임이 공인회계사에게 있기 때문에 소송이 제기되면 공인회계사가 불리한 위치에 처한다는 것이다. 위에서도 기술되었듯이 최근에 와서는 금융기관이 원고일 경우는 금융기관에 입증책임이 있는 것으로 개정되었다.

감사인의 입장에서는 감사계약에서 liability capping 문구를 넣어 주는 대가로 감사보수를 인하할 수도 있다. 즉, 회계법인의 입장에서는 이 문구를 포함하여 미래의 손해배상소송으로부터 보호받는 대신 피감기업에는 감사보수를 깎아주는 대가를 베풀 수 있다. 즉, 이러한 접근에서는 감사보수는 위험에 대한 보상의 성격도 갖는다. 따라서 감사보수와 liailibily cap에 대한 여러 가지의 조합(combin-ation)이 가능하다. 자동차 보험에서 한도액등의 option이 조정하면서 보험금액이 조정됨과 같은 논리이다.

다음에는 big 4 회계법인 중, 세 회계법인의 배상책임 및 면책과 관련된 표준 감사계약서 내용을 기술한다. 우선 손해배상과 관련되어 상장협에서 작성한 표준 감사계약서에서는 다음과 같이 기술되어 있다.[2]

을이 계약 사항을 위반하여 갑에게 손해를 발생하게 한 경우, 을은 갑이 소송 또는 소송 외적으로 부담한 모든 손해에 대하여 갑에게 배상하여야 한다.

물론, 상장회사의 입장에서는 가능한 많은 책임을 '을'인 감사인에게 전가하고 싶을 것이다. 안진의 경우의 배상책임 및 면책과 관련된 표준 계약서는 다음과 같다.

제13조(배상책임 및 면책) ① 재무제표의 작성과 공시의 책임은 갑에게 있으므로, 갑이 고의 또는 과실로 인하여 위조, 변조, 허위 기타 부정한 자료를 을에게 제공하거나 감사 및 검토상 필요한 자료를 을에게 제공하지 않음으로써 을에게 손해를 끼

2 각 회계법인이 제안하는 표준 감사보고서는 2006년 말 원고 작성시점에 입수된 것이므로 현 시점에서의 표준 감사계약서와는 어느 정도 차이가 있을 수 있다.

쳤을 경우에는 갑은 을이 소송 또는 소송 외적으로 부담한 모든 손해에 대하여 을의 과실여부와 관계없이 을에게 배상하여야 한다.
② 을의 계약사항 위반, 감사 및 검토 수행시 고의 또는 중대한 과실로 인하여 갑에게 발생한 손실에 대하여 을은 본 계약에 의거 수령하는 당해연도 감사보수금액을 한도로 변상책임을 지며, 을의 감사 및 검토업무 수행결과로 인하여 발생하는 모든 손해 및 비용 등에 대하여 을은 책임지지 아니한다.
③ 갑은 을의 위약행위 또는 고의적인 위법행위로 인하여 발생한 것으로 법적인 판단이 내려지는 경우를 제외하고, 이 계약에 의하여 을이 갑에게 제공하는 업무와 관련하여 발생한 어떠한 형태의 배상청구, 책임, 비용 등에 대하여 을의 모든 책임을 면제한다.
④ 갑이 제10조의 규정에 의한 자료제공 등을 지연함으로써 감사 및 검토상 지장을 초래하였을 경우에는 그로 인하여 발생하는 사항에 대하여 을은 책임지지 아니한다.

삼일의 표준 감사계약서 내용은 다음과 같다.

제12조(배상책임 및 면책) ① 재무제표의 작성과 공시의 책임은 갑에게 있으므로, 갑이 고의 또는 과실로 인하여 위조, 변조, 허위 기타 부정한 자료를 을에게 제공하거나 감사 및 검토상 필요한 자료 및 정보를 을에게 제공하지 않음으로써 을에게 손해를 끼쳤을 경우에는 갑은 을이 소송 또는 소송 외적으로 부담한 모든 손해에 대하여 을의 과실여부와 관계없이 을에게 배상하여야 한다.
② 을의 계약사항 위반, 감사 및 검토 수행시 고의 또는 중대한 과실로 인하여 갑에게 발생한 손실에 대하여 을은 본 계약에 의거 수령하는 당해연도 감사보수금액을 한도로 변상책임을 지며, 동 사항 이외에 을의 감사 및 검토 수행결과로 인하여 발생하는 모든 손해 및 비용 등에 대하여 을은 책임지지 아니한다.
③ 이 계약에 의하여 을이 갑에게 제공하는 업무와 관련하여 제3자에 대하여 발생한 어떠한 형태의 배상청구, 책임, 비용 등에 대하여 을의 모든 책임을 면제한다.
④ 갑이 제9조의 규정에 의한 자료제공 등을 지연함으로써 감사 및 검토상 지장을 초래하였을 경우에는 그로 인하여 발생하는 사항에 대하여 을은 책임지지 아니한다.

한영의 표준 감사계약서 내용은 다음과 같다.

제13조(배상책임 및 면책) ① 재무제표의 작성과 공시의 책임은 갑에게 있으므로, 갑이 고의 또는 과실로 인하여 위조, 변조, 허위 기타 부정한 자료를 을에게 제공하

거나 감사 및 검토업무상 필요한 자료 및 정보를 을에게 제공하지 않음으로써 발생한 손해에 대하여 갑은 을의 책임을 면제한다. 그리고 또한 을이 제3자와의 소송 또는 소송 외적으로 부담한 모든 손해에 대하여 갑은 을에게 배상하여야 한다.
② 갑이 제10조의 규정에 의한 자료제공 등을 지연함으로써 감사 및 검토업무상 지장을 초래하였을 경우에는 그로 인하여 발생하는 사항에 대하여 을은 책임지지 아니한다.
③ 을의 계약사항 위반, 감사 및 검토업무 수행시 고의 또는 중대한 과실이 아닌 한, 갑에게 발생한 손실에 대하여 을은 본 계약에 의거 수령하는 당해사업연도 감사보수금액을 한도로 변상하기로 한다.

따라서 안진의 표준 감사계약서상의 제13조(배상책임과 면책) 내용은 삼일 표준감사계약서의 제12조(배상책임과 면책) 조항 및 한영의 제13조의 내용과 거의 동일하다.

일단, 이러한 손해배상보험상한금액이 표준 감사보고서 양식에 의해서 거의 동일하게 책정된다는 데 대해서 의문이 있다. 이러한 capping 내용이 외감법에 의해서 법령화되지 않고 각 회계법인이 피감기업과 일대일로 계약을 체결한다면 감사인은 당연히 피감기업의 위험을 측정하여 상한금액을 차등화하는 것이 당연하다.

물론, 감사위험이라는 것이 객관적으로 측정되어 수치화될 수 있지 않음을 충분히 이해하더라도 표준 감사보고서를 아무런 고민 없이 사용함도 문제가 있다.

따라서 현재 감사위험에 대한 실무에서의 관행은 감사위험이 감사수임료에 반영될 수는 있지만 이러한 내용이 capping에는 거의 반영되지 않는다고 할 수 있다. 감사수임료는 감사에 대한 노력과 감사위험에 대한 보상이지만 capping은 감사위험의 함수로 결정된다. 감사인들이 감사수임료에는 크게 신경을 쓰지만 감사보수금액을 한도로 대부분의 계약이 체결되므로 liability capping에 있어서 감사위험의 차등화에까지는 크게 신경을 쓰지 않는 것으로 나타난다.

단, 어떻게 보면 감사위험을 수치화하여 이를 감사계약에 반영한다 함은 수임료에만 반영한다면 이를 굳이 liability capping에까지 반영하지 않아도 된다. 왜냐하면 피감기업이 감사용역으로 받을 수 있는 효용은 수임료로부터의 disutility와 liability capping으로부터의 utility로 표현할 수 있다.

피감기업의 감사위험은 당연히 차이가 있다. 이경태 등(2006)은 감사인이 감사수임료를 결정함에 있어서 company risk를 고려한다는 연구 결과를 보이고 있다. company risk의 측정변수로는 이사책임보험의 보험료와 보험한도액을 사용하였는데 감사수임료 결정에 있어서 가장 주된 변수인 감사시간을 통제한 후에도 위험이 감사수임료를 설명하는 변수임을 보였다.

위험 측정과 관련되어서는 보험회사가 전문가이다. 정확한 위험 측정 능력에 의해서 보험회사의 경쟁력이 판가름 난다고도 할 수 있다. 정확한 위험의 측정과 이에 상응하는 보험료 산정이 보험회사의 경쟁력이므로 보험요율이 피감기업의 위험의 가장 적합한 측정치일 수 있다.

일부의 회계법인은 정책적으로 감사위험이 높은 피감기업일 경우는 감사를 수임하지도 않을 정도로 감사위험에 민감하게 대응하는데 liability capping에 있어서는 이러한 점이 전혀 고려되지 않고 있다.[3]

이와 같이 감사위험에 따라 liability capping이 별도로 정해짐이 감사인과 피감사인 양자 모두에게 효율적인 의사결정일 것인데, 아래의 실태에서 보는 바와 같이 현실은 그렇지 않다. 거의 일률적으로 수임료를 한도로 liability capping이 시행되고 있는데 이는 감사의뢰인이 감사계약시 신중을 기하지 않은 것이라고 해석할 수 있다.

감사위험을 달리 측정한다는 것이 기존의 문헌에서 공개된 사실인데 이를 감사계약서에 반영하지 못한다는 것은 효율적이라고 할 수 없다. 또는 차별화된 감사위험을 여러 가지로 피감기업과의 관계에 있어서 liablility capping 등으로 반영할 수 있는데 표준감사계약서를 변형한다는 것이 매우 민감할 수 있으므로 이러한 민감한 내용을 조정하기보다는 감사수임료를 조정하는 것이 오히려 용이할 수 있다.

삼일의 경우도 10개 미만의 회사에 대해서는 감사보수를 초과하여 capping 하고 있지만 그렇다고 삼일이 수행하는 1,600사의 감사위험이 모두 동일한 수준

---

3 감사위험이 높은 피감기업에 대해 외부감사인이 감사를 회피하는 경향도 나타나고 있다. 이재술 안진회계법인 대표는 '나중에 분식회계가 드러나면 이를 적발하지 못한 회계법인에게 책임이 돌아가기 때문에 감사를 맡은 첫 해에 보다 심도있는 감사를 수행하며, 특히 코스닥 기업의 경우에는 과거 분식회계와 관련된 의심이 가게 되면 아예 감사를 맡지 않는다'고 밝힌 바 있다(한겨레신문, 2006년 3월 6일). 이는 무조건 맡고 보자는 과거의 관행으로부터의 많은 변화이다.

이라고 하기 어렵다.

감사수임료를 초과하여 capping을 수행한 피감기업에 대해서는 이들 피감기업이 감사인에 비해서 협상력의 우위에 있기 때문에 피감기업이 감사수임료의 몇배로 소송을 제기할 수 있는 권한을 부여받았다고 할 수 있다.

이와 같이 capping이 수임료의 몇배로 설정되는 감사계약서일 경우, 어떠한 요인에 의해서 이러한 기업의 capping이 달리 책정되었는지를 검토하는 연구도 앞으로의 흥미로운 연구 주제일 수 있지만 현 시점에서는 이러한 표본의 수가 너무 적다.

앞으로는 이러한 계약 여부가 피감기업이 감사인을 선정하는 요인일 수 있다. 물론, 수임료가 가장 중요한 요인 중, 하나이며 피감기업의 입장에서는 적절하지 않은 감사로 인해서 소송을 제기할 수 있는 가능성을 평가하여 감사인과 감사계약을 체결할 것인지를 판단하여야 한다.

모든 시장에서의 경제활동은 시장 메커니즘에 의해서 진행될 때 최적화가 될 수 있다. 배상한도가 얼마가 되어야 하는지도 시장에 의해서 결정되어야 한다.

이창우 등(2006, 19쪽)은 다음과 같이 기술한다.

"그러나 당사자간에 약정을 하는 경우 배상액을 결정하는 기준이 없음에 따른 혼란이 예상되고 따라서 어느 일방에게 일방적으로 불리한 손해배상액이 책정될 우려와 계약 당시 감사보수인하의 교섭수단이 되어 감사의 질을 저하시킬 주 있으므로 손해배상액의 상한선을 법정화할 필요가 있다."

이는 공인회계사회에서 주장하는 내용이다. 이창우는 이러한 손해배상액의 책정이 교섭수단이 된다는 점을 부정적으로 해석하고 있는데 저자는 이 내용에 동의하지 않는다. 경제활동에 있어서 자신의 위치에 적합한 협상력을 갖는다는 점은 부정적이지 않으며 양자간의 협상력의 차이에 의해서 균형점을 찾는 것은 바람직하다. 물론, 감사인이 지정되는 경우와 같이 힘의 균형에 차이가 발생할 경우는 정부가 개입될 수 있지만 손해배상액의 상한선을 법정에서 한도하는 것이 적절한 것인지가 명확하지 않다.

이는 상법에서 등기이사에 대한 한도를 정하는 것과는 그 내용이 다르다. 기업의 입장에서는 등기이사에 대해서 경영의사결정을 위임하는 입장이므로 이들의 소송위험에 대해서 보험(이사책임보험, director and officer's insurance)도 가입해주고 소송에 대한 cap도 신경을 써야 하는 부분이지만 정책적인 차원에서 감사인의 소송위험을 정부가 cap을 설정할 필요가 있는지에 대해서는 명확하지 않다.

감사계약서의 내용을 기술하였으므로 이와 같이 감사보수의 이슈를 기술한다. 가격이 반드시 품질의 대용치라는 논리는 일반적인 상품과 용역 시장에서는 적용되지만 회계감사시장에서는 명확하지 않다. 이는 회계감사라는 용역의 산출물은 최종적인 감사의견으로 집약되기 때문이다. 또한 피감기업의 입장에서는 고품질의 감사 과정을 기대하기보다는 단기적으로는 적정의견을 기대한다. 따라서 적정의견을 받을 수 있다면 아무리 높은 수임료라도 기업의 입장에서는 아까울 것이 없다고도 할 수 있다. 이러한 측면에서 가격과 품질이 일대일 관계를 갖지 않을 수 있는 매우 특이한 용역이다.

오히려 과도한 감사 수임료에 대해 일부에서는 뇌물적 성격이 강하다는 과도한 표현을 사용하기도 한다. 물론, 매우 역설적인 논리 전개이기는 하지만 그 의미는 충분히 전달된다. 따라서 감사수임료에 대해서는 적정 감사수임료라는 표현이 매우 의미가 있다. 표준감사수임료라는 표현이 사용되기도 하는데 어느 정도 합리적인 수준에서의 수임료를 의미하지만 과다하지 않은 금액을 동시에 의미한다. 즉, 경제적 유인이 공인회계사로서의 윤리를 침해받지 않을 정도의 이론적 적정 수준의 수임료를 의미한다. 계약 당사자의 합의에 의해서 정해진 수임료는 이미 각 계약 자체가 균형점에서 형성된 것이므로 적정하다, 적정하지 않다고 논한다는 것 자체가 타당하지 않을 수 있지만 일반적으로 인정되는 적정한 수준의 수임료는 분명히 존재할 것이다.

감사수임료는 감사시간과 임률(hourly rate)로 결정된다. 수임료가 위의 이유로 인한 감사품질과의 관련성이 명확하지 않기 때문에 감사시간이 감사품질에 대한 우월한 대용치(proxy)일 수 있다. 감사수임료가 경제적 유인과 연관되면서 품질과의 관계가 명확하지 않지만 적어도 감사시간에서 만큼은 이러한 경제적인 유인과의 복잡성은 개입되지 않는다. 단, 수임료가 결정될 때는 내부적으로 감사시간과 임률로 결정되겠지만 우리나라의 감사수임료가 사후적인 투입시간에 근거한 time charge가 아니므로 수임료 이슈가 더 복잡할 수 있다. 또한 감사시간보다는 임률이 협상의 대상일 수 있다.

파이낸셜 뉴스. 2006.3.18.

외부감사 때 정부에서 '보수' 정해준다

현재 증선위는 주식공개기업, 소유경영 미 분리기업, 상장기업 중 관리종목 또는 투자유의종목, 감리결과 조치법인 등 공정감사가 필요한 기업에 회계법인을 강제로 지정하고 있는데 회계법인들은 지정기업들에 일반 기업보다 평균 1.5-2배의 비싼 감사보수를 요구하는 것으로 알려졌다.

개정안은 또 코스닥 상장법인도 거래소 상장법인과 마찬가지로 대표이사를 겸직하는 대주주지분율이 25% 이상인 경우 증권선물위원회로부터 감사를 수행할 회계법인을 지정받도록 했다. 현재는 지분율이 50% 이상인 경우에만 감사 회계법인을 지정하고 있다.

단, 이 규정은 대주주가 대표이사를 겸직하는 경우에만 해당되는데 대주주가 대표이사를 겸직하거나 겸직하지 않거나에 무관하게 대주주가 25% 이상의 지분을 갖고 있다면 그 영향력을 무시할 수 없다. 외감법의 이 내용은 이사회 운영의 실질적인 내용보다는 대표이사라는 직에 대해 상당한 무게를 두고 있다.

그러나 이러한 정책 방향을 실행과정에서는 어려움을 겪으면서 위의 내용대로 진행되지 못하였다. 감사보수의 상한을 정하던 감사보수규정은 외환위기 후 경쟁을 제한하고, 고품질의 감사실시를 위해 충분한 시간투입에 장애가 될 수 있다는 이유 등으로 "독점규제 및 공정거래에 관한 법률의 적용이 제외되는 부당한 공동행위 등의 정비에 관한 법률"의 개정으로 폐지(1999년 2월)되었고, 외감법시행령제4조의2에서는 지정감사시에는 감사품질 등의 확보를 위하여 감사투입시간 및 감사보수기준 등을 정하여 권장할 수 있다고 규정(2006년 3월 신설)되어 있다. 그러나 동규정에 의한 보수기준이 별도로 제정되지는 않았다.

이 정책이 결정되었던 시점이 IMF로부터 지원을 받았던 시점이라 우리나라 정부에서는 자유도(degree of freedom)가 많지 않았던 시점이다. 하물며 서방 선진국가도 자율이 작동하지 않을 경우는 규제를 강화하는데 외국에 대해서만 정부가 시장에 개입하지 않기를 강요하는 것도 이율배반적이라 할 수 있다.

감독원은 동규정에 의거 지정기업에 대한 감사보수기준의 제정을 검토하였으나 감사보수 결정의 경직성, 회사와 감사인 모두를 만족시킬 수 있는 기준제정의 어려움, 지정회사의 고유특성 및 감사위험을 정확히 반영한 보수기준 제정의 곤란 등의 사유로 보수기준 제정을 하지 않기로 한 바 있다.

위의 사유에 근거한 감독기관의 어려움은 충분히 이해할 수 있지만 규정이 현존하는데 감독원 내부적인 사유에 의해서 이러한 guideline을 정하고 있지 않은 것이 적절한 것인지에 대한 의문이 있다.

이 규정은 1999년까지 적용되었는데 과거의 재정경제부(현재의 기획재정부)가 제정하였지만 재정경제부가 독단적으로 규정한 것이 아니라 회계감사 용역의 제공 주체라고 하는 공급자 대표(공인회계사회)와 이 용역의 수요자라고 할 수 있으며 동시에 회계정보를 공급하는 경제주체인 기업의 대표(상장회사협의회)가 대표권을 갖고 협의하였던 것이다.

이러한 표준감사보수규정이 중단된 이유는 표준감사계약서의 경우와는 상이하다. 공정거래위원회는 감사보수규정이 두 경제주체간의 자유로운 경쟁에 의한 계약을 해치며 불공정한 소지가 있다는 이유에서 이를 중단하였다. 그러나 어차피 이러한 표준감사보수규정이 존재한다고 하여도 이러한 규정이 그대로 지켜지는 것이 아니라 양 경제주체가 협의하여 계약을 체결하므로 규정이 특별하게 법적 구속력이 있는 것이 아니므로 큰 문제가 될 것 같지는 않으나 이 규정은 폐지되었다. 어떻게 판단하면 규정이 존재하면서 양자간에 협상이 존재하나 규정이 없이 협상을 진행하는지 간에 큰 차이가 없는 듯하다. 이러한 규정이 양 기관의 협상을 조금 더 용이하게 조정할 수 있는 단초로 제시될 수 있다.

가끔 감사수임료가 너무 낮아서 감사품질이 확보되지 못하며 감사수임료의 결정을 피감기업과 감사인들간의 자율적인 협상의 결과로 남겨두기에는 회계법인간의 경쟁이 너무 치열하므로 과거의 감사보수규정을 다시 부활하여야 한다는 의견도 제기된다. 부실감사로 인한 문제가 경제적인 이유 때문이라며 적어도 최소감사수임료를 확보하는 규정에 대한 수요는 정당화될 수 있다.

아래의 신문기사는 전직 금감위원장/금융감독원장이 저축은행 관련 국회 청문회에서의 답변이 기사화된 내용이다. 금융에 있어서의 자율은 방종이 될 수도 있으며 어느 정도의 규제는 필요하다는 내용이며 감사수임료에 대해서도 표준을 제시함이 이 범주에 속할 수도 있다. 일부에서는 자유수임제도가 문제가 많은 제도이므로 1982년 이전에 적용되던 제도인 배정제를 채택하여야 한다는 주장도 있다.

한국경제신문. 2011.4.21.

금융은 자율규제 불가능. 욕먹더라도 관치 불가피. 이헌재식 금융론 눈길

금융은 돈을 대상으로 장사하는 사업이라고 하는 사람들이 있지만 (금융은) 리스크를 대상으로 장사하는 사업이다.

'금융은 리스크가 큰 사업이기에 자율규제가 가능하다고 생각하지 않는다'며 '비록 관치라는 욕을 먹더라도 (정부는) 적절한 때 적절한 방식으로 개입을 할 수밖에 없다.'

특정 경제관료가 官은 治하기 위해 존재하는 것이라고 官治를 정의해서 회자되기도 한다.

그러나 높은 감사보수가 보장된다고 해도 항시 높은 품질이 담보되는 것은 아니므로 이는 매우 어려운 이슈이다. 감사인이 시간 투자 없이 높은 감사수임료로부터의 경제적 이익만을 추구한다면 이는 도덕적 해이(moral hazard)의 한 사례가 될 것이다.

즉, 감사인이 전문가로서의 윤리의식 없이 그들만의 개인적인 효용을 극대화한다면 이 경우에 이들이 수행할 수 있는 의사결정은 시간과 노력을 들이지 않고 적정의견을 표명하는 것이다. 단, 이와 같이 공인회계사들이 소명/윤리의식 없이 감사의견을 남발할 소지도 있으므로 규제와 감독의 역할을 필요로 한다.

또한 회계법인 임원의 급여수준을 보면 결코 감사수임료가 낮지만은 않다는 주장이 제기되기도 하지만 회계법인 임직원의 급여수준에 대한 판단은 자본주의에서는 적절치 않을 수 있다. 물론, 급여가 높고 낮은 것에 대한 판단이 주관적이므로 국가간에 임원급 또는 CEO의 급여가 직원 급여의 몇배 이상이라는 등의 상대적인 비교를 급여 전문가들이 수행하기도 하지만 절대적인 판단기준은 아니다(시사저널 2012.2.14). 단편적인 내용에 근거하여 수임료의 높고 낮음을 판단하기는 어렵지만 수임료가 품질과 어떻게든 연관된다고 할 때에 자유방임만이 최선인가에 대한 고민은 지속된다.

덤핑 경쟁을 피하기 위해서 다시 보수규정을 도입하여야 한다는 공인회계사회의 주장에 대해서는 다음과 같은 논쟁이 진행된다. 이는 최근 공인회계사에서 주장하는 내용으로 공인회계사회의 논리는 다음과 같다.

보수규정 법제화를 공약으로 내세웠는데, 이 문제는 공정거래제도와 마찰이 우려된다.

업종별, 규모별 연구결과를 토대로 최고가와 최저가의 범위만 정해 놓으면 기업도 감사인 과당경쟁을 하지 않게 돼 좋은 품질의 서비스가 가능해질 것으로 본다.

예를 들어 100억 규모의 제조업이면 몇 시간을 투입해야 적정한 감사를 할 수 있는지, 표준화된 시간에 따라 평균임금을 정해서 최고는 얼마, 최저는 얼마라는 보수규정을 작성할 수 있다는 것이 공인회계사회의 생각이다.

세무사회에서 공정위 제재를 받았었지만 세무사의 세무조정계산서는 세무사와 의뢰인 둘의 관계이고, 회계사의 감사는 투자자들이 활용하는 공공재이기 때문에 다르다. 공공재라는 명분이 있는 것이다.

감사보고서는 공공재이다. 물론 감사보고서는 '이사회와 주주' 귀중이라고 기술되어 있지만 주주에는 미래의 잠재적인 주주도 포함한다. 따라서 감사보고서는 공공재이다. 잘못된 재무제표에 근거해서 대출의사결정이 적절치 않게 수행되었다면 이는 금융기관의 부실로 이어질 수 있다. 따라서 감사보고서는 불특정다수를 위한 공공재라고 한다. 즉, 감사보고서는 주주 및 이사회 귀중이라고 되어 있기는 하지만 모든 시장에 대한 용역 제공이다.

예를 들어, 비상장기업에 대한 분식의 이슈는 상장기업에 비해서는 조금은 가볍게 다루어야 한다고 주장되기도 한다. 이는 공개 모집된 주주의 피해가 없기 때문인데 분식된 재무제표에 기초한 금융기관의 대출을 고려한다면 상장이나 비상장이냐에 따른 영향력의 큰 차이는 없다. 잘못된 대출의사 결정은 금융기관의 부실을 초래하고 금융기관의 부실은 잘못하면 공적자금의 투입이라는 결과를 초래할 수도 있다.

공인회계사회에서는 이와 관련해서는 건설감리사쪽에서 건설감리를 공공재로 인정을 이미 받은 바 있다는 주장이다. 건설감리도 시공사와 발주원 둘 사이에 공사가 진행되지만 공사가 잘 됐는지 아닌지는 분양받은 사람에게 영향을 미치기 때문에 공공재로 인정되었다고 한다.

최저가를 보장하면 dumping 경쟁은 있을 수가 없다. 최고가를 규제한다고 하면 이는 수임료가 너무 높아지는 것을 방지하려는 것인데 이는 피감기업을 보호하려는 제도이며 동시에 뇌물성 수임료를 예방할 수도 있다. 즉, 회계법인들이 과점의 시장을 형성하며 독점적 지위에서 수임료를 과도하게 높이는 경우에 대해서 제재하는 것이 최고가에 대한 cap이다.

현재의 회계감사시장은 감사인들이 단합된 힘을 보이지 못하며 저가 수임료 경쟁을 수행하고 있으므로 이러한 현상이 가능하지 않지만 이렇게 진행될 수도 있다. 반면에 최저가를 규제한다 함은 덤핑경쟁으로 인한 품질 저하를 방지하려는 것인데 이는 회계법인의 최소한의 수익성을 보장해 주며 회계감사 품질이 mimimum으로 보장된다.

회계법인은 공적인 업무를 수행한다. 수년 전 직전 대법원장이 현업의 변호사들이 공익성보다는 경제적인 유인에 의해서 의사결정하므로 신뢰할 수 없다고 해서 파문을 일으킨 적이 있다. 감사인이 공익성, 전문가로서의 직업윤리와 경제적 유인간의 금전적인 점에 치우치지 않도록 규제기관이 역할을 하며 독려하여야 한다.

감사계약서상에서의 liability capping 현황 파악을 위해서 안진딜로이트회계법인에서 상장/코스닥 피감기업의 자료를 제공해 주었다. 총 215개의 2005년 회계법인의 배상책임 및 면책과 관련된 정보가 제공되었다.

면책조항이 없는 경우는 세 기업이 있으며, 책임한도금액이 없는 기업은 11기업이 있다. 보수금액의 3배로 capping이 된 기업이 한 기업, 보수금액의 2배로 capping이 된 기업이 한 기업 존재하였다. 제3자에 대한 면책조항이 없는 13개 기업이 존재한다.

이와 같이 다양한 감사계약서 종류의 기업이 존재함은 이러한 감사계약서의 문구가 결코 우연은 아님을 나타내며 나름대로 계약단계에서의 고심의 결과라고 판단된다.

물론, 이러한 capping의 차등화가 수임료 차등화에 대한 대안은 될 수 없지만, 여러 가지 사유에 따라 수임료를 차등화하기 어렵다면 capping 등으로 차등화를 수행할 수 있다. 어차피 교섭에 의해서 수행할 부분이라면 공론화하는 것이 좋다.

감사수임료도 2001년부터 공개되기 시작하였는데 물론, 이 배경에는 감사수임료 금액의 크기가 감사품질과 직접적으로 연관된다는 점도 있으나 수임료가 적정한 선에서 설정되는지는 공개되어야 할 정보라는 논리가 강했다. 수임료와 감사품질간의 연관성은 회계정보 이용자 각자가 판단할 문제이며 이러한 정보가 공적인 의미가 있다면 일단 공개하도록 함이 일리가 있다.

계약 당사자간의 계약 내용이므로 이러한 내용이 어떠한 이유에서 공적영역(public domain)에 포함되어야 하는지도 issue가 될 수 있지만 회계감사용역이 공공재의 영역이므로 감사수임료가 공개되는 것이다. 감사인이 어느 정도의 위험을 수용할 수 있는지도 company risk와 연관된다면 공개될 수 있는 정보라고 볼 수도 있다.

사업보고서에 공개되는 내용으로 많은 관심을 갖는 변수가 임원의 급여 관련된 내용인데 총급여의 한도액만을 보여야 할지, 총급여액을 보여야 할지, 아니면 각 개인 임원의 급여를 보여야 할지 등등이 논란의 대상이다. 개인과 관련된 정보라고 하여도 공개기업의 임원이 공인이므로 이들의 급여 정보는 이미 보호받아야 할 개인의 정보라는 범주를 넘는다고도 할 수 있다.

예를 들어 공공기관일 경우는 임원의 개인 급여까지도 공개되는데 이는 일부 공기업 임원의 너무 높은 급여가 문제가 되었고 공공기관의 성격상, 개인의 privacy가 어느 정도 침해될 수도 있다는 것에 대한 공통된 이해가 있다고 할 수 있다.

시사저널. 2011.5.3.

등기임원 평균 보수 삼성이 단연 최고

100대 기업 가운데 14개 기업은 사내이사와 사외이사를 구분하지 않고 평균 보수 한도를 공개했다. 공시 기준에는 사내이사, 사외이사, 감사위원회 위원을 분리해 공개하도록 되어 있다. 분리하지 않을 경우 사내이사의 보수는 적게, 사외이사의 보수는 많게 보이는 문제가 발생한다.

임원 보수 공시제도 바꿔야 한다

경제 개혁 연구소는 기업별로 통일되지 않은 임원 보수 공시 관행은 주주 또는 이해관계자의 회사 경영 현황을 파악하는 데 곤란을 준다며 공시제도를 개정해야 한다고 요구하고 있다.

강정민 경제 개혁 연구소 연구원은 '일본은 지난해 개정을 통해 임원 그룹이 받는 기본 보수, 스톡옵션, 보너스, 퇴직위로금 등의 항목별 총액을 모두 공개했다. 게다가

1억엔 이상의 보수를 받는 임원에 대해서는 개인별로 따로 공시하고 있다. 한국도 이렇게 법을 바꿔 기업 경영의 투명성을 확보해야 한다'라고 강조했다. 개별 임원 보수 공시를 명문화한 개정안은 5년째 국회에 계류중이다.

한국경제신문. 2011.7.9.

증권사 임원 성과급 '오락가락 공시' 혼선

7일 금융투자협회에 따르면 자산 총액 5조원 이상 국내 10개 대형증권사는 금투협의 영업보고서를 통해 '임직원 성과보고체계에 관한 사항'을 지난달 말까지 공시했다. 이는 성과 보상 위원회의 구성과 보상 결정 절차 및 특성, 보상에 관한 세부 내용 등을 담고 있다. 감독당국이 작년 1월 '보상원칙 모범 규준'을 정해 시행에 들어감에 따라 증권업계가 관련 내용을 처음 밝힌 것이다.

한국경제신문. 2006.12.29.

미 경영진 보수공개 규정 완화. 스톡옵션은 행사된 것만. 투자자 등 반발

내년부터 적용될 미 상장기업들의 최고경영자 등 상위 5명의 경영진에 대한 보수공개규정이 완화됐다. 구체적으로 스톡옵션 중 실행된 부분만 현재가치로 총보수에 포함된다.

재개정된 규정의 골자는 스톡옵션 공개를 완화한 점이다. 7월 개정된 규정엔 부여받은 스톡옵션 전부를 현재가치로 환산해 총보수에 포함해 공개토록 돼 있다. SEC는 이를 고쳐 회사가 비용으로 처리된 부분만 총보수에 포함할 수 있도록 했다.

모든 상장기업들로 하여금 CEO 등 상위 5명의 경영진에게 지급하는 급여와 보너스는 물론 퇴직 연금 등 모든 보수에 대한 상세한 내용을 투자자들에게 공개토록 했다.

기업의 경우도 이사책임보험료를 사업보고서에 공시하고 있다. 이사책임보험료가 얼마이고 보험의 한도가 얼마인지를 사업보고서에 공개하게 함도 보험의 한도는 피보험자인 기업의 위험이 어느 정도 되는지를 공개하도록 하는 의미가 있으며 보험료의 경우는 위험 평가의 전문가라고 할 수 있는 보험회사가 측정하는 company risk가 보험료로 나타난다.

이러한 차원에서 감사인과의 legal liability 관련 정보가 중요한 정보라면 사업보고서에 legal liability capping 등의 내용이 공개될 수도 있다.

현행 외감법 17조 및 민법 750조의 법 규정 및 법 논리상, 감사인(기타 불법행위자 포함)의 손해배상책임을 사전적으로 한정한다는 것은 불가능하다는 의견도 있다. 거의 모든 기업이 위에 제시한 바와 같은 표준 감사계약서에 의해서 계약이 체결되고 있는데 이러한 내용이 법적인 구속력이 의문시된다면 조속한 시간 내에 이러한 의문이 해결되어야 한다.

개별 회계법인이 체결하고 있는 이러한 liability capping이 법적 구속력이 없다면 이러한 문구를 포함하는 것에 대해서도 생각해 보아야 한다. 다만, 회계법인 및 피감기업 양자간에 포함하는 이러한 문구에 대해서 누가 개입할 수 있는지는 명확하지 않다.

본 저술은 특정한 집단의 이해를 대변하지 않는 순수한 학술적인 내용이다. 회계법인과 공인회계사회의 입장에서는 당연히 감사인을 보호하는 정책을 지지할 것이지만 회계정보를 이용하거나 회계정보를 제공하는 기업의 입장은 쉽게 결집되기 어렵다. 그러한 측면에서 회계와 관련된 정책에 대해 감사인들은 구심점이 있으나 그 반대의 입장에서는 회계정보의 제공자들 또는 이용자들은 구심점이 약하다고 할 수 있다. 전문성 또한 감사인에 비해서는 약하다고 할 수 있다. 회계법인은 주로 회계를 주된 업무로 수행하지만 피감기업은 감사업무란 많은 업무의 일부에 불과하다. 또한 회계정보 이용자는 불특성 다수이기 때문이기도 결집하기 어려운 면이 있다.

회계법인이 당연히 져야 할 책임을 지지 않고 이를 liability capping이라는 보호막 아래에서 보호받으려 한다면 이는 옳지 않다. 반면, 소송으로 인한 엄청난 부담을 회계법인만이 지게 한다면 아무도 회계감사를 수행하지 않을 것이므로 회계감사는 한계가 있을 수밖에 없다는 점도 충분히 인정하여야 한다.

위험을 지지 않는다면 책임도 없다. 우리가 항상 모든 경제활동 및 사회활동을 함에 있어서 흔히 '권리는 누리려 하지만 책임을 지려는 사람은 아무도 없다'는 표현이 빈번히 사용된다.

회계법인이 져야 할 책임을 부당하게 피감기업에 이전하려는 것인지 또는 감사인이 보호받아야 할 내용을 당연히 보호받으려는 시도인지에 대해서 앞으로 더 많은 연구가 수행되어야 하며 이러한 노력에는 회계학자뿐만 아니라 상법학자의 전문성도 개입되어야 한다.

상장협과 공인회계사회가 이견을 보이는 표준 감사계약서 조항이 적지 않다. 현재의 단계에서는 배상책임제한제도에 대해서만 분석을 검토하지만 상장협에서 문제를 제기하는 모든 이견이 연구의 대상이 될 수 있다.

이슈화되는 이러한 이견에 대해서 감사인과 특히 감사의뢰인이 이견을 인지하고 계약을 체결하여야 한다. 물론, 감사인 배상책임제한을 두는 피감기업과 그렇지 않은 피감기업이 병존하므로 감사인의 입장에서는 이를 공론화하는 것이 부담될 수 있다. 즉, 더 많은 피감기업이 legal liability capping을 감사계약서에서 waive하도록 요구할 수도 있다. 그러나 이는 감사인측의 입장이며 피감기업의 입장에서는 당연히 이러한 이슈들을 인지하고 있어야 한다.

또한 감사수임료의 수 培로 배상책임한도가 상향조정된 피감기업이 존재한다면, 수임료 한도로 이러한 상한이 설정된 기업의 입장에서 판단한다면 이러한 부분도 조정의 대상이 될 수 있다는 점을 인지할 수 있는 기회가 되어야 한다. 효율적인 시장에서는 모든 정보가 공개되고 논의되어야 한다. 감사수임료가 제일 높은 기업일 경우는 종속회사까지를 포함하면 연 약 50억원의 감사수임료 수준을 보인다.

비감사서비스 병행과 관련되어 이러한 내용이 미국에서는 이미 오랜 기간에 걸쳐서 논란의 대상이었으며 특히나 엔론 사태 발생과 더불어 많은 비감사서비스 병행을 금지하는 것으로 정책이 결정되었다. 2000년대 초만 하여도 국내 회계업계에서 그들의 이익에 반하는 이러한 내용이 언급된다는 자체에 대해서 많은 부담을 느꼈다. 학계의 입장은 양쪽의 이해 관계가 얽힌 이슈임을 충분히 인지하고 이를 가장 객관적인 측면에서 접근하여야 한다.

앞에 나열된 11개 항목에 대한 모든 이견이 해결되거나 감사인과 피감기업이 교섭력에 의해서 타협점을 찾아야 한다. 감사인과 피감기업간의 결정할 부분은 피상적으로는 감사수임료가 가장 큰 부분이기는 하지만 11개 이견 항목 모두가 심각한 법적인 문제를 초래할 수 있다.

배상책임제한 제도를 설정하여야 하는 것인지, 설정한다면 한도를 수임료로 한정할 것인지, 아니면 수임료의 배수로 설정하여야 하는 것인지 등은 감사위험과 밀접하게 연관되어서 결정하여야 한다. 또한 공인회계사회 보고서의 내용과 같이 특정한 금액을 한정하여 금액을 정할 것인지도 결정되어야 한다.

감사위험이 높은 피감기업에 대해서는 이를 반영하여 감사수임료가 높게 책정되어야 한다고도 할 수 있지만 이러한 감사위험을 감사인은 다른 감사계약서 항목에서 조정할 수도 있다.

감사수임료를 이용한 연구에서 감사수임료는 일반적으로는 감사시간에 대한 보상으로 연구가 수행되는데 이와는 별도로 위험에 대한 보상일 수 있다. 위험을 감사수임료에 반영할 수 있으며 대안적으로는 감사수임료 결정 모형에 감사위험도 포함할 수 있으나 위험의 반영이 감사수임료에 일대일로 나타나는 것이 아니라 감사계약서의 항목의 내용을 변화시킬 수 있다.

또한 위험에 대한 감사인의 회피성향도 많은 차이가 있을 것이다. 위험을 감수하거나 (risk take)와 위험을 회피하는 (risk averse) 성향에 따라 위험이 감사수임료에 반영되는 정도에 차이가 난다.

감사수임료가 엄청나게 큰 금액을 보이는 피감기업이 아니라면 cap이 수임료로 설정되거나 수임료의 몇배로 설정되거나 이러한 사건이 발생할 확률은 매우 낮다. 따라서 몇배로 capping이 되었는지보다는 capping 자체가 존재하는지가 더 중요한 요인일 것이다.

예를 들어, 현재 감사인을 대표하는 공인회계사회와 피감기업을 대표하는 상장협간에 표준 감사계약서에 있어서 이견이 있는 부분 중 하나인 제시된 자료의 진설성에 대한 검토 책임일 경우도 이 부분에 대한 의견의 불일치가 발생하면 바로 감사인과 피감사기업간의 소송으로 이어질 가능성이 있다.

오히려 적절치 않은 회계정보로 인해서 손실을 본 제3자가 소송을 제기하는 것보다는 피감사기업이 소송을 제기할 가능성이 더 커질 수 있는 것이 제3자일 경우는 회계법인을 상대로 소송을 제기하는 것이 변호사 비용 등을 감안하면 부담이 될 수 있으나 피감기업은 법률자문을 쉽게 받을 수 있는 위치에 있다는 점을 고려해야 한다.

다음의 기사는 회계법인이 어느 정도 소송 위험에 노출되었는지와 관련된 내용이다.

매일경제신문. 2006.12.22.

부실감사 소송 주의보. 회계법인 상대 소송서 투자자 승소 58%

금융감독원은 지난 3월 말 기준 최근 3년 이내 종결된 회계법인 상대 소송 24건을 조사한 결과 원고측이 승소한 경우는 한 건에 그쳤다고 22일 밝혔다. 그러나 '원고승소'를 포함해 사실상 원고측이 승소한 것으로 분류할 수 있는 '소취하', '화해권고결정', '강제조정' 등은 모두 14건으로 58%에 달했다.

원고측이 회계법인과 소송까지 가지 않고 소송 전 단계에서 마무리되는 사례를 감안하면 사실상 원고 승소 비율은 더 높은 것으로 알려졌다.

금감원 관계자는 '소송 과정에서 조정에 이르기도 하지만 회계법인이 소송에 따른 비용을 절감하기 위해 소송 전에 합의하는 경우도 많은 것으로 알고 있다'고 전했다. 금감원에 따르면 미국에서 발생한 집단소송 중 98%는 조정 형식으로 마무리되는 것으로 나타났다.

문제는 금융기관의 회계법인 부실감사에 대한 손해배상 소송이 잇따라 제기될 가능성이 커지고 있다는 점이다. 금감원 관계자는 '일반 투자자들은 소송 액수가 적어 큰 문제가 되지 않지만 채권금융기관들이 막대한 규모의 채무액에 대해 회계법인을 상대로 소송을 제기하게 되면 회계법인도 감당하지 못할 수 있다'고 전망했다.

실제로 과거 대우그룹 회계를 맡았던 안건회계법인은 지금도 채권금융기관의 소송 때문에 청산하지 못하고 있다. 안건회계법인은 대우자동차 부실감사에 대한 손해배상 소송에서 2003년 우리은행 서울보증보험 정리금융공사 등이 제기한 소송에서 '화해권고결정', '강제조정', '소취하' 등 불리한 판정을 받았다.

06 chapter

신용평가/감정평가/전문가활용

신용평가회사가 경제에서 차지하는 부분이 적지 않다. 특히나 우리나라가 1997년 말 경제위기를 겪을 때, 세계적인 신용평가기관인 Standard & Poors, Moody's, Pitch 등 주요 신용평가사들의 신용등급이 기업뿐만 아니라 국가경제에 미치는 영향이 지대하다는 것을 모두 체험하였다. 회계법인이 경제의 파수꾼으로 경제에서 차지하는 위상이 낮지 않지만 신용평가사가 차지하는 부분도 적지 않다. 자본주의를 떠받치고 있는 두 개의 큰 축일 수 있다. 최근 신평사 관련된 이슈들을 기술한다. 특히나 2008년과 2009년의 경제위기의 책임의 일부분은 무책임하게 불량 금융기관에 대해서 좋은 평가를 수행한 신용평가사에게 있다는 비판이 제기되었다. 신용평가업이 경제에서 차지하는 부분이 적지 않음에도 불구하고 신용평사 시장의 총 금액이 800억원에 불과하여 회계감사 시장에 비교해서도 무척이나 영세하다.

또한 전문가로서의 감정평가사의 업무도 연관이 되므로 이 장에서 이 내용을 모두 모아서 정리한다. 수임료를 받고 용역을 제공한다는 점에서, 특히 이들이 제공하는 용역이 공공성이 있다는 점에서 회계감사와 신용평가는 공통점이 있다. 얼마 전 신용평가사가 미국의 국가신용등급을 낮추겠다고 해서 세계 경제가 요동치기도 하였으며 금값이 폭등하기도 하였다. 모든 경제의 중심이라고 하는 미국 경제가 영향을 받을 때 달러화가 국제통화화폐로서의 절대적인 신뢰를 잃게 되는 것이다. 신용평가업에 대한 여러 가지 의견 및 개선책이 빈번하게 제안된다. 우선적으로는 복수평가에 대한 이슈를 논의한다.

일본의 복수평가는 1987년에 도입되어 1996년에 폐지되었으나 시장에서 효용이 입증되어 자생적으로 복수평가가 보편화되어 있다고 한다. 미국의 경우

S&P, Pitch, Moody's 등 3대 평가사가 94%를 차지하고 있으며. 일본은 5개사 체제이다. 미국은 복수평가가 수행되지 않는다. EU에서는 복수평가 채택을 현재 고민하고 있다.

미국은 NRSRO(Nationally Recognized Statistical Rating Organization)가 신용평가를 수행할 수 있는 기관을 선정하고 있는데, 최근에 와서는 많은 기관이 신용평가를 할 수 있도록 허용하고는 있지만 주된 업무는 big 3에 의해서 진행된다.

정부에서 1994년 복수평가를 도입한 취지는 신용평가제도의 도입으로 신용등급의 신뢰성과 공정성을 확보함이었다고 한다(한국기업평가 등. 신용평가사의 역할 재정립을 위한 건의사항. 2001).

투자등급에서의 부도 발생시, 특히 높은 등급일수록 제재 또는 불이익을 가한다고 하면 그 결과는 신용등급평가의 보수화를 유도할 수 있다. 즉, 최근에 이슈가 되었던 평가사들이 너무 긍정적으로 평가를 수행하는 것도 문제지만 긍정적인 평가에 대한 강한 조치가 있을 경우는 평가 자체가 너무 보수화되는 것도 문제가 된다.

최근의 신평사에 대한 이슈는 overshooting, 등급 인상(inflation)이라는 너무 낙관적으로 평가하는 것에 대한 비판이지만 과거에는 반대로 평가가 너무 보수적인 점이 이슈가 되었다.

2000년 9월 한국금융연구원의 보고서 '신용평가산업의 발전방향'에서 권고한 바와 같이 '신용평가 기능이 제대로 정착할 때까지는 복수평가제도 유지 필요'라고 한국기업평가 2001년 보고서는 기술하고 있다. 즉, 이 의미는 복수평가가 한시적이라는 함축적인 의미를 담고 있는 것이며, 이러한 제도가 신용평가사들이 희망하는 정책방향이라는 의미도 된다.

또한 이 보고서에는 "평가사간 등급이 불일치하는 경우가 많아(현재 등급 불일치가 발생하는 비중은 회사채 기업어음 20% 내외, ABS 10% 내외), 복수평가폐지시 pricing 기능을 실질적으로 왜곡시켜 채권평가제의 정착화 곤란"하다고 기술하고 있다. 즉, 그 당시 보고서의 논지는 평가사간 등급에 차이가 있을 때, 이를 복수로 평가하지 않을 경우는 이 평가에 기초한 기업의 내재가치 평가에 있어서 문제가 발생한다고 주장한다.

복수평가가 폐지될 경우는 평가사간 과당 경쟁으로 발행기업의 정보제공량이 축소하는 등 평가부실화의 문제도 이슈가 된다. 이는 어떻게 보면 프랑스에서와 같이 감사를 수행할 때 dual audit을 해야 감사인의 힘이 강해진다는 논리와 동일하다고 할 수 있다. 물론, 감사라는 용역과 신용평가라는 용역은 차이가 있지만 수임료를 수임하여 용역을 수행한다는 차원에서는 두 업무간에 유사성도 존재한다.

즉, 복수평가를 수행하는 평가사들이 힘을 합하여 정보를 요구할 때 기업이 이를 거부할 수 없을 것이라는 논지이다. 이러한 논지라면 국내 외부감사인도 dual audit을 해야 한다는 논지로 가야 할 수도 있다.

한국기업평가의 보고서에 의하면 복수평가의 장점을 '발행업체가 신용평가회사에 대한 우월적 지위를 이용하여 자료 제출 회피, 등급향상 압력 등 단수평가의 문제점이 심각해짐에 따라 평가사간 상호견제 및 선의의 경쟁을 통한 보다 공정한 평가를 유도하기 위해…'라고 기술되어 있다. 그러나 복수평가가 시행되고 있는 현 시점에도 등급향상과 관련된 우려가 끊임 없이 제기되고 있으므로 복수평가를 수행한다고 해서 등급향상이 발생하지 않는 것은 아니다.

그리고 이 보고서에 의하면 복수평가에 대해 상호견제와 선의의 경쟁이라고 복수평가의 장점이 기술되고 있는데 재무분석가가 영업의 결과를 예측함에 있어서 herding이라는 예측치가 수렴되는 현상이 문헌에서 보고되고 있는데 복수평가 기관이 herding behavior에 의해서 담합 등이 발생할 수 있고 이러한 과정은 상호견제와 선의의 경쟁이라는 순기능보다 현재의 복수평가 체제에 안주하려는 경향으로 역기능이 발생하고 있는 것일 수도 있다.

즉, 경쟁하는 재무분석가 사이에서 모든 분석가가 예측하는 수치와 완전히 상이한 수치를 예측함은 상당한 확신을 필요로 하므로 많은 분석가들은 평균/중위수가 수렴하는 방향으로 예측을 수행하는 경향이 있다는 실증분석 결과이다.

당초 1999년 말 규제개혁위원회에서 복수평가의 폐지가 논의되었으나 등급쇼핑, 부실평가 등 부작용을 우려하여 폐지를 유보하였다.

상장회사협의회 등에서 발행기업의 평가수수료 경감, 등급보수화 현상해소 등을 명분으로 복수평가 규정의 폐지를 지속적으로 주장하였다. 과거에는 평가사들이 감독기관의 조치 등을 우려하여 등급보수화의 현상이 발생하였던 것 같으나 최근과 같이 등급 상승이 우려하는 시점에서는 이러한 우려는 불식된다. 즉, 복수평가와 등급보수화 또는 등급 overshooting 등의 이슈와는 별 관련성이 없다.

복수평가제도 존폐여부에 대한 검토(2007.7. 한국기업평가)에서는 복수평가의 기여도를 '복수평가제도의 시행으로 전문적인 정보의 유통이 부실한 국내시장에서 평가사들이 경쟁적인 정보제공을 통해 기관 및 일반투자자, 인수 증권사 등 시장 내 이해관계자들에게 비교 가능한 정보를 활용케 하는 등'이라고 기술하고 있는데 어차피 등급에 별 차이가 발생하지 않는다면 비교가능성을 언급하는 것은 큰 의미가 없다.

복수평가가 폐지될 경우 기존 평가 4사, S&P, KED(한국기업데이터) 등 시장진입이 예상할 수도 있다. 결국, 복수평가제의 폐지시 '다양한 정보 제공을 통한 금융시장 발전과 평가사간 상호견제를 통한 투자자 보호'라는 기본 취지에 크게 위배한다는 의견을 평가사가 표명하고 있다.

10년 전에도 "상당기간 경과후 재검토하는 것이 바람직"이라는 평가사들로부터 주장되었다.

한국경제신문. 2011.4.2.

세계 3대 신평사에 뿔난 EU "유럽 신용등급 매기지 말라"

EU "오히려 위기 증폭" 사실상 퇴출 추진…신평사 "평가 중단 땐 투자받기 힘들 것" 으름장

"스탠더드앤드푸어스(S&P), 무디스, 피치 등 미국계 신용평가사들이 유럽 시장에서 쫓겨날 위기에 처했다."(독일 경제일간 한델스블라트)

유럽연합(EU)이 S&P 등 3대 국제신용평가사가 과점하고 있는 신용평가 시장에 대한 본격적인 규제에 나섰다. 유럽 경제에 대한 전문성이 떨어지는 미국계 신평사들이 유럽 재정위기를 사전 경고하기는 커녕 오히려 위기를 심화시켰다고 판단, 아예 유럽 시장에서 이들을 퇴출시키겠다고 나선 것이다. 이들 3대 신평사는 "재정위기를 겪고 있는 유럽 변방국에 대한 평가 업무를 중단해 투자 대상 목록에서 삭제하겠다"는 으름장을 놓으며 정면 충돌 조짐을 보이고 있다.

◆ EU 자체 신평사 육성 모색

독일 경제일간 한델스블라트는 지난달 31일 "EU집행위원회가 미국이나 제3국 신평사가 유럽 은행과 기업들을 평가하고 등급을 매기는 것을 제한하는 방안을 추진중"이라고 보도했다. 한델스블라트는 "EU집행위가 올초 출범한 유럽증권시장청(ESMA)과 신평사 감독·검사권에 대한 세부사항을 논의하고 있다"며 "미국계 신평사들의 평가 기준보다 훨씬 엄격하고 투명한 유럽 자체 평가 기준을 준비하고 있다"고 설명했다.

EU집행위가 검토 중인 신평사 규제안에 따르면 오는 6월 7일 이후엔 유럽 외 제3국 신평사가 EU가 정한 평가 기준을 적용할 때만 평가 결과를 인정할 방침이다. 미국과 유럽의 신용평가 업무 관련 법체계가 판이하게 다른 만큼 사실상 미국계 신평사들에 대한 퇴출 조치로 해석된다. 이와 관련, EU는 유럽중앙은행(ECB)의 리서치 조직에서 10~20명을 차출, 무디스 등을 대체할 신평사를 만드는 방안을 검토중인 것으로 알려졌다. 또 유럽 국가나 기업에 대해 부적절하게 평가한 신평사에 법적 책임을 묻는 방안도 추진하고 있다.

EU가 국제신평사들과 각을 세우는 것은 유럽 재정위기에 신평사들이 기름을 붓고 있다고 판단하고 있기 때문이다. 무디스 등은 최근 포르투갈과 그리스의 국가신용등급을 잇따라 강등하며 유럽 경제에 대한 불안감을 키웠다. S&P는 1일 아일랜드의 신용등급도 강등했다. 이에 대해 EU 각국은 "EU의 운명이 신평사들의 신용등급 부여 결과에 따라 좌지우지되는 것은 말도 안 된다"며 불만을 감추지 않고 있다. 앞서 에발트 노보트니 오스트리아 중앙은행 총재는 "뉴욕에 앉아 있는 3명의 신평사 직원이 유럽 각국 중앙은행보다 EU 각국의 상황을 더 잘 안다고 보는 것은 말이 안 된다"고 비판했고, BBC방송은 "막강한 권한을 지닌 신평사들에 대한 신용평가는 막상 신평사 자율에 맡겨져 있다"고 지적했다.

◆ 국제신평사 "유럽 금융사만 손해"

이에 대해 국제신평사들은 "재정위기를 겪고 있는 유럽 국가에 대한 신용평가 업무를 중단하겠다"는 경고로 맞섰다. 재정위기에 시달리는 'PIGS(포르투갈, 아일랜드, 이탈리아, 그리스, 스페인)' 국가에 대한 평가 업무를 전면 중단할 경우 이들 국가에 대한 글로벌 투자자금 유입이 끊길 수도 있다는 '압박'을 하고 나선 것이다. 신평사 관계자는 로이터통신과의 인터뷰에서 "국제신평사들이 유럽 변방국에 대한 평가 업무를 중단하면 이들 변방국은 글로벌 투자지도에서 사라지게 된다"고 강조했다. 국제신평사들은 "유럽에서 업무를 계속하고자 한다면 (본사를) 유럽으로 이전하라"는 EU의 요구에도 반발하고 있다. 로이터통신은 "최근 신평사들이 그리스를 이집트보다 불안한 나라로 만든 이후 EU와 신평사간 간극이 계속 벌어지고 있다"고 지적했다.

위의 신문기사는 어떻게 보면 회계시장과 매우 유사하다는 판단을 할 수 있다. 해외의 거래소에 상장한 기업들이 자국의 회계법인에 의해서 감사를 받는데 거래소가 위치한 국가의 감독기관에서 판단하기에는 각 국가의 회계법인이 각기 다른 기준으로 감사를 수행하므로 이러한 각기 다른 국가에 위치한 회계법인의 quality 수준을 담보할 수 없기 때문에 거래소가 위치한 국가의 감독기관이 직접적으로 감독을 수행하겠다는 방침을 갖고 있다.

위의 신문 기사 중에서 특히나 '신평사 규제안에 따르면 오는 2011년 6월 7일 이후엔 유럽 외 제3국 신평사가 EU가 정한 평가 기준을 적용할 때만 평가 결과를 인정할 방침'이라는 내용은 예를 들어 미국의 회계감독기구인 PCAOB가 인정하지 않는 회계법인으로부터 감사받는 재무제표는 미국의 증권시장에서는 인정을 하지 않겠다는 내용과 맥을 같이한다. 또한 'EU의 운명이 신평사들의 신용등급 부여 결과에 따라 좌지우지되는 것은 말도 안 된다'는 내용은 정치적인 이슈일 수도 있는데 미국에 본사를 둔 신평사가 자본시장에서 지나치게 거대해지면서 국가 권력에 도전할 정도로 모든 국가들의 운명을 결정한다는 것이 바람직하지 않다는 것으로도 이해할 수 있다.

'신평사들에 대한 신용평가는 막상 신평사 자율에 맡겨져 있다'는 기사는 신평사들의 의견이 자본주의에서 경제활동에 막대한 영향을 주는 반면에 이들에 대한 규제가 적절하게 진행되는지에 대한 의문이다. 예를 들어 감사인들의 의견도 경제에 상당한 영향을 미치게 되며 이러한 의견이 적절하지 않았을 때 사후적인 조치를 받게 된다. 신평사들의 rating이 잘못되었을 때의 제재는 거의 없다고 보면 된다.

모든 경제활동에는 업적평가와 이에 따른 책임 및 제재가 필수적이다. 이러한 점에서 신용평가사들의 평가 업무가 도덕적 해이에 빠지지 않도록 규제와 감독이 병행되어야 한다. 그렇지 않을 경우는 신용평가사는 평가라는 권한을 갖지만 통제받지 않는 권력기관으로 군림할 소지도 크다. 또한 통제받지 않는 권한에서 나타나는 부정 등이 개입될 소지도 배제할 수 없다. 평가가 잘못되었다고 해도 평가 업무라는 것이 회계감사 업무와 같이 정해진 기준에 따라 수행하는 것이 아니므로 이들을 규제하는 것은 생각만큼 쉽지는 않다.

위에 인용된 신문 기사의 제목만을 보게 되면 신평사의 지위가 거의 국가권력에 버금가며 자본주의에서 군림하는 것은 아닌지에 대한 착각을 갖게 한다.

매일경제신문. 2010.5.15.

미 민주당 신용평가사 지정제 추진

증권거래위원회 감독을 받는 별도 신용평가회사 감시위원회를 만들어서 그로 하여금 평가 의뢰가 들어온 채권의 신용등급을 매길 회사를 할당하도록 하는 내용이 핵심이다.

하지만 벌써부터 신용평가사들은 경쟁이 사라지면 혁신도 없다며 반발하고 있다. 신용평가회사들이 수수료를 책정할 수 있도록 하고 있지만 이 수수료가 적정한지 여부는 SEC가 판단하도록 했다.

상원은 기존 대형 신용평가사 대신 중소 신용평가회사들이 업무 기회를 넓히는 데 초점을 맞추고 있다.

위의 인용된 기사의 마지막 내용은 과점의 폐단과 연관되며 이를 해결하기 위해서는 중소 평가사들을 육성하여야 한다.

신용평가사의 선임이 자유수임인지 아니면 지정제도인지와 연관된다. 감사인을 선임하는 과정에서 배정제(지정제), 자유수임제에 대한 고민을 하는 것과 같이 신용평가사에 대해서도 자본주의 선진국인 미국에서도 이러한 고민을 하고 있다. 중소 신용평가회사들에게 업무 기회를 확대한다는 내용도 감사인 시장이 big 4 위주로 움직이는 것에 대한 우려와 맥을 같이 하는 내용이다. 신용평가시장은 big 4라는 회계업계의 과점보다도 더 심각한 과점적인 big 3 시장이다.

한국경제신문. 2010.5.18.

글로벌 회계법인 KPMG, PWC 신용평가 사업 검토

최근 S&P, 무디스, 피치 등 기존 신용평가사들에 대한 비판의 목소리가 커지고 있는 가운데 대형 회계법인들이 신용평가 시장 진입을 타진하고 있어 주목된다.

세계 4대 회계법인 중 하나인 KPMG는 '신용평가를 제공할 만한 기술과 지식, 인적 자원을 보유하고 있다'며 '신용평가 사업 진출에 대해 논의중'이라고 밝혔다.

그러나 회계법인의 신용평가 시장 진출에도 장애물이 존재한다. 회계법인 역시 자신들이 회계감사를 해주는 고객사의 신용등급을 매길 경우 이해상충 문제가 발생하기는 마찬가지기 때문이다.

다른 업무가 비감사업무와 이해 상충 관련되어 병행이 불가한 경우인데 신용평가업무도 업무의 성격상 회계법인이 신용평가업을 수행하게 될 경우는 병행이 금지되는 업무로 분류되어야 함이 적절하다.

특히나 KPMG는 한국의 삼정도 그러하지만 회계법인, Advisory, 컨설팅, 금융보험계리법인 등으로 조직/업무가 타 회계법인에 비해서 매우 다양화되어 있다.

조선일보. 2010.5. 25.

국제신용평가사 '호시절' 끝나나

의회는 기관투자자들이 신용평가회사로부터 일정 수준 이상의 신용등급을 받은 주식이나 채권만 살 수 있도록 한 조항을 삭제키로 했다.

위 신문기사는 신용평가사의 rating에 대한 신뢰성에 의문이 제기되는 시점과 맥을 같이 한다.

한국경제신문. 2010.5.25.

신용등급쇼핑여전 미 의회 개혁안 비웃는 신평사

24일 WSJ에 따르면 부동산 투자회사인 레드우드 트러스트는 올해 초 모기지 채권 발행에 나서면서 두 곳의 신평사를 찾아갔다. 이 가운데 S&P는 일부 조건에 대해 우려를 표시했고 레드우드는 별 문제를 제기하지 않는 무디스를 선택했다. 레드우드는 지난 달 무디스로부터 최고등급인 AAA를 부여받아 2억달러 규모의 채권을 발행했다.

브렛 니커러스 레드우드 최고투자책임자는 S&P로부터 등급을 받길 원했으나 S&P는 우리가 희망하는 deadline을 맞출 수 없었다고 밝혔다.

도이치뱅크도 지난해 자사와 자회사들의 미국 기업 대출을 기초자산으로 하는 증권을 발행하면서 AAA 등급을 받길 원했다.

도이치뱅크는 '블루리지'라 불리는 17억달러 규모 딜을 무디스와 피치, S&P에 들고 갔다. 자산담보부증권은 기초 자산의 대부분을 채권발행을 담당하는 특수목적회사로 이전하는 게 일반적인데 '블루리지'의 경우 도이치뱅크가 자산을 그대로 보유하길 원했다. 무디스와 S&P는 이 부분에 대한 리스크를 지적했고 도이치뱅크는 결국 이의 제기가 적었던 피치를 선택했다.

회계법인의 의견구매(opinion shopping)와 동일하게 신용평가회사의 신용등급 쇼핑이라는 표현이 흥미롭다.

한국경제신문. 2010.7.30.

신용평가사 '기업정보'교류 늘린다. 금감원, 협의 채널 만들기로

신용평가사의 신용평가 결과에 대한 신뢰를 높이기 위해 평가회사간 정보 공유의 폭을 늘리는 방안이 추진된다.

금감원은 29일 신용평가회사간 보유 정보의 양에 차이가 나기 때문에 평가 결과가 기관마다 다르다며 회사간 소통할 수 있는 협의 채널을 만들어 정보공유확대를 논의하도록 할 계획이라고 밝혔다. 협의 채널에는 3대 신용평가사인 코리아크레딧뷰로(KCB), 한국신용정보(NICE), 한국신용평가정보(KIS)가 참여하는 방안이 추진된다. KCB는 금융사를 주주로 두고 있어 각종 금융사들이 보유하고 있는 신용관련 정보를 많이 갖고 있다. 한신정과 한신평정은 KCB에 없는 대부업체 이용자들의 정보를 보유해 협력의 여지가 많다.

금감원 관계자는 '장기적 균형 발전을 위해 지나친 경쟁보다는 협력 분야를 넓혀 가는 게 도움이 될 것'이라며 '신용평가사간 자율적 협력을 기본으로 하되 필요하다면 당국이 중재역을 할 수 있다'고 말했다. 이와 관련 은행연합회는 지난달 한신정과 한신평정에 개인의 은행별 대출 금액, 카드사들의 월별 현금서비스 이용 실적에 대한 정보를 제공키로 결정했다. 이들 정보는 지금까지 KCB에만 적용했다.

한국의 신용평가업계는 한국기업평가(대주주, Fitch), 한국신용정보(대주주, Moody's), 한신정평가(Nice Holdings)가 33%씩의 market share를 구분하는 거의 완벽한 과점체계를 보이고 있다.

매일경제신문. 2010.12.31.

신평사 신용등급 상향 주가상승 신호탄인가?
자격미달 기업 유치 '등급 장사' 의혹도

신평사의 신용등급은 기대 수익성 못지 않게 영업활동을 기반으로 한 재무구조의 변화를 유심히 살펴본다. '가능성'을 먹고 자라는 주가에 비해 상대적으로 후행하는 경향을 갖는다. 보수적으로 접근하는 특성상 확실한 경기 전환 지표로 해석된다.

그러나 일부 기업의 신용등급 상향 조정은 신평사가 고객을 유치하기 위한 미끼라는 의혹도 나오고 있다. 최근 국내 신용평가사들이 고객 끌어오기 경쟁을 뜨겁게 벌이면서 다른 신용평가사의 고객을 신규 유치하면서 특별히 재무구조가 좋아지지 않았음에도 신용등급을 상향하는 사례가 적지 않다는 것이다.

익명을 요구한 3대 신용평가사 관계자는 '노골적으로 우리한테 오면 신용등급을 올려주겠다는 얘기를 하지 않지만 우리에게 일을 주면 최대한 긍정적으로 봐주겠다는 언질을 주는 것은 사실'이라며 기업상황이 비슷하다면 다른 신평사에서 넘어온 회사에는 신용등급을 상향해 주는 경우가 많다'고 털어놨다. 그는 '아예 새로 신용평가를 맡기는 회사 쪽에서 어디에 가면 신용등급을 어디까지 올려준다고 하더라며 협상을 요구해 오는 사례도 있다'고 말했다.

연간 수차례 회사채를 발행하는 기업들은 신용평가사를 계속 갈아타면서 협상을 하면 신용등급이 상향될 가능성이 높아진다는 얘기다.

위의 신문기사에서도 기술되었듯이 주가는 미래 현금흐름의 현재가치이므로 미래지향적인 leading indicator이다. 신용등급에 이와 같은 임의성이 존재한다면 신용평가업에 대해서 규제기관이 강력하게 제재하여야 한다.

복수평가의 개념은 방법론상에 차이가 있지만 joint audit과 같은 철학에서 이해할 수 있다. 물론, joint audit은 공동으로 감사를 수행한다는 의미이며 복수평가는 평가는 개별적으로 진행하되 평가에 편의(bias)가 개입될 수 있으므로 이를 희석한다는 의미로 이해할 수 있다. 복수 평가의 현황은 개별적/독립적으로 평가가 진행되지만 현실적으로 3개 신용평가사의 rating간에는 큰 차이가 나타나지 않는다. 복수평가에 있어서 거의 완전한 과점체제를 갖고 갈 뿐만 아니라 그 수임료 또한 거의 금액에 차이가 없다.

매일경제신문. 2011.1.27.

대한해운 법정관리 후 '투기등급'으로 또 뒷북 경고
신용평가사 신뢰도 날개 없는 추락

신용평가사들이 기업 회생을 신청한 대한행운 신용등급을 뒤늦게 '투기등급'으로 떨어뜨리면서 신평사들 행태가 도마에 올라갔다. 신평사들은 대한해운이 서울중앙지법에 회생절차 개시 신청, 재산보전처분신청, 포괄적 금리명령신청을 제출한 데 따른 것이라는 설명을 덧붙였다.

네오세미테크는 한국기업평가에서 지난해 3월 30일 B+ 등급을 받았다. 한기평은 같은 해 6월 28일 이 업체 주채권은행인 한국산업은행 측에서 부실징후기업이라는 통보를 받고서야 CCC 등급으로 하향 조정할 수 있었다.

업계 관계자들은 '신평사들이 자꾸' 뒷북을 치는 것은 결과적으로 한국신용평가, 한신정평가, 한국기업평가가 각각 3분의 1씩을 차지하고 있는 과점 체제 영향이 크다고 설명했다.

현재로서는 채권을 발행하려면 최소 2개 이상의 신평사의 평가를 받아야 하는데 이렇게 등급을 의뢰받은 복수의 신평사의 평가변동폭이 닮은 꼴을 하고 있다는 것도 문제다.

매경이코노미. 2011.4.13.

뒷북치는 신용평가사. 과점체제, 정보 수집력 한계가 원인

LIG 건설에 대해서는 한신정평가가 지난해 12월 2일 기업어음에 대해 'A3-'로 평가했다. 한신정평가는 '풍부한 공사 전량 및 그룹내 발주공사 수주로 영업기반이 안정적'이라며 이 같은 평가를 내렸다. 하지만 LIG건설은 자금난에 시달리다 지난 3월 21일 기업회생절차를 신청했다. 기업어음에 투자했던 피해자들이 반발하는 것은 당연지사. 법정관리에 들어가게 되면 기업어음은 변제순위에서 뒤로 밀리게 되고, 최악의 경우 원금을 모두 날릴 수 있다. 특히 LIG건설은 법정관리를 신청하기 불과 열흘 전에 기업어음을 발행했다. LIG 건설은 지난 3월 10일 42억원 가량의 3개월 만기 기업어음을, 앞선 7일에는 1개월 만기 100억원어치 기업어음을 발행했다.

특히 LIG처럼 모기업 지원 가능성이 있는 업체에 대해서는 C나 D 등급을 매기는 게 애초부터 어렵다고 덧붙였다. 특히 LIG 건설이나 진흥기업 신용등급 보고서에는 '그룹의 직간접적인 지원이 회사 영업 및 재무 안정성에 큰 기여를 하고 있다거나' 신용위험이 발생하더라도 완충 능력이 뛰어나다는 문구가 나와 있다.

신평사 간부의 설명이다. '건설이나 해운처럼 업황에 따라 부침이 많은 업종에서는 신용등급을 낮추는 게 큰 부담이 됩니다. 신용등급을 내리면 그 회사는 회사채나 어음을 발행하는 게 어렵게 되고 이게 되려 문제를 키울 수도 있습니다. 거꾸로 신용등급을 낮췄다 회사가 문제없이 잘 운영되면 멀쩡한 기업을 힘들게 만들었다는 비판에 직면하게 됩니다. 같은 이유로 대기업 계열사나 오랜 업력이 있는 기업에 대해서는 회사가 좀 어렵더라도 투자 적격으로 신용등급을 줄 수밖에 없어요.'

때문에 한번 매겨진 등급은 반복 재생되는 경향이 있다. 신용평가사들이 등급을 잘못 매겼더라도 자기 합리화를 통해 계속 이어지게 된다는 것이다.

한국 기업평가 관계자는 '정부에서 일괄적으로 수수료를 거둬 실적에 따라 나눠주거나, 발행사가 신평사를 선택하는 게 아니라 의무적으로 돌아가면서 등급을 의뢰하는 방식 등이 가능하다'고 말했다. 하지만 이런 제도는 오히려 정부에 대한 의존을 높이고 신규 신용평가사의 시장 진입을 막을 수 있다는 역비판도 나온다.
'정부에서 개입하거나 순환제를 실시한다면 현재 잘못하고 있는 평가기관들이 오히려 혜택을 볼 수 있다.'

즉, 신용평가사도 평가를 받아야 한다고도 할 수 있다. 회계법인들은 감사가 잘못되었을 경우는 제재를 받는데 평가사들이 rating을 잘못 수행했다고 해서 어떠한 제재를 받는지를 생각해 보면 이들에 대한 평가는 명확하지 않다. 경제매체에 의한 평가는 본 Chapter의 마지막 부문에서 기술한다. 위 신문기사에서의 순환제가 시행된다면 무임승차(free rider)의 문제가 발생할 것이다.

조선일보. 2011.9.2.

한국기업데이터, 기업 신용등급 6단계 뻥튀기 KED '의도적 상향 없었다'

금융위원회 산하 공공기관으로 기업신용평가를 하는 '한국기업데이타(KED)'가 평가 대상 기업의 신용등급을 1년 사이에 최고 6단계나 높이는 등 신용등급을 부풀렸다는 의혹이 제기됐다. 이곳에서 평가한 신용등급은 조달청이나 공공기관의 입찰에 참여할 때 점수화돼 반영된다.

무소속 정수성의원이 1일 한국기업데이터가 2008-2010년 사이 평가해 조달청에 제출한 1,502개 업체들의 신용등급을 분석한 결과 1년 만에 등급이 2단계 이상 뛰어오른 기업은 전체의 7.2%인 총 109개에 달하는 것으로 나타났다.

이 중 1년 사이에 신용등급이 6단계 오른 회사가 1곳, 4단계가 7곳, 3단계는 24곳에 달했고, 2단계 이상 뛰어오른 기업은 77개로 나타났다. 신용등급이 한 단계씩 높아지면 공공기관 입찰에서 점수가 1점 안팎 높아지는 것으로 알려졌다.

신용평가업계 관계자는 '1년에 보통 1-2 단계 이상 등급이 높아지기 쉽지 않다'며 '3단계 이상 오르는 것은 이례적으로 볼 수 있다'고 말했다. 실제로 A건설사의 경우 2008년 6월 'BO'이던 신용등급이 1년도 안 지난 2009년 4월엔 6단계나 높은 'BBBO'로 급상승한 것으로 나타났다.

이에 대해 한국기업데이터 관계자는 '평가 대상이 주로 중소기업이다보니 매출과 이익이 늘어나면 신용등급이 바로 바뀔 수 있다'며 '바로바로 변화를 반영해야 중소기업의 영업활동에 도움이 된다. 의도적인 등급상향은 없었다'고 했다.

평가 대상이 중소기업이기 때문에 대기업에 비해서 가변적이며 동시에 기업

신용등급도 단기간에 변경될 수 있다는 설명에 일면 수긍할 수 있는 점도 있지만 신용이라는 것이 장기적인 무형자산과 같은 성격도 있기 때문에 급격한 평가에 의아심을 갖게 된다.

한국경제. 2011.3.2.

뒷북 조정 신평사 못 믿겠다. 동양증권, 신용평가 '도전장'

일부 증권사는 자체 리스크평가시스템을 공개해 신뢰도가 떨어지는 신용등급의 대안으로 제시해 눈길을 끈다.

신용등급 뒷북 조정 여전

한국신용평가와 한국기업평가는 지난달 21일 부산2저축은행 후 순위채 신용등급을 B-에서 CCC로 한 단계 내렸다. 19일 부산2저축은행에 영업조치가 내려진 지 이틀만이다. 이에 앞서 17일에는 한신평과 한기평이 이미 영업정지된 부산저축은행과 후순위채 신용등급을 BB-에서 CCC로 하향 조정했다.

지난달 초 기업개선작업(워크아웃)을 신청한 진흥기업도 신용등급이 투자적격인 BBB로 유지되다 크아웃신청 나흘 후에야 투기등급인 CCC로 강등됐다.

신환종 우리투자증권연구원은 '대한해운이나 저축은행은 신용리스크에 대한 우려가 컸지만 신용등급에는 이 같은 우려가 제때 반영되지 못해 투자자들의 피해만 키웠다'고 말했다.

'신평사들이 평가의 주도권을 발행기업에 빼앗겨 감시는 커녕 기업 대변인으로 전락해 역으로 이용당하고 있다'고 맹비난했다.

신평사들의 신뢰도에 금이 가면서 정면으로 도전장을 내민 증권사도 있다. 동양종금증권은 최근 발간한 '채권백서'에서 내부적으로 구축한 신용평가 체계를 공개했다. 동양종금증권은 비우량채권발행을 가장 많이 주관해 기업 리스크 평가에도 뛰어나다는 평가를 받고 있다.

평가 대상 기업의 수수료에 의존할 수밖에 없는 신평사의 수익구조 등에 보다 근본적인 변화가 필요하다는 지적도 잇따르고 있다.

'… 투자자보다 기업의 눈치를 볼 수밖에 없다'며 '수수료 구조를 바꾸거나 3년 이상 동일한 평가사에서 평가를 받지 못하게 하는 순환평가제 도입 등을 고려해 볼 필요가 있다'고 말했다.

한국경제신문. 2012.2.10.

"좋은 등급 주면 회사채 발행 평가 맡길게"

세아베스틸, 롯데삼강 등 등급 낮게 준 신용평가사에 회사채 평가 의뢰 안해

우리투자증권도 동양증권에 연이어 유사한 업무를 수행하겠다고 나섰다(한국경제신문. 2011.7.8).

순환평가제가 수년간 감사인에게 진행되다가 폐지된 감사인 강제교체제도와 같은 취지의 제도이다.

신용평가사의 업무 자체가 신용정보 이용자들에게 경고(warning)을 주어야 하는데 부실징후기업이라는 통보를 받은 이후에야 평가등급을 변경한다면 신용평가업이 경제에서 부가가치하는 역할이 무엇인지에 대한 의문을 제기하게 한다.

신용평가사들의 고충도 충분히 이해할 수 있다. 경제적인 환경변화로 인해서 등급의 하향조정이 예상되는 기업에 미리 등급하향을 경고하는 내용을 발표한다면 그 파장에 대한 책임론도 이슈가 될 수 있다. 그러나 이러한 동일한 이슈는 회계법인의 감사의견도 동일한 어려움을 갖고 있다. 사후적으로 계속기업의 가정에 문제가 있는 기업에 대해서 계속기업과 관련된 변형된 의견을 표명할 수 있다. 이는 계속기업과 관련된 불확실성의 문제를 지적하는 것이지 해당 기업이 확실하게 부도가 발생한다는 등의 문제를 지적하는 것은 아니기 때문이다.

실제로 이러한 의견을 표명하는 회계법인도 상당한 부담을 안을 수밖에 없지만 특히나 2008/2009년 금융/경제위기 시점에는 이러한 계속기업과 관련된 변형된 의견이 적지 않게 표명되었다. 신용평가업/회계법인의 업무 성격에 유사성이 존재하는데 회계법인은 최근에는 부담되는 이러한 의견을 소신 있게 표명하고 있다.

위 신문기사는 신평사의 평가변동폭이 닮은 꼴을 하고 있다는 것을 비판하고 있다. 신평사들의 평가가 수렴되는 것은 이들의 평가모형이 유사하여 나타나는 결과이기도 하지만 소신 있는 평가를 수행하고 있지 않다는 결과이기도 하다. 담합은 아니더라도 신평사간에 상당한 상호 견제 심리가 존재할 것이다.

수수료를 피 평가기관이 부담하므로 독립적이기 어렵다는 내용이나 감사인

이 감사수임료를 수임하므로 결코 독립적일 수 없다는 논지와 동일한 논리이다. 재무분석가들이 주식 운용과 관련되어 주식을 추천할 때, sell recommendation을 주저하는 사유와 비슷한 전문가들의 맹점이다. 공인회계사들이 그들의 기업윤리나 전문가로서의 도덕성이 경제적인 유인에 의해서 훼손되지 않도록 규제가 개입될 수밖에 없으며 신용평가업도 동일하다고 할 수 있다. 분석가들이 균형적으로 업무를 수행한다면 buy/sell recommendation이 균등하게 표명되어야 하는데 그렇지 못한 것이 현실이다. 일반적인 투자추천의견 분류는 1. 강력매수, 2. 매수, 3. 보유(hold), 4. 비중축소(under weight), 5. 매도의견인데 보유, 비중축소 모두 부정적인 의견이지만 분류를 이와 같이 완곡하게 표현한다.

한국경제신문. 2009.10.27.

거래 관계 있는 회사 신용평가 금지
금감원, 수익 10% 이상 기여 때 내부통제기준 내년부터 시행

신용평가 회사가 앞으로 신용평가를 제외한 다른 용역을 제공받는 경우 1년 이내에 해당 기업에 대한 신용평가가 원칙적으로 금지된다. 총 수익의 10% 이상 기여한 기업에 대한 신용평가 업무도 맡을 수 없게 된다.

금감원은 '신용평가회사 표준 내부통제기준'을 마련, 내년부터 시행에 들어간다고 발표했다. 기준안은 우선 이해상충방지를 위해 신용평가사의 영업담당조직과 신용평가조직간 정보 및 직원교류를 제한하고, 신용평가업무를 수행하는 애널리스트에 대한 순환보직체계를 마련토록 했다.

당해 회사에 5% 이상 출자한 법인, 평가사가 5% 이상 출자한 법인 등은 평가할 수 없다. 방아쇠효과(trigger effect)라고 하는데 독립성 확보를 위한 조치이다.

영업담당조직과 신용평가조직간의 교류를 제한한다 함은 회계에서 논의되는 chinese wall(fire wall)을 이 양 조직간에 두라는 의미인데 회계법인의 경우에도 그러하듯이 이를 완전히 통제함은 매우 어려운 일이다. 또한 조직 전체적으로 달성하여야 할 목표가 있을 것인데 이를 사업부(조직원)의 입장에서 무시할 수도 없는 입장이다. 즉, 이는 이론적으로는 가능하지만 현실적으로는 시행하기 용이한 정책만은 아니다.

혹은 신평사의 외관적 독립성의 이슈이기도 하다. 신평사에 대해서 독립적이어야 한다고까지는 표현하고 있지 않지만 회계법인에 적용되는 독립성의 이슈를 신평사에 적용할 수 있다. 아무리 신평사가 실질적으로 독립성을 확보하고 있다고 하여도 외관적으로 독립성에 문제가 있다고 정보 이용자들이 판단하고 있다면 이 또한 문제가 될 수 있다. 회계감사에서 논의되는 실질적 독립성과 외관적 독립성의 이슈가 신평사에게도 개입된다.

총 수익의 10% 이상을 기여한 기업에 대한 신용평가 업무를 제한하는 것은 결국은 금액이 독립성 훼손의 주된 요인으로 판단하는 것이다. 국내에서 비감사서비스 병행과 관련된 논의가 한창 진행되었을 2002년 시점에도 일부에서는 어떠한 비감사서비스 업무가 구체적으로 이해상충이 있다는 점을 판단하기 어려울 경우에는 상대적인 금액의 크기로 이해상충정도를 판단하여야 한다는 의견도 있었지만 해결되지 않았던 과제였다.

이해상충이 없는 업무인데 단지, 금액이 크다고 금지함은 논리적이지도 적절하지 않다는 반론도 타당성이 있다. 단, 금액과 관련되어 규제한다는 부분은 비감사서비스의 병행으로 인한 이해 상충이 경제적인 유인에 근거하므로 공정한 업무가 훼손될 가능성을 경제성으로 판단한 것이다.

신용평가를 제외한 기타 용역을 수주한지 1년이 지나지 않으면 신용평가사는 해당 회사에 대해 신용평가를 할 수 없도록 했다. 단, 용역 수주사실을 공시한 경우는 예외다.

용역을 수주하고 1년이 경과되었다고 하여서 독립성을 회복하였다고 판단할 수 있는지도 주관적인 판단의 문제이다. cooling off 기간을 인정하는 것인데 이해 관계를 단절하는 의미에서의 충분한 기간인지는 주관적인 판단의 대상이다. 용역수주사실을 공시한 경우를 예외로 두는 것은 회계감사에서 비감사서비스를 사업보고서에 표시하는 것과 같은 맥락으로 이해할 수 있다. 비감사서비스 내용을 공시하는 것, 감사시간 및 감사수임료를 사업보고서에 공시하는 것도 비감사서비스 및 감사시간/감사수임료가 감사인의 독립성에 미치는 영향에 대한 판단을 수행하기 어렵고 또한 이와 같이 명확하지 않은 사유로 비감사서비스를 제한하거나, minimum 감사시간/수임료를 강제할 수 없다. 따라서 관련된 정보만을 사업보고서 이용자에게 접근 가능하도록 하여 각자가 이를 판단하도록 한 것이다.

기준안은 이와 함께 신용평가사 애널리스트가 평가대상 채권자나 해당 증권의 발행자, 인수기관 등으로부터 선물 및 접대를 받은 경우에도 신용평가 대상에서 제외토록 했다. 신뢰성 있는 신용평가를 하기 어려운 경우에는 신용등급부여를 자제하고, 구조화 금융상품 평가시 추가 수익을 위해 기초자산에 대한 평가를 강요하는 행위도 할 수 없도록 했다.

금감원은 또 윤리기준 확립 차원에서 신용평가사 임직원이 지분증권 매매시 준법감시인에게 신고토록 했으며, 신용평가사는 준법모니터링프로그램을 구축하고 내부제보 및 신고제도를 운영하도록 했다. 신용평가자료도 신용등급 소멸일로부터 최소 3년간 보관하도록 했다.

금감원 관계자는 '기준안 마련을 통해 거래관계에 따른 등급조정 등 불공정행위를 차단하고 윤리기준도 강화하는 효과를 거둘 수 있을 것'이라고 말했다.

신용평가자료를 보관하도록 하는 제도나 외감법 14조 2항에서 감사조서를 수년전 5년에서 8년으로 보관기간을 증가한 것이나 같은 맥락이다.

신용평가사의 경우도 용역이 진행된 사실이 있다면 이를 공시하도록 하고 이를 제3자가 판단하도록 하는 것이다. 즉, 완전 시장주의에 근거한 접근이다. 즉, 용역 수주 사실을 공시한 경우는 이러한 이슈가 있을 수 있음을 공시하였기 때문에 문제로 삼지 않는다는 정책 방향인데 이러한 정보를 접하는 정보이용자들이 어느 정도 sophisticated한 이용자임을 가정한다.

용역 수주사실을 공시한 경우는 예외라는 제도는 어느 정도 타당성은 있지만 완전히 수긍하기는 어렵다. 이 내용은 독립성이 훼손될 수 있는 가능성이 공시되는 경우, 신용정보 이용자들이 이를 감안하여 신용평가 정보를 이용할 것이라는 논리에 기초한다고 판단된다. 단, 어느 정도 이를 discount하여 고려해야 하는지가 명확하지 않은데 이를 예외로 인정한다 함도 고민할 정책인 듯하다.

다음은 2010년 11월 18일 금감원 보도자료로 위의 2010.7.30. 신문기사와 유관한 내용이다.

신용평가회사 비교공시시스템 구축

1. 추진 배경

□ 금융투자협회의 '채권정보센터' 홈페이지에서 국내 신용평가회사(4개사)가 평가

한 업체별 신용등급을 집중하여 비교공시해오고 있으나[신용등급 비교공시시스템]

○ 일반투자자들의 접근가능성이 매우 낮고, 신용등급 위주의 제한된 정보가 제공되어 활용도가 극히 저조

□ 투자자들이 업체별 신용등급수준과 신용평가회사의 질적 수준을 쉽게 비교할 수 있도록 시스템에 대한 접근가능성을 제고하고, 제공하는 정보 수준을 확대할 필요

○ '신용등급 비교공시시스템'을 '신용평가회사 비교공시시스템'으로 확대하여 구축

2. 금번 구축되는 신용평가회사 비교공시시스템의 주요 내용

□ 신용평가회사 관련 정보를 그룹화한 '신용평가정보' 메뉴를 신설하여 투자자 접근 가능성을 제고

□ 개별 신용등급, 신용평가실적서에 추가하여 신용평가방법론, 신용평가실적 분석자료(Rating Performance), 신용평가회사에 대한 시장참가자의 평가결과 정보를 공시

○ 투자자가 실질적으로 신용평가회사를 비교할 수 있도록 공시정보의 범위를 확대

〈주요 시스템 개선 내용〉

구분	종전(신용등급 비교공시시스템)	개선(신용평가회사 비교공시시스템)
공시경로	• 채권정보사이트상 링크화면	• 채권정보사이트상 독립화면
공시내용	• 신용평가등급의 비교공시	• 신용평가등급, 평가방법론 및 실적분석자료의 비교공시
세부 제공정보	• 개별 신용등급, 신용평가실적서, 스페셜 리포트	• (추가) 평가방법론, 신용평가실적 분석자료, 신용평가회사 평가결과

3. 기대 효과 및 추진 계획

□ (기대 효과) 평가방법론 등 투자자에게 제공되는 신용평가회사 관련 정보를 확대하여 집중비교공시함으로써

○ 신용평가회사에 대한 비교가능성을 제고하고

○ 평가방법론 개선 등을 통한 신용평가회사간 질적 경쟁 촉진 기대

□ (추진 계획) 금융투자협회 홈페이지 개편 작업 진행을 거쳐 '신용평가회사 비교공시시스템 화면' 오픈 ['10.11.22(월)]

○ 향후에도 신용평가회사 비교공시시스템 운영현황 및 이용자 의견 등을 반영하여 시스템을 지속적으로 보완해 나갈 예정

※ 붙임: 「신용평가회사 비교공시시스템 개요 출처:
http://www.fss.or.kr / http://www.kofia.or.kr

신용평가회사 비교공시시스템 개요

□ 금융투자협회 채권정보센터 홈페이지(www.kofiabond.or.kr) 화면에 신용평가 관련 정보를 그룹화한 '신용평가정보' 메뉴를 신설하여 투자자 접근가능성을 제고

□ 개별 신용등급, 신용평가실적서, Special Report 외에 평가방법론, 신용평가실적분석자료 등을 추가 제공하여 투자자에게 제공하는 정보수준을 확대

① 평가방법론(신설): 각 신용평가회사의 업종별 평가방법론을 게시하여 신용평가회사간 질적 경쟁을 유도

② 개별 신용등급: 평가사명, 발행회사명, 신용등급, 평정구분(본/정기/수시), 평정일, 요약보고서 등

③ 신용평가실적서: 개별 신용평가회사의 신용평가실적서(분기), 신용등급변화표(연간), 평균누적부도율(연간)

④ 신용평가실적 분석자료(Rating Performance)(신설): 각 신용평가회사가 자체 분석한 부도기업 분석*(분기), 스프레드 분석**(반기), 신용등급 변동현황 분석(반기) 자료를 제공

* 부도기업의 부도발생요인, 부도발생과정, 등급조정 적시성 등 분석

** 신용등급과 채권수익율간 괴리가 큰 업체의 등급 적정성 분석

⑤ Special Report: 개별업체 또는 시장의 이슈에 대해 분석한 보고서

⑥ 신용평가회사 평가결과(신설): 금융투자협회에서 신용평가회사에 대해 평가한 결과를 제공(연간)

EU에서는 CESR(Committee of European Securitie Regulators)가 신용평가관련 정보를 집합하여 대중에게 공표하는 신용평가 중앙집중소 가이드 라인을 발표한다.

신용평가는 대표적인 3개사의 과점 체제여서 big 4 회계법인의 과점체제보다도 문제가 심각하다고들 비판한다. 그렇다고 시장에 의해서 형성된 이와 같은 과점을 정부가 개입하여 4개 이상의 신평사 체계로 유도하기 어려우면 이미 전세계 신평사 시장도 세 major 회사 체계이다. 대안은 제4, 제5의 신평사가 시장에 진입할 수 있도록 하는 것이지만 신용평가 업계의 시장 규모가 그렇게 크지 않은 현실에서 바람직한지에 대해서도 연구하여야 한다.

아시아경제. 2010.10.14.

EU 회계법인 big 4 독점규제 나선다

이와 함께 회계법인이 유럽에서 영업을 하기 위해서는 일정 수준 이상의 자격 요건을 충족해야만 하는 일종의 '인가' 제도를 도입하는 방안도 검토중이다.

too big to manage라는 표현이 사용되기도 한다. 신용평가업/회계법인이 자본주의에 있어서, 없어서는 안 되는 경제에서의 한 sector이기는 하지만 그 힘이 너무 커져서 정부가 통제할 수 없는 수준에까지 이른다면 이는 바람직하지 않다.

독점적 회계법인에 대한 이 같은 지적은 최근에 불거지는 신용평가사 독점 논란과 맥을 같이 하고 있다. 위의 신문기사에서의 '인가'제도는 현재 금융위원회에서 논의하는 등록제도와도 연관된다고 할 수 있다. 신평사의 대형화 및 과점화와 회계법인의 대형화 및 과점화간에는 매우 밀접한 관련성을 갖는다.

그나마 회계법인은 수년동안 품질관리감리를 받으면서 감독기관이 system을 점검해 오고 있었지만 신평사에는 이러한 제도 및 점검이 수행되지 않았다.

등록제 도입과 관련된 공청회에서 한 토론자는 등록제 도입의 필요성을 다음과 같이 signalling으로 설명하였다. 정보비대칭 상황하에서는 이를 해결할 수 있는 두 가지 방안이 있다. 즉, 레몬(품질이 劣位인 회계법인)이 본인이 레몬이 아님을 signal(입증)하거나 아니면 회계정보를 이용하는 투자자나 감독기관이 이를 screening할 수 있도록 제도를 장착하는 것이다. 전자의 방법으로 회계법인의 품질을 차별화하는 것이 어렵기 때문에 등록제도는 후자의 방법으로 레몬을 구분할 수 있도록 제도화하는 순기능이 있다(한국회계학회 2011). 신평사에 대한 인가제도가 시행된다면 이도 같은 맥락에서 이해해야 한다.

감사품질이 일정수준 확보된 감사인만 상장회사를 감사하도록 하는 '상장회사 감사인 등록제도'가 도입 예정이며 미국, 유럽, 일본 등 주요선진국에서도 '상장회사 감사인 등록제'가 시행중이다.

비감사서비스와 관련되어서도 그러하다. 대부분의 대기업은 감사인이나 회계법인에서 용역을 진행할 경우는 거의 예외 없이 big 4 회계법인과 계약을 하게 되어 병행이 금지되는 업무가 많게 되는데 이 경우에도 감사인이거나 비감사용역을 수행할 감사법인이거나 선택의 폭이 줄게 된다.

최근 이슈가 되는 연결재무제표의 감사와 관련되어서도 동일한 문제가 발생한다. 현재로는 연결하는 기업과 연결 대상 기업과의 비감사서비스의 병행과 관련된 이슈에 대한 해답이 제시되지 않고 있지만 연결하는 기업이 연결 대상 기업의 비감사서비스를 수행하고 있다면 연결하는 기업의 감사업무와 연결대상기업의 비감사업무간에 이해상충이 존재한다고 봐야 하는 것인지도 이슈이다. 연결대상기업을 감사하는 감사인이 연결하는 기업의 비감사서비스를 수행한다면 이 경우에 이해 상충이 된다고는 생각하기 어렵다.

대기업에 대한 감사를 대형회계법인이 수임하는 현실을 반영할 때, 외국에서도 대형회계법인이 big 8, big 6, big 4 등으로 너무 과점화하는 것이 아닌지에 대한 우려가 제기된다. 더 이상 대형회계법인이 몇 개 남아 있지 않으므로 대형회계법인에 대해서 감독기관이 강한 제재를 가할 수 있는 자유도(degree of freedom)가 없어지는 것도 바람직하지 않다. 대형회계법인의 수가 너무 축소된다면 기업의 입장에서는 선택권을 잃게 된다. 예를 들어 big 4 회계법인이 업무정지를 받게 되면 세 회계법인밖에 남지 않기 때문에 오히려 big 4 회계법인에 대해서는 감독기관에서 강한 제재를 가할 수 없을 수도 있다.

Chapter 5에서 부실감사에 대한 법적인 책임에 대하여 논하였다. 각 전문직에서도 이러한 해석이 상이하며 적용도 다르다. 누가 어떠한 책임을 지게 되든 통제할 수 없는 책임을 과도하게 부과한다거나 아니면 업무에 대한 책임한계가 미미하여 통솔과 통제가 소홀하다면 이는 바람직하지 않으며 따라서 적절한 수준에서의 제재가 가장 이상적이다.

예를 들어 논란의 대상이 되고 있는 감정평가사의 공정가치평가와 관련되어서도 감정평가사의 공정가치평가가 잘못되었고 이 내용이 감사인에게서 인용되어 감리에서 지적될 경우 금융감독기관에 감정평가사에 대한 징계권이 없기 때문에 이러한 제재는 국토해양부의 부동산평가과로 통보되며 국토해양부의 적절하지 않은 감정평가법인 또는 개인 감정평가사에 대한 제재는 금융위원회의 제재와는 완전히 별개일 수 있다.

따라서 동일한 공정가치평가 업무를 공인회계사 또는 감정평가사가 수행할 수 있고 이 두 업무가 적절하게 수행하지 않고 이에 대한 조치가 차이가 있다면 형평성에 대해서도 문제가 될 수 있다. 이러한 형평성의 문제는 별개의 전문직에 대해서는 큰 문제가 되지 않지만 동일한 업무를 수행하는 상이한 전문직에 대한 조치 수준에 형평성이 존재하지 않고 이를 규제하는 행정기관별로 차이가 있다면 이슈가 될 수 있다.

이러한 이슈는 어느 자격증 소지자가 공정가치평가 업무를 수행하여야 하는지와는 또 별개의 이슈이다. 현재 감정평가사 이외에도 감정평가에는 증권회사(자본시장법), 채권평가사(자본시장법), 신용평가회사(신용정보의 이용 및 보호에 관한 법률), 보험계리업인(보험업법)에 의한 평가가 가능하다. 이들 외에 기술평가사 등의 자격증이 관여될 수 있다. 이를 수행할 수 있는 자격증과 이를 규제하는 법안에도 차이가 있다.

감독기관쪽에서 염려하고 있는 부분 중에 하나는 회계법인은 품질관리감리 등을 통해서 기관의 내부관리를 철저하게 점검하고 있는데 감정평가법인은 그러하지 못하다는 점도 있다. 위에서도 기술하였듯이 동일한 업무를 수행하는 기관의 평가가 어느 정도의 차이가 있음은 이해할 수 있지만 법인에 대한 품질관리에 대한 검토가 유무에 차이가 있다면 이는 무척이나 중요한 원천적인 차이일 수 있다. 또한 한 업종에 의한 평가가 더 관대하다면 업종간에 어느 업종이 더 기업에 우호적인지가 선택의 잣대로 사용되고 이는 더더욱 바람직하지 않는 결과이다.

매일경제신문. 2010.8.20.

감정평가법인 옥석 가린다. 국토부, 신뢰성 등 5개 항목 평가해 공시업무 차등 배정

정부가 국내 감정평가법인 옥석 가리기에 나선다. 감정평가업체별 평가 결과에 따라 서열을 매긴다는 것인데 최근 감정원 공단화를 둘러싼 정부와 감정평가업계간 갈등 국면에서 나온 것이라 파장이 예상된다.

국토해양부는 감정평가법인을 평가공정성, 신뢰성/공시업무수행적절성/감정평가품질 제고/전문성 경쟁력/고객만족도 등 5개 항목에 따라 평가하기로 하였다.

국토부는 이를 토대로 업계 성적을 매긴 후 좋은 평가를 받은 법인에는 공시지가업무 등 공공업무 할당을 많이 해주고 점수가 낮은 법인은 할당을 적게 해 업계 전문성과 건전성을 높인다는 방침이다.

공시지가 조사는 국토부가 전국적으로 진행하는 정례업무로 한국감정원과 업계 감정평가사 1,300명이 참여한다. 공시지가는 매년 1월 1일 기준 전국 표준지 시세를 조사 집계하는 것으로 국내 부동산 거래시 가격 기준이 된다.

조사 대상은 총 50만 필지로 국토부는 감정평가법인 규모에 따라 단순 배분하던 기존방침에서 벗어나 평가 결과에 따라 업무 배분에 차등을 둘 계획이다.

중견 평가법인 관계자는 '국토부 평가 방침을 살펴보면 역사가 오래된 소수 우량법인에만 공공업무를 집중시키겠다는 얘기'라며 '업계 양극화가 심해질 것'이라고 말했다.

일각에서는 국토부 조치가 '업계 길들이기' 차원이 아닌가 하는 의견도 제기한다.

위의 기사에서의 할당의 과정은 금융위가 감사인 지정제에 의해서 감사인을 배정함과 같은 맥락에서 이해할 수 있다. 회계의 입장에서 가치평가 업무를 수행하게 되는 감정평가법인과 관련된 논의는 더 이상 남의 얘기가 아니다.

감독원이 회계법인에 대한 품질감리를 수행하는 것이나 국토부가 감정평가법인에 대한 평가를 수행하는 것에 대해서 같은 맥락에서 이해할 수 있다. 이는 사전적이며 예방적인 조치이다. 사후적으로 감정평가업무가 잘못되었거나 감사가 잘못되었을 때 조치를 취할 수 있으나 사전적으로 이를 방지할 수 있음이 최선이다.

감사인이 감사과정에서 전문가의 의견을 인용할 수 있다. 감정평가인의 평가를 인용함에 있어서 감사인이 취할 절차는 감사기준 620(전문가활용)에 규정되어 있다. 전문가가 수행한 업무가 경영자의 주장에 대한 감사증거로서 적합한지 평가하도록 되어 있다. 또한 감사기준 적용지침에서 세부적인 검토절차가 나와 있다. 이러한 절차에 미흡할 경우는 감사인의 책임을 묻게 된다.

이런 평가액이 재무보고서에 반영되고, 감사인이 재무제표에 대한 감사의견을 표명하는 경우에 감사인이 그 평가보고서가 감사증거로서 적합한지 책임지고 검토하며 필요시에는 감사의견에 반영하도록 하는 것이 현재의 감사기준이나 감사이론상 적절하다.

최근에 평가 관련된 사건에서는 전체 자산에서 차지하는 해당계정과목의 비중(2007년: 65%, 2008년: 75%)이 되는 상황에서 감사인이 외부 평가보고서에 대하여 감사기준상 규정된 검토절차를 소홀히 했다는 사실관계가 인정되어 책임을 물은 것이다. 이 건 관련 평가는 다른 회계법인이 수행했으며, 결과적으로 해당 계정은 과대평가되어 있음이 드러났다.

평가전문가의 의견을 활용함에 있어서 감사인이 어떠한 역할을 해야 하는지에 대한 감독당국의 기대가 담겨있다고 볼 수 있다. 이러한 기대는 회계투명성과 투자자보호를 위해서 IFRS 도입 후에도 계속될 것이 예상된다.

문제가 되었던 한 회사는 감정평가법인의 평가결과를 검토 절차 없이 사용하였다. 그 상세한 내용은 다음과 같다.

기계장치 일부품목에서 평가손실 114백만원이 발생하였으나 이를 영업외비용으로 처리하지 않고 자산재평가차익(자기자본)에서 상계처리하여 동액만큼 당기순이익을 과대계상하였다.

전문가활용관련 감사절차 소홀시 동기 판단과 관련되어서는 2009년 11월 증선위에서 유사사례를 의결하면서 전례가 없는 점을 정책적으로 감안하여 동기판단을 '과실'로 수정결정(당초안 : 중과실)한 바, 동 증선위 조치 이전에 발생한 사항임을 고려하여 '과실'로 조치하고자 하나, 향후 발생하는 전문가활용 위반행위에 대해서는 엄중 조치할 예정이다.

매일경제신문. 2010.4.10.

IFRS 도입 따른 토지 건물 등 재평가 놓고 영역 다툼
감정평가사 vs 회계사소송비화

업계에 따르면 한국감정평가협회는 국내 간판급 회계법인인 삼정KPMG자회사, 삼정KPMG어드바이저리를 부동산 공시법 위반으로 최근 형사 고발했다. 삼정이 지난해 삼성전자 수원, 탕정 등의 토지와 공장에 대해 자산 재평가한 것이 위법이라는 것이다. 현행 부동산공시법상 감정평가사 자격이 없는 자가 감정평가를 하는 것은 위법이다.

감정평가협회는 부동산 등 유형자산 평가업무는 특화된 교육을 받은 감정평가사의 고유업무로 회계법인이 처리한 적이 없고, 감정평가사도 유가증권평가를 할 수 있지만 회계사에게 맡겨 왔다고 한다.

부동산 가격 공시 및 감정평가에 관한 법률(소위 부감법) 제2조와 43조에 따르면 기업 토지 등 유무형 자산을 감정평가사의 평가 대상업무임을 명시적으로 규정했다는 것이다.

하지만 회계업계는 공인회계사법 제2조 '회계에 관한 감사 감정' 및 기업회계기준서를 근거로 유형자산평가 업무를 공인회계사도 할 수 있다는 입장이다.

한국은행이 2007년 국내 영리법인을 대상으로 표본조사한 결과 기업 자산총액에서 부동산 등 유형자산이 차지하는 비중이 34%에 달했다. 감정평가업계에 따르면 회계기준 변화에 앞서 자산 재평가가 먼저 허용되면서 작년 한 해만 평가 건수 3,991건, 평가수수료 265억원 규모로 집계됐다.

금융위원회는 시장논리에 맡겨야 한다는 입장이다. 금융위 관계자는 '자본시장법과 외감법 등에서 감정 업무 영역이 광범위하게 규정되어 있고, 기업은 공신력 있는 전문가 집단에 자율적으로 업무를 맡길 것'이라고 밝혔다. 토지 등 유형자산 부문에서 감정평가사가 시장에서 전문성을 인정받으면 고유영역을 지킬 것이란 얘기이다.

2011년 5월 13일 현재 이 소송은 1심에서는 한국감정협회가 패소했으며 상고 중이다.

공인회계사법 2조(직무범위)에는 공인회계사의 직무에 대해 다음과 같이 명확하게 기술되어 있다. "회계에 관한 감사 · 감정 · 증명 · 계산 · 정리 · 입안 또는 법인설립등에 관한 회계" 즉, 감정이라는 표현이 정확하게 사용되었다.

일부에서는 "부동산 가격 공시 및 감정평가에 관한 법률"에 의하면 공인회계사들의 감정평가 업무는 불법이며 '공인회계사법'에 의하면 감정평가사들의 감정평가업무는 불법이므로 어떠한 법에 적용을 받는지에 따라서 공인회계사와 감정평가사가 감옥에서 만날 것이라는 농담도 한다.

최근에 와서는 관세사법 개정과 관련되어 FTA 원산지 결정 업무와 관련되어 자문 업무를 관세사가 독점적으로 수행할 수 있는 것인지 아니면 이 영역이 경영자문(consulting)의 영역이므로 누구나 별도의 자격증 없이도 수행할 수 있는 것인지에 대한 논란이 있다.

또한 공인회계사가 세무업무를 겸직할 수 없는 내용도 논란의 대상이 된다.

한국경제신문 2009.6.26.

성공보수조건 자산재평가 계약 못한다

금융감독원이 비상장법인 자산을 과대 평가하는 등의 부실평가를 막기 위해 성공보수를 받는 조건의 자산평가수임계약을 금지시켰다.

금감원은 25일 합병이나 자산 양수도시 자산평가의 공정성을 확보하기 위해 이 같은 내용의 '외부평가업무가이드라인'을 만들었다고 밝혔다. 이 가이드라인은 공인회계사회, 감정평가협회, 변리사회 등의 전문가들과 함께 만든 것으로 외부평가기관이 준수해야 한다.

이 가이드 라인에 따르면 회계법인 감정평가법인 등의 외부평가기관은 성공시 많은 수수료를 받는 내용의 조건부 평가업무수임계약을 할 수 없다.

또 계약체결단계에서 전문가적 판단을 할 능력이 있다고 판단되는 경우에만 계약을 체결해야 하며, 다른 전문가의 업무를 평가의견서에 인용할 때는 그 전문가의 동의를 받도록 의무화했다. 또 평가자의 결론 도출 근거를 문서화해 3년간 보존토록 했다.

감사인이 감사와 관련되어 성공보수(contingency fee)를 받을 수 없음은 주지의 사실이다. 다만, 법무법인은 성공보수를 당연히 인정하고 있고 성공보수를 금지하는 경우는 투명성이 확보되어야 하는 경우이다. 법무법인은 승소/패소 여부에 따라서 수임료가 달라지므로 성공보수를 받는 것이 당연하다. 자산재평가의 경우도 성공보수조건이라면 감정평가 금액의 평가에 영향을 미칠 수 있다고 판단한 것이다. 회계법인의 감사업무나 신용평가회사의 rating이 성공보수의 개념으로 진행된다면 독립성에 심각한 영향을 미칠 수 있다.

최근에 성공(성과)보수가 이슈가 되었던 경우는 다음과 같다.

금융투자업 규정 일부 개정규정안 (요약)
랩 어카운트의 보수체계 조정

투자일임계약의 경우 성과보수는 받을 수 있도록 하되, 신뢰할 수 있는 지수 등을 기준지표로 설정하도록 의무화하였다. 기준지표는 주가지수, KOSPI 200 등을 지칭한다.

투자일임계약의 경우, 성과보수가 감독/규제의 영향인지에 대해서 논란이 있을 수 있으며 선진국의 경우는 거의 이러한 규제를 하고 있지 않는데 이는 과도한 성과보수에 대해서는 시장 mechanism이 이를 제어한다고 할 수 있으나 우리의 경우는 이 정도로 자본시장이 성숙된 것이 아니므로 이를 규제기관이 담당한다. 랩어카운트의 성공적인 업적이 금융투자업의 뛰어난 업적에 있는 것이 아니라 전체 주가지수의 상승에 있을 수도 있는데 그 과실을 금융투자업이 모두 갖고 가는 것은 바람직하지 않다.

이는 예를 들어 주식매입선택권을 갖고 있는 기업의 경우, 주가상승이 뛰어난 경영자의 업적이 아니라 일반적인 주가의 상승에 기인하는데 스톡옵션을 갖고 있는 경영자가 stock option을 행사하여 이익을 실현하여 이 과실을 갖고 간다면 이는 원인과 결과가 명확하게 드러나지 않는 것이다. stock option이 최근 들어 중단되는 경우가 많은데 다른 사유도 있겠지만 이러한 사유도 중단의 한 사유이다.

또한 stock option의 한 문제는 stock option은 좋은 업적에 대한 추가적인 compensation package의 의미이지만 안 좋은 업적에 대한 penalty의 의미가 동반되지 않음으로 인한 불균형적인 급여보상체계이다.

또한 금융투자업의 또 하나의 문제는 매우 공격적인 투자를 해서 잘 되면 성과보수를 받을 수 있지만 투자가 실패하면 책임을 지지 않으려고 할 수도 있기 때문이며 이 경우의 손실은 모두 투자자에게 돌아온다. 이러한 성과보수 체계하에서 금융투자업의 경우는 극도의 risky한 투자대안을 선택할 수 있기 때문에 이를 무방비하게 방치함은 바람직하지 않다.

즉, 모든 return은 감수하는 위험에 기초하여야지 위험을 지지 않으면서 수익을 챙기려 한다면 이는 균형된 시장이 아니다. 자본/금융시장에서 risk에 대해 정당한 보상이 돌아가도록 모든 scheme이 구성되어야 한다.

한국경제신문. 2011.2.6.

법원 "비상장株 가치, 회계법인 평가 인정해야"
"주총 등 정당절차 거쳤다면 우회상장 때 증여세 못 물려"

회계법인이 정당한 기준으로 미래가치까지 포함해 산정한 비상장법인 주식가치는 인정돼야 한다는 법원의 첫 판결이 나왔다. 서울행정법원 행정12부(장상균 부장판사)는 비상장법인인 연예기획사 지엠기획의 소액주주 조모씨가 성동세무서장을 상대로 "증여세 부과 처분을 취소해달라"며 낸 소송에서 원고 승소 판결했다고 6일 밝혔다.

지엠기획은 2006년 4월 코스닥 상장법인인 엠넷미디어㈜와 기업합병하면서 두 회사의 주식을 교환(지엠 1주당 엠넷 2.8주)하는 내용의 계약을 맺었다. 회계법인이 비상장법인이던 지엠기획의 1주당 가치를 1만 6,822원으로 평가했다. 이에 따라 지엠기획의 주주 조씨는 같은 해 7월 기업합병에 따라 지엠기획 주식 16만주 대신 엠넷미디어 신주 45만주를 받았다.

그러자 과세관청은 지엠기획의 과거 영업이익 등을 감안할 때 지엠기획 1주당 가치는 1,004원이라고 보았다. 회계법인 평가액의 약 17분의 1 수준이었다. 이에 따라 과세관청은 조씨가 지엠기획 주식을 정당한 사유 없이 비싸게 넘긴 대가로 증여이익 30여 억원을 얻었다고 보고 2009년 증여세 18여 억원을 부과했다.

이는 비상장법인 주식의 가치를 평가하는 데 있어 기업과 과세관청이 적용하는 기준이 다르기 때문이다. 기업은 증권거래법이 위임한 '유가증권의 발행 및 공시 규정'에 따라 '향후 2년의 추정이익'을 감안해 회계법인이 산정한 비상장법인 주식 가치를 따른다. 반면 과세관청의 기준은 '상속세 및 증여세법'(상증법)에 따라 지난 3년간 비상장법인이 낸 이익이었다. 과세관청과 회계법인이 각각 산정한 비상장법인 주식 가치가 30% 이상 차이가 날 때 과세관청은 세율 10~50%의 증여세를 부과, 수십억원에서 수백억원의 '세금 폭탄'을 맞는 경우가 생기기도 했다.

재판부는 "특수관계가 아닌 기업 혹은 개인 간 거래액이 과세관청 평가액과 다르다는 이유로 과세한다면 '사적 자치' 침해"라며 회계법인의 가치 평가에 절차상 문제가 없는 이상 자율적인 비상장주식 거래에 과세할 수 없다고 밝혔다. 재판부는 또 "'과거'에 초점을 맞춘 과세관청의 판단이 '미래'를 중시하는 회계법인의 방식에 비해 우월하다고 볼 수 없다"고 판결했다.

법무법인 율촌의 강석훈 변호사는 "상장법인과 비상장법인간 합병 때 주주들이 이 같은 증여세 문제에 노출된다"며 "향후 유사한 사건에 영향을 줄 수 있는 판결"이라고 말했다.

최근 미국에서도 도드-프랭크 법안이라고 해서 신용평가업의 개선에 대한 많은 변화의 주문이 있다.

미국 금융개혁법(도드-프랭크법) 주요내용. 2010년 7월 제정

ㅁ(신용평가 감독조직 설치) SEC 내에 전문가로 구성된 신용평가국(Office of Credit Ratings)을 설치토록 함

- 국가공인신용평가기관(NRSRO)에 대해 최소 연 1회 이상 검사를 실시하고 검사 결과를 공표

ㅁ(신용평가사 의존도 완화) 제반 법률상 NRSRO의 평가 의무화 조항 검토 및 불필요한 경우 단계적으로 완화·삭제함으로써 투자자 스스로 분석할 수 있는 풍토 장려

ㅁ(신용평가 쇼핑 방지) 향후 ABS 발행자가 가장 높은 신용등급을 부여하는 평가사를 임의로 선택할 수 없도록 하기 위해 SEC가 제도개편 보고서를 작성, 의회에 보고 예정

ㅁ(이해관계 상충 방지) 평가사의 준법감시인이 신용평가, 영업 업무 등을 할 수 없도록 함

- 평가사 직원이 평가대상 회사, 주식 인수회사로 이직한 경우 동 직원의 직전 1년간 평가 내역을 검토하여 SEC에 보고

• 평가사 이사회의 과반수 이상을 해당 평가사의 지분이 없는 등 신용평가와 이해 관계 없는 독립이사로 구성

피감회사로의 이직 금지 등의 감사인에게 적용되는 규제가 거의 동일하게 신평사에게도 적용됨을 보인다. 마지막 항목은 회계법인에 대해서 품질관리감리를 실시하는 등, 감독기관이 평가사의 지배구조에 개입하겠다는 것이다. 상장기업이 아닌 신용평가사에 이러한 정책이 필요할 수도 있다. 우리나라의 신용평가사 3사 중, 두 회사는 상장기업으로 완전하지는 않지만 상장기업에 적용되는 기본적인 기업지배구조에 의해서 monitoring을 받는다.

다음은 신용평가업과 관련된 금융위원회 해당 팀의 2011년 문건이다.

신용평가 수수료 부담방식

ㅁ 발행자 지급방식의 수수료 체계가 세계적으로 보편화되어 있음

• 그러나, 발행자 우위 시장구조가 고착화될 우려가 있고 평가사와 발행사간 등급 관련 이해상충 등의 문제 발생

• 등급이 높을수록 발행회사의 자금조달비용이 경감되므로,

평가사는 고객 확보를 위해 평가등급을 상향할 유인이 존재하는 반면 하락 조정은 용이하지 않음

〈신용평가회사의 수수료 수익모델 비교〉

발행자 지급방식(현행)	투자자 지급방식
o 신용등급 공시로 불특정 이해관계자도 이용 가능 o 투자자 비용부담 없어 채권시장 활성화 o 평가사와 기업간 유착 등 고객 확보를 위한 신용등급 상향 유인	o 불특정 이해관계자 이용 불가 o 기업의 채권발행 비용 부담 감소 o 평가사와 기업간 유착가능성 해소 o 대형 투자자의 영향력 행사로 신용등급 하향 유인

※ 초기 미국에서 투자자가 평가수수료를 지급했으나, 무임승차 등 문제로 '70년대 이후 발행자가 수수료를 지급하며 평가사에서 평가 후 공시

ㅁ 복수신용평가가 자율적으로 이루어질 경우 단수 평가에 비해 등급인플레를 상대적으로 완화하는 효과가 있으나,

• 제도상 의무화하는 경우 과점체제를 고착화하고 등급카피를 유발할 우려

〈복수신용평가 장 · 단점 비교〉

장점	단점
ㅇ 상호견제를 통해 등급안정성 제고 ㅇ 시장참가자에게 비교가능한 다양한 정보 제공 ㅇ 발행기업 영향력을 제한하여 등급세일 · 쇼핑 완화	ㅇ 안정적 수익원 확보로 인한 경쟁 감소로 과점체제 고착화 ㅇ 타 평가사 등급 참조 등으로 등급 차별화 미흡 ㅇ 발행기업 비용부담 증가

신용평가기관 감독

ㅁ 신용평가회사 상시 감독 강화

• 평가사 자체 내부심사분석보고서, 와치리스트 현황, 내부통제보고서 등을 정기적으로 징구하여 상시감독수준을 강화

ㅁ 신용평가회사 검사 품질 제고

• 내부통제 및 평가절차 위주의 검사방식을 평가 적정성을 검사하는 품질관리검사* 로 전환 (3/4분기 검사부터 적용)

등급적정성에 논란이 있는 사례를 추출(샘플링)하여 정밀 검사

ㅁ 신용평가회사 감독 역량 제고

• 중 · 장기적으로 신용평가회사 전담팀을 신설하고, 전문인력을 충원

위의 내용 중에서 현 복수신용평가 상황에서도 등급 인플레 현상이 나타나므로 등급인플레의 현상은 복수평가 여부와 밀접한 관련성이 없다.

위의 내용에서 미국에서 초기에는 투자자가 평가수수료를 지급하였다는 내용이 흥미롭다. 감사수임료를 누가 지급할 것인지의 이슈에서도 투자자 즉, 정보이용자가 이를 지급하여야 한다고도 논리가 전개될 수 있다. 그러나 정보이용자는 불특정다수이기 때문에 이 대안이 이상적일 수는 있어도 현실적으로 불가하다.

가장 이상적이기는 신용평가를 적절하게 수행하지 못한 평가기관에 대해서 시장이 penalize하는 경우이다. 즉, 시장의 자율기능에 의해서 신용평가업무가 개선되기를 기대할 수 있다. 즉, 소송의 순기능을 기대해 보는 것이지만 이는 타율적으로 진행할 수는 없는 것이다.

회계법인에 대한 규제가 되었건, 신용평가사에 대한 규제가 되었건 모든 규제는 check and balance를 이루어야 한다.

위에 언급된 신용평가회사에 대한 품질관리검사 제도로의 전환을 기술하고 있는데 감사인에 대한 품질관리감리와 일맥상통하는 내용이다.

국제적인 3대 신평사 중 하나인 S&P도 국내 진출에 관심은 있는데 유보적인

이유는 고의, 중과실일 경우는 형사처벌 조항이 있고 양벌책임도 있기 때문이다. 그 자세한 내용은 아래와 같다.

신용정보의 보호 및 이용에 관한 법률 제40조 제6호

"신용평가업무를 하면서 고의 또는 중대한 과실로 해당 금융투자상품, 법인 및 간접투자기구에 대한 투자자 및 신용공여자 등에게 중대한 손실을 끼치는 일"을 금지하고 있다.

중대한 손실요건도 있는데,

동법(제50조제2항 제7목) 상기 금지사항 위반시 3년 이하의 징역 또는 3천만원 이하의 벌금에 처하도록 하고 있으며 동법 제51조에서 법인의 대표자나 법인 또는 개인의 대리인, 사용인, 그 밖의 종업원이 그 법인 또는 개인의 업무에 관하여 제50조의 위반행위를 하면 그 행위자를 벌하는 외에 그 법인 또는 개인에게도 해당 조문의 벌금형을 과한다. 다만, 법인 또는 개인이 그 위반행위를 방지하기 위하여 해당 업무에 관하여 상당한 주의와 감독을 게을리 하지 아니한 경우에는 그러하지 아니하다.

고 규정하고 있다. 즉, 양벌규정이 적용되어 법인도 상당한 부담을 안을 수밖에 없다.

S&P가 한국시장 진출에 관심이 있지만 쉽게 움직일 수 없는 이유가 이러한 양벌규정이 큰 부담으로 작용하고 있다고 한다.

Chapter 6의 앞 부분에 인용된 한국경제신문. 2011.4.2. 세계 3대 신평사에 뿔난 EU "유럽 신용등급 매기지 말라"의 기사에서는 BBC방송은 "막강한 권한을 지닌 신평사들에 대한 신용평가는 막상 신평사 자율에 맡겨져 있다"고 지적했다. 그러나 우리나라에서는 e-daily는 신용평가업의 업무를 평가한다.

평가 없는 산업은 발전할 수가 없으며 이러한 차원에서 e-daily의 평가업무는 순기능을 가질 수 있다. 단, 언론기관이 이러한 평가 업무를 수행함에 적절한 기관인지에 대한 의문은 있다. 또한 언론기관의 공개적인 평가는 평가점수만을 잘 받기 위한 무리한 업무 수행을 유발시키는 부작용을 유발하기도 한다.

이데일리의 신용평가업에 대한 평가는 2005년 4월 처음 실시된 이래로 6개월 주기로 지속적으로 실시하고 있다.

평가사 평가와 관련된 개략적 사항은 다음과 같다.

- 평가주기: 매년 두 차례(4월 및 10월)
- 평가기간: 직전 6개월 동안의 평가사의 평가활동
- 평가대상: 신용평가사의 평가활동(등급의 신뢰도 및 등급조정의 시의성, 평가보고서 및 방법론의 품질, 연구보고서의 질, 세미나의 질, 주요 기업들의 평가등급의 적정성, 기타 이메일, 상담, 홈페이지 등에 대한 충실성 등)
- 설문응답자: 채권시장 종사자(Credit Analyst, Fund Manager 등)로, 매해 100~120명의 응답자 결과

신용평가업의 경우, 신용평가를 수행하는 입장에서 수임료를 공시하고 있다. 신용평가업은 의뢰인과의 관계에 있어서 '을'의 입장인데 을의 입장에 있는 경제주체가 수임료를 공시함이 적절한지에 대한 의문이 있다.

이러한 차원에서는 감사와 관련된 모든 정보의 공시의 주체는 감사의뢰인이지 감사인이 아니다. 이는 수임료도 그러하고 비감사서비스 용역 제공과 관련된 정보도 그러하다. 단, 감사의견일 경우도 피감기업과 감사인이 동시에 공시하도록 하여 동일한 정보의 중복 공시이기는 하지만 이 정보가 정보이용자에게 조금 더 명확하게 전달하도록 하는 시도가 있다.

한국일보. 2011.3.28.

회계법인도 내년부터 감사보고서 의무공시할 듯

금감원과 한국거래소는 상장기업 감사결과 보고서의 공시를 해당 기업뿐만 아니라 감사를 한 회계법인도 의무적으로 하도록 규정을 고쳐 이르면 내년부터 시행하는 방안을 검토중인 것으로 28일 알려졌다. 정부가 규제 완화책의 하나로 작년 초부터 회계법인의 감사결과 공시의무를 면제해주자 상장사들이 불리한 공시를 지연하거나 허위공시 뒤 번복하는 사례가 잇따르자 이에 대한 개선책을 내놓은 것.

금융감독당국이 2009년 2월 3일 '주식회사의 외부감사에 관한 법률'을 개정해 회계법인의 금융감독원 전자공시시스템(DART) 감사보고서 제출의무를 면제해주자 네오세미테크가 작년 이 제도의 허점을 이용, 감사 거절 의견을 늑장 공시해 투자자 피해를 키운 바 있다. 아울러 제일창업투자는 지난 18일 감사의견을 '적정'이라고 공시했다

가 22일 '의견거절'로 번복하면서 주가가 급등락해 피해자가 속출했다. 이 회사는 특히 외부 회계법인을 회유、협박했다는 민원까지 거래소에 접수돼 금감원이 진상조사를 벌이기도 했다.

회계법인이 감사보고서를 의무적으로 금감원 전자공시시스템에 올리도록 한다면 상장사가 공시를 늦출 소지를 차단하는 효과를 거둬 투자자 보호에 도움이 될 것으로 업계는 기대하고 있다.

위의 신문기사는 감사인에게 감사보고서 공시에 관한 의무를 부과하고 있으나 이는 기업의 공시의무와 중복되어 있고 자칫 감사인이 재무제표 작성과정에 참여하는 오해의 소지가 있을 수도 있다.

이러한 제도의 변화는 또한 과거 전자공시시스템에서도 감사인이 회사의 재무제표가 포함된 감사보고서를 시스템에 등재하는 공시책임을 요구할 뿐 아니라 감사인이 한정 또는 부적정의견을 표명하는 경우에는 수정사항이 반영된 재무제표를 감사보고서에 포함시키도록 하고 있었는데 이러한 요구는 감사인이 재무제표를 작성하지 못하도록 하는 독립성 규정과 대치되는 것으로서 감사인의 독립성을 심각히 훼손시키는 것이라는 비판이 있었다.

재무제표의 확정기관은 주주총회(정관에 이사회로 규정된 기업은 예외)인데 감사인이 한정 또는 부적정의견을 표명하는 경우에 재무제표를 수정하여야 한다면 이는 심각한 법적인 문제를 초래할 수도 있다. 현재에도 여전히 감사인이 회사의 재무제표가 포함된 감사보고서를 시스템에 등재하는 공시책임을 요구받고 있다. 그러나 감사인이 한정 또는 부적정의견을 표명하는 경우 수정사항이 반영된 재무제표를 감사보고서에 포함하고 있지는 않다.

위의 내용은 회계법인이 기업이 안아야 할 책임을 안는다는 차원에서의 논의이고 다음의 논의는 감사인이 감사와는 무관한 업무에 대해서까지 책임을 부담하는 것은 아닌지에 대한 논의이다.

감사인의 주총출석요구권과 관련되는데, 재무제표 작성자와 감사인의 책임을 명확히 구분하여야 한다.

즉, 감사인은 재무제표에 대한 인증 책임자이며 이해관계자들에게 회사에 대한 질의답변을 요구하는 것은 작성책임에 상응하는 책임이며, global standard는 아니다. 따라서 감사인에 대한 주주 총회 출석요구 삭제가 필요하다는 것이 회계법인의 주장이다. 외감법은 아래와 같다.

외감법 11조(감사인의 주총 출석의무) 제11조(주주총회에의 출석) 감사인 또는 그에 소속된 공인회계사는 주주총회의 요구가 있으면 주주총회에 출석하여 의견을 진술하거나 주주의 질문에 답변하여야 한다.

최근에 와서 신용평가업과 관련된 자본시장법이 개정 논의가 있으며 그 주요 내용은 다음과 같다.

신용평가회사의 민사책임 및 공시규제 등의 강화

o 신용평가회사의 중요사항 누락・허위기재로 투자자 피해 발생시, 입증책임을 신용평가회사로 전환하는 등 민사책임을 강화하였다.

o 증권신고서, CP평가, 펀드 편입 무보증사채의 평가 등, 법정 신용평가의 신용평가보고서 DART 공시를 의무화하고, 신용평가회사에 대한 상시감독 강화 등 규제 정비하였다.

입증책임을 진다는 것은 입증하는 입장에서 상당한 부담을 안는 것이며 이러한 부담이 신용평가사에 있다는 내용은 암시하는 바가 상당하다.

신용평가업만이 문제가 되는 것이 아니라 공정가치평가로 인해서 앞으로 회계에서도 상당한 이슈로 제기될 감정평가업 관련되어서도 다음의 이슈도 있다.

한국경제신문 2011.7.18.

서울 리조트 가치 과다 평가 감정원, 170억 배상하라

국내 대표적 공공 감정평가기관인 한국감정원이 '서울리조트' 감정평가와 관련, 170억원을 배상해야 한다는 판결을 받았다.

다음의 기사는 양벌규정으로 감정평가업을 규제할 때 그 효과가 더 확실하게 나타날 것이라는 주장이다.

시사저널. 2008.12.16.

국민감정 상처 내는 엉터리 '감정'
개인에게만 솜방망이 처벌… 법인에 책임 물어야 비리 근절 가능

비리가 적발되더라도 처벌은 솜방망이에 그치고, 그나마도 대부분 평가사 개인에게만 내려진다는 점이 문제로 거론된다. 법인에게 제대로 책임을 묻지 않아 비리 근절을 위한 관리 감독이 소홀하다는 것이다.

국회에서는 김성태의원과 김성순의원이 관련 법 개정을 추진중이다. 금품 제공 등 비리 행위와 관련해서는 평가사는 물론 법인도 징계 처분할 수 있도록 규정을 강화하는 내용도 포함되어 있다. 소속 평가사가 뇌물죄를 범할 경우 법인에 대해서도 징계가 가능하도록 하겠다는 것이다. 이와 함께 감정평가 업무 주체를 평가사에서 법인으로 변경하도록 하고 있다.

두 번째 문단의 내용은 회계감사를 공인회계사 개인이 하는 것이 아니라 감사인인 감사반 또는 회계법인이 수행하는 것이라는 외감법제3조(감사인) 조항과 유사한 내용이다. 부실감사에 대한 조치가 감사인과 공인회계사에 대해서 이중적으로 진행되는 것과 같은 맥락이다.

다음의 신문 기사는 펀드의 영역까지도 신용등급의 대상이 되는지와 관련된 내용을 기술하고 있다. 신용평가업의 신뢰성 자체가 의문의 대상이 되고 있는데 신용평가가 평가하는 업무의 영역을 어디까지 확대하여야 하는 것인지에 대한 의문이 있다.

문화일보. 2011.7.29.

펀드에도 신용등급 매기나. 법 개정안에 근거 마련
'투자자 보호' vs '비용 증가' 팽팽

금융당국이 28일 발표한 자본시장법 개정안에 신용평가사가 펀드의 신용상태를 평가할 수 있는 근거가 마련됨에 따라 이르면 내년부터 펀드에도 신용등급이 매겨질 전망이다.

그러나 벌써부터 이해 당사자들 사이에서 논란이 뜨겁다. 운용사의 위험관리를 강화하는 계기가 돼 유용한 투자자 보호 수단이 될 것이라는 의견이 있는가 하면 투자자

의 비용을 늘리는 결과로 이어질 것이라는 견해도 적지 않다.

29일 신평사에 따르면 신평사가 운용사로부터 펀드의 재산명세를 받을 수 있는 근거가 자본시장법 개정안에 생긴다. 신평사들은 펀드운용자산의 구체적인 정보를 통해 위험도를 분석하고 투자자에게 신용등급과 정보를 제공하게 된다. 머니마켓(MMF)펀드와 채권형펀드, 혼합형펀드 등 채권이 주로 편입된 펀드가 평가 대상이 될 것으로 보인다. 올해안에 도입될 예정인 한국형 헤지 펀드도 대상이 될 수 있다.

기존에 일반 투자자는 펀드에 편입된 자산의 위험도를 가늠하기 쉽지 않았다. 운용성과를 예상하기도 어려웠다. 과거 수익률과 운용전략보고서 정도의 정보에만 의존해야 했다. 그러나 펀드 신용평가를 통해 투자자가 입수하는 정보는 양과 질의 측면에서 이전과 크게 달라진다. 운용자산에 대한 보다 정교한 위험 분석 정보를 알 수 있기 때문이다.

신평사 관계자는 '펀드 신용평가는 투자원금을 얼마나 안정적으로 운용하는지를 보는 것'이라면서 '펀드의 위험성을 사전에 알려 주는 기능을 하게 될 것'이라고 말했다.

그러나 펀드 수수료가 높아져 결국 투자자 부담으로 연결될 것이란 반론도 있다. 자산운용업 관계자는 '신평사가 숟가락을 하나 더 얹는 것에 불과하다'면서 '투자자의 비용이 더 늘어날 수 있다'고 우려했다.

김필규 자본시장연구원 연구조정실장도 '비용을 운용사가 부담한다면 수익률에 나쁜 영향을 줄 수 있다'고 말했다. 김실장은 '투자자의 선택 기준으로 활용할 수 있어 바람직한 측면도 있다고 덧붙였다.

회계법인이 부실감사에 대해서 손해배상의 대상이 되듯이 신용평가회사도 잘못된 평가에 대해서 소송의 대상이 될 수 있다.

매일경제신문. 2011.9.28.

S&P 부실평가 민사소송 위기

Wall Street Journal은 26일 미국 증권거래위원회가 2008년 금융위기 도화선이 됐던 부채담보부 증권과 관련해 신용평가사 S&P를 제소할 가능성이 있다고 보도했다.

S&P 모회사 맥그로힐은 SEC가 16억 달러에 달하는 부채담보부증권 델피너스(delphinus) CDO 2007-1의 등급평가와 관련해 wells notice를 보내왔다고 밝혔다.

wells notice는 민사소송 제기에 앞서 대상이 될 업체에 해명 기회를 주는 사전통지서다. 이는 미 금융당국이 2008년 금융위기 이후 신용평가사의 부실평가에 대한 책임을 묻는 첫 사례가 될 수 있다.

지난해 4월 미국 상원의 소위원회가 작성한 보고서에 따르면 S&P는 2007년 8월 일본 미즈호 인터내셔널 PLC가 발행한 델피너스 CDO 상품에 최고 등급 AAA를 매겼다.

미국 상원위원회는 당시 청문회에서 '델피너스 상품은 CDO와 신용등급평가회사가 얼마나 문제될 수 있는지 알 수 있는 가장 대표적인 사례'라고 밝혔다.

SEC와 미국 법무부는 델피너스 상품 등급을 매긴 무디스와 피치를 상대로도 등급 부실평가 혐의에 대해 조사중이라고 외신은 전했다.

대형 신용평가사들은 위험자산인 부채담보부증권에 대해 과장된 등급을 매기면서 2008년 금융위기를 초래했다는 비판을 받아왔다.

신용평가업에 이러한 이슈가 있자 금융위원회에서는 용역을 발주하여 다음 내용의 개선책을 제시하고 있다. 회계업계에서의 동일한 이슈가 완전하게 신용평가업계에도 적용됨을 알 수 있다. 투자자로부터 수수료를 받는 별도의 신용평가사 신설의 이슈도 제안하고 있는데 신용평가를 무료로 제공받는 용역 결과로 이해하는 투자자들이 수수료를 지불하려고 할지에 대한 의문이 남는다. 수수료 상한제의 개념은 너무 과도한 수수료가 공정하고 투명한 평가를 저해하는 요인으로 작용하므로 이를 원천적으로 방지하려는 정책 취지를 담는다.

한국경제신문. 2011.11.15.

금융당국 '뻥튀기 신용평가' 대수술

금융정보학회는 '감독 패러다임 변화에 따른 신용평가산업의 발전방향과 정책방안'이라는 용역보고서에서 별도의 위원회를 구성해 기업들의 신용평가사를 지정하는 '신용평가사 지정제' 도입을 검토해야 한다고 밝혔다. 위원회는 과거 신용평가에 대한 신뢰도를 검증해 신용평가사를 지정하게 된다.

금융정보학회는 신용평가사의 수수료 모델도 개선해야 한다고 건의했다. 대안으로는 투자자로부터 수수료를 받는 별도의 신용평가사 신설을 유도하거나 신용평가사가 산정한 등급이 적정한지 성과측정을 공표하자는 내용이 포함됐다.

투자자로부터 수수료를 받는 신평사 설립을 유도해 경쟁을 촉진하면 신평사의 기업에 대한 수수료 의존도가 낮아질 것으로 금융정보학회는 판단했다. 기업들로부터 수수료를 받는 신평사의 경우 특정기업에 대한 수수료 상한제를 도입하고 신용평가가 적정했는지를 평가하기 위해 관련 내용을 공시토록하는 방안이 제시됐다.

신용평가작업을 수행하는 애널리스트 등록제를 도입하는 방안도 검토되고 있다. 주식 애널리스트처럼 자격 요건을 갖춘 사람에게만 애널리스트 자격을 부여해 신용평가의 전문성과 투명성을 강화하자는 취지다. 전환사채 등 주식 연계채권을 발행할 때도 예외 없이 신용평가를 받도록 하는 방안도 포함된다.

외국에서도 신평사의 업무가 적절하게 수행되지 않을 경우, 이를 소송으로 해결하여야 한다는 의견이 있다. 소송은 시장에서 문제를 해결하는 순기능이 있다.

매일경제신문. 2011.11.17.

신평사 상대 소송 길 열려. EU, 투자자 부당 손실 배상제도 마련

유럽연합 집행 위원회(EU)가 국제 신용평가사들에 대한 제재에 나섰다.

신평사 규제 방안에는 신평사들이 EU 규정을 어겨 손실이 발생하면 투자자들이 이들을 상대로 손해배상 청구소송을 제기할 수 있다는 내용을 포함하고 있다.

또 시장 충격을 완화하기 위해 국가 신용 등급 발표는 EU의 금융시장 거래 1시간 이전 또는 장 마감 이후에만 할 수 있다. 국가 신용등급에 변동이 생기면 발표 하루 전에 해당 국가에 통보해야 한다.

신평사들이 신용등급을 발표할 때 그 근거에 대해 상세한 정보를 제공해야 한다는 의무도 추가됐다. 또 향후 10년간 시장 점유율 20%가 넘는 대형 신평사는 소형 신평사를 인수할 수 없도록 하는 대안도 포함됐다. 이와 함께 채권 발행사들은 3년에 한번씩 담당 신평사를 교체해야 한다.

시장 점유율로 신평사를 규제하겠다는 정책은 독/과점을 미연에 방지하겠다는 정책 취지이며 신평사 강제교체는 국내에서 채택되었다가 폐지된 감사인 강제교체제도와 맥을 같이 하는 제도이다.

조선일보. 2012.1.17.

모기업 배제한 기업신용평가 도입. 금융위 '독자신용등급' 추진

신용평가회사들이 기업의 신용등급을 매길 때 모기업의 지원가능성을 배제하고 개별 기업의 채무상환 능력만으로 독자신용등급(stand-alone rating)을 따로 표시하는 방안이 도입될 예정이다.

금융위원회 산하 신용평가시장제도개선TF팀 관계자는 16일 "투자자들에게 정확한 기업 신용도를 보여주기 위해 독자신용등급제도 도입이 필요하다는 결론을 내렸다"고 밝혔다.

독자신용등급이란 외부의 도움을 일절 배제하고 해당기업만의 채무 상환 능력을 반영한 신용등급을 뜻한다. 대기업 계열사의 경우 모기업의 지원 능력을 배제하고 해당기업만의 채무상환능력을 반영한 신용등급을 뜻한다. 대기업 계열사의 경우 모기업의 지원능력을 배제하고, 공기업은 정부의 지급 보증을 빼는 식이다.

금융 당국은 기존의 신용등급과 독자신용등급을 함께 표시하는 방식을 채택할 예정이다. 이를테면 A기업의 신용도가 AA등급이지만, 모기업의 지원을 제외하면 BB등급이라고 함께 보여준다는 것이다. 이 제도가 표면상 신용등급이 같더라도 기업별로 회사채를 발행할 때 금리가 달라질 수 있다. 신용평가사들도 당국의 방침에 동의하고 있어 이르면 올 2분기부터 시행에 들어갈 것으로 보인다.

당국이 독자신용등급을 표시하기로 한 이유는 지난해 대기업의 '꼬리 자르기' 행태가 거센 비난을 받으면서 신용등급에 대한 불신이 비등해졌기 때문이다.

지난해 4월 LIG건설이 부실화되자 모기업인 LIG손해보험이 지원을 외면했고, 이 때문에 대기업 계열사라는 신뢰를 바탕으로 LIG건설이 발행한 어음을 사들인 투자자들이 막대한 피해를 입었다. 효성그룹도 부도 위기에 처한 계열사 진흥기업에 대해 도움의 손길을 끊어 투자자들의 원성을 샀다.

금융당국 관계자는 "대부분 선진국에서 독자신용등급 제도를 시행하고 있다"고 말했다. 그러나 한 투자자문사 관계자는 "모기업의 지원을 무시하면 기업의 신용등급이 지나치게 저평가되면서 혼란을 부를 수 있다"고 말했다.

특히 공기업의 경우는 대주주인 정부의 지급보증을 걷어내면 신용도가 투자등급에서 순식간에 투기등급으로 전락하는 경우가 속출할 것으로 예상된다. 그래서 전문가들은 독자신용등급을 민간기업에 먼저 적용하고 공기업에는 추후 도입해야 한다는 의견을 내놓고 있다.

stand alone 또는 individual rating이라고 해서 단독평가라고 하는데 이러한 평가는 기업집단의 지원 가능성을 고려하면 다음의 최종등급으로 조정될 수 있다.

최종등급 = 유사시 지원 가능성(supportive, notch up)
+ 단독평가(individual rating)

단독평가를 별도 표시하는 방식으로 경제위기 이후인 1998년에 단기간 제도를 운영하였으나 상당한 혼란이 존재하여 이를 유지하지 않았던 제도이다.

한국기업평가의 분석에 의하면 평가 대상의 35%는 기업집단(공정위의 상호출자제한 기업진단에 근거)의 계열사에 대한 평가이고 나머지 65%는 이에 해당하지 않는 기업에 대한 평가인데 부도율을 비교하면 기업집단 계열사는 0.8%의 부도율을 보이며 비 기업집단 계열사의 경우는 2.8%의 부도율을 보인다. 2%의 부도율의 차이는 one grade 정도의 차이라서 유의적인 차이라고 할 수 있다(자본시장연구원, 2012.2.9.).

따라서 유사시의 지원 가능성이 무시할 수 있는 정보는 아니다.

위의 내용은 기업의 지배구조에도 영향을 미치는 내용이다. 한국적인 상황에서 계열사가 어려워지면 모기업이 여러 가지 방법을 동원하여 계열회사를 돕는 것이 현실이다. 단, 위의 LIG의 경우는 이러한 기대에 반하여 꼬리 자르기를 한 것이다. Chapter 27에서도 조회공시를 그룹에 해야 하는지 아니면 계열사에 해야 하는지가 이슈가 된다. 연결재무제표도 어느 정도 이상의 지분관계가 있을 경우 이 두 회사가 별도의 법적인 실체이지만 한 실체인 것과 같이 재무제표를 연결해 주는 것이다. 그룹사가 계열사를 금전적으로 도울지에 대한 확신이 없는 상황에서 보수적으로, 돕지 않을 것이라는 가정하에 평가하겠다는 것이다.

매일경제신문. 2012.2.2.

토종 신평사 발 '크레디트쇼크'

업계에서는 정부의 제도 개선 의지에 신용평가사들이 끌려 가는 모양새라고 설명했다.

독자신용등급 도입은 기업을 자체 가치로 평가하자는 목적도 있지만 투자자 보호라는 목적도 포함하고 있다. '그룹 지원 가능성'이라는 것이 자의적인 판단에 근거하기 때문이라는 것이다.

신용평가 회사도 손해배상책임소송의 대상일 수 있다. 회계법인도 손해배상기금을 적립하고 있는데 이를 고려하여도 최근 신평사들의 배당성향이 너무 높다는 지적이 있다(자본시장연구원, 2012.2.9.). 기금이나 법정준비금 등을 적립할 필요가 있어서 높은 배당에 대해서는 고민을 해 보아야 한다.

최근 신용평가업에 대한 문제가 많이 지적되면서 감독/규제기관의 역할이 확대되어야 한다는 의견이 제시된다. 이를 회계법인에 대한 제재와 대비한다면, 회계법인이 적절하지 않은 감사의견을 표명한데 대해서 제재를 수행하기도 하지만 대부분의 감독기관의 제재는 회계감사기준에 근거한 감사절차 위반과 관련된다.

신용평가업무에 대한 조치가 수행된다면 이는 아마도 높은 등급을 받은 피평가 기업이 부도가 발생하는 경우일 것이다. 단, 평가 과정이라는 것은 주관적이기 때문에 결과에 대해서는 제재가 가능하지만 평가 과정이 잘못되었다는 점을 지적하기는 어려운 규제상의 한계가 있다. 또한 주관적인 판단에 대한 평가는 더 어려운 이슈이다. 회계감사기준과는 달리 정형화된 평가기준이라는 것은 존재하지 않기 때문이다.

일부에서 검토하고 있는 순환평가제도의 단점은 free rider의 문제가 발생한다. 즉, 평가와 관련되어 품질을 제고하기 위한 경쟁이 없기 때문이다.

다음과 같이 금융위원회는 신용평가시장에 대한 선진화 방안을 발표하였는데 거의 대부분 회계법인에 대해서 논의되던 이슈들이 포함되어 있다. 비감사서비스와 유사한 내용도 포함되고 있고, 감사인 강제교체, 사업보고서에 기업이 회계감사와 관련된 부분을 공시하여야 하는 내용, 감독원이 감사인의 내부통제기능을 검사하는 품질관리감리제도 등과 유사한 제도 등이 거의 망라되어 있다.

한국경제신문, 2012.3.16.

대기업 계열사 '독자신용등급' 받아야

금융위원회는 15일 이 같은 내용의 '신용평가시장 선진화 방안'을 발표했다. 이번 방안은 감독 규정 개정과 모범 규준 마련을 거쳐 2분기 중 시행에 들어간다.

기업이 신평사에 제출한 자료 리스트는 공개해야 한다. 신평사가 등급을 매길 때 충분한 자료를 받을 수 있도록 한 것이다. 제공된 자료가 부실한 경우 등급 부여를 제한하도록 했다. 또 일정 경력 이상의 애널리스트를 등록해 이들만 신용평가서를 작성하도록 했다.

또 증권사가 기업의 회사채 발행 주관이나 인수 등에 공시된 등급만 쓸 수 있도록 해 '미공시 신용등급'의 활용을 제한했다.

신평사는 평가 이외에 컨설팅이나 용역서비스를 제공한 이후 1년간 해당 회사에 대한 신용평가를 할 수 없게 된다. 또한 애널리스트가 한 기업에 대해 연속해 평가할 수 있는 기간이 현행 5년에서 4년으로 단축된다. 다시 평가를 맡기 위해서는 2년이 지나야 한다.

기업과 신평사간 관계를 파악할 수 있도록 평가 일정과 수수료, 기업소속 그룹의 수수료가 전체에서 차지하는 비중, 컨설팅 등 비평가 용역 체결 내역 등도 공개해야 한다.

금감원은 신평사의 표준내부통제기준 중 이해상충방지나 불공정행위금지, 평가업무준칙 등 중요사항을 감독규정에 반영해 감독을 강화할 예정이다.

chapter 07 자발적 오류수정 기업의 감리방안

자발적으로 분식회계를 고해성사하는 기업에 대해서는 행정 조치를 유예하는 제도가 수년간 수행되었다. 이미 이 제도는 폐지되었지만 정책적으로 암시하는 바가 있으며 고민할 다음과 같은 과제도 있다.

자발적으로 오류를 수정하는 해당 기업에 대한 조사를 확대하여 수행할 것인지 아니면 자발적으로 오류를 수정한 데 대한 것으로 오류수정을 매듭짓고 더 이상의 조사는 확대하지 않아야 하는지의 이슈이다.

일단, 이 유예제도가 현재에도 암시하는 바가 있으므로 과거에 시행되었던 이 제도를 검토한다.

과거분식 유예 요건

(1) 법 시행일(2005. 1. 1.) 전에 회계기준에 위반한 분식이 있을 것

(2) 법 시행일 이후 재무제표 작성시 그대로 지속되거나 또는 개선되어 실질에 맞는 방향으로 분식이 이루어질 것

(3) 위 사항이 2006. 12. 31.까지 결산일이 도래하는 사업연도의 재무제표, 감사보고서에 기재되어 제출되었을 것

과거분식에 관하여는 증권집단소송법의 적용만 유예될 뿐, 증권거래법 또는 민법상의 손해배상이나 형사책임은 유예되지 않았다. 즉, 민법에서 당사자간에 분식회계에 대해서 소송이 진행되는 것을 정부가 개입할 건이 아니기 때문이다.

여기에서는 과거의 분식에 대한 두 가지의 건에 대한 고민을 해야 한다.

Ⅰ. 첫째는 자발적으로 기업이 회계오류를 공시하였을 경우이고,

Ⅱ. 둘째는 감리 과정에서 가장 최근 연도의 오류에 대해서는 조치를 하지만

이를 소급하여 조치를 취할 것인지의 이슈이다.

1. 기업이 회계오류를 자발적으로 공시하였을 경우에 대해서 우선적으로 기술한다.

전기오류수정의 순기능은 오류를 수정한다는 것인데 전기오류수정에 대해서 감리를 추가적으로 수행한다면 오히려 오류를 수정하지 않고 덮고 가려는 역기능이 존재한다는 것이다. 반면에 전기오류수정을 수행한 기업에 대해서 추가적인 조사를 수행하지 않는다면 의도적으로 분식을 수행하고 아무 penalty 없이 전기오류수정에 의해서 이를 수정할 수도 있다는 점이다.

자발적 수정기업에 대한 그동안의 감리 기본방침은 소급감리 실시에 따른 법적 안정성 및 조치의 수용성 측면에서 과도한 조치라는 비판이 제기될 수도 있으며 행정상 비효율 초래 등을 감안하여야 한다.

자발적 수정만을 단초로 감리에 착수하지 않는 것이 관행으로 정착하였다.

2001년 4월 분식회계 근절방안 보도자료에 의하면 전기오류수정 등의 방법을 통해 자발적으로 수정하더라도 반드시 감리대상이 되는 것이 아님이라고 되어 있다.

단, 일부 자발적 수정기업은 표본대상에 포함된다. 특히, (i) 2008년부터는 횡령/배임발생기업은 그러하고 (ii) 오류수정이 의도적인 경우 또는 중대하거나 반복적인 경우는 2009년부터 그러하다. 다만 오류수정이 의도적인지에 대한 판단은 주관적이다. 명백한 분식일 경우와 과도하게 금액이 잘못되었을 경우가 이에 해당될 듯하다. 또한 이해관계자 등이 구체적 혐의를 제보시 즉, 혐의감리시에도 이에 해당된다.

이와 관련하여 과거에 감독기관은 두 가지 정책 방향을 견지하였다. 2005년, 2006년, 2007년과 2008년 3분기에는 당초 감리착수시 선정된 사업연도만 국한하여 감리를 수행하였다. 즉, 소급하거나 감리를 확대하지 않는 대안이다.

그 논지에는 감리를 소급 확대하는 데 대한 다음의 문제점이 존재한다.

1. 자발적 수정기업에 대한 기본 감리방침과 배치

정보이용자에게 추가적 정보제공 효과 없이 수정을 단초로 감리/조치하게 되어 그간의 방침과 배치된다는 입장이다.

소급감리를 하더라도 투자자 등에게 추가적 정보제공효과가 없고 조치를 통한 계도실익이 낮다는 논지는 의문을 남긴다. 과거의 오류를 수정하기 위해서 재무제표를 재작성하는 경우도 추가적 정보제공효과가 없다고 하면 과연 누구를 위해서 재작성을 하는 것인지 의문이 동일하게 제기될 수 있다.

소급확대는 재무제표 수정과 관련된 신속한 시장정보 전파 등 순기능이 약화되고 수정을 은폐하는 등의 비정상적 회계처리를 조장할 우려가 있다고 한다. 즉, 자발적으로 재무제표를 수정한 기업의 감리를 소급/확대한다면 결코 자발적으로 문제를 공개하지 않을 것이다.

2. 법적안정성, 조치수용성 측면에서 과도한 조치라는 비판이 제기될 수 있다.

장기간 동안 발생한 위반행위를 소급확대하여 조치시 회계사법상의 제척기간(3년) 취지를 무시한다는 비난 등 피조치자의 조치수용성이 낮을 우려가 있고 행정처리에 대한 신뢰성이 저하될 우려가 있다.

또한 과거로 소급하여 분식의 문제를 점검한다면 현재 분식을 안고 있는 기업에 대해 조사할 수 있는 시간적, 인원적 제약이 따르게 될 것이다. 즉, 과거의 문제를 적발하기 위해서 현재에 덜 충실해질 위험이 존재한다. 이는 매우 현실적인 자원 한계의 문제를 제기하고 있다.

법원은 행정법규 위반행위가 있은 때로부터 장기간이 지난 후 뒤늦게 행정제재를 하는 것은 더 이상의 행정조치가 없을 것이라고 믿은 '신뢰의 이익'과 '그 법적 안정성을 빼앗는 것'으로서 위법하다고 판시하고 있다(대법원 1987. 9. 8. 선고 87누373 판결, 서울고등법원 1998. 6. 26. 97구43644 판결 참조).

한정된 인력을 감안시, 旣수정공시한 기업보다는 회계위반을 숨기고 있는 잠재적 위반기업에 감리역량을 집중할 필요가 있다. 즉, 제한된 인력을 이미 문제가 노출된 기업의 감리에 집중함은 형평성에서 어긋난다.

2004년, 2006년, 2008년에는 다른 사업연도까지 소급하여 감리하였다. 2006년이 위의 경우와 중복되는 것은 2006년에는 감독기관이 이 두 기준을 중복하여 적용하였던 것 같다. 소급하여 감리하는 데에는 다음과 같은 논리가 가능하다.

1. 일반적인 표본 및 혐의감리사례와의 형평성 고려

감리착수 사업연도 이외에 과거의 위반사항을 발견한 경우 소급확대하여 회계기준 및 감사기준 위반여부를 확인한 기존사례와의 형평성 고려 필요

2. 연도별 위반규모 변화에 따른 조치수준의 일관성 확보 필요

착수대상 회계연도만 감리/조치할 경우 일반적 소급감리와 달리 조치수준의 일관성 확보가 곤란하다. 즉, 과거 연도에도 잘못된 회계가 공시된 것을 인지하고도 이를 묵과하는 문제가 발생한다.

인적, 시간적 제약 때문에 어차피 모든 기업에 대한 회계적인 문제점을 발견할 수 없는데 그럼에도 불구하고 자발적으로 문제를 공개한 기업의 잘못을 소급해서까지 추적하는 것이 적절한 정책방향인지에 대한 고민이며 양쪽 논리가 모두 타당성이 있다. 동시에 감리를 수행하는 것도 가능하면 최근에 발생한 회계적인 오류에 대한 조치여야 하는데 모든 감리에 대한 조사가 과거에 너무 집착한다면 별 실효성도 없는 과거 지향적인 행정이 될 소지가 있다.

이러한 정책의 선택에는 감사의견도 고려의 대상이었다. 그간 증선위는 부적정, 의견거절기업 등 이미 시장에 적절히 공시된 기업은 원칙적으로 감리대상에서 제외하는 입장을 유지하여 왔다.

이와 같이 결정하는 이유는 예를 들어 위법 사항이 오랫동안 지속되었다면 이를 무한정적으로 추적한다는 것이 가능하지 않기 때문이다.

단, 이 조사를 소급할 경우, 과거의 재무제표가 타 감사인에 의해서 감사되었을 경우 기업에 대한 조치는 동일한 위법 사항에 대한 동일 기업에 대한 조치이지만 회계법인에 대한 조치는 별개의 건이 된다.

2. 둘째의 경우, 즉, 감리 과정에서 가장 최근 연도의 오류에 대해서는 조치를 하지만 이를 소급하여 조치를 취할 것인지의 이슈이다.

감리중, 위법사항이 발견된 경우는 기업이 자진하여 회계처리가 잘못된 부분을 공시한 경우와는 차이가 있다.

감사보고서 감리과정에서 과거 위법사항 발견시 확대감리 품의(본부장 전결)를 통하여 해당 과거연도까지 소급하는데 이는 물론 감사조서 보존기간 이내일 경우이다.

동일 위법행위가 2회계연도 이상 발생한 경우 각 회계연도별 조치수준 중 가장 중한 조치를 부과하고, 대표이사 또는 감사인 변경시 각 대표이사 또는 감사인이 담당한 회계연도별 조치수준 중 가장 중한 조치를 부과한다.

최근에 감리대상으로 선정하는 사유 중에 다음과 같은 경우가 있다.

내부회계관리제도 비적정
품질관리감리에서 문제가 된 경우
빈번한 대주주변경일 경우

내부회계관리제도가 비적정인 경우는 내부회계관리제도와 재무제표 정보의 적정성은 불가분의 관계에 있으므로 내부회계관리에 대한 의견이 비적정일 경우는 재무제표에 대한 감사의견이 적정이라고 하더라도 이를 유심히 조사하여야 한다는 의미가 있다. 특히나 최근에는 내부회계관리제도가 비적정일 경우에 재무제표의 적정성도 뒤진다는 실증분석 결과가 보고되고 있어서 내부회계관리제도의 의견 결과에 근거하여 감리대상기업을 선정하는 과정이 설득력이 있다.

빈번한 대주주변경일 경우는 빈번하게 대주주가 변경된 기업에서 횡령, 배임 등의 현상이 발생하므로 이를 주의하여 조사하여야 한다는 의미가 있다.

품질관리감리에서의 문제가 발견된 경우는, 내부통제에서의 비적정의견을 받은 경우와 같은 맥락에서 생각해 볼 수 있다. 품질관리감리에서 문제가 드러난 경우는 감사보고서 감리와 연관될 수 있다.

감리가 시작되는 시점에 기업이 자발적으로 감리에서 지적된 부분에 대해서 이를 수용하는 경우에 조치를 경감해주는 제도가 시행되고 있다. 이는 감독기관의 입장에서는 규제의 대상이 되는 기업이 조사에 협조를 하는 데 대한 인센티브 차원에서 도입된 제도이다. 만약에 이러한 제도가 없고 기업이 조사에 협조하지 않는다면 회계적인 이슈를 밝히기 위해서 많은 시간과 노력이 투입되어야 하는 데 대한 유인책이다.

반면에 감리 과정에서 이슈가 되는 부분은 수용하고 이를 수정하는 것이 너무도 당연한 것인데 이에 대해서 조치를 감경하는 것이 적절한 제도인지에 대한 반론도 제기된다.

2012년 3월 15일 감사원은 금융감독원이 감리결과 제재조치의 실효성을 제고하기 위하여 금융기관에서 금융감독원 검사부서의 지적사항을 반영하여 수정・공시한 데 대해 자발적 신고 등을 이유로 제재조치를 감경하는 일이 없도록 관련 업무를 철저히 하시기 바란다는 주의 조치를 하게 된다.

일부 기업은 감사인 이외에도 외부자문회계법인의 도움을 받기도 한다. 최근 한 분식 건에서 해당 기업은 유수의 대형회계 법인을 외부 자문회계법인으로 선임하였고 회계감사는 중소형 회사법인에 의뢰하였는데 적절하지 않은 회계처리를 수행하고 이러한 내용이 지적당하자 자문회계법인이 자문한 내용이라고 이를 정당화하려는 시도를 하기도 한다.

물론, 회계적인 이슈에 대해서 전문가간에도 이견이 있을 수 있으나 재무제표 인증과 관련된 고유권한은 외부감사인이 가지며 자문은 자문에 그칠 수밖에 없다. 외부자문법인은 규제의 영역 밖에 놓일 수밖에 없으며 이러한 외부 자문법인이 공정성보다도 경제적인 유인 때문에 기업에 유리한 의견을 제안하고 기업이 이 의견을 채택할 수 있다.

03 chapter 재감사, 상장실질심사, 재감사수임료, 계속기업과 관련된 의견

상장기업 중, 심사에 의해서 기업을 퇴출시키는 제도가 시행중이다. 더 이상의 선의의 피해자가 있으면 안되므로 행해지는 정책인데 이 제도에 대해서 많은 논란이 있다.

상장실질심사 의사 결정에 있어서 많은 수치적인 분석에 의해서 평가가 수행되지만 가장 중요한 네 가지 정책적인 요소는 다음이라고 한다.

1. 계속기업 가능성
2. 재무건전성
3. 경영투명성
4. 내부통제

자본잠식으로 상장폐지 조치를 받은 기업이 상장폐지를 피하기 위해서 결산 후 증자하고 다시 현금을 빼내는 가장납입의 경우도 주의하여 검토하여야 한다.

자본잠식은 관리업종 지정사유인 반면에 2011년 11월 21일까지는 재무제표 감사 이전에 내부결산 확정시 매출액, 영업손익 및 당기순손익이 직전사업연도 대비 30% 이상 증감시 수시공시 의무를 강제하고 있으나 자본잠식의 경우는 손익구조변경 수시공시 의무가 없었다. 이에 거래소는 공시규정을 일부 개정하여 내부결산 실적 확정 결과 자본잠식이 50% 이상인 경우는 이를 주요경영사항으로 공시하도록 유가증권공시규정을 개정하여 2011년 11월 21일부터 적용한다.

예를 들어 서울저축은행은 2011년 9월 9일 자본잠식 50% 이상(93.6%) 해당사실을 공시하지 않았으며 거래소가 동사의 주주총회 소집결의 공시(재무내용 포함)

를 통해 해당사실을 확인 후 매매거래정지 조치 및 투자유의사항 공시(2011년 9월 9일)를 수행한 후 2011년 9월 28일에 관리종목으로 지정되었다.

계속성이 의심되는 기업은 추가적인 설명이 필요 없이 상장폐지의 1순위 기업이고 재무적으로 건전하여야 기업이 계속 지속될 수 있다. 경영활동이 투명하지 않은 기업은 무엇인가를 속이려는 기업이라 public company의 자격이 되지 않으며, 내부통제에 문제가 있는 기업은 경영시스템 및 의사결정 과정에 문제가 있는 기업이다. 물론 이 네 가지 요인은 서로 상호간에 연관성이 있다.

상장폐지심사도 완전한 과정일 수 없다는 비판도 제기된다.

아시아투데이. 2011.1.28.

상장폐지심사 고무줄 잣대

전문 브로커도 판쳐. 원칙 없는 졸속 판정 … 금융위 제도개선도 미흡.

한국경제신문. 2011.3.25.

'상장폐지 모면 브로커 있다' 소문이 사실로 거래서 실질심사위원 2명 억대 요구 - 불구속기소

2009년 2월, 상장폐지 실질심사 제도가 도입된 직후였다. 여의도 증권가에 '한계기업의 상장폐지를 모면할 수 있게 도와 주는 브로커가 있다'는 소문이 떠돌았다. 금융감독당국 고위 임원 출신 등이 브로커로 활동한다는 식의 구체적인 얘기도 있었다. 이런 소문에 대해 한국거래소는 그간 '제도 운영상 브로커가 끼어들 여지가 없다'며 '근거 없는 루머'라고 일축해 왔다. 하지만 최근 검찰 수사 결과는 달랐다.

서울중앙지검 금융조세조사1부는 24일 코스닥시장에서 퇴출되지 않도록 도와주는 대가로 금품을 받은 혐의를 잡고 전 코스닥 상장폐지 실질심사위원 김모씨와 조모씨를 불구속 기소했다. 김씨는 2009년 5월 상장폐지 위기에 처한 코스닥 상장법인 S사 대주주에게서 1억원을 현금과 수표로, 조씨 역시 2009년 4월 상장폐지 실질심사 대상으로 선정된 코스닥 상장법인 N사의 대표이사에게서 차명계좌로 2000만원을 받은 혐의다.

2009년 처음 도입된 한국거래소의 상장폐지 실질심사제도는 실질심사위원회의 활동내용이 전혀 공개되지 않는 등 투명성이 떨어진다는 게 문제점으로 지적돼 왔다. 브로커로 변신한 심사위원들은 이 '사각지대'를 교묘히 파고든 것이다.

검찰 관계자는 '김씨는 S사에 먼저 돈을 요구했으며 조씨는 조사과정에서 2,000만원이 정당한 컨설팅비라고 항변하는 등 도덕적 해이를 보였다'고 밝혔다 … 한국거래소 관계자는 '문제가 된 4개 회사 중 H사를 제외한 다른 회사는 모두 상장폐지됐다' '심사위원들이 선정할 당시 하자가 없었다'며 변명에 급급한 모습이다.

회계법인이 '계속기업'으로 판정해도 위원회가 인정하지 않으면 상장 유지가 불가능하다는 것이라는 신문기사가 게재되었다.

거래소가 고심하여 상장폐지실질심사제도를 만든 것인데 신문의 비판은 이러한 위원회의 의사결정이 회계법인의 감사의견을 앞서는 초월적인 행정조치가 되어도 되는 것인지의 의문일 수 있다. 물론, 거래소의 실질심사제도는 회계법인의 의견을 넘어서도록(override) 적법하게 의도된 것이다.

매일경제신문. 2010.9.9.

감사 의견거절 상장사 3년 만에 3.5배

특히 의견거절까지는 아니더라도 감사인이 회사 존립의 불확실성을 문제 삼아 한정의견을 낸 회사의 절반 이상이 2년 내 상장폐지된 것으로 집계됐다. 경기 양극화로 한계기업이 증가한 것이 주된 원인이다.

회사존립의 불확실성이 문제가 돼 한정의견 판정을 받은 회사의 56%가 2년 이내에 퇴출돼 투자정보로서 상당한 유용성이 있다.

따라서 불확실성으로 한정의견을 받는다는 것은 이미 상당한 정도의 퇴출의 가능성과 연관된다는 것을 의미한다. 이러한 의미에서는 불확실성과 관련된 변형된 의견은 이 의견이 의도하였던 취지를 충분히 달성한다고 할 수 있다.

건전하지 않은 상장회사는 투자자에게 더 이상의 피해를 주지 않도록 과감하게 퇴출시켜야 한다는 주장도 있지만 반면에 이에 반대하는 논리도 가능하다. 단, 아래의 논리는 제목과는 달리 코스닥 상장사에만 적용되는 것이 아니라 유가증권상장사에도 동일하게 적용된다. 유가증권시장도 코스닥시장과 동일하게 상장폐지실질심사제도가 시행된다. 단, 퇴출대상 회사가 소수라서 실질적으로 퇴출 또는 퇴출심사가 진행된 경우는 거의 없다. 아래의 신문기사는 한계기업을 어떻게라도 구제하여 현재의 선량한 투자자가 피해를 입지 않도록 해주어야지, 더 이상의 선량한 피해자가 없도록 기업을 퇴출하는 것만이 좋은 정책 방향은 아니라는 주장이다. 단, 더 이상 생존 가능성이 없는 기업이 일단 상장하였다고 하여 어디까지 보호해 주어야 하는지에 대해서는 많은 논란이 있을 수 있다.

최근 불거져 나온 저축은행의 부실 문제도 동일하게 판단할 수 있다. 곪을 대로 곪은 조직에 대해서 이를 언제까지 안고 가기보다는 영업정지와 매각이라는 강수를 둔 것이다.

국민일보. 2010.11.10.

코스닥사 상장폐지 이대로 좋은가

코스닥사에 횡령 또는 배임 사건이 발생하면 한국거래소는 상장폐지실질심사위원회를 열어 상장폐지 여부를 결정한다. 거래소는 법적으로 주식회사에 해당하지만 금융위원회를 배경으로 시장 감시 및 감리기관의 역할을 담당한다. 시장을 감시하는 것이 본래의 역할이지만 거래소는 처벌이라는 칼자루까지 쥐어든 권력기관이 되고 말았다.

대주주와 경영진이 저지른 배임이나 횡령으로 인해 시가총액이 수백억, 수천억 원에 이르는 회사가 하루 아침에 상장폐지되는 게 현실이다. 위법한 행위는 대주주나 경영진이 저지르고 책임과 손실은 수천 명에 이르는 일반주주들이 고스란히 떠안는 꼴이다. 거래소는 상장폐지 명분으로 클린 코스닥(투명성)과 잠재적 투자자(주주) 보호를 내세운다. 틀린 얘기는 아니다.

그렇다고 기존의 주주들이 피해를 보는 것이 정당화될 수는 없다. 대주주를 제외한 주주들 대부분은 경영진의 위법한 행위에 개입한 적도, 알 수도 없는 것이 현실이다. 그런데도 현행 제도하에서는 그 피해가 모두 일반주주들의 몫이 된다.

대주주 위법책임 투자자 전가

올 상반기에만 50개가 넘는 코스닥사가 거래소의 상장폐지 결정에 의해 시장에서 퇴출됐다. 이런 속도라면 올 한 해만 100여 개의 회사가 시장에서 사라질 전망이다. 물론 그 중에는 다른 이유로 퇴출되는 경우도 있지만 상당수가 배임이나 횡령과 연관돼 있는 것이 현실이다. 경영진의 배임이나 횡령을 이유로 코스닥사를 무조건 상장폐지시킬 거라면 더 많은 피해를 막기 위해서 차라리 코스닥시장 자체를 없애버리는 것이 낫지 않겠는가.

거래소는 1,000개가 넘는 코스닥사를 일일이 감독할 수 없다면서 경영진에 대한 감시의무를 주주들에게 떠넘기고 있다. 거래소가 하는 것은 사후 처벌뿐이다. 문제가 발생하기 전의 책임과 의무는 일반주주들에게 돌리고 문제가 확인되면 상장폐지라는 무소불위의 칼을 뽑아 든다. 실로 책임은 없고 권리만 있다.

상장폐지 여부를 결정한다는 실질심사위원회라는 것도 어설퍼 보인다. 거래소 직원 몇몇이 내린 결정에 정당성을 부여해주는 요식행위에 불과할 수밖에 없다. 회계법인이 회사 하나를 감사하기 위해서도 오랜 시간을 필요로 하는데 심사위원 몇 명이 며칠 만에 회사 사정을 파악하고 회사 존폐를 결정한다는 것 자체가 코믹한 일이다.

시장은 자율적 기능이 생명이다. 회사에 문제가 있으면 자연스럽게 기업가치(주가)는 하락한다. 횡령이나 배임이 발생한 회사라고 해서 가치가 바로 소멸되는 것은 아니다. 하지만 거래소의 상장폐지 제도는 배임이나 횡령사고가 발생하는 즉시 회사 가치를 '제로'로 만든다. 기업 존속이나 퇴출은 오로지 시장만이 결정할 수 있다. 관치에 의해 기업의 생사가 결정되는 것은 시장경제와 자본주의 정신에 어긋난다. 물론 횡령이나 배임에 연루된 대주주나 경영진, 감사를 제대로 하지 않은 회계법인에 대해서는 엄중한 처벌이 이뤄져야 한다. 사고가 난 회사 역시 피해액의 회수와 경영의 정상화에 최선을 다해야 한다.

관리종목 지정 등 대안 필요

많은 대안 가운데 이런 방법도 생각해 볼 수 있다. 우선 배임이나 횡령 사고가 발생한 기업을 즉시 관리종목에 편입시키는 것이다. 이는 새로운 투자자(주주) 피해를 막는 일이기도 하다. 동시에 배임이나 횡령을 저지른 대주주의 지분으로 회사가 입은 손실액을 보전케 하고 경영권을 몰취한다.

적법한 절차를 통해 유능하고 도덕적인 경영진을 선출해 회사의 경영 정상화를 유도한다. 이어 회사가 안정을 찾는 즉시 재심사를 거쳐 관리종목에서 탈피시켜 준다. 위법행위를 저지른 대주주와 관리자, 회계법인 등은 민형사상 책임을 지게 하되 선량한 대다수 기존주주들의 재산권은 보호해 주자는 것이다. 회사 역시 새롭게 탄생하는 것이다.

환부를 드러내면서 더 이상 곪지 않도록 해야 할지 아니면 어떻게든 곪은 부분의 상처가 더 악화되지 않도록 처치하면서 치료해야 하는지의 이슈이다.

횡령이나 배임 등이 감사인에게 발견된다고 해도 감사인이 취할 수 있는 조치에는 한계가 있을 수밖에 없다. 따라서 다음과 같은 제도의 변화가 검토되고 있다.

머니투데이. 2011.11.15.

회계법인, 상장사 경영진 부정에 직접 조치 가능
혐의사실 이사회에도 통보…2주 내 시정내용 알리지 않으면 증선위에 즉시 보고

앞으로 상장기업 경영진의 부정행위를 감시하기 위해 외부 감사인이 혐의점을 발견하면 이사회에 직접 통보하고 관련 조치 내용을 보고받도록 법적 근거가 마련된다.

또 회사의 대표이사가 직접 내부회계관리제도의 운영실태 평가보고를 하도록 명문화하는 등 각종 회계감독제도의 개선이 추진된다.

13일 금융당국 등에 따르면 경영진의 부정행위에 대해 외부 감사인이 실효성 있는 조치를 할 수 있도록 관련 법령이 개정된다.

현재는 감사인이 경영진의 부정행위를 알아채더라도 시정조치를 직접 유도하기 어려워 피해가 양산되는 경우가 종종 발생하기 때문이다.

예컨대 코스닥 상장사였던 아구스는 지난 2009년 말 대표이사가 회사자금을 횡령한 사실이 2010년 1월 대주회계법인에 의해 발견됐다. 하지만 회사측이 두 달여가 지난 같은 해 3월 23일에서야 횡령혐의가 발생했음을 알리는 공시를 내 투자자들이 피해를 봤다.

금융당국은 현행 '주식회사의 외부감사에 관한 법률'(외감법)을 개정해 감사인이 발견한 경영진의 부정행위를 감사(감사위원회)뿐만 아니라 이사회에도 통보하도록 할 방침이다. 감사가 사실상 유명무실한 법인이 많기 때문이다.

혐의사실을 통보받은 이사회와 감사는 2주일 이내에 조사와 시정조치 내용을 외부 감사인에게 보고해야 한다. 외부 감사인은 회사가 제출한 결과를 검토해 재무제표에 미치는 영향을 살피고 그 결과를 회사와 증권선물위원회(증선위)에 알린다.

만약 2주일 내에 회사가 감사인에게 조사와 시정조치 내용을 보고하지 않으면 감사인은 즉시 관련 내용을 증선위에 보고한다. 증선위에 보고한 사항은 공시된다.

형식적 운영에 그치고 있는 내부회계관리제도도 개선된다. 당국은 회사의 대표이사가 직접 내부회계관리제도의 운영실태 평가보고를 하도록 명문화할 계획이다. 보고대상도 현행 '이사회와 감사'에서 '주주와 이사회'로 바뀐다.

외부 감사인이 내부회계관리제도를 감독하는 수준도 '검토'(review)에서 '감사'(audit)로 강도를 상향조정한다. 국제회계기준(IFRS) 도입에 맞춰 내부회계관리제도 또한 연결중심으로 전환토록 한다. 이 같은 조치는 우선 자산규모 2조원 이상인 기업부터 순차적으로 적용된다.

중소기업의 부담을 덜어주기 위해서 내부회계관리제도가 적용되는 대상은 축소된다. 현행 상장법인과 자산 1,000억원 이상의 비상장법인이 대상이지만 이해관계가 적어 필요성이 떨어지는 법인들은 대상에서 제외할 예정이다. 주권상장, 채권상장, 상장

예정, 금융기관 등으로 대상 법인을 좁힌다.

이 밖에 상장법인의 재무공시감독도 심사주기를 현행 평균 7-8년에서 대폭 당겨 미국, 호주와 같은 3년으로 변경할 계획이다. 사전 예방적 공시심사감독 체계로 전환한다는 목표다.

위의 제도가 채택된다면 외부 감사인은 실질적으로 현재 감사(감사위원회)가 수행하는 어느 정도의 업무까지를 책임지게 된다.

내부회계관리 제도의 운영실태 평가보고가 주주와 이사회 귀중으로 바뀐다면 이는 이 보고가 주주와 이사회 귀중으로 보고되는 감사보고서의 위상으로 전달된다는 것을 의미한다. 귀중의 대상이 감사에게서 주주로 격상되는 변화는 매우 의미 있는 변화이다. 즉, 감사라는 대리인(agent)이 아니라 주주(principle)에 대한 인증은 인증의 중요성에서 차이를 보인다.

외부 감사인의 기업 내에서의 counter part는 감사/감사위원회가 되어야 하는데 감사위원회의 적격성이 확보되지 않을 경우는 외부감사인의 counter part가 이사회로 격상될 수 있다는 의미의 정책이기도 하다.

관치에 의해 기업의 생사가 결정되는 것은 시장경제와 자본주의 정신에 어긋난다는 표현이 위의 column에서 사용된다. 금융감독원의 조직 명칭에서 서비스라는 명칭이 최근 사라졌기는 하지만 금융감독원의 영어 표기가 Financial Supervisory Service이고 금융위원회의 국 명칭에는 아직도 금융서비스국이라고 사용되기도 하지만 근본적으로 감독/규제기관은 서비스를 한다는 개념과는 맞지 않는다. CRM, 고객만족 등의 개념이 도입되면서 감독기관의 조직명칭에까지 서비스라는 표현을 사용하였지만 외국의 감독기관에는 조금은 권위적/고압적이기는 하지만 authority라는 표현이 빈번하게 사용되는 것을 본다. 감독기관은 감독기관일 수밖에 없다. 감독이 시장친화적이라고 해서 감독이 아닌 것은 아니다.

경영권을 몰취한다는 내용이 증권선물위원회의 주총에 대한 이사 해임권고와 같은 맥락이며 대주주의 지분으로 회사가 입은 손실액을 보전한다는 내용이 단차(단기매매차익반환제도)의 개념이다. 다만 위의 기사에서의 경영권 몰취의 개념이 정확히 어떠한 정책의지를 담고 있는지 또는 어떻게 실행하려는지는 명확하지는 않다.

위의 column에 대해서 다음을 생각해 볼 수 있다. 동일 법인의 원칙이라는 것이 있다. 주주가 주식을 매입하였다는 것은 이 기업과 관련된 권한뿐만 아니라 의무가 같이 이월(transfer)되었다고 할 수 있다. 이 논리는 감리에 대한 지적에서도 동일하게 적용할 수 있다. 즉, 최대주주가 변경되었다고 하여도 이전의 최대주주하에서 진행된 회사의 불법적인 행위가 새로이 최대주주가 변경되었다고 하여도 이 잘못은 영속적인 법인의 책임이다. 물론, 정상참작이 있을 수는 있다. 용이하지는 않지만 주주는 주주총회라는 기구를 통해서 경영에 영향력을 미칠 수 있다. 이 제도가 의도된 바대로 작동하는지를 확인하고 참여하는 것은 모든 주주의 몫이다. 이사회의 경영의사결정이 적법하게 진행되지 않는다고 하면 주주총회에서의 의결권을 통해서 경영의사결정을 수행하는 이사 선임에 영향을 미칠 수 있다.

소액주주라고 하여도 자신들의 주주로서의 권한을 찾아야 한다. 주주는 모두 자의적으로 주주가 된 것이며 이 기업의 경영행태가 건전하지 않다고 판단하는 주주는 항시 주식을 처분하면 된다. 최대주주가 소액주주를 볼모로 부를 이전(wealth transfer)한다고 판단하면 주식을 처분하거나 이를 제도적으로 가능하지 않도록 본인의 의결권을 행사하면 된다. 물론, 소액주주로서의 의결권 행사로서 최대주주의 전횡을 막을 수 없으면 그러한 방향으로 의사결정을 내려야 한다. 그럼에도 불구하고 주주로서 남아 있는 주주들은 소액주주로서의 한계를 인정한 것이며 이에 대한 책임이 있다.

자본주의에서 자신의 부는 자신이 보호하여야 한다. 물론, 체계적이고 조직적인 불법행위는 규제기관의 규제의 영역에서 제어되기도 한다.

자유의사에 의해서 주주로 남은 개인을 제도권이 어디까지 보호해 주어야 하는지에 대해서는 여러 가지 이견이 있을 수 있지만 주주의 권익이 무한대로 보호받을 수는 없다. 이러한 권리를 포기한 소액주주가 너무 많은 것을 요구하는 것도 옳지 않다.

상법이 2012년 4월 15일부터 개정되면서 소위 소액주주 '주주 알박기' 퇴출제도 또는 강제퇴출제도(squeeze-out)가 적용되었다. 이 제도는 일부에서는 위헌소지가 있다는 의견도 개진되었는데, 95% 이상의 대주주에게는 소수주주에 대한 매도청구권(call option)을 허용하며 소수주주에게는 지배주주에 대한 매수청구권(put option)이 가능하도록 하였다. option행사 후, 2개월 이내에 closing해야 하며 매매 가격에 대해 당사자 합의 결렬시는 법원에 결정 청구가 가능하다. 지배주주의 call option 행사시에는 주주총회 승인을 받아야 하며 매매가격에 대해서는 감정인 평가를 받아야 한다.

기업지배구조에서의 이해가 우리나라에서는 최대주주와 소액주주간에 가장 크게 상충된다고 하며, 미국은 주주와 채권자간의 이해관계가, 유럽은 경영진과 노조간의 이해상충이 가장 크다고 한다. 유럽의 경우는 사회복지가 강조되면서 이러한 현상이 발생하였으며 최근의 무상급식 확대 등의 우리나라에서의 복지 중심의 사회적인 이슈도 이러한 사회적인 경향과 무관하지 않다.

주주권(의결권)의 권한을 너무 확대해석하면 안 되며 건전하게 자본주의가 지탱되기 위해서는 감독기관이나 자율감독기관이 역할을 수행하여야 한다. 단, 선량한 투자자가 피해를 보는 것은 안타깝지만 이는 모두 시장 기능의 한 부분일 수밖에 없다.

최근 업무가 정지된 저축은행의 경우도 이러한 저축은행에 예입한 예입자들은 높은 이자수익이 free lunch가 아닌 위험을 동반한 high return이었음을 이해하였어야 한다. 즉, 예금자보험법이 보호하는 5,000만원 이상의 예금은 본인들이 책임져야 할 부분임을 인지했어야 한다. 물론, 5,000만원 이상을 예입한 선량한 예금자들이 입은 피해는 안타깝다. 이러한 내용을 이해하지 못하는 선량한 예금자들의 보호는 정치적인 이슈이다. 단, 이러한 제도에 대한 沒理解를 정치적인 이슈로 해결하려는 것도 바람직하지 않다.

배임, 횡령과 관련된 상장폐지 실질심사는 다음과 같은 이슈도 있다.

매일경제신문. 2009.3.7.

2월 배임, 횡령공시 0 진짜?
퇴출 심사 피하려 알고도 '형사' 대신 민사소송만

지난해 하반기 최대주주가 바뀐 코스닥 상장기업 A사는 사업보고서 제출을 위한 결산 작업 도중 전 최대주주가 배임을 저지른 혐의를 발견했다.

예전 같으면 당장 경찰 등 수사기관에 신고했겠지만 A사는 고심 끝에 신고를 포기하고 민사소송만 제기하기로 결정했다.

형사소송을 제기하면 해당 내용을 '공시'해야 하고 이에 따라 곧바로 '상장폐지 실질심사' 대상이 되기 때문이다. 형사 고소를 통해 얻는 이득보다 실질심사로 인한 불이익이 더 크다고 판단한 것이다.

6일 한국거래소에 따르면 상장폐지실질심사제도가 도입된 지난 2월 4일 이후 한달

동안 횡령, 배임 혐의가 발생했다고 공시한 상장사는 단 한 곳도 없었다.

2008년 이후 코스닥시장에서 매달 5건 가량 횡령, 배임 혐의 발생 공시가 이뤄졌고 지난 1월에도 8건이 공시된 것과 비교하면 의아한 수치다.

상장폐지실질심사제도에 의하면 횡령, 배임이 일어났다고 공시한 기업은 자동적으로 상장폐지실질심사 대상이 되며 동시에 해당 주식 거래가 정지된다.

따라서 횡령이나 배임 규모가 크지 않거나 민사소송을 통해 충분히 돈을 되돌려 받을 수 있다고 판단되면 기업 처지에서는 공시를 안 하는 편이 여러모로 유리한 게 사실이다.

문제는 상장사들이 횡령이나 배임이 일어난 정황을 알고도 이를 공시하지 않았을 때 선의의 피해자가 생길 수도 있다는 점이다.

한 증권사 중소형주 담당 애널리스트는 '경영진이 의도적인 횡령 배임을 통해 회사 자금을 빼내 이로 인해 주가가 하락하는 일이 비일비재하다'며 '이 같은 행위를 알아차리고도 즉시 공시하지 않는 것은 투자자들에 대한 또 다른 배임행위'라고 말했다.

거래소는 더욱 엄격한 제재를 통해 이 같은 도덕적 해이를 막겠다는 방침이다.

코스닥시장 공시제도팀장은 '횡령 발생시 이를 공시하지 않다가 나중에 공시했을 때 상장폐지실질심사뿐만 아니라 공시의무 위반 등으로 처벌하는 방법도 검토중'이라고 말했다.

특히 거래소는 횡령, 배임이 일어났다고 해도 해당 회사의 내부감시시스템에 문제가 없다고 판단되면 실제 상장폐지로까지 연결되지는 않는 만큼 무조건 사건 발생 자체를 숨기는 것만이 능사는 아니라고 강조했다. 주주나 임직원이 악의적으로 자금을 빼돌리거나 회사가 알고도 눈을 감아주는 등 상황이 심각하면 상장폐지가 이뤄질 것이라는 설명이다.

하지만 기업들 주장은 다르다. 한 코스닥 상장사 관계자는 '횡령, 배임 공시만으로 주식거래가 정지되면 회사는 큰 타격을 입게 된다'며 '또 횡령, 배임 건이 잘 처리된다 하더라도 상장폐지실질심사를 받았다는 꼬리표가 붙어 다니는 것을 받아들일 기업은 얼마 되지 않을 것'이라고 주장했다.

대표이사의 횡령이 문제되자 편법을 동원하는 기업도 있다.

조선일보. 2010.3.8.

전 대표이사 탓입니다. 궁색한 횡령, 배임 공시

증권시장에서 횡령, 배임 공시는 주가를 떨어뜨리는 주요 악재 중 하나입니다. 전 현직 최대주주 및 대표, 직원들이 저지른 횡령, 배임 사건이 많지요. 인수 합병 과정에서 자금을 유용하거나 내부 사정을 잘 알다 보니 장난을 치는 경우가 많다는 것입니다. 이들 기업의 공시를 자세히 들여다 보면 공통점을 발견할 수 있습니다. 당장 주가를 방어하고 의혹을 해소해야 하는 현 경영진 입장에서 변명처럼 들리는 공시가 많다는 것입니다.

A코스닥 기업은 얼마 전 전 대표이사를 경영권 인수 과정에서의 횡령, 배임 혐의로 경찰 고소했다고 공시했습니다. 경영권 인수 과정에서의 횡령, 배임 혐의 의혹을 해소하고 과거 유출된 자산을 환수하기 위해 고소했다고 합니다. 하지만 추측성 내용도 있어 보입니다. 고소했다는 내용만 사실이고 일정 금액에 대한 손해와 기타 관련 사안에 대해서 모두 '자체 추정'인 내용이 대부분입니다. 오히려 과거 자산 환수를 통해 자산 및 이익증가의 효과가 예상된다며 '우린 별 문제 없다'는 식으로 투자자를 안심시킵니다.

B코스닥 기업도 마찬가지입니다. 최근 코스닥시장본부로부터 현 대표이사 횡령, 배임에 대한 조회공시 답변 요청을 받은 이 회사는 1시간 뒤 대표이사 변경 공시를 냈습니다. 이 회사는 다음날 '전 대표이사가 서울 중앙지방검찰청에 구속돼 있다'고 공시했습니다. 현 대표이사 혐의가 전 대표이사 혐의로 바뀌는 순간이었습니다. 투자자들의 눈속임을 위한 공시라고 볼 수밖에 없습니다. 현재 이 회사는 매매거래 정지된 상태입니다. 상장폐지 실질대상에 들어갔기 때문이죠.

이는 대표이사 변경은 이사회 의결로 가능하기 때문이다.

한국경제신문. 2010.4.15.

퇴출기업 소액주주들 '집단행동' 나섰다. 경영참여 움직임도 꾸준히 늘어

이 같은 소액주주들의 경영참여 움직임은 꾸준히 늘어나는 추세다. 금감원에 따르면 지난해 상장사들에 대한 위임장 권유건수는 278건으로 2007년 187건, 2008년 239건 등으로 지속적으로 커졌다.

금감원 관계자는 '주총에서 한계기업의 감자안을 부결하거나 경영진을 교체하는 등의 경우에 소액주주들의 참여가 늘어나고 있다'며 '상장폐지 실질심사제 도입 등으로 소액주주들의 감시활동이 계속 증가'할 것으로 예상된다.

위임장 권유는 회사의 경영진이나 주주 등이 다수의 의결권을 확보할 목적으로 주주들에게 의결권 대리행사의 위임을 권유하는 제도이다.

소액주주들이 본인들의 한계를 인정하고 경영의사결정에 소극적으로 응할수록 소액주주의 힘이 결집되기 어렵다.

조세일보 2010.3.3.

상장폐지기업 91%, 전년부터 '존속능력 의문' 제기

지난해 상장이 폐지된 기업 중 91%가 취약한 재무구조로 인해 이미 전년부터 외부감사인의 존속능력에 대해 중대한 의문을 제기한 것으로 나타났다.

3일 감독원이 2009년 상장폐지기업 70개사의 특징을 분석한 결과에 따르면 사업보고서를 제출한 66개사 중 65사가 2008년 당기순손실이었고, 57개사는 2년 연속 적자를 기록했다. 이 가운데 55개사는 적정한 수익모델 없이 지속적인 적자로 자본 잠식상태였다.

특히 지난해 상장폐지기업의 91%(60개사)는 직전 사업연도에 외부감사인이 계속기업으로서의 존속능력에 의문을 제기했고, 44%(29개사)는 상장폐지 2년 전인 2007년부터 동일한 의문이 있었다.

이와 함께 상장 폐지된 42개사(64%)는 최근 2년 연속 영업활동을 통해 회사운영에 필요한 자금을 충당하지 못하고, 유상증자 등 재무활동을 통해 조달한 것으로 나타났다.

조선일보. 2010.7.20.

빈번한 자금 조달, 최대주주변경, 불성실공시 지정, 상장폐지로 가는 신호탄

영업실적이 저조함에도 조달된 자금을 영업과 무관한 타법인주식 취득과 자금대여 등 비생산적인 용도로 사용하고, 그 규모가 자산총액의 50%를 초과하는 기업도 24개사(36%)에 달했다.

이들은 주로 장기투자가 필요한 자원관련 개발사업 등 신규사업 추진 명목으로 사업목적을 자주 변경했지만, 빈번한 최대주주 변경 등으로 인해 신규사업을 통한 재무구조 개선효과가 거의 없었던 것으로 파악됐다.

또한 부실한 내부통제로 인해 횡령이나 배임이 자주 발생하고, 자원개발사업 신규추진 등 증권시장에서 '테마주'에 편승해 해당기업이 시세조종 등 불공정거래의 대상이 되거나 임직원 등이 연루되는 특징을 보였다고 금감원은 설명했다.

한국경제신문. 2010.12.29.

상장폐지 77곳 '비상장 출자'에 발목

금융감독원은 2007-2009년까지 타 법인 출자시 제출한 주요사항보고서를 조사한 결과 상장사들이 부실 비상장사주식을 터무니 없이 높은 가격에 사들여 투자자 피해를 키운 것으로 나타났다고 28일 발표했다.

상장사들은 3년 동안 모두 317건 4조 5,085억원 어치의 다른 회사 주식을 취득했으며, 이 중 136건 1조 9,000억원 어치는 77개 상장폐지 법인이 사들인 것으로 조사됐다. 외부 평가기관인 회계법인이 장밋빛 전망을 제시하며 주식가격을 부풀리는 데 일조했다는 게 금감원의 판단이다. 회계법인들은 상장사들이 주식을 취득한 회사의 순이익을 취득 연도 23억원, 이듬해 44억원으로 전망했지만 실제로는 각각 -4억원, -16억원으로 크게 부진했다.

한국경제신문. 2011.2.26.

이익 내는데 증자 계속하는 곳 주의. 네오세미 분식 밝혀 포상받은 서학수 대주회계법인이사

꾸준하게 흑자를 내고 있는데 회사채 발행과 증자 등을 통해 자금을 계속 모으는 기업도 위험하다고 지적했다. 무리하게 자금을 조달하는 것은 회사의 현금흐름 사정이 좋지 않다는 의미이므로 '흑자도산'할 가능성이 높다는 분석이다.

서 이사는 또 고유사업과는 관련 없는 신규사업을 계속 확장해 나가는 회사도 부실 우려가 있다고 덧붙였다. 그는 '예컨대 태양광업체가 땅을 사고 아파트를 짓는다고 하면 고유사업에 문제가 있을 가능성이 높다'고 했다.

기업들이 무리한 투자로 어려움을 겪는 것은 어제 오늘의 일이 아니다. 재벌기업의 위험분산을 넘어선 문어발식 경영은 오래전부터 문제가 되었으며 금호아시아나그룹은 대우건설을 무리하게 인수하면서 승자의 저주(winner's curse)라는 표현이 경제신문에 자주 등장한다. 단, 재벌기업의 사업확장을 위험분산, portfolio의 차원에서 또한 공격적 경영으로 접근할 때 이를 부정적인 시각에서 볼 수만은 없다. 어차피 경영의사결정은 주관적인 판단이지 결과만을 놓고 수행하는 분석의 결과여서는 안 된다.

최근에 나온 기업 매물인 우리금융지주, 대우조선해양, 하이마트 등의 인수건 모두에는 plus alpha가 존재한다는 점을 인정하여야 한다.

매일경제신문. 2010.4.21.

회계법인 감사보고서 못 믿겠네. '적정의견' 반년새 '의견거절'로 뒤집기도

블루스톤의 외부감사인 현대회계법인은 '회사가 600억원으로 계상하고 있는 SMI 현대의 지분법 적용 투자주식 가치에 대한 합리적인 근거가 존재하지 않고, 그 비중이 자산 총액의 65%에 해당하는 매우 중요한 금액으로 회계정보의 중대한 불확실성이 존재하기 때문'이라고 연말 감사보고서에서 이유를 밝혔다.

하지만 이 회계법인은 6개월 앞서 나온 반기보고서에서 '적정' 검토의견을 내 놓았다. 블루스톤이 SMI현대 지분에 대한 양수도 계약 체결을 공시한 일자가 지난해 6월 30일. 현대 회계법인이 반기보고서를 제출한 일자는 8월 4일. 2008년 전반기에 이뤄졌던 지분 인수에 대해 반기보고서에서는 '적정'검토의견을 냈다가 연말 감사보고서에서는 '거절'의견을 제시한 것이다.

이처럼 지난해 반기보고서에서 '적정'이나 '지적사항 없음'의 검토 의견을 내놓은 회계법인들이 불과 반년이 지난 감사보고서에서는 '거절' 의견을 내놓아 투자자들의 원성을 사고 있다.

올해 감사의견 거절로 상장폐지에 몰린 상장사는 총 10개. 자강과 블루스톤은 계속기업 불확실성을 이유로 IC코퍼레이션, 엑스씨이, 케이이엔지, 쿨투, 나노하이텍, 3SOFT, 팬텀엔터그룹, IDH 등은 감사 범위 제한을 사유로 의견 거절을 받았다. 하지만 이들의 외부감사를 맡은 삼일, 안진, 삼정, 성도, 화인, 현대회계법인은 모두 반기보고서에서 아무런 문제점을 제기하지 못했다.

반기 검토는 연말 감사에 비해 낮은 수준의 잣대가 적용되지만 회사의 중대한 재무변동에 대해 상시 감시해야 할 의무가 있는 회계법인들이 연말 이후 '한철 장사'에만 치중하는 것 아니냐는 비판의 목소리가 나오고 있다.

하지만 회계법인들도 할 말은 있다. 반기 감사보고서를 낼 때 연말에 이뤄지는 수준의 감사를 하기에는 시간상이나 여건상 하기도 어렵고, 할 의무도 없다는 것이다.

김창권 현대회계법인 대표는 "실사나 조회 의무가 수반되지 않은 반기 검토에서 연말 감사 수준으로 사실 확인하는 것은 불가능한 일"이라고 말했다. 블루스톤 회계실무를 맡았던 회계사는 "지분이 회계장부에 잡힌 것은 7월이라 반기보고서상 의무는 없다고 판단했다"며 "반기 검토 때 해당 사실에 대해 구두질문은 이뤄졌지만 투자의 진위 여부를 밝혀내는 절차는 아니었다"고 설명했다. 회계법인들의 형식적인 반기 회계 검토 작업에 대해 한 대형 회계법인 출신 회계사는 "반기 검토 때는 편안한 마음으로 자료를 훑는다"면서 "문제를 알아내기도 쉽지 않지만 문제가 있어도 연말까지는 두고 보자는 게 실무 태도"라고 털어놨다.

한편 금융감독원도 회사 재무에 중대한 영향을 미칠 사안에 대해 감사나 검토 의무를 소홀히 했다가 차후 문제점을 지적하면서 '한정'이나 '거절' 감사의견을 내놓은 회계법인에 대해 내부조사중인 것으로 알려졌다.

이 신문 기사는 감사인들이 반기 검토 의견을 낮은 수준의 인증이라서 소홀히 대하는 것은 아닌지에 대한 의문을 제기한다. 단, 반기검토에 대해서는 감독원이 조치를 취하기 어렵다. 한계기업에 대해서는 반기검토가 아니라 반기 감사가 진행되어야 한다는 주장도 제기되며 이러한 반기 감사가 한계기업이 아니라 모든 코스닥 상장 기업에 대해서 진행되어야 한다는 주장도 제기된다.

분반기 검토에 대한 금융위 차원의 제재에 대해서는 이슈가 있다. 부실검토에 대한 증선위 조사는 가능하나 자본시장법상 조사결과에 따른 행정제재의 근거가 없다.

다음은 반기재무제표에 대한 검토 조치에 관련된 감독원의 정책 방향 문건이다.

준거기준: 반기재무제표검토준칙(외감법 하부규정 근거)

ㅁ 감사인의 검토의무는 자본시장법에 따라 부과되나, 검토시 준거기준인 검토기준 및 이의 제정절차 등은 자본시장법규에 규정되어 있지 않음

ㅇ 금융위 규정인 외감규정에서 증선위가 반기재무제표검토준칙을 정하여 운영중

ㅁ 현 검토기준상 검토는 일종의 약식 감사로 주로 질문, 전년도와의 주요 증감항목 분석 위주로 진행

* 반면, 회계감사는 실사, 외부조회 확인 등 입증절차 위주로 진행

감사인 부실검토시 조사 및 벌칙 등

ㅁ (자본시장법) 증선위는 법상 포괄적 조사 및 자료제출 요구권

* (법 §164, §426 등)을 원용하여 조사를 실시하는 것은 가능

ㅇ 조사결과, 회사는 과징금 등의 행정제재 조치가 가능하나, 분·반기 검토 등을 한 감사인에 대한 행정조치 근거는 없음

ㅇ 다만, 중요사항의 허위기재 또는 누락을 알면서도(고의) 잘못된 검토의견을 표명한 경우에는 벌칙* 적용은 가능

* 5년 이하 징역 또는 2억원 이하의 벌금(자본시장법 §444 제13호)

ㅁ (공인회계사법) 감사 또는 증명에 중대한 착오 또는 누락시 견책, 직무정지, 등록취소 등 가능(공인회계사회 조사를 거쳐 금융위 의결)

◆ 외감법상 감사가 아닌 분·반기 검토/감사에 대하여 자본시장법에 따라 증선위의 조사권은 있으나 감사인에 대한 행정제재 조치근거가 없는 경우에도 조사를 하여야 하는지에 대해서는 쟁점이 존재

증선위의 직접조사보다는 현행과 같이 자격사법인 공인회계사법상 조치를 위해 공인회계사회에 통보하는 것이 가능하다.

정리:

① 감사인의 준거기준(반기재무제표검토준칙)의 법적 안정성이 결여*되어 동 기준 위반을 조치근거로 삼기 미약

* 자본시장법에서 검토의무를 부과했음에도 i) 검토기준의 대강도 동법에 정하지 않음. ii) 기준 제·개정업무를 증선위에 위임한 근거도 없이 다른 법령의 규정에 근거하여 증선위가 정하고 있어 법적 안정성 결여

※ 참고로 외감법상 회계감사기준의 경우 2004.1.29. 헌법재판소가 회계감사기준이 담아야 할 기본적인 사항을 법령에 정하지 않아 명확성 원칙에 위배된다는 결정에 따라 이를 보완(2004.4.1 외감법시행령 §4의6)

② 행정조치 근거가 없고, 조회 등이 생략되고 질문, 분석적절차 등의 절차특성상 위반여부에 대해 입증하기 곤란

③ 한정된 감리인력상 잠재적 위험이 높고 현실적으로 조치가능 분야에 역량을 집중하는 것이 바람직

* 현재도 평균 감리주기(6~8년)가 미국(3년) 등에 비해 크게 긴 상황

④ 그간 분·반기 검토 등에 대한 조사·조치한 사례가 없고(기존 증선위 입장), 동일사안에 대해 증선위와 회계사회의 중복조사 소지도 존재(업무 효율성)

이러한 결론 도출에 의해서 분반기에 대해서는 별도의 조치를 취하고 있지 않지만 금융위의 이러한 정책방향은 중간재무제표가 중요시되면서 언제든지 수정될 수 있다.

반기검토에 대한 인증은 과거에는 자산규모 2조원 이상 되는 규모의 기업, 2004년에는 자산규모 1조원 이상 되는 기업, 최근에는 자산규모 5,000억원 이상 되는 기업에 대해서 강제화되었다. 단기투자를 수행하는 투자자일 경우는 1년에 한 번 표명되는 연차 재무제표에 대한 인증은 정보로서의 가치가 충분하지 않다. 물론, 연차 재무제표일 경우는 재무제표 이외에도 많은 정보가 공시되므로 연차

재무제표의 중요성을 과소평가하여서는 안되지만 1년 이내에 주식을 거래하는 투자자의 입장에서는 분반기 재무제표의 중요성을 간과할 수도 없다.

회계정보 이용자들은 검토와 감사를 정확히 구분할 수 없는데 감사가 아니라 검토라고 해서 검토 인증에 대한 제재가 없다는 것에 대해서 감독기관은 많은 고민을 수행하여야 한다. 위에서도 인용된 다음의 기사를 다시 인용한다.

> 매일경제신문. 2010.4.21.
>
> **회계법인 감사보고서 못 믿겠네**
>
> '적정의견' 반년새 '의견거절'로 뒤집기도. "반기 검토 때는 편안한 마음으로 자료를 훑는다"면서 "문제를 알아내기도 쉽지 않지만 문제가 있어도 연말까지는 두고보자는 게 실무 태도"라고 털어놨다.

회계법인이 제재가 없는 한, 위와 같은 안일한 태도를 보인다면 규제기관은 이에 대해 적절하게 대응하여야 한다. 검토가 주어진 자료를 무의미하게 한번 점검하는 것으로 감사인들이 이해하고 실무가 진행되는 한 검토라는 절차에 의미를 부여하기는 어렵다.

그렇기 때문에 최근에 오면서 정기공시와 더불어 수시공시(timely disclosure)에 대한 중요성이 강조된다.[1] 주식의 회전율이 무척이나 높은 국내의 주식시장에서 한 분기에 한번 발표되는 정보도 timely한 정보가 되기에는 너무 간헐적이다.

> 한국경제신문. 2010.4.22.
>
> **'의견거절' 상장사 증자 CB 남발. 작년 1조 달해. 서광건설 등 40여 사 192건. 퇴출사 늘어나며 피해 눈덩이. 회계법인 실사 참여 의무화해야**
>
> 올해 감사의견이 거절된 상장사 40여 사가 지난해 증시에서 조달한 자금이 1조원에 달하는 것으로 나타났다. 회계투명성이 담보되지 않은 채 무리한 유상증자나 주식 관련 사채 청약에 참여했던 투자자들의 피해가 눈덩이처럼 커지고 있다.

---

1 수시공시와 관련되어서는 손성규 저, 수시공시이론, 제도 및 정책(박영사, 2009)을 참조한다.

증자나 사채발행을 주관하는 증권사들로는 자금 조달기업의 재무제표 건전성을 파악하기 힘들어 보다 근본적인 대책이 마련돼야 한다는 목소리가 높아지고 있다.

21일 금융감독원과 한국거래소에 따르면 '의견거절' 상장사들의 유상증자나 전환사채, 신주인수권부사채 발행 결정금액은 지난해 1월부터 올 3월까지 1조 2,634억원(192건)에 달했다. 실제 조달한 자금은 결정금액이 미치지 못하는 경우가 적지 않다는 점을 감안할 때 총 1조원에 가까운 자금을 시장에서 조달한 것으로 추정된다.

유상증자가 9,161억원으로 압도적으로 많았고 CB 1,948억원, BW 1,523억원으로 집계됐다. 이번 감사의견 거절 기업은 유가증권 상장사 10곳, 코스닥 상장사 30곳 등 총 40곳이며 회사당 평균 315억원 수준이다.

시가총액이 4,000억원대인 네오세미테크는 감사의견 거절이 나오기 3개월 전인 작년 12월 600억원 규모의 CB와 BW 발행에 나서 356억원을 조달했다. 특히 공모 CB 청약에 참여했던 투자자들은 퇴출가능성에 발을 구르고 있다. 쌈지는 400억원대 자금을 조달했고 보흥, 에이치비이에너지, 서광건설산업 등은 각각 300억원 넘게 끌어 썼다.

쌈지, 서광건설 … 등이 속속 퇴출이 확정되면서 투자자 피해는 점점 커지고 있다. 투자자들은 해당 기업은 물론이고 증자나 사채 발행을 주관하고 투자를 권유한 증권사에 항의하고 있지만 보상받을 길을 찾지 못하고 있다.

전문가들은 현재 증자나 사채 발행 주관 업무로는 해당기업의 회계 건전성을 검증하기가 사실상 불가능해 보다 근본적인 대책마련이 시급하다고 지적하고 있다.

증권사들도 주관 업무를 하면서 기업 실사(due diligence)를 병행하지만 기업과 증권사들은 각각 갑과 을의 입장이 명확해 실사는 형식적인 수준에 그치고 있다. 한 증권사 IB(기업금융) 담당자는 '증자를 주관하면서 재무제표 건전성을 살피기 위해 자료를 요청했다가 자칫 주관계약 자체가 무산될 수 있어 실사는 겉핥기 수준에서 이루어질 수밖에 없다'고 토로했다.

이런 환경에서 감사의견 거절 기업이 속출하고 있어서 상장사가 일정 규모 이상의 자금조달에 나설 경우 증권사의 주관 업무에 회계법인이 의무적으로 참여해 재무제표의 건전성을 검증해야 한다는 의견이 힘을 얻고 있다.

한 증권사 IB 부장은 '회계법인이 의무적으로 참여하면 증권사도 회계관련 책임을 질 필요가 없고 증자 절차도 투명해진다'며 '증권사가 받는 수수료를 일정 부분 회계법인에 떼어 주더라도 합리적인 방법이라고 강조했다.

한 회계법인 파트너도 '어떤 상장사가 1월에 자금 조달에 나선다면 외부감사인에 재무제표를 검증받은 지 6개월의 시차가 있다'며 '투자자 보호를 위해 회계법인이 객관적으로 자금조달 상장사의 회계장부를 검증해야 할 것'이라고 지적했다.

마지막 문단의 내용은 이미 기술된 Chapter 2의 내용과도 연관된다.

조세일보 2008.5.23.

'꿈을 현실로' 서태식 회장 4년

이후 2007년 감사인의 감사보고서 감리결과가 잘못됐을 경우 자율적으로 감사인이 감사보고서를 심리하던 심리당당이사까지 조치하던 제도를 개정해 심리담당이사를 조치 대상에서 삭제했다.

2007년엔 또 최근 재무제표에 대한 감사인의 감사의견에서 부적정 또는 의견거절을 받은 주권상장법인 및 코스닥상장법인에 대해 즉시 상장 폐지토록 한 상장규정시행세칙을 바꿔, 회사의 이의신청에 따라 상장심사위원회에서 상장폐지여부를 결정하도록 했다.

이와 같은 변화에 의해서 상장폐지 결정에 대한 부담이 감사인에게서 거래소의 상장위원회로 이월되었다. 즉, 감사인은 상장폐지를 결정한 주체가 감사인이 아니므로 큰 부담을 덜게 되었다.

과거에는 유가증권시장의 경우 이를 상장위원회에서 처리하였으나 최근에는 상장과 공시위원회를 통합하여 상장공시위원회를 운영하고 있다.

상장실질심사 관련된 유가증권상장규정 제93조4항은 다음과 같다.

④ 거래소는 유가증권시장 주권상장법인이 제80조제3호가목에 해당하는 경우(계속기업가정에 대한 불확실성으로 인한 경우에 한한다) 당해 유가증권시장 주권상장법인이 상장폐지전(제94조제2항에 따른 매매거래 개시예정일 이전을 말한다)에 부적정 또는 의견거절의 사유가 해소되었다는 감사인(감사보고서를 작성한 감사인과 동일한 감사인을 말한다)의 의견서를 제출하는 경우 상장위원회 심의를 거쳐 법 제160조에서 정하는 제출기한 이내의 반기보고서 제출시까지 상장폐지를 유예할 수 있으며, 반기보고서상 감사인의 감사의견이 적정 또는 한정(감사범위제한으로 인한 한정인 경우는 제외한다) 의견인 경우 상장폐지사유가 해소된 것으로 본다. <신설 2005.12.9., 2009.1.28.>

여기서 유념하여야 할 것은 상장폐지가 유예된 이후에 반기 재무제표에 대한 인증은 검토가 아니라 감사라는 점이다.

재감사와 관련되어 다음의 경우의 수가 있다.

1. 감사를 신청하지 않는 기업
2. 신청하였는데 감사인이 거부한 기업

3. 신청하였고 재감사를 받았는데 동일한 감사의견을 받은 기업
4. 신청하였고 재감사를 받았는데 다른 감사의견을 받은 기업

물론, 감사가 일단 수행되었으므로 경제 상황이 변화하지 않았다면 감사인은 재감사를 수행하지 않는 것, 즉 재감사 요청을 거부하는 것이 원칙이다. 환경이 변하지 않았다면 감사절차가 잘못되지 않는 한 감사의견이 변경되기는 어렵다.

흥미로운 연구 주제는 재감사를 회계법인이 수용하면서 감사수임료를 높게 받고 궁극적으로는 상장폐지될 기업에 대한 감사를 충실하지 않게 진행하는지 여부지만 재감사계약의 경우, 감사수임료에 대한 정보의 접근이 가능하지 않다. 또한 상장폐지 위기에 기업이 도달하게 되면 이 국면을 필사적으로 피하려 할 것이므로 이러한 개연성도 다분히 존재할 수 있다.

의견거절 또는 부적정의견 후에 상장폐지되는 제도는 2002년 도입되었다. 이는 무척이나 강한 제도이다. 오히려 이러한 제도가 가능하기 때문에 감사인들이 힘을 받을 수 있다고 판단될 수도 있으나 감사인들이 시장퇴출의 모든 부담을 안고 싶지 않을 경우 오히려 이러한 의견의 표명을 주저할 수 있다. 이러한 이유에서 이 감사의견에는 양면성이 있다. 즉, 이러한 의견을 표명할 수 있다는 것이 감사인으로 하여금 힘을 받을 수 있게 되는 기회가 되는 동시에 기업에 엄청난 파급효과가 있는 이러한 의견의 표명은 감사인에게 상당한 부담으로 작용할 수 있다.

Chapter 5에서 기술되었듯이 감사보고서에 회계법인의 대표이사가 아니라 engagement partner가 sign을 하는 것도 이들이 많은 책임과 의무를 지게 되지만 피감기업의 CEO와 대등한 위치에 놓임으로 동시에 힘을 받게 된다.

이러한 제도 버금가는 엄격한 제도가 저자가 판단하기에는 의견거절 또는 부적정의견을 표명한 이후에는 감사인을 변경할 수 없는 제도가 있다(외감규정 제11조(감사인부당교체사유) ① 4. 직전사업연도의 재무제표, 연결재무제표 또는 결합재무제표에 대하여 한정의견·의견거절 또는 부적정의견을 표명한 감사인을 교체한 경우).

이 제도는 3년 감사계약이 종료되는 시점에만 적용될 수 있는데, 이와 같은 의견을 표명하는 감사인이 보복성 성격으로 교체당하는 것을 방지하는 취지를 갖지만 극단적으로는 교체를 희망하지 않는 감사인의 입장에서는 이러한 의견을 표명한다면 교체를 당하지 않는다는 제도상의 맹점도 갖는다. 물론, 의도적으로

감사인이 적정의견을 의견거절이나 부적정의견으로 변경하면서 교체를 피하려 할 가능성은 높지 않지만 감사의견이 적정의견과 한정/부적정/부적정의견/의견거절의 한계선상에 있다면 이도 충분히 가능한 경우이다.

이러한 제도가 도입된 이후에도 자동적으로 의견거절이나 부적정의견을 받는 기업이 퇴출받는 제도가 너무 강한 제도라는 주장하에 재감사로 인해 상장폐지를 유예하는 조항은 공인회계사회의 요청에 의해서 2005년 12월 9일에 유가증권상장규정 제93조 4항으로 신설되었다.

단, 감사의견에 의해서 상장기업이 자동적으로 퇴출된다면 너무 기계적으로 제도가 운영된다는 비판이 있었으며 이 과정에서 한국거래소에 2009년부터 상장폐지실질심사가 도입되었다. 즉, 심사에 의해서 상장폐지여부가 결정되는 것이라서 이에 대한 최종적인 결정이 감사인에게서 한국거래소로 이월된 것이다.

매일경제신문. 2010.7.8.

상장폐지 개선 기간 후 3곳, '기사회생'

전 대표이사의 횡령 배임 혐의로 퇴출이 거의 확정적이었던 엔티피아가 지난 5일 상장위원회에서 극적으로 회생의 발판을 마련했다. 개선기간은 상장위원회가 확정된 퇴출판정을 잠시 미루고 기업에 상장폐지 사유를 해소할 수 있는 기회를 주는 것을 말한다.

한국거래소에 따르면 지난해 상장 폐지 실질심사가 도입된 이후 이달 7일까지 이 개선기간을 부여받은 상장기업은 총 13곳이다. 이 중, 테스텍, 아이디엔, 지오멘토가 개선기간을 거쳐 퇴출을 면했고, MTRON과 소예는 개선기간을 받았음에도 불구하고 상장폐지됐다. 우리담배판매 등 8곳은 개선기간중이다.

각 업체 상황이 다르듯 부여되는 개선기간도 다르다.

개선기간은 최장 6개월까지 주어진다. 재감사에서 감사의견이 변경되는 경우가 다수 있는데 경영환경에 변화가 없었다면 어떠한 이유에서 감사의견이 변경되었던 것인지 또한 재감사라는 과정을 거치면서 감사의견이 관대해질 소지는 없었는지 등의 의문이 있다. 또한 초기 감사시점에는 감사인이 상장실질심사라는 또 한번의 과정이 있기 때문에 감사를 tight하게 진행한 후, 두 번째 단계에서 감사가 어느 정도 loose했던 것은 아닌지에 대한 우려도 있다.

머니투데이. 2010.5.7.

회계법인의 '오락가락' 감사

블루멈의 2008년 감사를 맡은 우리회계법인은 2009년 3월 30일 감사의견 거절을 내놓았다. 하지만 이후 재감사를 실시해 10일 뒤 감사의견 적정으로 번복했다. 블루멈은 2008년 12월에 이동영 회장을 비롯한 임원진 4명이 계약금 20억원을 횡령한 상태였다.

당시 우리회계법인은 감사보고서를 통해 블루멈이 계속기업으로서의 존속능력에 중대한 불확실성이 존재하지만 △신규경영진의 전환사채 인수 △ 신주인수권의 대용납입 △ 6억 9,600만원 규모의 유상증자 △신한은행 차입금 이자상환 및 만기연장 등으로 재무구조 개선노력 등이 인정된다고 밝혔다. 그럼에도 불구하고 블루멈은 2008년 9월 결국 상장폐지됐다.

의견이 빈번하게 변경/번복되다가 궁극적으로는 상장폐지된 다음 기업의 예를 보자.

- 2008년 반기검토의견[의견거절]−XXX 주식 회수가능가액 문제 및 58억원의 자산압류, 강제경매 절차 조항 등
- 2008년 감사의견[의견거절 → 한정(xxx법인): 계속기업 가정 불확실성]
- 2009년: XX회계법인, 한정

이 기업은 결국 2010년 6월 17일 기업의 계속성, 경영의 투명성 또는 기타 코스닥시장의 건전성 문제 등 종합적 사유로 상장폐지의 과정을 밟게 된다. 한 특정 기업과 관련된 사례이기는 하지만 이 기업의 의견이 재무제표 이용자들의 입장에서는 무척이나 혼란스러운 감사의견이 아닐 수 없다.

머니투데이. 2010.5.13.

삼일 · 안진 '감사의견 거절' 최다상장폐지 62개사 중 23개사 '감사의견 거절' 사유

한국통신데이타도 비슷한 경우. 2007년 감사를 맡은 신우회계법인은 2008년 3월 26일에 감사의견 적정을 냈지만 40일 뒤 이를 의견거절로 정정했다. 한국통신데이타

의 현금 및 현금성자산 중 담보 제공된 상업상호저축은행 정기예금 56억 6,200만원과 관련된 우발채무 및 충당부채에 대해 적절한 감사를 하지 못했다는 것이다. 이 회사는 결국 2008년 6월 상장폐지가 확정됐다.

지난 4월 상장폐지된 쓰리디월드도 마찬가지. 2009년 8월 공시한 반기보고서에서 감사의견 적정을 낸 청안회계법인은 올해 3월에는 '거절' 의견을 내놓았다. 감사범위 제한이라는 한계가 있었지만 7개월 사이에 180도 다른 감사 의견을 내놓았다.

특히 이번에 감사의견이 거절된 34개사 가운데 14개사는 지난해 사업연도의 외부감사인이 그전 사업연도와 비교할 때 교체된 것으로 나타나 책임공방이 심화될 전망이다.

이는 외부감사인이 교체되면서 초도 감사를 수행하는 감사인이 소신껏 감사를 수행하였다는 가정하에서는 기존의 감사인은 독립성이 부족하게 감사의견을 표명한 것은 아닌지에 대한 추정도 할 수 있다. 일부의 회계법인은 초도감사를 수행하면서 기존의 재무제표(기초 재무제표)에 대한 책임을 지지 않으려고 감사를 과도히 엄격하게 수행한다는 업계의 의견도 있다.

상장실질심사의 결과가 예상하지 않던 방향으로 갈 수도 있다.

매일경제신문. 2011.12.30.

SK그룹주 불성실법인 지정될 수도

횡령 혐의로 인한 오너의 사법처리 확률이 커짐에 따라 증시에서 SK그룹주를 바라보는 시각도 급속하게 냉각되고 있다.

기소되면 횡령 의혹과 관련된 상장사 4곳은 불성실공시법인이란 낙인이 찍힐 것으로 예상된다.

대개 상장사는 횡령 의혹 발생시, 사정당국의 수사결과가 나오기 전에 '미정'으로 공시한다. 공시에는 '주가 수사 결과 확정시 재공시하겠다'는 말을 덧붙인다.

SK그룹은 이례적으로 '사실 무근'이라는 단정적인 답변을 했다. 한국거래소는 언론보도에서 거론된 최태원회장과 최재원부회장의 횡령 여부를 횡령의혹과 연루된 상장사에 물었다. 대상 기업은 SK가스, SK텔레콤, SKC&C, (주)SK 등 총 4곳이다.

한국거래소는 검찰 기소를 기준으로 SK그룹주 공시를 다시 살펴볼 계획이다. 거래소 관계자는 '기소되면 관련 상장사에 7거래일 이내 이의를 신청할 수 있는 기회를 준다'며 '불성실공시법인 지정과 기한은 상장공시위원회에서 결정된다'고 설명했다.

횡령 규모가 크면 연루된 상장사는 상장폐지를 걱정해야 할 처지에 놓일 수도 있다. 상장폐지로 이어질 가능성은 낮지만 배제할 수 없다.

거래소는 직전 회계연도의 자기자본 5% 이상이 넘는 금액이 횡령이 발생해야 해당 법인을 상장폐지 대상에 올린다. 검찰로부터 의혹을 받고 있는 SK그룹 오너 일가의 횡령 규모는 계열사가 창업투자사인 베넥스인베스트먼트에 투자한 2,800억원 중 497억원이다.

그러나 수사가 진행될수록 규모는 점차 커지는 양상이다. 주 SK(30조원), SK텔레콤(12조원), SKC&C(1조 8,046억원)는 자기자본이 커 이번 횡령 의혹 대상 497억원이 이들로부터 나왔다고 해도 상장폐지로 이어지지 않는다. 문제는 SK가스다. 횡령의혹 자금이 모두 SK가스에서 나왔다면 얘기는 달라진다. 이 회사의 자기자본은 7,058억원이다. 횡령의혹 자금 497억원은 자기자본 5%(352억원)를 넘는다.

최대주주의 횡령의 불똥이 엉뚱하게 상장폐지라는 전혀 예상하지 못하던 방향으로 진행될 수도 있다. 물론, SK의 불성실공시건이 이렇게 진행되지는 않았지만 상장폐지실질심사라는 제도의 파괴력은 상당하다.

또한 모 기업인은 SK의 자금이 최대주주의 개인 돈과 같이 사용된 점에 대해서 관련된 기업의 감사위원회와 사외이사도 책임을 져야 한다는 주장을 펴기도 하였다.

감독기관은 최근의 상장폐지와 관련된 내용을 알리면서 상장폐지 이전 기업들의 현상을 다음과 같이 분석하였다.

한국경제신문. 2012.1.9.

'꼼수공시'에 속아 투자자 3조 날렸다.
공시의 함정 뜯어보기 4년간 218곳 상장폐지 … 주식 휴지조각
소액공모 대표교체 잦으면 위험 신호

상장폐지 기업들은 상장폐지 전에 소액공모 등을 통해 자금을 조달하거나 최대주주 및 대표이사가 자주 바뀌는 것으로 나타나 공시만 꼼꼼히 분석해도 피해를 줄일 수 있는 것으로 지적됐다.

5일 금융감독원에 따르면 2008년부터 작년 말까지 4년간 국내 증시에서 상장폐지된 기업은 218개에 달했다. 이들 기업들의 시가 총액은 3조 167억원이었다.

2008년 19개였던 상장폐지 기업 수는 2009년 거래소의 실질심사제도 시행으로

70개, 2010년 79개로 급증했다. 작년에는 50개로 둔화됐으나 올해는 다시 증가세로 돌아설 것으로 금감원은 예상하고 있다.

금감원이 밝힌 상장폐지 기업의 징후는-허위 과대 매출을 통한 상장폐지 모면-일반 공모, 제3자 배정, 소액 공모 등으로 이어지는 지속적인 자금 조달-최대주주 대표이사 등 잦은 경영권 변동-과도한 투자 자금 집행이나 변동-횡령 배임 등 사건 발생 등이다.

지난 4년간 상장폐지된 218개사 중 44%인 97개사는 상장폐지 직전 18개월간 한차례 이상 증자를 실시했다. 또 68%인 148개사는 한 번 이상 최대주주가 바뀌었다. 86%는 대표이사가 변경됐다. 절반(50.2%)은 횡령 배임 혐의까지 있었던 것으로 나타났다.

무선인터넷 부품을 생산하는 코스닥시장 상장사 맥스브로는 2010년 4월부터 다음해 2월까지 다섯 차례의 증자를 추진했다. 증자목적은 '타법인 출자' 등 그럴 듯했다. 세 차례는 실패했지만 두 번은 성공해 87억원을 끌어 모았다. 하지만 마지막 증자를 마친 2개월 뒤 상장폐지되고 말았다. 금융감독원은 "단기간 내 자주 증자를 시도하는 기업은 일단 의심해야 한다"고 지적했다.

소액 공모와 정정신고서도 확인해야

얼마나 자주 소액공모나 사모를 통해 자금을 조달했는지도 점검해야 한다. 소액 공모나 사모는 증권신고서를 통한 정상적인 방법으로는 자금조달이 어려운 기업이 주로 사용한다.

유상 증자 때 인수 또는 모집주선 증권회사가 있는지도 확인해야 한다. 증권사는 향후 증권신고서에 문제가 발생할 경우 배상책임을 질 수 있어 증권신고서를 작성할 때 많은 주의를 하게 된다. 이 회사도 처음 두 차례의 유상증자에서는 증권사가 모집주선인으로 참여했으나 세 번째에는 참여하지 않았다.

즉 3년간 위에 인용된 금액 3조 167억원이 날아간 셈이다. 배임, 횡령의 공시만으로도 상장폐지의 대상이 될 수 있다.

조선일보. 2012.2.4.

한화 지주회사 주식거래 정지
김승연 회장 주식 저가 매각 업무상 배임혐의 관련 상장폐지 심사 대상 여부 검토

한화그룹의 지주회사격인 (주)한화 주식이 당분간 거래정지된다. 한국거래소는 3일 "(주)한화가 주요 임원인 김승연 회장과 남영선 사장 등의 업무상 배임 혐의가 발생했다고 공시함에 따라 상장폐지 실질심사 대상에 해당하는지 여부를 검토하기 위해 6일부터 매매거래를 정지한다"고 밝혔다. 10대 그룹 계열사 중 대주주의 배임 혐의로 주식이 거래정지되는 것은 이번이 처음이다.

지난 2일 서울서부지법에서 열린 김 회장 결심 공판에서 검찰은 배임 혐의가 있다며 김승연 회장에게 징역 9년, 벌금 1,500억원을 구형했고, 3일 한화는 이를 증시에 공고했다. 검찰이 밝힌 배임 금액은 899억원으로 자기자본(2조 3,183억원)의 3.9%에 달해 이 비율이 2.5%가 넘게 되면 상장폐지 심사를 받는다는 규정의 적용을 받게 된 것이다.

상장폐지 여부가 결정되기 전까지는 매매거래가 중단된다. 그러나 거래소 서영완 공시팀장은 "최대한 빠른 시일 내에 상장폐지 여부를 결정하겠다"고 밝혀 매매거래 정지가 하루 이틀로 끝날 수도 있다.

한화측은 "검찰이 배임 혐의로 기소를 했고 구형만 했을 뿐 혐의 내용이 확정된 것은 아니다"라며 "실질심사에서 주식거래에 지장이 없도록 소명하겠다"고 밝혔다. 거래소 서영완 팀장은 "대주주 배임의 결과가 회사의 재무구조에 큰 악 영향을 미치지 않는다면 상장폐지까지 가지는 않을 것"이라고 말했다. 대주주가 횡령 배임 행위로 기소됐던 마니커, 보해양조 등 다른 기업들도 주식거래가 일시 정지되긴 했지만, 상장폐지되지는 않았었다.

예전에도 재벌 오너들이 배임이나 횡령 혐의로 기소된 적이 있지만, 구형 단계에서 해당 기업이 상장폐지 심사를 받은 일은 없었다. 그러나 2009년부터 대주주의 배임 횡령 혐의 판결이 나오면 상장폐지 심사를 할 수 있게 됐고, 2011년 4월부터는 확정 판결이 아니라 대주주의 횡령 배임 공시만 나와도 상장폐지 심사를 할 수 있게 됨에 따라 대기업으로서는 한화가 첫 적용을 받게 된 것이다.

한국경제신문. 2012.2.6.

시총 3조 한화 거래정지 땐 메가톤급 파당, 긴급 진화

한국거래소가 5일 (주)한화를 상장폐지 실질심사 대상에 올리지 않기로 결정함에 따라 주말 내내 가슴을 졸였던 회사측과 한화 투자자들은 안도와 한숨을 내쉬었다.

한 업계 관계자는 "한화의 경우 이번 횡령 배임 혐의가 입증돼도 기업의 영속성을 해치는 정도까지는 아닌데 횡령 배임이 자기자본의 2.5%만 넘으면 무조건 매매거래를 정지하는 규정 때문에 투자자들이 불필요하게 불안을 겪은 측면이 있다"고 말했다.

조선일보. 2012.2.6.

"일부에선 기소만 돼고 상장폐지 심사 … 제도 자체에 문제"

2009년 2월 이전까지는 대주주의 횡령 배임 혐의 때문에 상장폐지 여부를 심사한다는 규정 자체가 없었다. 거래소는 2009년 2월 해당 규정을 신설했고, 횡령 배임 등의 혐의로 법원의 확정 판결을 받은 상장사는 상장폐지 실질심사를 통해 상장유지 적격 여부를 심사받게 됐다. 지난해 4월부터는 확정 판결이 아니라 기소나 구형 단계라도 상장폐지 실질 심사를 할 수 있도록 규정이 강화됐다.

이 내용은 사법부의 판단이 수행되기 전에 주주의 부의 가치에 큰 영향을 미치는 상장폐지 의사결정을 공시 내용만 갖고도 내릴 수 있다고 해서 실효성이 의심된다. Chapter 15에서는 사법부의 1심 판결만에 기초해서도 금융감독기관이 조치를 하기 어렵다는 현실적인 제약이 있음을 기술하고 있다.

위의 신문 기사의 비판대로 기소나 구형 단계에서도 실질심사를 할 수 있는 제도가 너무 전향적인 제도이며 이와 같은 단계에서 실질심사를 수행한다는 것이 너무 성급한 절차라고 하면 규정 자체를 변경하여야 할 것이다.

국민연금은 횡령 배임 등의 혐의로 1심에서 유죄 판결을 받은 이사와 감사에 대해 연임에 반대하기로 했다. 1심 판결이 나오기 전이라도 주주가치를 침해한 객관적 사실이 인정되면 (차명계좌 등) 기소시점부터 반대의결권을 행사하기로 했다(매일경제신문. 2012.3.22, 한국경제신문, 2012.3.22.).

조선일보. 2012.2.7.

대주주 횡령 배임 혐의로 기소되면 상장폐지 심사 대상되는 규정 유지

이번 사건은 상장기업의 대주주가 횡령 배임 혐의로 기소만 되더라도 상장폐지 심사 대상이 된다는 규정 때문에 비롯됐다. 금융위원회와 거래소는 지난해 4월 이런 규정을 신설했는데, 판결이 나오기 전에 기소 단계에서 거래를 중단시키고 상장폐지 심사를 할 수 있게 했다.

이에 대해 재계나 법조계 일각에서는 "무죄 추정의 원칙"에 어긋나고 기업에 과도한 부담을 준다고 심사를 할 수 없게 했다.

금융위는 그러나 투자자를 보호하기 위해서는 불가피한 보호 장치라며 반박하고 있다. 금융위 관계자는 "코스닥 시장에서 대주주의 횡령 배임 사건이 자주 발생해 투자자들의 피해가 잇따르면서 관련 규정을 만들었다"고 말했다. 횡령 배임 범죄가 대법원에서 유죄가 확정될 때까지 3-4년씩 걸리는 경우도 많기 때문에 신속한 조치를 취하않으면 피해가 구제되기 어렵다는 것이다.

금융위는 한화 사태에 대해 재벌 계열사의 대주주가 기소됐다고 공시된 데다, 거래소가 오락가락한 대응을 보여 혼란을 야기했을 뿐 제도 자체에는 문제가 없다는 입장이다. 한화측이 김승연 회장이 기소된지 1년이나 지나 기소됐다고 공시했고, 한국거래소는 뒤늦게 이런 공시에 따라 한화 주식이 거래중지 대상이 된다고 발표했다가 이틀만에 취소하면서 혼란을 부추겼다는 것이다.

그러나 이미 기업이 횡령, 배임을 인정하고 공시한 것이므로 "무죄 추정의 원칙"이 적용된다고 하는 것은 무리한 법리의 적용이며 죄가 성립하는지에 대한 사법부의 판단만이 남는 것이다.

휴일에 회의를 개최하여 대기업에 면죄부를 주었다는 비판도 거세다.

매일경제신문. 2012.2.7.

사전 심의 평균 13일 걸리는데 한화는 0일
"상장폐지 심의기간 일괄 단축해야"

증권업계 관계자는 "시장 충격 최소화는 그럴듯한 명분이지만 기준 집행의 엄정성이란 측면에서 큰 함정이 도사리고 있다"고 말했다. 시장 충격이 큰 대기업은 거래정지 시킬 수 없다는 얘기로 투자자 보호를 내세워 이보다 더 큰 가치인 법적 형평성을 위반하고 있다는 것이다.

(주)한화는 다음의 내용을 주주에 대한 서신에서 주주에게 전달하였는데 1심 선고에 이어서 2심과 대법원으로 진행이 된다면, 1심 판결만을 인용하는 것도 진행중인 소송 건에 대한 확정된 내용은 아니다.

한국경제신문. 2012.2.7.

"주주에 사과" 한화, 긴급 이사회

2월 23일 1심 선고에서 법원의 판결을 통해 확정될 것이라고 …

문화일보. 2012.2.7.

한화에 놀란 거래소, 재발방지 대책. "불성실 공시 경영진 책임 대폭 강화"

한국거래소에 따르면 거래소는 불성실 공시를 한 상장법인의 대표이사 등 경영진을 상대로 과징금 부과나 해임 요구 등을 통해 직접적인 책임을 물을 수 있는 규제 강화 방안을 검토해 금융당국에 건의할 방침이다.

거래소가 정부 기관이 아닌데 해임 요구 등을 권고할 수 있는 권한이 있는지 등에 대한 검토가 수행되어야 한다.

매일경제신문. 2012.2.8.

상장사 불성실공시 원천차단안 추진. 적발 땐 경영자 강제 해임 임직원 기소 여부 검찰이 당국 통보

기소 단계에서 수사기관을 통해 관련 사실을 통보받는 방안을 검토중이다.

다만 거래소가 기소 사실을 요청하더라도 검찰이 얼마나 협조적으로 나올지는 불투명하다. 금감원 고위 관계자는 "기소 사실 공유는 자본시장법 테두리를 벗어나는 것이어서 범정부 차원의 공조 대책이 필요하다"고 말했다.

공시와 관련한 최종 책임은 지금도 해당 기업 대표에 귀속되지만 이는 형식상 책임 소재일 뿐 공시불이행과 관련해 경영자 본인이 실질적 책임을 지는 경우는 별로 없다. 불성실 공시법인 지정에 따른 페널티는 벌점 및 공시위반 제재금 부과 정도다.

또한 불성실공시 피해가 잘못을 저지른 경영자 본인보다는 투자자들에게 돌아간다는 점이 큰 맹점이다.

경영진은 명백한 과오에도 불구하고 투자자들을 '인질'삼아 실질적 책임 추궁에서 벗어날 수 있었다. 거래소 고위관계자는 "불성실 공시 등으로 주권거래가 정지되면 회사 피해보다 투자자 피해가 더 큰 것이 문제"라며 "실무진이 주로 담당하는 공시책임자를 등기임원 이상급으로 격상시키고 불성실공시 적발시 즉각 해임을 요구하는 방안을 검토중"이라고 말했다.

다만 이 같은 대책이 모든 기업에 대해서 효력을 발휘하기는 어렵다는 지적도 있다. 코스닥 상장 기업 중에선 실제 기업 주인이 '바지 사장'을 내세워 경영하는 행태가 적지 않아 최고경영자 책임 추궁이 성실공시를 위한 유인책이 되기 어렵다는 것이다.

코스닥 공시 규정 2조4항에서 코스닥 시장은 공시책임자를 등기임원이 맡도록 2012년부터 강제된다.

단, 기업의 등기임원이 한정되어 있는데 등기 임원에게만 많은 의무를 부담시키는 것이 적절한지에 대한 의문도 해결하여야 한다.

매일경제신문. 2012.2.15.

대책 없는 대기업 불성실공시 막으려면 투자사 손배소 등 충격요법 도입 필요

한 전직 실질심사위원은 이를 '인질 보호와 인질범 처벌의 딜레마'로 표현했다. 그는 "인질(투자자) 보호가 우선이지만 인질범의 도피를 묵인함으로써 사회적 정의가 손상되는 것 또한 사실"이라고 말했다.

매일경제신문. 2012.2.16

한화 '1일 거래 정지' 처분받나

주식매매정지는 불성실공시법인 지정 사실을 투자자에게 고지하는 목적과 주주 보호 소홀에 대한 책임을 묻는 목적, 두 가지를 담고 있다.

매경이코노미. 2012.2.15.

한국거래소 직무유기 비난 빗발

대기업의 경우 자기자본금액 대비 2.5% 이상 넘는 금액(대기업이 아닌 경우는 5%)과 관련해 횡령 배임 혐의가 불거지면 의무적으로 공시해야 한다. 김회장 등의 횡령 배임 혐의 금액은 899억원, 한화의 2009년 말 자기자본 대비 3.88%에 해당하는 만큼 공시 대상이다. 공시 시기는 '해당 사실을 인지한 직후'다. 한화는 해당 사실을 언제 인지했을까? 2011년 1월 30일 각 언론지상에 '김승연 한화그룹 회장이 횡령, 배임 등의 혐의로 기소된다'는 내용의 기사가 일제히 실렸다. 백번 양보해도 한화가 수사받는 단계에서는 정확한 내용을 몰랐다 해도 적어도 김 회장이 기소가 되고 공소장을 받은 이후에는 정확한 사실을 알 수밖에 없다. 검찰이 공소장을 받은 이후에는 정확한 사실을 알 수밖에 없다. 검찰이 공소장을 보낸 것은 지난해 2월 10일로 알려졌다.

그런데 왜 공시가 안 됐을까? 공시가 돼야 하는 사항을 기업이 공시하지 않으면 거래소는 조회공시를 요구한다. 한국거래소측은 "'기소가 된다'는 내용이 알려진 1월 30일 담당자가 한화측에 전화를 걸었다"고 얘기한다.

연락을 했는데 '아직 공소장을 받지 못해 정확한 사실을 모르겠다'고 답했다. 공소장을 받으면 바로 공시하라고 했다. 그 다음엔 챙기지 못했다.

이후 한화는 무려 1년 넘게 공시를 안 하고 버티는 수를 쓴다. 아이러니하게도 꼼수를 부리던 한화는 오히려 꼼수 때문에 더욱 곤란해지는 지경에 처했다.

지난해 4월 1일 관련 법이 개정됐다. 이전에는 횡령 배임 혐의가 있을 경우 공시만 하면 됐다. 법 개정 이후로는 횡령 배임 혐의가 있는 기업은 당장 매매거래정지를 시키고 상장폐지심사를 하는 식으로 시스템이 바뀌었다. 한화가 공소장을 받은 지난해 2월에만 공시를 했어도 그저 공시만 하면 끝이었다. 4월 1일 법이 개정된다는 소식이 알려지면서 공시를 안 하고 버티던 기업 상당수가 털고 가겠다며 3월에 공시를 하기도 했다. 10대 그룹사 한화가 이런 사정을 몰랐을리 없다. 그러나 한화는 이때도 '공시하지 않는' 전략을 고수한다.

한국경제신문. 2012.2.28.

대형주에 '상장폐지 실질심사' 적용 혼란

전문가들은 유가증권시장에서의 실질심사 제도는 한계기업과 우량기업에 각각 기준을 달리하는 '투트랙' 제도를 적용하는 방향으로 보완해야 한다고 입을 모으고 있다. 한 증권 제도 전문가는 "우량기업에서도 횡령 배임이 발생한다는 것은 용납될 수 없는 일이지만 한계기업과 같이 퇴출 심사로 바로 연결되는 구조는 투자자 혼선만 불러올 뿐"이라며 "제도 도입 취지를 살려 일정 요건을 갖춘 우량기업의 경우 우선적으로 투명성 확보 조치가 취해질 수 있도록 제도를 손질해야 한다"고 말했다.

어떻게 해석하면 우량기업의 경우는 시스템이 더 잘 갖추어진 기업이므로 이들 기업에 대해서는 원천적으로 이러한 사건이 발생하지 않아야 하므로 우량기업에서 이러한 사건이 발생한 점은 별도의 조치를 취해야 하지만 그렇다고 이 기업의 상장 자체에 문제가 있는 것이 아니라면 위의 기사에서 제안하는 점도 일리가 있다.

09 chapter

금융회사의 지배구조

일반적으로 등기임원인 경우는 선임이 가장 중요한 이슈인 듯이 보이지만 신한지주의 경우에 보는 바와 같이 exit plan 또는 경영권 승계 시스템이 매우 중요한 이슈이다. 즉 퇴임, 중임이 중요한 건으로 부각된다. 기존의 이사회 member가 갖고 있는 권한이 기득권이 되지 않도록 명확한 guideline이 제시되어야 한다. 그렇지 않으면 이사회가 이미 이사회 member가 된 그들만의 league가 될 수 있다. 즉, 사외이사들은 대표이사를 추천하고 이렇게 추천된 대표이사가 다시 사외이사를 연임해 준다면 특히나 이러한 기업에 최대주주가 없다면 이사회 member들이 inner circle을 형성한 철옹성일 수 있다.

특히나 사외이사의 평가에 대한 문제가 이슈가 된다. 집행임원이나 사내 임원은 사내에서 상근으로 근무하므로 당연히 업무에 대한 평가를 받게 되고 상사가 존재하므로 평가를 하는 주체도 명확하다. 그러나 사외이사일 경우는 이사회에서의 참석여부, 토론참여 등에 의해서 업적을 평가받아야 하므로 객관적인 평가 자체가 어렵다. 특히나 개정된 상법에서는 집행임원을 인정하고 있다.

집행임원의 선임은 이사회에서 진행되며 동시에 등기해야 한다. 집행임원 설치 회사의 경우 대표이사 선임이 불가하며 대표집행임원으로 대체한다.

감독기관에서 임원해임 권고라는 조치를 기업(법인)에 하는 경우가 있는데 주총에서 선임된 임원은 해임 권한이 주총에 있으므로 주총에 이를 권고하여야 하며 이사회에서 선임된 집행임원일 경우는 해임 권한이 이사회에 있을 것이므로 이사회에 이러한 권고를 해야 할 것이다.

chapter 14에도 기술되는 내용이지만 독일의 이사회는 supervisory board(감독기능)와 management board(경영자문기능)로 이원화되어 있다고 하는데 기존의 주총에서 선임된 이사회는 감독기능만을 수행하게 되며 운용은 집행임원이 담당하는 구도이다.

일반적인 회사의 지배구조에 대한 논의는 금융이나 회계에 국한된 본서의 범주에 포함되지 않는다. 단, 금융회사 중 지주회사의 형태를 띠는 경우가 우리, 신한, 하나, KB, 산업은행, SC금융지주와 증권 중심인 한국투자지주이며 한국씨티은행이 지주회사 전환을 추진중이다. 또한 메리츠금융지주가 최근 금융위로부터 보험사로서는 처음으로 지주사 인가를 받았다. 지주회사와 은행과의 위상 관계가 이슈가 된다.

최근에 와서 가장 크게 이슈가 되는 부분이 경제위기 이후에 도입된 사외이사제도에 있어서 그 역할을 어떻게 가져갈지에 있다. 포스코 등의 경우에는 최근에 사외이사가 이사회 의장을 맡고 있으며, 금융지주도 이사회의장과 CEO를 분리한다. 이는 권력의 집중과 전횡을 방지하려는 의도인데 동시에 권력의 분산으로 인한 혼란이 초래될 위험도 있다.

정부 위원회도 동일하다. 예를 들어 민간인 중심으로 운영되는 공적자금관리위원회의 경우도 민간인이 금융위원장과 같이 공동위원장을 맡고 있으며, 국무총리실 소속의 규제개혁위원회의 경우도 민간인이 민간공동위원장을 맡고 있으며 공무원은 아예 위원이 아니다. 민간 중심의 정부위원회도 사외이사 중심의 민간기업과 같은 맥락에서 이해할 수 있다. 정부위원회가 당연직으로만 구성될 경우에 당연직 위원이 각 정부기관의 이해를 대변할 것이므로 조율이 어려울 수 있다.

금융기관의 지배구조는 단지 금융기관만의 이슈가 아니다. 금융은 모든 경제를 뒷받침하는 인프라이기 때문에 금융기관의 지배구조는 감독기관에서도 신경을 써야 하는 문제이다. IFRS를 도입하면서 상장기업과 300여 개의 금융기관에 이를 도입한 이유는 금융은 모든 인프라가 선진화되어야 한다는 이유에서였다.

다음은 포스코의 정관 내용이다.

구: 40조(이사회의 의장)

1. 회장은 이사회의 의장이 된다

2. 회장이 이사회에 참석할 수 없는 경우에는 사장, 부사장 순으로 이사회 의장의 직무를 대행한다.

신: 정관 40조(이사회의 의장)

1. 이사회의 의장은 사외이사 중에서 이사회의 결의로 선임한다.

2. 이사회 의장의 임기는 1년으로 하며, 연임하지 아니한다.

3. 이사회의 의장이 의사회에 참석할 수 없는 경우에는 사외이사 중에서 선임 연장자 순으로 그 직무를 대행한다.

포스코 정관에서 흥미로운 부분은 사외이사를 이사회 의장으로 선임하되 동시에 이사회 의장을 맡는 사외이사의 전횡을 방지하기 위해서 의장이 rotate하는 제도를 시행하고 있다. 전문성보다는 권한 집중을 예방하는 차원으로 이해할 수 있다.

구: 28조(이사의 선임)

이사회의 결의에 의하여 상임이사 중 대표이사 회장, 대표이사 사장을 선임하고, 회장의 추천에 의해 이사회의 결의로써 상임이사를 부사장, 전무이사 또는 상무이사로 선임한다.

신: 28조(이사의 선임)

이사회의 결의에 의하여 상임이사 중 대표이사 회장을 선임하며, 약간 명의 대표이사를 선임할 수 있다. 대표이사 회장의 추천에 의해 이사회 결의로써 상임이사를 사장, 부사장으로 선임한다.

구: 46조(집행임원)

집행임원은 부사장, 전무, 상무

신: 46조(집행임원):

집행임원은 사장, 부사장

즉 사장은 등기임원이 아니라 등기임원이 아닌 사장이 집행임원으로 선임될 수 있다. 즉, 포스코와 같은 대기업일 경우는 사장이 다수일 수 있으며 이 모든 사장이 등기임원일 수 없다. 예를 들어 삼성전자는 약 10명의 사장, 15명의 부사장이 집행임원으로 일하고 있으므로 이들 중 등기임원은 소수로 제한될 수밖에 없다. 삼성전자에서 이사라는 직함 이상을 갖는 경우가 870여명에 이른다. 현대자동차에는 6인의 부회장, 5명의 사장, 15명의 부사장이 있다. 이들 임원 중, 기획담당 임원, 또는 재무담당 임원이 하위 직급이지만 등기임원일 수 있다. 이는 이들이 이사회에 참석하여서 의사결정을 수행함에 필수적인 직무를 수행하고 있기 때문이다.

특히나 수년 전 자산규모 2조원인 기업의 사외이사가 과반수로 선임되면서 많은 기업이 비용 절감의 차원에서 사내 등기임원의 수를 감축하였다. 이는 등기 사내이사의 수를 유지하기 위해서는 동시에 사외이사의 수를 유지하여야 하기 때문이다.

대표이사와 이사회 의장이 겸직하는 경우와 이를 분리하는 경우가 있다. 두 제도 모두 장단점이 있는데 전자의 경우, 일사분란하게 대표이사가 경영을 책임지고 추진력 있게 수행한다는 장점이 있는 반면에 대표이사가 독단적인 경영 또는 전횡을 수행함으로써 견제할 수 있는 역할 자체가 제한된다는 단점도 존재한다.

이러한 내용은 2011년 주총에서도 이슈가 되었다. 해답이 없는 지배구조에 대해서 아래의 기사와 같이 이제까지 이를 구분하지 않고 의장과 대표이사가 겸직하였던 기업은 그대로 가지만 구분하였던 기업이 이를 다시 겸직하려고 할 때에만 이를 제한하는 것이 적절한 방향인지에 대해서는 논란이 있을 수 있다.

매일경제신문. 2012.3.16.

LG화학 '겸직금지삭제' 투명성 역행

대표이사 이사회 의장 겸직 금지 조항을 삭제한 LG화학의 주총이 관심거리다. LG화학은 이번 주총에서 정관개정을 통해 대표이사가 이사회 의장이 될 수 있는 길을 열기로 했다. LG화학은 2004년 3월 정기 주총에서 대표이사의 이사회 의장 겸직 금지 조항을 신설하여 업계에 신선한 충격을 줬다.

당시 LG화학측은 이사회의 독립성을 강화하고 기업지배구조를 개선하기 위해 이사회 의장과 최고경영자를 분리했다고 설명했다.

대표이사의 이사회 의장 겸직이 독단 경영을 불러오는 등 부작용 소지가 많다는 것이 또 다른 이유였다. 좋은기업지배구조연구소는 이에 대해 "의장과 대표이사의 겸직 조항을 왜 삭제하는지에 대해 LG 화학이 설명하지 않고 있다"며 "이번 정관변경으로 대표이사가 이사회 의장을 맡게 될 경우 이사회의 독립성을 훼손할 우려가 있다"고 반대했다.

국민연금 의결권 행사 지침에 따르면 '이사회 의장과 CEO의 직책이 분리돼 있는 경우 정당한 사유 없이 이를 합치는 안에 반대한다'고 돼 있기 때문이다.

이에 대해 LG화학 관계자는 "운영 측면에서 효율성을 높이기 위한 조치"라며 "이사수를 현재 7명에서 10명으로 늘리고 사외이사 수가 과반수를 넘는 6명으로 운영할 예정이어서 경영 투명성에도 큰 문제가 없다고 본다"고 설명했다.

이는 금융지주회사체제하에서도 나타나는데 과거에 모 금융지주와 산하 은행이 이슈를 놓고 충돌하였던 점이 있으며 은행금융지주의 경우, 은행이 전체 지주회사의 영업에 많은 부분을 차지하고 있을 경우는 지주회사의 회장이 상위기관의 장이기는 하지만 실질적으로 지주회사의 회장과 은행의 은행장간에 누가 실권자인지에 대한 권한다툼의 이슈까지도 논의가 전개될 수 있다. 지주와 산하 금융기관이 별도의 이사회를 유지하고 있으므로 충분히 가능한 경우이다. 일부의 금융지주/은행과 같이 별도의 이사회를 운영하기는 하지만 이사회 위원을 중복으로 선임하여 실질적인 운영은 동일하게 진행하는 것도 대안 중의 하나이며 이렇게 진행하는 경우도 있다. 지배구조라는 것이 기업을 효율적으로 경영하기 위한 목적이므로 운용의 묘를 살릴 수 있다.

외국의 경우도 다음과 같은 이슈가 있다.

한국경제신문. 2008.1.5.

미기업들 회장 '따로' CEO '따로' S&P 500대 기업 중 36%
권력분화 논쟁 뜨거워

기업 최고경영자 CEO가 이사회 의장을 겸하지 않는 미국 기업들이 늘어나고 있다. 이런 기업들에선 이사회 의장이 기업 의사 결정에 막강한 영향력을 행사하면서 CEO를 견제한다. 이 때문에 CEO와 이사회 의장의 '권력 분화'를 둘러싼 논쟁이 뜨거워지고 있다.

CEO와 이사회 의장의 권력 분점이 일어나는 때는 기업의 경영실적이나 재무구조가 악화되는 위기의 순간이 대부분이다. 서브프라임 모기지 부실로 퇴진 압력을 받았던 베어스턴스의 CEO겸 이사회 의장이 지난 8일 CEO자리를 내놓고 이사회 의장직만 유지키로 한 것도 이런 사례다.

영국에선 1992년 이래 기업지배구조개혁이 활발하게 이뤄져 대다수 메이저 기업들이 CEO와 이사회 의장 분리 체제를 갖고 있다. 이 체제의 옹호론자들은 이사회 의장이 이사회를 이끌며 기업 경영의 조언자로서 도움을 아끼지 않고 차기 CEO 선임 문제까지 관리함으로써 CEO가 경영활동에 전념할 수 있게 한다고 주장했다.

이에 반해 반대론자들은 CEO와 이사회 의장간 권력 투쟁이 기업 경쟁력을 훼손시킬 수 있고 직원들에게 업무 지시 계통의 혼란을 줄 수 있다는 점을 들어 CEO가 이사회 의장까지 맡는 게 바람직하다고 반박한다.

특히나 국민지주의 경우와 같이 지주의 회장과 은행장이 회장 선임과 관련된 경합을 벌이는 경우는 조직이 완전히 양분되는 모습을 보이는 경우도 있다.

따라서 금융지주사일 경우는 자회사인 은행장 및 증권회사, 보험회사, 투자운영사 또는 투자자문사의 기관장의 임명까지 금유지주사의 회장이 수행할 영역인지 아니면 은행장 등의 임명은 은행장선임(추천)위원회 등을 통해서 진행될 수도 있다. 단, 회장이 은행장에 대한 인사권이 없을 경우에 실질적으로 지주사회사 산하 기관을 통제할 수 있는 권한은 급격하게 축소된다.

최근 한 금융지주일 경우 은행장뿐만 아니라 부행장의 인사에까지 지주회사 회장이 전권을 행사하였다고 알려졌다.

시사저널. 2012.1.17.

KB 금융지주 회장, 연말 인사 통해 '경영 본색' 드러내
"지주사 회장이 은행까지 좌우" 불만도

은행을 제외한 계열사만 지주사에서 핸들링했다. "은행장이 아닌 지주사 회장이 은행 인사를 좌지우지하는 것에 대해 불만이 있는 것은 사실이다"고 귀뜸했다.

"국민은행의 은행장 선출 권한을 가진 '행추위'(행장 추천위원회)는 '대추위'(계열사 대표이사 추천위원회)로 바뀌면서 지주사에 흡수됐다. 은행장뿐 아니라 계열사 대표이사 선임권까지 지주사로 넘어가 있는 상태이다"라고 설명했다. 2009년 말 황영기 전 회장이 금감원 제재로 회장직에서 물러나면서 당시 지주사 부회장으로 있던 강정원 전 행장이 회장직을 대행했다. 이때 대추위 기능을 지주사로 넘겼다.

이사회의 기능을 monitoring과 advising으로 구분할 수 있다. 가끔 사외이사의 선임과 관련되어 독립적인 이사는 전문성이 없고, 전문성이 있는 사외이사는 독립적이지 않다고 한다. monitoring에서는 독립성이 중요하며 advising에서는 전문성이 중요하다. 이러한 사외이사의 자격 요건은 외부감사인의 자격 요건과 동일하다.

사외이사가 이사회 의장을 맡게 될 경우 가장 큰 어려움은 사외이사와 이사회 의장이 어느 정도까지 현업 업무를 파악하고 있는지일 것이다. 즉, 사외이사 의장의 전문성이 가장 큰 이슈이다. 즉, 이러한 대안은 독립성은 확보된다고 이해할 수 있지만 전문성이 이슈가 될 수 있다.

미국의 경우는 이를 기업에 위임하고 있는데 2/3 정도 되는 기업은 CEO가 이사회 의장을 겸임하고 있어서 미국에서도 아직은 사외이사가 이사회 CEO를 맡는 경우가 소수이다.

위의 포스코의 경우와 같이 정관으로 제도가 확정되어 있는 기업은 이슈가 되지 않으며 또한 금융지주회사와 같이 법(금융회사 지배구조법)으로 사외이사가 이사회 의장을 맡도록 되어 있는 기업도 이견이 있을 수 없지만 그렇지 않은 기업일 경우 이사의 선임은 주총의결사항이고 의사회 의장의 선임은 이사회 의결 사안이다. 은행은 은행법에 의해서 지배구조에 영향을 받는다. 예를 들어, 은행법상 3명 이상의 사외이사를 두되, 사외이사는 전체 이사의 과반수여야 하며, 감사위원회는 총 위원의 2/3 이상이 사외이사여야 한다. 은행법에서 감사위원회 전원이 사외이사로 구성되는 것이 아니라 2/3 이상이 사외이사여야 한다는 규정은 아마도 은행에 상근 감사라는 보직이 있으며 이들이 감사위원회 구성원이어야 하기 때문이다. 감사위원회가 전원 사외이사로 구성되는 것에 비해서 2/3 이상이 사외이사로 구성되는 것이 외관적으로는 독립성에 있어서 미흡해 보일 수 있다.

당연히 이사회 내에서 이견이 있다면 표결로 이사회 의장이 확정될 것이다. 따라서 이와 관련된 합치된 의견이 도출되지 않는다면 이는 정치적인 process일 것이다. 단, 최대주주가 이사로 선임되는 경우에는 이 최대주주가 이사회 의장을 맡게 됨이 오히려 자연스러울 수 있다. 이 최대주주가 경영과 관련된 주된 의사결정을 수행하는데 이를 외관상 그렇게 보이지 않게 하기 위해서 즉, 소유와 경영이 분리된 것으로 보이기 위해서 최대주주가 이사회 의장을 맡지 않는 것도 오히려 부자연스럽다. 최대주주가 이사회 의장을 맡지 않고 전문경영인이 이사회 의장을 맡으면서 최대주주가 이사회에 불참하는 경우도 있는데 이는 지배구조 확립 차원에서의 이사회 중심의 경영철학과는 차이가 있다.

사외이사는 사외이사 추천위원회에서 추천되는 기업도 있으며 아니면 기업 내부에서의 search process를 거치게 된다.

새로이 상장된 기업인 경우에는 기존의 이사가 없기 때문에 외부 감사인이 이들을 추천하기도 하지만 이러한 경우 사외이사와 외부 감사인간에 이해 상충이 발생할 수도 있으며 독립성이 훼손될 수 있다. 특히 감사위원회는 외부 감사인에 대한 counterpart로서의 업무를 수행하여야 하므로 서로 견제의 역할 관계가 있다고 보는 것이 적절할 것인데 이들간에 추천/피추천의 관계가 성립한다면 이는 바람직하지 않다고 판단된다. 이는 특히 감사인 선임위원회 또는 감사위원회는 3년간 계속감사기간이 경과한 후에는 새로운 감사인을 선임하는 업무를 수행하여야 하기 때문에 객관적인 감사인의 평가에 근거한 감사인 선임과정이 수행된다고 판단하기 어렵다.

한국경제신문. 2006.3.4.

기아차 임원 '시차임기제'도입

'이사 임기 만료일을 분산시켜 경영의 연속성을 확보하기 위해'

2009/2010년에 금융기관도 정원의 20%씩을 매년 교차해 가는 제도를 시행한다. 시차임기제라는 표현을 사용하지는 않았지만 같은 취지의 제도이다.

또한 일부 사외이사들이 장기간 이사회의 임원으로 선임되는 것을 방지하기 위해서 법 초안에는 금융기관은 최장 5년으로 cap이 설정되었다. 사외이사가 임기가 지속될수록 전문성은 증가하지만 독립성이 훼손될 위험이 있으므로 강제된 제도이다. 금융기관의 사외이사는 한 기업으로만 제한된다. 이는 사외이사를 맡고 있는 금융기관간에 이해상충이 발생할 수도 있기 때문이다. 동시에 상장기업의 사외이사는 두 기관으로 제한된다(구 증권거래법 54조의5 4항 9호, 증권거래법 시행령 37조의6 3항, 증권거래법 191조의16). 법무부는 한 사람이 동시에 사외이사직을 겸직할 수 있는 기업수와 관련해 상장사를 포함해 2개로 제한하는 내용의 상법 개정안 시행령을 마련했다고 6일 밝혔다(한국경제신문. 2012.3.7).

즉, 비상장기업 사외이사만을 맡는다면 사외이사 선임기업수에 제한이 없지만 상장기업 사외이사를 한 기업이라도 맡는다면 추가 사외이사를 맡을 수 있는 기업은 상장기업이거나 비상장기업이거나 한 기업으로 국한된다.

이러한 사외이사들의 임기 cap은 감사인 강제교체와 같은 맥락에서 이해할 수 있다. 감사인과 피감기업과의 관계가 지속된다면 유착관계가 형성될 가능성이 높아지며 감사인의 전문성은 개선되지만 감사인의 독립성이 훼손되기 때문에 강제교체라는 제도가 과거에 채택되었다.

박경서(2010)는 다음과 같이 기술하고 있다.

주주란 그 누구보다도 기업의 경영이 성과를 낼 수 있도록 경영에 참여할 유인이 강한 주체이다. 따라서 주주는 주주총회에서의 투표권 행사를 통해 경영의 주요한 의사결정에 참여한다. 그러나 주주는 지배주주를 제외하고는 회사의 경영에서 벗어나 있고 주요한 정보에의 접근성도 제한되어 있으며 주주총회 결의사항을 제외한 회사경영의 대부분에 대해 별다른 영향력을 행사할 수 없다는 점에서 기업의 주인으로서 주주권의 행사에 치명적 제한을 받는다. 특히 소유구조가 분산된 경우 지배주주의 부재로 주주의 개입이 제한된 가운데 경영자, 근로자 그리고 금융기관의 경우 금융정책당국이 과도한 영향력을 행사하는 일이 발생한다.

이러한 문제점을 그나마 해소하기 위한 방안은 일정 지분 이상을 보유한 주주로 하여금 실질적으로 주주권을 행사할 수 있는 방법을 모색하는 것으로 예를 들면 사외이사 임명권의 제공 등이 그것이다. 그런데 현재는 은행주식 1% 이상의 지분을 보유한 주주는 사외이사를 할 수 없도록 되어 있는 반면 은행주식을 6개월 이상, 0.5% 이상 지속적으로 보유한 주주의 경우 사외이사를 추천할 수 있는 상충적인 규정이 존재한다.[1] 즉, 1% 이상의 지분을 가진 주주는 사외이사를 추천할 수 있을 뿐이고 자신이 직접 사외이사가 될 수는 없다. 동시에 자본시장법에 따르면 0.25% 이상 지분을 갖는 주주는 사외이사 추천위에 후보를 제안할 수 있다.

이제까지는 금융시장의 큰 손인 국민연금에서 사외이사에 대해 주총에서 의결권에 비례하여 승인권을 갖고 있으나 실질적으로 사외이사를 추천하지는 않는 것과 맥을 같이 한다. 다만 국민연금이 최근, 앞으로는 의결권 행사에 적극적으로 참여하겠다는 의사를 표명하였고 정부가 국민연금을 통하여 민간기업의 경영활동에 영향을 미치려 한다는 논란을 초래하였다. 국민연금은 겸직이 많은 최대주주, 실형을 선고받은 최대주주의 등기임원 선임에 반대하고 있다.

주총에서 감사위원을 선임할 수 있는 권한에 3%의 제한을 두는 것과 같은 맥락이다. 즉, 권한을 제한하는 것이므로 1% 이상의 지분이 있을 경우는 본인이 사외이사가 될 수 없는 내용과 일맥상통한다.

즉, 감사의 역할 자체가 경영자를 감시하게 되는데 감시를 받아야 하는 최대주주가 경영에 참여한다면 이 최대주주/경영자가 주총에서 과대한 지분(의결권)

1 은행업감독규정 제19조 ①항. 은행연합회 '은행 등의 지배구조모범규준', 제9조 5항.

을 행사하여 본인을 감시할 감사를 주도적으로 선임한다는 것이 제도의 취지에 부합하지 않는다.

이러한 사외이사의 주식보유와 관련된 제도는 아래와 같이 변화되었다.

재경부는 (구)증권거래법 시행령을 개정하여 특정 금융회사와의 예금대출, 수익증권 및 보험 등의 거래규모가 잔액기준으로 1억원이 넘어도 해당 금융회사의 사외이사를 맡을 수 있다.[2] 또 특정회사의 주식을 발행주식 총수의 1% 이상 보유하고 있거나 시가 기준으로 3억원 이상(주식의 취득가액을 기준으로 하되, 주식매입선택권을 부여받은 경우에는 행사가격을 기준으로 함) 보유하고 있는 사람은 해당 회사의 사외이사를 하지 못하도록 한 규정에서 3억원 이상의 금액제한이 폐지된다(법 21조 제1항의 규정에 의한 보류를 의미).

소득세법 시행령에 따르면, 대주주의 범위는 지분율 3% 이상(코스닥은 5%)이거나 시가총액이 100억원(코스닥 50억) 이상인 경우로 정의하며 대주주에게는 소액주주에는 적용되지 않는 양도차익에 대한 세금을 부과한다. 위의 설명과 비교하여 어떠한 경우에는 상대적인 주식보유로 대주주를 정의하며 어떠한 경우에는 절대적인 주식보유와 상대적인 주식보유를 혼합하여 대주주를 정의하기도 한다. 단, 절대금액으로 대주주를 정의하면서 불이익을 줄 경우 이 절대 금액의 산출근거에 대해서는 설명하기 어렵다.

이러한 정책의 변화가 어떠한 근거를 갖는 것은 아니다. 다만 금액으로 규제한다는 것은 상대적인 비교가 아니며 비교의 상대적 근거가 존재하지 않기 때문에 이러한 규제가 삭제되었다고 판단된다. 증권회사의 직원이 본인이 근무하는 회사를 통해서 저축거래를 하는 것은 가능하지만 위탁거래를 하는 것은 금지하고 있다. 반면 은행 직원이 본인이 근무하는 은행에 계좌를 갖는 것을 금지하지는 않는다.

이사회가 주주를 위한 의사결정뿐만 아니라 채권자나 직원에 대한 의사결정까지를 수행한다면 이들 이해관계자의 이익이 경영의사결정에서 훼손되는 것을 이사회가 제어해야 하므로 이러한 차원에서는 대주주 사외이사의 선임에 문제가 있지만 그렇지 않을 경우에는 주주 사외이사의 선임이 긍정적인 차원일 수도 있

2 한국경제신문. 2005.1.27. 사외이사 자격 요건, 금융 주식보유완화

다. 채권자의 이해가 보호되도록 채권자 대표가 감사인선임위원회에는 포함된다.

어느 정도 지분을 갖는 주주가 사외이사를 맡는 것이 이렇게 함으로써 경영진(이사회)의 효용함수가 주주의 효용함수와 일치(align)될 수 있는 장점이 있다.

일부의 사외이사는 급여를 현금으로 받지 않고 바로 주식을 매입하는 경우도 있다. 회사의 사외이사로서 이렇게 함으로써 회사에 대한 관심이 더 높아지는 순기능이 있다.

이러한 차원에서 사외이사 또는 상근이사의 주식보유는 오히려 경영의사결정에 도움이 될 수도 있다. 단, 어느 정도까지의 주식보유가 자신에게 맡겨진 업무에 방해가 될 정도의 과도한 주식 보유인지는 주관적인 이슈이며 법의 시행령에서는 이를 1%라고 판단하는 것이다.

따라서 사외이사에게 주식이나 주식매입선택권을 허용할 것인지의 의사결정은 이사회의 이사에게 기업의 부의 극대화를 이루기 위한 incentive를 제공할지 아니면 주식이나 주식매입선택권을 소유한 이사가 이들 개인의 효용을 위해서 의사결정을 수행하는 것을 방지하여야 하는지와 관련되어 적절한 정책이 선택되어야 한다.

Cadbury(1992) 보고서의 후속연구로 나온 Hampel 보고서(1997)는 비상임 이사의 보수와 관련하여 보수의 일부를 주식으로 지급하는 것은 이사의 이해를 주주의 이해와 일치시키는 유용하고 정당한 방법이라고 하고 있다. 다만 주식 option에 대해서는 부정적인 입장을 취하고 있는데 그 이유로는 option의 레버리지 효과로 인한 잠재적 이익의 크기가 비상임 이사들에게는 부적절하기 때문이다. 그러나 정광선 외 2인은 비상임 이사들에게 제공하는 option의 규모는 상임이사들에 비해 매우 작은 일부에 지나지 않기 때문에 Hampel 보고서 등의 논리는 잘못된 것이라고 기술하고 있다. 실제로 미국의 많은 기업들이 이미 사외이사들에게 주식 option을 급여의 일부로 지급하고 있다.[3]

미국에서는 오히려 소액 주주에게 사외이사 지명권을 고려하는 다음의 제도도 검토되었다. 아래 제도의 취지는 소액주주로 하여금 최대주주의 전횡을 감시

---

3 정광선, 김영호, 문형구. 1999. 한국형사외이사제도에 관한 연구. 한국상장회사협의회. Hampel Report. 1997. The Committee on Corporate Governance. Gee Publishing. Cadbury Report. 1992. *Financial Aspects of Corporate Governance*, London: Gee.

할 수 있는 권한을 인정하겠다는 것이다.

한국경제신문. 2009.5.21.

미, 기업지배구조 확 바꾼다. SEC, 소액 주주에 사외이사 지명권

미국 증권거래위원회가 사외이사들을 주주들이 지명할 수 있도록 하는 파격적인 방안을 강구중이다.

뉴욕타임즈는 그동안 회사 이사회가 지명해 오던 사외이사들의 4분의 1을 기관투자자 소액주주협의체 등이 선임할 수 있는 새로운 규정을 제안할 것이라고 19일 보도했다. 또 SEC는 주주들이 반대하는 이사를 회사가 선임하려면 700대 상장기업의 경우 1%, 중소상장기업은 회사 규모에 따라 3%나 5% 주주의 승인을 받도록 하는 내용도 포함시킬 것이라고 NYT는 덧붙였다.

NYT는 이 같은 규정이 도입되면 상장기업의 지배구조에 획기적인 변화가 불어 닥칠 것으로 내다봤다. 경영진에 대한 과도한 보수 및 인센티브 지급 등의 문제들도 불거진 터라 미 의회 일부도 이와 비슷한 법안을 마련했다.

최근에는 개정된 상법에 준법지원인제도가 도입되면서 이 제도가 변호사를 위해 만들어진 제도라고 해서 한창 논란이 뜨겁다. 다수의 변호사 출신 국회의원들이 변호사들의 일자리 창출을 위한 변호사들 이익을 옹호하기 위해 만든 제도라는 비판도 있고 그렇지 않아도 금융기관에서도 준법감시인(compliance) 제도가 감사나 감사위원회의 기능과 중복된다는 비판이 많은 현 시점에 옥상옥이 될 수 있는 이 제도는 누구를 위한 제도인지에 대한 비판이 많다. 기존의 제도에 대한 중복 논란은 다음의 신문기사에서 찾을 수 있다.

매일경제신문. 2011.7.6.

준법지원인 대상 기업 20일 결정. 재계 '자산 5조 이상이 적당' 법조 '1,000억 이상으로 해야'

도입 대상과 자격은 올해 중 대통령령으로 정해진다.

준법지원인 제도 관련 자문단인 '준법경영법제개선단'은 20일 5차 회의를 열고 제도 도입 대상 기업 범위를 최종 논의할 예정이다. 재계는 '준법지원인 추가 고용은 기업에 부담이 된다'며 제도 도입 대상은 자산 규모 5조원 이상 기업 80여 곳에 한해 일단 시범 실시를 해 보자는 의견을 낸 상태다. 그러나 법조계는 '사외이사 제도 등 도입 기준에 맞춰 자산 규모 1,000억원 이상이 대상'이라고 주장하고 있다.

법조계는 '실제 배임 횡령 등 경영진의 비리는 자산 규모 500억-5,000억원 사이의 기업에서 가장 많다'며 도입 확대를 주장하는 반면 재계는 '이미 기업 내부 통제제도가 시행되고 있으며 실익을 따져 보려면 최소 규모로 시범 실시해야 한다'고 반박했다.

법조계 주장대로 된다면 상장회사 약 1,700여 곳 중 절반이 도입대상이다.

한국경제신문. 2010.6.17.

준법감시인, 감사와 동급으로 역할 강화(금융회사 지배구조개선법)
일각에선 '낙하산 자리 늘리기 꼼수' 지적도

'금융회사 경영 지배구조에 관한 법률안'에 준법감시인 기능을 대폭 강화한 방안을 포함시킨 것으로 확인됐다.

현행 감사체계는 감사위원회, 감사, 준법감시인 역할이 모호해 업무 중복이 발생하고 준법감시인이 제 구실을 못 한다는 지적을 받아왔다. 현재 준법감시인은 감사위원회에 보고할 의무가 있다.

상근감사는 사후감사, 준법감시인은 사전 예방이나 내부통제기능을 수행해야 한다. 단, 지금은 산하에 감사실 등을 보유해 인력과 시스템을 갖고 있는 상근감사가 이 모든 기능을 수행하고 있다.

이 때문에 금융사 내부적으로는 사실상 감사위원회 위원인 상근감사-준법감시인의 수직관계가 설정된 곳도 많다.

제1안은 준법감시인의 내부통제기능을 대폭 강화하는 방안으로 명칭도 내부통제인으로 바꾼다.

감사위원회는 순수하게 사외이사로만 구성한 뒤 감사와 함께 외부 견제조직으로 하고 준법감시인에게 사전예방, 사후감사, 내부통제 등 내부감사기능을 대부분 넘기는 것이다.

제2안은 현재의 형식적인 rule은 유지하되 준법감시인에게 내부통제와 사전예방 등 기능을 부여하는 내용을 담았다.

감사와 준법감시인간의 업무 중복 해소 방안도 마련

금융위원회에서 연구 용역을 의뢰받은 금융연구원은 23일 공청회에서 이 같은 내용을 담은 '금융회사 지배구조개선법' 내용을 공개했다. 개별법 규정을 통합해 금융회사 지배구조에 대한 단일법 체계를 만들자는 게 금융당국 의도다.

개선안은 우선 현행 사외이사가 2/3 이상 포함해야 하는 감사위원회를 전원 사외이사로만 구성하는 방안을 제시했다.

감사위원회는 상근 감사를 대체하는 형태로 2000년대 도입했지만 상근감사위원이 위원회에 참여해 독립성을 약화시킨다는 지적을 받았다. 사전 예방, 사후 감사 등을 각각 담당하는 준법감시인과 상근감사 역시 업무가 중복되면서 2001년 도입된 준법감시인제도 취지를 살리지 못했다.

개정안은 감사위원회를 사외이사로만 구성했을 때 업무감사는 내부통제인 직책을 신설해 기존 상근감사와 준법감시인 업무를 통합 수행하는 방안을 제시했다.

법안은 감사위원회를 현행대로 유지한다면 준법감시인과 상근 감사업무를 명확히 구분하도록 했다. 경영진 견제를 위한 이사회 역할 강화를 위해 이사회 중 사외이사 비중을 현행 1/2 이상에서 과반수로 의무화하고 일정 규모 이상을 초과하는 금융사는 5명 이상을 두도록 했다.

하지만 학계에서는 금융사 지배구조를 법적으로 엄하게 규정하는 것은 올바른 방향이라는 주장이다. 김상조 한성대 교수는 금융권역별로 규제 격차가 큰 것은 금융회사간 로비력 차이에서 기인하기 때문에 통합법이 필요하다고 지적했다.

이러한 논란을 거친 후, 경제계는 준법지원인 제도의 적용 범위를 최종적으로 정리하였다.

한국경제신문. 2011.9.22.

자산 2조 이상 상장사로 준법지원인제 최소화를 경제단체, 정부에 건의서

과잉규제 논란이 벌어지고 있는 준법지원인 제도에 대해 경제계가 '자산 2조원 이상 상장사로 최소화해야 한다'는 의견을 정부에 전달했다.

대한상공회의소와 전국경제인연합회, 중소기업중앙회, 상장회사협의회, 코스닥협의회는 이 같은 내용의 '준법지원인제도 운용방향에 대한 경제계 의견 건의서'를 기획재정부, 지식경제부, 법무부, 금융감독위원회 등에 냈다고 21일 발표했다.

지난 3월 통과된 개정 상법에 따르면 일정 자산규모 이상인 상장회사는 '준법통제기준'을 마련하고 이를 담당하는 준법지원인을 1인 이상 둬야 한다. 내년 4월 시행을 앞두고 법조계, 학계, 경제계 전문가로 구성된 준법경영법제개선단이 여러 차례 회의를 해왔지만 적용 대상 기업의 자산 기준과 준법지원인 자격을 두고 이견을 좁히지 못했다.

경제 단체들은 건의서를 통해 법조계에서 제시하는 자산 규모 100억원 이상인 상장기업에 도입을 의무화하는 것은 이중규제의 우려가 있다며 2조원 이상 상장기업으로 조정할 것을 제시했다.

한국경제신문. 2011.10.1.

'준법 업무' 10년 경력자, 준법지원인될 수 있다

상장기업에서 준법감시 업무를 10년 이상 해왔던 사람도 준법지원인을 맡을 수 있게 됐다.

30일 서울 여의도 한국거래소에서 열린 '상법 시행령 개정 공청회'에서 박세화 충남대 법학전문대학원 교수는 주제 발표를 통해 '재계 변호사업계 등 각계 전문가로 구성된 준법경영 법제개선단이 지난 5월부터 논의를 진행한 결과 법학분야 학사 이상 소지자로서 상장회사에서 준법감시, 감사 및 이에 준하는 부서에서 10년 이상 근무한 경력자도 준법지원인 대상에 포함시키는 쪽으로 의견을 모았다'고 말했다.

재계와 변호사회는 그동안 상법에 명시된 '변호사 및 5년 이상 경력을 갖춘 법학교수' 외에 누구에게 준법지원인 자격을 부여할 것인지를 두고 논란을 벌여왔다.

준법지원인제 적용 대상 기업에 대해선 기존 입장을 되풀이했다. 배상근 전국 경제인 연합회 경제본부장은 '준법지원인 제도를 상법상 상장회사 특례 규정의 대규모 회사에 속하는 자산기준 2조원 이상의 상장기업에 도입하는 게 바람직하다'고 강조했다.

강희철 대한변호사회 부회장은 '자산 1,000억원 이상 회사에 준법지원인을 둬야 한다'며 "적용범위를 축소한다면 직전 3개 사업연도 평균 매출액 요건을 추가하는 방안을 고려해 볼 수 있을 것"이라고 제안했다.

이 제도는 궁극적으로 재계는 자산 2조원을, 법조계는 자산 1,000억원을 주장하였으며 그 절충안으로 학계는 5,000억원을 주장하였으며 법무부는 3,000억원으로 2011년 12월 28일 입법예고하였으며 다시 자산 규모 5,000억원으로 조정되었다가 자산 규모 1조원 이상 상장사로 최종적으로 축소되었다. 2014년부터 자산 5,000억원 이상 상장사로 확대하는 내용을 골자로 한 상법 시행령 개정안을 3일 국무회의에서 의결하였다(한국경제신문, 2012.4.4).

Chapter 3에서 외감대상법인을 결정하는 경우에도 자산규모 이외에 매출규모가 고려될 수 있다는 점이 흥미롭다.

금융회사 경영 지배구조에 관한 법률안에서 추가적으로 논의되는 내용은 다음과 같다. 이 법률안이 아직 논의단계이므로 이 안에 포함된 이슈가 될 수 있는 다양한 의견을 기술한다.

이사회 의장은 사외이사 중 선임 또는 사외이사 전원 동의시 대표이사가 이사회 의장이 가능하다는 내용도 논의되고 있다.

집행임원은 이사회 의결 또는 보고 등을 거쳐 CEO가 임면한다는 안도 제시되었다. 집행임원은 통상적인 경영업무를 대표이사와 같이 수행하여야 하므로 사외이사들 개입 없이 CEO가 선임하여야 한다는 대안도 있지만 이렇게 해야만 이사회가 힘을 받는다는 의견도 있다.

보상위원회를 설치하고, 보상기준 및 임원보수를 심의하되, 감사위원회의 보상위원회 역할 수행이 허용한다는 대안도 제시되었다. 보상위원회와 감사위원회는 무관한 조직인데 어떠한 이유에서 감사위원회에 보상위원회의 역할을 부여하는지에 대한 의문도 있다. 이사회 내 하부 이사회의 수가 많을 경우 이를 운영하기 어려우므로 이 수를 제한한다는 의미는 있다.

1안: 감사위원회를 전원 사외이사로 구성하여 경영진과 분리

준법감시인은 내부통제기준을 전반적으로 책임지는 내부통제인으로 전환하여 일상의 통제 업무를 수행

2안: 감사위원회와 준법감시인은 현행대로 유지하되, 모범규준을 통해 상근감사위원과 준법감시인의 기능조정

입법예고된 금융회사 지배구조법에 의하면 앞으로는 CEO 같은 사내이사나 비상임이사, 업무집행지시자가 사외이사추천위원회에 참여하지 못하도록 법에 규정할 계획이다. 사외이사들의 독립성을 강화하고 CEO가 선호하는 사외이사를 선임하지 못하도록 하는 제도이다. 또한 지주회사 상근 임직원의 자회사 사외이사 겸직도 금지된다(매일경제신문. 2011.12.16, 한국경제신문. 2011.12.16.). 이 제도의 입법 취지는 지주회사이기는 하지만 자회사와는 별개의 회사이므로 지주사가 과도하게 자회사의 경영에 간섭하는 것을 배제한다는 의미가 있다. 그러나 지배의 개념이 이사회에서의 역할을 의미하는 것이고 지주회사 입장에서는 자회사 CEO 선임에 개입하는 것 이외에도 경영의사결정에 참여하는 것이 부정적인 것만은 아니므로 사외이사로서 참여하는 것은 불가하지만 다른 형태의 이사(예: 비상근이사)로 참여하는 것은 가능할 것이다.

일부에서는 금융회사의 지배구조가 법으로까지 규제할 내용인지에 대한 비

판도 있다. 예를 들어 모범규준 정도의 수준이어야 한다는 대안도 제시된다. 또한 이 정도만으로 모범이 제정되어도 감독기관이 충분히 이를 강제할 수 있는 수단이 있음에도 이를 굳이 법으로 제정하여야 하는지에 대한 의문이다.

이 법안에 보면 경영승계와 관련된 내용도 포함되어 있는데 모 금융지주사의 경영권 승계 과정이 순탄하지 않았던 것을 경험하면서 반드시 갖추어져야 할 제도라는 판단을 할 수 있다.

어떻게 안을 구성하여도 감사와 준법감시인의 역할이 중복되는 문제가 있다.

금감원. 2010.2.10.

금융지주사의 자회사 통제 강화. 준법감시인 선임 의무화

금융지주사는 이사회 결의를 거쳐 준법감시인을 선임해야 하며 면직 사유가 아닌 이상 준법감시인을 해임할 수 없다.

금융감독원은 9일 이와 같은 내용으로 된 '금융지주회사의 그룹 내부통제 모범규준'을 마련했다고 밝혔다. 개별 금융지주회사는 모범규준 내용을 내규 등에 반영 시행해야 한다.

규준에 따르면 그룹 준법감시인은 대표이사 추천과 이사회 결의로 선임된다. 그룹 준법감시인은 내규상 면직 사유 외에는 해임할 수 없다. 그룹 준법감시인은 이사회, 이사회 내 위원회, 경영협의회 등 각종 회의에 참석해 보고할 수 있다.

특히 자회사 준법감시인은 임직원의 법규 준수 여부 점검과 위반 사실을 그룹 준법감시인에게 보고해야 한다. 그룹 준법감시인은 보고받은 내용을 감사위원회와 대표이사에게 보고하고 자회사에 미비점 개선 등을 요구할 수 있다. 준법감시인을 통한 지주회사와 자회사간 내부통제시스템을 구축해야 한다는 것이다. 그룹 준법감시인은 정확히 정의되지는 않았지만 지주사의 준법감시인으로 이해하면 된다.

또 지주회사는 자회사 등의 업무 분장과 조직구조가 업무효율성이나 직무상 견제와 균형 원칙 등에 맞지 않으면 자회사 등에 개선을 권고할 수 있도록 했다. 이사회, 대표이사, 준법감시인 임직원 역할을 명확히 구분하고 지주회사와 자회사간 지휘 보고체계를 구축해야 한다.

아울러 그룹 내 임직원 겸직과 업무 위탁 때 고객과 이해 상충이 있는지 등에 대해 사전평가를 해야 하며 영업점, 전산시스템을 지주사와 자회사가 공동으로 사용할 때도 이해상충 방지를 위한 장치나 대책을 마련해야 한다.

chapter 10

비감사서비스

회계법인은 매우 다양한 부문에 대한 업무를 수행하고 있다. 어떤 면에서는 법무법인도 동일하며 국제조세 등의 업무에 있어서는 회계법인과 법무법인이 경쟁관계이기도 하다. 회계법인과 세무법인도 세무사 업무 영역과 관련되어 치열한 영역 다툼이 있다. 회계법인은 고유업무인 회계 업무만을 맡는 것이 아니라 거의 경영의 전 사업 부문에 대한 업무를 수행하고 있다. 최근에는 회계법인의 한 임원이 법무법인으로 이직하면서 회계법인이 회계법인에서 습득한 지식을 외부로 유출한다는 차원에서 소송을 제기하였고 일정 기간 이 이직자의 법무법인에서의 업무를 제한하는 판결이 내려졌다. 개인의 직업 선택권이 중요한지 법인의 기밀보호가 중요한지에 대한 법정 공방을 앞두고 있다. 즉, 회계법인과 법무법인이 일정 영역에 있어서는 치열하게 경쟁하고 있다.

매일경제신문. 2011.10.6.

삼일회계법인에서 대형로펌 이직은 내규 위반

국내 1위 회계법인인 삼일회계법인이 국내 대형 법률사무소로 옮긴 자사 거물급 회계사를 놓고 맞붙어 화재가 된 법적 공방에서 법원이 '회계사의 이직은 내부 규정 위반'이라는 판단을 내렸다.

서울중앙지법 민사 50부(최성준수석부장판사)는 삼일이 올해 1월 로펌으로 옮긴 시니어파트너 A씨를 상대로 낸 경업금지 가처분 신청을 받아 들였다고 5일 밝혔다. 이에 따라 A씨는 오는 12월 31일까지 로펌에서 근무할 수 없게 됐다.

재판부는 '사직 후 경쟁업체 등에서 최소 5년간 회계, 세무 자문업을 하지 않는다'는 내부 규약에 A씨가 서약한 사실과 규정 위반 당시 파트너 위원으로서 의견 개진한 사실 등이 인정된다면서 '5년은 다소 과하나 삼일이 요구한 1년의 금지 기간은 적당한 범위 내'라고 밝혔다.

이어 재판부는 'A씨는 삼일에서 근무할 때 주로 회계감사 업무를 맡았지만 로펌에서 근무하며 수행한 업무의 상당 부분은' 회계 또는 세무 자문업이라면서 '규정 위반으로 발생한 삼일의 이익 침해를 보호할 필요성이 있다'고 덧붙였다.

한국경제신문. 2006.5.18.

LG카드 회계감사인이 신한서 인수자문? 산은, 신한 회계법인 바꿔라

LG카드 매각을 주관하고 있는 산업은행이 유력 인수 후보 중 하나인 신한금융지주의 인수자문사인 삼일회계법인의 자격에 문제를 제기하며 자문회계법인을 바꿔줄 것을 요구, 인수전에 미묘한 파장이 일고 있다.

17일 금융계에 따르면 산업은행은 최근 삼일회계법인측에 신한지주의 LG카드 인수자문을 계속할 경우 절차상의 하자가 발생할 수 있다고 통보했다. 이에 따라 신한지주는 다른 회계법인을 선정키로 방침을 정했다.

그동안 경쟁 인수 후보들은 LG카드 회계감사인을 맡고 있는 삼일회계법인이 신한지주의 인수자문도 겸해 매각 공정성이 훼손될 우려가 있다며 문제를 제기해 왔다. 삼일회계법인이 LG카드의 회계장부를 꿰뚫고 있는 만큼 신한지주가 다른 인수후보에 비해 정보우위에 설 개연성이 높다는 주장이다.

이에 대해 신한지주와 삼일회계법인측은 삼일회계법인의 회계감사팀과 인수자문팀간 chinese wall이 쳐져 있어 서로 정보가 교환되지 않는다는 입장을 밝혔다. 금융계 관계자는 '산업은행의 신한지주 인수자문사 변경 요구는 LG카드 매각 과정에 어떤 잡음도 생기는 것을 막기 위한 예방적인 조치로 해석된다'고 말했다.

chinese wall(또는 firewall)이라 함은 회계법인 내에 여러 사업부간에 이해가 상충되지 않도록 보호막을 장치하는 것을 의미하는데 그럼에도 불구하고 법인의 이해가 얽히기 때문에 완벽한 보호장치란 있을 수 없다. 주로 이 내용이 많이 언급되었던 때는 감사인의 비감사서비스 병행이 문제가 되었던 때이다.

감사인의 비감사서비스 병행과 관련된 이슈가 문제가 될 때도 산업계에서 감사인이 비감사서비스까지도 병행하기를 희망하였던 주된 이유 중의 하나가 감사인이 이미 감사과정에서 기업 내부의 매우 중요한 정보에도 접근 가능하기 때문이라는 점에 근거하여 판단해 피 인수 대상 기업의 감사인이 인수 자문까지 수

행하게 된다면 상당한 정도의 불균형이 존재할 수도 있다.

회계법인들은 수년간 인원을 확충해 가면서 IFRS 특수를 누려 왔는데 이제는 IFRS 용역이 거의 마무리에 들어가면서 다른 비감사서비스를 개척하고 있다.

비감사서비스 관련 병행을 금지하는 공인회계사법은 2002년 SOX가 도입된 이후 국내에 도입되었기 때문에 IFRS라는 새로운 용역에 대해서는 법에 반영되지 못하였다. 감독기관은 IFRS 관련 업무를 다음의 세 단계로 구분하고 첫 단계만을 현 감사인이 병행하는 것이 가능한 것으로 정리하였다.

1. 도입 자문 용역
2. 시스템 구축
3. 시스템 구축 후 재무제표 산출 및 시스템 테스트

매일경제신문. 2010.10.16.

회계법인 FTA서 먹을거리 찾는다

FTA는 협정 당사국간 무역상품에 관세 혜택을 주는 게 핵심이다. 한국과 EU가 협정을 맺은 만큼 EU로 수출되는 한국산 제품은 유럽에서 관세를 면제받는다. 이 때문에 이 과정에서 중요한 것은 '한국산 제품 인증' 즉 원산지 규명작업이다.

전자제품 하나엔 한국산, 대만산, 일본산, 중국산 등 수백 수천개의 부품이 들어간다. 원산지 규명을 위해선 이 부품들의 원가를 일일이 계산해 한국산 비중이 일정 비율 이상이란 것을 증명해야 한다. 회계법인들이 주목한 것은 바로 FTA관련 원산지 규명 서비스이다. 원산지 규명을 위한 IT 솔루션과 컨설팅이 주업이다.

유병문 딜로이트안진 상무는 'IFRS 특수는 금융회사와 일부 대형 상장사에 국한하지만 FTA 원산지 규명 서비스는 모든 수출업자들이 고객인 만큼 회계법인들의 신성장 동력으로 의심의 여지가 없다'고 말했다.

transfer pricing(이전가격) 관련된 이슈가 회계법인의 용역의 대상인 것과 유사한 내용이다.

회계법인의 파트너들은 피감기업이 언제든지 client가 될 수도 있으며 이러한 경우는 사외이사를 맡을 수 없기 때문에 거의 사외이사를 맡는 일이 없다. 단, 변호사들은 사외이사를 많이 맡고 있는데 특히나 대형 법무법인일 경우는 해당 기업과 언제 어떠한 용역을 진행할지 모르기 때문에 이해상충이 발생할 수 있다.

매일경제신문. 2011.12.28.

계약 맺은 대기업 사외이사로 합동사무소 변호사도 못 간다

앞으로 합동사무소 법무조합 등으로 돼 있는 대형로펌이 상장회사와 자문계약을 체결했을 경우 해당 로펌 소속 변호사들은 상장회사의 사외이사로 갈 수 없게 된다.

법무부는 이 같은 내용을 골자로 하는 상법 시행령 개정안을 28일 입법예고할 예정이다.

최근 대형 로펌 소속 변호사들이 계약관계에 있는 대기업의 사외이사로 대거 진출함으로써 경영활동을 투명하게 감시토록 한 사외이사제도의 취지를 퇴색시키고 있다는 지적에 따른 것이다. 현행 상법 시행령은 법무법인 소속 변호사만을 사외이사 임명 규제 대상으로 하고 있다.

이 시행령에 따르면 해당 상장회사 법률 자문, 경영자문 등 계약을 체결하고 있는 법인에서 최근 2년 이내 이사 감사 고용인이었던 사람은 상장회사의 사외이사에 임명하지 못한다. 이번 시행령 개정안은 이 같은 규정을 강화해 법무법인뿐 아니라 합동사무소, 법무조합 소속 변호사도 규제대상에 포함시켰다.

이 조항을 위반하면 5,000만원 이하의 과태료를 내야 하며 사외이사 임명도 취소된다. 시행령 개정안은 입법예고를 거쳐 내년 4월 15일부터 실시될 예정이다.

현재 국내 최대 로펌인 '김앤장'의 경우 법률사무소로 등록돼 있어 그동안 사외이사 진출이 가능했으나 이런 시행령 개정으로 겸직은 어렵게 됐다. 일각에선 '시행령 개정이 이뤄졌지만, 실제로 이를 단속할 인력이 부족해 규제가 유명무실한 것 아니냐'는 지적도 나온다.

내부자거래와 관련되어서 회계법인의 공인회계사와 법률 자문을 수행하는 변호사는 준내부자로 분류된다.

내부 정보에 대한 수령자도 1차 정보수령자까지만 책임을 지도록 되어 있고 2차 정보 수령자와 정보盜用子에 대해서는 논의는 되고 있지만 아직 법안에 반영되지는 않고 있다.

감사인의 독립성은 외관상의 독립성과 실질적인 독립성을 모두 만족하여야 한다고 한다. 실질적으로 독립성이 확보되었다고 하여도 외관적으로도 독립성이 확보되어야 한다. 외관적인 독립성의 가장 좋은 사례는 감사인의 주식 보유일 것이다. 외부감사인이 주식 몇 주를 보유하고 있다고 해서 독립성에까지 영향을 미치겠는지라고 하면 반드시 그러한 것은 아닐 수 있다. 오히려 감사인이 주식을 보유하면 조금 더 투명하게 due care를 하면서 감사를 수행할 수도 있다. 기업의 활동을 monitoring하는 사외이사의 어느 정도의 주식보유가 부정적이지 않은 것과 동일하다. 단, 외부감사인과 피감기업이 조금이라도 이해 관계가 있다고 하면 주식보유를 하지 않는 것이 적절하다.

이러한 부분을 외감법과 공인회계사법에서 다음과 같이 규정하고 있다.

외감법

회계법인이 주식을 소유하거나 출자하고 있는 자 및 1억원 이상 채권 · 채무관계

□ 회계법인의 사원(배우자)이 다음의 경우에 해당하는 자에 대한 감사업무

- 사용인, 임원에 준하는 직위에 있거나, 과거 1년 내에 그러한 직위에 있었던 자
- 주식 또는 출자지분을 소유하고 있는 자
- 3천만원 이상의 채권 · 채무관계에 있는 자

□ 회계법인, 사원에게 특별이익 제공

- 무상 혹은 저가로 사무소 제공
- 업무 외의 업무로 인한 보수 등의 지급
- 주식관련 증서를 제공하기로 한 자[§3조③] 〔공인회계사법 준용〕

공인회계사법

회계법인이 주식을 소유하거나 출자하고 있는 자 및 1억원 이상 채권 · 채무관계

□ 회계법인의 사원(배우자), 회계사(배우자)가 다음의 경우에 해당하는 자에 대한 감사업무

- 사용인, 임원에 준하는 직위에 있거나, 과거 1년 내에 그러한 직위에 있었던 자
- 주식 또는 출자지분을 소유하고 있는 자
- 3천만원 이상의 채권 · 채무관계에 있는 자

□ 회계법인, 사원, 회계사에게 특별이익 제공

- 무상 혹은 저가로 사무소 제공
- 업무 외의 업무로 인한 보수 등의 지급
- 주식관련 증서를 제공하기로 한 자[§21, 33, 영14]

11 chapter

품질관리감리

이제까지 주된 관심의 대상이 되던 감리는 감사보고서 감리이다. 회계감독당국이 행하는 감리는 회사의 공시된 재무제표 등을 사후적으로 감리하는 심사감리와 공시 이전 단계부터 해당 회사를 감사하는 회계법인에 대하여 감리를 수행하는 사전예방적인 품질관리감리로 구성된다.

즉, 감사보고서를 감리하면서 재무제표를 점검해 보는 것이다. 감독기관의 회계정보의 투명성과 관련된 정책 방향이 사후적인 감독보다는 예방차원에서의 예방(pre–clearance)을 강조하고 있다. 이러한 차원에서 회계법인 의사결정과정의 시스템을 점검하는 품질관리감리가 더욱 중요성이 더해진다. 회계정보는 시스템에서 산출되므로 시스템이 적절하게 갖추어졌고 운영만 하게 되면 output은 저절로 산출되게 된다. 단, 계속적으로 문제가 발생한다면 감독기관의 역할이 사전예방에만 집중될 수는 없으며 사후 조치쪽으로 치우칠 수밖에 없다. 즉, 전자는 감독과 관련되어 이상적인 대안이지만 후자는 좀 더 현실적인 대안이다.

품질관리감리의 결과에 의해서 재무제표에 대한 협의 감리를 수행하기도 한다. 즉, 품질관리감리는 재무제표의 적절성과 불가분의 관계를 갖는다. 우선적으로 품질관리감리가 어떻게 발전되어 왔는지를 조망한다.

조직감리는 과거에 사용되던 명칭인데, 현 품질관리감리와 유사하나 조직감리는 주로 회계법인의 조직화 정도(법인이 단순 인적집합체 형태인지 여부)를 점검하기 위하여 CPA수, 징계 정도 등 외형을 위주로 점검한 데 비하여 현 품질관리감리는 국제 품질관리기준에 따라 감사업무 수임부터 감사보고서 발행까지 회계법인이 갖춰야 할 내부통제에 대한 점검을 위주로 감리를 수행하고 있다. 1990년부터 1995년까지는 당시 증권감독원에서 감리를 수행하였으나, 1996년부터 2001

년까지는 상장예정기업의 폭증으로 상장예정기업 감리를 위주로 감리업무를 수행하여 조직감리가 수행되지 못했다.

그래서 조직감리업무를 2001년에 공인회계사회에 위탁하여 2003년부터 2005년까지 공인회계사회에서 조직감리업무를 수행하였다. 이는 상장기업에 대한 감리를 한국 공인회계사회에 위탁하였던 것과 같은 맥락에서 이해할 수 있다. 유가증권상장기업에 대한 감리는 감독기관에서 지속하였지만 코스닥상장기업에 대한 감리도 한때는 공인회계사회에 위탁되었다가 다시 감독원이 직접 감리하게 되었다.

2005년도부터 사전적 회계감독의 강화, 품질관리감리에 대한 국제적 추세 반영 및 PCAOB 등 회계감독기관의 국내 회계법인 감리에 대한 대응 등을 위하여 공적감독기관의 품질관리감리 필요성이 인정되어 2005년 관련 T/F, 2006년 금감원 조직구성 등의 준비를 거쳐 2007년부터 공적감독기관(당시 금융감독위원회/금감원)에 의한 품질관리감리업무를 본격적으로 수행하게 되었다.

아울러, 공적감독기관의 품질관리감리를 위해서는 회계법인에 대한 지식과 경험이 있는 사람이 필요하다는 근거에서 주요 회계법인에서 파트너급 인원이 채용되었다.

□ 품질관리감리(구, 조직감리)의 연혁

1990.3.3: 외감법시행령(§8) 개정으로 '감사인의 감사업무운영에 관한 감리(조직감리)'제도를 신설하고 이를 증권관리위원회(증권감독원)*가 수행토록 함

* 증권관리위원회는 '98.4월 증권선물위원회로 업무를 이관
증권감독원은 '99.1월 금융감독원으로 통합

지난 20년간의 연혁은 다음과 같다.

1990~1995: 증권감독원은 6개년간 140개 회계법인에 대해 조직감리를 실시

* 1995년은 서면감리방식으로 실시

1996~2001.6: 조직감리 미실시

2001.6.8: 외감법시행령 개정으로 조직감리 업무를 공인회계사회로 위탁

2001~2003.6: 공인회계사회는 품질관리감리 실시를 위해 연구용역 의뢰, 규정정비, 매뉴얼 작성 등의 준비작업 진행

2003.6.25: 공인회계사회는 '회계감사 품질관리 감리업무규정'을 제정하여 품질관리감리 실시를 위한 규정 마련

2003~2005: 공인회계사회는 3개년간 29개 회계법인에 대해 품질관리감리를 실시

2005.8~12월: 증선위(금감원)는 품질관리감리 직접실시를 위해 T/F를 설치/운영하고 실시방안을 마련

2006.3.10: 외감법시행령 개정으로 시장영향력이 큰 감사인에 대한 품질관리감리 업무를 금융감독원이 직접 수행하고, 감사인의 감사수행 현황 및 소속공인회계사의 수 등을 고려하여 그 일부를 공인회계사회에 위탁하는 것으로 제도 변경

2006.4.27: 금융감독원 내에 품질관리감리1, 2팀 발족

2006.6.23: 외감규정 및 동 시행세칙을 개정하여 품질관리감리의 구체적 실시방안을 반영

2006.9~11월: 3개 회계법인에 대한 품질관리감리 pilot test 실시

2006.12.22: 품질관리감리 매뉴얼 작성 완료

2007.3.20: 미국 PCAOB와 공동검사를 위한 MOU 체결

2007~2008: 2007 및 2008 각각 8개 회계법인에 대한 본격적인 품질관리감리 실시(미국 PCAOB와 2007년 1개, 2008년 2개 회계법인에 대해 공동검사 실시)

〈증권감독원의 조직감리 실시 실적〉

연 도	1990	1991	1992	1993	1994	1995	계
실시법인수	20	20	31	31	27	11	140
지적법인수 (지적건수)	10 (31)	17 (22)	5 (5)	21 (27)	3 (3)	5 (5)	61 (93)

〈공인회계사회의 품질관리감리 실시 실적〉

연도	2003	2004	2005	계
실시법인수	5	9	15	29
적정의견 (개선권고 건수)	5 (11)	9 (38)	15 (144)	29 (193)

위의 두 표를 비교하여 검토한다. 물론, 두 기관이 수행한 시기에도 차이가 있고 접근 방식에도 차이가 있을 수 있으므로 이를 일대일로 비교함은 어렵지만 공인회계사회의 품질관리감리(자율규제)는 모든 회계법인에 대해서 적정의견이 표명되었으며 증권감독원의 조직감리(공적규제)에 대해서는 140건의 조사에 대해

서 지적 건수가 61건에 이른다. 반면에 공인회계사회의 자체적인 품질관리감리의 실적은 100% 적정의견을 받았다(증권감독원의 경우, 의견이 아니었으므로 지적법인의 수를 적정의견과 일대일로 비교하지 않는다).

이를 극단적으로 표현하면 공인회계사들의 자치단체이며 자율규제기관이라고 할 수 있는 공인회계사회의 품질관리감리는 감독기관의 감리와는 같은 수준에서 수행될 수는 없음을 의미한다.

물론, 품질관리감리에 공인회계사회에서 감사의견과 같은 의견을 표명하면서 개선권고를 수행하는 것이 증권감독원의 조직감리와 어떠한 연관성을 갖는지는 명확하지 않다.

PCAOB는 3년에 한 번 공동 검사를 수행하려고 하고, 금감원은 일부의 회계법인에 대해서는 2년에 한 번 하는데 이 interval이 맞지 않는다. 이 간격이 맞으려면 6년에 한 번 공동 검사를 해야 하는데 따라서 PCAOB가 단독으로 inspection을 수행하겠다고 통보를 하였고 금융위는 이는 불가하다고 PCAOB에 알렸다.

PCAOB의 공동 검사에 해당하는 국내회계법인은 미국 증시에 상장된 기업의 감사를 담당하는 11개 법인이다.

감독원은 품질관리제도의 구축 및 운영에 대한 궁극적인 책임은 회계 법인의 경영진에게 있다고 기술하고 있는데 경영진이란 회계법인의 지배구조와 연관된다.

예를 들어 안진은 대표이사, 사원총회, 이사회, 운영위원회, 위험관리본부, 품질관리실장, 감사업무수행이사 등의 목적, 역할, 권한 및 책임 등 경영진의 운영책임을 정관 및 사규 등에 명시하고 있다.

상장기업의 경우, 상법에 기초하여 경영진이라 함은 이사회를 의미한다. 물론, 대표이사가 별도의 직책으로 존재하기는 하지만 이는 이사를 대표한다는 의미밖에는 없다.

다음은 한 회계법인의 품질관리감리 보고서에서 인용한 내용이다. 품질관리감리가 어떠한 점을 지적하는지에 대한 판단을 수행하는 데 도움이 된다고 판단되어 여기 기술한다.

> 다만, 임직원에 대한 업무평가시 품질관리요소의 실질적인 반영이 미흡한 점과 감사업무 참여자의 산업별 전문성을 제고하기 위한 제도가 미흡한 점 등이 발견됨

- 법인 내부규정에 따르면 외부감리에 따른 징계를 받은 파트너에 대한 업무평가 점수의 상한을 정하고 있음에도 동 한도를 초과하여 평가한 사례가 발견됨

안진의 경영위원회는 10인으로 구성된다고 한다. 어떠한 지배구조를 갖고 가는지는 법인의 몫이다. 상장된 기업이 아니므로 법이나 모범규준 등을 적용하기는 어렵고 각 법인의 사정에 부합하는 지배구조를 구성하여야 한다.

특정 회계법인에 대한 평가는 다음과 같다.

구성요소	발견 사항
경영진의 운영책임	• 팀별 운영 등에 따른 품질관리체제 미흡 (이윤동기에 의한 품질달성의 목적 훼손 우려)
	• 품질관리조직의 인력과 예산 부족
	• 법인 조직 · 운영 관련 내부규정 미흡(내부규정의 제정근거 및 절차, 내부규정의 적정성 등 미흡)
	• 법인 경영 · 품질관리 관련 회의결과 문서화 미흡
	• 정관 등 규정의 준수 필요
윤리적 요구사항	• 독립성점검시스템 구축 및 운영 미흡(임직원 주식보유현황 및 보유금지주식 DB 미구축, 경제적 이해관계 및 고용관계 파악절차 미비)
	• 장기감사 참여이사 교체현황 점검 강화 필요
	• 비감사업무 수행시 독립성 안전장치 구축 및 운영 미흡(업무수행이사 구분, 피감사회사로부터 동의서 미입수 등)
	• 독립성준수 확인절차 미흡(모든 독립성 준수의무자들로부터 정기적인 독립성확인서 징구절차 미비, 개별감사업무 수행시 독립성 준수 확인절차 미흡)
	• 감사대상회사에 대한 자산실사업무 제공
업무의 수임과 유지	• 업무의 수임과 유지시 독립성 준수여부 검토 미흡
	• 감사계약 및 감사보고서 관련 보고의무 불성실
	• 실질적 업무수임 위험평가 및 검토절차 미흡(평가절차 완료 전 계약체결 또는 업무착수, 파악된 잠재위험의 검토 미실시, 적절한 승인권자의 승인 누락)
인적자원	• 임직원의 업무평가시 품질관리요소 반영 미흡(채용 · 평가 · 보상 · 승진시 심리결과, 징계사항, 교육이수상황 등 품질관리요소 미반영)
	• 전문직원 채용절차 보완 필요
	• 감사업무시 산업별 전문성 강화 필요
	• 구성원의 역량과 적격성 유지를 위한 교육훈련 미흡
	• 개인별 교육기록 유지 등 인적자원 관리 미흡
업무의 수행	• 감사보고서 발행 및 공시에 대한 통제절차 미흡(감사보고서 발행 전 품질관리검토 운영절차 미흡 등)
	• 감사조서 보관 및 관리절차 미흡(조서관리대장 작성 미흡, 조서입출 승인절차 미비 등)
	• 품질관리검토자의 객관성기준 강화 필요
	• 연결감사프로그램 미비

구성요소	발견 사항
업무의 수행	• 업무수행을 위한 자문 관련 정책과 절차 미흡(자문사항, 자문절차 등에 대한 규정 미비, 자문의 이행여부 점검시스템 및 문서화 미흡)
	• 감사시간 관리 및 문서화 개선 필요
	• 업무수행이사 및 품질관리검토자의 투입시간 과소(담당이사 및 품질관리검토자의 시간투입 과소)
모니터링	• 품질관리제도에 대한 지속적 검토 및 평가절차 미흡(독립성 준수여부, 업무의 수임과 유지 절차 준수여부 등에 대한 모니터링과 사후 품질관리검토 등 미흡)
	• 품질관리에 대한 불만과 진술 등 의견의 처리정책 미비
합계	

임직원에 대한 업무평가시 또는 보상결정시 품질관리 요소가 반영되어야 한다는 점은 회계법인을 품질감리함에 있어서 매우 중요한 요인이다. 회계법인은 영리목적의 조직이기 때문에 품질보다는 quantity에 집중할 수 있는 가능성이 높다. 따라서 회계법인 차원에서의 품질관리(quality control)를 위해서는 quality위주의 법인 운영이 되어야 하는데 이는 회계법인 차원에서는 시행이 쉽지 않기 때문에 감독기관의 품질감리에 의해서 강제되어야 한다. 회계법인의 차원에서는 지적되지 않을 정도의 minimum quality만 유지된다면 매출 증대에만 집중할 위험성도 존재한다.

위에 인용된 한 특정 회계법인에 대한 지적에서 산업별 전문성을 제고하기 위한 노력이 미흡하다고 평가되고 있다. 산업별 전문성이라는 개념은 국내에서 감사품질을 제고하기 위한 방안이 논의될 때 항상 이슈가 되는 내용인데 국내의 회계법인은 산업에 무관하게 거의 전 산업 부분에 대한 감사를 수행하고 있는 현실에서 산업별 전문성이 제고되기를 기대하는 것이 적절한 정책 방향인지에 대해서는 논란이 될 수 있다. 단, 전문성 제고가 강조될 때 처음으로 대두되는 것이 산업별 전문성이다. 또한 회계법인이 국제적인 경쟁력을 갖추려고 할 때에 또한 필수적인 내용이 산업별 전문화에 기초한 전문성일 수 있다.

다음은 모 회계법인의 품질관리감리 보고서의 내용 중에서 흥미로운 내용을 인용한 것이다.

> 위험관리본부장은 독립성 및 교육 담당부서와 품질관리실을 두고, 법인의 위험관리 및 품질관리제도의 수립과 운영에 관한 전반적인 감독업무를 수행한다.

- ○ 대표이사 및 각 본부장 등 10인으로 구성된 운영위원회가 위험관리 및 품질관리 제도에 대하여 궁극적인 권한과 책임을 가짐
- ○ 대표이사와 위험관리본부장(RRL: Risk & Reputation Leader)을 포함한 경영진은 파트너총회, 운영위원회, 정기연수교육, 사내 메일(Monthly Letter) 등을 통하여 품질관리의 중요성을 지속적으로 강조한다.

감사보고서 감리 결과의 공개도 동일한 것이 제재가 수행될 경우 경징계가 아닌 이상 제재의 결과가 공개되는 데 대해서 감사인들은 상당히 불편해 한다. 또한 외국에 상장한 기업에 대한 감사를 수행하는 기업을 감사하는 회계법인일 경우는 동일한 정도의 부실감사가 각 국가의 규제기관에서 받는 제재 정도의 경중에 차이가 존재할 것이며 또한 어느 정도의 제재가 각국에서 공개되는 정도에도 각기 차이가 있을 것이다. 우리나라는 외국에 비하여 매우 낮은 수준의 제재도 공개되는 것에 대해 회계법인들이 불만을 토로한다. 우리의 제재 수준보다 관대한 제재 정책을 갖는 국가에서 판단하기에는 우리의 제재 사실만으로 판단하여 매우 중대한 부실감사를 수행하였다고 잘못 판단될 수도 있다는 주장이다.

예를 들면 감독기관과 기업/회계법인간의 시각의 차이는 주석에 표시된 내용이 잘못되었을 경우도 있다. 기업의 입장에서 주석 사항은 본문에 비해서는 덜 중요한 내용이므로 이 내용에 대한 제재가 너무 엄격해서는 안 된다는 입장이고 감독기관의 입장은 기업회계기준에 주석사항도 재무제표의 일부로 정의하고 있으므로 중요성은 본문의 내용에 비해서 뒤질 수 있고 본문에 정보가 잘못 표시된 것에 비해서는 덜 심각하지만 제재의 대상이 된다는 차원에서는 동일하여야 한다는 입장이다. 특히나, 특수관계자와의 거래관련된 주석내용은 횡령, 배임과도 연관되는 내용일 수 있으므로 더더욱 그러하다.

위의 내용에서 회계법인의 법적 회사의 형태가 유한회사이므로 유한회사의 주인은 지분을 출자한 파트너라고 할 수 있다. 즉, 유한회사에서의 파트너총회는 주식회사에서의 주주총회와 유사한 기관이다.

품질관리감리 결과는 현재 외감규정 제52조에 의거 공개하지 않도록 되어 있다. 감사보고서 감리에 대한 조치도 공개하므로 품질감리의 결과도 공개하여야 한다는 주장이 있다. 이러한 정책에는 순기능과 역기능이 동시에 존재한다고 판단되는데 이렇게 될 경우 품질 제고를 위해서 각 회계법인이 노력을 경주할 것이

지만 역기능으로는 경미한 문제점이 증폭되어 해석될 수도 있다.

품질관리감리의 실효성 확보, 감사인 선임 업무 또는 감사보고서 이용자 등의 요구에 따라 품질관리감리결과의 공개를 추진중이다. 과거 증선위 또는 감리위에서도 공개해야 한다는 의견이 있었다. 이에 따라 현재 금융위 자본시장국에서 주도하는 회계감독선진화 계획의 한 과제로 품질관리감리결과의 공개를 포함시킬 예정이며 금감원은 이미 공개 방안 및 법규 개정 방안 등을 금융위 자본시장국에 제시하였다.

외국에서의 품질관리 감리 공개 현황은 아래와 같다.

미국: PCAOB(회계법인감독기구)는 이행사항 점검을 실시하고 개선노력이 없는 경우 내용을 외부에 공개

영국: POB(회계법인감독기구)는 연차보고서(종합보고형식)로 품질관리감리결과를 공개

일본: 일본공인회계사회에서 이행점검을 실시하고, 품질관리감리 결과를 연차보고서로 공개

따라서 회계감독선진화 계획에서 공개 여부, 공개 방안 등이 논의되어 법규 개정이 이뤄져야 품질관리감리결과가 공개될 예정이며, 그전에는 현 외감규정(제52조)에 따라 공개하지 않는 것이다. 다만 매년 12월에 공인회계사회에서 현안설명회를 개최하여 회계사들에게 회계 예규, 감리 결과 등을 설명하고 있는바, 동 현안설명회에서 품질관리감리에서 지적되는 사항들을 회계법인 또는 감사대상회사 등의 언급 없이 종합하여 설명하고 있고 이 자료를 금감원 홈페이지에 싣고 있다.

품질관리감리 공개의 순기능은 감사인을 선임하는 기업의 입장에서는 어떠한 감사인 선임에 대한 객관적인 판단을 가능하게 한다. 즉, 품질관리감리 공개의 장점은 감사용역을 구매하는 구매자(buyer)들에게 seller들의 정보를 full disclosure하여 적절한 구매가 가능하도록 한다. 현재와 같은 자유수임제하에서는 감사인의 품질을 구분하여 선임한다기보다는 감사인의 reputation에 근거하여 감사인을 선임한다는 것이 더 정확한 표현이다.

예를 들어 과거에 공공기관이 감사인을 선정할 때는 감사인이 감독기관으로

받은 벌점에 기초하여 어느 정도 이상 되는 벌점을 받은 감사인을 제외하도록 하기도 하였다.

품질관리감리 결과를 소비자들에게 공개해서 적절한 구매 업무를 가능하게 한다는 논리는 일반적인 재화와 용역의 구입과는 다른 차원이다. 일반적으로는 고품질에 대해서는 높은 가액의 가격이 책정되며 감사환경에서도 외관상으로는 이와 같이 진행되어야 하지만 감사인이 품질이 좋다 함은 감사가 철저하게 진행됨을 의미할 수가 있어서 반드시 기업이 이에 대해서 높은 가격을 책정할 의향이 있지 않을 수도 있다는 점이며 역설적이지만 그와 반대 방향으로 움직일 수도 있다.

심사감리가 법조항이 아닌 증선위의 외감규정에 근거하고 있어 예측가능성이 떨어진다는 지적이 있지만 감리대상기업 선정 등은 오히려 외감 규정이라야 감독원이 자의적으로 변경하면서 정책수단으로 사용이 가능하며 운용의 묘를 살리며 정책수단으로 사용할 수 있다. 또한 법안과 같이 공개되고 개정이 어렵다면 오히려 기업의 입장에서는 이 criterion을 피해 갈 수 있으며 감독기관의 입장에서는 규제가 고착화되어 정책 적용의 유연성을 상실하게 된다. 2002년 당시 비감사서비스 병행과 관련된 논의가 진행될 때에 감독기관의 입장은 감독원에서 원하는 수준의 비감사서비스 병행을 법에서 제재할 수 없더라도 큰 문제가 아닌 것이 감독원이 감리대상 기업을 선정할 때 비감사서비스 병행으로 인해서 독립성이 훼손될 개연성이 높은 기업을 감리대상으로 선정할 수 있으므로 법으로 이를 제한하는 것이나 규제당국의 입장에서는 동일한 목적을 달성할 수 있다.

이에 대비되는 내용으로 감사인 지정제는 외감법에서 규정하고 있으며 그러므로 어느 기업을 지정할지는 법안이 개정되지 않는 한 고정되어 있다. 따라서 감독기관의 시의적절한 감독의지가 개입되기 어렵다.

특히나 혐의감리가 아닌 표본추출에 의한 감리일 경우는 회계모형이 사용되는데 이러한 모형은 보안이 유지되어야 한다. 이러한 모형이 사용되는 대표적인 경우가 거래소 시장감시위원회의 주가조작 적출모형과 회계감리국의 분식회계모형 등이 있는데 철저하게 비공개되어야 한다.

한편, 이러한 회계시장의 환경변화에 따라 일부에서는 우리 회계감독체계를 전면적으로 재검토하여 회계감독을 간접감독방식(감사인의 감사보고서 감리)에서 직접감독방식(회사의 재무제표 감리)으로 전환할 필요성을 제기하기도 한다.

즉, 현재의 감리는 감사보고서 감리이므로 인증이 적절하였는지를 감리하는 간접적인 방식이다.

즉, 감사인의 업무의 적정성을 확인하면서 기업의 재무제표의 적정성을 확보하려는 간접적인 방법이다.

품질감리는 어떻게 보면 기업에서의 회계정보에서 회계정보가 산출되는 system을 정비하는 과정에서 내부회계관리제도가 도입되고 이러한 내부회계관리제도에 대한 감사인의 인증이 도입된 것과 같은 맥락에서 이해할 수 있다. 즉, 모든 것이 system적으로 접근되는 것이 중요하다는 것이며 system만 적절하게 갖추어져 있다고 하면 나머지는 운용과 관련되므로 큰 문제가 아닐 수 있다.

즉, 회계법인의 품질이 적법한 감사를 수행할 수 있는 환경적인 여건이 조성되어 있다면 이 시스템으로부터 산출되는 산출물의 품질은 어느 정도 확신을 가질 수 있다는 논리전개이다. 즉, 회계법인 자체에 대한 quality control의 개념이다. 즉, 감사보고서 감리가 사후적인 조치인 것에 대해서 품질감리는 사전적인 그리고 예방적인 조치(pre-clearance)의 개념이다.

과거에 미국에서는 이러한 quality control을 peer review의 형태로 진행하였다. 그러나 2001년 엔론을 감사하던 앤더슨이 peer review의 평가결과가 적절하지 않았다는 결론이 도출되면서 peer review는 축소되었다.

현재 peer review가 여전히 미국에서 진행되고 있지만, 그 역할이 예전에 비해 많이 제한적이다. 그 이유는 Sarbanes-Oxley Act(2002) 이후, PCAOB의 inspection이 peer review의 많은 부분을 대체했기 때문이라고 한다.

Sarbanes-Oxley Act(2002)에 의거, public company audit의 경우 PCAOB의 inspection을 의무적으로 받아야 하고, 그 경우에는 감사인들이 peer review까지 중복적으로 받지 않는 경향이라고 한다. 그 결과 peer review의 경우, 주로 private company audit에 한해 주로 행해진다고 한다.

2004년에 peer review는 316건이 발생된 데 반해 2007년에는 단 11건의 peer review reports가 보고되고 있어 peer review가 급격하게 축소되고 있는 것을 알 수 있다.

미국에서의 상호감리는 지금은 존재하지 않는 Public Oversight Board(POB)가 중심이 되어 3년마다 시행되었다. 상호감리의 장점은 이러한 감리의 주체가 민간기구이기 때문에 정부의 입장에서는 정부의 예산을 사용하지 않고 규제를 수행할 수 있는 장점이 있다. 또한 이들 자율기관에 대한 규제권을 갖고 있기 때문에 이들에 대한 확인 작업만을 수행하면서 감리를 수행할 수 있는 장점이 존재한다. 즉, 민간이 정부가 수행할 업무를 자율규제의 형태로 수행한다면 정부가 굳이 이러한 업무를 수행하지 않아도 되는 것이다. 이는 어떻게 보면 우리나라의 공인회계사회에서 감독원의 위탁을 받아 비공개기업에 대한 감리를 수행하는 것과 유사하게 판단할 수 있다.

감독과 관련된 권한이 민간에 이양되는 것이 좋은지 아니면 정부기관이 규제권한을 지속적으로 갖고 있어야 하는지는 논란의 대상이다. 미국도 엔론(Enron) 사태 이후에 회계정보의 투명성과 관련된 문제가 제기되자 정부에서 회계와 관련된 규제를 회계감독국(PCAOB)을 신설하여 제재하게 된 것이다. 즉, 상호감리 등의 제도에 의존하여 자율기관이 감독기능을 수행하지 못할 경우는 이러한 감독기능을 규제기관에서 다시 갖고 가게 된다.[1] 모든 업무를 위탁하여 진행할 수 있다면 행정기관은 그만큼의 인건비 부담을 줄일 수 있다.

모든 상장회사에 대한 감사인 중 시장영향력이 큰 다음과 같은 감사인을 대상으로 감독당국이 직접 실시하고 그 외 감사인은 현행대로 공인회계사회에 위탁한다. 1. 전체 상장회사의 1% 이상에 대하여 감사를 실시하는 감사인, 2. 자산규모가 1조 이상인 상장회사에 대하여 감사를 실시하는 감사인, 3. 소속 공인회계사가 30인 이상인 감사인, 4. PCAOB와의 공동감사 대상 등 기타 감독당국의 직접실사가 필요하다고 증선위원장이 판단하는 감사인, 이러한 기준에 의할 경우 2011년 현재 27개의 회계법인이 이에 해당된다. 반면 120여 개 회계법인 중, 단 한 개라도 상장기업을 감사하는 회계법인의 수는 2011년 말 현재 99개에 이른다.

품질관리감리 주기는 다음과 같다.

1 우리나라의 감독기관인 금융위원회는 정부기관이며 감독원은 민간기구이지만 준 정부기관이라고 할 수 있다.

※ 품질관리 감리주기

감사대상 상장회사 수	회계법인수	감리주기	대상법인
100개 이상	4	2년	삼일 안진 삼정 한영
20~99개	9	3년	대주 삼덕 신한 신우 우리 대성 도원 삼경
20개 미만	14	3~5년	성도 인덕 다산 한울 예일 세일 충정 한미 삼영 태성 서일 대명 정진 안세
계	27		

감리주기가 2년인 감사인은 삼일, 안진, 삼정, 한영 등의 big 4 감사인이다. 이들 감사인들은 시스템이 잘 갖추어진 감사인으로 인정되는 회계법인이다. 단, 이들 감사인이 감사하는 감사대상 상장회사의 수가 많고 이들 회계법인의 영향력이 크므로 이들 회계법인에 문제가 없는지를 좀 더 주의깊게 조사하여야 한다는 취지는 충분히 이해한다. 반면에 조사 인력을 이미 시스템의 적정성이 어느 정도 판명된 big 4에 투입할 것이 아니라 중소법인의 품질 감리에 역량을 집중하여야 한다는 주장도 할 수 있다. 그렇게 함으로써 중소회계법인이 big 4 수준으로 성장할 수 있도록 정책적인 차원에서 배려할 수 있다는 주장도 있다.

그러나 감독기관의 입장은 경제에서의 영향력이 큰 기업의 감사를 big 4 회계법인이 맡고 있으며 이들 기업의 회계정보의 적정성을 확보하기 위해서 big 4 회계법인에 대한 품질관리감리가 필수적이라는 판단을 할 수 있다.

2011년 현재 공인회계사회에 위탁하여 감리하는 회계법인의 수는 93개이며 감사반 254개가 위탁되어 있다. 2011년 현재 총 회계법인의 수는 약 120개이다. 단, 공인회계사회는 이들 93개 회계법인에 대해서 위의 표와 같이 정기적인 품질관리감리를 수행하는 것은 아니며 표본추출에 의하여 품질관리감리 대상 법인을 선정하고 있고 이 내용이 개선할 여지는 없는지에 대한 검토가 수행되어야 한다. 즉 93개 한공에 위탁하여 품질관리감리가 수행되는 회계법인 중 72개 회계법인은 상장기업을 감사하고 있지만 한공에 위탁되어 품질관리감리가 수행되고 있다.

한편, 공인회계사회 감리대상은 5년 주기라고 되어 있지만, 품질과 내용면에서 감독원의 직접 품질관리와는 차이가 있다.

외감법시행령 개정으로 시장영향력이 큰 감사인에 대한 품질관리감리업무를 금융감독원이 직접 수행하고, 감사인의 감사수행 현황 및 소속공인회계사의 수 등을 고려하여 그 일부를 공인회계사회에 위탁하는 것으로 제도가 변경되었는데 이와 같이 두 tier의 정책을 갖고 가는 것은 외감대상에 대한 감사보고서 감리에 있어서도 상장기업은 감독원이 직접감리를 수행하며 비상장기업은 공인회계사회에 위탁감리를 수행하는 것이나 같은 맥락에서 이해할 수 있다.

이러한 감사보고서 감리도, 2000년대 초반까지는 코스닥기업에 대한 감사보고서 감리가 공인회계사회에 위탁되었던 적이 있고 감독원에서는 유가증권시장에 대해서만 감리를 수행하였는데 이에 대한 형평성이 문제가 되자 2000년대 초부터 시장에 불문하고 모든 상장기업에 대한 감리를 감독원이 맡아서 진행하며 공인회계사회는 비상장 외감대상 기업에 대한 감리만을 진행한다.

따라서 상장기업을 감사하는 모든 회계법인의 품질관리감리를 감독원에서 수행함이 상장/비상장을 구분하여 감사보고서 감리를 감독원의 직접감리, 공인회계사회의 위탁감리로 구분함과도 일관성이 있는 정책이기도 하다. 그러나 이러한 의사결정은 인적/시간적 자원의 한계를 고려하여 결정되어야 한다.

그러나 때로는 공인회계사회에 의한 위탁 감리(자율규제)가 감독기관에 의한 감리(법적규제)보다도 강력하게 제재를 할 때도 있다. 위탁감리도 증권선물위원회에 안건이 상정되는데 증선위에서 오히려 제재수위가 감경되는 경우가 있다.

미국 PCAOB의 경우 개인 공인회계사에 대해서는 품질관리감리의 구축, 운영보다는 개별감사업무에 대한 점검을 위주로 품질관리감리를 실시한다. 즉, 개인 감사반일 경우는 system보다는 감사과정이 더 중요하다고 할 수 있다. system을 강조하면 system을 위한 감리가 될 수 있는데 이는 오히려 bureaucracy만이 강화될 수 있다. 즉, 회계법인의 경우는 system을 강조하며 개인 공인회계사반의 경우는 system보다는 개별감사업무에 대한 감리가 바람직하다고 할 수 있다.

현실적인 문제점과 외국의 품질관리감리 관행을 감안하여 국내에서도 감사반에 대해서는 개별감사업무를 중심으로 품질관리감리를 실시하는 방안을 검토할 필요가 있다. 감사반이란 3명 이상의 경우인데 거의 개인 회계사나 동일하다. 어떻게 보면 품질관리감리 대상 회계법인을 추가하는 것이 중요한 것이 아니라 품질관리감리를 더 잘 할 수 있도록 제도를 갖추는 것이 더 중요하다.

PCAOB와의 공동감사에 있어서 다음의 이슈가 있다.

매일경제신문. 2006.6.16.

일 회계법인이 미 감독받는 사연

미국상장기업회계감독위원회(PCAOB)가 일본의 12개 회계감사법인에 대해 올해 안으로 방문검사를 추진할 계획인 것으로 알려졌다. 이에 대해 일본 금융당국이 반발하고 있어서 그 결과가 주목된다. 등록 관리중인 12개 일본 회계법인에 대한 조속한 검사를 실시하겠다는 입장을 밝혔다.

이에 대해 일본 금융청 등 감독관청은 '금융행정은 상호 신뢰 아래 검사결과를 존중하는 것이 기본인 만큼 주권침해의 소지가 있다'고 불쾌감을 표시했다.

PCAOB의 이러한 inspection을 거부하는 국가는 현재로는 EU, 중국, Swiss 등이 있다.

일본의 경우는 외국의 감독기관이 자국에서 자국의 회계법인을 검사한다는 것을 인정할 수 없다고 해서 일본의 회계법인이 미국의 영토에서 inspection을 받고 있다. 회계법인 차원에서는 오히려 자국에서 inspection을 받는다는 것이 더 편하겠지만 일본 정부가 제기하는 문제는 회계 주권 침해의 이슈이다. 일본 회계법인이 미국 PCAOB를 방문하여 평가를 받고 있다. 즉, 이들 이슈가 외교적인 agenda가 될 수 있다.

우리의 거래소에 상장된 외국 기업도 유가증권 5사, 코스닥 13개사가 있다. 대부분은 중국 기업인데 이들에 대해서도 누가 이들 기업을 감사한 회계법인을 관리할 것인지의 이슈가 있다.

가장 효과적이고 경제적으로 이를 해결할 수 있는 해법은 각 국의 감독기구가 자국의 회계법인에 대한 감독을 수행하고 이를 타국의 감독기관이 상호간에 인정해 주는 것이 가장 효율적이다.

그러나 이슈는 감독기관간에 차이가 있으므로 가장 높은 수준의 기대수준을 가질 수 있는 선진국의 감독기관이 타국 감독기관의 감독의 결과를 신뢰할 수 없고 자국 거래소 시장에 상장된 외국 기업의 감사인을 직접 감독하겠다고 하면 이슈가 복잡하다.

매일경제신문. 2011.7.7.

금융위 '외국 상장사 국내등록 회계법인서 감사' 회계감사 한-중 충돌 중 자국 회계법인 감사 의무화와 배치돼 논란일 듯

이르면 내년부터 국내 증시에 상장된 외국 기업은 우리나라 감독당국에 등록한 회계법인에서 결산 실적 감사를 받아야 한다. 중국고섬처럼 불투명한 회계처리로 국내 투자자들이 피해를 보는 일을 막기 위해서다.

금융위원회 관계자는 6일 '국내에 상장된 외국 기업을 감사하는 회계법인은 국내에 등록된 회계법인으로 한정할 예정'이라고 말했다.

금융당국은 상장법인, 금융회사의 부실감사를 예방하기 위해 금융감독원에서 사전 등록하는 '상장법인 감사인 등록제' 도입을 추진중이다. 이 제도는 미국을 비롯한 선진국들이 이미 도입했다.

국내에 상장된 외국 기업에 대한 회계감독도 대폭 강화할 방침이다. 국내에 상장된 외국법인은 중국기업이 대부분이기 때문에 중국기업이 주로 규제 대상이 될 전망이다.

그러나 실제 중국기업이 한국 회계법인을 통해 회계감사를 받을 가능성은 크지 않아 보인다. 중국 당국이 해외에 상장된 중국 기업이라도 중국 회계법인을 통해서만 회계감사를 받도록 하는 안을 추진하겠다고 지난달 밝혔다.

이는 미국에 상장된 중국 기업의 회계 불투명 문제에 대해 미국 당국이 규제를 강화하려 하자 나온 중국 정부의 항의성 조치이다.

미국 회계감독위원회, 증권거래위원회는 뉴욕 주식시장에 우회상장한 중국 기업에 대한 감사 필요성을 집중적으로 제기하고 있다. 미국 증시에 상장한 기업은 PCAOB에 등록된 회계법인의 감사를 받아야 하는데 중국은 자국 규정을 근거로 감사를 피하고 있기 때문이다.

한국 금융당국도 미국처럼 중국 기업에 예외를 두지 않겠다는 입장이다.

금융위 관계자는 '중국이 해외에 상장한 중국 기업의 회계감사를 중국 회계법인으로 제한해도 해당 회계법인은 국내에 등록해야 유효성을 인정받을 수 있다'고 말했다.

한편 금융위는 '상장법인 감사인 등록제'를 도입해 금감원에 등록하지 않은 회계법인은 상장사, 금융회사 감사업무를 할 수 없도록 할 방침이다. 금융당국은 내부 통제 시스템을 갖추는 등 일정 요건을 충족할 때만 등록을 받아준다는 방침이어서 중소형 회계법인들은 영업에 큰 타격이 예상된다.

금융위 관계자는 '투자자 보호 필요성이 높은 상장법인, 금융회사의 부실 감사를 예방하기 위해서는 금감원에 사전 등록하는 것이 필요하다'고 말했다. 금융위는 관계기관 협의와 공청회를 거쳐 오는 9월 말까지 이 같은 내용을 담은 회계산업 선진화 방안을 마련할 계획이다.

한편 회계 문제로 거래 정지된 중국고섬은 지난해 결산 재무제표에 이어 1분기 재무제표 공시시한까지 8월로 한 달 더 연기했다. 중국고섬은 회계감사인, 특별감사인의 감사가 진행중이어서 공시시한을 추가로 연장했고, 싱가포르 증권거래소의 승인을 받았다고 6일 공시했다.

금융당국은 이러한 리스크를 줄이기 위해서라도 국내 등록 회계법인을 통한 감사가 불가피하다고 보고 있다.

이와 같은 域外 감독의 이슈는 아래와 같은 감사인 등록제도로 해결할 수 있으나 이는 거래소 차원에서 한국 거래소 시장에 상장하려면 우리나라의 감독기관에 등록된 회계법인이 감사하여야 한다는 규정으로만 해결할 수 있는 것이 아니라 한국, 중국간 감독기구간에 공조체제가 선결적으로 진행되어야 한다.

매일경제신문. 2011.7.20.

부실상장 중국고섬의 집단소송은 예고된 사건
대표 주간사 대우증권 부실실사 논란

국내 상장 외국 기업 중 처음으로 투자자의 집단소송 대상이 된 중국고섬공고유한공사의 상장을 위한 기업실사가 허술하게 진행됐다는 지적이 일고 있다.

문제가 된 회계부정에 대한 대우증권은 '회계법인의 감사보고서를 믿고 일을 진행할 수밖에 없는 게 현실'이라며 억울하다는 입장을 보였다.

중국고섬에 정통한 한 관계자도 '중국고섬 실무진과 경영진간 소통에 있어 괴리가 커 보였다'며 '기업 공개 주간사도 이를 파악하기 어려웠을 것'이라고 전했다.

일부 주주는 기업실사를 담당하고 감사보고서를 작성했던 회계법인(언스트영&한영)까지 법적 책임을 물어야 한다고 주장하고 나섰다.

이번 집단소송을 맡은 법무법인 송현 관계자는 '회계법인을 소송 대상에 포함할지를 고민하고 있다'며 '최종 방침은 8월 초 중순 소장을 제출할 때 밝히겠다'고 말했다.

언스트&영 관계자는 '2010년 재무제표의 신뢰성에 중대한 영향 사항을 발견해 적절한 조치를 취한 것도 이런 절차를 수행한 데 따른 것'이라고 말했다.

투자자 보호를 위해 엄격하게 상장심사를 해야 할 한국거래소도 제 역할을 못했다는 비판이 쏟아지고 있다. 한국거래소 관계자는 '솔직히 우리도 언스트&영이라는 세계적인 회계법인이 실사를 했기 때문에 신뢰한 측면이 있다'고 말했다.

마지막 '게이트키퍼' 역할을 해야 할 금융감독원 역시 정정 요구 없이 통과시켰다.

DR 형태 2차 상장의 경우보다 까다로운 절차가 필요하지만 현행 자본시장법 시행

규칙에는 정해진 심사 기준이 없는 상태다. 중국고섬은 지난해 12월 15일 증권신고서를 금감원에 제출했고 세 차례 정정을 거쳤다. 그런데 이는 금감원이 정정요구를 한 것이 아니라 중국고섬측이 자진해서 신고서 내용을 정정한 것이다.

PCAOB가 엔론사태 이후에 설립된 후, 미국에서의 회계에 대한 규제는 PCAOB는 감사인(회계법인)을 규제하며 SEC는 재무제표를 규제하는 이중 구조로 되어 있다. 우리의 경우는 이러한 모든 규제가 감독원으로 일원화되어 있다. 우리나라에서도 미국의 PCAOB와 같이 회계만을 위한 별도의 감독기구가 필요하다는 논의가 2002년 당시 진행되기도 하였다. 우리는 별도의 회계감독기구는 없지만 전 세계적으로는 IFIAR(International Forum of Independent Audit Regulators; 국제회계감독기구포럼)이라는 세계 회계감독자 기구가 활동하고 있다.

관리 감독하는 기구 조직상의 문제가 아니라고 하면 감독기구 독립 여부에 무관하게 회계감독은 적절하게 수행될 것이며 회계 감독기구를 독립하여야 효과적인 감독이 수행된다면 회계감독기구의 독립까지를 검토하여야 한다.

본 장이 감사보고서 감리와 관련된 장은 아니지만, 아래의 내용은 감사보고서 감리와 관련되어 분반기 재무제표 위반 부분이 포함된다고 해도 분/반기보고서가 결산재무제표가 아니기 때문에 감독기관의 조치는 한계가 있을 수밖에 없다는 내용이다.

연합뉴스. 2011.4.4.

"분기보고서 허위제출 외부감사법 위반 아니다"

대법원 2부(주심 김지형 대법관)는 회삿돈을 횡령한 뒤 재무제표와 관련해 허위 자료를 감사인에게 제출한 혐의(주식회사의 외부감사에 관한 법률 위반 등) 등으로 기소된 코디콤 운영자 김모(46)씨에게 징역 5년을 선고한 원심을 깨고 사건을 서울고법으로 돌려보냈다고 4일 밝혔다.

재판부는 "주식회사 외부감사에 관한 법률의 규율대상은 '결산재무제표'이므로 반기·분기보고서에 포함된 재무제표와 관련된 거짓자료를 감사인에게 제시한 것을 외부감사법 위반으로 처벌할 수 없다"고 밝혔다.

하지만 재판부는 "김씨가 회삿돈 330억원을 횡령한 혐의는 유죄로 인정된다"고 밝혔다.

> 김씨는 2009년 항공사 지분을 인수한다는 명목으로 코디콤 자금 330억원을 인출한 뒤 사적인 대출금을 변제하는 데 사용하고, 이후 회계감사에서 문제가 될 것을 우려해 145억원의 대금이 회수된 것처럼 가장한 자료를 공인회계사에게 제출한 혐의로 기소됐으며 원심은 김씨의 혐의를 모두 인정해 징역 5년을 선고했다.

Chapter 8에서도 감독기관이 분반기 재무제표 인증에 대한 제재를 수행하기 어렵다는 내용이 기술되었는데 위의 신문기사도 유사한 내용을 기술한다.

물론, 감독기관이 법이 정한 범주 이외로 법적 제재를 가할 수는 없지만 분반기 재무제표에 대한 제재를 무방비하게 두는 것은 매우 위험하다고 판단한다. 특히 한계 기업의 반기 재무제표에 대해서는 검토가 아니라 감사가 수행되어야 한다는 주장이 제기되는 것을 고려해 이번 판례 때문에 분기보고서에 대한 감독이 약화된다면 이는 상당히 우려된다. 특히나 단기 투자자의 경우는 연차재무제표보다는 중간재무제표가 투자활동을 수행함에 있어서 더 중요하기 때문이기도 하다.

기업회계기준에서는 중요성 기준을 수치화하고 있지 않기 때문에 각 회계법인에서는 내부적인 중요성 기준을 갖고 있다. 예를 들어, 삼정에서는 이를 audit guage라는 표현을 사용한다. 이 기준이 외부에 공개되는 정보는 아니기 때문에 품질관리감리에 있어서도 이 부분을 감독원에서 검토하지는 않지만 이러한 중요성 기준이 너무 관대한 회계법인일 경우는 품질관리 감리 과정에서 감독기관이 이를 어느 정도 점검하여야 하지 않는지에 대한 의문을 갖는다.

감리를 수행하였던 건에 대해서 감독기관이 이를 발견하지 못하였고 동일 건에 대해서 나중에 위법행위를 발견하였을 경우 이전에 발견하지 못하였던 데 대해서 감독기관이 면죄부를 줘야 할지의 이슈가 있다. 감독기관의 감리가 인적, 시간적 제약 때문에 완벽할 수는 없으므로 이러한 점에 대해서 감독기관이 부담을 느낄 필요는 없다고 판단된다. 감리과정에서의 절차 때문에 발견되어야 할 오류가 발견되지 않았다면 이는 업적 평가를 통하여 적절하게 조치하면 되는 것이지 이러한 감독기관의 오류가 그 이상을 의미하지는 않는다. 회계감사도 전수조사가 불가하지만 감리도 전수조사가 불가하다는 한계점이 존재한다.

분기보고서가 부정적인 요인이 있다는 주장도 있다.

매일경제신문. 2006.11.9.

분기보고서가 회계부정 조장. 세계 4대 회계법인 제도개선 촉구

4대 회계법인들은 회계보고서 작성에 대해 공동 검토한 결과 분기별 보고서를 인터넷 기반 실시간 보고서로 전환할 것을 촉구하기로 했다고 보도했다.

특히 월가 이익 전망치를 맞추기 위한 분기보고서는 회계부정을 조장하고 있다고 지적했다. 실제로 회계업계에서 상장사의 장부상 가치와 시가총액이 일치하지 않는 것은 현행 회계보고서가 안고 있는 한계라는 지적이 많았다.

회계선진화 TF에서 논의되는 내용 중, 감사인 등록제도가 포함되어 있으므로 미국에서의 등록제도를 아래에 기술한다.

미국 PCAOB의 상장법인 감사인 등록제도

□ (개요) PCAOB는 SEC등록법인의 감사보고서를 발행하는 회계법인을 감시, 감독하기 위한 비영리기관

* Sarbanes－Oxley Act 2002 규정에 의거해 회계법인 감독기구인 PACOB(Public company Accounting Oversight Board)를 설립

□ (등록대상) 미국 내 공개기업(public company)을 감사하려는 모든 미국 및 외국회계법인

□ (등록절차) 전자등록시스템을 통해 지원서를 제출

① 전자지원서를 PCAOB 제출하면 ID 및 Password를 부여

② 등록지원서를 제출 → 제출일로부터 45일 이내에 등록승인 여부 결정(필요시 추가정보 요청)

③ 등록불허시 그 사유를 통보하며 재등록 신청이 가능

□ (등록사항) 회계법인 개요, 감사대상회사 및 보수, 품질관리 정책, 민형사상 조치 및 진행 중인 소송, 소속회계사현황 등

□ (등록요건) 세부적인 등록요건을 열거하고 있지는 않으며 등록사항 및 제출된 자료를 종합적으로 검토하여 자체적인 심사를 통해 등록을 승인하거나 거부

* 세부적인 등록요건은 외부에 공개하고 있지 않음

□ (등록거부사례) 홈페이지를 통해 외부에 공개된 사례

- ㅇ 등록하지 않고 미국에 상장된 법인의 감사보고서를 발행 후 사후적으로 등록 신청한 경우 → 대부분의 등록거부 사유
- ㅇ 등록시 필요한 정보의 미기재, PCAOB의 추가적인 정보 제공 또는 확인 요청에 대한 불응이나 절차상의 하자 등
  - ➡ PCAOB의 취지는 등록을 엄격하게 하는 방식이라기보다, 등록된 회계법인에 대한 품질관리감독을 강화

한국공인회계사회에 위탁하여 품질관리감리가 진행될 경우, 한공의 감리팀은 몇 개 기업에 대해서 표본으로 감사과정을 확인하게 되는데 이 과정에서 2011년의 경우는 자산 대비 감사수임료가 낮은 기업에서 표본을 선정하였다.

수년간 동일하게 이러한 기준으로 피감기업을 선정하게 된다면 회계법인의 입장에서는 어느 피감기업이 선정될 것이라는 것을 미리 알 수도 있으며 감사수임료가 너무 낮은 것도 문제지만 감사수임료가 너무 높은 것도 문제이므로 표본기업을 선정할 때 선정 기준을 다양화할 필요가 있다. 즉, 수임료가 적정한 수준에 비해서 너무 높다는 이러한 기업 또한 어떠한 이유에서 수임료가 높은 것인지에 대한 점검이 필요하기도 하다. 또한 총 자산 규모 대비하여 감사수임료만이 중요한 것이 아니라 감사시간이 낮았던 기업을 유심히 점검할 필요성도 존재한다.

이러한 변수들은 과거 감독기관이 감사보고서 감리를 수행할 때 모두 고려하였던 변수들인데 품질관리감리에서 개별기업에 대한 감사 과정을 검토함에 있어서 정책 수단으로 사용될 수 있는 변수들이다.

각 회계법인에서는 품질관리실을 두고 법인의 품질을 관리하고 있다. 품질관리실은 수년 전에는 심리실의 명칭으로 사용되다가 최근에 와서 이러한 명칭으로 변경되었다. 품질관리와 회계법인의 독립성은 분리할 수 없는 개념이지만 일부 회계법인에서는 품질관리실과 독립성 부서를 별도로 운영하기도 한다. 예를 들어 안진회계법인일 경우 위험관리본부(RRG) 내부에 위치하기는 하지만 품질관리실과 독립성 부서가 별도로 존재한다.

회계법인의 대표이사는 회계법인 내에서 품질관리실이 제 역할을 수행할 수 있도록 이 부서에 상응하는 권한을 보장해 주어야 한다. 물론, 권한에는 이에 따르는 의무가 당연히 따라야 한다.

회계산업서비스 선진화 방안에서는 품질관리실태에 관한 금감원의 지적 사

항이 개선되지 않는 경우에 회계법인의 품질관리실태를 외부에 공개하여 품질 경쟁을 유도할 것을 제안하고 있다.

외부 공개와 관련되어 어떠한 내용까지를 감독기관이 외부에 공개해야 하는지에 대한 다음의 이슈도 있다.

> 매일경제신문. 2011.11.1.
>
> **불공정거래 조사중인 내용도 공개. 금감원 공시 조사 개선 방안**
>
> 금융감독원이 특정 종목에 대해 불공정거래 관련 조사가 진행중일 경우 이런 사실을 공개하기로 했다. 지금까지는 조사중이라는 이유로 공개를 꺼려 왔으나 앞으로는 투자자 보호에 더 적극적으로 나서겠다는 취지다.
>
> 기업의 부실화 가능성을 계량적으로 측정해 5단계로 평가하는 '기업공시종합관리시스템'이 올해 말까지 도입된다. 이 시스템은 공시 자료의 접수, 심사, 사후관리까지 모든 과정을 전산으로 관리하게 된다.
>
> 금감원은 이 같은 내용을 담은 '공시 심사 및 조사 감리업무 개선 방안'을 마련해 지난달 31일 발표했다. 가장 달라지는 점은 불공정거래 조사 결과가 원칙적 비공개에서 필요시 공개로 원칙이 수정된다는 점이다.
>
> 금감원 관계자는 '수사에 방해가 되지 않는 범위안에서 불공정거래로 조사중인 내용을 단계별로 공개하는 안을 고려하고 있다'고 말했다. 이에 따라 조사중, 조사 종료시, 법원 판결시 등 시기별로 구분해 공개 내용이 확대될 전망이다.
>
> 금감원은 제도 개선 배경에 대해 불공정거래 조사 결과가 원칙적으로 공개되지 않다 보니 투자자가 투자 판단에 활용하기 어렵고 조사 결과에 불필요한 오해가 발생할 우려가 있다고 설명했다.
>
> 금감원은 새로운 불공정거래 유형, 중대 사건 등의 경우 투자자 유의사항으로 공개하겠다고 밝혔다.
>
> '기업공시 종합관리시스템'은 공시심사의 투명성, 신뢰성, 효율성을 높이기 위해서 도입된다. 심사자의 재량권의 남용을 막기 위해서다. 심사대상 기업의 주요 경영정보와 체크리스트가 심사자에게 사전 제공되고 심사과정에서 발생한 모든 사항이 전산에 기록되고 저장, 관리된다.
>
> 이 시스템의 또 하나 기능은 상장 기업 부실화 가능성을 5등급으로 평가하는 것이다.

위의 제도는 순기능도 있겠지만 확정되지 않은 사안이 확정된 사실인 듯이 알려지는 문제가 있을 수도 있어서 신중하게 접근되어야 할 정책 방향이다.

chapter 12

감독기관

19 99년부터 금융감독위원회(금감위)로 유지하던 체제가 금융위원회(금융위)로 2008년 3월 3일 전환되었다. 이는 정권교체 시점과 무관하지 않다. 금융위는 금융감독위원회 감독정책기능과 (구)재정경제부 금융정책기능(공적자금관리위원회, 금융정보분석원 포함)을 통합하고, 금융위원장과 금감원장의 겸임을 금지하여 정책기능(금융위)과 집행기능(금감원)을 분리하기로 결정하였다.

금융감독위원회 시절에는 위원장, 부위원장, 1인의 상임위원, 예금보험공사사장, 한국은행부총재, 재경부차관, 회계, 금융/재무, 법 전공 3인의 비상임위원회로 구성되었으나 2008년 3월부터는 금융위원장, 부위원장, 2인의 상임위원, 1인의 금융/재무/법 전공 비상임위원 이외에도 금융감독원장, 한국은행부총재, 예금보험공사사장, 기획재정부차관이 당연직 위원으로 참석하고 있어서 민간의 비상임위원 위주의 위원회 조직으로 운영하려던 취지가 많이 퇴색되었다. 즉, 상임위원이 1명 추가되며, 또한 금융위원장과 금감원장이 분리되는 과정에서 금감원장이 위원이 되며 비상임위원의 수는 세 명에서 한 명으로 축소되었다. 즉, 결과적으로는 2인의 비상임위원을 추가적인 상임위원과 금융감독위원장이 대체하게 되었다. 민간인 인원이 축소되면 관치 금융이 되기 쉽다는 비판도 있다.

獨任제 행정/집행기관에 비해서 위원회(회의체) 조직의 장점은 합의체로서의 위원회가 다양한 의견을 취합하여 의사결정기구로 위치하면서 위원장이 행정 line을 통해서 의사결정하는 것보다 의결위원회로서의 다양한 전문가 의견을 수렴하는 의사결정을 수행하는 것이다. 정부에서의 이러한 의결위원회의 형태를 갖는 위원회가 경제와 관련되어서는 감사원의 감사위원회, 금융위원회, 공정거래위원회, 국무총리실 산하의 규제개혁위원회, 증권선물위원회, 지식경제부 산하의 무역위원회, 방송통신위원회, 국민권익위원회 등이 있다.

증권선물위원회도 회의체의 성격을 갖지만 다음과 같이 독임제적인 성격의 의사결정도 논의된다.

이데일리. 2008.4.15.

증권선물위원회 위원장 권한 강화된다

내부자의 단기매매차익 반환을 비롯, 미공개정보 이용, 시세조종 등과 관련해 조사에 불응했을 때는 위원장이 단독으로 조치할 수 있도록 했다.

아울러 내부자의 단기매매차익 반환을 비롯해 미공개정보 이용, 시세조정 등과 관련해 조사에 불응했을 때는 위원장이 단독으로 조치할 수 있도록 했다.

반면에 금융위원회 산하의 금융발전심의위원회 및 기획재정부 산하의 세제발전심의위원회 및 정부 중앙 부서는 대부분 정책자문위원회를 운영하고 있으며 의결위원회가 아닌 자문위원회의 성격을 띤다.

2008년 3월 금융위원회가 개편되면서 증권선물위원회(증선위)는 그대로 유지되었으며 단, 증선위의 자문기구(사전심의기구)였던 감리위원회, 회계제도심의위원회 및 자본시장심의위원회(자조심, 자본시장법 이전의 증권조사심의위원회)가 금융감독원 위원회에서 금융위원회 소속의 증선위 자문기구로 재편되었다. 자조심은 2001년 12월에 금감원에서 금감위로 이관되었고, 감리위는 그보다 늦은 2008년 5월에 금융위로 이관되었다.

그 이면에는 감리위와 자조심은 감독원이 검사(집행기능)의 역할로 조사하고 검토한 조치사항을 최종적으로 판단하는 성격의 정부조직(정책기능)인 증선위의 자문기구인데 검사를 주관한 감독원에서 이 위원회를 주관하는 것이 적절하지 않다고 판단한 것이다. 즉, 증권선물위원회는 검사기관(감독원, 원고의 역할)과 피조사자(피고의 역할)에 대해 독립적인 입장에서 조치를 취하라는 의미이다. 이러한 차원에서 공정거래위원회에서는 위원회에 양자를 동시에 출석시켜(對審) 의견을 청취한 후에 의사결정을 수행한다고 하는데 증선위는 그와 같은 회의운영방식을 선택하고 있지 않다.

관련된 규정은 다음과 같다.

제4조(금융위원회의 구성) ① 금융위원회는 9인의 위원으로 구성하되, 위원장・부위원장 각 1인과 다음 각 호의 위원으로 구성한다. <개정 1999.5.24, 2008.2.29>

1. 기획재정부 차관
2. 금융감독원 원장
3. 예금보험공사 사장
4. 한국은행 부총재
5. 금융위원회 위원장이 추천하는 금융전문가 2인
6. 대한상공회의소 회장이 추천하는 경제계대표 1인

증권선물위원회의 비상임위원 금융위원회의 설치 등에 관한 법률 제20조(증권선물위원회의 구성 등)

1. 금융・증권・파생상품 또는 회계분야에 관한 경험이 있는 2급 이상의 공무원 또는 고위공무원단에 속하는 일반직공무원의 직에 있었던 자

2. 대학에서 법률학・경제학・경영학 또는 회계학을 전공한 자로서 대학이나 공인된 연구기관에서 부교수 이상 또는 이에 상당하는 직에 15년 이상 있었던 자

3. 기타 금융・증권・파생상품 또는 회계분야에 관한 학식과 경험이 풍부한 자

1에 해당하는 경우가 증권선물위원회 상임위원을 맡게 된다.

감독원의 업무와 관련되어 최근 업무 범위와 관련된 이슈가 있다.

한국경제신문. 2011.2.7.

금감원, 기업인 신문 녹취 권한 없다. 법원, 강제조사 관행에 제동
수사권 없어 증거 인정 안돼

금융감독원의 기업조사 관행에 법원이 제동을 걸었다. 금감원이 절차를 제대로 지키지 않고 기업인을 조사한 뒤 작성한 증거자료에 대해 법원이 '증거로 인정할 수 없다'며 쐐기를 박았다. 수사기관이 아닌 금감원이 경찰 혹은 검찰처럼 강제적으로 조사하는 관행을 없애라는 주문이다.

금감원, 혐의자 심문 안돼

6일 법원에 따르면 서울중앙지법은 지난달 28일 대한전선과 도이치증권 직원의 주

식 시세조정 사건에 대한 판결에서 금감원에 소속된 조사역들은 특별사법경찰로 볼 수 없다고 판시했다. 금감원 아닌 금융위원회 소속된 조사 공무원들은 검찰총장의 지명을 받고 형사소송법을 준용토록 권한이 주어져 있지만 금감원 조사역들은 그렇지 않다는 게 이유였다.

법원은 현행 '자본시장과 금융투자업에 관한 법률' 규정대로 '증언을 위해 출석 등을 요구할 수 있는 권한'은 있어도 '위반행위의 행위가 있는지를 심문할 수 있는 권한'은 조사역에게 없다고 봤다.

이 사건에서 금감원 조사역 박모씨는 2008년 종로경찰서로부터 수사협조 요청을 받고 대한전선 직원과 도이치증권 직원의 장 마감 직전 한미은행 주식 대량거래가 정당한 헤지거래인지, 시세조종행위인지 여부에 대해 조사했다. 박씨는 이 과정에서 대한전선 직원 전모씨를 금감원에 출석시켜 주가조작 여부를 추궁하며 문답서를 받았다. 이후 그는 다시 전화로 통화하며 재차 추궁해 녹음, 녹취록을 작성했다.

문제는 이후 발생했다. 전씨는 금감원에 출석해 말한 내용과 전화통화에서 진술한 부분을 법정에서 부인했다. 해당 진술의 증거능력 여부가 쟁점이 된 것. 재판부는 '박씨는 증언을 받은 것이 아니고 전씨를 혐의자로 보고 심문행위를 했다고 봐야 한다'고 판단했다. 전씨를 변호한 법무법인 태평양의 강동욱 변호사는 '전씨가 어두컴컴한 조사실에서 변호사 없이 혼자 8시간 가량 조사받았고 전화 통화 녹음사실도 고지받지 못했다'고 주장했다.

금감원은 반발, 기업은 환영

금감원측은 법원의 판결에 대해 '현실을 무시한 것'이라는 입장이다. 금감원 관계자는 '금감원 직원의 조사 결과를 법원에서 제대로 인정하지 않는다면 주가조작과 같은 전문적인 범죄는 무방비 상태가 될 수밖에 없다'며 '미란다 원칙(저자 추가: 경찰이나 검찰이 범죄용의자를 연행할 때 그 이유와 변호인의 도움을 받을 수 있는 권리, 진술을 거부할 수 있는 권리 등이 있음을 미리 알려 주어야 한다는 원칙)을 도입하는 정도는 가능하겠지만, 지나치게 형식 논리에 얽매여서는 안 된다'고 주장했다.

그러나 금감원에서 조사를 받아본 기업 실무자들은 전씨의 사례에 공감을 표한다. 최근 조사를 받았다는 P기업의 한 실무자는 '금감원이 무서워 이의를 제기하기 힘든 게 현실'이라며 '조사를 받아 보면 검찰청에 와 있는 기분'이라고 말했다. 또 다른 C기업 관계자는 '금감원이 달라는 자료를 안 주면 다른 건으로 보복할 가능성 때문에 두려워 다 줄 수밖에 없다'고 전했다.

이번 판결은 공정거래위원회의 조사관행에도 영향을 미칠 수 있다. 현행 '독점규제 및 공정거래에 관한 법률'에서는 공정위가 사건 당사자들을 출석시켜 의견을 들을 수 있도록 하고 있지만 혐의자 심문 권한은 명시돼 있지 않다. 공정위 역시 금감원처럼 사실상 불법적인 조사를 진행해 왔다는 것이 기업 관계자들의 지적이다.

** 특별사법경찰이란 사법경찰에는 일반사법경찰과 특별사법경찰이 있다. 특별사법경찰은 특수한 분야의 범죄에 한해 수사를 담당하며 일반 사법경찰과 동일한 수사권을 가진다. 소속 기관장의 제청과 관할 지검장의 지명으로 임명된다. 법무부, 국토해양부, 식품의약품안전청 등 약 20개 정부기관과 지방자치단체 40개 직종 공무원에 대해 특별사법경찰권을 부여하고 있다.

감독원이 신문을 수행할 권한은 없지만 조사를 수행할 권한은 있으며 2회 이상 이유 없이 소환(출석) 조사 요구에 응하지 않으면 증권선물위원회는 검찰통보 이상의 조치를 취하게 된다. 위에 기술된 법적인 한계는 있지만 감독기관으로서의 감독할 수 있는 여지는 남겨 두어야 한다. 감독권한이 물론 법치안에 존재하여야 하지만 수사권이 없는 감독기관이 시장이 교란되는 것을 수수방관할 수는 없는 것이다.

매경이코노미. 2012.2.1.

주가조작이 시장질서 무너뜨리는 주범

현재 금융감독원은 수사권이 없고 검찰은 전문성이 없다고 해 금융감독원의 조사, 검찰의 수사라는 이중 과정을 거치지만 주가 조작에 신속하게 대처하기 위해서는 금융감독원에 수사권을 부여해야 한다.

미국에서는 증권거래위원회(SEC)가 기소권을 갖고 있고 도청까지 할 수 있지만 글로벌 금융위기 이후 21개의 특별조사기구를 만들 정도로 주가조작에 대해 강력하게 대처하고 있다.

조사권과 관련된 다음의 이견도 있었다.

매일경제신문. 2011.5.6.

검-금융위, 금융범죄 조사권 힘겨루기?

'과징금 부여 권한' 요구하던 금융위원회. 검찰 '금감원 직접 지위' 검토하자 발 빼

검찰이 지난해 금감원 조사를 직접 지휘하는 방안을 적극 검토했던 것으로 드러났다. 지금 금융위원회가 주장하고 있는 '포괄적 계좌 추적권' 부여와는 정반대 해답을

검찰이 내 놓았던 것. 한마디로 금감원 조사 권한을 놓고 검찰과 금융위가 치열한 물밑 신경전을 벌였던 셈이다.

법무부는 지난해 말 '금융 범죄 수사 절차 개선 방안'을 내부적으로 검토해 '금감원 조사국 직제에 조사 절차 전반에 관여할 수 있는 검사를 파견하는 방안이 가장 현실성이 있다'는 결론을 내렸던 것으로 5일 확인됐다.

그러나 법무부는 금융위의 반발이 예상되고 자칫 정부기관끼리의 밥그릇 싸움으로 비칠 염려가 있어 이 같은 사실을 공론화하지 않은 것으로 알려졌다.

당시 금융위는 문제를 일으킨 금융사에 '과징금'을 부여할 수 있는 권한을 달라고 요청한 상태였다. 자신들도 공정거래위원회처럼 '처벌 권한'을 갖겠다는 뜻이었다. 금융사를 압박할 권한이 없어 조사가 부실해진다는 것이 이유였다.

이에 대한 법무부와 전문가들은 금감원의 금융조사가 제대로 이뤄지지 않는 이유는 … 처벌 권한이 없기 때문이 아니라 오히려 사건을 검찰에 넘길 때까지 소요시간이 너무 길며 … 라고 판단했다.

이에 따라 개선책으로 초동 단계에서 압수수색 등 강제수사권 동원이 필요한 경우에 대비해 금감원 조사국에 검사를 파견하는 방안과 금융위 증권선물위원회에 부장급 검사를 위원으로 참석시키는 방안이 제시됐다.

장기적으로 금감원 직원을 '특별사법경찰관'으로 지명해 검찰 지휘하에 조사가 아닌 수사를 직접 담당하도록 하는 방안도 포함됐다.

법무부 관계자는 '검찰이 조직 내에 들어올 경우 자신들의 권한이 축소될 것을 염려한 금융위가 과징금 부여 권한 요청을 철회해 이 같은 내용을 공개하지 않았다'고 말했다.

금융위는 최근 '부실 조사 논란은 금감원이 강제수사권을 갖고 있지 않기 때문'이라며 '포괄적 계좌추적권한을 달라'고 요청한 바 있다.

현재로는 부장검사급 법률 자문관이 금융위에 파견 나와 있으며 증선위에 배석하여 법률적 판단에 대한 자문을 맡고 있다.

한국경제신문. 2012.1.30.

법무부, 증선위원 자리 요구에 주가 조작 과징금 무산

주가조작 사범에 과징금을 부과하는 제도 도입을 논의하는 과정에서 법무부가 금융위원회 산하의 증권선물위원회 위원자리(1급 상당)를 달라고 요구했던 것으로 드러나 논란이 일고 있다.

법무부는 "효율적인 사건 처리를 위한 취지였다"고 해명했지만, 증권업계에서는

"법무부의 부처이기주의가 작용해 신속한 주가조작 단속수단인 과징금제 도입이 무산된 것 아니냐"는 의혹을 제기하고 있다.

금융위 관계자는 29일 "지난해 주가조작 등 불공정거래에 대해 신속하게 과징금을 물릴 수 있도록 자본시장법을 개정하자는 논의과정에서 법무부가 증선위원 자리를 요구해 논의한 적이 있다"고 밝혔다.

금융위는 과징금 제도를 도입하기 위해 2010년부터 법무부와 자본시장법 개정을 협의해 왔다. 위법성이 낮은 시장질서 교란 행위에 대한 단속 실효성을 높이자는 취지였다. 공시 위반과 달리 주가조작 등의 불공정 거래행위에 대해 증선위는 검찰에 고발하도록 돼 있다. 하지만 주가조작 사건은 형사처벌을 하기에 경미한 경우가 많아 현행 제도는 문제가 많은 것으로 지적돼 왔다. 이를 개선하기 위해 증선위에서 과징금을 물리도록 하자는 게 금융위의 제안이었다.

과징금 제도는 법무부의 반대로 작년 11월 자본시장법 개정안에서 제외됐다. 법무부는 "형사처벌 대신 과징금을 부과할 경우 면죄부를 줄 수 있다"는 논리를 제시했다. 법무부는 이때 부작용을 막을 대안 중 하나로 증선위원 자리를 요구했고, 금융위는 이에 대해 반대했다는 것이다.

이에 대해 법무부 관계자는 "특정 사안이 과징금 부과 대상인지, 형사처벌인지 초기부터 정확하게 판단할 수 있는 방안을 논의했을 뿐 법무부 또는 검찰이 증선위에 가고 싶은 것은 결코 아니었다"고 설명했다. 금융위 관계자로 "법무부의 증선위원 자리 요구로 과징금제 도입이 무산됐다고 보는 것은 논리적 비약"이라고 해명했다.

매일경제신문. 2012.2.14.

금감원 금융위서 독립한 증권수사 전담기구 시급

금융위는 주가조작 혐의자에게 증선위가 과징금을 부과할 수 있도록 하는 방안을 주장하고 있다. 반면 검찰은 과징금으로는 이어지는 증권범죄를 뿌리 뽑기 힘들기 때문에 형사 처벌이 용이한 구조를 만들어야 한다는 의견이다.

한 법률 전문가는 "증권 관련 범죄를 놓고 과징금을 부과할 사안과 형사 처벌까지 해야 할 사안을 적절하게 분리하는 방안을 강구해야 한다"고 말했다.

위의 기사에서 법무부는 형사처벌 대신 과징금을 부과할 경우 면죄부를 줄 수 있다는 주장은 경제적 제재보다 형사처벌이 더 효과적이라는 법무부적인 판단을 담고 있다.

한국은행이나 예금보험공사와 달리 금감원은 금융회사에 대한 단독검사권과 제재권을 갖고 있다. 금감원이 막강한 권한을 휘두를 수 있었던 배경에는 3,366개 금융회사에 대한 감독권한 독점이 자리잡고 있다고 저축은행 사태 시점에 비판의 대상이 되었다. 동시에 저축은행 부실감사 문제가 불거지면서 금감원의 감독권한을 한은, 예보 등에 분산시켜야 한다는 주장이 힘을 얻고 있다. 단, 감독에 문제가 있었다고 해서 감독권이 분산되는 것만이 최선의 정책은 아니다.

감독기관이 회계 감독을 수행하려고 해도 이들 단체에 대한 감독기관이 다변화되어 있어서 어려움을 겪는 경우도 있다. 예를 들어 공제회는 각 부처 소관이며, 신용협동조합은 금융위원회, 금고는 행정안전부 소관이다. 이외에도 종교기관, 사회복지단체 등의 기관은 문화체육관광부 소관이다. 최근 사회복지공동모금회의 직원들이 기부금을 유흥비로 사용하였다고 하여 크게 사회 문제화되었던 적이 있다. 이러한 모든 부정에는 예외 없이 회계 부정이 개입된다. 아래의 신문기사는 소관기관과 감독원이 공동으로 검사를 시행한다는 내용이다.

매일경제신문. 2011.10.6.

행안부-금감원 공동으로 새마을금고 특별검사한다

새마을금고 경영안전성을 점검하기 위한 특별검사가 실시된다. 이번 특별검사는 행정안전부가 금융감독원 인력을 파견받아 규모가 크거나 경영지표가 좋지 않은 금고 수십 곳을 무작위로 선정해 시행할 예정이다. 행안부는 이미 금감원과 새마을금고 24곳을 대상으로 연례 합동검사를 실시하고 있는데, 여기에 특별검사 대상이 더 추가되는 것이다.

행안부는 이에 앞서 서울 9곳, 경기 9곳 등 전국 대형 새마을금고 45곳에 대해 외부 회계감사를 받으라는 지침을 내렸다.

감독기관 또는 거래소와 같은 자율 규제기관이 어느 정도까지 민간 경제 부문에 개입하여야 하는지에 대해서는 이견이 있을 수 있다. 상장 후 주가가 하락하여 투자자들이 불만을 갖고 있는 현실에서 이를 방치해야 하는 것인지에 대한 정책적인 판단을 남겨둔다.

한국경제신문. 2011.10.24.

'공모가 낮추기' 논란. "시장 활성화" vs "월권 행위"

한국거래소가 상장 추진 기업에 공모가를 낮추도록 요구하는 사례가 잇따르고 있다. 공모가의 거품을 제거하고 시장을 활성화하는 조치라는 긍정적인 평가와 시장가격 결정 시스템을 왜곡하는 월권 행위라는 반론이 엇갈리고 있다.

23일 증권업계에 따르면 다음달 초 상장하는 씨엔플러스의 공모가는 1만 1,500원으로 결정됐다. 씨엔플러스가 지난 17일 기관투자가들을 대상으로 진행한 수요예측에서는 1만 2,000원 이상에 주식 배정을 신청한 곳이 50%를 웃돌았다. 공모가격은 수요예측을 통해서만 정해진다는 점에서 공모가가 1만 2,000원을 넘어야 정상이지만 실제 공모가는 이를 밑돌았다.

지난주 공모주 청약을 마친 테라세미콘도 비슷하다. 수요예측에서 1만 4,000원 이상의 가격을 써낸 기관이 80%를 넘었다. 1만 6,000원 이상을 부른 곳도 41%였다. 하지만 공모가는 이에 미치지 못한 1만 3,500원으로 정해졌다.

이처럼 수요예측보다 공모가가 낮게 정해지는 것은 거래소가 공모가를 낮추도록 요구하고 있기 때문이라는 게 증권업계의 지적이다. 한 증권업계 관계자는 "증권신고서를 낼 때 공모희망가격대를 낮추도록 한 뒤 수요예측을 마치면 거래소와 협의토록 해 또 한번 가격을 떨어뜨린다"고 말했다.

거래소 관계자는 이에 대해 "기업들이 자금 조달을 위해 공모가를 높게 잡다 보니 상장 후 주가가 떨어져 투자자들이 피해를 보고 있다"며 "시장 활성화를 위해 공모가 거품을 제거하라는 뜻에서 원칙적 수준의 권고를 하고 있는 것"이라고 설명했다.

최근 신규 상장한 종목은 낮은 공모가 덕분에 주가가 오름세를 보이고 거래도 눈에 띄게 활발해졌다. 17일 코스닥시장에 상장한 로보스타는 첫날 공모가를 훌쩍 뛰어넘은 뒤 19일까지 3일 연속 상한가를 기록했다. 지난 8월 상장된 제닉과 대한과학 아이씨디 넥솔론 주가도 공모가를 크게 웃돌고 있다.

하지만 시장의 자율적 가격 결정에 관리·감독기관이 개입하는 것은 적절치 않다는 지적도 나오고 있다. 한 증권사 관계자는 "벌써부터 공모가가 낮아 상장을 포기하는 기업들이 나오고 있다"며 "인위적인 공모가 낮추기가 장기적으로는 기업공개(IPO) 시장 침체로 이어질 수 있다"고 말했다.

금융감독원에서 제재를 담당하는 제재심의위원회에 대해서도 이 위원회 금융위 소관으로 옮겨야 한다는 등의 여러 가지 의견이 있다. 또한 이 위원회가 민간 중심이어야 하는지 아니면 관 주도여야 하는지에 대한 의견도 있다.

매일경제신문. 2012.1.17.

'금융사 징계' 민간 힘 세진다. 제재위 민간위원 과반수 이상

금융회사에 대한 징계 수위를 결정한 금융감독원 제개심의위원회의 무게 중심이 '관'에서 '민간'으로 이동한다. 과거 금융당국중심의 제재문화가 민간 중심의 시장 마인드로 변할 수 있을지 주목된다.

최근 금융당국에 따르면 금감원 제재심의위원회 구성이 2월부터 전면적으로 개편된다.

과거에는 제재심의위원 9명 중 5명이 금융당국출신 인사로 채워지고 4명이 민간인사의 몫이었다. 하지만 2월 2일 열리는 제개심의위원회부터는 금융당국인사가 3명으로 줄어들고 민간출신 인사가 6명으로 늘어난다.

금감원 수석부원장, 제재심의 담당부원장보, 해당 안건 담당 부원장보, 금감원 법률 자문역, 금융위 담당국장 등 금융당국측 인사 5명 중에서 금감원 부원장보 2명이 제외되고 대신 민간 위원 자리를 2개 늘린 것이다. 이럴 경우 민간 인사 비중이 3분의 2로 과반수를 넘게 된다.

특히 과거에는 민간 위원 4명을 모두 금감원장이 추천했지만 이번에는 금융위원장과 금감원장이 3명씩 추천하는 구조로 바뀐다.

이는 저축은행 사태 이후 국무총리실 산하 금융감독혁신 TF에서 금감원의 권한이 비대하다고 판단해 민간 위원을 확대하라고 권고한 데 따른 후속조치다.

금감원 관계자는 "제개심의위원회의 의사결정은 출석위원 과반수의 찬성으로 결정되는 만큼 사실상 민간인사들의 의사가 중요한 역할을 하게 될 것"이라고 말했다.

실제로 지난해 현대캐피탈 고객 정보 유출 건에 대한 제재심의의 경우 당국에서는 최고경영자에 대한 중징계로 방향을 잡았지만 민간 출신 위원들이 회사측의 신속한 대응 등을 감안해 징계 수위를 낮춰야 한다고 주장했고 결국 경징계로 결론이 내려진 것으로 알려졌다.

하지만 일각에서는 금융회사의 '구명로비'가 더욱 확산될 수 있다는 우려가 나온다. 금융권 관계자는 "민간 위원들이 로비의 표적이 될 가능성이 있다"며 "이 과정에서 과거보다 징계 수위가 지나치게 낮아지는 부작용이 발생할 수 있다"고 말했다.

민간이라 로비가 통하고 관이라 로비가 통하지 않고의 논리로 이를 인식하여서는 안 된다. 주 관점은 시장 마인드인지 여부이다. 규제기관의 입장에서 제재를 할 것인지 아니면 시장의 입장에서 규제를 할 것인지의 이슈이다.

거래소는 시장 운용기관이기도 하지만 동시에 자율규제기관이기도 하다. 또한 거래소는 자율규제기관이기 때문에 시장 퇴출이라는 막강한 권한도 갖는다.

효율적인 규제는 제재권의 운용과 관련된 것이다. 단, 기관의 시스템의 운용상에 있어서 감독기관이 더 효율적으로 운용될 수는 있다.

chapter 13

미국 재무성의 회계감사에 대한 자문위원회 최종보고서[1]

다음의 내용은 2008년 Advisory Committee on the Auditing Profession이라는 미국 재무성의 보고서를 요약한 내용이다. 이 위원회가 자문위원회의 성격을 띠므로 이 위원회에서 제안하는 내용이 모두 현실화되는 것은 아니며 또한 어떠한 안건에 대해서는 위원회 자체적으로도 의견을 모을 수 없어서 이슈로만 제시하지 명확한 의견을 제시하는 못하는 내용도 포함되어 있다. 하지만 이 보고서의 내용이 우리의 감사현실에도 의미하는 바가 매우 크다고 할 수 있다. 이 보고서는 내용도 방대하여 축약된 본 Chapter의 내용보다도 많은 내용을 담고 있지만 저자가 판단하건데 가장 핵심적인 내용만을 정리하였다. 자본주의의 중심축에 서 있는 미국의 영향력을 무시할 수 없으며 특히나 회계/감사 관련된 제도는 많은 경우에 미국에서 시행하는 제도를 우리가 도입하여 시행하게 된다.

특히 이 보고서의 내용은 EU에서의 회계감사 산업에 대한 발전 방안을 모색하는 Chapter 14. green paper의 내용과 유사한 내용도 있어서 선진제도가 앞으로 나가는 방향을 제시한다고도 할 수 있으며 일부의 내용은 매우 개혁적이다.

미국에서의 정책적인 변화는 미국 재무성, 금융감독원(SEC) 등에서 가동하는 위원회 활동이 그 기초가 된다. 국내의 문헌에도 빈번하게 인용되는 National Commission on Fraudulent Financial Reporting (Treadway Commission, 1987), Panel on Audit Effectiveness(O'Malley Panel, 2002)도 모두 이러한 성격의 위원회이다.

1 본 Chapter는 다음의 논단 내용에 근거한다. 손성규. 미국 재무성의 회계감사에 대한 자문위원회 최종보고서(2008년 10월 6일) 요약. 월간 공인회계사. 특별기고. 2008년 12월: 66－69.

2011년 5월 13일 발족한 금융위원회의 '회계서비스 산업 선진화 위원회'도 동일한 성격의 국내 위원회라고 이해하면 되고 이 위원회에서의 개선책이 외감법 개정 등의 기초가 될 듯하다.

미국 재무성에서는 최근 본 논단에서 소개하는 위원회와 동시에 Advisory Committee on Improvements to Financial Reporting to the United States Securities and Exchange Commission이 가동되어서 재무회계 및 회계감사 환경에 많은 영향을 미치는 주요한 안건에 대한 의견을 재무부 장관에게 건의하였다.

다음의 내용은 단순한 번역에 그치는 것이 아니라 이러한 내용이 제안된 배경, 이에 대한 반론, 국내에 적용시의 문제점 등을 포괄적으로 기술한다.

1. 회계법인의 지배구조와 관련되어

이 보고서에서는 미국의 상장기업이 독립적인 사외이사를 이사회에 참여시켜 경영을 감시하는 역할을 수행함과 동일하게 회계법인의 경우도 이사회 또는 자문위원회를 이러한 방식으로 운영할 것을 제안하고 있다. 이 위원회에서는 파트너보상, 이해상충 등에 대해서 의사결정할 수 있다.

품질감리의 경우를 관련시키면 회계법인의 지배구조는 정관에 의해서 위원회의 구성 등이 규정되므로 일반 상장기업과 같은 법에 의한 또는 규준(예를 들어 상장협의 지배구조 모범 규준 등의 guideline)에 의한 정형화된 지배구조를 갖기는 어렵다. 이는 회계법인이 상장기업과 같은 public company가 아니기 때문이다. 또한 회계법인의 입장에서는 자체적인 quality control을 위해서 품질관리실 등을 운영하고 있기 때문에 추가적인 system은 옥상옥이라는 주장을 할 수도 있다. 즉, 회계법인의 업무와 관련하여 보호해 주어야 할 것은 공공의 이해이지 주주의 이해가 아니므로 이를 system으로 갖추는 데 있어서는 회계법인 내부적인 지배구조는 작동되기 쉽지 않으며 공공의 이해를 보호하는 측면에서만 규제기관이 개입하여야 한다.

경제위기 이후에 기업지배구조가 강조된 이유가 기업지배구조가 건전한 기업만이 투명한 경영을 수행할 수 있다는 논지였으며 최근 들어 내부통제에 대한 점이 강조되는 이유도 내부통제가 강건한 기업은 시스템이 잘 장착되어 있으므로 이러한 시스템을 통해서 보고되는 회계정보의 건전성에 문제가 없을 것이라는 데 기인한다. 회계법인도 지배구조가 투명하여야 이들이 수행하는 감사업무에 문제가 없을 것이라는 논리가 적용된 결과이다. 단, 사외이사제도가 도입된 이후에도 이 제도의 적정성에 대한 많은 찬반 의견이 있다. 상근이사에 비해서 정보접근에 한계가 있을 수밖에 없는 사외이사에게 많은 것을 기대하기 어렵다는 반대 의견도 타당성이 있다. 또한 해당 기업에 큰 commit도 없는 사외이사들이 필요 이상으로 경영에 개입을 한다면 이 또한 바람직하지 않다는 의견도 있다. 혹자는 사외이사는 영원히 客일 수밖에 없는데 客이 주인 행동을 한다는 것이 오히려 어색하며 기업 경영에 오히려 방해가 된다는 주장을 한다. 반면에 상근이사는 독립적인 의사결정을 수행할 수 없기 때문에 사외이사들이 제 역할을 수행할 수 있고 의도된 대로 이사회가 운영된다면 사외이사 제도는 가장 바람직한 기업지배구조 제도일 수 있다.

또한 사외이사들에 대한 경제적인 유인이 적지 않을 경우 재임을 생각하는 사외이사는 독립성이 훼손될 위험도 존재한다. 이러한 논리 전개는 거의 감사인의 독립성에 대한 우려와 같은 논리적 기반을 갖는다. 사외이사는 사내에서 경영에 대한 감시 역할을 수행하는 것이고 외부감사인은 외부에서 감시역할을 수행하는 것이므로 이들간에 공통부분이 존재한다. 단, 판단하기 어려운 부분은 사외이사가 적정한 급여를 받아야 한다는 것인데 이에 대한 판단이 용이하지 않다.

예를 들어 파트너 보상에 있어서 영리 목적인 회계법인에 있어서는 당연히 매출에 근거하여 파트너 보상을 수행하기 쉬우나 파트너 보상을 감사품질과 연관시킨다면 파트너들이 양과 품질을 모두 고려한 감사를 수행할 것이다. 이러한 내용은 품질관리감리의 내용과도 연관된다.

따라서 daily operation은 기업 내부에서 진행하더라도 정책적인 부분에 대한 판단을 최고 상위 의사결정 기구에서 수행한다는 것은 매우 중요하다.

단, 회계법인에 이사회 등과 동질적인 상위의 의사결정 위원회가 제안된다고 하더라도 이러한 위원회에서 어떠한 안건을 의결하여야 하는지 등에 대한 것을 강제하기는 어렵다. 이는 위에서도 기술하였듯이 주주의 이익이 개입되는 상장기업이 아닌 이상 정부가 어느 정도 이상으로 회계법인의 운영에 개입하기 어렵기 때문이다. 상장기업일 경우는 주주 및 투자자의 이해와 권익을 보호하기 위해서 정부가 개입할 수 있다는 것이 정당화된다. 단, 회계법인이 공적인 업무를 수행하기 때문에 감사의 공정성을 확보하기 위해서 개입한다는 정당성도 존재한다.

2. 회계법인 재무제표의 공개

이 위원회는 EU의 (eighth directive, article 40 transparancy report)의 경우와 같이 회계법인의 감사받은 재무제표를 비공개라는 조건에서 PCAOB에 제출할 것을 제안한다. 어떤 회계법인은 US GAAP에 의한 재무제표도 작성하지 않는 법인도 있다. 물론, 자기 회계법인의 재무제표를 본인이 감사할 수는 없고 타 회계법인의 감사를 받아야 하므로 이러한 제안은 논란의 대상이다. 회계법인간에, 특히나 big 4인 경우는, 과점적인 시장에서 치열하게 경쟁하는데 타 회계법인에게 경영상태가 노출된다는 것은 영업기밀상 매우 심각한 문제를 유발시킬 수 있다.

물론, 회계법인이 상장기업이 아니기 때문에 현 제도하에 재무제표가 공개되어야 하는 것은 아니지만 회계법인이 감사보고서를 전체 시장에 공표하며 이 과정에서 불특정다수에 대한 공적인 업무를 수행하는 것이므로 회계법인의 재무제표는 공시의 대상이라는 주장이다.

일부에서는 이러한 회계법인의 재무제표가 감독기관에만 비공개로 제출되는 것 이외에도 피감사기업의 감사위원회와 일반 투자자에게 공개되어야 한다고도 주장한다.

미국은 감사위원회에서 감사인을 선임하고, 수임료를 결정하며 또한 감독한다. 법으로 강제되는 것은 아니지만 S&P 500대 회사의 95%가 또한 중소기업의 70－80%가 주주총회에서 감사인을 인준한다. 이러한 중간 과정에 서 있는 감사위원회가 회계법인을 평가함에 있어서는 당연히 회계법인의 재정적인 안정성 등을 고려하여야 하며 이러한 부분이 감사받은 재무제표가 감독기관 이외에도 공개되어야 하는 이유이다.

이러한 점이 매우 중요한 것이 재무적인 안정성을 확보하지 못한 회계법인이 integrity를 갖고 감사를 수행하기는 매우 어렵다는 판단이다. 상장폐지실질심사에서도 평가의 한 중요한 꼭지가 재무적 안정성이다. 재무적으로 안정되지 않은 회계법인은 공익성보다는 수익성이 앞설 가능성이 높고 회계 투명성이 확보되기 어렵다.

주주총회의 인증의 과정에서도 주주의 입장에서, 어떠한 성격의 회계법인인지를 모르는 상황에서 의결권을 행사한다는 것이 적절하지 않다고 위원회는 판단하며 이러한 이유에서도 회계법인의 재무제표는 공시되어야 한다.

위원회가 진행한 공청회에서는 underwriter, 은행 및 채권자도 감사인 선임에 영향을 미칠 수 있어야 한다는 의견이 개진되었으나 우리나라에서는 감사위원회가 구성되어 있지 않은 기업에서 감사인 선임위원회가 이미 제도화되어 있으며 감사인 선임위원회에 채권자대표가 포함된다.

미국 재무성의 위원회에서 underwriter, 은행 및 채권자가 감사인 선임에 영향을 미쳐야 한다는 내용은 감사보고서가 '주주 및 이사회 귀중'이기는 하지만 감사보고서가 미치는 영향이 주주에게만 국한되지 않기 때문이다. 즉, 누가 감사를 수행하는지는 채권자에게도 매우 중요한 정보이다. 그래야 채권자에게 가야 할 몫이 주주에게 배당의 형태로 빠져나가는 것을 방지할 수 있다.

3. 표준감사보고서

이 보고서에서는 미국에서 사용되는 표준감사보고서가 실질적으로 30년 동안 변경되지 않았다고 기술한다. 우리나라에서 사용되는 표준감사보고서도 미국에서의 표준감사보고서의 내용과 거의 동일하다. 이 표준감사보고서에서는 사기(fraud)에 대해서 기술하지 않고 있으며 또한 사기의 발견과 관련된 감사인의 책임에 대해서도 기술하지 않고 있는데 이 부분이 개선될 여지가 없는지에 대해서 보고서에서 기술한다.

forensic accounting(법의학회계)이라고 해서 사기 예방과 관련된 회계학의 한 분야가 발전하는 것과 맥을 같이 한다. Cohen 위원회는 표준감사보고서가 몇 문단으로만 구성될 것이 아니고 audit function 등까지도 기술하여야 한다고 주장한다.

최근, 독일에서는 감사인들이 long form의 감사보고서를 작성하여야 하며 국제회계사연맹의 International Auditing and Assurance Standards Board에서 제안하는 표준감사보고서가 대안일 수 있다.

이 위원회는 이 안건 포함, 몇 안건에 대해서는 위원회 내부에서 의견을 합치시킬 수 없었기 때문에 보고서에서는 기술되었지만 결론을 도출하지는 않았다.

감사보고서에 어느 정도의 자세한 내용까지가 포함되어야 하는지는 매우 어려운 의사결정이다. 수십억원의 감사수임료를 수임하고 감사용역이 진행된 이후, 단 몇 줄의 감사보고서만이 전달된다는 것이 너무 축약된 결과물이라는 판단을 할 수도 있지만 그렇지 않아도 감사보고서를 이용자들이 잘 읽지 않는 현실에서

함축적인 의미의 감사보고서가 더 의미가 있는 것이라는 주장도 할 수 있다. 일부에서는 감사보고서의 감사의 한계에 대해서 더 상세하게 기록되어야 한다는 주장도 있다. 감사과정은 전수조사가 아니며 표본조사이기 때문에 한계가 있을 수밖에 없는데 이와 같은 사안에 대해서도 한계를 분명히 해야 한다는 논지이다.

예를 들어 재무분석가의 매도/매수 추천시에 이러한 추천에 대한 한계를 기술하는 것이나 같은 맥락의 이슈이다.

엄청난 양의 working paper를 감사인이 작성하지만 이의 일부를 감사보고서에 첨부할 수 있는 것도 아니다. 또한 우리가 경제활동을 하면서 여러 계약서에 서명을 하지만 법률전문가가 아닌 이상 계약서의 내용을 모두 이해하고 서명을 하는 것은 아니며 단, 이러한 맹점으로부터 소비자를 보호하기 위해서 공정거래위원회나 한국소비자원에서 표준양식 등을 법적으로 검토하면서 소비자들의 피해를 최소화하는 것이다.

4. audit only firm

최근 미국에서는 audit only firm이라는 표현을 많이 듣게 된다. 비감사서비스 병행과 관련된 내용이 SOX에서부터 크게 이슈화되었는데, 아예 회계법인은 비감사서비스는 수행하지 않고 감사만을 수행하도록 한다는 의견이다. 즉, 회계법인이 비감사서비스가 가능하므로 이에 대한 판단을 수행하여야 하는 번거로움이 있는데 비감사서비스를 아예 원천적으로 봉쇄한다면 이에 대한 고민을 수행하지 않을 것이다. 물론, 비감사서비스를 회계법인이 병행함에 따른 장점도 많을 것이므로 이 의견에 대해서도 지속적으로 고민하여야 한다.

즉, 비감사서비스와 관련된 여러 복잡한 이슈는 비감사업무를 병행하도록 허용하므로 발생하는 문제이다. 또한 이제까지는 문제 없는 것으로 판단된 세무업무와의 병행도 문제가 될 소지가 있다. 세무업무가 SOX가 도입되는 시점에는 이해 상충이 되지 않는다는 판단하에 병행이 가능하지만 세무업무의 수행이 감사인의 감사업무의 독립성에 영향을 미치지 않는지에 대해서도 고민해 보아야 한다.

단, 현재의 회계법인이 비감사업무를 전혀 수행하지 않는다면 현 인원구조로 법인을 운영할 수 없게 되므로 audit only firm의 개념은 무척이나 개혁적인 제안이다. 그렇지 않아도 IFRS 용역이 거의 마감된 현 시점에서 회계법인들은 인력 재배치를 해야 하는 문제를 갖고 있는데 비감사서비스 병행으로부터의 장/단점과 관련된 부분이 정리되지 않았는데 감사인의 독립성만을 고려하여 audit only firm의 idea는 매우 모험적이다. 또한 audit only firm의 근간에는 감사인의 경제적인 예속으로부터의 독립성이 가장 주된 이슈인데 감사인이 수임료를 피감기업으로부터 수임하는 한 독립성 확보가 어렵다는 주장에 기초하면 이 이슈를 해결하지 않는 한 아무리 경제적인 예속과 관련된 주변의 문제를 해결한다고 해도 감사인의 독립성은 완전히 해결하기는 매우 어려운 과제이다. 즉, 본질적인 문제에 대한 해결도 수행하기 어려운데 주변의 종속적인 문제만을 부분적으로 개선하는 것이 근본적인 문제에 대한 해결책이 아니다.

위에 기술된 내용들은 모두가 상당한 논란의 대상이다. 미국에서 논의되었다고 해서 이러한 내용이 반드시 우리가 도입하여야 할 모범 답안인 것은 아니지만 위에 논의된 논점은 분명히 우리의 회계감사 환경에서도 고민할 부분에 대해서 기술하고 있다. 우리가 당연히 고민할 부분은 기업, 감사인, 감독기관의 입장에서 공개적으로 논의하여야 한다. 어떠한 내용이 공론화하기 부담되는 내용이라고 해서 회피한다면 회계감사 품질의 제고는 요원한 과제로 남을 것이다.

chapter

14 Green Paper

European Union은 회계감사 제도를 개선하기 위한 green paper를 2010년 10월 13일 발표하였으며 이와 관련된 세미나를 2011년 2월 10일 개최하였다. 여러 가지 이슈가 보고서 내용에 포함되어 있으며 이미 많은 논의가 있었던 내용도 있으며 그렇지 않은 내용도 있지만 EU가 우리의 경제에서 차지하는 부분이 적지 않으므로 비교적 자세하게 이곳에 기술한다. 또한 원문의 내용 전달을 가감 없이 기술하기 위해서 일부 원문을 인용하며 이슈가 될 만한 내용만을 기술한다.

특히나 이 내용은 회계 전문 단체가 발표한 보고서가 아니라 EU정부 차원에서 이러한 보고서를 발표한 것이라 회계가 경제 전반에서 차지하는 위상을 잘 나타낸다.

아마도 green paper라는 보고서의 명칭도 green 즉, 회계환경을 개선한다는 의미로 사용된 듯하다. 이 보고서에서 이슈가 된 내용을 기술한다.

1. too big to fail

이는 대마불사라는 우리가 경제위기 때 익숙하였던 표현과도 같은 맥락의 내용이다. 즉, big 4 회계법인이 너무 거대화되는 것에 대한 우려를 표명하고 있다.

2. this has perpetuated an 'all or nothing' paradigm where qualifications in an audit report have become anathema(절대반대) to both clients and auditors.

이 내용은 한정의견이 지적한 한 내용 이외에는 문제가 없음을 표명하는 감사의견인데 이러한 한정의견이 과장되어 매우 부정적인 의견으로 해석되는 데 대한 우려를 표명한다. 즉, 적정의견과 이에 반하는 한정, 부적정, 의견거절 의견을 이분법적으로 해석하는 데 대한 우려의 내용이다. 즉, 한정의견은 비적정의견이기는 하지만 지적된 일부에 대해서만 문제를 제기하는 것이므로 부적정, 의견거절과는 태생적으로 매우 다른 의견이다. 또한 기업이 생각하는 회계적인 이슈에 대한 판단과 감사인이 생각하는 회계적인 이슈에 대한 판단이 상이하고 이에 대한 절충이 가능하지 않을 경우에 이러한 의견이 표명되는 것이므로 이보다 심각한 비적정의견인 부적정의견이나 의견거절과는 차별화되어야 한다는 의미이다.

should the negative perception attached to qualifications in audit reports be reconsidered?

3. submit a long form report to the supervisory board

독일에서는 supervisory board에게 매우 긴 보고서가 제출된다고 한다. Chapter 13 미국 재무성의 보고서에서도 감사보고서가 너무 약식으로 보고되는 것은 아닌지에 대한 유사한 문제가 지적되었다. 유럽의 이사회는 two tier governance structure로 되어 있다고 한다. 즉, supervisory board(감시)의 역할이 있으며 management board(경영자문)[1]의 역할이 있다. 감시의 역할을 수행함에 있어서 필수적인 요건이 독립성이며 경영자문역할을 수행함에 있어서 필수적인 요건이 전문성이다. 물론, 이사회가 분리되어 있지 않으면 이 두 덕목이 모두 이사회 member들에게 요구된다. 그렇기 때문에 long form report를 supervisory board에게 보고한다는 식으로 기술되었다.

4. it is important to consider the extent to which auditors should be assessing forward looking information provided by the company

감사인들의 인증이 너무 과거 지향적인 역사적인 정보에만 국한되는 점에 대해서도 의견을 표명하였는데, 기업이 표명하는 미래지향적인 내용에 대해서도 평가하는 것이 중요하다는 의견이다. 즉, 감사인들이 지엽적인 이슈뿐만 아니라 피감기업이 나아가는 방향을 더 큰 차원에서 총괄적으로 이해할 수 있어야 한다. 단 미래에 전개될 사건은 가변적이므로 이러한 접근이 이상적일 수는 있지만 얼마나 현실적인지는 의문이다. 또한 미래지향적인 정보는 주관적인 판단을 필요로 할 수 있다. 금융기관이 대출의사결정에 있어서 FLC(Forward Looking Criterion)에

1 Institute of Internal Auditors. 2003. Research Opportunities in Internal Auditing.

근거하여 의사결정을 하여야 함도 동일한 정책 취지이다.

5. appointment, remuneration and duration of the engagement and duration would be the responsibility of the third party, perhaps a regulator, rather than the company itself.

감사인의 선임과 duration이 회사 자체적인 의사결정이 아니라 제3자 혹은 규제기관의 몫이라는 내용은 이미 감사인지정제도, 감사인 강제 교체 등에서와 일맥상통하는 내용이라 새로운 내용은 아니다. 단, 이 보고서의 주체가 EU 정부이므로 이 개혁안은 규제를 강화하는 방향으로 편향되었을 수 있다.

단, remuneration까지 제3자 또는 규제기관이 개입한다 함은 완전히 새로운 내용이다. 한때 민간기업에 대한 감사가 적절히 수행되지 않을 때는 감사를 규제기관이 담당하여야 한다는 주장도 있었다. 특히나 회계감사보수규정을 경제부서가 제시할 때도 remuneration에 개입한 것이다.

이와 같이 규제기관이 감사환경에 더 개입할 경우는 관료주의에 의한 risk of increased bureaucracy가 존재함도 동시에 경고하고 있다. 이미 폐지된 감사보수규정을 부활하여야 한다는 국내에서의 일부의 주장과도 일맥상통하는 내용이다.

이러한 정책 대안의 제시는 매우 ironical한 것이 우리의 감사보수규정이 경제위기 시점에 IMF의 요청에 의해서 중단된 것이다. 즉, 시장 기능의 측면에서는 감사보수규정은 전혀 합리적이지 않은 제도였지만 정부가 무방비하게 시장 mechanism을 추종/맹신하는 것이 적절한 정책인지에 대한 고민은 지속하여야 한다. 즉, 회계감사시장에서 자율적 기능이 작동하는 것에 대해 부정적인 시각을 포함하고 있다.

6. It is thus worth exploring alternative structures that would enable audit firms to raise capital from other sources. these alternative structures would need to put in place safeguards (for example in terms of governance) to ensure that external owners do not interfere with the audit work.

이러한 내용은 매우 흥미로운 회계법인의 조직의 형태에 대해서 기술하는 것이다. 즉, 현재의 회계법인의 지배구조는 소유와 경영이 완전히 일치된 구도이다. 즉, 파트너들이 출자도 하고 경영에도 참여하며 동시에 현업에 참여한다. 이는 회계법인의 형태가 과거와 같은 합명회사 또는 최근의 유한회사인 것과는 유관하다. 회계법인이 주식회사의 형태가 된다면 이는 소유와 경영이 완전히 분리되어 자본조달을 수행한 자본주들이 감사업무에서는 분리되는 형태를 생각해 볼 수 있다. 그러나 주식회사의 형태를 갖춘다고 하여도 소유와 경영이 완전히 분리되는 주식회사도 있고 그렇지 않은 회사도 있기 때문에 회계법인의 법적 형태를 변경한다는 것이 완전한 해결책은 되지 않는다. 그러나 주식회사의 형태를 띠면서 소유와 경영을 분리시키면 현업의 회계사들은 무리한 영업의 결과, 이익을 많이 발생시킨다고 하여도 그 과실이 주주의 몫이며 본인들의 보상은 정해진 급여 체계에 의해서만 보상받게 되므로 무리한 덤핑 경쟁 등을 수행할 가능성은 줄어들게 된다. 또한 조직의 투명성을 위해서 주주들이 monitoring mechanism을 완비한다면 이는 현재와 같이 소유와 경영이 분리되지 않은 유한회사의 형태에서 owner 본인(파트너들) 자신이 본인들을 감시하는 system을 갖추는 것보다는 훨씬 효과적인 monitoring이 수행될 수 있다. 자율적인 규제에는 한계가 있을 수밖에 없다. 그러나 위에서도 기술되었듯이 안전장치를 효과적으로 장착함이 필수적이다.

주식회사의 경우도 소유와 경영이 분리되지 않은 경우의 소위 owner 경영이 더욱 일사분란하게 경영활동을 수행할 수 있는 장점이 오히려 크다는 주장도 있다. 신한지주의 사태에서 보듯이 소유와 경영의 분리는 위기 상황에 처하게 되면 의결주도권을 누가 갖고 있는지가 불투명할 경우 매우 혼란스러울 수 있다. 즉, 소유와 경영이 분리되면 책임경영이 어려워질 수 있다.

지배구조는 정답이 있는 것이 아닌데 회계법인의 소유와 경영을 분리하는 것이 한 대안일 수는 있다. 회계법인은 특히나 공공성 때문에 외부의 자본이 유입되면서 monitoring이 더 효과적일 수 있다는 가능성도 존재한다.

회계법인의 회사 형태를 완전히 변경하는 것은 매우 장기적 과제이며 이 부분에 대해서는 차후 많은 내용이 토의되어야 한다. 단, 어떠한 회사 형태가 회계법인에 있어서의 이상적인 형태인지는 알 수 없지만 감사가 독립적으로 적정하게 수행되는 방향으로 기업의 형태를 갖고 가야 한다.

Green paper에 대한 소견

최문원(대명회계법인 대표) 월간공인회계사. 2011.1

green paper에서는 joint audit(공동감사)에 대한 idea를 소개하고 있다. 공동감사 제도는 현재 프랑스에서 상장법인에 대하여 강제화하고 있는 제도이다. 프랑스의 상장법인 감사에는 둘 이상의 회계법인이 공동으로 감사를 수임하고 감사보고서에도 회계법인들이 연서하여 서명하고 책임도 공동으로 지도록 하고 있다. 두 회계법인간에 업무 범위와 감사보수를 정하여 감사를 수행함으로써 대규모의 복잡한 감사업무에 참여하는 회계법인을 늘려서, 유사시에 시장의 혼란을 줄일 수 있고, 대규모 회사가 감사인에게 의견을 강요할 경우에 두 회계법인이 연대하여 회사의 압력에 보다 효과적으로 대응할 수 있다는 장점이 있다. 반면에 두 회계법인간 의견 조율의 과정이 쉽지 않다는 점과 감사의 효율성이 떨어진다는 단점도 있다.

IIRC(International Integrated Reporting Committee)가 최근에 와서 가시적인 활동을 보이고 있다. IIRC는 IFRS, USGAAP, GRI(Global Reporting Initiatives) 등의 기업성과 보고기준의 단점을 보완하고 대체할 국제통합보고기준이다. 즉, 국제 통용 재무, 환경, 사회성과 보고체계로서, 기존의 AR(Annual Report), SR(Sustainability Report, 지속가능경영보고서) 등의 다양한 기업성과 보고서의 통합본이라고 생각하면 되는데, 재무적인 성과보고 이외에 비재무적인 경영지표의 공시가 필요하게 된다. 정확하게 IIRC의 활동을 전달하기 위해 원문을 그대로 옮긴다(http://www.-theiirc.org/).

Integrated Reporting demonstrates the linkages between an organization's strategy, governance and financial performance and the social, environmental and economic context within which it operates. By reinforcing these connections, Integrated Reporting can help business to take more sustainable decisions and enable investors and other stakeholders to understand how an organization is really performing.

The International Integrated Reporting Committee, IIRC, is a powerful, international cross section of leaders from the corporate, investment, accounting, securities, regulatory, academic and standard-setting sectors as well as civil society.

EU의 green paper는 2011년 11월 30일의 매우 획기적이고 파격적인 회계감사제도 개혁법안 발표로 이어진다. EU회원국 대부분에서 4대 회계법인이 외부감사시장의 85% 이상을 차지하여서 Big 4에 대한 제재가 이 법안의 주된 내용이다. 법규형식도 종전 외감법규와 달리 EU규정으로 제정함으로써 법규성을 강화하고,

회원국이 동시에 적용할 수 있도록 하였다. EU에서의 종전 외감법규(Directive 2006/43/EC)는 회원국에 채택방식을 일임한 결과 대부분의 회원국은 전문가단체의 자율규정(self-regulation)에 반영하여 실효성이 의문시 되었던 문제가 있었다.

대형회계법인의 공적법인에 대한 비감사서비스 제공을 금지하는 제도를 제안하였는데 대형 공적법인(large PIE, public interest entity)에 대한 감사수입이 전체 수입의 3분의 1 이상이고, 유럽 내에서 감사보수가 15억유로 이상인 네트워크법인에 속한 감사인의 경우이다.

6년(복수감사인인 경우 9년) 계속감사시 감사인 교체 의무화, 이후 4년간 재선임이 불가하며, 전임감사인의 감사파일 승계가 의무화되었다.

감사인 강제 교체제도는 우리나라의 경우 수년간 시행하다가 중단된 제도이며 미국에서는 SOX가 도입되었던 시점에 이를 검토는 하였지만 채택하지 않은 제도이다. 우리나라와 같이 모든 business practice가 혈연, 지연, 학연이라는 인적 network에 의해서 진행되고 있으므로 감사라는 용역이 외국에 비해서 투명하게 진행되지 않을 환경적 요인이 매우 높으므로 유럽의 경우와 같이 감사인 강제 교체제도의 재도입을 고민해 보아야 한다.

감사위원회 권한 강화와 관련되어서는 감사위원회에 세부적인 외부감사결과 보고서 제출 내용이 포함되었다. 감사보고서 표준 양식이 long form이어야 하는데 너무 내용이 적게 포함되어 있는 것은 아닌지에 대한 비판이 있어 왔다.

감사위원회 멤버 중 1인 이상은 외부감사 및 회계전문가가 포함되어야 한다는 내용이 포함되었다. 일반적으로 재무 또는 회계전문가로 규정되었던 내용인데, 회계 전문가와 재무 전문가를 구분하고 있다. 실질적으로 회계 전문가가 동시에 재무 전문가이기도 어렵고 재무전문가가 동시에 회계 전문가이기도 용이하지 않다.

영국에서의 사외이사 구성과 관련된 감사위원회 규정은 다음과 같다. 아래 규정은 회계 전문지식도 부족하여 최신 회계지식을 필요로 한다고 규정하고 있다. 회계기준 자체도 빈번하게 개정되므로 최근 회계전문 지식을 강제함도 일리가 있다.

Audit Committee all (non executive directors) at least one must have significant recent and relevant financial expertise.[2]

감사위원회가 주주총회에 외부감사인 선임 추천시 최소 2인 이상의 감사인을 포함하고, 선호 감사인을 기술하도록 제안하고 있다. 복수로 감사인을 추천하는 것도 흥미로운 idea이며 주주총회에서 감사인을 선임하도록 선호 감사인을 제안하는 제도도 우리나라에서 고민해 볼 수 있는 제도이다. 최소 2인 이상의 감사인을 포함하여 추천함은 주총에 감사인 선임권한이 있는 제도하에서 감사위원회가 취할 수 있는 최선의 대안일 수 있다.

2 Berenbeim, R. 2004. Ethics Programs: The Role of the Board. Conference Board. "How to Prevent Corporate Corruption." Hills Governance Center Conference at Yonsei. University.

15 chapter

스톡옵션/풋(백)옵션

스톡옵션/풋옵션의 공시 등 이 주제와 관련된 여러 가지 회계적인 이슈들을 기술한다.

한국경제신문. 2010.7.9.

금감원 풋백옵션 손실 올 상반기부터 반영하라

거래실질에 맞게 손실 적용해야. 기업 '수치화 모호한데 갑자기 반발'

금융감독원이 반기보고서 제출을 앞두고 손실 우려가 높은 풋백옵션을 손익계산서에 반영하도록 지도하고 있다. 강화된 풋백옵션 회계처리 방식에 대해 재계와 회계법인들은 반발하고 있다. 풋백옵션은 재무적 투자자을 유치할 때 FI(Financial Investor)에게 직접 주식을 인수하도록 하는 대신 약정된 가격으로 지분을 되팔 수 있는 권리를 말한다.

'풋백옵션회계처리 유의사항'이란 공문을 보냈다. 앞으로는 거래의 실질에 맞게 담보부 차입거래인지 우발부채나 충당부채인지 등을 종합적으로 고려해 처리해야 한다는 점을 강조했다. 손실 가능성이 높은 풋백옵션은 파생상품이나 담보부 차입거래, 충당부채 중 어떤 항목을 적용하든지 평가손실을 반영해 이번 반기보고서부터 손익계산서에 기재하라는 뜻이다.

풋백옵션이 결과적으로 담보차입과 큰 차이가 없지만 독특한 거래방식으로 인해 회계처리가 모호해 대다수가 손익계산서에 반영하지 않는다는 점을 문제 삼고 나선 것이다.

그동안 기업들과 회계법인들은 풋백옵션을 파생상품으로 간주하되 기초 변수에 해당하는 주식이 비상장 주식인 경우에는 '차액결제요건 미충족'에 따라 평가손실을 적용하지 않았다. 상장주식인 경우에는 거래가 활발하지 않다는 이유를 들어 손실의 장부기재를 피해왔다.

풋백옵션 기초자산 주식이 상승할 가능성도 있는 만큼 우발부채나 충당부채로 간주하기도 어렵고, 엄밀하게 차입거래로 보지 않는 것이 회계법인들의 관행이었다.

금감원 회계서비스본부 관계자는 '부실 가능성이 매우 높은데도 풋백옵션에 대한 회계기준이 모호하다는 점을 악용해 평가손실을 재무제표에 반영하지 않았다'며 '풋백옵션 기초자산이 시장에서 매수가 용이하면 파생상품평가손실을 적용하고, 시장에서 매수가 어렵다면 차입거래로 봐야 한다고 했다.

기업과 회계법인은 여전히 혼란스럽다는 반응을 보이고 있다. 풋백옵션 관련 파생상품 회계처리에 대한 유권해석이 나왔던 2007년 2월 이전에 맺어진 풋백옵션의 경우는 예외로 허용하고 있는 점도 혼선을 더하는 대목이다. 한 회계사는 '손실 가능성을 수치화하기 어려운 점도 있고 주석만으로도 내용을 충분히 반영할 수 있다'며 '과거 회계처리방식이 일시에 바뀌는 것이라서 이번 반기보고서에선 어떻게 해야 할지 고민이 많다'고 토로했다.

최종학, 2009. 숫자로 경영하라. p. 103.

풋옵션의 회계처리 할 것인가 말 것인가?

2006년 대우건설 인수와 관련해 재무적 투자자들과 맺은 풋옵션 관련 사항을 재무제표 부채로 표시하지 않고 있다. 이 풋옵션 때문에 금호아시아나 그룹이 부담해야 할 자금은 최소 2조 5천억원에서 최대 4조원 정도이다.

기업 M&A시 주로 발생하는 put back 옵션은 풋옵션과 구조가 같지만 원래의 매각자에게 되판다 back한다는 뜻을 강조하고 일반적인 put option과 구분하기 위해서 풋백 option이라고 한다. 즉, 일부 기관이 보유하고 있는 대우건설의 주식을 대우건설의 대주주인 금호아시아나그룹에게 되팔 수 있는 권리가 풋백옵션이다.

2006년 금호아시아나가 대우건설 주식을 인수할 당시 금호아시아나는 자력으로 모든 인수자금을 조달할 수 없었다. 때문에 재무적 투자자와 함께 공동 인수하는 방식을 택했다. 이들은 금호아시아나와 공동으로 2만 6천 200원에 대우건설 주식을 구입했고, 주식의 의결권은 금호아시아나측에 위임했다. 당시 주가가 약 1만 4천원이었으므로 매입가는 주가에 약 90% 이상 프리미엄을 붙인 가격이었다. 당시 대우건설 인수를 위해 경쟁이 치열했으므로 프리미엄이 상당히 올라간 것이다.

대신 이들은 금호아시아나와 2009년 12월 15일 이들이 보유한 주식을 금호아시아나가 3만 4천원에 되사주기로 약속하고 계약을 맺었다.

금호가 어려움을 겪었던 2009년 5월 현재 대우건설의 주가는 급락하여 이제는 약 1만원 정도이다. 금호아시아나가 재무적 투자자가 보유한 주식을 모두 3만 4천원에 되사려면 무려 약 4조원의 자금이 필요하다. 현재 주가와 3만 4천원의 차액만을 지급한다고 해도 거의 2조 5천억원 이상이 든다.

이때 3만 4천원이라는 미래 매입가격은 재무적 투자자들이 자신들의 투자금액에 복리 9%의 수익률을 가져다 주는 수준에서 결정한 것이다. 배당이나 감자를 통해 지불한 금액을 차감해야 하기 때문에 실제 매입가격은 3만 4천원보다 약간 적은 3만원 정도이다.

그렇다면 금호아시아나는 이 풋백옵션을 연차보고서의 어떤 부분에 기록했을까? 금호아시아나는 이를 재무제표에 포함하지 않았다. 단지, 우발채무라는 이름하에 주석 사항으로만 기록했을 뿐이다. 그 내용은 다음과 같다.

대우건설 주식인수와 관련해 회사는 주식매매종결일로부터 1년 3개월 후부터 3년 이내의 기간 동안에 대우건설 주식에 대한 기준일 평균주가가 인수일로부터 3년째 되는 날의 1주당 기준가격(인수가액과 연 복리 9%를 가산하고 배당액을 차감한 금액이며 일부 유상소각의 경우 유상소각 대가를 제외한 금액)을 단 1회도 상회하지 못하는 경우 재무적 투자자가 계속 보유하고 있는 투자지분 전부에 대해 매도할 수 있는 권리인 매도선택권을 재무적 투자자에게 부여하고 있습니다.

동 주식 매도선택권의 부여로 인해 대우건설의 평균주가가 기준가격을 상회하지 못할 경우 회사는 2009년 12월 15일부터 1개월 이내에 재무적 투자자의 보유주식 1억 3천 444만 7천 192주에 대해 기준가격 주당 3만 4천원에서 배당액 등을 차감한 금액으로 인수하게 되는 의무를 부담할 수 있습니다.

대우건설의 주당 부채는 주당 3만 4천원이 주가를 초과하는 부분이다. 단, 이러한 부채의 추정이 어려운 이유가 첫째, 앞으로 형성될 주가를 알 수 없다는 점, 혹 주가를 알게 되더라도 재무적투자자(Financial investor)가 어느 가액에서 주식을 매도할지 알 수 없다는 점이다. 따라서 충당부채/우발채무는 항상 가변적이다.

기업은 항상 충당부채/우발채무에 대해서 소극적으로 대응할 확률이 높다. 또한 동시에 우발자산에 대해서는 적극적으로 대할 수 있다. 이는 이러한 내용이 재무제표 본문에 부채로 계상되거나 주석사항으로 공시된다면 전혀 이러한 내용이 공시되지 않는 경우와 비교하여 법정에서도 기업에 부정적인 증거로 사용될 수도 있다.

예를 들어 분식회계발생시 이익을 과대 계상하는 분식과 과소 계상하는 분식에 대해서는 조치가 달리 정해져 있지는 않다. 다만 이익을 과소 계상하거나 자산을 과소 계상하는 극도의 보수주의적인 분식에 대해서는 정상 참작의 대상이 될 수는 있다.

충당부채/우발채무에 대한 판단은 소송일 경우는 소송의 패소 가능성과 소송금액의 측정가능성으로 판단되는데 소송 결과에 대한 가능성은 변호사의 의견에 기초할 것이며 기업으로부터 이러한 법적 판단과 관련된 위촉을 받는 변호사가 기업이 원하지 않을 정도로 패소가능성이 높다고 판단할 가능성은 높지 않다.

또한 1심 또는 2심에서 기업이 패소하였을 경우는 상고중이라고 하여도 일단 1심이나 고등법원에서 패소하였기 때문에 이를 반영한 공시가 수행되어야 하는데 기업의 입장에서는 상급법원에서 승소할 가능성이 있어서 상고중이며 그렇기 때문에 이러한 내용을 공시에서 누락하는 경우가 있다. 상고중이라도 하급 법원의 판단도 사법부의 판단으로 존중되어야 하므로 이는 어떠한 형태가 되었던 공시되는 것이 적절하다고 판단된다.

특히나 2심에서 1심 결과를 번복할 만한 명백한 증거가 없으면 법원의 판단(1심 결과)을 존중하여 충당부채로 반영하는 것이 타당하다. 이 내용이 정확히 법(규정)에 있는 내용이다.

금감원 질의회신 [2006-010]

"1심 패소결과의 충당부채 인식요건 충족여부"

항소중인 2심 재판의 결과가 충당부채의 인식요건을 충족하지 않을 것이라는 명백한 사유가 있는 경우가 아니라면 1심 패소결과에 따라 충당부채를 인식하는 것이 타당하며, 충당부채 또는 우발부채는 관련 내용을 주석으로 공시함. 관련 기준서는 구 K-GAAP 기준서 제17호 "충당부채와 우발부채 및 우발자산"

결과에 근거하여 소급하여 판단하는 것은 옳지 않지만 2심에서 항소심이 아예 기각된 경우가 있는데도, 자문변호사의 판단에 의해서 승소 가능성이 높다고 판단한 case도 있다. 이와 같이 기업을 위해서 법적 의견을 표명하는 법률전문가의 의견이 편향될 수 있다. 즉, 항소심이 인용되지 않고 기각된 경우는 법률전문가의 객관적인 판단에 의해서도 항소건에 해당하지 않는데 기업의 용역을 받은 변호사는 기업측의 승소 가능성을 높게 추정한 경우이다. 즉, 기업의 자문변호사 등의 의견은 위에 제시된 명백한 사유에 해당되기 어렵다.

한국경제신문. 2012.2.2.

금감원 "ELW 증권사 제재는 2심 판결 나온 뒤"

주식워런트증권 부당 거래 혐의로 기소된 증권사에 대한 금융감독원의 제재 조치는 법원의 항소 판결이 나온 후 정해질 전망이다. 1심 법원 판결 기간을 감안할 때 하반기에나 제재조치가 나올 것으로 예상된다.

금감원 관계자는 1일 ELW 불공정거래와 관련, 12개 증권사 제재 조치에 대해 "법원의 1심 판결이 전원 무죄로 나오긴 했지만 검사결과에 대한 조치는 좀 더 있어야 할 것"이라고 말했다. 2심 판결까지 받아 본 후 행정 제재 여부와 수위를 결정한다는 입장이다.

ELW 부당거래 의혹으로 기소된 12개 전현직 증권사 사장은 모두 1심에서 무죄를 선고받았다. 법원은 "ELW 초단타매매자(스캘퍼)에게 제공한 전용선 문제는 형사 처벌이 아닌 금감원이나 한국거래소측의 행정조치가 우선돼야 할 문제"라고 판결해 금감원의 조치가 관심을 끌고 있다.

업계에서는 검사 결과에 대한 조치를 계속 늦추고 있는 것에 대해 지나친 '사법부 눈치보기' 아니냐고 지적했다. 업계 관계자는 "1심 판결을 기초로 신속히 검사 결과를 발표해 마무리하는 것이 시장질서 확립을 위해서도 맞다"고 말했다.

금융위 또는 금감원이 규제하는 내용이 사법부의 판단과 동시에 진행하는 경우가 있기 때문에 사법부의 재판 진행 상황을 무시할 수는 없다. 1심 판결에 기초하여 제재가 진행된 이후에 다시 2심에서 판결이 뒤집혔을 경우 금융위나 증선위의 조치에도 영향을 미칠 수 있다.

상장회사협의회(2009)의 소송 관련 자료를 보면 다음의 현황이 보인다. 물론 상장협의 문건이므로 기업 중심으로 이를 해석하고 있다.

소송의 판결 결정 현황을 보면 제기된 소송중 기각 33%, 취하 21%에 달해 55%의 소송이 회사에 책임이 없는 것으로 나타났으며, 일부 기각 일부 인용 14.6%까지 포함할 경우 70%에 달하고 있어 불필요한 소송이 기업경영에 큰 장애로 작용하는 것으로 보여짐 다음은 스톡옵션과 관련되어 매우 흥미로운 case이다.

매일경제신문. 2006.2.14.

스톡옵션 기준 바꿔 140억 손해

도기권 전 사장 등 전직 굿모닝신한증권 임원 12명은 13일 서울남부지법에 '요건 변경으로 합병 전 회사인 굿모닝증권에서 받은 스톡옵션 가치가 폭락했다'며 굿모닝신한증권을 상대로 '주주총회결의 무효확인 소송'을 제기한 것으로 밝혀졌다. 이번 소송은 국내에서 기존에 받은 스톡옵션 권리가 회사측의 기준변경으로 침해당했을 때 보호를 받을 수 있는지 여부를 판가름할 첫 소송이어서 주목된다.

소장에 따르면 굿모닝신한증권은 지난해 7월 임시 주총을 열어 '스톡옵션행사시 지주회사 주가와 주식교환 당시 주식교환비율 (보통주 기준 0.1633)을 적용한다'는 내용 등을 골자로 한 '스톡옵션 요건 변경안'을 결의했다.

이는 굿모닝신한증권이 2004년 12월 신한금융지주회사와 주식교환을 통해 신한지주의 완전 자회사가 되면서 '상장폐지'됨에 따라 전직 경영진이 굿모닝신한증권에서 받은 스톡옵션에 대한 가치산정 기준을 지주회사 주가로 바꾼 것이다.

도 전 사장은 '금유지주회사는 은행, 보험사 등 여러 자회사를 갖고 있어 단일한 증권업에 비해 주가상승이 어렵다'며 '굿모닝신한증권경영성과나 주가와는 직접 관련이 없는 신한지주 주가를 스톡옵션 산식기준으로 넣은 것은 부당하다'고 덧붙였다.

굿모닝신한증권과 동종업종인 '증권업종 지수 상승률'을 기준으로 삼는 것이 일반적이고 합리적이라는 지적이다.

이 소송건은 2008년 고등법원에서 원고 기각되었는데(2006나 104886) 선고문 중 일부를 인용한다.

원고들은, 이 사건과 관련 주주총회에서 주식매수선택권 행사시 주식가 산정 방식을 정함에 있어 아래와 같이 신한지주 주가와 주식교환비율, 상대적 경영지표 증가율을 적용하는 것은 위법하다고 주장한다.

원고들의 주장

(1) 신한지주 주가 적용 – 신한지주의 주가는 피고 회사의 경영성과와 재무상태만을 반영하는 것이 아니라 신한지주 산하의 전체 자회사의 경영성과와 재무상태를 포괄적으로 반영하는 것이므로 신한지주의 주가가 피고 회사 주식의 실질가액을 반영한

다고 보기 어렵다.

(2) 상대적 경영지표증가율 적용 – 원고들에 대한 주식매수선택권 부여 당시 상대적 경영지표증가율의 적용에 관하여 당사자 사이에 정한 것이 없고, 주주총회에서도 정하여진 것이 없으므로, 원고들이 동의를 하지 않는 이상 당초 원고들이 예측할 수 없었던 새로운 내용인 상대적 경영지표증가율을 적용할 수 없다.

판단:

피고회사는 2007년 6월 말 기준으로 자산 면에서 신한지주 총자산의 2.34%, 순이익면에서 총순이익의 4%를 차지하는 사실을 각 인정할 수 있는바, 위 인정사실에 의하면 피고회사가 신한지주에서 차지하는 비율이 적은 편이라고 볼 수 있으나, 다른 한편 신한지주는 피고 회사의 모회사로서 경영상으로 가장 밀접한 관계에 있는 점, 피고회사의 주식이 상장폐지된 상황에서 신한지주의 주가 이외에 피고회사의 주가를 반영하고 있거나 이를 추정할 만한 객관적인 수치가 없는 점 등에 비추어 볼 때, 신한지주의 주가가 피고 회사 주식의 실질가액의 변동을 반영한다고 보아 이를 주식매수선택권 행사의 한 기준으로 적용하는 것은 잘못이라고 볼 수 없다.

매일경제신문. 2010.8.24.

금감원 ELS 예상 손실 공개 바람직
IBK 증권, 판매상품 손실 전망치 공개에 업계 논란

주가연계증권 ELS 수익률 정보공개를 둘러싼 증권사간 논란이 점입가경이다.

IBK 증권이 국내에 출시된 ELS 상품의 '예상 손실률'을 일괄 공개하자 다른 증권사들이 집단으로 반발하고 나섰다.

이에 대해 금감원은 '투자자에게 더 상세한 정보를 제공하는 것이 투자자와 증권사 모두에 바람직하다'며 공시 규정을 강화하겠다는 뜻을 내비쳤다.

23일 업계에 따르면 IBK투자증권은 지난 6월부터 'ELS 진단 서비스'를 실시해 매주-최고 수익률 달성 확률-원금보장확률-손실률 등을 제공하고 있다. 원금 비보상 ELS의 상품 만기와 조기 상환 조건 등을 입력하면 수익 확률 정보가 계산되는 구조다. 예를 들어 'A증권사가 발행한 두산과 삼성전기를 기초자산으로 한 ELS의 조기 상환 확률은 75%, 원금손실확률은 24%, 손실발생시 예상 손실률은 71%라는 식이다.

그러나 손실률이 공개되자 다른 증권사들은 '고객들에게 오해를 심어줄 소지가 크다'며 강력 반발했다.

금융투자협회는 23일 긴급대책회의까지 소집했다. 회의에 참석한 한 대형 증권사 관계자는 '말이 서비스이지 합리적인 판단 기준이 없다'며 '수익률이 높으면 당연히 리스크도 높은데 정보 가치가 없다'고 주장했다. 또 다른 증권사 실무자 역시 'ELS는 증권사마다 노하우 차이가 있는데 변동성 측정 방법차이도 고려하지 않고 일방적으로 수익률 키재기를 하는 것은 문제가 많다'고 따졌다.

이에 대해 IBK 증권측은 '프로그램은 자산 가격 프로세스를 이용했고 금융공학 전문가의 자문을 통해 효용성 검증을 마쳤다'며 '정보 제공 서비스를 계속할 것'이라고 강조했다. IBK측은 '어디까지나 확률 정보라는 점, 주가 왜곡 등 비정상적인 외부 환경을 반영하지 못한다는 점을 충분히 고지하고 있다'고 강조했다.

금융당국은 이번 사태를 주시하고 있다. 지난 7월 ELS 발행규모가 3개월 연속 2조원대를 웃돌고 발행 건수가 1,000건에 달할 정도로 과열 양상을 보이고 있기 때문이다.

금감원은 올해 초 증권사들이 ELS 발행을 할 때 공시내용에 기대수익률과 함께 '예상손실률'을 기재하도록 하는 방안을 추진했으나 증권사들의 반대로 무산된 바 있다.

금감원 관계자는 '기초자산이나 ELS 수익 구조에 대한 위험성을 충분히 인식하지 못하는 투자자도 많다'며 '민감한 정보라 하더라도 (손실률) 정보를 제공해야 한다는 입장'이라고 말했다. 그는 '이해관계가 얽혀 있어 당장에 바뀔 문제는 아니지만 파생결합증권에 대한 위험성을 고지하는 쪽으로 제도 개선을 추진중'이라고 강조했다.

chapter 16

회계법인 경쟁구도

회계법인이 치열하게 경쟁하고 있다. 경쟁 없이는 발전이 없으므로 국내 회계업계가 무한 경쟁할 때, 국제적인 경쟁력을 가질 수 있다. 관련된 이슈들을 검토한다.

경향신문. 2010.10.18.

삼일 등 4대 회계법인 '총성 없는 영토전쟁'

딜로이트 안진 이재술 대표는 18일 "내년부터 업계 최초로 자회사 전체 매출액을 동시에 공시하는 방안을 검토하고 있다"며 "내부거래를 제외하고 실제 매출액만을 집계해 공표할 것"이라고 밝혔다. 금융감독원에 따르면 회계법인 매출액은 현재 법인자체에 대해서만 집계 · 발표토록 해왔다. 이 때문에 컨설팅, 세무분야가 내부 본부형태로 돼 있는 법인과 이들이 각각 계열사로 분리돼 있는 회계법인간 매출액 차이가 커지고 정확한 순위 비교가 어렵다는 지적이 제기돼 왔다. 안진측이 자회사 매출액 공시를 추진하는 것은 '2위가 과연 맞느냐'는 업계 안팎의 논란을 잠재우기 위한 조치로 풀이된다.

한국경제신문. 2010.7.16.

삼정 '자회사 포함땐 매출 2위' 안진 '삼정 매출 중복 가능성'

대형 회계법인들이 2009 회계연도 실적을 발표한 이후 '빅 4'간 순위 논란이 달아오르고 있다.

PWC 삼일이 4,289억원으로 가장 많고, 딜로이트 안진이 2,377억원으로 2위, 삼정 KPMG가 1,744억원으로 3위에 올랐다. 하지만 삼정이 자신들이 딜로이트를 제치고 2위로 올라섰다고 여러 경로를 통해 주장하면서 문제가 불거졌다.

삼정 어드바이서리, 경제연구소, 보험계리 등 7개 자회사 매출이 1,353억원에 달해 이를 합하면 3,097억원으로 업계 2위라는 설명이다. 안진도 컨설팅 자회사의 매출을 더하면 2,627억원으로 늘지만 삼정보다는 적다. 하지만 딜로이트 안진은 외부감사를 받지 않는 부문의 매출을 합산하는 것은 무리라고 반박한다.

사업보고서로 공개된 매출은 감사를 거친 정확한 자료이지만 다른 부문의 매출은 신빙성이 떨어진다는 설명이다. 안진 관계자는 '검증되지 않은 자료로 2위라고 내세우는 것은 상도의에 어긋난다'며 '자회사가 많은 만큼 내부거래 매출이 중복 집계됐을 가능성도 있다'고 주장했다.

이 같은 순위논란을 예방하려면 연결기준으로 재무제표를 작성할 필요가 있다는 지적이다. 회계법인들이 다양한 영역으로 사업을 확장하고 있는 만큼 회계법인 매출만을 보는 것은 현실과 맞지 않는다는 것, 실제로 딜로이트 안진은 최근 금감원에 이 같은 방안을 건의했다.

한영은 컨설팅 등의 업무가 점차 확대되는 추세를 감안해 자회사 실적을 합산하는 게 맞는 방향이라며 연결기준으로 장부를 작성해 외부감사를 받으면 소모적인 순위 논란이 끝날 것이라고 말했다.

감사인을 지정할 때는 소속공인회계사수(기본점수)와 국제적 회계법인과의 제휴관계(가산점수)를 고려하여 산정하고 있으며 손해배상능력, 매출규모 등이 요인이 되므로 매출 중에서도 어떠한 매출을 사용하는지가 이슈가 될 수 있다.

특히나 이러한 규모의 경쟁은 우리 모두 자산규모 등의 규모가 빈번한 잣대로 이용되기 때문이다. 공정거래위원회가 매년 4월 초에 상호출자제한 대기업 순위를 보일 때도 자산규모로 재벌기업들의 순위를 정한다.

국내 big 4 회계법인의 선임 현황은 다음과 같다.

주요감사인 선임 현황

(단위: 사, %, %p)

회계법인 \ 연도	2010		2011		전년대비 증감	
삼일회계법인	1,691	9.1	1,729	8.8	38	△0.3
삼정회계법인	881	4.7	954	4.9	73	0.2
안진회계법인	1,356	7.3	1,377	7.0	21	△0.3
한영회계법인	791	4.3	805	4.1	14	△0.2
기 타	13,879	74.6	14,711	75.2	832	0.6
총 계	18,598	100	19,576	100	978	–

17 chapter

회계법인 독과점

EU의 2010년 10월 Green paper에서는 회계법인의 이러한 대형화를 too big to fail이라는 표현을 사용하였는데 1997년 경제위기 시점 화두로 대두되었던 大馬不死의 개념과 동일한 내용이다.

> 한국경제신문. 2006.8.8.
>
> **세계 4대 회계법인 점유율 끌어내려라. 영 보험협회 주장**
>
> 영국 보험업협회(ABI: Association of British Insurers)가 세계 4대 회계법인의 시장점유율을 인위적으로 끌어 내려야 한다고 주장 눈길을 끌고 있다. 7일 Financial Times에 의하면 ABI는 big 4 회계법인의 시장점유율이 지나치게 높아질 경우 고객인 기업들과 투자자들의 이익에 반할 수 있다며 이 같은 방안을 금융당국에 건의했다. 사실 관련 업계에서는 big 4 회계법인의 지나친 시장 지배가 회계감사시장에서 회계법인에 대한 선택권을 줄이고 결과적으로 감사의 질을 낮출 뿐만 아니라 금융시장의 안정성에도 심각한 위험을 줄 수 있다는 우려가 제기돼 왔다.

반대적인 입장도 있다. 국내에 비해서 미국에서 회계법인이 피감기업과 대등한 힘의 관계를 유지할 수 있는 이유가 이들의 규모에서 나온다고 할 수도 있다. 아무리 큰 규모의 피감기업이라고 하여도 미국 대형 회계법인 규모에서는 어떤 특정 기업의 감사계약을 놓친다고 해도 그 충격을 흡수할 정도가 되면 기업과 감사인의 의견이 대립될 때, 대등하게 피감기업과 맞설 수 있다. 이러한 규모를 확보해 주기 위해서는 회계법인의 대형화가 필수적이지만 위의 논리는 대형화가 과점을 초래할 것이고 이에 따르는 문제점이 분명히 존재한다.

big 4가 이와 같이 과도한 과점 체제로 회계시장을 갖고 가는 것이 문제이고 감독/규제기관이 이러한 상황에 대한 문제점을 지적할 수는 있어도 이에 간섭할 수는 없다. 다만, big 4에 못 미치는 규모의 회계법인을 육성하여 big 4 수준의 경쟁력을 키워나간다면 이는 바람직할 수 있다.

최문원(2011)이 Chapter 14. green paper에서 joint audit도 타당성이 있다고 기술한 내용에서도 joint audit이 수행될 경우 피감기업이 감사인에게 무리한 요구를 할 경우는 공동 대처가 가능하다는 내용도 기술되었다.

국내의 서비스산업이 제조기업에 비해서는 국제적인 경쟁력이 없다. 서비스업뿐만 아니고 금융도 동일하다. 최근 보험회사, 회계법인이나 법무법인이 중국, 베트남 등 동남아로 영업을 확장하고 있으며 이렇게 회계업계가 국제 경쟁력을 키우기 위해서는 어느 정도 규모의 경제를 갖는 것이 필수적이다. 우리나라가 일본에 비해서 IFRS를 먼저 도입하였으며 회계법인들이 IFRS 도입 업무를 일본에 전수하는 것도 사업의 기회로 삼고 있다. 우리나라 증권거래소에 상장을 희망하는 일본 기업도 있으며 일부 회계법인은 일본에 진출하여 이에 대한 용역을 제공하고 있다.

한국경제신문. 2011.2.10.

회계법인 big 4, 좀 나눠 먹읍시다
5-7위사, EU 집행위에 규제촉구

세계 회계시장에서 5-7위권을 형성하고 있는 BDO와 RSM, Grant Thorton 등 3개 회사는 8일 공동 성명서를 내고 '자유시장논리에 따른 방임형 정책은 회계시장에서 실패했다'며 'big 4 회계법인의 시장점유율을 낮추기 위해 EU 집행위가 개입해야 한다'고 주장했다. 서로 경쟁 관계에 있는 회계법인들이 공동성명을 내는 것은 매우 이례적인 일이다. 파이낸셜타임즈는 이번 성명은 브뤼셀에서 9일부터 열리는 '회계시스템개선 컨퍼런스'를 겨냥한 것이라고 설명했다.

이날 성명을 발표한 3개 회사는 '빅 4' 회계법인의 지배력을 떨어뜨리기 위한 조치로 크게 세 가지를 제안했다. 우선 은행 등 대출 회사들이 기업에 돈을 꿔 줄 때 '빅 4'의 회계감사보고서를 요구하는 관행을 바꿔야 한다고 주장했다. 기업의 회계감사를 둘 이상의 파트로 나눠 각각 다른 회계법인이 담당하거나 회계감사를 몇 개 법인이 돌아가면서 맡는 방안도 고려해야 한다고 제안했다. 이들 회사는 EU 집행위에 대한 영향력을 확대하기 위해 최근 프랑스계 회계법인인 마자르와 전략적 제휴관계를 공동으로 맺기도 했다.

EU집행위 역시 '빅 4'의 지배력이 지나치다는 데는 공감하고 있다. EU 집행위는 작년 10월 발표한 '회계감사 관련 개선 방안 보고서'에서도 '몇 가지 규제방안을 고려 중'이라고 언급했다. 다만 회계시장의 독과점 현상을 우려하게 된 배경은 다르다. 이날 성명을 발표한 중위권 회계법인들이 독과점으로 인한 공정경쟁제한에 초점을 맞춘 반면 EU 집행위는 금융위기 재발 우려에 방점을 찍고 있다.

18 chapter

자산재평가

IFRS가 도입되면서 가장 큰 이슈가 되는 부분이 자산재평가이다. 자산을 재평가하여 자산규모를 키울 수 있으며 재평가이익을 계상할 수 있다는 차원에서는 기업에는 좋은 기회요인이다.

매일경제신문. 2008.12.20.

자산재평가해도 세금 안 낸다. 재평가 후 기업 매각할 때만 부과

실제로 2000년 12월 폐지되긴 했지만 과거 있었던 '자산재평가법'은 기업들로 하여금 자산재평가를 하면 세금을 내도록 했기 때문에 …

예를 들어 100원 주고 산 땅이 1,000원으로 재평가됐다면 900원에 대해 3% 과세했다. 이는 만일 이 땅이 1,100원에 팔린다면 회계상으로는 매각 가격과 장부 가격차이 1,100−1,000원인 100원에 대해서만 과세되는 사태를 막기 위해서였다.

하지만 여기에서 세율이 3%라는 것을 눈여겨볼 필요가 있다. 이 세율은 20%를 넘는 일반 법인세율에 비해 매우 싸다. 특별법이 존재했던 당시 세율이 훨씬 좋았던(낮았던) 셈이다.

그렇다면 지금은 세금을 어떻게 낼까. 만일 장부상 100원으로 기록해뒀던 비행기가 1,000원으로 재평가된다고 하자. 예전에는 이 900원에 대해 3% 세금을 냈지만 지금은 (재평가때) 아예 세금을 내지 않는다. 하지만 만일 이 비행기를 1,100원에 판다면 차익 1,100−100인 1,000원에 대해 20% 이상 법인세를 낸다.

자산재평가법이 실시됐을 당시 세율제도가 지금보다 기업에는 이익인 셈이다.

과거에도 자산재평가를 하는 기업일 경우, 다른 것보다는 자산재평가가 부담이 되어 자산재평가를 수행하지 않는 경우도 있었다. 세율이 3% 정도로 낮게 책정은 되었지만 재평가액의 금액이 클 경우는 이 정도의 세율도 큰 부담으로 작용할 수 있다. 많은 기업이 자산재평가 제도가 부활되었을 때 자산재평가세가 부과되지 않는 것에 대해서 안도하였지만 위의 기사에서 기술하듯이 이슈는 이보다는 복잡하다. 관건은 자산재평가세보다는 세금을 언제 부담할 것인가의 이슈이다. 많은 세금을 부담하더라도 이 세금의 납부를 차후로 미루는 것이 이로운 기업이 있을 수 있으며 지금 세금을 부담하는 것이 부담되더라도 적은 금액을 지금 부담하는 것을 선호하는 기업이 있다.

과거에 적용되던 재평가세나 현재에 적용되는 양도세율을 고려한다면 과거와 같이 낮게 책정된 재평가세금을 부담하는 것이 기업으로 보아서는 더욱 유리할 수 있다. 그러나 현 시점의 경영자들은 현 시점에 부담하는 세금이 가장 큰 부담이며 나중에 이 유형자산을 처분할 시점에 본인들이 경영에 참여할지가 명확하지 않으므로 미래 시점에 더 큰 세금을 부담한다는 것이 의사결정 고려대상이 아닐 수 있다.

이러한 모든 내용은 경영자들이 장기적인 기업가치에 관심이 있는지 아니면 단기적인 업적에 관심이 있는지에 의해서도 영향을 받는다. 이러한 의사결정에서의 기간(horizon)은 경영자에만 국한된 것이 아니라 주주의 투자에 있어서의 기간과도 연관된다. 원론적으로는 주주의 부의 극대화를 언급하지만 개별적인 주주의 투자기간도 다양하므로 이를 일괄적으로 기술하기는 매우 어렵다.

우리나라 기업에 있어서 최대주주 경영자의 위치를 부정하기 어렵고 최대주주 owner가 결정한 사안에 대해서 전문 경영인들이 이를 반대하기는 무척이나 어렵다. owner가 결정한 사안을 전문경영인이 반대한다면 고용을 보장받기 어렵게 된다. 또한 owner가 결정한 건으로 회사가 어려움을 겪게 되더라도 전문경영인으로서는 본인이 재직중에 이러한 사태로까지만 전개되지 않는다고 하면 owner가 결정한 잘못된 사안을 적극적으로 반대한 명분도, 실익도 없게 된다.

단, 한 항목을 재평가한다고 해서 다른 항목을 재평가해야 하는 것은 아니다. 즉, 자산재평가는 종목별로 수행되며 재평가 시점에 대한 timing을 기업이 선택하여 고민할 수 있다. 즉, 토지에 대해서 자산재평가를 수행한다면 토지에 대해서만은 모든 토지를 재평가해야 하며 일부의 토지는 자산재평가에 의해서 평가손실이 나타날 수도 있다.

자산재평가는 금액도 크기 때문에 수시공시(주요경영)사항이기도 하다.

한국경제신문. 2010.6.18.

IFRS '재평가 모형' 꺼리는 까닭은. 평가 따라 가치 널뛰기, 비용도 부담 조기 적용 다수가 모수 원가모형 선택

토지에 대해 자산재평가를 실시하고 이를 새로운 원가(간주원가)로 정한 회사들이 있지만 이들도 이후에는 모두 원가모형을 선택했다. IFRS가 공정가치를 강조하는 것과는 사뭇 다른 결과이다.

IFRS에서는 기업들이 토지, 건물, 기계장치 등 유형자산을 평가할 때 원가모형과 재평가모형 중에서 선택할 수 있게 하고 있다. 원가모형은 유형자산을 처음 샀을 때의 원가를 유지하는 방식이다. 다만 IFRS 도입시 한번에 한해 공정가치로 자산을 평가할 수 있게 하고 이 가격을 간주원가로 정하고 있다. 재평가모형은 주기적으로 유형자산의 가치를 재평가하는 방식이다.

원가모형 도입 기업은 재평가모형으로의 전환이 가능하지만, 재평가모형을 선택한 뒤 원가모형으로 돌아가기는 사실상 불가능하다. 변경된 방식으로 산출한 정보가 투자자에게 더 좋은 정보라는 점을 입증해야 하는데 IFRS에서는 공정가치를 높이 평가하기 때문이다.

전문가들은 재평가모형을 도입하면 자산가격의 변동에 따라 재무제표상 숫자들이 함께 널뛰기 할 수 있어 도입을 꺼리는 것으로 보고 있다.

재평가 모형을 선택하면 3-4년 주기로 자산을 재평가해야 하고, 자산가치에 중대한 변화가 생길 때도 반드시 재평가하게 돼 있어 재무지표의 변동성이 커질 수밖에 없다.

많게는 수억원에 달하는 평가비용도 문제다. IFRS는 토지, 건물, 기계장치 등과 같은 항목에 속한 자산 중 하나라도 재평가하면 해당 항목에 속한 자산 전부를 재평가해야 하기 때문이다.

조선일보 2010.8.17.

기업 자산재평가는 주가 띄우기용 마법

상장기업의 자산재평가에 대한 규정 자체가 별로 없기 때문에 재평가가 기업의 '주가 띄우기이벤트'로 이용되고 있다는 의혹도 일부 제기되고 있다. 자산재평가를 시행한다는 소식만으로도 주가가 오르는 경우가 많지만, 재평가 결과 평가차액이 기대 이상으로 나온 경우에는 주가가 급등하기도 한다.

한국거래소는 자산재평가는 주요 경영사항의 신고 규정 중 하나이지만 구체적인 규정은 없는 상황이다.

자산재평가를 시행한다는 소식만으로도 주가가 오르는 이유는 거의 대부분의 자산재평가 결과 평가익이 발생하기 때문이다. 자산재평가로 인해서 평가손이 예측될 때는 원천적으로 자산재평가를 수행하지 않을 확률이 높다.

자산재평가 공시 관련 구체적인 규정이 미비하다는 비판에 따라 다음이 규정화되었다.

유가증권공시규정 제7조 1.2.마.(7)에 의하면 유형자산 분류별로 자산재평가 실시에 관한 최초 결정이 있은 때 및 자산재평가 결과 최근 사업연도 말 자산총액의 5/100(대규모법인의 경우 25/1000) 이상의 자산재평가 증가금액 또는 감소금액이 발생한 사실이 확인될 때는 주요경영사항 공시를 수행하여야 한다.

사실이 확인되는 시점은 감정평가서를 수령한 시점으로 판단하여야 한다. 자산재평가는 정기공시인 재무제표에 표시하기 위해서 수행하는 것이지만 이러한 정보 내용의 신속성이 중요할 경우는 주요경영사항 공시를 통해서 시의적절하게 알려야 한다. 자산재평가 실시와 관련되어 최초 결정이 있는 시점이 이사회 시점이면 이를 이사회 의결 동시에 공시하여야 한다.

chapter 19

경영지배인

사실상 임원을 상법에서는 다음과 같이 정한다

제401조의2 (업무집행지시자 등의 책임) ① 다음 각호의 1에 해당하는 자는 그 지시하거나 집행한 업무에 관하여 제399조 · 제401조 및 제403조의 적용에 있어서 이를 이사로 본다.

1. 회사에 대한 자신의 영향력을 이용하여 이사에게 업무집행을 지시한 자
2. 이사의 이름으로 직접 업무를 집행한 자
3. 이사가 아니면서 명예회장 · 회장 · 사장 · 부사장 · 전무 · 상무 · 이사 기타 업무를 집행할 권한이 있는 것으로 인정될 만한 명칭을 사용하여 회사의 업무를 집행한 자

매일경제신문. 2009.11.2.

경영지배인 주총서 선임

게다가 이같이 선출된 경영지배인들이 횡령 배임 등의 문제를 일으킨 경우가 많은 것으로 드러났다.

머니투데이. 2008.4.16.

법에 없는 정체불명의 해결사, '경영지배인'
M&A · 구조조정 전권행사 … 회사법 · 상법에도 없는 '신종지위'

국내증시에서 '경영지배인' 모시기가 봇물을 이루고 있다. 경영지배인은 회사법과 상법에도 없는 정체불명의 직함이다. 최근 재무상태가 좋지 않은 구조조정기업의 해결사로 투입되는 외부인사에게 잇따라 주어지고 있는데 증시 전문가들은 회사 최고경영자로서 전권을 행사하면서 법적인 책임은 지지 않으려는 의도라는 시선을 보내고 있다.

16일 증권업계에 따르면 주로 퇴출위기에 놓인 기업들의 '전주(錢主)'측에서 인수합병(M&A) 및 구조조정 과정에 전권을 행사하기 위해 '경영지배인'을 선임하는 사례가 부쩍 늘어나고 있다. 그러나 이는 회사법에서 규정하는 주식회사에는 없는 직함. 주로 상법상 규정하는 지배인으로 해석되고 있지만, 실제 역할은 단순 지배인을 넘어 회사에 '절대권력'을 행사하고 있다.

실제 세라온 홀딩스는 전일 황석하 한국사이버대학 벤처경영학과 특임교수를 경영지배인으로 선임했다고 공시했다. 회사측은 황 경영지배인이 상법상 지배인이 갖는 권리뿐 아니라 경영전반에 관한 모든 부분 및 구조조정, 회계감사의 권리를 갖는다고 밝혔다. 세라온은 지난 7일에는 엄상섭, 허훈 씨를 같은 목적으로 경영지배인으로 선임한 바 있다.

대표이사를 두고도 경영지배인이 전권을 행사하는 경우도 있다. 코아정보는 전일 자사 대표가 한민식 씨에서 윤경석 씨로 변경됐다고 밝혔다. 그러나 코아정보는 이사회의 결의에 따라 대표이사의 모든 권한은 경영지배인인 강병욱 프로소닉 이사에게 위임하며 임시주주총회일까지 경영지배인이 회사의 경영업무 전반을 수행한다고 밝혔다.

경영지배인이라는 직함이 사용되기 시작한 것은 벨코정보통신, 시큐리티코리아로 추정된다. 벨코정보통신은 경영지배인을 통해 도너츠미디어, SY로 분할하는 등의 구조조정을 벌였지만 두 회사 모두 상장폐지됐고, 시큐리티코리아도 퇴출됐다.

익명을 요구한 한 회계사는 "경영지배인이라는 표현은 상법상 적합한 표현이 아니며, 상법상의 지배인 제도와 경영위임 제도가 혼용된 것 같다"며 "재무구조가 안 좋은 기업에 투입, 절대권력을 행사하고 있다"고 밝혔다.

증권선물거래소(KRX)는 경영지배인 선임공시에는 문제가 없다면서도 경영지배인이라는 직함의 정의와 법적 지위에 대해 뚜렷한 입장을 밝히지 못하고 있다.

거래소 관계자는 "이른바 한계기업의 구조조정 과정에서 경영지배인을 선임, 상법상 지배인의 권리뿐 아니라 구조조정 등의 권한을 행사하려는 것 같다"며 "예전에도 이 같은 권한을 행사하는 자리는 있었지만, 최근 들어 '경영지배인 선임'이라는 말이 많이 쓰이고 있다"고 밝혔다.

거래소 코스닥공시제도팀은 "경영지배인은 상법상 지배인 개념으로 선임하는 것으로 알고 있다"며 "공시는 기본적으로 해당기업의 결정에 의해 이뤄지며, 경영지배인의 권한과 법적한계에 대해서는 해당기업을 통해 파악할 수밖에 없다"고 밝혔다.

그러나 학계나 시민단체에서는 '경영지배인'에 대해서는 '있을 수 없는 용어다'라며 고개를 젓고 있다.

오세경 건국대학교 경영대학 교수는 최근 경영지배인 공시와 관련, "회사법에는 지배인이라는 말이 없고, 주식회사에서도 쓰지 않는다"며 "외국의 경우 특히 경영진과 이사회와의 분리가 엄격해 이처럼 전권을 행사하는 지위는 있을 수 없다"고 밝혔다.

김선웅 좋은기업지배구조연구소 소장(변호사)은 "경영지배인에 대해 들어본 바 없다"고 전제하고 "해당기업의 공시 내용만 놓고 보면 이사회에 들어가서 책임을 지지는 않으면서 권한만을 행사하려는 것 같다"고 꼬집었다.

상법상의 지배인 개념이 잘못 사용되는 것이다. 유사한 표현이 사용되면서 혼선을 초래하는 경우도 있다. 준법감시인이 있는데 최근 2011년 상법개정안이 국회를 통과하고 준법지원인제도도 도입되면서 용어간에 상당한 혼란이 있다.

위의 기사에서 경영지배인 선임공시에 문제가 없다는 거래소의 판단은 이해하기 어렵다. 거래소는 적법하지 않은 공시는 원천적으로 즉시 봉쇄하여야 한다.

머니투데이. 2008.8.5.

정체불명 '경영지배인' 선임 제동

금융감독당국이 코스닥기업의 인수·합병(M&A) 과정에서 '경영 지배인'을 내세우는 관행에 제동을 걸고 나섰다. 경영 지배인이 법적 근거 없이 경영에 관한 전권을 행사하고 있다는 판단에서다.

특히 경영 지배인은 등기임원이 아니어서 사실상 회사 최고경영자로서 전권을 행사하면서도 법적 책임을 지지 않아도 된다. 이 때문에 일부 대주주들이 경영 지배인을 악용하는 사례가 늘고 있다.

금융당국 고위 관계자는 5일 "코스닥 기업들의 M&A 과정에서 대주주들이 법적인 권한이 모호한 경영 지배인을 선임해 경영권을 행사하는 것에 문제가 있다고 판단해 개선방안을 마련중"이라고 밝혔다.

경영지배인은 회사법과 상법에도 없는 직함이다. 상법상 지배인 제도가 있지만, 이는 일종의 영업상 단순 지배인 개념이다. 이와 달리 일부 코스닥 기업에서는 경영지배인이 이를 뛰어넘어 절대적인 권한을 행사하고 있다.

상법상의 지배인과 경영위임 제도가 혼용된 탓으로 한계기업을 인수한 측에서 M&A 및 구조조정 과정에 전권을 행사하기 위해 '경영 지배인'을 선임하고 있다.

하지만 최근에는 경영 지배인이 이 같은 '감시자'의 역할을 뛰어넘어 사실상 경영권을 행사하고 있다. 실제 경영 지배인을 선임한 경우 대부분 대표이사의 경영권한을 승계해 재무 · 영업 · 인사 등에 관련된 업무를 수행하고 있다.

이에 대해 금감원 관계자는 "상법에 지배인 개념이 있지만 회사로부터 영업과 관련된 권한만 위임받는다"며 "코스닥 기업들이 선임하는 경영 지배인은 법적인 근거 없이 경영권을 행사하고 있다"고 지적했다.

경영지배인이 전체 주주의 이익을 대변하지 못하고 있는 점도 문제다. 사실상 최대주주가 임명하기 때문에 전체 주주의 이익에 반하는 대주주의 요구를 수용할 가능성이 높다. 정체불명의 직함인 만큼 경영지배인의 정의와 법적 지위에 대한 뚜렷한 지침도 없다. 경영지배인 공시가 봇물을 이루고 있는 것도 이 때문이다.

감독당국은 이에 따라 경영 지배인 선임시 주주총회를 거치도록 하고, 권한과 책임을 구체화하는 방안을 검토하고 있다.

이 관계자는 "주총을 통해 지배인을 선임하도록 하고 자격요건을 명확히 하는 방안이 논의되고 있다"며 "책임과 권한을 명문화해 제도가 악용될 가능성을 차단할 필요가 있다"고 말했다.

위의 신문 기사에서 법적 요건도 만족하지 않는 직책을 주주총회에서 선임한다는 것 자체가 잘못된 행정이다.

머니투데이. 2008.8.20.

경영지배인 선임 사실상 불가능해진다
금감원, 관련 공시 유의사항 통보

앞으로 코스닥기업의 인수·합병(M&A) 과정에서 '경영 지배인'을 내세우는 일이 사실상 불가능해진다.

금융감독원은 20일 "이사가 아닌 사람에게 이사 또는 대표이사 등의 역할을 수행케 하거나 타인에게 경영을 위임하는 경우 법적 근거와 업무범위, 책임을 명확히 하도록 지시했다"고 밝혔다. 이에 따라 법적 근거가 없는 경영 지배인 선임은 앞으로 불가능해질 전망이다.

금감원은 최근 이 같은 내용을 담은 '경영업무 수행자 관련 공시 유의사항'을 마련, 상장사에 전달했다.

금감원 관계자는 "일부 코스닥 기업들이 M&A 과정에서 경영 지배인을 선임, 사실상 대표이사의 권한을 주고 있다"며 "하지만 상법상 지배인의 업무범위는 극히 일부로 제한되기 때문에 경영지배인은 법적 근거가 없다"고 설명했다.

특히 경영 지배인은 등기임원이 아니어서 사실상 회사 최고경영자로서 전권을 행사하면서도 법적 책임을 지지 않아도 된다. 이 때문에 일부 대주주들이 경영지배인을 악용하는 사례가 늘고 있다.

금감원은 또 분쟁 발생시 책임소재를 명확히 하기 위해 경영지배인 선임과 관련된 내용을 이사회 의사록 등에 구체적으로 기재해 결의하도록 했다.

이와 함께 경영지배인은 최근 5년간 약력을 기재하는 등 이사에 준해 충분한 공시가 이뤄지도록 했다.

감독기관이 궁극적으로는 이러한 정체불명의 직책을 선임하는 데 대한 제재를 가하기는 하였지만 문제 제기 이후에 상당한 기간 동안 이 직책과 관련된 혼란이 있었다. 감독기관의 조치는 시의적절하게 수행되어야 하며 모든 직책은 당연히 법에 근거하여야 한다.

chapter 20

영업정지 회계법인

2009년 업무정지를 받고 궁극적으로는 실질적으로 해체된 회계법인의 경우를 예로 들어본다.

회계법인의 운영에 있어서 어느 의사결정기관을 정관에서 정의하는지는 매우 중요한 이슈이며 경영진이 이 정관의 규정에 따라서 달라질 수 있다. 회계법인의 경영진의 의사결정을 어디까지 보아야 할지에 대해서는 이견이 있을 수 있다. 이는 명칭상의 분류보다는 성격적으로 이를 판단해 보아야 한다.

4년 연속 담당이사를 맡을 수 없는 제도가 존재함에도 4년 이상 담당이사를 맡았던 현업의 회계사가 '어떻게 이와 같이 기본적인 부분을 본인이 근무하던 회계법인의 심리실에서 확인하지 못하였는지를 본인도 이해할 수 없다'고 위원회에서 진술한 경우가 있다. 이는 품질관리감리에서 나타난 문제점은 아니지만 회계법인의 심각한 시스템 운영상의 문제점이다. 회계감사 수업을 받은 거의 대부분의 학생이 아는 수준 정도의 지식을 회계법인 차원에서 점검하지 않는다는 것은 상식적으로 이해할 수 없다.

한국경제신문. 2010.2.16.

회계사가 300억대 분식회계 '앞장'
'상장폐지 막아 주겠다' 채권자 변호사 끌어들여 기획~실행 도맡아 처리

코스닥 상장사였던 신명비앤에프(현재 케이디세코)는 대주주가 400억여 원을 횡령하거나 배임해 2006년 말부터 자본잠식 상태에 빠졌다. 상장폐지 위기에 몰린 이 회사는 이듬해 궁여지책으로 본사와 자회사에 대해 분식회계한 재무제표를 회계법인에 건넸다. 신명비앤에프를 감사한 화인은 분식회계를 눈치 채지 못하고 '적정'의견을 냈다. 그러나 다른 회계법인이 자회사 감사에서 분식회계를 발견하자 신명비앤에프의 분식회계가 드러났고 화인도 뒤늦게 2008년 4월 '의견거절'로 변경했다.

또다시 상장폐지 위기에 몰린 신명의 대주주는 업계에서 상장폐지를 당하지 않게 해주는 것으로 유명한 회계사를 소개받았다. 이들은 채권자와 변호사, 화인 회계사들까지 끌어들여 수백억원대의 대규모 분식회계를 기획해 실행에 옮겼다.

서울 중앙지방검찰청 금융조사1부(부장검사 전현준)는 15일 신명의 당기순이익 314억원을 숨기는 등 분식회계를 한 혐의로 이회사 대주주 이모씨와 허위 재무제표를 작성해 준 화인의 이사 백모씨, 공인회계사 김모씨를 비롯해 변호사와 채권자 12명을 불구속 기소했다.

화인은 10위권의 대형회계법인이다. 회계사들이 회사측의 장부조작을 묵인해 주는 방식의 소극적인 분식회계는 많았으나 기획에서부터 실행까지 도맡아 처리한 적극적인 분식회계 사건은 처음이다.

검찰에 따르면 회계사 김씨는 2008년 이씨로부터 1억 1,000만원 수수료와 함께 신명비앤에프 상장폐지 회피를 요청받자 '재무제표를 다시 가짜로 만들어서 화인에 재감사를 요구하자'고 제안했다. 김씨는 허위 재무제표 작성이 합법인 것처럼 위장하기 위해 변호사도 섭외토록 했다. 회사측은 상장폐지 앞에 '같은 배'를 탄 채권자로 끌어들였다. 이들은 다 함께 화인을 찾아가 회계기준에도 없는 재감사를 요청했다. 뒤늦게 의견거절을 내 신명 투자자들에게 손해배상책임을 질 위기에 몰린 화인측도 기꺼이 수락했다. 1억 1,000만원은 덤이었다.

화인의 이사 백씨는 회계사 3명으로 팀을 구성해 분식회계에 착수했다. 이들은 회수가능성이 없는 채권 220억원 어치와 자회사 자본잠식으로 물어줘야 할 지급 보증 90억원을 대손충당금이나 충당부채로 설정하지 않아 당기순손실 314억원을 제로로 만들었다고 검찰은 설명했다. 변호사는 이 절차들이 모두 합법이라고 보고서를 올렸다.

화인은 이를 근거로 2008년 5월 신명에 대해 상장을 유지할 수 있는 '한정의견'을 냈다. 상장폐지 기준은 자기자본 10억원 미만인데, 화인이 낸 감사보고서에서는 이를 가까스로 넘긴 11억원으로 기재돼 있다.

이들은 감독원의 내사로 범행이 들통나 검찰에 고발됐고 화인은 지난해 9월 '업무정지' 처분을 받았다. 부실한 감사로 회계법인이 업무정지를 받은 것은 2000년대 대우사태와 관련해 당시 산동회계법인이 업무정지를 받은 이후 9년 만에 처음이었다.

이러한 언론 보도에 대해서 일부에서는 1억 1,000만원이 적법한 재감사 수임료인데도 이 금액이 뇌물인 듯이 언론에 보도되었다는 반론도 제기되었다. 신문기사에는 재감사가 회계기준에도 없다고 기술되어 있으나 이는 잘못된 내용이다.

다음은 조치 당시에 논의된 내용이다.

- 금감원 내부 양정기준상으로는 (1) 감사인이 조직적으로 관여하고 (2) 감사보고서 이용자에게 막대한 손실 또는 계속적 중대위법 행위에 해당하는 경우에 증선위에 부의하는 것으로 되어 있다.

- 한편 상위 공인회계사법에는 '법인 업무정지'를 함에 있어서 이런 요건이 요구되지 않으며, 감사 또는 증명에 중대한 착오 또는 누락이 있는 경우 (법39조) 발효할 수 있게 되어 있으며, 외감법상으로 증선위는 '감사기준 위반'만으로도 업무정지 조치를 금융위에 건의할 수 있다.(외감법16조)

- 모 회계법인건 처리 때 증선위와 금융위는 상기한 법요건에 따라 '사안의 중대성'을 판단하여 '업무정지'조치를 할 수 있지만, 업계의 예측가능성을 고려하고 신중하게 조치한다는 의미에서 금감원의 내부 '감리양정기준'도 충족하는가를 심의하였다.

- 어떤 '의사결정과정'이 있어 조직관여로 볼 것인가에 관한 질문으로 이해된다.

- 개념상으로는 명칭여하에 불구하고 회계법인의 의사결정으로 설치한 조직기구, 예를 들면 심리실이 담당이사의 감사업무를 심리하면서 감사절차 소홀이 있음을 알고도 보고서 발행을 허용했다면 이는 '조직적으로' 관여한 것으로 보아야 할 것이다.

- 모 회계법인의 경우 정관상 '이사회'가 법인의 업무에 관한 중요사항을 수행하도록 되어 있으며, 이사는 사원인자 중에서 사원총회의 결의에 의하여 선임하도록 되어 있다. 또한 심리실의 상위기구로 '품질관리위원회'가 구성되어 있으며, 중요한 감사업무에 대해서는 감사조서, 감사보고서를 검토하고 있다. 모 회계법인의 경우 사원총회, 이사회, 품질관리위원회의 구성원이 거의 동일한 것으로 파악되고 있다.

- 이 건 감사실패의 경우 담당감사팀이 회사의 '회계처리기준 위반사실'을 묵인 방조 하였을 뿐 아니라 품질관리위원회는 담당감사팀의 '회계감사기준 위반' 사실을 충분히 알 수 있었던 정황이 있어 '조직적 관여'의 책임이 인정된 것이며, 이 과정에서 '이사회'도 '재감사결정, 업무배정과 내부의 감사책임배분'에 있어서 상당한 책임이 있는 것으로 밝혀졌다.

- 이런 상황을 종합적으로 고려하여 '조직적 관여'가 인정된 것이다.

즉, 위의 경우는 업무정지라는 회계법인에는 치명적인 조치를 받게 되었는데 그 이면에는 법인차원에서의 system의 미비가 가장 큰 문제였다. 위의 문건에서도 업무정지의 가장 명확한 판단 근거는 법인 차원에서의 조직적 관여였다. 개인 공인회계사가 판단하였다기보다 법인에 책임을 물은 것이다.

21 chapter

우회상장

우회상장을 통해 상장하는 기업들의 회계투명성에 대한 문제가 많다는 점이 지적되었다. 신규상장하는 기업은 상장과 관련된 요건을 철저하게 관리하지만 우회상장의 경우는 그렇지 않다고 해서 문제가 되었다.

매일경제신문. 2010.3.29.

우회상장 예정사도 외부감사
금융위, 투자자 보호 위해 감사인 지정 추진

금융위원회 관계자는 28일 '현행' 외감법상 감사인 지정 대상에서 제외됐던 우회상장 기업도 외부감사인을 지정할 수 있도록 제도 개선을 추진중이라고 말했다.

현행 외감법의 감사인 지정 사유에는 '다음 사업연도 상장 예정기업'이 포함돼 있으나 우회상장예정기업은 빠져 있다.

지난해 우회상장한 기업 32개 중에서도 시총 4,000억원 규모로 급성장해 주목받았던 네오세미테크가 최근 회계법인의 감사의견거절로 코스닥 입성 6개월도 못돼 상장폐지 위기에 처한 것이 대표적인 사례로 꼽힌다.

파이낸셜뉴스. 2010.5.23.

회계감사는 우회상장의 덫

전문가들은 SPAC(Special Purpose Acquisition Company, 기업인수목적회사)가 비상장 회사 합병을 통해 상장시킨 뒤에도 감사의견 거절이 발생할 수 있다고 지적했다. 스팩과 합병은 직상장과 달리 엄격한 상장요건이 필요 없어 일부 회계 부실 기업들이 상장 이후 감사에서 적발될 가능성이 충분하기 때문이다.

한 관계자는 몇 년간 준비한 직상장 기업과 달리 우회상장 기업은 그동안의 주먹구구식 회계처리가 발각될 가능성이 높다며 '상장을 염두에 두고 있다면 전문가를 영입해 정확한 회계처리를 미리부터 대비해야 할 것'이라고 말했다.

한국경제신문. 2010.8.18.

스팩은 외부감사 지정에서 제외해야

우회상장 기업에 대해 외부감사 지정제도를 도입하더라도 스팩까지 포함해 적용하는 것은 신중해야 한다.

교보 KTB스팩의 대표이사를 맡고 있는 김한섭 KTB투자증권부회장은 만약 스팩이 네오세미테크 사례처럼 우회상장 과정에서 회계문제가 발생한다면 M&A를 주도한 증권사들의 평판이 나빠지므로 스팩과 일반 우회상장은 질적으로 다르다고 설명했다. 외부감사가 지정되면 M&A 과정의 신속성을 제약한다고 덧붙였다.

한국경제신문. 2010.8.15.

증시우회상장 문턱 높인다
금감원지정 외부감사 받아야. 금융위원회와 거래소
1년반새 우회상장 15곳 상장폐지 느슨한 심사기준이 주원인

시가총액 4,000억원대, 주주수 7,000명인 네오세미테크가 우회상장한지 1년도 안돼 감사의견 거절로 퇴출 수순을 밟고 있어 거래소와 감독당국은 회계부실이 가장 심각하다는 데 인식을 같이 하고 있다.

우회상장에 대한 질적심사를 도입해 정식 IPO 수준으로 심사수위를 높일 방침이다. 현행 코스닥 우회상장기준은 자본 잠식 없이 경상이익을 내면서[1] 감사의견 적정만 받으면 통과시키고 있어 잠재 부실기업들의 증시 입성을 막지 못한다는 지적을 받아왔다.

우회상장은 코스닥 부실 주범

우회상장은 장외기업이 정식 상장 절차를 밟지 않고 기존 상장사와의 합병 등을 통해 증시에 진입하는 통로로 활용돼 왔다. 성장성이 있는 장외 업체에 자금 조달 기회

1 위의 신문기사에서 경상이익은 수년째 사용하지 않는 계정과목인데 잘못 사용되었다. 법

를 열어준다는 점에서 긍정적인 면도 있지만 제도상 맹점을 악용한 머니게임이 판치면서 빛이 바랬다는 평가이다.

미국, 일본 등에선 정식 IPO 심사와 마찬가지로 우회상장과정에서 질적 요건을 철저하게 심사하지만 국내 코스닥 우회상장은 자본잠식, 순이익, 감사의견 등 기본적인 요건만 충족되면 된다. 최근 우회상장 심사를 통과한 CT&T는 상장 이후에는 적자로 둔갑하지만 우회상장 심사 규정 미비로 승인돼 논란을 빚었다.

지정감사인 제도를 도입하기 위해서는 '외감법 시행령'을 바꿔야 하기 때문에 적용 시기는 이르면 올해 말이 될 것으로 예상된다.

정식 IPO 절차를 밟는 것보다 빠르게 상장을 원하는 일부 우량회사들은 스팩(기업인수목적회사)을 활용해 증시로 들어올 가능성이 높다.

그러나 지정감사인 도입으로 우회상장의 장점인 신속성이 퇴색될 우려가 있다.

한국경제신문. 2011.9.30.

우회상장 규제에도 '뒷문 입성' 여전
후너스, 에프씨비투웰브 지분율 시기 등 조절로 상장 실질 심사 안 받아
거래소 '우회상장 없었다'

코스닥 상장기업인 후너스는 지난 8일 최대주주인 유아이로부터 유아이의 또 다른 비상장 계열사인 온콜리스바이오파마스 지분을 사들였다. 취득한 주식수는 1만 5,120주(29.9%). 30%의 지분율에서 한 주를 뺀 수치다. 후너스는 이번 지분인수로 한국거래소의 심사를 면하게 됐다. 현행 상장 규정상 비상장법인 지분 30% 이상을 사들인 경우에만 우회상장 실질심사 대상이 되기 때문이다. 우회상장 의도가 엿보이더라도 거래소로서는 규제할 방도가 없다.

우회상장을 막기 위해 거래소가 실질심사제도를 도입한지 9개월이 지났지만 이처럼 우회상장을 추진하거나 의심되는 사례가 적지 않다는 지적이 나오고 있다. 우회상장요건을 피해 장외기업과의 합병 등을 추진하는 기업들이다.

거래소 '우회상장 한 건도 없었다'

거래소는 1월부터 우회상장 실질심사 제도를 적용했다. 우회상장으로 판단하면 상장심사에 준하는 실질심사를 거치게 하겠다는 취지다.

인세차감전 순이익이어야 한다.

우회상장의 유형으로는 합병, 포괄적 주식 교환, 영업 양수 및 제3자 배정 유상 증자, 현물 출자 등 5가지를 꼽았다. 하지만 29일 현재까지 이 심사를 받은 기업은 한 곳도 없다. 거래소가 정한 범위의 '우회상장'은 없었다는 얘기다. 사실은 다르다. 거래소의 규정을 피해 사실상의 우회상장을 꾀하는 기업이 잇따르고 있다.

합병시기 늦춰서 우회상장

유가증권 시장 상장사인 에프씨비투웰브는 이달 중순 바이오 관련 장외기업인 에프씨비파미셀과 합병을 완료했다. 합병 후 사명은 파미셀로 바뀐다. 합병으로 인해 에프씨비파미셀도 상장된다. 앞서 에프씨비투웰브는 2009년 8월 에프씨비파미셀의 최대주주가 경영권을 인수하면서 계열사로 편입됐다. 최대주주가 자신이 소유한 상장사와 비상장사를 합치는 전형적인 방식의 우회상장이다.

하지만 이 회사는 거래소의 실질심사를 받지 않았다. '합병 주요사항 보고서 제출일 이전 1년 이내에 비상장 법인의 최대주주가 상장법인의 최대주주가 됐을 경우에 우회상장으로 본다'는 규정 때문이다.

에프씨비투웰브의 최대주주 변경 시점은 이미 2년 전이어서 심사 대상에서 빠졌다. 상장기업을 인수한 뒤 합병 시점만 늦춘다면 우회상장이 가능하다는 얘기다.

비상장사 지분, 규정보다 적게 취득

코스닥 시장 상장사인 후너스는 장외 기업의 지분을 인수하되 거래소 심사에서 빠지도록 하기 위해 29.99%만 인수한 경우다. 장외기업인 유아이가 지난달 후너스의 경영권을 인수했고, 이후 자신이 보유한 일본 바이오 회사 온콜리스바이오파마스의 지분 29.99%를 후너스에 넘겼다.

현행 규정상 상장사가 비상장사의 지분 30% 이상을 사들인 후 6개월 이내에 비상장사 최대주주 등을 대상으로 제3자 배정 유상증자나 주식이전을 실시하면 우회상장으로 본다. 후너스는 주식 한 주를 덜 사들임으로써 이 규정을 피해갔다. 거래소는 제3자 배정 유상증자 등을 실시하면 우회상장 여부를 따지겠다는 입장이지만 이마저도 6개월 이후에 증자할 경우 거래소로서는 규제할 방법이 없다.

물론 후너스가 온코리스바이오파마스의 우회상장을 추진할 것이라고 속단할 수는 없다. 하지만 전문가들은 30%에서 한 주 모자란 지분을 사들인 것으로 미뤄 규정을 피해 우회상장을 추진하려는 의도가 많다고 분석했다.

위 신문기사에서는 우회상장에만 국한하지는 않지만 아무리 제도가 정치하게 규정되어 있어도 얼마든지 이를 의도적으로 피해갈 수 있음을 보인다. 위의 기사에서도 우회상장 규제의 minimum이 되는 30%에서 한 주에 밑도는 경우가 후너스에서 발생하였으며 1년이라는 합병 시점을 2년으로 늦추면서 규제를 피해 나갔다.

물론, 제도를 확립하는 시점에서는 당연히 threshold가 존재하여야 하지만 이러한 threshold가 오히려 기업에게 제도를 피해나갈 수 있는 빌미로 제공될 수 있다.

이는 회계에서도 그 예를 찾아 볼 수 있다. 중요성 기준이 회계기준에서는 수치화되어 제시되지 않으며 이러한 부분은 기업의 주관적인 판단의 영역으로 남겨지게 된다. 만약에 중요성 기준이 수치화되어 회계기준에 제시된다면 기업은 오히려 이러한 기준을 조금 밑돌면서 기업의 실무행태를 정당화할 수도 있다. 즉, 수치화하여 기준이 제시되는 경우는 이러한 문제가 항시 발생한다.

미국에서도 이러한 중요성 기준을 조금씩 피해가는 것이 이슈가 되어서 미국 SEC chairman이었던 Arthur Levitt은 중요성의 적용에 있어서의 문제점을 다음과 같이 지적하였다. Levitt은 재임중에 경영자의 회계이익 조정과 관련되어 매우 비판적으로 이를 지적하였다.[2]

"Some companies recorded errors in their financial statements and justified not correcting such errors because the effect on the bottom line was below a specified percentage ceiling, such as five percent. The concept of materiality cannnot be used to excuse deliberate misstatements."

SAB99(standard accounting bulletins)에서도 다음과 같이 규정하고 있다.

"Intentional misstatements that are not material are unlawful in certain circumstances."

즉, 중요성이란 것은 수치적인 근간에서 판단하게 되지만 그 안에 내포된 내용도 검토해야 한다는 의미이다.

2 손성규, 2006. 회계감사이론, 제도 및 적용의 내용에서 인용한다. 이 문건의 원천은 Levitt, A. 1998. "Numbers Game." New York University Speech이다.

chapter 22

부채비율

한국경제신문. 2010.7.9.

말 많은 구조조정 … 부채비율 '일방 잣대'가 문제. 현대 상선, 총부채 6조 넘지만 이자 부담 있는 부채는 1조 안 돼. 대선건설, 대주주예금 900억원 담보

현대건설, 대선건설 등 구조조정 대상에 선정된 기업들은 채권단이 획일적으로 부채비율 잣대를 적용하는 바람에 신용도를 제대로 평가하지 못하고 있다며 노골적으로 반발하고 있다. 하지만 은행 등 채권단은 부채비율이야말로 채권 보전의 안전도를 평가하는 가장 중요한 평가지표라는 입장이다. 전문가들은 부채비율이 기업의 재무 건전성을 나타내는 핵심지표이긴 하지만 현재의 유동성과 가치를 평가하는 데 한계가 있다며 드러난 숫자의 이면을 종합적으로 분석해야 한다고 지적했다.

하지만 재무제표상 산출된 숫자에 매몰되지 말고 부채의 내용을 더 상세히 분석해 봐야 한다. 현대상선의 작년 말 기준 부채는 6조 1,267억원으로 부채비율은 276%에 달한다. 하지만 1년 내에 갚아야 할 유동부채는 1조 2,870억원에 불과하다. 특히 매입채무와 미지급금 등 영업활동으로 생기는 일상적인 부채를 제외하고 실제로 이자부담이 발행하는 부채만 따지면 단기차입금 759억원과 유동성장기차입금 5,447억 등 1조가 안 된다.

5조원에 가까운 비유동부채도 업종의 특성을 고려해야 한다. 비유동부채 중 3조 2,382억원은 선박과 관련된 장기미지급금으로 고가의 선박을 빌리거나 매입하는 데서 비롯했다. 일부 전문가들은 장치산업인 해운업의 특성상 자산으로 봐야 한다.

지난달 채권단으로부터 퇴출기준인 D등급을 받아 반발중인 대선건설 역시 당시 1,687%로 고공비행중인 부채비율에 발목이 잡혔다. 911억원의 부채 중, 이자부담이 있는 부채도 899억원이나 된다. 반면 유동자산은 148억원으로 부채의 16%에 그치고,

당장 현금화가 가능한 자산은 34억원에 불과하다.

하지만 단기로 빌린 은행 대출에 900억원의 대주주 예금이 담보로 잡혀 있다는 점을 고려해야 한다. Y회계법인 담당자는 '채권단은 대주주 담보와 회사의 담보를 구별했지만, 대주주가 일종의 지급보증을 한 상태여서 원리금 상환능력이 없다고 보기는 힘들다'고 지적했다. 다른 관계자도 작년 매출이 13억원에 불과할 정도로 회사의 영업이 부진한 점이 퇴출 결정에 영향을 미쳤을 것이라면서도 대주주의 담보는 회사의 담보가 아니라는 채권단의 판단은 형식 논리에 치우친 감이 있다.

이자 내는 부채와 현금성 있는 자산

이처럼 기업부채는 숫자로만 보지 말고 이자 부담 능력이 있는지 여부를 통해 이해해야 한다는 지적이다. 영업활동을 통해 벌어들이는 현금이 얼마나 되는지 보유자산 중 현금성 자산이 어느 정도인지를 꼼꼼히 따져봐야 한다는 설명이다.

이정조 리스크컨설팅 대표는 '감가상각비나 장기차입금으로 비중이 높을 수밖에 없는 조선이나 해운 등은 영업이익이나 순이익이 아닌 현금성이익이 얼마나 되는지를 추정해내는 정밀한 작업이 필요하다'며 '부채비율을 절대 기준으로 보지 말고 순이자비용이 얼마나 발생하는지를 따져서 원리금 보상 능력 유무를 판단해야 한다'고 언급했다.

채무상환능력을 판단하기 위해 자산의 성격을 들여다 봐야 한다는 주문도 나온다. 비유동자산으로 분류되는 투자자산도 비상시에는 팔아서 현금화할 수 있는 유동자산이 될 수 있다. 대표적인 예가 정기예금과 매도가능증권항목이다. 당초 장기목적으로 자금을 유치하거나 투자하기는 했지만 현금이 필요한 경우 손실을 보더라도 현금화가 가능한 항목이기 때문이다.

하지만 이에 대해 또 다른 회계법인 관계자는 '재무상태를 자의적으로 해석한다는 의미여서 오히려 신용평가의 신뢰도가 더 떨어질 수 있다'며 반론을 제기했다.

이러한 차원에서는 이자비용만 고려하지 말고 이자수익도 같이 고려해야 한다. 그렇기 때문에 차입금 의존도 또는 이자보상비율이 대안적인 위험의 측정치이다. 위의 기사에서의 순이자비용의 개념이 이자비용은 이자수익을 같이 고려해야 한다는 의미이다. 즉, 부채비율의 계산에 있어서는 모든 부채가 부채비율의 계산에 사용되는데 부채비율을 위험에 대한 측정으로 볼 때는 이자보상비율이나 차입금 의존도가 더 정확하게 위험을 측정할 수 있다. 통상적인 경영활동으로부터 발생하는 부채까지 부정적으로 인식하여 획일적인 잣대로 부채비율을 해석함은 적절하지 않다.

1997년의 경제 위기 때부터 부채비율은 모든 것의 잣대로 사용되었다. 예를 들어 부채비율이 200%를 넘으면 안 된다는 등 매우 경직된 원칙이 적용되었다. 물론, 정책을 적용함에 있어서는 가능한 simple한 정책을 강제함이 때로는 좋은 대안일 수는 있으며 부채비율이 기업의 재무 안전성을 판단하는 데 좋은 지표이기는 하지만 그럼에도 불구하고 부채비율은 이 비율이 무슨 절대기준(magic)인 듯이 사용되었다.

황인태. 2010.12.8. 중앙일보

부채비율, 국제기준에 맞춰야

자금의 부채비율은 기업의 실상을 왜곡해 투자자들에게 잘못된 정보를 제공하고 있다는 점에서 큰 문제다. 조선업이 대표적인 예다. 조선업은 계약과 동시에 선수금을 받는 데다 수출 비중이 압도적으로 높다. 그래서 조선업체들은 외환위험을 피하기 위해 선물환헤지를 하고 있다. 이 때문에 조선업계는 호황일수록 부채비율이 증가하는 특성을 지닌다.

이 때문에 차입금이 늘지 않는데도 선수금 급증과 환율 영향 등으로 부채자본비율이 높아진다. 선수금의 경우 자산과 부채는 증가시키나 자본에는 아무 영향이 없다. 선물환헤지를 하면 자본이 감소한다. 호황일수록 조선업체들의 부채비율, 정확히는 부채자본비율이 증가하는 이유이다.

거의 유사한 내용이 국제회계기준에서의 리스 회계처리 방식에서도 이슈가 된다. 국제기준에서는 운용리스(operationg lease)보다는 자본/금융리스(capital lease)로 회계처리하는 방식으로 기준이 개정되었다. 따라서 리스를 이용하는 거의 모든 기업이 이 IFRS에 의해서 영향을 받게 되지만 특히나 국내 기업들에 의해서 IFRS에서의 리스회계처리방식에 대한 이견이 많은데 이 또한 부채비율을 보고하는 방식의 차이이다.

금융리스는 리스자산과 리스부채를 계상하게 되므로 운용리스에 비해서 크게 재무제표가 불리하게 보고되지 않을 것으로 외관상으로는 보인다. 운용리스의 경우는 비용만 계상되는 것으로 회계처리가 정리되지만 자본리스는 리스자산과 리스부채가 동시에 계상되어 부채도 계상되지만 이에 상응되는 자산도 계상된다. 즉, 순자산의 증감에는 변화가 없지만 우리나라와 같이 부채비율을 부채/자기자본으로 구할 경우에는 금융리스의 도입으로 인해서 부채비율이 부정적으로 보고 된다. 이는 자산과 부채가 동시에 같은 금액으로 증가하므로 자기자본의 변화는 없는데 부채만이 증가하기 때문이다.

즉, 순자산의 변화가 없으며 부채의 계상이 동일한 금액의 자산의 증가로 backing되므로 문제될 것이 없다고 판단되지만 부채비율이 계산되고 사용되는 실무를 바꾸기 어렵다. 우리나라에서 사용되는 부채/자기자본 방식의 부채비율은 미국에서는 부채비율(debt ratio)이라기보다는 debt to equity ratio라고 할 수 있다. 부채비율이 부채/자산으로 표시된다면 운용리스에서 금융리스로 기준이 변경된다고 하더라도 기업에게는 부채가 계상되기는 하지만 부채비율 차원에서의 큰 부담은 없다.

아래에서 보는 기사와 같이 국제회계기준의 도입은 리스의 회계처리에 영향을 주지만 그 영향이 리스회사의 영업에까지 영향을 미칠 수 있다.

매일경제신문. 2010. 3. 12.

IFRS 도입시 리스사 수익 악화 우려

여신 금융 협회는 '내년부터 기업들이 IFRS를 도입하면 운용리스 수요가 급격히 줄어들어 리스사 수익성이 크게 악화될 수 있다'고 밝혔다.

IFRS를 도입하면 기업들은 운용리스를 자산, 부채 항목에 기재해야 한다며 재무비율 악화를 우려한 기업들이 리스 사용을 대폭 줄이면 리스사 경영에 심각한 타격을 줄 것이라고 …

동일한 논리가 최근 정치적으로 이슈가 된 유보율에 있어서도 제기되었다(한국경제연구원 2011.12.13).

일부의 언론과 정치권에서 기업이 특히나 국내 10대 그룹이 투자를 수행하지 않고 내부유보를 많이 한다는 비판적인 시각을 보이고 있다. 재투자를 하지 않고 유보가 많이 된다는 내용의 측정은 배당성향, 배당률 등 배당 관련된 재무/회계비율로 측정되어야 하지만 많은 경우 다음과 같은 유보율이 사용된다.

유보율 = 잉여금/자본금

이러한 유보율이 사용된다는 것 자체에도 문제가 있지만 이 유보율을 구함에 있어서 자본잉여금은 분모가 아니라 분자에 더해진다. 단, 자본금과 자본잉여금이 납입자본이라는 측면에서는 이를 구분한다는 것이 큰 의미가 없으며 특히 개정된 상법에 의하면 무액면주식의 발행이 가능하게 되면서 액면 가액에 기초한 자본금과 발행가액에 기초한 자본잉여금이 구분된다는 것이 별 의미가 없는데 유보율을 구함에 있어서는 분자, 분모에 별개로 위치하여 이 유보율이 무엇을 측정하는지를 판단하기 어렵게 한다. 무액면 주식의 경우 신주의 발행 가격 중 1/2 이상을 자본금으로 계상하며 이사회에서 금액을 정하게 된다. 원래 액면가액을 정하는 취지는 채권자를 보호함에 있다. 이는 자본금은 배당한도에서 차감하기 때문이다. 상업 개정전에 액면 이하로 주식을 발행할 경우는 주총에서 결의를 하고 법원의 승인을 받아야 했다. 이는 발행가액이 적정가액보다 낮을 경우는 회사에 손해를 끼치기 때문이다.

재평가적립금이 있을 경우 또한 위의 주식발행초과금이 있을 경우 이를 모두 자본 전입하는 경우와 그렇지 않을 경우를 비교하면 이 두 회사의 실체에는 차이가 없으나 위의 방식으로 구한 유보율은 큰 차이를 보여서 유보율을 사용하여 기업의 투자 의지 등을 가늠한다는 것이 해석상의 오류를 유발할 수 있다.

재무비율은 회계기준에서 정의하는 내용이 아니라 재무비율 사용 취지에 맞도록 합리적인 방식으로 구하는 것인데 실무에서 모든 이용자들이 사용하는 방식으로 통상적으로 사용되므로 재무비율을 구하는 방식에 문제가 내재되어 있다고 해서 다른 이용자들이 사용하는 방식이 아닌 상이한 방식을 사용하기도 어렵다.

이는 조선업에서의 자산과 부채의 차감표시(linked presentation)의 내용과도 어느 정도 연관된다.

매경이코노미. 2010.3.10.

재계 마일리지 마케팅 긴급점검. 국제회계기준 도입 후 부채비율 높아질 수도

현재까지는 국내 회계처리기준에 따라 매출거래의 일부분으로 마일리지 포인트 등을 고객에게 지급하게 되면, 향후 고객이 포인트를 사용할 때 지출될 것으로 예상되는 금액을 각각 비용과 충당부채로 인식하는 것이 일반적이다.

하지만 IFRS가 도입되면 상황은 달라진다. IFRS에서는 포인트를 부채계정인 이연

수익으로 처리한다. 매출거래의 일부분으로 포인트를 고객에게 지급, 매출거래와 관련해 받았거나 받을 대가의 공정가치를 포인트와 기타 부분으로 배분해야 한다. 이 포인트에 대한 의무를 이행했을 때 포인트에 배분된 대가를 수익으로 인식해야 하는 것이라고 설명했다.

이때 주목해야 하는 것은 부채비율이다. 물론 마일리지 적립금이 부채계정으로 분류되는 것은 IFRS 도입 이전이나 이후 모두 같다. 하지만 K-GAAP에서는 포인트를 사용할 경우 발생될 원가를 기준으로 부채를 설정하는 데 반해, IFRS에서는 포인트의 공정가치를 기준으로 부채를 설정하기 때문에 포인트의 공정가치가 원가보다 크다면 부채비율이 높아질 수 있다.

IFRS의 확대된 공정가치평가의 개념이 여기에도 적용되는 것이다.

한국경제신문 2011.3.19.

IFRS 앞둔 저축은, 자기자본비율 비상
대출채권 담보 현재가치 평가 3-4%까지 떨어지는 곳도
일부는 상장폐지까지 검토

IFRS가 저축은행에 치명적인 것은 개별 대출채권의 담보를 현재가치로 다시 평가토록 했기 때문이다. 대부분 담보가치를 부동산 경기 활황 시절인 2007-2008년 기준으로 설정한 PF 대출 역시 충당금 부담이 가중된다. 저축은행 관계자는 '현재 부동산 담보가치가 2007-2008년 당시의 60-70% 수준으로 떨어진 상태'라며 'PF 대출도 담보가치가 낮으면 신용대출로 재분류해야 하기 때문에 충당금 부담이 커졌다'고 말했다.

더욱이 자산관리공사(캠코)에 매각한 PF 대출 채권에 대한 충당금도 급증해 BIS 비율 하락이 불가피할 전망이다. 금융당국은 작년까지 저축은행이 캠코에 매각한 4조 1,000억원 규모의 PF 대출에 대한 충당금을 3년간 나눠 적립토록 했다. 그러나 IFRS가 도입되면 이를 일시에 적립해야 한다. 당초 2011년, 2012년까지 쌓기로 한 PF 대출 충당금도 모두 올해 쌓아야 한다.

다음과 같이 상이한 잣대가 사용 논의도 있다.

매일경제신문. 2009.9.17.

기업 구조조정 평가기준 개선. 부채비율에서 현금 흐름 중심으로

김종창 금융감독원장이 기업구조조정의 실효성을 높이기 위해 부채비율 중심의 대기업 재무구조 평가 방식을 개선하는 방안을 검토하겠다고 16일 밝혔다. 김 원장은 이날 은행회관에서 은행, 증권계, 학계, 경제단체 임원 등을 초청해 '기업 구조조정 간담회'를 가진 자리에서 '대기업 재무평가 때 부채비율을 주요 잣대로 삼고 있는데 이를 고칠 필요가 있다는 지적이 있었다'면서 이같이 말했다.

올해 상반기에 산업계와 금융권의 비상한 관심을 끌었던 45개 대그룹 재무구조 평가는 부채비율, 이자보상배율, 총자산회전율, 매출액영업이익률 등 4가지 항목으로 이뤄져 있다.

이 중 가장 중요한 항목이 부채비율(회사의 부채총액을 자기자본으로 나눈 것)이다.

은행권의 한 관계자는 '이렇게 평가하면 조선, 항공, 해운 등 부채비율이 전통적으로 높은 업종은 불리할 수밖에 없다'고 말했다.

부채비율은 97년 외환위기 이후 기업의 재무상태를 나타내는 주요 지표로 활용됐지만 지금은 대다수 기업이 부채비율 200% 미만이어서 변별력이 떨어지고 업종마다 차이가 나게 돼 있다는 게 금융권 분석이다. 이보다는 기업 재무상태를 보기 위해 현금흐름과 유동성을 중시해야 한다는 의견이 힘을 얻고 있다.

증권업계 관계자는 'EBITDA(법인세, 이자, 감가상각비 차감전 영업이익)만 봐도 실질적인 현금흐름 등 회사가치를 책정하는 데 도움이 될 수 있다'고 말했다.

금융당국도 EBITDA 등의 현금흐름 지표를 구조조정 평가항목에 추가하는 방안을 검토중인 것으로 파악했다.

이와 관련되어 대출 의사결정에 있어서의 오래된 관행인 지급보증이나 연대보증의 문제가 최근 다시 이슈화된다. 이러한 제도가 문제가 없는 것은 아니나 금융기관의 차원에서는 도덕적으로 문제가 있는 경영자들이 대출받은 자금을 횡령하여 사적으로 사용하는 도덕적 해이를 방지하기 위해서는 대출받은 자금에 대한 책임성을 묻지 않을 수 없고 이를 철저하게 제재하는 방안으로는 연대보증이 가장 효과적인 방법이라고 주장한다. 악화가 양화를 구축하는 현상이며 이에 대한 완벽한 해결책이 없는데 금융기관만 구태의연하게 평소 관례대로 실무를 진행한다고 비판만 할 것도 아니다.

23 chapter

충당부채/우발채무

현행 기준에서 충당부채는 현재 의무가 존재하고 그 의무를 이행하기 위한 자원의 유출가능성이 매우 높은 경우에만 부채로 인식하도록 하고 있으나, K-IFRS에서는 자원의 유출가능성이 유출되지 않을 가능성보다 높을 경우에는 충당부채를 인식하도록 한다.

이를 확률로 표현하자면 현행 K-GAAP은 자원이 유출될 확률이 80% 이상인 경우, K-IFRS는 50% 이상인 경우에 충당부채를 인식하는 것이다. 따라서 충당부채로 계상되는 확률이 낮아졌기 때문에 이론적으로는 IFRS하에서는 충당부채 금액이 K-GAAP에 비해서는 많이 증가하여야 한다. K-IFRS에서는 본문에 부채로 올라가는 경우를 충당부채, 주석으로 표시하는 경우를 우발채무라고 지칭한다.

물론, 사건이 발생할 확률을 정확하게 추정한다는 것은 거의 불가능하다. 어차피 명확하게 측정할 수 없는 확률이 높아졌다고 해서 실무가 달라질지는 의문이다.

매일경제신문. 2011.8.2.

상장사 30% IFRS에 우발채무 기재 안해. 금감원 1분기 보고서 점검

금융감독원이 K-IFRS 적용 대상인 122개 상장법인의 1분기 보고서를 점검한 결과 30%가 우발채무를 제대로 기재하지 않은 것으로 나타났다.

또 66%는 회사요약 정보를 기재하지 않는 등 부실하게 작성한 것으로 조사됐다. 금감원은 1일 이 같은 내용을 담은 K-IFRS 적용 정기보고서 비재무사항 연결 기재 점검 결과를 발표했다.

이번 점검 결과 10곳 중 3곳은 우발채무 항목에 중요한 종속회사의 우발채무를 기록하지 않았다. 조사 대상 기업 중 61%는 사업부별 종속회사 내역을 불충분하게 기재했다.

제재현황 항목에 종속회사의 제재 내용을 기재하지 않은 사례도 18%에 이르렀다. 회사의 개요, 사업 내용, 우발채무, 제재 현황, 결산기 이후 발생한 주요 사항은 비재무사항에 속한다. 조사 대상 회사 중 5곳은 아예 비재무사항을 연결 기준으로 작성하지 않은 것으로 적발됐다.

금감원은 이들 5개사에 정정공시를 요구했다. 금감원은 29일까지 제출 예정인 반기보고서에서 이들 비재무사항의 연결 기재를 일제히 점검할 예정이다.

다음의 기사에도 기술되지만 비재무적 사항도 연결기준으로 작성되어야 한다.

지급보증이 있을 경우도 우발채무로 보고한다. CEO 인증에 있어서 지급보증과 관련된 내용을 확인하도록 되어 있지만 형식적인 점검에 그칠 가능성도 높다.

여러 곳의 IFRS 본문에서도 다음과 같이 다양한 영어 표현이 사건이 발생할 가능성을 나타내기 위해서 사용된다. 발생 가능성이라는 것이 매우 주관적인 판단의 대상이기 때문에 그러하다. 이는 단지 번역의 어려움만이 아니다.

Terms of likelihood in IFRS : PwC 2006

1 "Virtually certain 거의확실" IAS 37.33

2 "No realistic alternative" IAS 37.10

3 "Highly probable" – significantly more likely than probable IFRS 5 BC82

4 "Reasonably certain 거의확실" IAS 17.4

5 "Substantially all" IAS 17.8

6 "Substantially enacted" IAS 12.46

7 "Highly effective" IAS 39.88

8 "Principally" IFRS 5.6

9 "Significant" IAS 18.14(a)

10 "Major part" IAS 17.10(c)

11 "Probable – more likely than not" IAS 37.14(b) (50% 이상)

12 "More likely" IAS 39.22

14 "Likely" IAS 39 AG 40

15 “May, but probably will not” IAS 37 Appdx A

16 “Reasonably possible” IAS 32.92

17 “Possible” IAS 37.10

18 “Unlikely” IAS 39 AG44

19 “Highly unlikely” IAS 40.31

20 “Extremely unlikely” IFRS 4 Appdx B23

21 “Minimal probability” IFRS 4 Appdx B25

22 “Sufficiently lower” IAS 17.10(b)

23 “Insignificant” IAS 39.9

24 “Remote” IAS 37.28

25 “Extremely rare” IAS 1.17

26 “Virtually none” IAS 34.IN6

27 “Not genuine”(highly abnormal and extremely unlikely to occur) IAS 32.25

세정신문. 2011.4.14.

연결기준 증권신고서, 비재무적 사항도 ‘연결기준으로’

K-IFRS 적용 증권신고서 작성시 유의사항

올해부터 K-IFRS를 적용한 증권신고서 작성시, 증권신고서를 연결기준으로 작성하는 경우 재무사항뿐만 아니라 비재무적 사항 5가지에 대해서도 연결기준으로 작성해야 한다.

금융감독원은 최근 2011사업연도부터 주권상장법인, 주권상장예정법인, 비상장 금융회사 등에 대해 한국채택국제회계기준(K-IFRS) 적용이 의무화되고, 일정규모 이상인 법인은 정기보고서 및 증권신고서도 연결기준으로 작성해야 한다고 밝혔다.

먼저, 2011사업연도부터 정기보고서(사업 · 반기 · 분기보고서)를 연결기준으로 작성해야 하며, 최근 제출한 정기보고서가 연결기준으로 작성된 경우 증권신고서도 연결기준으로 작성해야 한다.

단, 자산 2조원 미만인 회사는 2012사업연도까지 분 · 반기보고서에 대해서는 연결기준으로 작성하지 않을 수 있다.

또한 증권신고서를 연결기준으로 작성하는 경우 재무사항뿐만 아니라 비재무적 사항 5가지에 대해서도 연결기준으로 작성해야 한다.

> 비재무적 사항 5가지는 회사의 개요, 사업의 내용, 우발채무, 제재현황, 결산기 이후 발생한 중요사항을 말한다.
>
> 금감원은 이와 함께 연결기준으로 증권신고서를 제출하는 경우에도 연결재무제표에 대한 감사보고서뿐만 아니라 개별재무제표에 대한 감사보고서도 첨부해야 한다고 설명했다.
>
> 금감원은 이와 관련 K-IFRS 적용으로 분 · 반기보고서를 연결기준으로 제출한 경우로, 분 · 반기재무제표에 대한 검토의무가 있는 회사는 증권신고서 제출시 분 · 반기 연결검토보고서도 첨부해야 한다고 덧붙였다.
>
> 금감원은 이 밖에 K-IFRS 적용으로 인해 회사의 손익 및 재무구조에 중요한 영향을 미치는 경우 해당 내용과 관련된 위험을 투자위험요소로 기재해야 한다고 밝혔다.

우발채무가 비재무적 사항 5가지에 포함되었다는 사실은 그 정도로 우발채무에 포함된 사항이 중요한 사항이라고 할 수 있다.

해외에서 국내 기업에 대한 소송이 제기될 때, 이를 어떠한 방식으로 공시하여야 하는 이슈는 국내에서 이러한 소송이 제기되는 경우와 비교해서는 부채로 공시해야 할지 또는 우발부채로 공시할 것인지에 대한 선택에서 조금 더 복잡하다.

> 매일경제신문. 2011.9.19.
>
> **패하면 천문학적 배상금액…공시 정보도 제한적**
> **상장사 국제소송 확인하고 투자를**
>
> 유가증권 상장사인 코오롱인더스트리가 최대 1조원 규모 배상판결에서 패하면서 국제 소송을 당한 기업들에 대한 염려가 커지고 있다. 국제소송은 특허 관련 분쟁이 많은 만큼 배상금액이 천문학적일 수 있지만 법률소송의 특성을 이유로 상장사들이 구체적인 공시를 하지 않아 불확실하기 때문이다. 게다가 소송 대상이 해외현지 법인일 때 공시의무가 상대적으로 강하지 않다.
>
> 국내 상장사는 소송이 미칠 재무적인 영향을 투자자 보호를 위해 의무적으로 공시하도록 돼 있다. 하지만 기업들의 공시에서 투자자들이 확인할 수 있는 정보는 제한적이다. 공시를 통해 소송 결과에 대한 합리적인 예측이 불가능하고 자원의 유출금액과 시기가 불확실하기 때문에 회사의 재무제표에 미치는 영향은 크지 않을 것이라는 설명을 할 뿐이다.
>
> 또한 국내 소송은 진행사항이 결정될 때마다 공시하도록 돼 있으나 소송 당사자가

해외법인이면 그 의무가 훨씬 약하다.

해외에서의 소송에서는 승/패소 가능성, 금액의 산정 등에 있어서 국내의 소송에 비해서 불확실성이 더 개입된다. 한국을 대표하는 기업인 삼성전자는 미국 애플 등 6개사와 특허 침해 관련 소송을 진행중이며 이 소송과 관련되어 유럽의 일부 국가에서의 삼성전자 스마트폰의 판매가 중단되는 사태로까지 소송건이 영향을 미쳤다. 현대차는 미국 특허 관리 전문기업인 오리온 IP로부터 다른 20여 개 자동차업체와 함께 특허 침해 소송을 당했다.

미국의 경우는 배심원에 의해서 유/무죄가 판단되므로 예측이 덜 용이할 수 있고 소송 관련 공시의 적격성을 감독해야 하는 감독기관의 입장에서도 해외에서 진행되는 소송을 지속적으로 update하기는 한계가 있을 것이다.

위의 신문 기사에서 해외 현지 법인과 관련된 법적 다툼이므로 한국 본사에 미치는 공시의무가 약하다고 기술하고 있으나 많은 대기업의 해외 업무 의존도가 높으므로 해외 현지 법인에 대한 소송일지라도 한국 본사에 미치는 영향은 지대하다고 할 수 있어 간과할 문제는 아니다.

직접적으로 충당/우발부채와 관련되는 내용은 아니지만 2011년부터 국가통합재무제표가 공시되므로 국가회계 측면에서는 국민, 공무원, 군인, 사학연금 등 4대 연금을 어떻게 국가통합재무제표에 부채로 표시할지가 이슈가 되었고 공무원연금과 군인연금이 부채로 표시되는 것으로 정리되었다. 공무원과 군인은 국가에 직접 고용된 성격이 있어 부채로 계상된다. 사학연금 및 국민연금에 대한 국가의 의무는 사회보장 성격의 상황에 따라 정치적으로 향후 급여율 등을 조정할 수 있으므로 이는 재무제표에 부채로 인식하지 않는다. 참고로 미국이나 영국, 호주 등 다른 국가들의 경우에도 사회보장 성격의 연금에 대해서는 국가통합재무제표상 부채로 인식되지 않고 있다.

한국경제신문. 2011.1.11.

공적연금충당금, 정부부채제외논란. 재정부 2011 회계부터 적용

정부가 공적연금 충당부채를 재정 통계에서 제외하기로 잠정 결정해 논란이 예상된다. 10일 기획재정부에 따르면 정부는 2011 회계연도 결산부터 국가회계기준과 재정

통계를 발생주의 방식으로 바꾸면서 공무원 연금과 군인연금의 충당부채를 재정상태표에는 부채로 기록하고 일반 정부부채통계에서는 제외하기로 했다.

연금 충당부채는 지급 시기나 금액은 불확실하지만 지출 가능성이 높아 '국가회계기준에 관한 규칙'은 장기 충당부채에 연금 충당부채를 포함하도록 규정하고 있다.

정부 관계자는 '공무원연금과 군인연금은 급여에 드는 비용을 5년마다 재계산해야 하고 그때마다 충당부채 규모가 달라지기 때문에 중장기적 관리대상인 재정건전성 지표에서는 제외하는 것이 일반적'이라고 말했다.

chapter 24

시점의 문제

정보 환경에서는 시점/신속성이 매우 중요하다. 이 장에서는 시점과 관련된 이슈를 모두 모은다. 분초를 다투는 투자환경에서 공시의 timeliness는 투자의 성패에 영향을 미치는 요소이다.

한국경제신문. 2010.7.23.

금감원-거래소 '시간차공시'논란. 실적공시 등 최대 2시간 차이. 정보공유도 안 돼 투자자 혼선

한국거래소와 금융감독원의 기업공시에 시간 차가 잇달아 발생해 투자자들이 혼선을 겪고 있다. 특히 두 기관끼리 공시 정보를 공유하지 않아 이용자들이 불편이 크다는 불만의 목소리도 나오고 있다.

22일 증권업계에 따르면 전날 거래소 상장공시시스템(Kind)과 금감원 전자공시시스템(Dart)에 발표된 일부공시가 짧게는 1분에서 길게는 2시간 가까이 시차를 보였다.

하루 전에 영업실적을 공시한 삼성엔지니어링의 경우 카인드에는 오전 9시 58분에 올라왔지만 다트에는 38분 늦은 10시 36분에 게시됐다. 주가에는 직접적인 영향을 미치는 실적이 공시시스템에 따라 다르게 발표된 것이다.

또 스카이뉴팜의 조회공시 요구에 대한 답변은 카인드에 오전 9시 34분, 다트에 11시 22분에 각각 공시돼 1시간 48분이나 시차가 발생했다. 이 밖에 제이티의 '단일판매 공급계약 체결' 내용은 카인드에 오전 10시 13분에 올라왔지만 다트에는 10시 36분께 공시됐다. 세 공시 모두 금감원 시스템이 늦어 다트를 보고 있던 투자자는 중요한 사실을 놓쳐 손실을 입었거나 이익을 낼 기회를 날렸을 가능성을 배제할 수 없다는 얘기다.

거래소와 금감원은 공시가 동시에 게재될 수 있도록 시스템이 설정돼 있는데 두 기관을 잇는 자바메시지서비스라는 소프트웨어가 오류를 일으켰다며 처음 발생한 일이

> 라 정확한 원인을 파악하고 있다고 설명했다.
> 이번 시간 차 발생으로 거래소와 금감원의 공시시스템 간 이질성도 도마에 올랐다. 카인드(거래소)는 시장 측면에서 정보를 다루는 반면 다트(감독원)는 발행 관점에서 운영되고 있어서 정보 내용이 서로 다르다. 가령 카인드에서는 금감원의 증권신고서 효력 발생이나 정정요구 조치공시를 볼 수 없고, 다트에선 각종 시장조치나 상장 안내 등과 관련된 공시를 찾아볼 수 없다.
> 특히 다트는 비상장외감법인들의 공시까지 볼 수 있는 이점이 있지만 상장폐지나 관리종목 지정과 같은 중요한 시장 조치 공시가 제외돼 있다는 한계를 안고 있다. 이밖에도 주식워런트증권과 의결권 행사 정보도 빠져 있다.
> 증권업계 관계자는 '정보를 놓치지 않기 위해선 카인드와 다트 양쪽을 동시에 들여다 봐야 하는 불편함이 있다'며 '전산시스템 오류의 근본적인 원인을 찾아 재발을 방지하고 투자자 입장에서 공시시스템을 개선할 필요가 있다'고 지적했다.

정보가 정보이용자에게 전달되는 기간을 어느 정도로 봐야 하는지에 따라 다음의 차이가 발생한다.

자본시장법 시행령 제201조 개정(2009.7.1) 전후 비교표

공개의 방법	개정 전	개정 후
금융위원회 또는 거래소가 설치 · 운영하는 전자전달매체를 통하여 그 내용이 공개된 정보(제1항 제2호)	공개된 때부터 24시간	공개된 때부터 3시간
「신문 등의 진흥에 관한 법률」에 따른 일반일간신문 또는 경제분야의 특수일간신문 중 전국을 보급지역으로 하는 둘 이상의 신문에 그 내용이 게재된 정보(제1항 제3호)	게재된 날부터 1일	게재된 날의 다음 날 0시부터 6시간 *다만, 해당 법률에 따른 전자간행물의 형태로 게재된 경우에는 게재된 때부터 6시간
「방송법」에 따른 방송 중 전국에서 시청할 수 있는 지상파방송을 통하여 그 내용이 방송된 정보: 방송된 때부터 6시간(제1항 제4호)	방송된 때부터 12시간	방송된 때부터 6시간
「뉴스통신진흥에 관한 법률」에 따른 연합뉴스사를 통하여 그 내용이 제공된 정보(제1항 제5호)	–	제공된 때부터 6시간(신설)

공시 때는 공시라는 표현을 사용하며 interval 이후의 사건을 공개라는 표현을 사용한다. 즉, 금융위원회 또는 거래소가 설치 · 운영하는 전자전달매체를 통하여 그 내용이 공개된 정보 첫 항목으로 분류되는 공시일 경우는 공시시점이

2009년 2월 13일 17 : 08라면 공개시점은 3시간이 경과한 20시 8분이다.

얼마나 신속하게 정보가 전파(disseminated)되는지는 매우 주관적인 판단이다. 팍스넷 등의 인터넷 증권 매체에 뜨면 거의 동시에 전파된다고 할 수 있다. 또한 이는 정보를 접하는 정보이용자가 full time 투자자인지에 의해서도 영향을 받기 때문에 추정만이 가능하며 평균적으로 이를 접근할 수밖에 없다. 또한 직장에서 인터넷을 이용한 주식 투자를 금지한다고 해도 스마트폰을 이용한 정보의 전달까지를 제한할 수는 없어서 주식시장에서의 정보는 거의 실시간으로 전달된다고 볼 수 있다.

위의 표는 다음의 시행령에 기초되어 작성되었다.

자본시장법 시행령

제201조(정보의 공개 등) ① 법 제174조제1항 각 호 외의 부분에서 "대통령령으로 정하는 방법"이란 해당 법인(해당 법인으로부터 공개권한을 위임받은 자를 포함한다) 또는 그 법인의 자회사(「상법」 제342조의 2제1항에 따른 자회사를 말하며, 그 자회사로부터 공개권한을 위임받은 자를 포함한다)가 다음 각 호의 어느 하나에 해당하는 방법으로 정보를 공개하고 해당 호에서 정한 기간이나 시간이 지나는 것을 말한다. 〈개정 2009.7.1, 2010.1.27.〉

1. 법령에 따라 금융위원회 또는 거래소에 신고되거나 보고된 서류에 기재되어 있는 정보: 그 내용이 기재되어 있는 서류가 금융위원회 또는 거래소가 정하는 바에 따라 비치된 날부터 1일
2. 금융위원회 또는 거래소가 설치 · 운영하는 전자전달매체를 통하여 그 내용이 공개된 정보: 공개된 때부터 3시간
3. 「신문 등의 진흥에 관한 법률」에 따른 일반 일간신문 또는 경제분야의 특수일간신문 중 전국을 보급지역으로 하는 둘 이상의 신문에 그 내용이 게재된 정보: 게재된 날의 다음 날 0시부터 6시간. 다만, 해당 법률에 따른 전자간행물의 형태로 게재된 경우에는 게재된 때부터 6시간으로 한다.
4. 「방송법」에 따른 방송 중 전국에서 시청할 수 있는 지상파방송을 통하여 그 내용이 방송된 정보: 방송된 때부터 6시간
5. 「뉴스통신진흥에 관한 법률」에 따른 연합뉴스사를 통하여 그 내용이 제공된 정보: 제공된 때부터 6시간

② 법 제174조제2항 각 호 외의 부분에서 "대통령령으로 정하는 방법"이란 공개매수자(그로부터 공개권한을 위임받은 자를 포함한다)가 제1항 각 호의 어느 하나에 해당하는 방법으로 정보를 공개하고 해당 호에서 정한 기간 또는 시간이 지나는 것

을 말한다.
③ 법 제174조제3항 각 호 외의 부분에서 "대통령령으로 정하는 취득 · 처분"이란 다음 각 호의 요건을 모두 충족하는 취득 · 처분을 말한다.
1. 제154조제1항의 목적으로 할 것(취득의 경우만 해당한다)
2. 금융위원회가 정하여 고시하는 비율 이상의 대량취득 · 처분일 것
3. 그 취득 · 처분이 법 제147조제1항에 따른 보고대상에 해당할 것
④ 법 제174조 제3항 각 호 외의 부분에서 "대통령령으로 정하는 방법"이란 대량취득 · 처분을 할 자(그로부터 공개권한을 위임받은 자를 포함한다)가 제1항 각 호의 어느 하나에 해당하는 방법으로 정보를 공개하고 해당 호에서 정한 기간 또는 시간이 지나는 것을 말한다.

제201조 ①의 2에서,

과거의 24시간에서 3시간으로 기간이 당겨지면서 이 문제가 조금은 해결되었다. 즉, 3시간 이후부터는 공개된 정보이므로 이 정보에 근거해서 거래해도 문제가 되지 않지만 3시간이 경과되기 전에는 이 정보를 이용하여 거래한다면 미공개정보를 이용한 것이 된다.

이러한 판단은 상당히 technical한 이슈이다. 즉, 시장이 얼마나 효율적(efficient)인지에 의해서 달라질 수 있다. 모든 시장 참여자가 전자전달매체에 실시간으로 반응한다면 3시간이라는 시간도 무척이나 긴 시간이다.

따라서 2의 항목이 공시된 이후에는 자본시장법에 의하면 3시간 동안은 공개되지 않는다고 본다. 단, 누구나 사용가능한 (팍스넷 등을 통해서) 정보에 대해서 이 정보가 공개되지 않는다고 정의한다는 것은 공시가 되어 접근 가능한 이용자는 접근하지만 일반적인 시장이 모두 접근할 때까지의 시간적 여유를 3시간으로 둔 것이다.

제201조 ①의 3에서,

전자전달매체는 이용자에게 전달되는 시간이 동일하지만 인쇄매체일 경우는 많은 차이가 있다. 오후 늦은 시간 신문 가판대에는 그 다음 일자 조간 신문이 나오며 신문이 배달되는 시간도 지역별로 각기 차이가 있으므로 전자매체와 같은 동일한 전파 시점을 파악하기 어렵고, 게재된 날의 0시부터 6시까지로 정하고 있다. 조간 신문일 경우는 아무리 늦어도 6시까지는 대부분의 독자가 접근 가능하

다고 판단하면 이 시간이 합리적이다. 동시에 인쇄/배달의 과정을 거쳐야 하는 신문도 게재 내용이 실시간으로 web에도 띄우기 때문에 어느 시점에 정보이용자에게 전달되는 시점인지에 대한 판단은 쉽지 않다.

제201조 ①의 4에서.

방송은 정보 이용자에게 공통적으로 즉시 전달되므로 이와 같은 3시간, 6시간 등의 시차는 정보가 노출되고 이 정보가 어느 정도 해석되는 시간도 반영한 듯하다.

정치적으로 많은 이슈가 되었던 CNK의 경우 정보공개시점은 '10. 7. 11. 18 : 27, 21 : 58 2개 언론을 통해 다이아몬드 광산 개발협약 체결사실이 보도된 이후 6시간이 경과한 '10. 7. 12. 03 : 58이라고 감독기관은 정확한 공개시점을 명시하고 있다.

감사의견거절과 관련되는 정보는 기업 내재가치에 부정적인 영향을 미치는 정보로 정상적인 절차를 거치지 않고 노출될 수 있다. 증선위에 상정된 한 기업의 경우는 다음과 같다.

동 정보는 2009년 1월 15일, 감사의견거절정보를 받기 전에 의견거절될 것 같다는 중요 내용을 전달 받음으로써 생성되었으며 조회공시요구에 따라 2009년 3월 18일 공시되었다.

시장에 의견거절을 받을 것이라는 소문이 파다했고 이에 대해 조회공시가 수행되었다. 단, 조회공시 때문에 감사의견이 공시되는 시점을 앞당겼다는 것은 이해하기 어렵다. 감사의견은 정해진 절차에 따라 공시되어야 한다. 조회를 받았다고 하더라도 제도적으로 이를 한달 동안은 미확정할 수 있는데 이 경우는 정해진 감사일정에 정보를 공개한 것이 아니라 조회공시에 등 떠밀려서 공시를 수행하였다는 판단을 할 수 있다. 이와 같이 적시에 정보를 제공할 수 없는 상황이 존재하므로 한달이라는 확인 기간을 조회공시에 허용한 것이다.

감사의견이 부적정의견, 의견거절 등의 소문이 있더라도 조회공시를 수행하면서 이러한 의견의 공시를 재촉하는 것은 적절하지 않다는 판단을 할 수 있다. 감사인이 due process를 통해서 적법하게 감사의견을 표명할 수 있어야 한다. 조회공시에 적시에 답해야 하는 의무가 있지만 감사의견이라는 적법한 절차가 진행되고 있는데 공시 내용이 조회되었다고 해서 적법한 절차를 무시하고 감사의견 공시를 당길 수는 없다. 이렇게 조회공시가 다른 제도에서의 time schedule을 존중하기 때문에 아직 미확정되었다는 답을 하는 선택이 가능하며 유연하게 제도를 운영하는 것이다.

한 기업은 2010년 3월 10일 의견거절정보가 예정되었고, 3월 24일에 정보가 공개되었다. 이 기간이 정보가 내부에서 사용될 수 있는 기간이다. 물론, 내부자 정보 이용과 관련된 감독기관이 감독하고는 있지만 내부자 정보는 민원 등이 접수되지 않는 한 발견하기가 여간 어렵지 않다.

의견거절 정보가 3월 10일에 예정되고 정보 공개가 3월 24일에 되었다는 점은 회계법인이 의도하였던 것이 아니라, 의견을 조정하려는 기간을 갖는 순기능적인 측면도 있다.

기업의 이사회에서 비적정감사의견이 공식적으로 전달되는 것을 제도적으로 금지하고 있는데, 이는 이사회에서 공식적인 문건으로 이러한 정보가 공유될 경우, 이사회 이사들과 회의에 관련한 임원. 직원들이 아직 공표되지 않은 감사의견(내부자 정보)에 근거하여 주식거래를 할 수 있기 때문이다.

이러한 이유에서 감사를 담당하고 있는 회계법인의 공인회계사들에게는 해당 피감기업의 주식 소유를 금지하고 있는 것이기도 하다(공인회계사법 제 21호, 본인 또는 그 배우자가 주식 또는 출자지분을 소유하고 있는 회사에 대한 재무제표를 감사하는 직무를 행할 수 없음).

25 chapter

자산운용사의 주주구성의 문제

자산운용업의 평가에 있어서 신청업무에 대한 경험이 충분하지 않은 주주로 구성됨이 이슈로 부각되기도 하며, 주주가 직접 경영에 참여하지 않는다면 이러한 점이 이슈가 되는지가 의문으로 제기되었다. 이는 금산분리의 문제와도 연관된다.

자산운용업의 평가 항목 중, 대주주 적격성과 관련된 평가항목이 있다. 주주가 직접 경영에 참여하지 않는 한 또한 주주가 과거 금융사기 등과 관련되어 있지 않다면 주주의 경험 적격성이 왜 이슈가 되는지이다.

주주가 경영에 직접 참여하지 않더라도 금융업의 특수성을 고려하여 금융업에 대한 이해가 필요하다는 의미로 해석될 수 있다.

과거 건설업을 하는 대주주가 금융업의 규준을 넘어서 경영진에게 무리한 요구를 한 사례가 있었다. 즉, 대주주가 직접 경영에 참여하지 않더라도 경영진의 경영활동에 어느 정도 개입할 수 있는 상황이라면 대주주가 누구인지도 이슈가 될 수 있다.

금산분리를 주장하는 근거는 산업자본이 은행소유를 하는 것은 문제가 있다는 시각이다. 그러나, 은행이 아닌 금융기관을 산업자본이 소유하는 것은 규제하지 않고 있고, 실제로 많은 산업자본이 비은행 금융기관을 소유하고 있는 것이 우리나라 현실이다. 따라서 여타 비은행 금융기관과 달리 자산운용업 허가시만 주주의 금융경험을 요구하는 것은 적절하지 않을 수 있다.

산업자본(또는 주주)이 소유하는 비은행금융기관의 경영이나 자금운용에 부당하게 간섭하는 것은 대주주 적격성이 아니라 감독을 통하여 해결해야 하는 문제라고 생각된다.

감독기관이 의도하는 방향으로 규제가 수행될 수 있다면 대주주의 적격성이 그다지 문제가 되지 않는다.

chapter 26

재무담당임원, 공시책임자, 공시담당자

기업의 공시에 대한 이슈가 있을 때, 감독기관이 행정 조치를 하거나 형법에 의해서 조치를 수행할 수 있다.

검찰고발/검찰통보 등의 경우는 형법의 적용이므로 미등기임원이라도 가능하다. 이 정도 수준보다 낮은 조치는 검찰에 참고사항으로 통보가 가능하다.

임원해임권고 조치는 주주총회에 대한 조치 권고이며 행정법의 적용이므로 등기임원에만 해당된다. 또한 이러한 조치는 상장이거나 비상장이거나에 무관하게 적용된다.

단, 해임권고를 받은 기업이 해당 임원을 해임하고 어느 정도 기간이 경과한 후에 재선임하는 경우도 과거에 있었는데 제도를 이와 같이 의도적으로 피해갈 경우 이를 사전에 예방하기는 어렵다. 이러한 기업의 행태는 규제기관의 감독권을 무력화하는 악의적인 실무관행이지만 이를 제도적으로 제한할 방법은 없다.

유가증권 발행제한이라는 조치도 이 조치가 확정되기 이전에 이사회에서 확정한 유가증권발행에 대해서는 이를 소급해서 제한할 수 없다.

개정된 상법에 의해서 이사회에서 선임된 집행임원(등기집행임원)에 대해서 해임권고가 진행된다면 이는 집행임원을 선임했던 기관인 이사회에 대한 권고여야 한다.

회계서비스 산업 선진화 방안에서는 상법상 업무 집행지시자 및 집행임원 조치를 신설하여 분식회계를 주도한 경우 해임권고, 상장법인 임원자격 제한 등의 행정조치와 손해배상책임, 형벌 등 민・형사 책임 부과를 제안하고 있다.

매일경제신문. 2011.11.2.

분식회계 지시한 오너도 처벌. 금융위 회계 선진화 방안

앞으로 분식회계 사실이 적발되면 회사와 등기임원 외에 이를 지시한 오너 등도 처벌을 받게 된다.

현행법상 분식회계가 발생하면 금융당국은 회사와 등기임원만 제재할 수 있다 보니 사실상 분식회계를 주도한 사람은 빠져나가는 사례가 많았다. 앞으로는 분식회계를 주도한 등기임원이 아니더라도 명예회장, 회장, 사장, 전무 등 직함을 갖고 업무를 지시한 오너나 간부들까지 처벌을 받게 된다.

상법 제401조의2 (업무집행지시자 등의 책임)와 관련된 내용이다.

제401조의2 (업무집행지시자 등의 책임) ① 다음 각호의 1에 해당하는 자는 그 지시하거나 집행한 업무에 관하여 제399조 · 제401조 및 제403조의 적용에 있어서 이를 이사로 본다.

1. 회사에 대한 자신의 영향력을 이용하여 이사에게 업무집행을 지시한 자
2. 이사의 이름으로 직접 업무를 집행한 자
3. 이사가 아니면서 명예회장 · 회장 · 사장 · 부사장 · 전무 · 상무 · 이사 기타 업무를 집행할 권한이 있는 것으로 인정될 만한 명칭을 사용하여 회사의 업무를 집행한 자

조치수준은 담당임원 해임권고에 해당되나, 재무제표 작성과 관련된 담당등기임원이 부재하여 대표이사에 대해 담당임원 해임권고 조치하는 경우도 있다.

분식회계뿐만 아니라 공시 위반에 대해서도 다음과 같이 조치가 강화된다.

매일경제신문. 2011.11.5.

횡령, 주가조작 위해 고의로 공시규정 위반 땐 대주주 대표이사도 형사 처벌

금융위 관계자는 '개정안이 통과됨에 따라 앞으로 공시위반 사항에 대해 실질적 행위자인 대표이사 등에 대한 형사처벌이 강화된다'고 말했다.

이번 개정안이 통과됨에 따라 앞으로는 공시 위반 행위가 다른 위법행위(횡령 배임 불공정거래 등)의 수단으로 이용될 때 법인뿐 아니라 공시위반을 주도한 대주주와 대

> 표이사 등을 검찰에 고발할 수 있는 여지가 확대됐다.
> 금융감독원 관계자는 '정기보고서에 허위 내용을 기재하거나 중요한 내용을 기재하지 않으면 현 규정상으로는 법인만 처벌을 받다 보니 제재의 실효성이 떨어졌다'고 말했다.
> 이 관계자는 '앞으로는 법인뿐 아니라 업무 집행자인 대표이사를 수사기관에 고발 또는 통보 조치할 수 있도록 규정이 개정됐다'고 말했다.

2인 공동대표일 경우에 대표임원 해임 권고시 두 공동대표이사 모두에 대해서 해임권고를 해야 한다고 생각할 수 있으나 업무 자체가 각자 대표로서 두 공동 대표이사가 책임을 지는 영역이 구분되어 있을 경우는 구분하여 책임을 묻게 된다.

대표이사가 '수인'인 경우, 이는 각자 대표이사와 공동대표이사로 나뉘게 된다. 각자 대표이사인 경우는 각 대표이사가 각기 단독으로 회사를 대표하는 법률행위를 할 수 있고 공동대표이사인 경우는 모든 대표이사가 공동으로만 회사를 대표할 수 있다는 차이가 있다.

회사법상 수인의 대표이사가 있는 경우는 각자 대표가 원칙이고, 공동대표로 운영하기 위해서는 공동대표이사로서의 선정절차 및 공동대표이사 선정의 등기를 하여야 한다. 공동대표이사 등기가 없으면 각자 대표로 본다.

사실, 공동대표이사 중 1인이 회사를 대표하여 위법행위를 한 경우, 다른 1인이 그 행위에 공동으로 책임을 져야 하는 쉽지 않은 문제로 보인다. 그러나 이러한 경우에도 다른 1인이 주도한 행위에 대하여 형사책임이든 행정책임이든 공동으로 책임을 진다는 것이 일면 바람직하지 않은 것으로 보일 수 있다. 공동대표이사 제도의 취지 자체가 회사의 업무에 대하여 공동의 책임을 지우기 위해서가 아니라, 대표자들의 상호 견제를 통해 1인의 전횡을 막기 위해서이기 때문이다. 형법상 자기책임의 원칙에 비추어 보아도 그러하다.

공동대표이사 제도는 내부적인 의사결정을 보다 신중하게 하고, 대외적인 업무 집행의 통일을 기하며, 특히 대표이사의 위법 또는 부적당한 대표행위를 사전에 예방하기 위한 경우에 채택된다. 소수의 주주가 참여하는 합작회사(특히 외국회사와 국내회사간의 합작회사)에서 공동대표 이사제를 채택하는 경향이 있으며, 반면 다수의 사업부별로 구분 관리나 업무의 성격상 수시결제가 필요한 경우 업무

효율을 고려하여 각자대표를 채택하기도 한다. 즉 각자대표 혹은 공동대표로 할 것인지는 각 회사별 지배구조, 업무 특성 등을 고려하여 결정할 사항이지 어느 한 시스템이 다른 시스템보다 본질적으로 우월하다고 단정할 수는 없다.[1]

즉, 각자 대표는 각자 권한을 가진 만큼 대표이사 간에 견제가 이루어지지 않아 권한이 남용될 소지가 크다. 상장폐지된 문제 기업 10곳 중 5곳은 각자 대표 제도로 운영하다가 탈이 난 기업이다(시사저널, 2012.4.24. p.55).

예를 들어, 최대주주겸 대표이사와 전문경영인 대표이사 2인이 각자 대표를 맡으면서 나중에 책임을 질 소지가 있는 건은 전문경영인 대표이사에게 서명하도록 한다면 최대주주 대표이사는 권한만 있고 책임질 일은 하지 않을 수도 있다. Owner(지배주주)인 대표이사도 그 개입 정도에 따라 제재대상이 될 수 있을 것이다. 즉, 지배주주인 대표이사가 자신의 영향력을 이용하여 업무지시를 한 경우에는 서명 여부에 관계없이 행위자 책임을 지울 수 있을 것으로 보인다. 이사는 상호간에 업무 집행의 적정성에 대해 감독하고 다른 이사의 위법 혹은 부당한 행위를 발견한 경우 이사회에 보고할 의무가 있는바, 지배주주인 대표이사가 전문경영인 대표이사의 부적절한 업무수행을 알았거나 알 수 있었음에도 이를 방관하고 묵인한 경우에는 이사의 감시의무 위반에 기한 감시자(감독자) 책임이 인정될 수 있을 것이다. 결국은 구체적인 사안별로 지배주주의 관여 정도나 감시의무 위반 등의 주의의무를 인정할 수 있는 사실관계가 존재하는지가 쟁점이 될 것으로 보인다. 지배주주인 대표이사가 권한만 행사하고 서명을 하지 않는 등의 방법으로 책임을 회피해 왔고 해당 사안도 그러한 경우의 하나임이 소명된 경우에는 지배주주인 대표이사에게도 책임을 물을 수 있다.

이사의 일반적인 선관의무(주의의무)에 대해서는 여러 학설과 다수의 판례가 축적되어 있다. 구체적인 사실관계 분석을 통해 지배주주인 대표이사의 위법 부당행위 관여 정도가 확인된다면 선관의무 위반을 인정하여 행위자 책임 내지 감독자 책임을 지울 수 있을 것으로 사료된다.

재무제표에 대한 CFO인증의 경우는 등기임원이 아니라도 무방하다. CFO는 법에서 정하는 직위가 아니지만 내부회계관리자와 같이 등록을 받아야 하는 것

1 이러한 내용에 대해 자문을 주신 법무법인 세종의 송창현 변호사님께 감사드린다.

이 아닌지에 대한 의견도 있다. 공시책임자와 담당자는 거래소에 등록을 하게 되어 있고 특히나 본사가 해외에 있는 상장기업의 공시담당자에까지도 별도의 제도를 제정하며 관리를 하는 입장이니 CFO도 등록하게끔 해야 하는 것은 아닌지는 고민해 보아야 한다.

물론, 재무담당임원이 감사와 같이 상법에서 정하는 직책이 아니므로 CFO의 권한/의무 범주를 포함한 job description도 어디서 정의해야 하는 것인지에 대해서 고민해 보아야 한다.

CFO라는 직책은 법적인 요건이 아니라 기업에서 필요에 의해서 정한 직책이다. 즉, 감사나 감사위원회는 법적으로 반드시 존재하여야 하는 직책이지만 CFO는 그렇지 않다. 단, CFO 인증이 있기 때문에 재무담당임원이 기업 내부에서 이 업무를 맡아야 하는 것은 분명하다.

외국에 본사가 있는 기업일 경우에, 외국에는 공시책임자가 있고 국내의 공시대리인이 공시 업무를 위임받아 대리하였으나 실무적으로 공시 업무를 적절히 수행하기가 어렵기 때문에 2010년 6월부터 본사가 있는 외국에 공시담당자를 지정하도록 하였다. 현재 상장외국 법인은 유가증권상장은 5개, 코스닥상장은 13개 기업이다.

가. 상장외국법인 공시담당자 지정 의무화 (안 §26)

□ 현행은 상장외국법인의 경우 언어장벽 및 편의성 제고를 고려 국내법인* 과 달리 공시책임자(임원)와 공시대리인* 각 1인 지정하고 있었다.

* 유가증권시장에 상장된 국내법인은 공시책임자 1인, 공시담당자 2인을 지정하고 있고 공시대리인은 국내에 주소 또는 거소를 갖는 자로서 상장외국법인의 모든 신고 및 공시사항 대리하도록 되어 있다.

➡ 개선 방향은 국내 공시대리인과의 원활한 의사소통 및 신속한 정보전달을 위하여 상장외국법인 본사에 공시담당자 1명을 신규로 지정하게 되었다.

공시대리인은 국내의 회계법인 담당자 또는 법무법인의 변호사가 맡는 경우가 많은데, 국내 공시업무와 관련되어 많은 부분을 위임받고 있다.

Chapter 8에서 (주)한화의 횡령, 배임과 관련된 상장폐지 심사건이 이슈가 되자 공시책임자도 등기임원이 맡으면서 불성실공시에 대해서 임원해임 권고를 할 수 있어야 한다는 의견이 제안되었다.

이러한 주장에 따라 2012년 4월부터 코스닥은 공시책임자를 등기임원이, 유가증권시장은 공시책임자를 등기임원 또는 이사회 참석이 가능한 자로 지정하도록 의무화한다.

chapter 27

조회공시 관련된 이슈[1]

조회공시에 대해서 확정이 되지 않은 건에 대해서는 미확정이라고 답변을 미룰 수 있다. 그러나 이러한 안건에 대해서 답변이 무한정으로 연기될 수는 없는 것이며 또한 무한정으로 미루어질 때 이를 거래소에서 follow up하기도 쉽지 않다.

상장기업은 공시규정 제11조 제2항에 따라서 원칙적으로 1월 이내에 재공시해야 한다. 다만, 사실상 1월 이내에 재공시가 곤란한 경우 명시한 기한 내에 재공시할 수 있다.

그런데 통상 검토에 필요한 시간보다 장기간(1~2년) 후 재공시하려는 성향이 발견되었으며 상장기업도 재공시를 이행하지 못할 위험이 있으며 거래소 역시 재공시 이행여부 관리를 누락할 위험이 있다.

2007년 3월부터는 1월 이내에 재공시가 곤란한 경우에는 재공시 기한을 회사가 명시하되 '가급적 6개월' 이내에서 결정하도록 내부 업무방침을 결정하였으며 다만, 이 경우에도 필요한 경우 6개월을 초과하여 재공시할 수 있다.

그런데 6개월 기한을 획일적으로 운영하기는 곤란하다는 의견이 있어 2009년 9월 이후로는 가급적 6개월을 지키되 "사안별로 동일 또는 유사 사안의 일반적인 소요기한 등 보편타당성 검토 후 도출되는 범위 중 최단기한으로 설정"하도록 업무방침을 변경하였다.

1 수시공시와 관련된 일반적인 내용은 다음의 서적을 참조하면 된다. 손성규. 수시공시이론, 제도 및 정책. 2009. 박영사. 이 Chapter에서는 이 저술 이후에 조회공시 관련된 변경된 내용 위주로 기술한다.

결론적으로 그동안 공시규정이나 세칙은 변경된 적이 없으며 거래소의 내부 방침을 통해서 1월 이내에 재공시하기 곤란한 경우에는 6개월 내에 재공시하도록 유도하였으므로 사안에 따라서는 6개월을 경과하여 재공시하는 경우에도 아무런 제재는 없다.

사안이 확정되지 않았기 때문에 답변을 미루는 것은 충분히 이해할 수 있지만 정보를 이용하는 입장에서는 조회된 내용이 확정되지 않는다는 점이 이 사안에 대한 이해에 도움이 되지 않는다. 수시공시는 정확성 못지 않게 신속성이 중요한 공시 형태이다.

어떠한 경우는 미확정공시가 암묵적인 긍정을 의미하는 경우도 있다. 하이닉스 인수 관련되어 가장 강력한 인수 희망자였던 현대중공업이 인수 의향을 철회하자 그 다음으로 관심을 보였던 STX와 SK에 대해서 인수를 희망하고 있다는 시장의 소문이 퍼졌고 이에 대해 거래소가 조회를 하였으며 이에 대해 STX는 '하이닉스 인수와 관련되어 확정된 사항은 없다'고 답하였다.

그러나 이러한 답신에 대한 해석을 긍정으로 하는 경우도 다수 있다.

매일경제신문. 2011.7.7.

하이닉스 인수 SK, STX 2파전되나. 두 회사 모두 참여 가능성 열어둬

시장에서는 LOI(Letter of Intent) 제출에 임박해 이 같은 미확정 공시를 낸 것은 사실상 인수전 참여를 뜻하는 것으로 보고 있다.

이와 같은 내용이 진행되기 이전에 현대중공업의 경우도 인수와 관련된 정보가 조회공시라는 매체를 통해서 전달되었다.

매일경제. 2011.6.9.

하이닉스 인수가능성 열어 둔 현대중공업
'1개월 이내 또는 구체 내용 확정되면 공시하겠다.'

"추후 구체적인 내용이 결정되는 시점 또는 1개월 이내에 재공시하겠다"고 밝혔다.

현대중공업이 인수에 참여하지 않겠다는 입장을 최종적으로 정리한 것이 7월 6일이므로 정확히 1달 이내에 미확정이었던 정보를 확인해 준 것이다.

공시의 문제는 단지 상장기업에만 국한하지는 않는다.

매경 2011.3.23.

비상장사 공시 위반 삼성이 최다

삼성그룹이 계열 비상장회사의 중요한 공시를 가장 많이 위반한 것으로 집계됐다. 또 출자총액 제한 규제 폐지 이후 처음 도입된 기업집단현황공시는 대한전선과 한국도시가스가 가장 많이 위반한 것으로 드러났다.

공정거래위원회는 22일 비상장회사 233곳에 대한 중요사항 공시와 상호출자제한 기업집단 소속 45개 대표사에 대한 기업집단현황공시를 점검한 결과 이같이 나타났다고 밝혔다.

위반 항목은 임원변동, 최대주주 변동, 증여, 계열주식변동 등 수시공시사항이 58건이었고 정기공시사항이 17건이었다. 공정위는 이같이 비상장 중요 공시를 위반한 삼성, SK, 현대차 등 7개 기업집단소속 29개 기업에 1억 3,198만원의 과태료를 부과하고 31개사(41건 위반)에 대해선 경고 조치했다고 밝혔다.

또 공정위는 기업집단현황공시 점검 결과 22개 기업집단 대표 회사의 37건 공시위반사항에 대해 경고 처분했다.

공정거래위원회에서의 비상장기업에 대한 공시는 거래소가 운영하는 상장기업에 대한 공시와는 별개로 공정위에서 운영하는 공시이다.

또한 최근 재벌기업이 비상장계열사를 통해서 일감몰아주기를 하면서 재벌기업의 부를 증식한다는 비판에 따라 이에 대한 공시를 강화하였다.

매일경제신문 2011.7.1.

대기업 MRO 내부거래 공시 강화. 지분 20% 이상 계열사로 확대

당정은 우선 대기업 계열사간 내부거래 공시의무 대상을 확대해 대기업들의 내부거래 흐름을 추적할 수 있도록 할 방침이다. 이에 따라 공시의무 대상이 되는 내부거래 범위를 동일인 친족지분 20% 이상(현행 30%), 또는 분기별 거래금액 50억원 이상(현행 100억원) 등으로 확대하기로 했다.

이럴 경우 신고 대상 기업은 현행 공정거래법상 상호출자제한기업집단 기준으로 217개에서 245개로 13% 늘어난다.

또 공시 내용도 단가를 포함한 개별거래 조건, 거래 목적, 유형별 거래 품목, 거래량 등 구체적인 내용을 공시하도록 해서 내부거래 실질을 파악할 수 있도록 할 계획이다.

공정거래위는 이를 바탕으로 대기업집단의 내부거래 관련 현황을 분석해 공개하게 된다. 여기에는 내부거래 비중이 높은 그룹, 상장 비상장 여부에 따른 내부거래 비중 등이 담길 예정이다.

공정위 관계자는 '구체적인 내부거래 현황이 공개되면 대기업들이 계열사들과 불필요한 거래를 줄이는 효과가 있을 것'이라고 말했다.

MRO는 Maintenance, Repair, and Operation의 약자인데, 기업에서 필요한 소모성 자재, 기업에서 생산과 관련된 원자재를 제외한 모든 소모성 자재를 말한다. 즉, 재벌기업이 관계회사에 이러한 일감을 몰아 준다는 의미이다. 이와 같이 공시의 영역은 매우 포괄적이다.

금융감독과 관련되어서는 금융위원회, 금융감독원이 고유의 권한을 갖는다. 물론, 공정거래와 관련된 부분은 공정거래위원회가 개입하며 한국거래소가 수년 전부터 공공기관으로 지정을 받으면서 감사원의 감사를 받기 때문에 감독의 대상이기는 하지만 감사원의 감독은 부정 등의 감사 업무로 국한되는 것이 바람직하다. 물론, 시장 감시의 총체적인 책임을 갖는 금융위나 감독원이 거래소에 조회공시를 요청함은 적법하다.

매일경제신문. 2010.12.17.

케이엔디티(6월상장 새내기주) 분식회계설 진실은
정부기관이 거래소에 공문 보내 조사 요구한 건 처음

16일 아침 장이 열리기도 전에 한국거래소는 코스닥 원자력 관련업체 케이엔디티에 조회공시를 요구했다. 내용은 시장에 돌고 있는 (상장전) 분식회계설에 대해 해명하라는 것이었다. 거래소는 동시에 주식매매를 중단시켰다.

케이엔디티는 강력 반발했다. 조회공시 답변에서 '경쟁사가 퍼뜨린 악성 루머라며 분식회계설은 사실이 아니다' 회사측은 '2001회계연도부터 총자산 규모가 32억원임에도 불구하고 경영, 회계 투명성을 담보하기 위해서 외부 회계감사를 받아왔다. 그러면서 '악의적 풍문에 대해서는 가능한 모든 법적 수단을 통해 단호히 대응할 예정'이라고 말했다. 그러나 하루 동안 벌어진 이 과정에 이전과는 다른 석연치 않은 점이 발견됐다.

통상 거래소는 시장감시본부 정보팀이 분식회계설, 부도설 등 이상 징후를 발견하면 이를 토대로 조회공시와 매매정지 조치를 취한다. 그런데 이번 건은 거래소가 감지한 건이 아니다. 한 정부기관이 거래소에 '이런 얘기가 있으니 알아보라'며 정식으로 보낸 공문을 토대로 조회공시 조치가 취해졌다. 정부기관이 거래소에 이런 공문을 보낸 건 처음 있는 일이다. 이 기관은 외부 민원을 접수하고 사실 확인을 위해 공문을 보낸 것으로 알려졌다. 그렇더라도 분식회계설 조회공시와 주식 매매 정지 조치가 상장기업에 어떤 파급효과를 미치는지 뻔히 알고 있을 거래소가 정부기관 공문을 받았다는 이유로 즉각 조치를 취한 것이 적절했는지에 관해선 의문이라는 지적이 나왔다.

결국 궁금증을 풀어줄 열쇠는 이날 벌어진 일을 시장이 어떻게 받아들이냐에 달려있다. 회사가 강력 부인함에 따라 이날 하루 동안 거래가 중단된 이 회사 주식은 17일 다시 거래가 시작된다.

매일경제신문. 2010.12.18.

원전 관련주 케이엔디티 분식회계 부인에도 급락

코스닥 원전 관련업체 케이엔디티가 분식회계설에 대해 강력히 부인했음에도 주가가 하한선으로 추락했다. 17일 증시에서 케이엔디티 주가는 개장 직후부터 하한가로 곤두박질쳐 전일 대비 14.86% 떨어진 4,700원을 기록했다.

민원을 제기했던 기관은 감사원으로 확인됐다. 감사원이 케이엔디티 분식회계설을 인지한 것은 경쟁사의 민원 제기 때문인 것으로 알려졌다. 이 민원을 토대로 감사원은 케이엔디티의 상장 적격 여부에 문제가 없는지 살펴볼 필요가 있다는 뜻을 거래소에 전달한 것으로 전해졌다.

위의 비판에 대해선 거래소의 입장은 굳이 감사원이 이 내용의 확인을 요청했기 때문에 진행이 된 것이 아니라 누구라도 유용한, 검토 필요한 민원을 제기하면 조회할 수 있다는 입장이다.

최근 이슈가 된 저축은행의 부정과 관련되어서도 감독원의 감독하에 있는 저축은행을 어떠한 이유에서 정부기관을 감사하는 감사원이 감사하는지에 대한 감독권한의 이슈가 있었다고 하며 금융기관에 대한 감사권을 감독원이 독점하여야 하는지 아니면 중앙은행인 한국은행과 공유해야 하는지의 이슈가 있다.

위의 사례는 법적 감독기관이나 자율감독기관이 민원을 접수할 때 얼마나 높은 수준의 주의를 기울어야 하는지에 대해서 심각성을 잘 나타내고 있다. 또한 모든 민원에 대해서 조사를 수행하는 것도 아니므로 어떠한 민원을 조사할지도 매우 민감한 문제이다.

특히나 경제정의실천시민연합(경실련), 참여연대 등 시민단체에서 제기하는 민원일 경우는 정치적으로 민감한 부분도 있을 수 있기 때문에 이들 단체의 민원 제기를 수용할지도 이슈가 된다. 동시에 이들 시민단체도 상당한 수준의 정보력을 갖고 있으므로 감리대상 기업을 선정할 때 이들의 민원을 적절한 수준에서 수용할 수도 있다.

분식회계건은 아니지만 주가조작과 관련되어서도 언론기관이 제기한 문제를 감독기관이 어느 범주까지 조사하여야 하는 것인지에 대한 이슈도 있다. 단, 언론기관도 상당한 정보력을 갖고 있으며 이들이 제기한 문제가 합당하고 시간과 인력이 허용한다면 조사의 대상이 되어야 한다.

매일경제신문 2012.2.9.

작전세력 금감원 검찰 조사

금감원 관계자는 8일 "매일경제 신문 보도와 관련해 작전세력에 의한 시세조정(주가조작)으로 의심되는 자료들에 대해 들여다 보기 시작했다"고 밝혔다. 검찰도 정치테마주와 관련해 내사에 나설 움직임을 보이고 있다.

예를 들면 회계감리국에서 수행하는 감리에 있어서는 표본추출에 있어서 어느 기업을 감리대상으로 선정할지가 가장 민감하고 중요한 부분인데 감독원이 감사원 감사를 받을 때 감사원이 이 부분을 점검한다고 한다. 따라서 감독원이 특정한 원칙에 의해 기업을 선정하는 것이 아니고 표본추출에 의해서 표본이 추출될 경우는 표본추출에 있어서도 감리위에서 공개적으로 복권 추첨하듯이 기업을 공정하게 추출한다.

조회공시는 수시공시 중에서도 시장을 운용하는 한국거래소가 풍문이나 현저한 시황변동에 대해서 기업의 공시담당자에게 이를 질의하는 특이한 형태의 공시이다. 현저한 시황과 관련해 거래소에서 해당 기업에게 조회공시를 요청하고 해당 기업이 별다른 공시 내용이 없다고 '부인'하였을 경우, 과거에는 30일 이내에 시황에 영향을 미칠 수 있는 공시를 수행하면 공시번복이 되었다. 그러나 2004년 10월 규정이 바뀌면서 번복금지 기간을 15일로 단축하였다. 손성규와 김성환(2009)에서는 이러한 제도의 변화가 초래하는 공시유형(pattern)의 변화에 대해서 연구하였다. 번복금지 기간이 30일에서 15일로 축소된 이면에는 급격한 기업 환경의 변화가 있다. 기업 경영환경이 급격하게 변화되면서 공시 후 15일만 경과되어도 기 공시된 내용이 번복될 수 있으며 이러한 환경의 변화를 반영하여 정책이 변경된 것이다. 그러나 공시번복 가능기간이 단축되면서 수시공시의 안정성이 저하될 수도 있다.

이러한 정책 변화와 관련하여 기업은 과거에는 공시를 번복하면서까지 번복금지 기간에 공시 내용을 변경할 수 있었으나, 제도 변경 후에는 이 기간이 단축되면서 번복금지 기간이 경과될 때까지 공시번복에 해당하는 공시를 지연하지 않을지를 이 연구는 검증하였다.

실증분석 결과 번복 기간이 단축되기 이전에는 연중 균일하게 중요공시(번복금지 기간에 공시하면 공시번복이 되는 공시)가 나타났다. 번복금지 기간인 30일 이내에 번복공시를 하여 규정을 어기면서 기업들은 공시를 하는 것이다. 그러나 번복금지 기간이 15일로 단축된 이후에는 공시번복이 연중 균일하게 나타나지 않고, 번복금지 기간을 전후해서 일정한 유형을 나타내고 있다. 번복금지 기간 이전과 이후 15일 동안 중요공시가 증가하고, 번복금지 기간에는 중요공시가 감소했다. 번복금지 기간이 단축되면서 기업들은 규정을 더 잘 준수하지만 번복금지 기간 전후로 더 많이 중요공시를 시장에 알리는 공시 유형이 나타나고 있다. 새로운 공시 규정으로 인해 규정을 지키는 기업들은 늘어났지만 사실상 이를 악용하는 경우도 더 늘어났다고 볼 수 있으며, 수시공시의 본래 취지를 잘 살리지 못하게 된 것이다.

손성규와 김성환의 연구 결과, 공시번복 허용 기간이 경과된 이후에 유의적으로 많은 공시번복이 수행됨을 보였다. 물론, 공시번복 기한을 지나서 공시가 번복되기 때문에 문제가 될 것은 전혀 없지만 이 기간이 경과되고 바로 공시번복이 집중된다 함은 이를 아무 사심이 없는 공시로 인정하기보다는 공시를 번복할 내용이 공시번복 사유가 금지되는 기간에 발생하였는데 이 기간이 번복 불가 기간이어서 공시번복을 하지 않고 있다가 번복 허용기간에 이르러서 공시번복이 집중됨을 의미한다.

이는 공시번복이 불허되는 기간에 이미 공시번복과 관련된 내용이 발생하였는데 이를 단지 공시하지 않았을 개연성이 있음을 의미한다. 공시번복할 사유가 언제 발생하였는지에 대한 판단은 기업만이 인지할 수 있는 것이기 때문에 외관적으로는 개연성으로만 판단할 수밖에 없다. 공시할 내용이 발생하였는데 이를 지연함은 공시불이행이다. 과거에는 공시불이행과 공시지연이 분리된 별도의 불성실공시 사례였으나 공시지연도 공시불이행과 구분하기 어려우므로 통합되었다.

단, 기업은 공시번복이 허용되지 않는 기간에 공시를 번복하면 공시번복으로 지적될 것이지만 공시번복 불허 기간에 공시할 내용이 있음에도 이 내용이 공시번복에 해당되므로 즉시 공시하지 않고 이를 번복 허용기간에 공시함의 대안이 있다.

물론, 이러한 두 대안이 있을 경우 기업은 공시번복할 수 있는 시점에 공시번복을 수행할 확률이 높다. 이는 공시번복 불허 기간에 공시를 번복하면 자명하게 불성실공시로 제재를 받게 되지만 공시할 사유가 발생하였는데 공시하지 않고 번복 가능기간에 공시하면 공시사유가 언제 발생하였는지를 거래소가 파악함은 쉽지만은 않으며 따라서 공시불이행으로 지적되지 않을 가능성도 있다.

이러한 차원에서 공시번복이 허용되는 초기 기간에는 공시가 투명하게 진행되는지를 확인하는 제도가 최근 도입되었으며 이 연구의 실증분석 결과에 근거하여서는 이 제도는 도입의 타당성이 있다. 공시번복 허용기간이 시작되면서 번복된 내용에 대해서는 번복 사유가 언제 발생하였는지를 조사한다면 공시 지연(공시불이행)이 있었는지를 파악할 수 있을 것이다. 이것이 최근에 시행되는 '사후심사제도'의 취지이다. 단, 공시를 번복할 수 있는 기회를 열어 두었기 때문에 공시번복에 대한 지나친 조사는 오히려 역효과를 초래할 수도 있다.

즉, 공시번복을 과도하게 조사한다면 공시를 번복할 수 있는 기회를 허용한 정책의 취지 자체가 비판의 대상이 될 수도 있다.

위 제도의 변화에서는 다음의 교훈을 얻을 수 있다. 제도를 아무리 완벽하게 갖추어도 이 제도는 얼마든지 피해나갈 수 있다. 예를 들어 회계에서 중요성 기준을 설정하였다고 가정하고 오류 보고와 관련하여 수익/비용 중요성 기준을 매출의 5%로 정했다고 하자. 이 기준만을 밑돌게 되면 중요하지 않다는 판단을 기업이 수행할 수 있다면 이러한 경우는 오히려 이 금액에 못 미치면서 기업이 중요하지 않은 정보이기 때문에 공시하지 않겠다고 할 수 있어서 이러한 명확한 수치적 기준을 중요성 판단의 근거로 제시하는 것이 오히려 회계정보의 조작을 유도할 수도 있다. 이러한 차원에서 현재 사후심사 제도의 시행은 충분히 설득력이 있다.

단, 번복할 수 있는 기한을 30일에서 15일로 단축하려는 거래소의 첫 시도는 논의과정에서 공시번복을 관대하게 허용한다는 것이 공시의 안정성을 훼손한다는 차원에서 감독기관으로부터 승인되지 못하였다. 물론, 추후에 이 기간이 시황에 대한 조회공시일 경우에 15일로 단축되었지만 이러한 기간의 설정도 논란의 대상이다. 실제로 조회공시에 대해서만 공시번복이 허용되는 것이고 다른 주요경영사항공시나, 자율공시, 공정공시에는 매우 예외적인 경우를 제외하고는 공시번복이 인정되지 않는다.

이 부분에 대해서도 상당한 고민을 하여야 한다. 즉, 주요경영사항공시일 경우는

유가증권공시규정 제7조(주요경영사항공시) ① 2. 라.

1. 천재 · 지변 · 전시 · 사변 · 화재 등으로 인하여 최근 사업연도 말 자산총액의 100분의 5(대규모법인의 경우 1,000분의 25) 이상의 재해(최근 사업연도 말 재무제표상의 가액을 기준으로 한다)가 발생한 때에만 예외를 인정하도록 되어 있는데 천재 사변 등에 해당되는 극히 예외적인 경우만을 적시한 것이다.

거래소의 이와 관련된 고민은 충분히 이해가 가능하다. 공시번복을 허용할 경우에는 경제상황의 변화에 따라 번복도 가능하다는 점은 공유하지만 동시에 이를 일정 수준 이상으로 허용할 경우, 공시가 매우 혼란스러워질 소지도 있으므로 어느 선에서 정책이 절충되어야 한다.

위의 예외 이외에도 환율이 급등한다거나, 물가 상승률이 어느 정도 이상이라거나 또는 종합주가지수가 폭등한다는 것이 모두 경제 환경의 급변 상황으로 인정될 수 있지만 그러한 사항이 거의 고려되지는 않는다. 거래소의 정책적인 판단이 필요한 부분이다.

최근에 새로이 시행되는 정책들을 소개한다.

미확정 기간이 6개월이 되었건 다른 기간이 되었건 이 기간이 경과된 이후에는 이를 확정해 주어야 하는데 그렇지 않은 경우가 다수라서 이를 문제로 삼겠다

는 것이다.

특히 미확정공시한 내용을 답변기한 이후에 변경, 중단, 취소한다면 이는 애시당초 미확정할 내용이 아니었는데 무조건적으로 미확정하면서 답변을 연기하였다고도 할 수 있으므로 이에 대한 조사를 강화한 것이다. 음영으로 표시된 내용은 규정의 개정 내용이며 음영으로 처리되지 않은 부분은 저자의 이에 대한 해석이다.

ㅁ 시황변동 조회공시답변에 대한 검토의무 부과(안 제10조제6항)

ㅇ 시황변동 조회공시 답변내용의 편중현상*을 축소하기 위해 조회공시답변 중 "특이사항 없음"의 경우 적극적인 검토의무 부과 [특이사항 없음 답변 공시 감소 유도]
* "특이사항 없음" 답변의 경우 '09년 75.2% 차지.

'특이사항 없다'는 표현이 책임을 피해가기 위한 통상적인 표현이 되어서는 안 된다. 특이사항이 없다는 답변이 정말로 특이사항이 없음을 의미하는 것이 아님을 위의 통계치인 특이사항 없음이 75%를 차지함에서도 알 수 있다.

ㅇ (공통) 미확정공시 답변기한이 만료되었음에도 불구하고 확정공시를 하지 않는 경우 및 미확정공시 내용의 전부 또는 중요한 일부를 변경·중단·취소 등을 하는 경우 사후심사로 규제

ㅁ 사후심사 대상 [불성실공시유형 중 '공시번복'에 추가]

- 소명자료를 제출받아 원칙적으로 공시위반 여부를 심사한다.
- 코스닥시장은 이러한 소명자료를 CEO가 서명하여 제출하도록 하려 하나 유가증권시장은 이러한 자료까지 서명을 받는다는 것은 기업에 필요 이상의 부담을 준다는 판단하에 양시장이 차이를 보인다.

유가증권시장에 상장된 기업 CEO의 과중한 업무로부터의 경감해 주려는 정책 판단은 충분히 이해할 수 있지만 유가증권시장과 코스닥시장을 이렇게 구분해야 하는지는 의문이 남는다.

나. 코스닥시장(코스닥 §11③ 신설, §10⑥ 신설, §28 개정)

1 미확정공시 허용기준 강화

ㅁ (현황) 거래소의 조회공시 요구에 대해 상장법인이 특정 사안을 검토·추진하는 경우 미확정공시로 답변

– 최초 미확정공시 이후 ① 의사결정과정에 대한 구체적인 진척상황을 1월 이내에 재공시하거나, ② 상장법인이 명시한 기간 내에 재공시 가능

ㅁ (문제점) 호재성 미확정공시를 장기간 반복하여 주가관리 등 불공정거래에 악용될 개연성이 있고 미확정공시의 최종 답변에 이르는 시간이 장기간 소요되거나 내용을 중단·취소하는 사례 발생

ㅁ (개선방안) 최초 답변 시점부터 미확정공시 내용의 구체성 확보

ㅇ 미확정공시를 허용하는 경우에는 풍문 · 보도 또는 현저한 시황변동의 원인이 되는 사실이 의사결정 과정중에 있다는 사실을 확인할 수 있는 구체적인 내용*을 첨부하도록 의무화

* (사례) 협상회의록, 내부결재문서 등 대표이사가 서명한 구체화된 내용 [비공개]

ㅇ 다만, 의사결정 진행 과정상 또는 경영비밀 등을 이유로 구체적인 자료를 첨부하기 곤란하다고 거래소가 인정하는 경우

– 미확정공시사항이 진행중이라는 것을 확약하는 대표이사가 서명·날인한 추진중인 업무경과 및 향후 일정 등을 첨부

즉, 무책임하게 애매 모호한 내용에 대해서 미확정이라는 답을 하는 데 대한 제재를 수행하게 된다. 이러한 제도는 충분히 설득력이 있는 것이 지속적으로 무책임하게 미확정되었다고 확정을 연기하는 경우가 다수 존재한다. 이러한 현상이 실제로 미확정되어 미확정이라고 답을 하는 것인지 아니면 답변을 회피하기 위해서 미확정이라고 하는 것인지를 명확히 구분할 필요가 있다. 단, M&A 관련 등 기업의 기밀유지에 해당하는 건을 무조건적으로 공개하라고 요구할 수도 없는 입장이다. 수시공시는 투자자보호와 기업의 기밀유지라는 두 취지를 모두 달성하여야 한다.

* 현저한 시황관련되어, 조회공시 공시번복에 해당되는 공시신고사항(공시규정시행세칙 유가 제9조, 코스닥 제14조)은 다음과 같다.

공통(11가지): 영업 · 재무 · 경영활동 등 '시황'변동에 영향을 주는 수시공시의무사항

단일판매 · 공급계약, 증자 · 감자결정, 주식의 이익소각, 자기주식 취득 · 처분, 주식분할 · 병합, 자진 주권상장폐지, 타법인 출자 · 출자지분 처분, 주식배당, 현금배당 · 중간배당을 위한 주주명부 폐쇄, 주식교환 · 이전, 상법상 합병 · 영업양수도 · 분할 · 분할합병 등
유가(추가) : CB, BW, EB 또는 DR 발행

현행 시황번복 제재대상(13개항목) 이외에 "기타 포괄적 공시사항"을 신설하여 규제공백을 해소하고 적극적 심사를 통한 투자자 보호를 도모하는 방향으로 최근 정책을 변경하였다. 즉, 기타 포괄적 공시사항 제도가 도입되기 이전에는 이러한 13개 항목에 대해서만 기업의 내재가치에 영향을 미칠 정도의 의미가 있는 공시번복으로 해석하였다. 이러한 13개 항목에 대한 제재가 수행되기 이전인 2005년 12월 이전에는 시황과 관련된 모든 번복이 공시번복으로 제재를 받다가 공시번복을 너무 경색되게 운영한다는 판단하에 13개 항목에 대해서만 공시번복으로 제재하였다.

즉, 이와 관련하여 (1) "공시의무사항 중 일부에 한정"하여 중요사항으로 명시한 이유는, 공시규정에서 열거하는 공시의무사항이 발생하더라도 실제로는 제한적인 경우에만 주가 또는 거래량의 급변을 야기하고 있으며, 주가 및 거래량 변동과 무관한 공시사항에 대해서도 답변공시를 하지 않으면 공시위반으로 규제하는 것은 과도한 규제라는 비난이 제기될 수 있기 때문에 2005년 12월 이전에는 공시의무 사항 전부에 대해 공시번복으로 규제하다가 2005년 12월에 위에 나열된 항목에 대해서만 공시번복으로 제재하도록 제도가 변경되었다.

따라서 최근까지 공시번복으로 제재받았던 13개 항목만이 주가 또는 거래량의 급변을 야기하는 사건인지에 대한 연구를 수행할 필요가 있다.

즉, 감독기관의 정책이 포괄적으로 모든 시황과 관련된 공시번복을 규제하다가 이를 13개에 해당하는 항목에 대해서만 규제하는 것으로 변경하였다가 (2005-2011년) 다시 이를 포괄적인 방향으로 수정하려고 한다.

2011년 거래소가 제출한 개정안에서 "제한적 포괄주의"를 도입하여 열거사항 이외에 개별적 · 구체적 사례별로 중요사실을 판단하여 공시하도록 한 것은 아래의 이유 때문이다.

2005년 개정 이후 최근까지 운영결과 명백하게 주가 및 거래량의 급변을 초

래하는 원인이 되는 경우에도 중요사실을 제한적으로 규정함에 따라 규제대상이 아닌 경우 "특이사실 없음"이라는 공시를 하더라도 규제할 수 없게 되어 조회공시제도에 대해 투자자, 언론, 국회 등에서 혹독한 비난을 받았다.

또한 조회공시제도 본래의 취지상으로도 주가 및 거래량의 급변원인이 되는 사실은 모두 공시되어야 함은 부인할 수 없을 것임에도 열거주의 체제의 한계를 이유로 투자자 보호라는 중대한 법익침해를 방관해서는 안 된다고 생각한다. 즉, 열거한 내용뿐만 아니라 이를 조금 더 확대하여 규제가 수행되어야 한다는 공감대가 형성되었다고 판단한다.

투자자 보호의 이슈는 번복시 최초의 조회공시의 답변을 신뢰하여 투자의사결정을 수행한 투자자가 피해를 본다는 의미도 있을 수 있으므로 반드시 조회공시번복만이 주가나 거래량에 영향을 미치는 요소여야 한다는 것은 아니다.

따라서 투자자 보호의 법익과 상장법인에 대한 과노한 부담 완화라는 양자를 고려할 때 "제한적 포괄주의" 도입을 통해 기업 스스로 중요사실이라고 합리적으로 판단하는 경우 공시의무를 부여하는 것이 또한 위반시 공시번복으로 제재하는 것이 타당하다고 거래소가 판단한 결과이다.

즉, 정책 방향을 정리한다면 거의 모든 시황관련 조회공시 번복에 대해서 제재를 가하다가 2005년 12월부터 13개 항목에 대해서만 제재를 하였다. 그러나 나머지 시황관련된 사안에 해당하는 기타 포괄적인 공시사안에 대해서도 제재를 수행하게 되는데 '기타 포괄적인 공시사안'이 구체화되어 있지 않은 상황에서는 거의 모든 항목으로 대상이 확대될 소지도 있다. 왜냐하면 '기타 포괄적인 공시사안'의 포괄성에 대해서는 누구도 분명하게 구분할 수 없기 때문이다.

단, 포괄적 공시사항까지도 포함된다면 지금 현재로는 조회공시 번복에 해당되는 공시사항이 너무 제한적이라는 점이 문제가 되어서 이에 대한 정책의 수정을 시도하지만 '기타 포괄적 공시사항'을 신설한다면 이 정책의 적용이 과도하게 포괄적이 될 소지도 있다. 즉, 거의 모든 시황 관련된 내용이 공시번복이 불가한 것으로 정책이 시행될 가능성도 존재한다.

즉, 중요하지 않은 조회공시의 번복까지도 제재하려 한다면 이는 과도한 규제일 수 있다. 즉, 어떠한 항목을 포함할지에 대한 거래소 차원에서의 판단기준이 정보가 공시되는 시점의 주가와 거래량의 변동이므로 이를 판단의 근거로 할 수는 있다. 그러나 이도 판단하기 쉽지 않은 것이 이를 event study 등으로 해결하려 한다고 하여도 동일한 사건의 event study에서 항상 동일한 결과를 보이지는 않기 때문이다.

현재 진행되는 조회공시 현황을 보면 조회공시의 문제를 파악할 수 있다.

□ (풍문・보도) 미확정(검토・진행중) 답변 비율이 매우 높아 투자자의 투자판단에 혼란 유발 (유가증권 65.7%, 코스닥 49.3%)

□ (시황변동) "특이사항 없음"의 답변비중이 전체건수의 70% 이상을 차지할 정도로 편중*되어 있어 상장법인의 적극적인 정보공개를 유도할 필요성

* 조회공시 요구에 대한 답변시 주가에 영향을 미치는 사항의 존재 유무와 관계없이 공시규정세칙에서 사전 정의된 공시번복 항목이 없으면 "특이사항 없음"으로 답변

조회공시 답변 현황

유형	답변유형	유가증권				코스닥			
		'08	'09	'10.6	합계	'08	'09	'10.6	합계
풍문보도	사실무근(부인)	45	20	17	82(26.0)	23	24	13	60(20.3)
	검토・진행중	86	84	31	201(65.7)	57	46	43	146(49.3)
	사실임(확정)	4	13	6	23(7.5)	35	35	20	90(30.4)
시황변동	정보없음(부인)	139	110	60	309(69.0)	215	179	84	478(71.4)
	검토・진행중	68	47	16	131(29.2)	90	49	23	162(24.2)
	정보있음(확정)	1	1	6	8(1.8)	13	10	5	28(4.4)

다음의 두 사례는 미확정공시의 심각성을 잘 대변해 준다.

ㅁ A사 (주가급등 사례)

○ '05.04.14 조회공시요구

○ '05.04.15 답변공시(미확정)

1. 당사는 현재 사업다각화를 위하여 타법인과의 M&A 등 다각적인 방법을 검토중에 있습니다.

상기사항과 관련하여 진행사항 및 확정사항에 대해서는 재공시하겠습니다.

○ '05.05.13~'06.06.01까지 7차에 걸쳐 재공시(미확정)

○ '06.09.13 최종답변공시(총 소요기간 356일)

당사는 에너지설비 등 신규사업부문의 수주를 추진중에 있었으나 수요업체의 계속

된 설비도입 연기와 최근의 보류 결정으로 동 수주추진을 중단하기로 방침을 확정하였습니다.

ㅁ B사 (타법인지분출자)

○ '09.12.01 조회공시요구(C사 인수설)

○ '09.12.01 답변공시(미확정)

C사 주식 취득을 검토중에 있으며, 구체적인 내용이 확정될 경우 즉시 재공시하겠습니다.

○ '09.12.18 '10.02.12 2차에 걸쳐 재공시(미확정)

○ '10.03.16 최종답변공시-부인(총 소요기간 74일)

1. 당사는 C사 매수청약서를 제출한 바 있으나, 타법인과 주식매매계약서를 체결하였음을 통지받았습니다.

호재성 미확정공시를 장기간 반복하여 주가관리 등 불공정거래에 악용될 개연성이 있고 미확정공시의 최종 답변에 이르는 시간이 장기간 소요되거나 내용을 중단·취소하는 사례가 발생되는 문제점이 있다. 공시 내용 자체가 부정적이기 때문에 확정되었음에도 미확정 상태로 계속 확정을 연기하여도 거래소측에서 조치를 하기 매우 어렵다.

사후심사와 관련되는 내용은 다음과 같다.

[풍문·보도 및 시황변동] 미확정공시 답변기한이 만료*되었음에도 불구하고 확정공시를 하지 않는 경우

가. 조회공시 제도 개선(유가 §30 개정, 코스닥 §28 등 개정)

ㅁ (현황) 거래소가 풍문·보도 내용의 진위여부 또는 시황변동과 관련된 중요 정보 유무를 조회시 상장법인은 일정기한* 내 공시

* 조회공시 답변시한: (풍문·보도) 오전 ↔ 오후, (시황변동) 1일

○ 상장법인이 답변한 공시내용을 번복금지기간*내에 번복하거나 부인공시 이후 최초 답변내용과 상충되는 중요사실을 공시하는 경우 불성실공시로 제재

* 풍문·보도: 답변공시후 1월(합병 등 3월), 시황: 답변공시 후 15일

ㅁ (문제점) 번복금지기간이 경과한 직후에 당초 공시내용과 상반되는 정보를 공표하거나 중요사실을 공시하는 경우 조회공시 답변내용을 신뢰한 투자자 보호에 문제 발생

아래 도표는 15일이므로 시황의 경우

현행 조회공시제도 제재 회피 사례

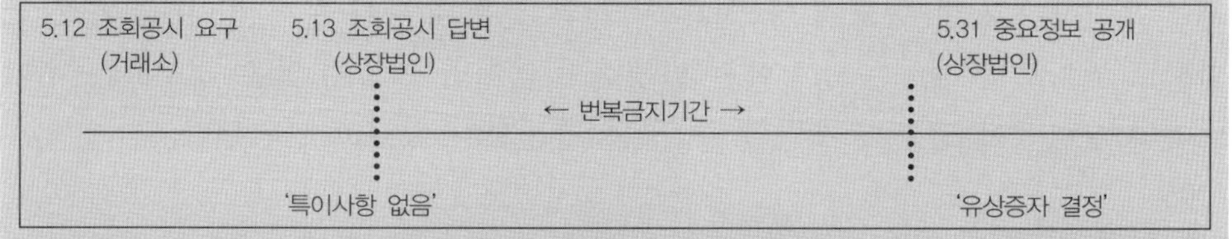

□ (개선방안) 상장법인의 조회공시 답변에 대한 번복금지기간 경과 이후 일정기간 *내에 최초 답변과 상반되거나 중요사실이 공시되면 공시위반 여부를 적극적으로 심사·제재

* 일정기간: (풍문 등) 1월(합병 등 3월) + 15일, (시황) 15일 + 7일

※ 사후심사기간(15일/7일): 금지기간 종료후 중요 의사결정이 이루어지는 경우를 심사대상으로 설정

o (풍문·보도) 조회공시 요구에 대한 부인공시 이후 번복금지기간이 경과한 시점부터 15일 이내에 최초 답변공시와 다른 사항을 공표하는 경우 사후심사를 통해 제재할 수 있는 근거를 마련

o (시황) 공시번복 제재대상 사유의 확대 및 번복금지기간 이후 7일 이내 중요사실 공표에 대한 사후심사·제재 근거 마련

조회공시 요구에 대한 부인공시를 하고 번복금지기간이 경과한 시점부터 7일 이내에 투자판단에 중요한 사실 등을 공표하는 경우 사후심사를 통해 제재할 수 있는 근거를 마련

조회공시에 대한 거래소의 시장조치(개선 후)

구 분		공시번복 금지기간(D)	① D+15일 ② (D+7일)
① 풍문 등	해당 풍문	← 불성실공시 →	← 사후심사 →
② 시황	13개 공시사항(현행)	불성실공시	사후심사

조회 공시가 개별 회사에 국한되는지 아니면 그룹사에 해당되는지에 대해서도 다음과 같은 이슈가 있다. 이는 대기업의 지배구조와도 연관되는 이슈이기도 하다. 거래소의 차원에서는 개별 기업이 상장되어 있으므로 규제의 대상인 것은

개별기업이 맞지만 그룹사와 개별기업이 특수 관계를 유지하고 있기 때문에 이들이 무관하다고 할 수도 없다. 물론, 아래와 같은 유사한 문제가 지주사가 상장회사로 별도로 존재하는 경우에는 발생하지 않지만 그렇지 않은 경우에는 우리나라의 상황에서 충분히 재발할 수 있는 가능성이 있다고 판단된다.

매일경제신문. 2011.10.25.

현대車 불성실공시 논란
두달 전 본지 보도 땐 녹십자생명 인수계획 없다더니

현대차그룹이 녹십자생명보험을 인수하기로 최종 결정하면서 8월 말 한국거래소의 관련 조회공시 요구에 대해 '사실무근' 답변을 내놓은 현대자동차가 불성실공시 논란에 휩쓸렸다.

현대자동차는 "개별 상장사와 그룹은 엄연히 (인수)주체가 다르다"는 논리로 해명했지만 당시 한국거래소가 "그룹 전체 의견을 내달라"고 권고한 사실이 드러나면서 투자자에게 허위정보를 제공한 것 아니냐는 비판 목소리가 높다.

녹십자홀딩스는 24일 공시를 통해 "현대모비스, 기아차, 현대커머셜 등 현대차그룹 3개사가 녹십자생명보험 주식 1,756만 4,630주(지분 24.65%)를 2,283억원에 취득하는 계약을 체결했다"고 밝혔다. 지난 8월 30일 매일경제가 단독 보도한 '현대차그룹 녹십자생명보험 산다' 제하의 기사가 두 달여 만에 사실로 확인된 셈이다.

하지만 두 달 전으로 시계를 되돌려보면 현대차 대응에 석연찮은 점이 없지 않다. 현대자동차측은 보도 당일 거래소가 사실 여부를 밝혀달라는 조회공시를 요구하자 "녹십자생명 인수를 검토한 바 없다"고 전면 부인했다.

반면 매각 주체인 녹십자홀딩스는 "8월 현재까지 구체적인 내용이 확정된 바 없다"며 미확정 형식의 답변을 내놔 뉘앙스가 전혀 달랐다. 결론만 놓고 보면 현대차측 공시만 믿고 투자했다면 투자자들이 상당한 손실을 입을 수도 있는 상황이다.

현행 제도상 인수·합병(M&A)에 관한 조회공시 요구에 대해 부인했다가 3개월 이내에 관련 딜이 성사되는 쪽으로 결론이 나면 해당 상장사는 불성실공시법인으로 지정돼 불이익을 당하게 된다.

이에 대해 현대차측은 24일 "당시 거래소의 조회공시가 현대자동차에 대한 것이지 현대차그룹에 대한 것이 아니라 부인 답변을 냈다"며 "현대차의 법적인 의무는 개별 상장사 입장을 표명하는 것 이상도 이하도 아니다"고 설명했다. 또 그는 "당시 현대차그룹에서 녹십자생명보험 인수건을 진행하고 있다고 하더라도 조회공시 주체와 질문이 기아차나 현대모비스가 아닌 이상 현대차는 조회공시 요구 내용 이상의 답변을 할 수 없다"고 덧붙였다.

그렇다면 한국거래소는 당시 현대차그룹의 녹십자생명보험 인수 기사에 대해 왜 현대차만을 공시 대상으로 삼아 현대차에 국한한 조회공시를 요구했던 걸까. 거래소는 현대차가 당시 그룹의 문제에 대해 얘기할 수 없다는 입장을 분명히 했기 때문이라고 해명했다.

하지만 M&A 이슈는 투자자 판단에 중요한 요소인데다 대부분 그룹오너가 결정하는 사안이어서 현재의 형식논리적 분리법으로는 공시체제에 심각한 간극이 생길 수 있다. 한국거래소 관계자는 "그룹 전체에서 결정하는 중대 사안이 많은데 조회공시는 개별 상장사에 국한된 데다 그룹집단에 대한 내용을 개별 상장사에 묻는 것도 한계가 있어 공시에 간극이 발생하고 있다"며 "이런 문제점을 고려해 향후 대책을 마련하겠다"고 말했다.

이는 우리나라와 같은 기업지배구조 형태에서만 발생할 수 있는 이슈일 수 있다. 그룹사 또는 과거의 구조조정본부는 기업지배구조 개선 과정을 거치면서 해체되었지만 아직도 삼성에는 미래전략실이라는 실체가 존재하며 롯데의 경우는 정책본부를 운영하고 있어서 이 조직이 재벌일 경우는 상장 계열사의 권한을 초월하는 지배구조를 유지하고 있다.

주요한 그룹 차원의 정책은 그룹사 차원에서 의사결정이 되며 이러한 의사결정이 계열사의 이사회를 통과하여서 의결되어야 할 안건이라면 이를 각 계열사로 보내서 이사회에서 의결하도록 한다. 현대차그룹의 녹십자보험 인수건도 이 정보를 누가 확인해 주어야 하는지에 대한 규제상에 빈 공간이 생긴 것이다. 해결책은 그룹사가 별도 상장된 지주사가 아닐 경우 이를 계열사에서 확인해 줄 수밖에 없는 구도이다. 그러나 현대차의 경우와 같이 계열사 차원에서 결정할 건이 아니라고 하면 공정거래위원회에서 기업집단에 문의를 해야 하지만 조회공시는 공정거래위원회 소관이 아니라 애매하다.

이러한 문제에 대해서 2012년 4월부터 공시규정이 개정되어 기업집단 관련 조회공시의 경우 대표회사(상장기업)에게 답변하도록 하여 조회공시 효율성 및 투자자의 공시 파악 편의성을 제고하도록 하였다. 그러나 이러한 경우도, 상부에서 의사결정하는 내용에 대해서 대표회사가 그룹의 의견을 대변할 수 있는지에 대한 의문은 남는다.

Chapter 6에서 금융위가 계열회사의 신용등급시 독자신용등급을 추진하는 경우는 모기업과 계열회사의 관계이므로 이 두 회사가 동일실체가 아니라는 데 기초하고 있다.

외국에서 상장하는 기업이거나 외국 주식시장에 동시 상장한 기업의 조회공시나 매매거래 정지에 대한 회신에 있어서 다음과 같이 문제가 지적되었다.

ytn. 2011.10.21.

중국 주식 투자해 수백억 대 피해… 거래소·대리인 책임 공방

지난 3월 한국 거래소에 상장된 중국계 회사 주식이 매매정지되면서 투자자들이 수백억원대 피해를 봤습니다. 이미 전날 싱가포르 거래소에서 매매정지 신청이 이뤄진 주식이었는 데도 다음날 우리 주식시장에선 1시간 동안 거래가 이뤄졌습니다. 한국 거래소와 공시 대리인은 서로 책임을 떠넘기고 있습니다.

사업을 하고 있는 33살 김모씨는 3월 22일 오전 9시 50분에 '중국고섬' 주식 2천주, 천만원 어치를 샀습니다. 그런데 10분 뒤, 이 회사 주식은 매매가 정지되고 말았습니다.

[인터뷰: 김모씨, 투자자]

"거래처에도 대금을 지급해야 하는데 못하고 있는 부분도 있고, 저한테도 중요한 돈인데 그렇게 돼버렸어요." 싱가포르 거래소에도 상장된 중국고섬은 전날인 21일 현지에서 24% 폭락한 채 매매정지 신청됐습니다. 회사 은행잔고와 재무제표 사이에 9억 8천만 위안, 우리 돈 천 7백억원 넘는 차이가 발견됐기 때문입니다. 그렇지만 우리 거래소는 그 사실을 전혀 몰랐습니다. 중국고섬의 대리인인 법무법인이 매매정지가 신청됐을 때 즉시 거래소에 통보해야 하는 의무를 어겼다는 겁니다.

[인터뷰: 류재만, 한국거래소 공시총괄부장]

"1월 25일 상장 시점에 대리인과 당해 법인을 불러 교육을 시켰거든요. 그때 즉시 공시하도록 교육을 했습니다."

그렇지만 법무법인은 그런 교육을 받은 사실이 없고 규정집에는 이틀 이내에 통보하면 되는 것으로 돼 있다며 절차상 하자가 없었다는 입장입니다. 싱가포르 거래소가 매매정지를 한 사실이 우리 거래소에 통지된 시간도 법무법인은 3월 22일 오전 9시 30분, 한국거래소는 9시 50분으로 주장해 20분의 차이가 있습니다. 우리 주식시장에는 중국고섬 외에도 해외 주식이 18개나 상장돼 있습니다.

거래소는 중국고섬 주식 매매정지 사태가 난 뒤에야 이 해외주식들을 실시간으로 감시하는 담당자를 뒀다고 밝혔습니다.

피해를 본 투자자 550여 명은 거래소와 상장 주관사인 대우증권, 한화증권을 상대로 190억원을 청구하는 소송을 냈습니다.

[인터뷰: 이남주, 대우증권 홍보본부 파트장]
"보유하고 계신 예탁 증서를 정리 매매하거나 싱가포르 원주로 전환하기를 원하시는 투자자들을 위해서 관련된 시스템을 구축하고 …"
대우증권은 자체적으로도 이 회사 주식 800만 주, 560억원 어치를 보유하고 있고 이미 상반기에 235억원을 손실로 반영했습니다.

위의 언론 보도에서의 이틀이라는 내용은 잘못 언급된 것으로 확인되었다.

이와 같이 외국 상장국가에서 공시의무가 발생한 경우 신고한 후 외국 상장거래소에 '지체없이' 한국거래소에 신고·공시하도록 규정되어 있어서 '지체없이'라는 표현이 어느 정도의 time lag를 의미할 수도 있는 애매한 오해의 소지가 있으므로 즉시(at the same time)로 공시규정이 개정되었다.

싱가포르나 홍콩거래소도 2차 상장외국법인의 공시시한을 원주상장거래소와 "동시에(at the same time)" 공시하도록 규정하고 있다.

최근 공정공시와 관련되어 다음이 이슈가 되었다.

한 코스닥 기업의 신규투자 계획이 펀드매니저와의 개별적인 면담을 통해서 전달되었고 이 정보에 근거하여 이 투자자문회사가 position을 취하고 이익을 실현시켰다며 이러한 점이 내부자정보를 이용한 공정공시 위반인지와 관련된다. 특히나 해당 기업을 방문하였던 자산운용사가 해당 기업의 2대 주주였으며 이러한 사실은 이슈를 조금 더 복잡하게 한다.

신규투자 계획이 통상적인 투자 계획이었다고 하면 신규투자 계획이 정보로서의 가치가 있다고 할 수 없지만 전달된 신규투자 계획이 통상적인 투자 계획이 아니었다면 문제가 된다. 또한 전달된 정보가 어느 정도 금액까지 동반한 구체적인 정보인지도 이슈가 될 수 있다.

다만, 이러한 조치에 대한 반대의견은 이러한 식으로 기업과 애널리스트 또는 펀드매니저의 접촉을 분류하게 되면 정보 경색 효과가 발생할 수도 있다는 우려가 있고 또한 이러한 식으로 공정공시를 적용하면 어디까지가 공정공시인지를 정의하기가 매우 어렵다는 비판도 있다.

실질적으로 공정공시제도가 도입되던 시점에도 어디까지를 공정공시 위반으로 볼지에 대한 논란이 있었다. 즉, 공정공시제도가 정보의 배타적인 접근을 허용하지 않겠다는 정책 취지인데 물리적으로 동시에 모든 시장의 경제주체에서 정보를 공개한다는 것이 얼마나 가능한 것인지의 이슈이며 또한 위의 경우와 같이 신규투자계획일 경우 구체적인 숫자를 인용하지 않고 개괄적으로 정보를 전달하였다면 이도 제도의 위반인지에 대한 판단도 주관적이다.

단, 펀드매니저나 애널리스트들이 개별 기업을 접촉하여 정보를 전달받는 것을 제재하지 않는다고 하면 이 경우 공시의 공정성을 해칠 수도 있다.

실질적으로 이러한 이슈는 최근에만 공론화되었던 것은 아니고 공정공시에 도입된 초기시점에도 아래와 같은 문제점이 지적되었다.

매일경제신문. 2004. 9. 16.

캐피탈그룹엔 달려가 IR 개인투자자엔 꼭꼭 숨겨. 공시위반 아닌가?

"공정공시 위반 아니냐" 개인투자자들이 미국계 자산운용사로 세계 증권계에서 최고 큰손으로 꼽히는 캐피탈그룹에 쏟아내는 불만사항이다. 이 같은 불만은 지난 14일부터 서울신라호텔에서 투자전략회의를 겸해 삼성전자 등 국내 대기업 최고경영자를 차례로 면담하고 경영현황에 대한 설명을 들었던 캐피탈그룹이 면담내용을 개인투자자에게 전혀 공개하지 않았다는 점에서 비롯됐다. 이 때문에 15일 국내증시는 캐피탈그룹 공정공시위반 논란으로 뜨거웠다.

캐피탈그룹이 대주주라는 우월적인 지위를 이용해 비공개간담회에서 독점적으로 경영계획 등에 대한 정보를 취득했다면 공정공시위반 가능성을 배제할 수 없다는 지적이다.

여기에 기업설명회 때마다 개인소액주주 목소리에 귀를 기울이지 않았던 대기업 CEO들이 대규모 지분을 보유하고 있는 외국계펀드라는 점에서 직접 방문해 회사에 대한 깊은 사정까지 설명했다는 것 때문에 대기업을 비난하는 개인투자자 목소리가 커지고 있다.

거래소 관계자는 "삼성전자, 현대차, SK, 신한지주 경영진과 캐피탈그룹이 면담하는 과정에서 오간 내용들을 현재까지 파악한 결과 공정공시위반사항은 없었던 것으로 확인됐다"고 설명했다.

다만 거래소는 앞으로 캐피탈그룹 외에도 외국 기관투자자들이 상장사 경영진을 면담하는 사례가 잇따를 가능성을 고려해 상장법인에 공정공시준수에 대한 주의를 당부하는 협조공문을 발송하는 방안 등을 검토하고 있다.

다음은 최근의 유진기업과 하이마트의 경영권분쟁 관련된 신문기사이다. 양자간에 주식을 매각하는 것으로 2011년 11월 30일 오전 8시, 10시 개최된 임시주총에서의 경영권 대결에 두 시간 앞서서 합의를 한 후에 주식 매각과 관련된 내용은 공개하지 않고 두 양대 주주가 영업과 경영을 분리하여 책임지겠다고 하는 내용만을 우선적으로 발표하였다. 이 이후, 그 다음 일자인 12월 1일에 매각과 관련된 정보를 시장 마감 이전에 공시하는 행태(조회공시)를 보였다. 매각과 관련된 정보가 주총 이전에 이미 확정되었고 확정된 모든 정보가 공시된 것이 아니고 일부의 정보는 공시하고 일부 정보의 공시는 의도적으로 공시하지 않았다면 이러한 실무관행은 불성실공시일 수 있다는 의문이 언론에 의해 제시되었다.

매일경제신문. 2011.12.1.

하루 전 매각 합의 왜 숨겼나?

반전에 또 반전. 하이마트 경영권 분쟁이 가까스로 봉합된 지 하루 만에 갑작스레 '매각'이라는 대반전으로 이어졌다. 상장사인 하이마트와 유진기업의 주식투자자 입장에선 마음을 가라앉힌 지 하루 만에 또다시 급변동하는 불확실성에 직면했다. 전날 아침 합의사항을 모두 밝히지 않고 하루가 지나서야 뒤늦게 나온 하이마트 발표를 접한 투자자로선 황당한 상황에 처하게 됐다.

1일 하이마트와 유진그룹은 오후 3시 장 마감 직전 하이마트를 제3자에게 매각하겠다고 발표했다. 그러면서 지분 매각 합의는 전날 선종구 하이마트 회장과 유경선 유진그룹 회장이 각자 대표이사를 맡기로 합의했을 때 이미 이뤄진 것이라고 밝혔다. 하이마트와 유진기업 관계자는 "이미 어제 오전 임시주총 이전에 각자 대표이사와 지분 매각 내용이 합의서에 함께 담겨 있었다"고 털어놨다.

극단적인 표 대결 양상으로 치닫던 유 회장과 선 회장은 전날 임시주총 2시간 전인 오전 8시께 각자 대표이사를 맡아 경영과 영업을 나눠 하이마트 정상화에 나서자고 합의한 후 곧 발표했다. 이때까지만 해도 하이마트가 제3자에게 매각될 것이라고 판단한 투자자는 전혀 없었다. 이미 매각 합의를 했지만 이에 관한 언급은 전혀 없었다. 주가도 이를 믿고 움직였다. 경영권 분쟁 여파로 급락했던 하이마트 주가는 3% 넘게 올랐고, 하이마트 경영을 단독으로 하면 이득이 있을 것이라는 분석에 그동안 급등했던 유진기업 주가는 급락했다.

하지만 1일 오후 장 마감 직전 갑작스레 유진기업과 선 회장, H&Q 등 에이치아이파트너스가 가진 지분을 모두 제3자에게 넘기겠다고 발표했다. 이날 아침 하이마트는 거래소 공시에 유병선 회장과 선종구 회장의 각자 대표이사 선임만 밝혔다. 유진기업은 뒤늦게 장 마감을 불과 10여 분 앞두고 "하이마트 지분을 매각하기로 했다"고 공시했다. 전날 급락했던 유진기업 주가는 상한가로 직행했고, 가까스로 회복한 하이마트 주가는 다시 떨어졌다.

하루 반나절이 넘어서야 합의사항을 밝힌 유진기업과 하이마트에 대해 이날 투자자들 불만이 쏟아졌다. 합의사항을 감추고 하루가 넘어서야 밝히는 바람에 투자자들이 큰 혼란에 빠졌기 때문이다.

이에 대해 유진기업 관계자는 "지분 매각에 대해 법률적인 검토를 한 후 최대한 빨리 발표한 것"이라고 말했다. 하이마트 관계자는 "임시주총이 표 대결로 갈 수도 있었던 긴박한 상황에서 회사 가치가 떨어져 주주들에게 피해가 발생할 것을 우려해 급한 대로 각자 대표 체제를 우선 발표했다"고 해명했다. 하지만 각자 대표이사 선임으로 경영을 안정시키겠다는 발표 이후 매각 발표를 내놓으면 훨씬 더 큰 혼란이 벌어질 것은 불 보듯 뻔해 회사측 해명에도 불구하고 시장에선 쉽게 납득하지 않는 분위기다.

한국경제신문. 2011.12.2.

하이마트 매각결정 뒤늦게 발표 … 주가하락 막기 '꼼수'

유진그룹과 선종구 하이마트 회장간 경영권 다툼이 '싸움 → 화해 → 매각'이라는 반전에 반전으로 막을 내렸다. 하지만 양측이 임시 주주총회 직전에 극적인 타협을 이끌어냈을 당시 공동 매각을 이미 합의한 상태였던 것으로 밝혀져 물의를 일으키고 있다. 이 때문에 양측이 발표를 하루 늦춘 것은 주가 하락을 막기 위한 꼼수가 아니냐는 비판이 제기되고 있다.

유진그룹과 하이마트 관계자는 "지난달 30일 임시 주총에 앞서 유경선 유진그룹 회장과 선 회장이 하이마트의 각자대표를 맡기로 합의하면서 공동 매각도 함께 결정했다"고 전했다.

이 때문에 공동 매각 결정 발표를 하루 늦춘 배경에 관심이 집중되고 있다. 유진그룹측은 "법률적인 검토를 거쳐야 하는 시간적인 이유로 인해 발표가 늦어진 것"이라고 해명했다.

이 과정에서 투자자들만 골탕을 먹었다는 비판이 제기되고 있다. 경영권 갈등이 봉합된 1일 하이마트 주가는 3% 넘게 올랐고 유진기업 주가는 급락했다. 하지만 최대주주인 유진기업이 이날 장 마감을 불과 10분 앞두고 하이마트 지분 매각을 공시했다. 급락세를 타던 유진기업 주가는 곧바로 상한가로 직행했고 하이마트 주가는 다시 하락세로 돌아섰다. 장 마감 이후 두 회사에는 투자자들의 항의 전화가 빗발쳤다.

기업이 급한 불을 우선 끄고 보자는 식으로 완전공시(full disclosure)를 수행하지 않고 공시에 임의성을 개입한다면 정보 이용자들은 매우 혼란스러워질 것이다.

위의 신문 기사는 두 가지 정도의 측면에서 이슈가 될 수 있다.

첫째는 주요사항보고서 제출의무 위반과 관련되는데 공동매각의사는 하이마트의 경영사항이 아닌 대주주의 향후 계획에 대한 의사표명에 불과하므로 주요사항 보고 대상에 해당되지 않는다(자본시장법 제161조, 시행령 제171조).

거래소 수시공시 의무 위반 여부도 최대주주가 아직 변동되지 않았으므로 거래소 수시공시 대상에도 해당되지 않는다(유가증권공시규정 §7 ① 3 가 (1)).

조선일보. 2012.1.11.

하나마나 조회공시 … 투자자들도 덤덤

올해 들어 지난 9일까지 한국거래소로부터 주가가 급등한 이유를 묻는 조회공시 요구를 받은 기업 중 답변이 완료된 기업은 유가증권 상장사 2곳과 코스닥 상장사 15곳. 이 중에서 주가급등과 관련해 한 가지라도 사유를 제시한 기업은 유가증권 상장사 2곳과 코스닥 상장사 2곳에 불과했다.

코스닥 상장사의 경우에는 주가급등 조회공시를 요구받은 기업의 86%에 해당하는 13곳이 주가가 급등할 만한 사유가 없다고 공시했다. 10개 기업 중에서 9개 기업이 자신들의 주가가 왜 오르는지를 모르겠다고 발표한 셈이다.

국내 증권사에서 근무하는 한 애널리스트는 "주가가 크게 등락하는 상황에서 회사가 마땅히 설명할 수 있는 내용이 없다는 얘기는 바꿔 말하면 투기꾼들이 몰려 있다는 뜻"이라며 "조회공시가 투자자들의 판단에 영향을 미치지 못하고 있다"고 말했다.

조회공시 답변 때 거짓 정보 흘리기도

오히려 조회 답변을 할 때 거짓말 정보를 흘리는 경우도 있었다. 지난 해 7월 불성실공시 법인으로 지정된 A사는 주가급등과 관련한 조회공시 요구에 "중요 정보가 없다"고 답하고서는 얼마 지나지 않아 돌연 정관변경, 이사선 해임 등을 위한 임시주총을 위한 이사회 결의를 발표했다.

위와 같은 사례를 방지하기 위해 일단 한국거래소는 지난해 3월부터 조회공시 사후심사제도를 마련해 운영중이다. 지난해에는 총 17건의 코스닥 조회공시를 사후심사한 결과 이 중 6개사가 불성실법인으로 지정됐다.

조회공시에는 다음과 같은 한계가 있을 수밖에 없다. 2012년 1월 18일 증선위가 정부의 전직 고위 관리가 개입된 주가조작 사건인 CNK건을 제재하면서 광산 개발 등, 과학적인 지식을 필요로 하는 공시건이 일반적인 공시와 비교하여서는 매우 technical하여 규제의 영역 밖에 있을 가능성이 다분히 존재한다.

매일경제신문. 2012.1.25.

당국, 자원개발주 공시 허점 악용 속수무책 "공시 전 검증제 도입해야"

자원개발주 주가 조작 작전은 '공시'와 함께 시작된다. 작전세력은 미리 판을 짜 놓고 작전을 시작하지만 개미들이 몰리고 주가가 상승하는 시점은 공시다. CNK 주가 조작도 이 패턴을 따랐다. 차이가 있다면 공시와 함께 외교통상부 보도자료인 공신력까지 더해져 파괴력을 키웠다는 점이다.

지난해 코스닥에서 상장 폐지된 핸디소프트도 마찬가지였다. 이 회사의 주가 상승은 2009년 7월 몽골의 구리광산 개발권을 가졌다는 몽골 유한회사 MKMN에 대한 지분 참여 공시에서 시작됐다.

2009년 7월 10% 지분 참여로 시작해 2009년 8월 30%, 2009년 12월 11% 등 세 차례에 걸쳐 모두 51%의 지분 참여로 대주주 자격을 획득했다. 당시 핸디소프트는 "MKMN이 갖고 있는 도르너 고비 나린 후닥 지역의 구리광산 규모는 총면적 2만 695ha로 현재 예정된 3개의 타깃 중 1개 타깃을 시추 완료해 생산권 전환 심사중이며 2개의 타깃도 시추 준비중"이라고 공시했다. 이후 주가는 크게 올랐지만 구리 생산 소식은 끝내 들려오지 않았고 회사는 그 사이 상장폐지되고 말았다.

'몽골에서 대규모 금광사업을 진행중'이라는 공시로 고공 행진을 벌이던 글로웍스는 외부감사의견 거절을 받고 지난해 상장폐지됐다. 케이에스알의 주가 역시 '카자흐스탄 유전 개발 참여' 공시와 함께 작전이 시작됐다. 한때 3배 가까이 뛰었던 케이에스알 역시 상장폐지를 피하지 못했다.

문제는 작전 신호탄인 공시를 제대로 분석하고 바로 잡을 권한을 금융당국이나 한국거래소가 갖고 있지 못한 데 있다. 거래소는 '주가 변동'이나 '공시 불이행' 때 형식적인 '조회공시' 요구밖에 할 수 없다.

2010년 9월 거래소 코스닥 시장본부는 케이에스알에 '현저한 시황 변동에 따른 조회공시 요구'를 했다.

이에 대한 케이에스알의 공시는 "현재까지 확정된 사항은 없다"는 것뿐이었다. 무성의한 답변은 2011년 8월까지 계속됐고 피해는 개미들에게 돌아갔다.

자원개발주가 주가 조작 재료로 많이 이용되는 이유가 여기에 있다. 공시 진위를 개인투자자나 금융당국이 확인하는 것은 불가능에 가깝기 때문이다. 금융감독원 관계자는 CNK 주가 조작 사건 조사에 10개월이나 걸린 이유에 대해 "매장량 등 사업 내용을 전문가에게 확인하는 데만 5-6개월이 걸린다"고 말했다.

이에 따라 자원개발주 공시는 자율에만 맡길 것이 아니라 과학적 검증 절차를 밟은 후 공시를 하고 진행 과정도 상세히 공시해야 한다는 지적이다.

거래소 관계자는 "의약품이 식품의약품 안정청 임상시험을 통과해야 하는 것처럼 자원개발 사업 역시 광물자원공사의 검증을 거쳐 공시하도록 제도를 보완할 필요가 있다"고 말했다.

단, 위에서 제시한 정책의 방향성 또한 시간적, 경제적 한계성 때문에 어느 정도 효과적으로 사전 검증이 수행될 수 있을지는 의문이다. 그러나 이러한 보완적인 조치가 없다면 과학적인 검증이 필요한 공시건은 거래소 차원에서는 거의 무방비적으로 불성실 공시에 노출될 위험도 존재한다.

chapter 28

회계산업 선진화 TF

금융위는 회계제도를 선진화하기 위한 위원회를 2010년/2011년 가동하여 금융위, 금감원, 한국회계학회, 회계기준원, 공인회계사회, 회계업계를 중심으로 여러 주제에 대한 개선책을 제시하고 있다. 실무팀에서 마련한 안선을 TF에서 확정하는 방식으로 진행되었다.

큰 주제는 네 가지이고, 여기에 따른 작은 주제들이 몇 가지 있다. 일부 주제는 이미 기술되었지만 TF의 내용을 정리한다는 의미에서 다시 한번 정리한다.

1. IFRS 도입에 따른 회계제도 개선

* 원칙중심의 IFRS 도입에 따라 기업의 특성과 전문가 의견 반영을 강화한 감리조치 프로세스 개선, 연결재무제표 감리방식의 점진적 전환 등 IFRS 특성에 맞춰 회계감독제도 등을 개선

2. 사전 예방 기능 강화

* 감사품질관리기준 및 품질관리감리 현실적 합성제고 및 실효성 강화방안, 상장법인 감사인 등록제도, 외국감사인 감독방안 등

3. 감사환경 개선으로 외부감사 신뢰성 강화

* 회사 재무제표 작성책임 이행방식 명확화, 감사인 위협행위 형사처벌 조항 신설 등

4. 회계감독 관행 개선

* 감사인 중조치 요건 명확화, 감리절차 개선방안, 분식회계를 수반한 사기적 거래에 대한 자금흐름 조사의뢰 제도 등

5. 재무정보의 신뢰성 제고

* 우회상장 예정기업의 감사인 지정제도, 감사보고서 미공시에 대한 보완방안 마련, 상장폐지 우려기업의 반기보고서에 대한 외부감사 의무화 등

T/F에서 논의되는 이러한 내용들이 당장에 법제화가 되거나 외감법 개정으로 반영되지 않으면서 실현되지 않을 수도 있다. 그러나 이렇게 설정된 정책 방향들은 적어도 정책적인 차원에서 고민할 부분들이다.

상장폐지 우려기업 또는 한계기업이라는 표현이 사용되기도 하는데 이러한 기업은 언제 상장폐지될지 모르기 때문에 반기검토로는 인증의 정도가 불충분하여 감사를 강제하여야 한다는 입장이다. 정책 방향은 충분히 이해가지만 상장폐지 우려기업 또는 한계기업으로 기업을 분류하는 것이 어려운 과정이다. 이러한 기업군으로 분류된다는 자체가 해당 기업에게는 상당한 부담으로 작용할 것이다. 한계기업에 이러한 정책을 시행함이 타당성이 있다고 해도 한계기업의 분류가 주관적이므로 한계기업의 분류에 대한 부담을 누군가는 안아야 한다.

이러한 한계기업에 대한 감독기관의 제재는 2011년 2월의 다음과 같은 코스닥 시장의 투자주의 환기종목의 신설과도 궤를 같이 한다. 즉 코스닥에 투자자가 기업의 부실징후를 조기에 인지할 수 있도록 투자주의 환기종목이 신설되었다. 이는 실질심사제도에 의해서 기업이 퇴출되기도 하는데 아무런 경고 없이 상장기업이 퇴출되는 충격을 최소화하려는 시도이다. 이러한 제도가 코스닥에만 신설된 이유는 코스닥은 유가증권 시장과는 달리, 태생적으로 모험적인 기업을 위한 시장이기 때문이다.

거래소의 투자주의 환기종목 지정사유는 다음과 같다.

1. 양적변수(시가총액, 부채비율 등)와 질적변수(최대주주 변경, 횡령, 배임 등)를 종합하여 일정기준에 해당하는 경우
2. 내부회계관리제도 검토의견 비적정 또는 보호예수의무 위반
3. 3자배정증자 참여자에게 대여금 · 선급금 등의 형태로 자금이 재유출된 경우

내부회계관리제도에 문제가 제기되었다는 것은 이미 회계정보를 생산하여야 할 시스템이 미비함을 의미하므로 지정사유에는 반드시 포함되어야 할 내용일 것이다. 과거에는 투자유의종목이라는 분류가 존재하였고 이미 폐지되기는 하였지만 투자주의환기종목과 대비하기 위하여 이 제도를 아래에 기술한다. 투자주의환기종목이 있어도 관리종목은 별도로 구분한다.

투자유의종목

1 도입목적

ㅁ 주식의 환금성 부족, 코스닥기업의 공시의무 해태 등으로 투자유의가 필요한 종목에 대하여 투자자의 주의를 환기시키기 위한 제도

※ 2007. 7월 투자유의종목 지정제도를 폐지

ㅇ 투자유의종목 지정사유를 관리종목 지정사유로 변경하여, 시장관리체계를 관리종목으로 일원화하였다. 따라서 폐지 전에는 투자유의종목과 관리종목이 별도로 존재하였다.

2 발생사유 및 사유발생 신고의무

ㅁ 발생사유(관리종목 지정사유와 중복)

ㅇ ① 거래실적 부진, ② 주식분산기준 미달, ③ 불성실공시 또는 신고의무위반, ④ 사업보고서 등 미제출, ⑤ 정기주총 미개최 및 재무제표 미승인, ⑥ 사외이사 · 감사위원회 미구성 등

ㅁ 신고의무

ㅇ 투자유의종목 지정 · 지정해제사유 발생시 거래소에 신고의무 부여

ㅁ 사실확인 요구

ㅇ 거래소는 투자유의종목 지정 및 해제 등과 관련하여 사실확인을 요구할 수 있으며, 당해 기업은 이에 답변할 의무 부여

3 조치

ㅁ 투자유의종목지정 사실을 공시매체에 공표, 위탁증거금용 대용증권지정 대상에서 제외, 투자유의 종목지정 사유별로 기간경과 등 일정요건 충족시 상장폐지 등

4 기타

ㅁ 투자유의종목 지정사유 발생시 의무적으로 지정

거래 실적 부진이라는 내용은 상장기업의 가장 기본적인 요건이 주식이 시장에서 거래된다는 것이기 때문이다.

매일경제신문. 2011.4.30.

코스닥 투자요주의종목 33개 지정

또한 상장폐지실질 심사에서 살아 남았다고 그 기업을 투자주의환기종목에서 빼는 것이 과연 합당했는가?

오히려 지나친 보신주의로 우량기업 197, 투자주의환기종목 33, 히든챔피온 37개

거래소는 이들 환기 종목이 최대주주를 변경하거나 경영권 양도 계약을 체결하는 등 실질적으로 경영권이 변동하는 경우를 비롯해 제3자 배정, 유상증자 후 6월 이내에 당해 신주인수인에게 자금을 상환하는 경우, 제3자 배정 유상증자시 6개월간 보호예수의무 부과 등의 경우 상장폐지 실질심사 대상이 된다고 밝혔다.

한국경제신문. 2011.4.30.

100여 개 예상 '투자주의환기종목 33개로 줄어, 외압설 나돌아

우량 197, 중견 436, 투자주의환기 33, 벤처 283, 신성장 7, 관리 36, 기타 32

투자주의 환기 종목도 당초 100여 개의 3분의 1 수준으로 줄어들어 '외압의혹'이 제기되는 등 논란이 예상된다.

우량기업 및 벤처기업은 외국기관투자자를 향한 사실상 '매수 추천' 리스트 성격을 띤다는 게 코스닥 본부 공시제도팀의 설명이다.

매일경제신문.2011.6.7.

코스닥 소속부제 한 달 시행해 보니 투자주의 종목 오르고 우량기업은 하락

2011.6.9. 시사저널.

한국거래소 소속부제 개편 한달. 불공정 공시 분식회계 횡령 배임 수백억 적자, 이런 기업이 우량기업?

지난 5월 2일 한국거래소는 허위공시와 주가조작 등으로 시장의 신뢰를 잃어버렸다는 비판을 받고 있는 코스닥 시장을 정상화시키겠다며 '코스닥 소속부제'를 개편했다. 일반 기업부(약 700여 개)와 벤처기업부(약 300여 개 기업)로 구분돼 있던 코스

닥시장을 우량기업부(발표시 197개사, 현재 196사), 벤처기업부(발표시 283사, 현재 284사), 중견기업부(436사), 신성장기업부(7개사) 등 4개의 부로 변경했다.

한국거래소는 여기에다 영업정지, 부도, 3년 이상의 자본잠식, 대주주의 횡령, 배임 등으로 상장요건을 갖추지 못해 기업 존속이 의심되거나 상장폐지가능성이 높은 기업을 묶은 관리종목(36사), 상장폐지까진 아니지만 재무적, 법적, 도덕적으로 기업 건정성과 투명성에 문제가 있어 관리종목 지정 가능성이 높은 기업을 묶은 '투자주의환기종목(33개사)' 등 별도의 관리종목도 만들었다.

심지어는 상장폐지 심사 대상으로 거론되며 시장 퇴출 문턱까지 갔던 부실 불량 기업을 우량 건전 기업이라며 버젓이 우량기업부, 벤처기업부, 중견기업부에 포함시켜 놓은 것으로 …

코스닥의 1,000개 정도 되는 기업 중에서 투자주의환기종목이 33개밖에 되지 않는다는 것은 투자주의환기종목에 해당되는 기업에도 큰 부담을 주는 것이다. 위의 신문기사에서도 기술되었듯이 거래소의 초기의 정책 방향은 100개 정도 되는 기업을 환기종목으로 지정하는 것이었으나 이 기업군의 수가 축소되면서 환기종목으로 분류된 기업군이 어려움을 겪을 수 있다. 상장폐지 우려기업 또는 한계기업에게는 반기 감사를 강제한다는 위의 idea도 기업의 이러한 분류가 선행되어야 하는데 이 선행작업도 용이한 작업만은 아니다. 투자주의환기종목 분류도 1년에 1회 시행되어 시장은 매우 가변적인 데 비해서 종목 분류는 비간헐적으로 수행된다.

위에서도 기술하였듯이 회계장부를 면밀하게 검토하고 회사를 방문하여 기업의 계속 가능성을 판단하는 감사인도 계속기업과 관련된 판단을 수행한다는 것이 조심스럽고 신중한 작업이므로 투자주의환기종목이나 관리종목으로 기업을 구분한다는 것이 용이하지 않은 작업임에는 분명하고 많은 논란이 있음도 당연하다.

조선일보. 2011.5.3.

'투자주의환기종목' 무더기 하한가

한국거래소에서 '투자주의 환기종목'으로 지정된 기업들이 하한가로 직행했다. 그동안에는 관리종목으로 지정되거나 상장폐지 사유가 발생하기 이전에 투자자가 해당 위험을 알아차리기란 쉽지 않았다.

위의 기사에 의하면 투자주의환기종목에 대한 경고가 단기적으로는 명확하게 시장에 전달되어 효과가 나타난다고 할 수 있다. 그러나 위에 인용된 2011년 6월 7일의 매일경제신문 기사에서 보면 제도 시작 한달 후의 기간에는 오히려 투자주의환기종목의 주가가 올랐다고 보도되었다.

다음 기사에 해당되는 기업은 우량한 기업인데도 관리종목 분류 기준에 의해서 이와 같이 분류되었다.

한국경제신문. 2011.7.23.

현금 800억원 쌓아둔 회사가 '관리종목위기'라니 삼정펄프, 하루 평균 거래량 642주 … 기준 미달. 유화증권, 샘표식품도 주가 신경 안써 곤욕

한국거래소는 지난달 23일 '유가증권시장 상장사인 삼정펄프가 관리종목에 지정될 수 있다'며 투자에 유의하라고 공시했다. 회사가 보유한 현금이 시가 총액보다 많다. 잉여금을 자본금으로 나눈 유보율은 1641%에 이른다.

이런 삼정펄프가 한계기업이나 떠안는 불명예인 관리종목으로 지정될 위기에 처했던 것은 유동 주식수가 적었기 때문이다.

삼정펄프의 최대주주 지분율은 71%, 신영자산운용과 경기저축은행 등 기관투자자가 장기 보유하고 있는 지분 16%를 제외하면 시장에서 거래되는 주식은 전체의 12%에 불과하다. 115억원의 순이익과 비교해 높지 않은 배당금도 대부분 최대주주에게 귀속되다 보니 시장에서는 관심이 줄어들 수밖에 없다. 상반기 하루 평균 거래량은 642주에 불과하다.

유화증권도 … 하지만 최대주주와 자사주 등을 제외한 유동주식 비율이 10% 남짓이라 하루 거래량이 30주에 불과한 날도 있다.

주관적인 판단을 수행하지 않아야 투명하게 관리종목 지정 등이 수행될 수 있지만 이러한 잣대에만 기초하여 판단을 하게 되면 위의 신문 기사와 같이 누가 보거나 관리종목 분류될 기업이 아닌 우량기업이 관리종목으로 분류될 수도 있다. 그러나 주관이 개입됨은 동시에 경계하여야 하며 이러한 업무는 독립성이 확보된 위원회에서 최종적인 판단이 수행될 수 있다.

계속기업과 관련된 변형된 의견이 표명될 때, 이러한 의견은 한계기업에 대한 경고로 작용하여야 하는데 이러한 의견이 warning 수준에 그치는 것이 아니라 금융기관이 대출금을 회수한다거나 투자자가 주식을 투매하는 현상으로 진행된다면 계속기업과 관련된 변형된 의견은 부도의 원인으로 작용할 수도 있다.

계속기업과 관련된 변형된 의견을 받은 기업이 변형된 의견 없이도 부도가 발생할 기업이었는지 아니면 변형된 의견과 부도간에 인과(causal) 관계가 있는지를 보이는 것은 용이하지 않다. 이는 입증할 수 있는 건이 아니라 논리에 의해서 가정하는 것만이 가능하다.

인과관계를 보임에 가장 빈번하게 사용되는 방법론인 회귀분석은 설명변수와 종속변수간의 인과관계를 가정하지 입증할 수 있는 것은 아니다.

계속기업과 관련된 변형된 의견으로 기업이 도산하였는지를 보이는 연구를 self-fulfilling prophecy(자체예언실현효과)라고 한다(손성규, 이영한, 김태동. 2005).

이러한 계속기업과 관련된 변형된 의견이 초래할 수 있는 우려가 관리종목 및 투자주의환기종목의 지정에도 적용될 수 있다. 기업에 부정적인 영향을 미치려고 이러한 제도가 도입된 것이 아니고 투자자 보호의 목적으로 도입된 제도인데 이러한 제도가 의도하지 않았던 결과를 초래한다면 이는 제도 도입의 부작용으로 작용하는 것이다.

머니투데이. 2011.7.4.

'독립채산' 회계법인, 상장사 감사 제한 추진
"독립채산제 회계법인 불이익 검토"… 8월 구체안 발표 예정

회계감독 당국이 독립채산제 회계법인의 상장회사 외부감사를 제한하는 방안을 검토중이다.

금융당국 고위 관계자는 1일 "금융위원회를 중심으로 추진하는 상장회사 감사인 등록제도(적격 감사인제)는 적격 감사인의 등록 요건을 만들어 감사 품질을 개선하는 방향으로 진행할 것"이라며 "독립채산제 성격을 띤 회계법인에 대해 불이익을 주는 방안이 검토되고 있다"고 말했다.

국내 회계법인은 자금과 인사가 통합 운영되는 원펌(One Firm) 형태와, 감사팀 별로 자금과 인사가 분리된 채로 하나의 법인체를 이루고 있는 독립채산제로 나뉘어져 있다.

금융감독원의 품질관리 감리대상인 27개 회계법인 가운데 원펌 형태는 삼일, 안진,

삼정, 한영 등 '빅 4'와 충정회계법인 등 모두 8개 회계법인뿐인 것으로 알려졌다. 중소형회계법인은 대부분 독립채산제 형태로 운영되고 있다.

감독당국은 독립채산제 회계법인의 경우 원펌 형태의 법인보다 내부 통제에 대한 구속력이 약해 감사 품질 관리가 제대로 이뤄지지 않는 것으로 판단하고 있다.

금감원의 품질관리 감리 결과에 따르면, 독립채산제 회계법인의 감사 실태에 대한 감리 지적 건수(12.71건)가 원펌 회계법인의 감리 지적 건수(6.10건)보다 평균 2~3배 많았다.

이 때문에 지난 5월 금융위를 중심으로 발족한 회계산업 선진화 태스크포스(TF) 팀은 독립채산제 회계법인의 상장사 감사를 제한하는 방안을 강구중이다. 최종 안이 결정되면 관련 내용을 주식회사의 외부 감사에 관한 법률 등에 반영할 계획이다.

독립채산제 외에 손해배상준비금 및 손해배상기금 적립 현황도 적격 감사인 선정의 고려 대상으로 논의되고 있다.

금융위 관계자는 "독립채산제이면서 내부통제가 잘 이뤄지지 않을 경우(적격 감사인평가에서) 감점을 주는 방향으로 논의하고 있다"면서 "원펌과 독립채산제 법인을 구분하는 명확한 기준이 없어 여러 방안을 모색하고 있다"고 설명했다.

이 관계자는 다만 "여러 독립채산제 조직이 있더라도 내부통제가 잘 이뤄지는 회계법인이라면 불이익을 받지 않을 것"이라며 "독립채산제 성격의 회계법인에 대해서는 원펌의 성격을 갖출 수 있도록 실태 개선을 유도할 것"이라고 말했다.

회계산업 선진화 TFT는 이달까지 관련 논의를 마치고, 다음달 중 적격 감사인 제도에 대한 최종 방안을 발표할 예정이다.

독립채산제로 운영하는 회계법인일 경우는 모양은 회계법인의 형태이지만 실질적인 내용은 개인 공인회계사의 집합체와 같은 형태이다. 회계법인의 품질을 측정하는 변수로 조직화 정도라는 변수가 사용되기도 한다. 중소형회계법인은 감사인 등록제도의 도입에 반대하고 있다.

이와는 다른 one firm의 개념이지만 국제적 big 4 회계법인과 제휴된 국내의 big 4 회계법인도 외국의 big 4와의 제휴 정도에 따른 one firm의 이슈가 있다.

한국경제신문. 2010.5.28.

국내외 회계법인, 갈등 불씨 안고 '불안한 동거'

이 날 합병 해프닝은 메이저 국내 회계법인의 고민을 보여주는 단적인 사건이다. 빅 3로 불리는 삼일, KPMG 삼정, 딜로이트 안진은 모두 글로벌 회계법인과 제휴 관계를 맺고 있다. 이런 '동거구도'는 양측의 필요에 따라 형성됐다. 국내 회계법인들은 선진 회계감사 노하우가 필요하고, 글로벌 회계법인들은 커 가는 한국 시장을 선점하기 위해 현지 파트너와 손잡을 필요가 있다.

문제는 글로벌 회계법인들이 2007년을 전후해 세계 각국의 토종 회계법인들을 직접 경영하는 쪽으로 정책을 바꿨다는 점이다. 브랜드 사용료만 내면 되는 제휴 관계였던 각국 member firm들을 통합해 one firm 체제로 유도중이다. 세계 각국에서 일관성 있는 회계감사서비스를 바라는 기업들의 요구에 따른 것이라지만, 인사, 예산권을 장악하려는 의도도 있다는 게 업계 관계자들의 분석이다.

삼정 KPMG와 언스트영한영간의 합병논의도 이런 맥락이 숨어 있다. 삼정 KPMG는 그간 윤회장이 독자 경영하는 '멤버펌' 지위를 유지해 왔다. 하지만 지난해 KPMG인터내셔널이 직접 경영 하는 '원펌' 형태로 전환하자는 요구를 해오면서 갈등을 빚었다. 이런 가운데 언스트영한영이 독자 경영을 제안하자 윤회장으로서 귀가 솔깃할 수밖에 없었던 것. 삼정 고위관계자는 '회계법인 통합에는 큰 위험이 있지만 경영상 독립을 보장해 주겠다는 언스트앤한영의 제안을 진지하게 검토할 수밖에 없었다'며 '원펌으로 전환하면 경영상의 주요 결정을 본사가 내리게 돼 무슨 일이 있어도 막아야 했다'고 말했다.

불안한 동거 계속될 듯

삼정과 KPMG본사간의 갈등은 결국 KPMG측이 윤회장의 독립경영을 보장하고 500억원 가량의 지원금을 지급하는 조건을 새로 제시하면서 봉합됐다. 하지만 갈등의 불씨는 여전히 남아 있다. KPMG가 '멤버펌'의 지위를 인정해 주는 나라가 한국과 대만밖에 없어 이런 예외를 언제까지 인정받을 수 있을지 미지수이기 때문.

업계 1위인 삼일회계법인 역시 비슷한 고민을 안고 있다. 삼일은 현재 '멤버펌'보다는 느슨한 형태인 '네트워크펌' 형태를 띠고 있다. 하지만 2007년부터 PwC 본사측에서 '멤버펌'으로 들어오라는 요구를 꾸준히 해오고 있다. 한덕철 삼일회계법인 부대표는 '글로벌 파트너사를 교체하는 건 회계감사시스템 자체를 바꾸는 것이라 어려운 일이지만 삼일의 독자성과 정체성이 위협받는 상황이 오면 얘기는 달라질 수 있다'고 말했다.

그러나 국내 빅 3 회계법인이 글로벌 회계법인과의 제휴 없이 독자생존의 길을 택할 가능성은 매우 낮다. 삼성전자, 현대차 등과 같은 국내 대기업의 경우 한국 토종회계법인이 독자적으로 작성한 회계감사 보고서는 글로벌 투자자들이 인정해 주지 않기 때문이다. 또 시장이 커지고 있는 재무분야, M&A 자문 등 비감사 부문의 경쟁력을 키우려면 글로벌 회계법인들의 노하우와 브랜드 파워가 필수적이다. 국내외 회계법인간 '불안한 동거'는 앞으로도 계속될 것이라는 게 업계 안팎의 일관된 전망이다.

매일경제신문. 2010.5.20.

삼정 KPMG, 한영 E&Y와 합병 검토

양사간 합병은 이달 초 EY글로벌측에서 삼정 KPMG에 합병을 제안하면서 본격적으로 추진됐다. 현재 삼정 KPMG는 KPMG의 업무협력 라이센스 계약을 맺고 독립적으로 경영을 하는 멤버펌이다. 반면에 한영 E&Y는 글로벌 한국지점으로 활동하는 one firm 구조이다.

E&Y는 인수를 제안하면서 one firm으로 한국법인을 운영할 것을 요구한 것으로 알려졌다. 하지만 삼정측은 멤버펌 관계를 유지하고 있어 합병에 최대 쟁점이 되고 있다.

삼정 KPMG가 E&Y와 파트너십을 체결해 E&Y 멤버펌이 되는 방안, 삼정 KPMG가 원펌측 제안을 받아들여 삼정E&Y가 되는 방안 등이다.

이 TF의 제안서에는 부실감사 회계법인 제재의 실효성을 확보하기 위해 분식회계 발생시 다수의 이해관계자에게 엄청난 피해를 주는 금융산업의 경우 동종산업에 대한 감사업무 제한 조치를 신설할 것을 제안하고 있다. 금융업도 어느 정도까지 동종산업을 세분화할지 등에 대해서는 추가 논의가 진행되어야 한다. 매우 강한 제도이다.

매일경제신문. 2011.11.3.

빅 4 회계법인 빼면 소송 한방에 회사 거덜 날 수 있다.

금융위는 당초 비금융업종 등 모든 분야에 이를 적용하려고 했으나 시장 충격을 고려해 이 같은 안을 마련한 것으로 알려졌다. 그러나 건설 업계 등에서도 회계문제가 자주 발생하는 만큼 업종 제한을 두지 말자는 주장이 나오고 있다.

부실감사 회계법인 제재 실효성 제고의 한 방안으로 공인회계사법상 과징금의 확대를 제안하고 있다. 현행은 과징금의 부과한도가 5억원으로 업무 정지에 갈음하여 부과하기에는 금액이 적어 실효성이 없다고 판단하였다. 공인회계사법상 과징금은 금융위가 회계법인의 업무정지를 (공인회계사는 직무정지) 대체하여 부과할 수 있다. 개선안은 중조치 대체 과징금을 5억원에서 자본시장법상 회계법인 제재 최대 수준인 20억원으로 상향조정하여 조치의 실효성을 확보한다는 계획이다.

회계선진화 TF의 최종 보고서 내용이 2011년 11월 2일 보도되면서 각계는 다양하게 반응하였다.

조세일보. 2011.11.3.

업계 '환영', 기업 '울상', 학계 '반반'…'삼인삼색(三人三色)'

업계, "회계법인 규모 있어야 회계리스크 감당 가능"
기업, "비용부담 가중 … 내부정보 공개 부담스럽다"
학계, "시장 문제점 포괄 성과 … 세부규정 다듬어야"

금융당국이 지난 1일 발표한 회계산업 선진화 방안을 둘러싸고 직·간접적인 이해당사자인 회계업계와 기업, 학계의 의견이 엇갈린다.

회계업계는 금융당국의 방안에 '환영'의 뜻을 보낸 반면, 기업들은 부담 증가 가능성에 대한 우려를 표명했다.

ㅁ 회계업계 '환영' = 회계업계는 금융당국이 발표한 회계산업 선진화 방안과 관련 큰 틀에서 환영의 뜻을 표한다. 특히 적법한 능력을 갖춘 회계법인들만 상장사와 금융사 감사를 허용하는 감사인 등록제 도입(2014년)에 대해 긍정적이다.

회계법인이 어느 정도 규모(자금력, 인력 등)를 갖춰야만 미래에 닥칠 '회계리스크'를 감당해 낼 수 있기 때문이라는 논리다. 선진화 방안을 관통하는 감사인들의 책임성 강화 기류에 대해서도 필요성이 높다는 입장이다.

업계 관계자는 "회계가 점차 복잡해짐에 따라 소규모 법인으로 갈수록 감사 품질관리가 미흡할 수 있다. 감사인 규모가 어느 정도 되어야 내부적으로 품질 컨트롤을 제대로 할 수 있다"고 말했다.

중·소형 회계법인 M&A 촉진을 유도하려는 법 개정에 대해서도 순기능적 측면에 대한 평가가 주류다. 또 다른 업계 관계자는 "감사인 등록제가 도입되면 중·소형 회계법인들이 기준 충족을 위해 합병 등을 진행해 경쟁력을 갖추려 할 것"이라고 설명했다.

연속감사 제한 규제를 철폐하는 문제에 대해 한 대형 회계법인 관계자는 "현행 규정은 비효율적 측면이 많은 것이 사실"이라고 전제한 뒤 "2~3년의 시간을 투자해야 감사대상 회사에 대해 제대로 알 수 있다. 교체 주기가 짧으면 제대로 된 감사가 어렵게 된다"고 말했다.

공인회계사회는 선진화 방안과 관련 "민관합동위원회에서 다양한 의견을 수렴했기 때문에 의미가 깊다"고 총평한 뒤 "그동안 문제로 지적된 부실한 품질관리 시스템 및 저가수임 경쟁을 내부심리 등 강화로 감사품질 경쟁체제로 개선하려는 시도가 가장 긍정적"이라고 평가했다.

이어 회계사회는 "최근 저축은행 사태로 회계정보를 다루는 회계법인의 중요성이 높아졌고 이를 보완하고자 규제강화가 이뤄졌다"며 "다만 근본적으로 분식회계를 일으킨 기업에 대한 제재 방안이 더 논의되기를 희망한다"고 밝혔다.

ㅁ 비용 부담 늘까, 기업들은 '울상' = 금융당국이 발표한 선진화 방안은 재무제표 1차 작성자인 기업에 대한 규제 강화가 또 다른 골자로 자리 잡고 있다.

특히 외부감사인이 재무제표를 대신 작성하던 관행을 뜯어고치고, 감사인 선임권한을 감사위원에게 이전하는 등 규제를 강화했다. 또한 분식회계 발생시 기존 회계담당자에서 관련 임원까지 모두 처벌할 수 있도록 했다.

아울러 기업들이 증권신고서를 제출할 때마다 외부감사인의 동의서를 받도록 의무화했다. 이에 기업들은 추가적인 비용 발생이 예상된다며 부담감을 표출했다. 게다가 재무제표를 정부측에 제출하는 것이 기업의 내부 정보를 공개하는 꼴이라며 우려를 표한다.

특히 기업들은 회사가 재무제표를 외부감사인과 증선위에 함께 제출하도록 하는 규정에 대해 우려를 제기한다.

기업 관계자는 "정부가 외부감사를 받기 전 1차적으로 작성된 재무제표의 내용을 보는 것은 부담일 수밖에 없다"며 "행정조치를 하지 않겠다는 법령을 만들겠다고 했지만 이는 기업이 제대로 하고 있다는 것을 보고, 차후 감리과정에서 참고하겠다는 것"이라고 말했다.

정부의 제도개선에도 재무제표 '대필(?)' 관행도 없어지지 않을 것이라는 것이 기업 관계자들의 전언이다. 재무제표 작성에 대한 부담감이 큰 만큼, 수요가 사라지지 않을 것이라는 분석이다.

결국 재무제표 대리 작성을 차단하고, 감사인의 독립성과 감사 시간 확보로 감사품질을 높이겠다는 정부의 방안도 '형식적'이 될 수밖에 없다는 지적을 내놓는다.

또 다른 기업 관계자는 "상장사라 해도 중소기업의 경우 규모가 작기 때문에 회계담당자가 있기 어렵다"며 "주주총회 6주 전에라도 미리 불러 대신 작성하게 할 수도 있는 것 아닌가. 또는 회계사를 따로 고용하는 경우도 있을 수 있다"고 설명했다.

이 관계자는 이어 유가증권신고서에 감사보고서를 첨부할 때 감사인의 사용 동의를 받도록 한 것에 대해서도 "동의가 선택이 아닌 강제라는 점에서 비용이 증가할 것"이라며 "부담이 커질 것으로 보인다"고 강조했다.

ㅁ 학계, "세부 규정 다듬을 필요 있다" = 일단 학계는 선진화 방안에 대해 회계시장 구석구석 문제점들을 포괄적으로 짚어내고 해결책을 내놨다는 데 성과가 있다는 평가다.

다만 학계측에서는 큰 틀이 아닌 세부적인 제도 입안 과정에서 실효성과 영향력을 따지는 '다듬기 작업'이 필요하다는 설명이다.

특히 증선위에 재무제표를 동시에 제출하게 한 부분에 대해서는 기업들의 내부정보를 보는 효과가 있는 만큼, 감리에 활용하지 않겠다는 세부적이고 명확한 법령이 뒤따라야 한다는 설명이다.

학계 관계자는 이와 관련해 "상장기업이 회계인프라를 갖추지 못한 채 상장한다는 것 자체가 문제"라며 "상장기업에게만 적용한다는 건 외부감사인에게 감사를 받기에 충분하다는 인식이 바탕이 된 것이다. 기업들의 경제적인 부담은 충분한 논리가 안 된다"고 말했다.

"다만 현실적으로 기업들이 국제회계기준에 따른 재무제표를 작성하려다 보니 기한 내 제출하기는 쉽지 않을 것"이라며 "방안을 시행하기 전에 법정제출 시한 자체가 부담스럽지 않은지 살펴봐야 한다"고 말했다.

외부감사를 받지 않은 재무제표를 정부에 제출하는 것과 관련해 또 다른 학계 관계자는 "가결산한 정보를 정부가 볼 수 있다는 것은 재무제표의 숫자와 감사 후 숫자가 달라질 경우 감리를 한다든가 책임을 물을 가능성이 있다는 걸 의미한다"며 "최종 책임은 감사받은 재무제표만 보고 묻겠다는 사항을 법령에 명확하게 제시해야 한다"고 설명했다.

기업에서는 증선위에 가결산한 재무제표를 제출하는 것에 대해서 많은 부담을 느끼고 있다. 가결산한 재무제표를 검토하여 최종 재무제표가 확정되기 이전에 수정할 부분을 전달할 수 있다면 이는 사전검토(pre-clearance)의 가장 이상적인 절차일 것이다. 단, 가결산 재무제표이므로 이의 책임에 대한 우려를 불식시켜야 한다.

29 chapter

보 험 업

I FRS 도입 시점에 다음과 같은 점이 우려되었으며 그러한 내용을 정리한다.

한국경제신문 2009.7.27.

세금 적립금 폭탄 온다

26일 금융당국과 보험업계에 따르면 IFRS가 2011년 도입되면 손보사들이 쌓아놓고 있는 비상위험준비금 3조 1,256억원(2008회계연도기준)이 '부채'에서 '자본금'으로 바뀌게 된다. IFRS는 지진 등 거대손실 위험에 대비해 적립하는 비상위험준비금을 부채로 계상하지 못하도록 하고 있기 때문이다. 이럴 경우 비상위험준비금은 회사소득으로 간주되게 돼 손보사들은 27.5%(주민세 포함, 2008년 법인세법 개정안 반영 전)에 달하는 8,595억원을 법인세로 납부해야 한다.

보험사 세금이 늘어날 가능성이 있다는 우려가 있었다. 보험사들은 국가적 위기나 비상시에 대비해 매년 '비상위험준비금'을 적립해야 한다. 전쟁과 같은 국가적 비상사태가 오면 지급해야 할 돈이기 때문에 현재는 부채로 처리하고 있다. 하지만 IFRS는 '보험 계약자가 없는 준비금은 부채로 잡아서는 안 된다'는 원칙이 있어 부채로 처리했던 비상위험준비금이 자본으로 변하게 된다는 주장이 있었고 이렇게 되면 장부상 비용이 줄어 세금 부담이 늘어날 가능성이 높았다. 전쟁과 같은 국가적 비상사태는 발생할 가능성이 높지 않은 사건으로 이러한 사건이 발생하지 않는다는 가정하에 이 준비금이 어떠한 성격의 금액인지를 파악하려면 이 준비금이 부채인지에 대한 해답이 도출되기 어렵다. 따라서 이 금액을 국제회계기준에서 부채로 인정하지 않는다.

한국보험신문. 2010.9.20.

[내년 1월 1일부터 국제회계기준(IFRS) 적용]순조로운 도입 과정, 관련법규 개정 잇달아 연결재무제표·정기보고서 작성 기준도 마련

2011년 1월 1일부터 전면 시행에 들어가는 국제회계기준(IFRS) 도입을 앞두고 보험업계의 움직임이 부산하다. IFRS는 원칙적으로 상장사를 대상으로 하지만, 금융사는 비상장사도 모두 포함되므로 보험사는 내년부터 예외 없이 IFRS를 따라야 한다. IFRS의 도입에 따라 외감법, 자본시장법, 법인세법 등의 개정이 이루어지고 금융감독 당국에서 연결재무제표 및 정기보고서의 작성기준을 정하는 등 여러 변화가 일어나고 있다. 국제회계기준 도입이 보험업계에 가져올 변화와 영향을 알아보았다.

■ IFRS 추진 현황

정부 당국은 2006년 국제회계기준(IFRS) 도입 준비단을 구성한 이래 2009년 외감법 및 자본시장법 개정, 2010년 IFRS 전국 순회설명회 개최 등 필요한 작업을 진행해왔다.

보험업계에서 조기 도입 기업으로 선정된 삼성생명·삼성화재·대한생명·교보생명 등 6개사는 이미 IFRS를 적용한 분·반기 연결재무제표 등을 작성하고 있으며, 나머지 보험사들도 공식 도입을 위한 준비 작업에 한창이다.

체계적인 준비를 위해 컨설팅사와 접촉하고 있는 보험사도 있는데, 타워스 왓슨, 액센츄어 등 세계적인 컨설팅 회사들이 IFRS를 도입하는 한국시장을 노리고 적극적인 진출을 시도하고 있다. 한 컨설턴트는 “IFRS 때문에 관련 부서는 눈코 뜰 새 없이 바쁘다”라며 “월화수목금토일은 기본이고, 새벽까지 퇴근 못 하는 일도 허다하다”고 말했다.

보험업계에서 가장 빠른 행보를 보이고 있는 삼성생명은 주요 기업 임원 및 재무담당자를 대상으로 ‘국제회계기준의 도입실무 및 신(新) 퇴직부채 계상방식의 이해’를 주제로 한 세미나를 매달 개최하는 등 시장 확대의 방편으로도 활용하고 있다.

한편 올해 7월 기준 IFRS 의무적용 기업 1,884개 사 중 93.0%가 이미 준비 작업에 들어갔는데, 특히 분·반기 연결공시 대상인 자산 2조원 이상 기업은 모두 착수한 상태이다.

304만여 중소기업 중 1,079개 상장사(0.035%)는 빠짐없이 IFRS 적용대상이 되며, 나머지 중소기업은 일반회계기준을 적용해 부담을 최소화했다.

한편 금융감독원과 한국회계학회는 IFRS의 순조로운 도입을 위해 지난 6월 18일 각국의 국제회계기준 전문가를 초청하여 상장기업 임직원·공인회계사·학계인사 등을 대상으로 ‘IFRS 국제 심포지엄’을 공동 개최했다.

금융감독당국은 그 밖에 'IFRS 정보이용자 조찬간담회'도 열어 도입기업들의 편의를 돕고 있다.

■ 관련 법규 개정 상황

IFRS의 조속하고 효율적인 정착을 위해 각종 관련 법규 정비 작업도 한창이다.

우선 외감법에서 포괄손익계산서 도입, 이익잉여금처분계산서 주석사항으로 공시 등 재무제표의 구성과 명칭이 변경됐으며, 연결재무제표 작성을 위해 지배·종속 관계 관련 규정을 개정했다. 금융감독원은 이와 관련해 연결기준 작성방법을 명확히 하고, 올해 7월에는 '기업공시서식 작성기준'을 개정하는 등 정기보고서 작성기준을 마련했다.

또 연결재무제표 중심의 재무·비재무사항 등 공시체계 마련 및 제출서류 정비 등 상장·공시 관련 법규와 건전성 감독지표 산정방식 개선, 업무보고서 보완 등 감독규정의 개정도 추진되고 있다.

보험업계에 특히 민감한 부분은 법인세법 개정이다. 현재 법인세 과세 대상이 아닌 보험사 비상위험준비금도 IFRS 도입과 함께 이익잉여금으로 계상돼 고액의 법인세 부과 가능성이 있었다.

감가상각비를 줄여 늘어난 이익은 비과세, 특히 보험사들이 천재지변에 대비해 적립하고 있는 비상위험준비금에 대해서 신고조정을 허용키로 했다. IFRS는 비상위험준비금을 비용으로 인식하지 않아 보험사 법인세 증가가 우려됐으나 감가상각비처럼 신고조정을 통해 보완할 것이다.

이에 대해 보험업계에서는 "재무건전성을 해쳐 결과적으로 수많은 보험계약자들에게 피해가 돌아가게 된다"고 거세게 반발했으며, 논란 끝에 금융감독 당국은 비상위험준비금의 손금 산입을 인정키로 결정했다. 특히 법인세법 개정을 통해 신고조정 방식을 택함에 따라 결산 때 이익잉여금에 포함된 금액도 보험사가 비상위험준비금으로 신고할 경우 법인세 부과 대상에서 제외될 전망이다.

또한 지난해 12월 22일 보험업법 시행령 개정안이 국무회의를 통과하면서 순조로운 IFRS 도입을 위한 기반 정지 작업도 착착 이뤄지고 있다. 주요 개정 사항은 ▲ 보험료 산출체계 변경 ▲ 재보험 회계처리 방식 변경 ▲ 전업카드사 감독규정 정비 등이다.

우선 보험료 산출 방식이 현행 3이원방식(예정위험률·예정이율·예정사업비율)에서 현금흐름방식으로 변경됐다. 김해식 보험연구원 전문연구위원은 "보험료 산출에 있어서 현금흐름이 크게 굴곡지지 않고 꾸준한 회사가 그렇지 않은 회사보다 유리한 위치에 서게 될 것"이라고 평했다.

현재 부채와 상계처리하고 있는 재보험 출자분은 재보험자산으로 별도 계상하게 됨에 따라 재무건전성이 떨어지는 재보험사와 거래한 보험사는 더욱 큰 자본 확충 부담을 지게 됐다.

아울러 국제회계기준 및 위험기준자기자본(RBC)제도 도입과 더불어 보험사의 리스크를 보험·금리·신용·시장리스크로 나눠 세밀하게 공시토록 하는 등 보다 철저하고 정밀한 리스크 관리도 추진되고 있다.

■ 향후 전망

IFRS 도입과 관련하여 보험사에 가장 민감한 부분은 보험부채적정성평가, 즉 책임준비금의 적립 부담이다. 핵심 중의 핵심 사안인 만큼 이미 수년 전부터 보험업계와 금융감독 당국은 이 문제를 놓고 국제회계기준위원회(IASB)와 의견 제시와 피드백을 거듭하고 있다.

IASB는 "보험사 책임준비금은 보험계약자들의 보호를 위해 매우 중요한 사안인 만큼 매년 결산 때 그 변동성과 리스크를 기초율을 반영해 철저하게 평가해야 한다"는 입장이다. 이 경우 리스크를 담보할 만큼 책임준비금이 충분치 못할 때는 변동성 관련 준비금을 따로 적립해야 하는 등 보험사의 책임준비금 적립 부담이 한층 증가하게 된다.

보험업계는 "결산 때의 기초율, 즉 결산 당시의 시중금리로 보험부채의 시가를 평가하는 것은 부당하다. 우리 회사는 자산운용을 통해 시중금리보다 더 높은 이익을 낼 자신이 있으므로, 당연히 결산 때 각 사별 자산운용이익률을 반영해 평가해야 한다"고 주장하고 있다.

하지만 IASB측은 "장기상품인 보험부채의 특성상 장기적인 리스크를 담보할 수 없는 단기적인 운용수익률을 평가의 기초자료로 활용할 수는 없다. 확실한 안정성의 확보를 위해서는 시중금리로 판단해야 한다"며 반박하고 있다.

금융감독당국 관계자는 "IASB의 입장이 완강한 만큼 내년부터 보험사들의 책임준비금 적립 부담이 늘어나는 것은 불가피하다"며 "현재 업계와 IASB 사이를 조절하여 보다 나은 방향을 모색하고 있다"고 말했다. 따라서 IASB에 우리 입장을 확실히 전달하기 위해서라도 위원회에 한국인이 들어가야 한다는 주장이 일고 있다.

금융위에 근무하는 J씨는 "현재 IASB에 일본인과 중국인은 있지만, 한국인은 없다. 이는 우리나라가 힘이 약해 국제적인 헤게모니 싸움에서 뒤처지고 있다는 반증으로, 앞으로 이 문제를 해결하기 위해 정부 차원에서의 노력이 요구된다"고 강조했다.

2012년 7월 1일부로 한국인 IASB위원이 선임되어 우리산업계의 입장이 대변될 것으로 기대한다.

chapter 38

기준원의 성격 규명

회계기준원의 역할 및 위상과 관련되어 논의가 진행되고 있다. 과거의 회계기준원은 회계기준을 제/개정한다는 독보적인 활동 영역을 갖고 있었으나 현재는 국제기준을 그대로 번역하여 한국채택국제기준으로 채택하고 있기 때문이다. 한국회계연구원은 1999년 9월 설립된 이후 2006월 3월 회계기준원으로 개명되었다. 개명 당시의 취지는 회계연구원이 금융투자협회 산하의 자본시장연구원이나 은행연합회 소속의 금융연구원의 순수 연구 기능보다는 기준을 제/개정하는 기능이 강하다는 이유에서였다. 연구는 학회 등 다른 기관에서도 수행할 수 있지만 기준 제정은 기준원의 고유 권한이므로 이를 기관의 명칭에 명확하게 한 것이다.

그러나 지금의 기준원은 기준의 제정보다는 회계의 제도 및 정책과 관련된 연구 기능이 강화되어야 한다는 주장이 많으므로 기준원도 이 부분을 고민하여야 한다. 그러한 이유에서 혹자는 기준원의 명칭이 다시 연구원이 되어야 한다는 주장도 한다. 이 또한 일리가 있는 것이 지금의 우리 기준은 국제기준을 거의 도입하는 pattern을 보이고 있기 때문에 기준원도 자신의 위상에 대한 고민을 해야 한다.

일부에서는 현재 기획재정부에서 공인회계사에 위탁되어 있는 기구인 국가회계기준센터도 공인회계사회보다는 회계기준원이 주관기관이 되어야 한다는 주장도 있다. 이 기관이 공인회계사회에 위탁될 때도 두 기관이 경쟁하는 구도였다. 이는 기획재정부에서 판단할 사안이다.

기준원의 독립성

현재의 민법상 사단법인에서 외감법상 특수법인(비영리법인), 예를 들어 공인회계사회와 유사한 단체로 기준원의 기관 성격을 변경하는 내용이 논의되기도 하였다. 발행분담금 법상 한도를 5%→10% 확대, 회원사 출연금을 유지하되 회원사를 확대 추진하는 방향도 고민중이다.

기준원이 정책이나 제도에 대한 연구기능을 수행하면 아무래도 이러한 부분은 금융위나 감독원의 정책적인 용역을 수행하는 모습을 보일 것인데 그렇다면 민간기구인 기준원의 독립성이 영향을 받을 수 있다.

자본시장연구원 등의 연구기관이 자본시장법 등의 기초 작업을 수행하면서 기획재정부, 금융위원회 등의 업무 부담을 많이 줄여주었다. 이 과정에서 자본시장연구원의 독보적인 위치도 확보되었다.

대부분의 정책 용역은 결론을 이미 갖고 이를 정당화하는 논지의 개발을 요청하기 쉽다. 따라서 이러한 용역을 기준원이 수행한다면 독립성이 훼손될 우려가 분명히 있다. 민간단체로 출범할 1999년 당시의 기준원의 덕목 중에서 독립성이 매우 강조되었다.

기관의 독립성을 가늠하는 기준 중에 기관장의 선임절차도 기구의 지배구조와 관련되어 매우 중요한데 제5대 현 기준원장의 추천위원회는 다음의 위원으로 구성되어 있고 정부의 영향력은 한 위원으로 국한되어, 민간 위원회로서 위상은 유지되고 있다.

5대 기준원장 선임위원회는 13개 회원기관 중 기업계 대표 1인, 금융계 대표 1인을 포함하여 다음으로 구성하였다. 위원회는 후보 중, 개인별 순위를 정하여 후보를 회원총회에 추천하며 추천을 토대로 총회에서 선임한다.

총회회원은 공인회계사회, 대한상공회의소, 전국경제인연합회, 중소기업중앙회, 한국상장회사협의회, 전국은행연합회, 한국금융투자협회, 생명보험협회, 손해보험협회, 한국거래소, 금융감독원, 한국회계학회, 코스닥협의회의 13개 기관이다.

1. 상장회사협의회 회장 (총회 의장으로 기업계 대표)
2. 한국거래소 이사장 (금융계 대표)

3. 감독원 회계전문심의위원 (전직 원장 선임시에는 금감원 부원장)
4. 한국회계학회장
5. 현 기준원장 (투표권 없음)
6. 공인회계사회 회장

현 회계기준위원회의 구성에 있어서도 약간의 논의가 있었다. 현재의 5인의 비상임위원의 구성은 회계법인 2인, 학계 2인, 실무계 1인으로 구성되어 있다. 현재로는 원장과 상임위원도 학계 출신이다. 초대 원장 이외의 역대 원장과 역대 상임위원 모두가 학계 출신이다.

이러한 구성에 대한 비판은 회계정보의 이용자라고 하는 금융계의 의견이 기준을 제/개정하는 과정에서 반영되어야 하는데 이 산업분야에서의 위원 T/O가 가능하도록 위원회가 확대되어야 한다는 의견도 있다. 또한 임원 선임이 너무 학계 중심이라는 비판도 있다. 미국 FASB의 경우도 2011년부터 위원회를 확대하였다.

또한 비상임위원의 역할에 한계가 있으므로 상임위원이 확대되어야 한다는 의견도 있다. 참고로 일본회계기준위원회(ASBJ: Accounting Standard Board of Japan)의 구성을 보면 우리의 상임위원에 해당하는 직위인 full time vice chairman이 2인 있으며 2인의 full time 상임위원, 교수 2인, 회계법인 파트너 출신 1인, 산업계 출신 3인(금융 2인, 제조업 1인)으로 구성되어 있어서, 금융 분야의 실무자가 더 필요하다는 주장도 뒷받침된다. 오히려 우리의 기준위원회 구성에 비해서 회계법인 소속 위원이 소수이다.

IASB는 총 15명이다. 그 구성을 보면 회계법인 출신이 3명, 산업 출신이 1명, 정부/감독기관 출신이 3명, 은행 출신 3명, 보험 1인, 회계기준제정기구 1인, 금융 3인으로 구성되어 있다. 우리의 경우와 비교하여 총 15명 중, 은행/금융업/보험 관련이 7인으로 적지 않은 부분을 차지하고 있다. 물론, 오랜 career 기간 동안의 중복되는 경력 때문에 전력 파악이 복잡하다. 현재의 IASB 위원은 모두 full time이다.

FASB는 2011년부터 위원회를 5인에서 7인으로 확대하였다. 7인 위원 중, 교수 1인, 회계/금융의 경험이 있는 2인, 회계/실무의 경험이 있는 2인, 회계법인에서 대부분의 career를 가진 2인으로 구성된다. 이용자 경험을 가진 2인의 위원이 활동을 하고 있다.

단, 회계기준위원회의 확대는 예산과 같이 고려되어야 하기 때문에 중장기적으로 검토되어야 할 사안이다.

회계기준위원이 한 특정 기업 또는 한 특정 산업의 이익을 대변하며 또는 이러한 기업을 감사하는 회계법인 소속의 공인회계사가 회계기준위원을 맡고 있을 때 이러한 기업 또는 산업의 이익이 대변되는 것은 아닌지에 대한 독립성 이슈가 지분법 적용과 관련되어 과거에 제기되었다. 모든 기준위원이 상임이 아닌 이상은 해결할 수 없는 이슈인 듯하다.

이러한 이유 때문에 회계기준위원 인선기준에는 다음과 같이 규정되어 있으나 조직에 속한 소속원으로서 완전한 chinese wall의 강제는 현실적으로는 어렵다.

- 실무공인회계사의 경우는 직접적인 고객관리업무를 맡지 않고 전반적인 심리업무나 위험관리업무를 책임진 인사로서 독립적인 자세를 견지할 수 있고 회계실무에 대한 전문성을 갖추어야 함
- 본인이 속한 조직을 포함한 이해관계자집단에 치우치지 않고 회계기준 제정에 있어 독립적인 입장을 유지할 수 있어야 함

회계정보 이용자 대표가 위원 선임에 고려되어야 한다는 이면에는 회계정보가 누구를 위해서 제공되고 있는지에 대한 좀 더 근본적인 논지가 그 배경이다. 우리나라에서 회계가 주목을 받지 못하였던 이유가 이용자들이 품질로 차별화된 회계정보를 구하지 않은 것도 있다. 따라서 이용자들이 회계정보에 관심을 갖는다는 것이 회계발전에 매우 중요하므로 이러한 점도 이용자 집단이 회계기준 제/개정 단계에도 참여할 필요성이 있다.

이용자 중에서 금융기관이 가장 주된 경제주체일 것인데 대출의사결정 등을 심사할 때, 재무제표보다는 담보가 더 확실한 대출의사결정 수단이므로 재무제표가 덜 중요하게 인식될 수 있다.

최근에는 중소기업만을 위한 중소기업 전용 회계기준제정이 중소기업중앙회 등의 협조로 진행되고 있다.

chapter 31

대손준비금

문화일보. 2010.9.20.

IFRS 대비… 당국, 대손준비금 제도 도입 은행법 감독규정 변경 예고

금융당국이 국제회계기준(IFRS) 도입 과정에서 발생하는 대손충당금 환입 문제를 해결하기 위해 대손준비금 제도를 도입한다. 금융위원회와 금융감독원은 이를 주 내용으로 하는 은행법 감독규정 변경을 20일 예고했다.

금융위 등에 따르면 은행들은 내년부터 IFRS를 도입하는데 이 과정에서 기존 대손충당금 처리 문제 때문에 고민을 해왔다. 현재 은행들은 감독규정상 최저 적립률에 의한 금액과 은행 자체 추정 예상 손실률 등에 의한 금액 중 큰 금액을 충당금으로 적립하고 있다. 그런데 IFRS는 최소 적립률 또는 예상손실 등에 근거한 충당금의 적립을 허용하지 않으며 연체 등 객관적인 손실 사유가 발생한 경우에 한해 충당금을 설정토록 했다. 하지만 제도 보완 없이 IFRS를 도입할 경우 현행보다 충당금 적립금을 적게 쌓게 되면 은행권 손실흡수 능력이 축소될 수밖에 없다. 충당금이 이익으로 환입돼 주주 배당금 등으로 빠져나갈 수 있기 때문이다.

이에 따라 금융위 등은 이번 은행법 감독규정 개정을 통해 IFRS에 따른 충당금이 감독기준에 의한 충당금 적립액에 미달할 경우 그 차액(최저적립금 혹은 예산손실 충당금 중 큰 금액에서 IFRS상 발생손실기준 충당금을 뺀 것)을 대손준비금으로 적립토록 해 대손충당금 감소분의 사외 유출을 방지할 방침이다.

금감원 관계자는 "은행들은 이러한 감독규정 변경에 따라 내년부터 충당금과 함께 대손준비금을 적립해야 한다"며 "국제회계기준위원회(IASB)도 이러한 문제점을 인식, 예상손실 모형으로 IFRS 개정을 추진중"이라고 말했다. 은행법 감독규정 변경은 규제개혁위원회 심사와 금융위원회 의결을 거쳐 결정되며 오는 11월 18일 개정 은행법 시행과 동시에 시행될 것으로 보인다.

한국경제신문. 2011.7.19.

은행, 대손충당금 더 쌓아 순이익 줄여라
금감원, 18개 은행 부행장 소집해 '압박'
충당금 과도할 땐 주주권익 침해 소지도

'손실 흡수 능력을 보여주는 대손충당금 적립 비율 등과 같은 지표가 상당히 좋지 않다'며 요주의나 정상으로 분류된 여신 중에서도 부실 우려가 있으면 과감하게 고정으로 분류해야 한다고 지도했다.

은행업 감독 규정에 따르면 요주의 여신은 대출액의 10% 이상을 충당금으로 쌓아야 한다. 하지만 고정으로 분류하면 20% 이상을 적립해야 그만큼 순이익이 줄어든다.

금감원 관계자는 '은행들이 제출한 고정 이하 여신 대비 충당금 적립비율(NPL coverage ratio)이 지속적으로 하락해 평균 100% 수준을 나타내고 있다'며 '글로벌 금융위기 직후엔 이 비율이 200% 수준이었는데 크게 떨어져 손실 흡수 능력이 떨어지고 있는 것으로 판단된다'고 말했다.

금감원이 이처럼 강하게 나서는 것은 올해 은행 이익이 사상 최대를 기록할 것으로 전망되자 '금감원이 과도한 이익을 방치한다'며 질타당할 것을 걱정하기 때문이라는 분석도 나오고 있다.

충당금을 과도하게 쌓으면 주주들로부터 질책을 당할 것이고 적게 쌓자니 감독당국의 눈치가 보이는 상황이라고 말했다.

시중은행 경영진들은 과도한 충당금 적립에 따른 외국인 주주의 반발을 우려하고 있다.

NPL은 Non Performing Loan(부실채권)으로 대손충당금은 기대손실모형에 기초하며, 대손준비금은 발생손실모형에 기초한다.

위의 두 신문기사는 모두 충당금을 더 쌓아야 한다는 의미이지만 이를 보는 시각은 첫 기사는 충당금을 더 적립하여 이익의 사외유출을 방지한다는 의미이며 두 번째 기사는 충당금이 과도하면 주주권익이 침해된다는 접근이다. 동일건에 대해서 보는 시각이 완전히 상반된 견해하에서의 접근이다. 민간기업의 배당 의사결정은 정부가 개입할 건이 아니나 금융기관의 특수성 때문에 은행의 배당에 대해서만은 정부가 의견을 제시하게 된다.

기업과 관련된 이해관계자 중에서 주주만 존재하는 것이 아니라 채권자도 존재하는데 주주들의 이해 때문에 채권자들의 이해가 훼손되어서는 안 된다.

금융기관의 자산건전성분류기준은 감독기관의 기대손실모형의 일부분이다. FLC(Forward Looking Criteria) 등 미래추정손실을 사용하기 어렵거나, 축적된 자료, 능력이 부족할 경우에 proxy로 과거의 행태에 따라, 미래의 기대손실을 추정하는 방법이다. 따라서, 현행 K-GAAP 및 현행 IFRS의 발생손실모형과는 차이가 있다. green paper의 정책기조에서 설명되었지만 FLC는 회계사들이 감사를 수행할 때 가져야 하는 덕목으로도 언급된다.

이를 해소하는 방법으로, 은행업회계처리준칙 27-3에는 "업계의 관행적 방법이 이 준칙에서 정하는 거래처의 분류방법 및 채권의 회수가능성에 대한 판단방법과 중요한 차이가 없는 경우에는, 업계의 관행적 방법을 적용할 수 있다" 고 규정함으로써, 자산건전성분류기준 등 감독규정상의 기대손실모형을 재무회계에 어렵사리 수용하고 있다. 자산건전성분류는 감독회계이며 대손준비금은 기준과 감독회계의 차이를 조정하는 항목이다.

대손충당금이 IFRS에 의해서 적립될 경우, 감독규정에 의한 충당금을 충당할 수 없으며 그렇기 때문에 충당금이 이익으로 환입돼 주주 배당금 등으로 빠져 나갈 수 있다는 내용은 분식회계의 결과, 이익이 과대 계상되고 이 재무제표가 확정되면서 이 이익 수치에 근거하여 배당이 결정되고 지급되었을 경우, 사후적으로 감리에 의해서 이익의 과대 계상이 지적되면 과대 지급된 배당금은 어떻게 되어야 하는지의 이슈와 같은 맥락의 이슈이다.

분식회계기업 중 1999~2000년에 배당금을 지급한 동부화재, 한화, 동국제강, 흥창, 신화실업 등 5~6사에 대한 배당금 환수 가능 여부도 논란거리였다. 특히 금융감독원은 동부화재에 대해 대주주에게 지급한 배당금 환수가능 여부를 분석하였다. 상법 규정(462조)에는 임의 적립금 등 배당 가능 금액을 초과해 이익을 배당했을 때는 채권자가 이를 반환할 것을 청구할 수 있도록 돼 있기 때문이다. 금융당국은 1996년 분식회계가 적발된 A 손해보험사에 대해 대주주 배당금액을 모두 환수하고 소액주주에 대해서는 이후 배당하지 않는 방법으로 제재했다.[1]

채권자가 이를 반환할 것을 청구한다고 해도 이미 지급된 배당을 환수할 수 있을지는 의문이다. 채권자의 청구가 있다고 해도 보고되었어야 하는 이익을 알

1 매일경제신문. 2002. 3. 16. 금감원, 5~6사 배당금환수 여부 검토. 이 신문의 기사의 제목에는 금감원이 배당금 환수 여부 검토라고 되어 있으나 이는 채권자가 청구할 건이다.

수 없는 상황에서는 배당이 얼마가 되어야 하는지는 결산 이사회를 다시 열고 주총을 다시 개최하여야 결정할 수 있는 사안이라 매우 복잡한 절차이다. 또한 이렇게 결정이 된다고 하여도 배당을 과다 지급받은 주주가 협조하지 않으면 강제환수를 하여야 하는데 이도 쉽지 않은 절차이다. 배당을 지급받은 주주가 협조하지 않을 경우, 이를 강제환수할 수 있는 경로는 소송을 통하는 대안만이 남는다. 다만 위의 경우, 금융당국의 조치가 대주주 배당 금액에 해당할 경우는 집행이 가능할 수 있다.

소액주주에 대해서는 이후 배당하지 않는다라고 기술되었는데 이론적으로는 가능하나 이미 주식을 처분한 주주에 대해서는 조치할 수 있는 대안이 적절치 않다.

다음의 기사도 관련된 내용이다.

한국경제신문. 2010.12.10.

IFRS 도입돼도 금융사 '대손충당금' 그대로 쌓여야
대손충당금 대신 '대손준비금' 제도가 도입된다

금융위원회의 관계자는 9일 '대손충당금 적립기준이 느슨한 IFRS 도입으로 금융회사들이 대손충당금을 적게 쌓고 이로 인해 손실흡수능력이 저하되는 문제를 해소하기 위해 대손충당금 제도를 전 금융권에 도입하기로 결정했다'고 설명했다. 이에 따라 금융위는 증권 선물 회사가 IFRS에서 요구하는 대손충당금과 금융감독원의 엄격한 감독기준과의 차액을 대손충당금으로 쌓도록 하는 내용의 금융투자업 규정 개정안을 최근 입법예고했다. 또 지난 9월과 11월에는 각각 은행업 감독규정과 여신전문금융업감독규정에 관한 내용을 반영했다. 보험업 규정도 조만간 변경 수순을 밟을 예정이다.

금융감독원 관계자는 지금은 예상 손실을 추정해 대손충당금을 적립하는 방식이지만 IFRS에서는 발생한 대손 손실에 대해서만 쌓도록 되어 있어 금융회사들의 재무안정을 해칠 우려가 크다.

이 제도가 어떻게 적용되는지는 다음의 기사를 보면 된다.

이데일리. 2011.3.30.

IFRS 기준 필요적립액 넘으면 이익잉여금으로 적립, 순이익 규모엔 영향 없어 배당 가능 금액 축소, 무수익자본 많아져 ROE도 하락

금융감독당국이 30일 신용카드사들의 대손충당금 적립 기준 강화 방침을 발표했지만 카드사들의 손익에는 큰 변화가 없을 것으로 보인다.

금융당국이 카드사들에게 요구하는 것이 엄밀히 말하면 대손충당금을 지금보다 더 쌓아 이익 규모를 줄이라는 게 아니라 이익을 배당하지 말고 일정 부분을 남겨두라는 의미이기 때문이다.

실제로 카드사들은 금융당국이 제시한 대손충당금 적립률과 무관하게 올해부터 IFRS 기준에 따라 대손충당금을 적립하게 된다. 다만 IFRS 기준에 따른 대손충당금이 금융당국이 이번에 상향조정한 적립액보다 더 적을 경우는 그 차액만큼 별도의 대손준비금을 쌓아야 한다.

금융당국 관계자는 "IFRS 규정이 예상 손실 대신 연체 등 객관적인 손실 사유가 발생한 부분만 대손충당금을 쌓는 것이어서 올해부터 카드사들이 IFRS 규정을 도입할 경우 종전 회계기준에 비해 대손충당금을 덜 쌓게 된다"면서 "그럴 경우 나타날 수 있는 적립금 감소를 막기 위해 감독규정의 최소적립률을 높였고 충당금 적립률이 그 최소적립률에 못미칠 경우는 대손준비금을 더 쌓아서 맞추도록 했다"고 설명했다.

그러나 대손준비금은 이익잉여금 계정에 포함되는 항목이어서 순이익 규모에는 영향을 주지 않는다. 카드사들의 순이익은 종전과 마찬가지로 영업수익에서 각종비용과 IFRS 기준에 따른 대손충당금을 제외한 나머지가 순이익이 되므로 감독규정 강화에 따른 카드사들의 순이익 변화는 없다.

예를 들어 지난해 5개 전업카드사들의 대손충당금 적립액은 2조 5,976억원이지만 새로 발표된 감독규정에 따른 대손충당금 적립률을 반영하면 카드사들이 쌓아야 하는 적립금은 2조 8,013억원이 된다. 카드사들은 두 금액의 차이인 2,117억원만큼 대손준비금을 더 쌓아야 한다.

이 2,117억원은 비용 항목으로 차감하는 것이 아니라 이익잉여금의 일부로 편입된다. 순이익이긴 하지만 배당하지 않고 미래를 대비해 쌓아놓아야 하는 돈이라는 개념이다.

대손준비금은 다음과 같은 경우에도 정책 수단으로 사용되기도 한다.

문화일보. 2011.10.20.

은행 고배당 억제책 올해 안으로 마련할 것. 금감원 대손충당금 손질

금융위원회의 고위 관계자는 20일 '주식회사의 배당에 당국이 직접 개입할 수는 없다'면서도 '은행 스스로 배당을 억제할 수밖에 없게 만드는 방안을 검토중'이라고 밝혔다.

금융감독원 고위 관계자 역시 '배당으로 쓸 수 있는 재원을 줄여 배당 성향을 낮추는 방식을 추진하고 있다'며 '일단 대손충당금과 대손준비금 적립 기준을 손질할 것'이라고 말했다.

과거에는 예상 손실에 맞춰 대손충당금을 쌓도록 했지만 IFRS에서는 손상에 대한 객관적 근거가 있을 경우에만 대손충당금을 적립하도록 했기 때문이다.

금감원 관계자는 '각 은행별로 대손충당금 적립 체계를 비교해 봤더니 다소 차이가 있었다'며 '이는 은행별로 손상 인식 기준이 다르기 때문에 나타난 현상'이라고 말했다. 이에 따라 금융당국은 은행들이 보수적인 기준에 따라 대손충당금을 쌓도록 권고할 방침이다. 은행들도 이 부분에 대해선 대부분 수긍하는 것으로 나타난다.

대손준비금이란 IFRS 도입으로 줄어든 대손충당금을 보완하는 성격으로 IFRS 도입시 은행업 감독규정에 정해 놓았다.

대손준비금은 내부 보유 이익잉여금의 일정이기 때문에 대손준비금이 많으면 많을수록 배당재원이 줄어든다.

금감원 관계자는 '대손준비금 적립기준을 강화하기 위한 작업을 진행하고 있다'고 말했다.

지난해 은행권 배당성향은 외환은행이 68%에 달했으며 4대 은행지주사 가운데 KB금융(46%), 신한지주(24%), 우리금융(16%) 등은 유가증권시장 상장사 평균치인 16%를 웃돌았다.

chapter 32 기업애로

상장회사협의회가 상장사에 과도한 공시부담을 줄여야 한다는 취지로 2010년 12월에 기업현장애로 규제개혁이라는 과제를 수행하였다. 금융과 관련된 내용도 다수 포함되어 그 내용과 그에 대한 해석을 아래 기술한다.

상장사가 감사위원을 선임 또는 해임할 때 최대주주와 특수관계인의 지분 3% 초과분에 대해 의결권을 제한하는 항목도 최대주주에 대한 역차별이란 점에서 개선을 요청했다. 2, 3대 주주에 의한 경영권 위협 수단으로 활용될 여지가 있다는 이유에서이다. 의결권 제한을 폐지하거나 5% 이상 주주에 대해 의결권을 일괄규제하는 방안을 대안으로 제시했다.

즉, 예를 들어 최대주주가 10%의 지분을 갖고 있으며 2, 3대 주주가 각각 3% 지분을 갖고 있다고 하면 감사의 선임에 있어서 2, 3대 주주는 최대주주와 같은 의결권을 갖게 되어서 역차별이라는 논리가 설득력을 갖는다.

이러한 경우는 의결권과는 완전히 상이한 모습으로 지배권이 진행될 수 있으며 이와 같이 지배권의 역전현상이 발생함은 바람직하지 않다. 소유와 경영에서의 monitoring 기능을 분리하면서 대주주의 전횡을 방지하고자 하던 정책취지이지 지배권 자체에 영향을 미치거나 지배권의 역전 현상을 초래하려는 정책은 아니며 위의 경우와 같은 부작용이 나타날 수도 있다. 즉, 이 경우는 최대주주가 오히려 불이익을 보는 구도로 전개될 수 있다.

상장사들은 현재 자산규모 2조원 이상인 '대규모 상장법인'의 기준을 경제규모가 커진 점을 감안해 3조원 이상으로 상향 조정해 줄 것을 요청했다. 자산 2조원 이상 기업수는 2000년 말 70개사에서 현재 138개로 거의 2배로 늘었다. 기준을 3조원 이상으로 높일 경우 110개사로 줄어들게 된다. 자산 규모 5조원이 넘는 기업의 수는 약 80개이다.

자산규모 2조원 이상의 대규모 기업에 있어서 감사위원회가 강제되며, 이사회의 구성에 있어서도 과반수 이상이 사외이사로 구성이 되어야 한다. 또한 자산규모가 2조원을 초과할 경우는 손익구조변경수시공시에 있어서 전기대비 15% 이상의 증감이 있는 경우에 그 사실을 수시공시를 통해서 공시하도록 하고 있다. 수시공시사항에는 매출액의 10%(대규모법인인 자산규모 2조원 이상일 경우 5%)에 해당하는 사항이 발생할 때 의무공시를 하게 되어 있다. 즉, 대기업에는 일반적으로 적용되는 기준보다 높은 수준의 기준이 적용된다. 자산규모 2조원 이상의 대규모 회사에 대해서는 2011년부터 분기 반기 보고서의 연결 기준 재무제표가 작성되며 그 이외의 기업에 대해서는 2013년부터 중간재무제표의 연결 기준이 강제된다. 자산규모 2조원 이상의 회사는 결산연월일 이후 3개월 이내에 연결재무제표를 보고하여야 하며 2008년 3월 시행으로 2007년 재무제표가 대상이 된다.

유가증권 시장에서는 자산규모 2조원이 넘는 기업이 대규모 기업으로 분류되나 코스닥시장은 자산규모 1천억원으로 분류되기도 한다(주요경영사항공시 조건).

어떻게 보면 이러한 내용은 외감대상기업이 자산규모 70억원 이상에서 100억원 이상으로 조정된 것과 같은 맥락에서 이해하면 된다. inflation 등을 감안하면 이러한 잣대는 계속적으로 상향조정되어야 한다고도 할 수 있으며 inflation을 고려하지 않더라도 기업이 대형화하고 있다.

이 밖에 상장사들은 주주총회 소집시 사외이사의 찬반 여부 및 보수를 공개하도록 돼 있는 것도 합리적인 의사결정을 방해하고 개인정보 노출 등의 위험이 있어 통지사항에서 삭제하는 것이 바람직하다고 지적했다. 추가적인 제안 사항은 다음과 같다.

1. 단기매매차익반환제도 폐지 또는 대상자 범위 축소

□ 법령근거

○ 자본시장법 제172조, 영 제194조~197조

□ 현황 및 문제점

(현황)

○ 주권상장법인의 임원, 직원(연구, 공시 등 관련), 주요주주 단기매매차익 발생시 반환의무 부담

(문제점)

○ 단기매매 차익반환의무는 실제 미공개정보이용 여부나 매매의 목적 또는 동기와는 무관하게 반환책임을 지는 일종의 무과실책임(strict liability)인 엄격한 제도이며,

– 입법례로도 미국과 일본만 도입하고 있는 제도로서 동 국가들도 일반직원은 반환의무 대상자에서 제외하고 있음

* 미국이나 일본에서도 미공개정보를 이용한 내부자거래를 형사벌칙으로 규제하는 제도를 가지고 있기 때문에 내부자거래 방지라는 제도의 취지가 퇴색하였다는 점에서 동 제도의 폐지를 주장하는 견해 대두

□ 개선방안

○ 무과실책임의 엄격성, 법상 내부자거래 규제제도 등을 감안하여 동 제도를 폐지하며, 유지시에는 반환대상자에서 직원은 제외토록 함

* 과거 일반직원까지 광범위하게 규제하는 논리적 근거가 되었던 임원 또는 대주주가 직원명의를 이용하여 불공정거래를 일삼는 관행은 현재 사라졌다고 보는 것이 대체적인 인식임

단차(단기매매차익반환제도)에서 직원을 제외하려는 의도는 이해하기 힘들다. 단차로 인해서 경제적인 이득을 보았다면 그 대상이 임원이거나 직원이거나에 무관한데 굳이 자본시장법이 도입되기 이전의 대상 범주인 임원으로만 이를 한정함은 설득력이 약하다. 정보의 생성 과정에서 책임자인 임원보다 실무자인 직원이 먼저 이 정보에 접근할 수 있다.

물론, 무과실책임 때문에 이를 예외로 두어야 한다고 함은 이해된다. 미공개정보를 이용하여 단차를 실현시켰는지에 대한 입증할 자료도 없이 내부 정보가 사용되었을 것이라는 심증만을 가지고 단차를 반환하여야 함이 너무 과도한 제재이며 또한 해당 직장의 직원이라고 해서 투자이익을 실현할 수 있는 기회를 박

탈한다는 것이 적절하지 않다는 상장협의 주장이다.

내부 정보의 전달을 확인하기 힘든 상황에서 증거보다는 정황에 근거하여 단차를 시행하는 것으로 현재 진행되는 제도가 완벽한 것은 아니지만 제도를 이해할 수 있다.

투자의 대상이 되는 매우 많은 기업이 있는데 굳이 해당 기업만이 투자의 대상일 것은 없다. 물론, 애사심 등의 이유가 있을 수 있다. 예를 들어 특수관계자에 대한 대출이 문제가 되며 이러한 부분에 대한 적절한 공시가 간과하기 쉬운 공시로 비판의 대상이 된다. 특수관계자가 다른 원천으로부터 대여를 받을 수 있는데 하필이면 해당되는 기업으로부터 대출을 받아서 오해를 유발하고 있다.

최근 들어 경영진 자신의 불공정 거래가 급격하게 증가하였다고 보도되고 있다.

한국경제신문. 2011.12.30.

경영진 연루 '불공정 거래' 크게 늘었다

올해 감독당국이 검찰에 고발, 통보한 불공정거래 중 상장사 경영진이나 대주주 등이 개입된 부정거래 행위가 급증한 것으로 나타났다. 금감원은 올해 209건의 불공정거래 조사를 완료, 이 중 152건(72%)을 검찰에 고발, 통보했다고 29일 밝혔다.

검찰에 고발 통보된 건은 지난해 138건보다 14건(10.4%) 증가했다. 경고 등이 15건이었으며 단기매매차익발생(12건) 과징금부과(1건) 등이었다.

형사적으로 처벌하므로 경제적인 penalty는 중단되어야 한다는 논지도 이해하기 어렵다. 자본주의에서 가장 경제적인 제재는 과징금 등의 재정적인 제재여야 한다. 미국 같은 국가에서도 교통법규 위반에 대해서 상상할 수 없을 정도의 무거운 벌금을 부과한다. 이러한 벌금을 부담하면서까지도 위반하려면 위반하라는 가장 자본주의적인 제재이다.

한국경제신문. 2012.3.13.

불공정거래 과징금 부과 재추진

자본시장법 개정안에 포함하려다가 법무부의 반대로 제외한 과징금 제도 도입 필요성도 강조했다. 김석동 금융위원장은 "장기적으로는 미공개 정보이용, 시세조정 등을 통해 시장을 교란하는 불공정행위를 효율적으로 제개하려면 과징금 제도 도입을 추진할 필요가 있다"고 말했다. 금융위는 형사처벌 대상 행위에 비해 위법성이 낮은 시장 질서 교란행위 등에는 과징금이 효과적인 제재 수단이 될 수 있다고 주장해 왔다.

최근 미국에서의 내부자거래에 대한 판결에 비해서 국내에서의 경제사범에 대한 조치가 너무 경미하다는 비판도 적지 않다. 다음의 신문기사가 이 점을 지적하고 있다.

조선일보. 2011.10.15.

미, 내부자거래에 사상 최고형, 한국법원은 집유 또는 또 집유

자본시장법에 따르면 50억원 이상의 이익을 올리는 경우엔 무기 또는 5년 이상의 징역에 처하도록 돼 있다.

전문가들은 내부자거래 등 경제 범죄에 대한 처벌이 약한 이유로 법원의 온정주의, 검찰의 입증능력 부족, 피고인들의 풍부한 자금력 등을 꼽는다. 이헌 시민과 함께하는 변호사들 공동 대표는 '대부분의 경제사건이 복잡하고 인증하기도 쉽지 않아 변호사 능력에 따라 결과가 크게 좌우되는데, 돈 많은 경제사범들이 능력 있는 변호사를 쓰기 때문에 솜방망이 처벌을 받는 경향이 있다'고 말했다.

서울의 한 차장 검사는 '주가 관련 법죄에서는 피해자가 또렷하게 드러나지 않는 것도 법원의 온정적인 심리가 발동하는 이유 중 하나'라고 말했다.

소위 white collar 범죄라고 통칭되는 경제사범일 경우, blue collar 범죄에 비해서 소송 비용 등 피고의 경제력이 크게 이슈가 되기도 하며 판결에 영향을 미칠 수 있다.

매일경제신문. 2011.10.15.

내부자거래 제재 너무도 다른 잣대. 한국은 솜방망이 처벌 미는 징역 11년형 응징

금융당국 관계자는 '우리나라는 내부자 거래 입증에 대한 책임이 금융당국에 있어 혐의자가 자백하지 않는 한 입증이 너무 어렵다'고 말했다. 이렇다 보니 검찰 기소율도 낮다.

이 관계자는 '시장 질서를 어지럽히는 행위에 대해서는 구성 요건을 완화해 엄격한 처벌을 내릴 필요가 있다'고 말했다. 정 교수는 '상대적으로 경미한 범죄에 대처하기 위해서는 형벌보다 과징금이 더 효율적'이라고 말했다.

매일경제신문. 2011.10.28.

너무 다른 한미 내부자거래 처벌

헤지펀드 대표에 역대 최고 형량이 선고된 데 이어 이번에는 한때 세계 컨설팅 업계를 대표했던 거물이 기소됐다. 미국 검찰은 아자트 굽타 전 맥킨지컨설팅 회장을 26일 내부자거래혐의로 기소했다. 헤지펀드에 대한 내부정보를 알려주고 대가를 받은 혐의다.

이번 기소를 월가 내부자거래 수사 중 최고위급에 대한 사법처리가 될 것으로 보인다. 굽타는 내부자거래 관련 공모 증권사기 혐의로 미국 맨해튼 연방 검찰에 기소당했다. 지난 13일 헤지펀드 '갤리언'의 설립자 라지 라자라트남에게 징역 11년의 중형이 선고된 데 이어 거물이 추가로 기소된 것은 당국이 경종을 울린 것으로 평가받는다.

그러나 우리나라 사법부와 검찰은 온정주의로 일관하고 있어 대조적이다. 금융위 관계자는 '까다로운 범죄 성립 요건 때문에 내부자거래는 검찰에 고발해도 실제 기소율이 낮다'고 말했다. 이런 점을 개선하고자 나온 것이 자본시장법 개정안이다.

그런데 이를 두고 금융위원회와 법무부, 대검찰청의 의견이 갈리고 있다. 이번 개정안은 시장질서교란행위에 대해 과징금을 부과하고 일부 파생상품에 대해 형사처벌이 가능하도록 하는 내용을 담고 있다.

특히 대검찰청이 금융위의 권한 강화에 반대 의사를 표시하고 있어 정부 내 이견 조정에 마지막 고비가 될 전망이다. 다음 주에 예정된 부처 합의가 원만하게 이뤄지지 않으면 국회에 법안을 보내는 것은 그만큼 더 늦어질 수밖에 없다. 다음 달이면 한국형 헤지펀드가 출시되기 때문에 관련 규제 정비가 시급한 상태이다.

굽타 전 회장 기소건은 미국 검찰이 미공개정보의 유출 범위를 포괄적으로 해석했다는 점에서 주목된다. 회사의 내부임원은 아니어도 이사회 멤버일 경우 내부자와 동일하게 취급했기 때문이다.

조선일보. 2012.1.10.

증시 관련 범죄 10%도 적발 안돼. 재판 회부돼도 가벼운 처벌 징역형 11.6% 그쳐

금융당국이 '정치 테마주' 작년세력을 엄벌해 처하겠다고 공언하고 있는 가운데, 증시 관련 범죄 중 실제로 적발되는 비율은 10%에도 못 미친다는 지적이 나왔다. 금융감독원 부원장보 출신인 김동원 교수는 9일 "부정 거래 혐의자들은 첨단 기업을 동원하는 데 반해 당국의 조사 능력은 이에 못 미친다"면서 "한국거래소가 불공정거래로 적발한 사건 중에서 사법처리되는 비율은 10% 미만"이라고 말했다.

김 교수가 거래소 금융위 검찰의 통계를 분석한 결과에 따르면, 2010년 거래소는 총 338건의 증시 불공정거래를 적발해 금감원에 통보했다. 이들 사건을 금감원이 재조사한 뒤, 금융위원회가 138건을 검찰에 고발했다. 검찰은 그 중 18건만 기소했다. 결국 거래소가 적발한 사건 중에서 사업처리된 비율은 5.3%에 불과했다.

거래소가 발견하지 못한 주가조작 행위도 부지기수이기 때문에 수면 위에 드러나 증시 범죄는 빙산의 일각일 수밖에 없다는 게 김 교수의 지적이다. 이런 지적에 대해 금감원 관계자는 "금감원은 수사권이 없기 때문에 거래내역을 확인하는 정도밖에 못 한다"며 "첨단기술을 동원하는 투기꾼들을 따라잡기 어렵다"고 말했다.

또 다른 문제는 금융범죄자들이 재판에 회부되더라도 가벼운 처벌로 끝나는 경우가 많다는 점이다. 2010년 전국의 1심 형사재판에서 금융 관련법 위반행위에 대해 징역형(집행유예 포함)이 선고된 비율은 11.6%에 그쳤다. 형법 위반으로 징역형이 선고된 비율(22.2%)의 절반 수준이다.

이에 반해 미국, 영국 등 금융선진국은 금융 범죄가 사회 근간을 뒤흔들 수 있다며 금융범죄자를 엄벌에 처할 수 있다. 이런 분위기는 2008년 글로벌 금융위기를 겪은 이후 두드러지는 추세다. 피라미드식 금융사기를 저지른 버나드 메이도프 전 나스닥 거래소 회장의 경우 2009년 징역 150년형을 선고받았다.

금융관련 범죄가 형법 위반에 비해 법정에서 낮게 징역이 선고되는 건은 본 저술의 범주를 넘기는 하지만 형평성에서 과도한 차이가 발생한다.

매일경제신문. 2012.1.10.

주가 조작해 챙겨도 벌금은 몇 백만원 … 기소율 5% 불과 금융범죄 처벌 '솜방망이'

반면에 집행유예가 선고된 비율은 31.7%였으며 증권거래법 위반 행위에 대해서는 절반 이상(56.7%)이 집행유예로 풀려났다. 정순섭 서울대 법학부 교수는 "자본시장 효율성이라는 사회적 법익이 개인적 법익보다 우선되어야 한다"며 "처벌이 가벼운 경향을 최소화하기 위해서는 형벌하한을 7년 이상으로 높이는 등 조치가 취해져야 한다"고 말했다.

금융당국 관계자는 "테마주 주가조작으로 적발돼도 몇 백만원의 벌금만 물고 나오는 게 현실"이라고 말했다. 자본시장법의 벌칙 조항이 약하고 법무부 의지도 약하다는 지적이다.

시세조정 등 불공정거래 행위에 대한 과징금 부과 제도를 최근 자본시상법 개정을 통해 도입하려는 시도가 있었지만 법무부의 반대로 무산됐다. 실제 비슷한 사안에도 한국의 처벌 강도는 해외와 확연한 차이가 난다.

지난해 11월 헤지펀드 갤리온 그룹 설립자인 라지 라자라트남은 내부자거래 혐의로 미국 연방법원으로부터 9,280달러의 벌금을 선고받았다.

한 달 후 그는 11년에 달하는 수감생활을 시작했다. 반면 100억원대 시세차익을 얻어 기소된 국내 모 기업 대표는 1심에서는 172억원 벌금에 3년형을 선고받았지만 파기환송심에서는 집행유예를 받는 데 그쳤다.

매일경제신문. 2012.1.11.

"감옥서 좀 살면 떼돈" 재범자 75% 초범 때 쉽게 풀려나

주가 조작을 금지하고 있는 '자본시장과 금융투자업에 관한 법률' 44조3항과 2항에 명시된 주가조작 사범에 대한 법정 형량은 10년 이상의 징역 또는 5억원 이하의 벌금이다. 주가조작으로 얻은 이익이 '5억원 이상 50억원 미만'인 경우 3년 이상의 유기징역, '50억원 이상'인 경우는 무기 또는 5년 이상의 징역으로 형량이 늘어난다.

매일경제신문. 2012.1.11.

법조계, 양형기준 강화 목소리. "사기죄보다 더 엄하게 처벌을"

법원 형사부 부장판사 출신 윤경변호사(법무법인 바른)도 "주가조작과 같은 범죄는 피해자가 특정되지 않고 어디까지가 범죄인지 구분하기 힘들어 강하게 처벌되지 않는 경향이 있다. 그러나 이 같은 범죄의 심각성은 피해액 등의 문제에서 나아가 경제질서나 제도의 신뢰 위기를 초래하는 점이 있다는 것을 명심해야 한다"고 강조했다.

법원의 입장에서는 피해를 입은 원고가 명확하게 드러날 경우는 피고에 대한 온정주의적 판단을 하기 어려울 수도 있으나 경제범죄의 성격상 원고가 불특정다수여서 이에 대한 판결이 온정주의적으로 흐르기 쉽다. 또한 소송건이 남에게 신체적 상해를 입힌 것이 아니므로 이러한 점이 고려될 수도 있다.

이러한 비판에 대해서 대법원 양형위원회는 주가조작에 대한 양형을 강화하는 정책 방향을 제시하였다.

매일경제신문. 2012.1.25.

주가조작 '엄벌' 대법, 사기죄수준으로 강화 추진
집행유예 가능성 크게 줄여

그동안 '솜방망이 처벌' 논란을 빚었던 주가조작 범죄에 대한 법원의 형량이 대폭 높아질 것으로 보인다. 대법원 양형위원회는 주식시장 시세조정(주가조작) 행위에 대한 처벌 기준을 사기죄에 준하는 수준으로 대폭 강화하는 방안을 추진하고 있는 것으로 알려졌다.

대법원 양형위원회는 30일 전체회의를 열어 이 같은 방안을 확정한 뒤 공식 발표할 방침이다.

양형위원회의 한 관계자는 24일 "지난 16일 양형위원회 전문위원회를 열어 주가조작 사범에 대한 양형기준을 사기죄에 적용되는 양형기준과 비슷한 수준으로 상향 조정하기로 의견을 모았다"면서 "30일 전체 회의를 통해 이 같은 방안을 심의 의결할 예정"이라고 말했다.

현행 양형기준에 따르면 일반 사기의 경우 사기로 인한 피해(이득) 금액이 1억원 이상~5억원 미만일 경우 징역 1~4년, 5억원 이상~50억원 미만 때 징역 3~6년, 50억원 이상~300억원 미만 때 징역 5~8년, 300억원 이상일 때 징역 6~10년으로 정해져 있다.

이 같은 양형기준을 주가조작 범죄에 적용할 경우, 대다수 주가조작 사범은 사실상 '실형'을 선고받게 돼 지금처럼 집행유예로 풀려나기는 어려워지게 된다.

매일경제신문. 2012.1.31.

주가조작 최고 징역 13년. 대법 양형위 "사기범 수준 처벌"
5억 이상 차익 땐 실형

앞으로 주식 시세조정(주가조작), 미공개 중요정보 이용, 사기적 부정거래 행위 등 자본시장의 공정성을 해치는 증권범죄를 저지를 경우 현행 '사기범죄' 수준으로 강화된 처벌을 받게 된다.

특히 주가조작에 따른 차익이 5억원 이상일 경우 범행수법 등에 따라 실형이 선고된다. 대법원 양형위원회는 30일 전체회의를 열어 이 같은 내용을 포함한 '증권 금융, 교통, 폭력범죄 양형기준안'을 의결했다. 대법원이 형 기준을 대폭 강화한 것은 2006~2010년 사이 5년간 1심이 선고된 주가조작사범 10명 중 9명이 집행유예로 풀려나는 등 법원의 처벌 수준이 지나치게 관대하다는 지적에 따른 것으로 보인다.

직년 7월 도입한 일반 사기죄의 양형기준을 동일하세 적용하기로 했다.

또 다수의 일반투자자에게 큰 피해를 주는 등 사회적 폐해가 심각한 주가조작에 대해선 이득액이 5억원 이상이고 범행수법이 매우 불량한 경우 원칙적으로 실형을 권고하도록 명시했다.

이득액이 300억원을 넘고 가중사유가 있을 때는 최고 징역 8~13년까지 선고할 수 있게 했다.

양형위 관계자는 "증권범죄는 다수의 일반투자자에게 막대한 재산상 손실을 초래해 자본주의 경제질서를 저해하는 반사회적 범죄"라며 "증권범죄의 중대성에 대한 국민의 여론을 반영해 종전 법원의 양형 관행보다 형량범위를 대폭 상향했다"고 밝혔다.

양형위는 이 날 의결한 양형기준안에 대해 다음달 국회 법원 검찰 대한변협 등 유관기관의 의견을 수렴하고, 3월 2차례의 공청회를 거쳐 5월에 최종 의결할 예정이다.

감독기관에서 유가증권발행 제한이나 과징금 등의 선택이 있을 경우에도 과징금을 우선적으로 선택할 수 없는 이유 중의 하나는 과징금을 회수하기가 어렵기 때문이다. 또한 유가증권발행제한 조치는 이미 이사회에서 확정된 유가증권의 발행에 대해서는 적용되지 않는다. 따라서 기업에는 증선위에서 유가증권발행제한 조치를 확정하기 전에 이사회를 개최하여 이를 확정한다면 제재의 실효성이 없어진다. 아래의 이슈와 연관된다.

특히나 화이트칼라 범법자들이 병보석 등으로 풀려나는 경우도 많아서 법집행에 있어서의 형평성 문제가 이슈가 되고 있다.

매일경제신문 2011.10.1.

자본시장법 위반 과징금 31%는 체납

의료 정밀기기 도매업을 하는 코스닥 상장기업인 T사, 금융당국에 따르면 이 회사는 상장퇴출 요건을 회피하기 위해 2008년 허위 세금계산서를 발급했다. 또 미출고된 상품까지 매출로 인식해 매출 및 매출원가를 과대계상하는 식으로 분식회계를 했다. 금융당국은 이런 점을 적발해 지난 7월 담당 임원을 검찰에 고발했고 과징금 5,430만원을 부과했다. 그러나 이 회사는 행정소송을 제기해 과징금을 납부하지 않고 있다.

금융당국에서 자본시장법 위반으로 과징금을 부과받았지만 납부를 거부한 대표적인 사례다.

지난달 30일 금융위원회에 따르면 2007년 이후 8월까지 자본시장법 위반으로 과징금 총 598억원이 부과됐다. 이 중 31%에 해당하는 184억원은 기한을 넘겨 체납된 것으로 나타났다. 과징금을 체납한 회사의 상당수는 대부분 부도가 나거나 상장폐지됐다. 회수가능성을 고려하면 결손처리해야 할 채권이 많다. 이렇게 제재의 실효성이 낮은 것은 과세당국과 달리 금융당국은 과징금 추징에 한계가 있기 때문이다. 금융위 관계자는 '체납자 재산 정보를 갖고 있지 않아 국토해양부를 통해 자동차, 부동산 소유 현황을 파악해 채권 회수에 나서는 것이 그나마 할 수 있는 조치'라고 말했다.

최근 금융위가 과징금을 강화하는 안을 추진하려 하였으나 정부기관간에 이견이 있다.

매일경제신문. 2011.11.8.

자본시장 교란 '과징금 강화' 무산
금융위-법무부 밥그릇 싸움에 개정안 반쪽짜리로 전락

금융위원회가 자본시장 불공정거래 행위에 대해 제재를 강화하려던 법률 개정안이 무산됐다.

법무부에서 행정제재인 과징금 부과를 강화하는 안에 대해서 반대 의견을 강하게 제시했기 때문이다. 자본시장법 개정안의 핵심 내용 중의 하나인 제재권 강화안이 무산됨에 따라 자본시장법 개정안이 반쪽자리 개혁으로 끝날 가능성이 제기되고 있다.

7일 법무부, 금융위원회에 따르면 지난주까지 부처 협의를 벌인 결과, 자본시장 제재 규정은 당초 초안과 달리 현행 규정을 유지하기로 논의가 마무리됐다. 정부는 이 같은 내용의 자본시장법 개정안을 이르면 다음주 차관회의에 상정해 처리할 예정이다.

법무부 관계자는 "(시장질서 교란 행위에 대해)과징금 규정을 강화하면 검찰 수사에 이르지 못하고 과징금으로 끝나 면죄부를 줄 수 있다"며 자본시장법 개정안에 반대 입장을 분명히 했다. 이에 앞서 금융위원회는 형사처벌에까지 이르지 않는 자본시장 교란 행위에 대해서는 과징금 처분을 확대하는 내용을 골자로 한 자본시장법 개정안을 입법 예고한 바 있다.

금융위원회는 "금융투자기법이 날로 발달하고 있기 때문에 위법행위 유형을 사전에 구체적으로 규정하는 것은 사실상 불가능하다"며 "구체적 행위 유형을 제시해 행정제재를 강화하는 것이 필요하다"고 밝힌 바 있다.

금융위는 과징금 도입 후에도 시세조종 등 형사처벌 행위를 모두 검찰에 고발・통보해야 하므로 형벌권 침해는 아니라고 맞섰다.

이에 대해 법무부 관계자는 "자본시장 범죄 행위에 대해 행정기관의 독자적인 판단하에 행정 처분이 내려지면 사법적 차원에서 범죄를 처벌하기보다 정책적 마인드로 과징금을 운용할 가능성이 높다"고 정면 반박했다.

금융위 관계자는 "몰수・추징 등이 집행되거나 무혐의, 무죄판결이 확정된 경우 과징금 부과를 취소할 것이므로 이중제재 또는 상충의 문제가 발생할 여지가 없다"고 반박했다. 법무부 관계자는 "지금처럼 민간 조직인 금융감독원이 증권 관련 범죄 조사를 할 경우 적법절차의 원칙 위배소지가 있다"고 지적했다.

두 부처간에 이 같은 논란은 밥그릇 싸움이라는 지적이 제기되고 있다. 금융위는 탄력적인 대응을 위해 권한 강화가 필요하다는 지적이지만 법무부는 권한 축소를 우려해 이를 곱지 않은 시선으로 바라보고 있다는 얘기다.

선물, 옵션 등 금융투자기법이 날로 발전하기 때문에 감독기관이 새로운 금융파생상품을 쫓아가지 못하는 금융상품은 허락해서는 안 된다고 주장하는 전문가도 있다.

2. 단기매매차익 산정시 손실 감안

□ 법령근거

○ 자본시장법 시행령 제195조

□ 현황 및 문제점

(현황)

○ 단기매매차익시 손실부분은 불인정하고 이익만 가산하여 산정

※ 단기매매차익 = (매도단가 − 매수단가) × 매매일치수량 − (매매거래수수료 + 증권거래세액)

단, 그 금액이 0원 이하인 경우에는 이익이 없는 것으로 간주

(문제점)

○ 단기매매차익 반환제도는 미공개정보이용행위에 대한 입증이 사실상 어려움에 따라 도입된 일종의 무과실책임제도이다. 그러나 통상의 무과실책임은 상대방이 입은 손해에 대하여 배상을 하는 것인 반면, 단기매매 차익반환의 경우 상대방의 실제 손해액과 무관하게 차익금액을 산정한다.

○ 실제 손해를 입었음에도 현행 계산방법에 따라 이익이 산출되는 경우가 발생함으로써 현실과 괴리된 계산방법이라는 비판이 제기된다.

□ 개선방안

○ 단기매매차익산정시 순차적으로 대응하여 이익과 손실을 단순 합산하는 방법으로 손실을 감안하도록 함

이익을 반환해야 하지만 손실을 본 것 만큼은 보전해 달라는 의미이므로 일리가 있다고 판단된다. 미공개정보를 이용하여 이익을 실현시켰다고 판단할 것이면 이에 대칭적으로 손실을 보는 경우도 미공개정보를 이용한 것이라고 판단할 수 있으므로 이 부분만큼은 보전해 주어야 한다는 논지이다. 적어도 내부자 정보를 이용하였다면 손실은 보지 않아야 할 것인데 손실을 입었다는 것은 이 부분은 적어도 내부자 정보를 이용한 결과가 아니므로 이를 상계하여야 한다는 논지이다.

3. 지분변동신고 대상 임원 범위의 축소

지분법변동신고 대상 임원은 거의 모든 형태의 임원이 총 망라된다. 즉, 등기된 임원은 물론이지만 그 외의 고문, 집행임원 등의 모든 포괄적인 임원이 그 대상이다. 또한 아래의 신문기사와 같이 회계법인도 포함된다.

매일경제신문. 2006.9.27.

미공개정보 이용금지 대상자확대. 회계법무 법인도 적용대상 포함

주요주주나 준내부자의 대리인이 법인인 경우 해당법인의 임직원과 대리인도 미공개정보 이용금지 대상에 포함된다.

가령 인수합병 협상 때 자문 등을 맡은 회계법인이나 컨설팅회사, 법무법인, 증권회사 등의 임직원도 인수합병과 관련된 정보를 이용해 주식거래를 할 경우 처벌을 받게 된다.

지금까지는 해당 법인이나 해당 법인과 계약을 체결하고 있거나 체결을 교섭하고 있는 상대방 기업 등을 미공개정보 이용금지 대상자로 한정하고 있다.

□ 법령근거

○ 자본시장법 시행령 제200조

□ 현황 및 문제점

(현황)

○ 주권상장법인의 지분변동 신고대상을 임원 및 상법 제401조의2 제1항의 사실상 임원까지 신고대상으로 규정하여 소유상황보고 제도를 운영

(문제점)

○ 상법에서 규정하고 있는 "회사의 업무를 집행할 권한"이라는 의미가 불분명하며, 업무집행지시자로 분류할 대상의 확정도 실무상 매우 어려운 사항

* 삼성전자의 경우 미등기임원수가 890명(2010. 3/4 분기보고서 기준)이며, 890명 모두를 "회사의 업무를 집행할 자"로 본다는 것은 현실적으로 매우 어려운 사항임

- 상법상 업무집행지시자는 구체적 사안에 따라 업무집행지시자로 인정되면 그에게 해당 사안에 한하여 이사로서의 책임추궁을 위한 규정이며, 상시적으로 확정되어 있는 자가 아님

실질적으로 삼성전자는 사장 10명, 부사장 15명 등 사장단으로 분류할 수 있

는 경우만 하더라도 25명에 근접한다. 또한 상법개정안에서 집행임원의 개념이 도입되었다.

내부자거래 보고에서의 사실상 임원을 상법에서는 다음과 같이 정한다.

제401조의2 (업무집행지시자 등의 책임) ① 다음 각호의1에 해당하는 자는 그 지시하거나 집행한 업무에 관하여 제399조 · 제401조 및 제403조의 적용에 있어서 이를 이사로 본다.

1. 회사에 대한 자신의 영향력을 이용하여 이사에게 업무집행을 지시한 자
2. 이사의 이름으로 직접 업무를 집행한 자
3. 이사가 아니면서 명예회장 · 회장 · 사장 · 부사장 · 전무 · 상무 · 이사 기타 업무를 집행할 권한이 있는 것으로 인정될 만한 명칭을 사용하여 회사의 업무를 집행한 자

② 제1항의 경우에 회사 또는 제3자에 대하여 손해를 배상할 책임이 있는 이사는 제1항에 규정된 자와 연대하여 그 책임을 진다. [본조신설 1998. 12. 28]

이사대우, 고문, 상담역 등등의 다양한 직책이 가능한데 이사의 영역에 포함되는지는 회사가 합리적 기준을 설정한다. 제1항의 "첫 항목인 회사에 대한 자신의 영향력을 이용하여 이사에게 업무집행을 지시한 자"라는 내용은 상당히 포괄적으로 기술되었다.

○ 상법상 업무집행지시자를 소유상황보고 대상으로 하는 것은 법 준용의 오류이며,

– "「상법」 제401조의2 제1항 각호의 자를 포함한다"라는 규정은 본법인 자본시장법상 시행령으로의 위임에 관한 근거도 없이 시행령에 규정된 것으로 위임의 한계를 벗어난 규정이라는 주장이다.

ㅁ 개선방안

○ 임원등의 특정증권 소유상황 보고의무 대상을 이사 · 감사*로 한정함

* 과거 증권거래법에서도 임원을 '이사 · 감사 또는 사실상 이와 동등한 지위에 있는 자'로 규정하였으나, 개념의 모호성으로 인해 실제 운용에 있어서는 '이사 · 감사'만으로 보고대상을 한정

실질적인 임원의 범주가 지분변동신고 대상이어야 한다고 판단한다. Chapter 19에서도 기술되었듯이 경영지배인 등의 정체불명의 직책이 혼용되는 현실에서 임원의 범주는 포괄적으로 정의되어야 한다고 판단된다.

감독기관은 조치가 실질적으로 징벌적 조치가 되기 위한 고민을 하고 있다.

매일경제신문. 2008.8.22.

주가조작 부당이득 모두 내놔야
금융위 검찰에 먼저 고발하는 긴급조치권 신설

주가조작이나 내부자거래 등 불공정거래로 적발되면 처벌과 함께 그동안 챙긴 부당이득을 모두 반환해야 할 전망이다. 또 시장에서 주가조작이 이뤄지고 있음이 명백해서 시급한 사법처리가 필요하다면 증선위원장이 긴급조치로 검찰에 먼저 고발한 다음 증선위에 보고하는 '긴급조치권' 방안이 마련된다.

그러나 현실적으로 사법적인 조사권이 없는 거래소, 금감원이 주가조작에 대한 명백한 증거를 잡기란 어려운 만큼 이런 조치권이 얼마나 현실성 있게 발동할 수 있을지는 의문이다. 또 주가조작시 과징금을 부과해 부당 이득을 반환토록 하겠다는 것이 금융위원회의 정책이지만 과징금 상정 규모가 부당 이득 수준에 그칠 가능성이 높아 '벌칙'의 성격을 띠지 못한다는 지적이 많다.

21일 금융위는 자본시장통합법을 개정해 불공정거래 행위자에 대한 과징금 부과 제도를 도입키로 했다고 밝혔다.

불공정거래 과징금 제도는 그동안 없었던 것이다. 이제까지 공시 의무 위반에 대해서만 최대 20억원 한도 내에서 과징금이 부과돼 왔다. 주가조작을 해도 형사처벌은 될지언정, 과징금은 부과하지 않았기 때문에 주가조작 사범들은 '돈 벌고 감방에서 2~3년 살고 나오면 된다'는 식의 형태를 보여 왔다.

이 때문에 금융위는 주가조작 사범들이 벌어들인 부당 이익 한도 내에서 과징금을 부과하는 제도를 운영중이다. 그러나 부당 이득 이상의 과징금을 부과할 수 있도록 규정을 만들어야만 벌칙적 성격이 강화된다는 지적도 있다.

위에서도 기술하였듯이 자본주의에서는 징벌적 구속보다도 금전적인 penalty가 가장 강력한 징계가 될 수 있다.

chapter 33

국민은행 법인세 행정소송 case

감독기관의 제재에 대해서는 조치를 받은 기업이나 감사인(회계법인) 또는 개인 공인회계사가 행정소송을 제기할 수 있다. 그러나 감사인이나 개인 회계사가 감독기관을 상대로 행정소송을 제기함은 쉽지만은 않으며 일반 기업은 이러한 소송을 제기할 수 있을 것이다. 아래의 case는 감독기관이 기업에 대한 분식회계로 제재를 결정한 경우이지만 이와 관련된 법인세 세무소송에서 기업이 세무당국을 상대로 소송을 제기하였고 기업이 1, 2심에서 승소한 경우이다.

그러나 금감원의 행정 조치에 대해서 소송이 진행된 것이 아니므로 분식회계에 관련된 행정 조치는 변화가 없다.

> 손성규. 2006.
>
> 회계감사이론, 제도 및 적용. 박영사 78쪽, 계정오분류
>
> 2004년 8월 25일 증권선물위원회가 분식회계로 조치한 국민은행의 경우 지분법평가손익을 합병대손충당금환입액으로 계정과목을 오분류하여 조치를 받았다. 국민은행은 이 두 계정 과목이 동일한 영업외비용이기 때문에 오분류가 심각한 문제가 아니라고 주장하였다.

위의 내용이 연관되어 소송이 제기된 것이며 다음의 case로 세무 관련된 소송이 귀결되었다. 다음의 건은 2003년 회계이슈이지만 2007년 세무조사에서 문제가 되어서 국민은행이 행정소송을 제기한 것이고 2012년 1월 12일 현재 2심이 확정되었다.

한국경제. 2011.4.7.

국민銀, 4천억 법인세 소송 '승소'
국민카드 합병 때 대손충당금
법원 "부당 회계처리 아니다"

국민은행이 2003년 국민카드(현 KB국민카드)와 합병할 때 부당 회계로 세금을 줄이려 했다며 세무당국이 추가로 부과한 4,100억원대의 법인세는 위법하다는 법원의 판단이 나왔다.

서울행정법원 행정1부(부장판사 오석준)는 국민은행이 중부세무서를 상대로 낸 법인세 등 부과 처분 취소 청구 소송에 대해 6일 원고 승소 판결을 내렸다. 당초 회계에 산입하지 않았던 대손충당금(회수 불능 채권 추산액)을 국민카드 합병 후 회계 처리한 것은 조세부담자의 합리적인 선택이었다는 국민은행측 주장을 받아들인 결과다.

재판부는 "국민은행은 국민카드의 채권을 회사의 보는 권리와 의무를 포괄적으로 승계하는 흡수 합병 과정에서 넘겨받았으며 이 같은 채권 승계는 사회 통념상 비정상적인 거래 형식을 택했다거나 부당한 경제적 가치를 부여한 것이라고 볼 수 없다"고 판단했다. 또 "국민카드가 합병 전 채권에 대한 대손충당금을 설정하지 않았으므로 자산의 과대 평가로 볼 여지는 있으나 이는 일시적인 회계 처리에 불과한 점과 국민은행이 합병 후 대손충당금을 정상적으로 설정한 점 등을 고려하면 부당한 회계가 아니다"고 덧붙였다.

국민은행은 2003년 9월 국민카드를 흡수 합병했다. 이 과정에서 국민은행은 금융감독위원회 감독 규정에 따라 국민카드가 적립해야 하는 1조 2,664억원의 대손충당금을 회계장부상 비용 처리하지 않은 채 떠안았다. 추정 손실 등급 채권 4,235억원에 대해서는 대손금 처리 승인까지 받은 상태였다. 국민은행은 합병 후 총 9,320억여 원을 손실로 처리해 법인세를 신고했다. 국민은행은 "금융감독원의 승인을 받았던 추정 손실 등급 채권 등에 대해 대손금으로 회계 처리하지 않았던 것을 합병 후 바로잡은 것"이라고 강조했다.

하지만 중부세무서는 국민은행이 대손충당금을 감안하지 않은 높은 인수가격을 국민카드에 지급했고 인수 후에는 대손충당금을 비용 처리해 세금을 낮췄다고 보고 4,121억원을 추징했다.

이 소송은 2심에서 다음과 같이 진행되었다.

한국경제신문. 2012.1.13.

국민은행, 4,000억 법인세 소송 2심도 승소. 법원 '부과 취소' 판결

국민은행이 국민카드 합병과 관련해 부과된 법인세 4,000억원 취소 소송 항소심에서 승소했다.

서울 고법 행정3부(부장판사 이대경)는 국민은행이 중부세무서장을 상대로 낸 법인세 부과처분 취소 소송에서 12일 1심과 같이 원고 승소 판결했다.

재판부는 국민은행이 2003년 흡수합병한 국민카드의 대손충당금을 처리하는 과정에서 금융감독원 등 금융당국의 기준을 위반했다 해도 법인세법 등 현행법을 위반하지 않은 이상 문제 삼을 수 없다는 취지로 국민은행의 손을 들어줬다.

재판부는 "국민은행의 행위는 부적절한 회계처리로 비난받을 여지가 크기는 하지만, 납세자 선택권의 행사 차원에서 허용된다"며 "법에 저촉되지 않는 한 납세자가 세무상 유리한 방향으로 신고하는 건 허용된다"고 판결이유를 밝혔다.

법인세법은 결산상 대손충당금의 적립(결산상 비용계상의 회계처리) 여부를 납세자가 선택할 수 있도록 규정하고 있다.

2003년 "카드사태" 이후 정부가 카드회사 대주주인 은행들에 계열카드사를 조기 정상화시키도록 요구하자 국민은행은 계열사 국민카드(당시 국민신용카드)를 같은 해 9월 흡수합병했다. 그러나 국민은행이 국민카드가 적립했던 대손충당금을 설정하지 않은 사실을 알게 된 과세당국과 금융당국은 "법인세 회피를 목적으로 1조원대 대손충당금을 임의 환입하는 등 회계처리 기준을 위반했다"며 각각 과세처분(약 4,118억원) 및 기관경고, 과징금 처분을 내렸다.

이 신문기사에서 가장 흥미로운 부분은 '처리한 과정에서 금융감독원 등 금융당국의 기준을 위반했다 해도 법인세법 등 현행법을 위반하지 않는 이상 문제 삼을 수 없다는 취지로 … 국민은행의 행위는 부적절한 회계처리로 비난받을 여지가 크지만'이다. 즉, 법원은 회계기준의 위반과 법인세는 별개의 건이라는 것을 분명히 하면서 국민은행의 회계기준 위반을 수용하는 판결을 하였다.

당시 국민은행은 감독원의 회계분식에 대해서도 행정심판을 제기할 것인지에 대한 많은 고민을 하였으나 기업이 특히나 금융기관이 감독기관을 상대로 행정소송을 제기하는 데 대한 부담 등이 작용하여 이렇게 진행하지는 않았다고 한다.

34 chapter

상환우선주

매경이코노미. 2011.6.15.

주식=자본 공식을 버려라

우선주를 발행할 때 투자자금 조달을 쉽게 하려고 투자자에게 풋옵션을 부여했는데 이게 문제였다. 풋옵션 때문에 우선주가 자본이 아닌 부채로 처리되면서 부채비율이 300%를 넘어섰다.

IFRS는 거래 상대방에게 현금 등 금융자산을 인도하기로 한 계약상 의무로 규정한다. 예를 들어 우선주 발행자가 투자자에게 미래 시점에 특정 금액을 의무적으로 상환해야 한다. 또는 우선주 투자자가 발행회사에 대해 특정일에 특정 금액 상환을 청구할 수 있는 권리를 보유하고 있다고 하자. 이 경우 발행회사에 금융자산을 인도할 계약상 의무가 있으므로 이런 우선주는 금융부채로 분류된다.

다만 투자자 상환 요구가 있을 때 우선주 상환 여부를 발행회사 재량으로 결정할 수 있는 경우가 있다. 이때 투자자에 대한 상환을 회피할 수 있는 권리가 발행회사에 있다고 보고 부채가 아니라 자본으로 분류한다.

우선주를 부채로 처리해야 하는 경우는 어떤 때일까. 한마디로 발행회사와 투자자 모두가 통제할 수 없는 불확실한 미래사건의 발생 여부나 불확실한 상황이 예견되는 경우다. 이런 상황에서 우선주 등을 상환해야 한다면 해당 우선주는 부채로 처리해야 한다.

일례로 우선주 계약 조건이 우선주 발행 후 3년 이내에 주식시장에 상장하지 못하는 경우 투자자에게 원금을 상환해야 하는 조건이라면 주식시장에 상장하는 것은 발행회사가 통제할 수 없는 상황에 해당하므로 해당 원금과 관련된 부분은 부채로 처리한다. 이와 유사하게 발행회사가 당기순이익을 시현할 때 우선주 배당을 의무적으로 해야 한다면 배당과 관련된 부분도 부채로 처리한다. 그러나 계약 조건에 보통주에 대해

배당을 하는 경우에만 우선주에 대해 배당을 해야 한다고 규정하고 있다면 배당과 관련된 부분은 자본이 된다. 해당 기업이 보통주에 대한 배당을 회피함으로써 우선주에 대한 배당을 하지 않을 수 있기 때문이다.

기사의 마지막 내용을 부연 설명하자면 우선주에 대해서 보통주에 비해 우선적으로 의무를 안는 것이 아니므로 부채로 계상하지 않는다는 논지이다. 즉, 우선주가 보통주에 대비하여 의무를 추가적으로 부담할 경우에만 부채로 계상하는 것이지 보통주에 대한 배당 의무를 포함한 부분이 부채가 아니므로 보통주에 우선하지 않는 부담은 부채로 계상되어서는 안 된다는 의미이다.

매일경제신문. 2011.10.11.

골프장 회원권 회계 93% 오류

전환상환우선주는 전환권, 상환권, 우선주 권리 등이 혼재돼 있기 때문에 구성요소별로 부채 또는 자본으로 구분해 회계 처리해야 한다. 상환금액의 현재가치, 투자자 조기상환 청구권 가치는 부채로 처리해야 한다. 전환권 가치는 자본에 해당된다.

다음과 같은 경우에서 보듯이 부채/자본 분류에 있어서는 주관적인 판단이 필요한 경우가 있다.

동아일보. 2011.9.26.

회계법인 본분은 감사다

영업정지가 유보된 6개 저축은행 중에는 국제결제은행(BIS) 기준 자기자본비율 5%를 넘겼지만 부채가 자산보다 많아 자본 잠식 상태인 경우도 포함됐다. 자본 잠식 상태에서도 BIS 비율이 5%가 넘는 아이러니는 후순위채권 때문에 생긴다. 후순위채권은 예금보다 높은 이자를 지급하고 만기에는 현금으로 상환한다. 그러나 지급 순위는 예금보다 나중이기 때문에 예금 안전성만 따지는 BIS 비율 계산에서는 부채가 아닌 보완자본으로 인정된다. 과거 정권에서 후순위채권이라는 임시 방편 스테로이드 처방으로 부실 처리를 미룸으로써 화근이 덧난 셈이다.

저축은행은 1인당 5,000만원 한도의 예금자보호를 방패로 영업한다. 영업허가만 있으면 예금은 들어오기 때문에 자금 운용이 관건이다. 자금운용 과정에서 부실이 누적되면 만회를 위한 고금리 예금 유치와 무리한 투자가 유발된다. 주택경기 불황으로 인한 PF 부실이 저축은행 위기의 근본 원인이다. 부실발생 초기 단계에 회계분식 없이 대손충당금 소요를 적정히 보고했더라면 예금보험기금을 동원해 조기에 해결할 수 있었다. 그러나 주택경기 회복에 막연한 기대로 부실을 감추고 뇌물을 동원해 구조조정을 지연시킴으로써 사태가 악화됐다.

위의 기사에서와 같이 금융기관의 부실과 회계간에는 밀접한 관련성이 있다. 저축은행의 감사위험이 높기 때문에 삼정회계법인은 저축은행이 감독원에서 지정되는 경우 이외에는 저축은행 감사를 수임하지 않았다고 한다.

조세일보. 2009.6.23.

상환우선주, '부채'로 분류 … 세법은 '자본'

자본비율 감소로 손금불산입 금액 커질 수도
"회계상 순이익 줄어도 세금은 그대로"

대한전선은 최근 자본확충을 위해 최대주주인 삼양금속과 NH-IBK제일호사모투자전문회사에 대해 1,000억원 규모의 상환전환우선주를 발행했다.

대한전선의 상환전환우선주는 보통주로 전환되기 이전에 상환을 요청할 수 있는 주식으로, 상환우선주에 대해서는 액면가의 연 최소 3%의 배당을 받게 되며, 주금납입일로부터 1년이 경과된 후부터는 보통주로 전환할 수 있다.

대한전선은 현행 기업회계기준(K-GAAP)에 따라 1,000억원 규모의 상환전환우선주를 자본으로 분류하고, 삼양금속 등의 주주들에게 배당금을 지급할 계획이다. 그러나 2011년 국제회계기준이 도입되면 대한전선의 회계처리는 상당히 변하게 될 것으로 보인다.

국제회계기준에 따르면 상환우선주는 '자본'이 아닌 '부채'로 분류된다. 상환우선주는 보통주처럼 경영권을 행사하지 못하는 대신 우선적으로 배당을 받고, 기업의 이익을 전제로 원금을 상환받을 수 있는 주식을 말한다.

원금과 배당을 의무적으로 상환해야 한다는 점에서 국제회계기준은 상환우선주를 '부채'로 보고 있는 것이다. 현행 회계기준은 상환우선주 등을 금융계약의 법률적 형식으로 분류하는 데 비해, 국제회계기준은 금융계약의 실질에 따라 분류하고 있다.

한국회계기준원 관계자는 "상환전환우선주의 경우 국제회계기준이 도입되면, 전환사채처럼 보통주로 전환되기 전에 상환을 약속한 범위에 대해서는 부채로 분류하고, 보통주로 전환된 부분은 자본으로 분류해야 할 것"이라고 밝혔다.

ㅁ "회계상 순이익 줄어도 세금은 그대로"= 상환우선주가 '자본'에서 '부채'로 분류되면, 우선 당기순이익이 달라지게 된다. 상환우선주에 대한 배당금이 이자비용으로 처리돼 당기순이익이 줄어들게 되기 때문.

A기업의 수익이 20억원이고, 비용이 10억원일 때 상환우선주에 대한 배당금이 1억원이라면 어떻게 될까?

현행 회계기준에서는 순이익 10억원 중 법적 이익잉여금 등을 제외하고, 상환우선주에 대한 배당금 1억원이 지급된다. 하지만 국제회계기준에서는 상환우선주에 대한 배당금이 부채에 대한 이자비용으로 계상돼 A기업의 비용이 11억원으로 높아져 당기순이익이 9억원으로 줄어들게 된다.

그러나 순이익이 줄어들었다고 해서 법인세가 함께 줄어드는 것은 아니다. 현행 세법은 기존의 회계기준처럼 금융계약의 법률적 형식에 따라 자본과 부채를 구분하고 있어 상환우선주는 '자본'에 해당한다.

순이익이 9억원으로 떨어져도 세무조정을 통해 상환우선주에 대한 이자비용 1억원을 손금불산입해야 한다. 세법에서 손금불산입이란 비용으로 처리되지 않는 것을 말한다. 그러므로 A기업의 비용 11억원 중 이자비용 1억원을 빼줘야 하기 때문에 세법상 A기업의 순이익은 10억원이 된다.

상환우선주에 대한 배당이 비용으로 처리됨에 유념하여야 한다.

chapter 35

12월 결산

회계법인들은 회계감사가 적절하게 수행되지 않는 데 대한 주된 요인 중 하나로 결산기 집중화를 꼽는다. 12월 결산기업이 너무 많아서 연말 감사에 충분한 인원과 시간을 투입할 수 없다는 것이다. 반면에 기업은 12월 결산을 다음과 같은 이유에서 선호할 수 있다.

> 파이낸셜뉴스. 2006.8.29.
>
> 깐깐한 회계감사 피해보자. 결산법인 12월행 러시

즉, 감사인이 12월 결산 법인의 감사에 대해서 부담을 갖는 바로 그 이유 때문에 회사는 12월 결산을 선호할 수 있다.

> 헤럴드뉴스. 2007.1.24.
>
> 회계결산 12월로 통일하자
>
> 신년을 맞아 간담회를 가진 A 증권사 임원은 작년 실적을 묻는 질문에 머릿속으로 복잡한 계산을 한 차례 거친 후 답을 해주었다. 증권업계에서는 4월부터 새로운 회계연도가 시작되기 때문에 1~12월의 실적을 알려주려면 전년도 4분기에 해당하는 1~3월의 실적을 따져봐야 하기 때문이다.
>
> 이 같은 혼란은 단순한 계산상의 불편함으로 그치지 않는다. 지주회사에 속한 증권사들은 사업계획에서부터 성과측정에 이르기까지 대부분의 업무가 지주회사를 중심으로 짜여졌기 때문에 결산기마다 혼선이 빚어진다.

우리투자증권 관계자는 '증권의 재무회계는 3월에 하지만 지주회사의 결산기는 12월이라 연결재무제표 작성을 위해 결산을 한 차례 더하는 격'이라며 '업무의 효율성이 떨어지는 게 사실'이라고 지적했다.

'지주회사 내의 은행과 증권의 수익성을 단순 비교하는 데 어려움이 있고 다른 산업의 경제 흐름이 증권사 회계와 엇박자를 내는 부분도 있다'고 토로했다.

한국증권의 경우 은행 중심의 금융지주회사가 아니다 보니 이 같은 불편을 줄이기 위해 지주회사가 3월 결산으로 바꾼 케이스다.

제각각인 회계 결산기로 인한 혼선이 적지 않음에도 증권사들이 결산기를 바꾸지 못하는 원인은 단 한 가지다. 금융감독당국이 감독규정에서 이를 명문화해놨기 때문. 증권업 감독규정 2-2조에서는 증권회사의 회계연도를 4월 1일부터 다음해 3월 31일로 정해 놨다. 보험업도 회계결산기가 3월이며, 상호저축은행은 회계연도가 7월 1일부터 다음해 6월 30일로 정해져 있다.

자본시장법 이후 은행과 보험, 증권 등 금융기관의 영역이 모호해짐과 동시에 경쟁도 치열해져 분야별 성과의 비교는 불가피할 전망이다.

보험업의 결산기는 기업 임의적으로 정하는 방향으로 논의가 진행중이다. 2010년 7월 23일 보험업법이 개정(2011.1.24일 시행)됨에 따라 하위 법령을 정비하는 과정에서 2013년 결산기부터 보험회사 결산일을 3월 31일에서 12월 31일로 변경하는 보험업법 시행령(令 안 §61)에 의해서 보험도 결산기가 변경되게 되었다.

이와 같이 12월 결산기 집중이 심화되면서 회계법인에게 더 큰 부담을 주는 것은 아닌지에 대한 고민을 해야 한다.

매일경제신문. 2012년1월5일.

삼성 금융계열사 모두 12월 결산
정부, 효율성 위해 강제배정 폐지
결산 시기 몰려 '부실 감사' 논란

삼성생명 삼성증권을 비롯한 삼성금융 계열사들이 회계결산 시기를 3월 말에서 12월 말로 변경한다. 이에 따라 회계연도 시작이 4월 1일에서 1월 1일로 앞당겨지게 된다. 금융감독원 조사에 따르면 금융사 중 90%가 결산시기를 3개월 앞당기는 방안을 검토하고 있는 것으로 나타난다.

30년 전 보험사 증권사 결산시기를 3월 말로 조정한 이래 단행되는 개혁이라는 점에서 재무 회계 분야에 큰 변화가 예상된다.

이들 금융회사가 일제히 회계기간 변경에 나선 것은 다른 계열사들과 결산시기 불일치에서 오는 불편함을 해소하기 위해서다. 그러나 회계감사 시기가 특정 시기에 집중되면 감사가 부실해질 수 있다는 염려가 나오고 있다.

금융위원회 관계자는 4일 '회계기간 변경을 허용하는 금융투자업 규정변경안을 지난 3일 고시했다'며 '이로써 금융투자회사들이 회계기간을 변경할 수 있는 법적 근거는 모두 마련됐다'고 말했다. 보험업 관련 규정 역시 같은 취지로 개정됐다.

증권 보험사가 3월 결산을 하도록 한 것은 1980년 주식회사 외부감사에 관한 법이 제정되면서부터다. 당시 외부감사 대상 법인수가 급증하자 정부는 인위적으로 증권 보험사 결산 시기를 조정했다.

찬반 논란이 있었지만 정부가 30여 년 만에 결산시기 강제 배정제를 폐지하게 된 것이다. 금융감독원 관계자는 '결산 시기를 조정하는 금융회사는 2013년 4월부터 12월까지 9개월간 결산을 별도로 하고 2014년 1월 1일부터 새 회계를 시작하면 된다'고 말했다.

삼성 관계자는 "그룹 내 다른 계열사들은 CY(Calendar Year)를 쓰는데 FY(Fiscal Year)를 쓰다 보니 통계 비교 등에 애로사항이 많았다"며 "불필요한 비용을 절감할 수 있기 때문에 2014년부터 적용하기로 잠정 결론을 내렸다"고 말했다.

삼성화재, 삼성증권, 삼성자산운용, 삼성선물 등 금융계열사들도 동시에 변경하게 될 전망이다. 이들 금융계열사는 그룹 차원의 경영 계획을 세우는 데도 이런 변경이 유리하다고 보고 있다.

은행 지주회사 산하에 있는 증권사들도 적극적이다. 우리투자증권, 하나대투증권, 신한금융투자 등이 이에 해당한다. 같은 지주회사 산하에 은행은 12월 말 결산을 하는데 비해 증권사는 3월 말이다 보니 혼란이 자주 빚어졌다.

증권사뿐 아니라 자산운용사, 투자자문사, 선물회사 등 3월 결산을 했던 대부분 금융회사들이 결산시기를 조정할 전망이다. 금융감독원 관계자는 "증권사들을 대상으로 한 조사에서 외국계 증권사와 일부 국내 증권사를 제외한 90%가 변경을 희망한 것으로 나타났다"고 말했다.

그러나 이에 대해 회계업계는 강력히 반발하고 있다. 저축은행 부실감사 논란으로 엄격한 회계감사가 요구되고 있는데 이에 역행하는 조치라고 주장하고 있다.

익명을 요구한 한 4대 회계법인 대표는 "금융회사들까지 12월 말 결산을 하면 주주총회 전까지 거의 모든 피감법인들을 두 달~두 달 반 동안 감사를 해서 감사보고서까지 작성해야 하는 일이 벌어진다"며 "현실적으로 충분한 감사를 할 수 없고 부실감사가 이뤄지게 될 것"이라고 말했다.

결산월과 관련된 정부의 정책은 1980년 중반으로 거슬러 올라간다. 정부는 그 당시 세수를 연간으로 평준화한다는 정책하에 섬유/식품은 6월, 금융은 3월로 산업별 결산월을 정하는 방침을 정하였다. 그러나 섬유/식품을 6월 결산기로 한다는 정책은 이미 희석화되어 이 산업에 속한 대부분의 기업이 12월 결산으로 회귀하였다.

12월 결산이 아닌 기업은 위에 기술된 내용 이외에 다음과 같은 어려움이 있다.

1. 사업계획을 설정하기 어렵다. GDP, 물가상승률 등, 모든 거시경제지표 등이 모두 12월 말 기준으로 발표되기 때문에 이러한 통계수치를 이용한 전망을 수행하기 어렵다.
2. 업적평가가 어렵다. 경쟁사들이 12월 결산일 경우 횡단면적 업적 평가가 어렵다.

결산기가 변경되는 경우는 12개월이 아닌 업적이 당해연도의 업적으로 보고되기 때문에 착시 현상이 있을 수도 있으며 이 시점의 재무제표의 이해는 이를 감안하여야 한다.

매일경제신문. 2003.4.21.

결산기 변경社 실적 '착시' 주의

작년 12월법인 중 9社
기업실적 개선이나 악화 정도를 파악할 때 결산기 변경을 감안해야 한다.

지난해 12월 결산 상장사 중 결산기를 변경한 기업은 모두 9개사다. 동양철관과 빙그레는 지난해부터 9월 결산에서 12월 결산으로 변경했고, 미도파와 삼양사, 삼양제넥스, 삼양중기, 영풍제지 등은 6월에서 12월로 결산기를 바꿨다. 또 유니모테크놀로지가 2월에서 12월, 전방은 11월에서 12월로 각각 결산기를 변경했다. 이들 기업은 지난해 12월 결산실적이 전년에 비해 크게 감소했다. 결산기 변경으로 인해 영업일수가 크게 줄었기 때문. 이전까지 9월 결산법인이던 동양철관과 빙그레는 지난해 12월 결산 때 10～12월까지 3개월 실적만 집계됐다. 빙그레는 결산기 변경 전(2001년 10월～2002년 9월) 실적은 전년과 비교해 개선됐다. 매출액과 순이익이 각각 7.1%, 80% 증가한 5518억원, 184억원을 기록했다.

하지만 지난해 12월 결산 때 매출은 1,066억원, 순이익은 -69억원에 불과했다. 지난해 4분기 실적만 결산에 반영됐기 때문이다. 미도파와 삼양사, 삼양제넥스 등은 지난해 하반기 실적만 12월 결산 때 반영했다.

chapter 36

은행 부동산 수익증권 회계논란

투자인지 대출인지가 논란인 경우도 있다. 매출채권의 할인도 많은 부적절한 회계처리가 있다. 매각으로 처리하는 경우와 담보로 한 차입으로 회계처리하는지의 대안이 있다. 금융상품과 관련되어서도 담보차입거래로 회계처리하여야 함에도 매각거래로 처리하는 경우 등 부적절한 회계처리가 많다. 2011년 7월에는 한국채택국제회계기준 제1107호 '금융상품 : 공시' ("금융자산 양도" 부분)가 개정되었다. 금융자산 양도시 전체가 제거되는 경우의 공시가 변경되었다.

> ○ 현행 기준서에서는 금융자산 양도시 전체가 제거된 경우 별도의 공시가 요구되지 않았으나
>
> – 금번 개정시에는 금융자산 전체를 제거하지만 해당 자산에 대해 지속적으로 관여하는 경우 지속적 관여*에 대한 상세한 공시를 요구(42E)
>
> * 지속적 관여를 나타내는 자산과 부채의 장부금액 및 공정가치, 지속적 관여에서 발생하는 손실의 최대 노출금액을 가장 잘 나타내는 금액 등

> 매일경제신문. 2006.8.18.
>
> **은행 부동산 수익증권 회계논란**
>
> 수입증권매입을 통한 금융기관의 국내외 부동산개발투자사업(PF) 회계처리 방식을 둘러싸고 논란이 일고 있다.
>
> 금융기관이 대규모 부동산 개발에 투자하는 길은 사업시행자에게 직접 대출을 하거

나, 사업시행자에게 자금을 공급하는 자산운용사가 발행한 수익증권을 사주는 두 가지 방식이 주류를 이루고 있다.

그런데 최근 금융감독당국이 A은행이 매입한 수익증권 2,200억원 어치를 은행의 투자자산 과목이 아닌 대출 항목으로 회계처리하라는 지침을 내렸다.

장현기 금융감독원 은행감독국 팀장은 '은행이 각종 개발사업에 참여할 때 이를 대출 또는 투자 항목으로 처리할지는 개발 사안별로 다를 수 있다'며 '개발 대상이 되는 자산의 성격과 투여자금을 구조화하는 방법에 따라 회계처리 항목을 정하게 된다'고 말했다.

그는 'A은행의 경우 이 은행이 리스크관리본부가 이에 대한 회계처리를 금감원에 질의해 와 대출 항목으로 처리하는 것이 타당하다는 견해를 전달했다'고 덧붙였다.

자산운용업계의 한 관계자는 이에 대해 '은행이나 보험사 등이 개발사업과 관련한 수익증권을 매입하고 이를 회계처리할 때는 일반적으로 사모와 공모에 따라 다른 방식을 취했다'며 '대출로 처리하면 충당금 적립 등의 문제와 사업시행자가 이중으로 채무를 떠안게 되는 문제가 발생할 수 있다'고 지적했다.

이 가운데 특히 사업시행자들이 형식상 자금을 조달받게 되는 자산운용사와, 자산운용사에서 수익 증권을 매입함으로써 실제 자금을 공급하는 은행에 대해서도 함께 채무를 지는 이중 부담에 대해 금융감독당국이 명확한 회계처리 기준을 마련해 줘야 한다는 게 금융권의 요구다.

장 팀장은 이와 관련해 '수익증권을 무조건 투자항목에 넣어 처리하기보다는 대출 항목에다 기재할 수도 있다'며 '다만 대출 항목에 넣을 때 추가로 대출 증빙 서류를 사업시행자에게 받아야 하는지는 각 금융기관이 내부적으로 결정할 문제'라고 밝혔다.

자산운용협회 관계자는 '이중 채무에 대해서는 금융감독당국이 조속히 가이드라인을 제시해야 한다'며 '그렇지 않으면 4조 5,000억원에 이르는 국내외 부동산 개발 수익증권 시장이 커다란 타격을 받을 수 있다'고 염려했다.

매일경제신문. 2007.9.17.

은행이 사들인 CP 투자냐 대출이냐. 금감원, 회계기준 위반 결론 내린 듯
은행권 이견. 금감원, '회계기준 위반' 결론 내릴 듯

우리 신한 외환은행이 매입해 온 기업어음(CP)의 상당량을 '유가증권'이 아닌 '대출'로 봐야 한다는 금융감독당국의 유권해석이 나와 해당 은행에 비상이 걸렸다.

보유하고 있는 CP의 회계처리를 변경하라는 금융감독원 지시를 이행해야 할 경우 이들 은행은 300억원의 신보 출연료와 대손충당금 설정 등으로 투자 이익을 맞출 수 없어 CP를 유가증권으로 간주해 종금계정에 넣었다. 하지만 금감원 검사팀은 이를 투자가 아닌 대출로 봐야 한다면서 보유 CP를 대출계정에 기입하라는 입장이다.

금감원이 이 같은 '회계처리 위반' 사항을 포함한 우리은행 검사 결과를 조만간 확정할 경우 우리은행과 똑같은 회계처리를 한 신한은행과 외환은행도 어려움을 겪게 될 것으로 예상된다.

금감원측이 우리은행의 CP매입을 대출로 보는 근거는 이렇다.

예를 들어 삼성전자가 발행한 3개월짜리 CP를 A은행이 바로 인수했다면 이는 대출채권으로 분류돼 신기보 출연료를 내야 한다. 여기까지는 은행이나 금감원이나 이견이 없다.

문제가 되는 부분은 증권사 중개를 통해 당일 사들인 CP 물량이다. 우리, 신한 등은 이 CP를 '금융시장에서 유통되는 유가증권을 사들인 것'으로 간주해 종금계정에 반영했다.

다른 시중은행들은 이 같은 회계처리를 할 수 없지만 과거 인수 합병(M&A) 과정에서 종금업을 겸하고 있는 우리, 신한, 외환은행은 가능한 일이다. 유가증권으로 분류하면 0.35~0.38%의 신기보 출연료와 대손충당금 문제를 덜 수 있다.

금융권 한 관계자는 '종금 라이센스를 가진 우리, 신한 등이 CP 매입을 주도해왔다'며 '다른 은행들은 CP 투자 실적이 상대적으로 미미할 것'이라고 말했다.

금감원이 우리은행 감사를 통해 지적하려는 점이 바로 이 부분이다. 증권사의 단순 중개를 거친 CP 매입은 유가증권 투자가 아닌 대출로 봐야 한다는 지적이다. 결국 종금계정이 아닌 대출계정에 CP를 넣어야 한다는 게 금감원측 판단이다.

해당 은행들은 당혹해 하고 있다. 엄연히 유통시장에서 사들인 CP를 유가증권으로 분류하는 게 타당하다는 주장이다. 특히 금융시장의 충격을 우려해 금감원이 이 같은 지적을 선뜻 수용하지 못하고 있다.

부동산 PF 유동화 수단으로 최근 3~4년 새 주목을 끌기 시작한 자산유동화어음도 사정은 마찬가지다.

유동화 전문회사(SPC)가 발행한 ABCP를 은행이 매입한 것은 유가증권 투자가 아니라 일종의 PF 대출로 봐야 한다는 게 금감원측의 해석이다. 은행의 ABCP 매입 금액이 자금을 필요로 하는 시행사로 전달되는 구조라는 얘기다.

금감원의 시정 명령이 떨어지면 ABCP를 매입해 온 은행들은 ABCP에 대한 투자 유인을 잃게 돼 ABCP에 대한 매입 약정을 더 이상 체결하기 어려울 것으로 보인다. ABCP에 대한 직접 매입도 중단될 가능성이 크다.

chapter 37

건 설 업

국제 회계기준의 도입은 건설업에도 많은 영향을 미쳤다. 지급보증을 하면서 대출금을 대신 갚아 주지 못할 가능성이 50%를 넘으면 부채로 계상하여야 한다. 회계이슈 때문에 기업의 본질적인 영업활동이 영향을 받게 된다.

매일경제신문. 2008.11.25.

임대주택사업 회계기준 잘못됐다
회계학회 '임대 보증금 부채로 분류해 사업 위축' 지적

임대주택사업은 일반 리스업과 구조가 다르다. 따라서 임대주택사업 특성을 감안해 별도 회계처리 규정을 마련해야 한다.

'현행 기준처럼 국민주택기금과 임대보증금을 부채로 분류하면 사업자가 신용등급을 받을 때 불리할 수밖에 없다'며 '임대주택 공급이 국가의 정책사업이라는 점을 고려한다면 국민주택기금과 임대보증금 회계처리방식을 변경할 필요가 있다'고 말했다.

'임대주택업체의 건설자금으로 활용하는 국민주택기금과 임대보증금은 현행 회계처리시 모두 부채로 간주돼 기업 부채비율이 높아지는 문제가 생긴다'며 '국민주택기금 상환 의무는 임차인에게 있고, 임대 보증금은 분양대금 선수금 성격이라 임대사업자의 부채가 아님에도 불구하고 이런 방식으로 처리되는 것은 잘못된 것'이라고 지적했다.

이런 일이 발생하는 이유는 임대주택이 임대 후 분양이라는 특성에 근거해 리스와 똑같은 회계기준을 적용하기 때문이다. '이런 회계 규정 때문에 임대주택업체의 부채비율이 과도하게 높아져 신용평가등급이 낮아지고 공사입찰시 불이익을 받고 있다'고 강조했다.

특히 현행 회계기준에서 단지별 입주율이 90%가 넘으면 국민주택기금과 보증금을 부채에서 제외하는 것이 가능하지만 2011년부터 IFRS를 도입하면 입주율과 관계없이 부채로 계산해야 하는 것에 대한 염려의 목소리가 높았다.

조인스랜드. 2010.10.27.

건설사 국제회계기준 도입시 부채 11.6% 늘어날 전망
건설산업연구원, 33개 상장 건설사 설문조사

상장 건설사들이 내년부터 국제회계기준(IFRS)을 도입함에 따라 매출은 2.4% 줄어들고, 부채는 11.6% 늘어날 것으로 전망됐다.

한국건설산업연구원이 2009년 기준 매출액 300억원 이상의 33개 상장 건설사(코스닥 포함)를 대상으로 설문조사를 통해 나온 결과다.

조사에 따르면 상장 건설사들은 IFRS 도입으로 회계처리 방식이 달라짐에 따라 매출액은 종전대비 2.4% 감소하고, 부채 규모는 11.6% 증가해 재무제표가 악화될 것으로 예상했다.

부채비율은 현행 회계기준에서는 평균 188.4%이지만 IFRS에서는 약 30%포인트 증가한 평균 216.5%에 이르고 매출액 영업이익률은 종선 3.2%에서 앞으로 2.1%로 떨어질 것으로 전망됐다.

재무제표에 영향을 미칠 주요 요인으로는 PF 지급보증에 대한 부채인식 기준의 강화와 연결대상 기업범위 확대, 주택분양사업의 수익인식기준 변화 등이 꼽혔다.

종전에는 건설사의 PF사업에 대한 지급보증은 부채발생 가능성이 큰 사업을 제외하고는 대부분 우발채무로 처리해 부채로 잡지 않는 것이 일반적이었지만 IFRS에서는 부채로 잡힐 확률이 높아진다.

PF 지급보증 기존 관행 깨질 듯

조사를 맡은 건설산업연구원 권오현 박사는 "그동안 PF사업 지급보증으로 건설사 부담이 컸는데 새 회계기준에선 부채로 잡히기 때문에 단독으로 지급 보증하는 기존 관행이 깨질 것 같다"고 말했다.

또 주택분양사업은 예약매출 수익인식 시점이 종전에는 계약금, 중도금, 잔금 등 진행기준을 따랐지만 IFRS에서는 입주 시점인 인도기준에 한꺼번에 적용돼 매출이 이연되고 중도금은 부채로 잡히게 된다.

앞으로 PF사업과 주택 분양사업이 종전보다 축소되는 등 조사대상 건설사의 70%가 IFRS가 추후 사업전략에 영향을 미칠 것으로 내다봤다.

권 박사는 "IFRS 도입으로 상장여부에 따라 건설업체의 재무상태가 차등적으로 변화할 것으로 예상된다"며 "형평성 시비에 대비해 정부 공공공사 발주에 적용되는 경영상태 평가방법과 시공능력평가 방식을 바꾸는 등 후속조치가 뒤따라야 한다"고 말했다.

문화일보. 2010.11.1.

국제회계기준도입, 건설업계도 불똥
PF 지급보증도 부채로 잡혀 대출 불이익 불가피
내년 적용 앞두고 PF 해소 부채 줄이기 안간힘

건설업계에 국제회계기준 도입 비상이 걸렸다. 상장 건설사들에 IFRS가 도입 적용되면 빚이 급증할 뿐만 아니라 지급보증을 통한 사업시행도 어려워져 주택 등 각종 사업 차질이 불가피하기 때문이다.

1일 건설업계에 따르면 상장건설사들은 내년 IFRS 적용을 앞두고 새로운 회계처리기준 시스템 구축에 나서는 한편 신규사업과 직접 연관이 있는 부채 줄이기에 전력을 기울이고 있다.

실제 한국 건설산업연구원 조사 결과 건설사들은 새 시스템 구축을 위해 중대형 업체는 평균 4억 5,000만원, 중소사는 1억 3,000만원을 투입하고 있다. 건설업체들은 시스템 구축 과정에서 장부상의 재무회계와 실제 신고하는 세무회계를 어떻게 조화시킬지 고심하고 있는 상황이다.

건설업체들은 특히 부동산 프로젝트파이낸싱(PF) 사업의 경우 부채와 직결돼 회사 재무제표를 악화시킨다는 판단 아래 올해 말까지 PF 대출 줄이기에 나서고 있다. 그동안 건설사들은 PF사업 지급보증에 대해 대부분 우발적으로 발생한 채무로 간주해 부채로 잡지 않는 것이 관행이었다.

한 중형사 임원은 'IFRS가 적용되면 PF 사업 대부분은 부채로 분류돼 신용평가는 물론 금융권 대출에 직접적인 영향을 미칠 수밖에 없다'며 '앞으로 PF사업에 대해 사업전략을 수정할 수밖에 없을 것'이라고 말했다.

IFRS가 적용되면 분양사업 때의 중도금(분양사 담보대출)도 부채로 인식될 가능성이 높다. 또 재개발, 재건축사업의 경우 대출시 지급보증이 엄격해진다. 건설사 지급보증을 통해 자금을 조달해 오던 관행이 사실상 어려워지게 된 셈이다. 이에 따라 IFRS가 도입되면 건설사들은 금융채무(지급보증 대출)를 조건으로 한 개발사업을 보다 신중하게 추진할 수밖에 없을 것으로 보인다.

또 주택 등의 분양사업의 경우 '계약만 한 기분량 물량'이 예약 매출로 미리 잡혀 법인세가 부과될 수도 있다. 중도금과 잔금을 받아야 재무수익이 발생하는데 무이자 대출 등으로 수익이 없는 데도 장부상 매출수익으로 잡힐 수 있다는 것이다.

조선일보. 2010.12.10.

국제회계기준이 뭐기에, 건설사들 지급 보증 거부 속출

최근 LIG건설은 사업시행자가 당초 계약조건에 없던 1,500억원 규모의 project financing 지급보증을 요구했다.

내년부터 IFRS가 도입되면 그동안 건설업체들이 대규모 개발사업에 관행적으로 서왔던 IFRS 지급보증이 부채증가로 이어질 가능성이 크기 때문이다.

IFRS 도입으로 건설사가 자금 조달의 모든 책임을 지라는 식의 보증요구는 더 이상 받아들이기 힘들다.

더욱이 내년부터 국제회계기준이 도입되면 PF 대출 잔액의 상당 부분이 부채로 편입돼 …

현재는 PF 대출 등 우발채무의 부채 가능성이 70%(저자, 기사에는 70인데 80%가 옳음) 이상일 경우에만 건설사의 부채로 잡고 있다. 그러나 국제회계기준에 따르면 50% 이상일 경우 부채로 편입해야 한다. 건설업계에서는 국제회계기준이 도입되면 건설업체들의 부채비율이 평균 20% 증가할 것으로 예상한다.

특히 내년에는 아파트 건설 사업 등 중소규모의 일반적인 PF 사업까지 국제회계기준에 불똥이 튈 것이란 전망이 나오고 있다.

조선일보. 2011.8.4.

IFRS 맞추려는 건설사들 … 개발업체가 죽는다. 지급보증 해주던 건설사들 '우리 부채로 잡힌다' 거절. 돈줄 막혀 문 닫는 업체 속출

'예전 같으면 너도 나도 돈 대주겠다고 난리였을 텐데 …'

중견 부동산 개발업체인 A사 정모 사장은 서울 강남권에 아파트 2,000여 가구를 개발하는 프로젝트를 추진하고 있다. 하지만 최근 사업이 무산될 위기에 놓였다. 당초 국내 10위권 대형 건설사인 B사가 1,500억원대 지급보증을 해 금융권에서 PF 대출을 받았지만 다음 달 만기가 돌아온다.

문제는 B사가 더 이상 지급보증을 할 수 없다고 통보한 것. 지급보증이 없으면 만기 연장은 불가능하다. B사측은 '올해부터 국제회계기준이 도입돼 지급보증을 잘못 섰다간 당장 부채비율이 급등해 회사가 위험해질 수 있다'고 사정을 설명했다.

2000년대 초부터 급성장했던 부동산 개발업체들이 최근 고사위기에 몰리고 있다. 가뜩이나 부동산 경기 침체로 경영난을 겪는 가운데 IFRS라는 복병까지 만나 개발사업의 돈줄이 막혀버린 것.

그동안 국내 부동산 산업은 개발업체가 건설사 지급보증을 바탕으로 PF 대출을 일으켜 자금을 조달하는 방식으로 이뤄졌다. 이 과정에서 지급보증은 건설사의 부채로 잡히지 않았다.

그러나 올해부터 도입된 IFRS는 건설사가 지급 보증한 사업이 잘못돼 대출금을 대신 갚아 줄 위험성이 50%를 넘으면 부채에 포함하도록 회계기준을 강화했다. 대우건설 김태진 팀장은 '지금 같은 부동산 침체기에 성공 확률이 50%를 넘는 사업은 많지 않다'면서 '아주 우량한 사업이 아니면 지급보증이 불가능한 상황'이라고 말했다.

실제로 현대건설, 삼성물산 등 국내 5대 건설회사가 올해 신규 PF 사업에 지급보증을 선 사례가 아직까지 한 건도 없다.

시중은행은 IFRS 도입과 저축은행 부실 사태로 신규 PF 사업에 지급보증을 선 사례가 아직까지 한 건도 없다.

시중은행도 IFRS 도입과 저축은행 부실 사태로 신규 PF 대출을 거의 중단했다. 금융감독원 관계자는 '은행들도 확실한 사업이 아니면 PF 대출을 하지 않고 있다'고 말했다. 은행들은 오히려 기존 PF 대출을 대거 줄이고 있다. 2009년 3월 55조원이던 은행 PF 대출 잔액은 지난 6월 말 현재 33조원까지 급감했다.

chapter 38

Expert Witness

자본주의가 발전하면서 법정소송이 증가하는 것은 불가피하다. 미국을 소송 공화국이라고도 부르며 변호사수가 많아지면서 소송이 증가하고 남소 가능성이 높아진다고도 한다.

회계 관련되어서도 수년 내 많은 소송이 제기되며 이러한 이슈들이 법정에서 판가름날 가능성이 높아진다. 본 저술에서도 이미 몇 건의 소송 내용을 기술하였다. 이러한 소송은 회계에만 국한된 것이 아니라 최근에 오면서 공정거래 등 법경제 관련, ELS, KIKO 등 재무관리에서의 소송 등에서도 광범위하게 expert witness의 업무 영역이 전문가로서의 영역에 추가된다.

이러한 이슈가 행정 소송의 영역일 수도 있으며 민사 소송의 영역일 수도 있다.

몇 가지 이슈는 영역을 떠나서 모든 expert witness에 적용되는 이슈가 있는 동시에 회계에만 국한되는 이슈도 있다. 첫 이슈는 누가 expert witness로 전문 의견을 표명할 수 있는지이다.

회계학회의 경우도 2003년 법원으로부터 '2003구합 3529 감사보고서 감리 결과 조치 처분 취소 사건 감정 관련' 감정의견 요청을 받고 당시 재무회계분과에서 회계학회 발신 의견으로 법원에 의견을 보낸 적이 있다.

학회가 사회적인 이슈에 대해서 너무 무관심하게 대하는 것도 문제겠지만 학문을 위한 단체인 학회가 이러한 이슈에 대해서 학회 차원의 의견을 표명함도 적절하지 않다고 판단된다. 또한 학회의 의견이라는 것이 학회장의 의견이어서는 안 되므로 학회 이사회 등의 의결을 거쳐야지만 학회의 의견을 결집한다는 것이 어렵다. 학회 이사회 등의 의결 과정도 형식적이기 쉽다.

법원이 전문가의 의견을 구할 때 다음의 방법으로 접근하고 있다.

첫째, 원고측이나 피고측이 별도로 전문가를 찾아서 자기들의 주장을 뒷받침할 수 있는 분석을 의뢰한 후 그 결과를 법원에 제출하기도 한다. 그런데, 이 경우에는 '공식적' 감정이 아닌 '사적' 감정이라고 하여, 법원이 그 전문가 의견을 참고는 하겠지만, 전적으로 따르지는 않는다.

이는 금융위의 감리위원회나 증권선물위원회에서 상정된 안건에 대한 법무법인이나 특정 대학교 연구소 명의의 의견서가 참고 사항으로 제출되는 것과 동일하게 이해하면 된다.

대개 원고, 피고 양측이 모두 전문가를 활용하는데, 그 양측 전문가의 결론이나 증언이 상반되는 경우가 많아 법원이 고민하는 부분이다. 원고 또는 피고의 수임료를 받고 전문가가 표명하는 의견은 독립적인 의견이라고 판단되기 어려우면 거의 대부분 상반되는 의견이 제시될 것이다.

둘째, 법원이 제3자를 공식적인 '감정인'으로 선임하여 그 의견을 판결의 근거로 사용하기도 한다. 과거의 예로는 '손해액'을 결정하는 경우에 공식 감정인이 선임되곤 했다. 법원이 손해액 금액을 산정하기 어려우므로 이러한 과정을 거치는 경우가 있다. 이 경우에는 원, 피고 양측이 전문가 비용을 분담하는 것이 대부분이지만, 때에 따라서는 한 쪽이 비용을 모두 부담하기도 한다. 원, 피고 중 한 쪽이 감정의 필요성을 인정하지 않거나, 정부기관처럼 비용조달이 쉽지 않은 경우에 그렇게 합의되는 경우가 간혹 있다. 감정인의 선임은 법원이 전문가 정보를 충분히 갖고 있지 않은 경우가 많으므로, 원고와 피고의 복수 추천을 받아 그 중에서 법원이 선임하는 경우가 많다.

위의 내용은 expert witness와 관련되어 일반적인 경우이며 회계적인 이슈와 관련되어서는 소송 과정에서 감독기관의 감리 결과가 개입되는 경우가 있다.

즉, 법정에서 감사절차 소홀에 대한 증권선물위원회의 조치가 적정한가에 대해서 expert witness가 의견을 표명하여야 하는 경우도 있다. 위의 2003년의 감정의견서에서는 이에 대해 다음과 같이 기술하고 있다.

'증권선물위원회의 과거 유사한 사례에 대한 조치와의 형평성 차원에서 논의되어야 할 성격의 것으로 판단됨. 따라서 증권선물위원회 조치의 적정성 여부에 대하여 본 학회가 판단하는 것은 무리라고 생각됨.'

특히나 expert witness가 정부기관인 증선위의 판단이 잘못 수행되었다는 의견을 표명할 수는 있지만 이는 매우 부담되는 경우이다. 이에는 조치의 적법성

여부 및 조치 수준의 경중과 관련된 판단일 것인데 이 두 건 모두가 경미하지 않은 어려운 결정이며, 금융위원회에서도 감리위, 증선위 등을 거치면서 도출한 결론을 expert witness가 개인의 자격으로 의견을 표명함이 어려운 과정일 것이다.

물론, 이슈가 된 안건 자체가 증권선물위원회에서 논의된 안건이 아닌 경우는 expert witness가 분식회계 또는 부실감사와 관련된 판단을 수행할 수 있으나 분식회계/부실감사와 관련된 내용은 증권선물위원회에서도 이를 판단하기가 매우 주관적이고 어려운 내용도 있는데 법정에서 이를 판단한다는 것이 용이한 일은 아니다.

39 chapter

대출모집인 수수료, 자산인가 비용인가?

다음의 건은 최근 저축은행의 대출 모집인에게 지급하는 수수료를 자산으로 계상할지 아니면 비용으로 계상할지에 대해서 시사적으로 이슈가 되었던 부분이다. 가장 최근에 경제/사회적으로 크게 이슈화되었던 내용이기도 하고 동시에 기업회계기준에 대한 해석 권한이 있는 회계기준원과 금융감독원이 동일 건에 대해서 정반대의 결론을 도출했던 부분이다.

어떤 항목을 자산으로 계상할지 아니면 비용으로 처리할지는 매우 오래된 회계적인 논란의 대상이다. 오래전에는 연구개발비가 이연자산으로 분류되다가, 연구비는 비용으로 개발비는 무형자산으로 분류되었다. 이슈는 미래시점에 수익을 창출할 것인지였고 미래 수익을 창출할 수 있는 투자만이 자산화할 수 있는데 연구개발비는 그 성격상 미래시점에 신제품 개발 등으로 연결될지에 대한 사전적인 확신을 가질 수 없기 때문에 주관적인 판단의 대상이었다.

미국에서도 1980년대에 oil and gas 산업에 투입되는 자원을 모두 full costing (전부원가 자산화)에 의해서 자산화할지 아니면 유전 개발 등에 성공적인 자원만을 successful effort(성공원가의 자산화) 방법에 의해서 자산화할지가 매우 오래된 논란의 대상이었다.

10곳의 탐사선에서 5곳이 성공했을 때, 5곳의 탐사선 원가만을 자산화하여 원가로 계상할지(나머지 5곳은 실패시 바로 비용처리) 아니면, 10곳을 시도하여서 즉, 10곳의 비용이 발생하여 결국 5곳을 성공시킨 것이므로 10곳의 비용을 모두 자산화하여 수익에 대응시킬지의 이슈이다. 10곳을 시도하였기 때문에 그중에 반이 성공했다고 하면, 즉, 10곳의 시추는 5곳의 성공적인 발견을 위해서는 필요불가결한 조건이라고 생각하면 전부 원가를 자산화하는 대안이 더 타당성이 있다.

즉, 이는 회계적인 이슈이기도 하지만 어떻게 보면 공학적인 이슈이기도 하다.

대출모집인 수수료의 이슈도 이와 일맥상통하는 이슈이다. 자산화 여부에 따라서 비용 배분이 결정되므로 영업의 결과에 크게 영향을 미치는 항목이다.

아래에는 이 내용이 언론에서 어떻게 다루어졌는지를 보인다.

한국경제신문. 2011.9.3.

저축은, 금감원 경영진단 결과에 집단 반발

견해차가 가장 큰 대목은 '대출모집인 수수료의 회계처리'이다. 대출모집인에게 주는 수수료를 대출 기간 동안 나눠서 반영해야지 대출 시점에 모두 비용 처리를 하는 것은 불합리하다는 저축은행들의 주장이다. 대출 모집 수수료는 보통 대출금액의 7~8%로 1,000억원을 대출했다면 70~80억원 정도 영업이익이 깎이게 된다. 소액신용대출이 많은 저축은행은 200억원 이상 영업이익에 차이가 날 수 있어 법률검토를 진행하고 있는 저축은행도 있는 것으로 알려졌다.

한국경제신문. 2011.9.16.

저축은, 생존 몸부림, 금융당국 '심사 끝났다'

실제로 저축은행 업계는 대출시점에 중개 수수료를 한꺼번에 반영하는 회계처리 방법이 불합리하다며 반발해 금융당국으로부터 양보를 받아내기도 했다. 중개 수수료를 대출기간 동안 고르게 나눠서 부담하는 '이연'처리가 허용된 것이다.

조선일보. 2011.9.17.

퇴출 저축은행 누가 될까, 운명의 1박 2일

특히 대출 모집인에게 주는 수수료를 회계 처리하는 기준을 두고 저축은행들의 요구를 수용했다. 당초에는 대출 수수료를 일시에 비용으로 처리했지만 이 비용을 대출 기간 동안 나눠서 반영하도록 편의를 봐줬다. 예컨대, 5년 만기의 대출을 가져온 대출 모집인에게 줄 수수료가 60만원이었다면, 60만원을 당장 처리해야 하는 비용으로 산정했다가 대출 기간인 5년 동안 매달 1만원으로 나눠 반영하게 바꿨다는 것이다.

감독원의 이 건에 대한 정리된 입장은 다음과 같다.

1. 대출 모집인에게 지급하는 수수료는 대출 취급시 필수불가결한 비용이라고 볼 수 없고, 비용부담의 결과로서 나타나는 미래 경제적 효익이 대출거래별로 식별 대응될 수 없는 등 자산의 인식요건을 충족하지 않으므로 당기비용처리하는 것이 타당하다.

2. 대출기간중에 중도상환이 이루어진 경우 동 모집수수료를 회수할 수 있는 정도의 수수료를 고객에게 부과하지 않고 있는 등 자산의 인식 요건을 충족하지 않으므로 당기비용 처리하는 것이 타당하다.

즉, 1에서도 이슈는 미래경제적 효익을 창출하는지에 있다. 2에서의 모집수수료의 회수는 백화점 회계에서의 수익의 인식 이슈와도 일맥 상통한다. 즉, 수년 전 백화점 회계에서 수익을 어디까지 인식하는지의 이슈가 부각될 때, 그 판단 기준이 반품 가능 여부에서 나뉘게 되었다. 관련된 신문기사는 다음과 같다.

서울경제신문. 2004.3.14.

유통업계 회계기준 총 매출로 환원 추진

백화점 업계와 금융감독원은 '백화점이 협력업체로부터 납품받은 상품을 백화점 재고로 간주하는 기간을 90일로 하는 것을 전제로 회계기준을 총매출 기준으로 환원할 것에 대해 논의하고 있다'며 …

양측이 재고기간을 둘러싸고 협의를 하고 있는 이유는 '협력사로부터 납품받은 재고는 백화점이 관리하지 않으면서 총액 기준으로 매출을 잡는다는 것은 이치에 맞지 않는다'는 지적 때문이다.

매일경제신문. 2004.3.23.

백화점 회계기준 또 바꿔 총 판매액을 매출액으로

매장에서 팔고 남은 재고를 백화점이 떠안는 조건으로 거래 관행을 바꾸면 총액기준으로 매출액을 계상할 수 있다는 유권해석을 내렸기 때문이다.

연초 백화점 협회가 총액방식으로 회계기준을 환원해달라고 건의한 데 대해 백화점들이 반품 기한을 3개월 이내로 제한하는 등 일정 요건을 갖추면 가능하다는 답변서를 최근 보냈다고 밝혔다. 금감원은 특정 매입 계약 때 백화점이 의류 등 계절 상품은 시즌이 끝난 후 재고를 입점 업체에 반품하지 못하고 생활용품 등 비계절 상품은 입고 후 3개월까지만 반품할 수 있다는 조건을 제시했다.

계절상품 판매시기는 백화점 업계가 자율적으로 정하되 한 시즌을 3개월을 넘지 못하도록 했다.

한 백화점 관계자는 '계절/비계절 항목으로 나누기 어려운 품목도 많아 일률적인 잣대를 적용하기 어렵다'며 '재고부담을 백화점이 지는 항목은 총액기준으로, 그렇지 않은 기준은 순액기준을 계속 적용할 수밖에 없을 것'이라고 말했다.

백화점/종합상사에서의 수익의 인식을 총액으로 인식할지 아니면 순액으로 인식하여야 하는지가 2003/2004년에 이슈가 되었다. 백화점이 단지 대리인(agent)의 입장에서 상품을 판매하고 있다면 총액을 인식하여서는 안 되며 순액만이 백화점의 수익이어야 한다는 주장이었다. 백화점이 단지 agent인지의 여부는 이 매출과 관련된 재고자산의 위험, 권한 및 의무가 어느 정도까지 백화점에 이월(transfer)되는지에 의해서 판단되어야 한다.

권한과 의무가 상당한 정도까지 백화점에 이월된다면 총액이 백화점의 수익으로 인식되어야 한다. 이는 권한과 의무의 이월 정도를 판단함에 있어서 이슈가 되는 것이 위의 신문기사에서 인용된 반품의 경우이다.

즉, 계절상품의 경우, 통상적으로 한 계절을 판단하는 기간이 3개월인데 계절이 경과된다면 상품으로서의 가치를 거의 훼손한다고 판단할 때에 3개월 이내에 상품을 협력 업체에 반품한다면 이는 권한과 의무가 이월되었다고 판단할 수 없으므로 백화점은 agent에 불과하다는 판단을 할 수 있으며 그렇기 때문에 순액만을 매출로 인식하여야 한다.

또한 비계절 상품의 경우는 계절성이 없기 때문에 계절이 지났다고 해도 상품 가치가 크게 훼손되지는 않는다는 판단하에 3개월 이내에 반품이 가능하다면 이는 완전히 상품이 백화점에 매출된 것으로 간주할 수 있지만 3개월 이후까지도 반품을 허용해 준다면 이는 상품이 백화점에 완전히 이월된 것이 아니고 백화점은 단순한 agent이기 때문에 오랜 기간 이후에도 반품을 받아 준다는 것으로 해석했다.

반품 가능여부가 수익인식의 판단기준으로 사용되는 것이나 모집수수료의 회수 여부가 자산/비용의 판단 기준으로 사용되는 것이 유사한다.

대출수수료와 관련된 문제로 다시 돌아가서 금감원의 입장은 2002년도의 다음의 질의회신에 근거한다.

[재무보고에 관한 실무의견서 2002-9]

대출부대수익과 대출부대비용의 회계처리

[질의]

대출 취급 수수료, 중도 상환 수수료, 한도미사용수수료, 담보물건감정(내부감정 포함) 수수료 등 이자 이외의 명목으로 고객으로부터 수취하는 대출부대수익과 대출거래에서 금융기관이 부담하는 근저당설정비 대출모집인 등에게 지급하는 대출모집수수료 등 대출부대비용의 회계처리방법은?

[회신요약]

대출부대비용은 비용부담의 결과로서 나타나는 미래경제효익이 대출거래별로 식별 대응될 수 있는 등의 요건을 충족하는 경우 이연하여 대출채권에 부가하는 방법으로 표시하고, 유효이자율법에 따라 상각하여 이자수익에서 차감하는 방법으로 회계처리하는 것이 타당함

[회신]

– 수익 비용대응원칙에 의하면 수익에 직접적으로 대응가능한 비용은 수익의 인식시점까지 이연하는 것이 타당하나, 이연 처리된 비용이 대차대조표상 자산으로 계상되므로 비용을 이연하기 위해서는 자산의 인식요건도 충족하여야 한다.

– 기업회계기준상 자산 취득과 관련된 부대비용이 자산으로 계상되기 위해서는 주된 자산의 취득시 부수되는 비용으로서 자산의 취득시 회피할 수 없는 필수불가결한 비용이거나, 지출의 결과로 나타나는 미래 경제적 효익이 개별적으로 식별될 수 있어야 한다.

– 따라서 근저당권설정비 등 대출부대비용이 다음의 요건을 모두 충족한 경우에는 이연하여 대출채권에 부가하는 방식으로 표시하고, 유효이자율법에 따라 상각하여 이자수익에서 차감하는 방법으로 처리하되, 다음의 조건을 만족하지 못한 경우에는 발생 즉시 비용으로 처리한다. 다만, 다음의 요건을 모두 충족한

경우에도 그 금액이 중요하지 않는 경우에는 발생 즉시 당기비용으로 처리할 수 있다.

1. 대출로 인하여 추가적으로 발생된 직접비용으로서 대출시 필수불가결한 비용이거나, 필수불가결한 비용이 아닐 경우 비용부담의 결과로서 나타나는 미래 경제적 효익이 대출거래별로 식별 대응될 수 있어야 한다.
2. 대출이자율은 조달금리 · 대출부대비용 등 대출과 관련하여 발생한 직 · 간접비용을 회수할 수 있고, 적정마진을 확보할 수 있는 수준 이상이어야 한다.
3. 실질적인 대출기간은 대출부대비용을 충분히 회수할 수 있는 기간 이상이어야 하며, 동 기간 전에 중도상환이 이루어진 경우에는 대출부대비용을 회수할 수 있는 정도의 수수료를 고객에게 부과하여야 한다.

상호저축은행 중앙회는 이와 관련된 질의를 2011년 9월 2일 회계기준원에 접수하였으며 회계기준원의 이 내용에 대한 답신은 다음과 같다. 즉, 대출 수수료를 자산화하라는 의미이고 감독원의 의견과 정반대되는 내용이다.

'귀 질의의 경우, 대출채권의 취득과 직접적으로 관련되어 추가적으로 발생한 대출모집비용은 대출채권의 취득원가에 포함합니다. 추가적으로 발생한 대출모집비용은 대출채권의 취득이 없었다면 발생하지 않았을 원가를 말합니다.'

기준원은 이미 2002년도에 유사한 질의를 받고 자산취득부대원가 관점에서 회신해 주었고 이번에 저축은행중앙회에서 질의한 유사한 문제에 대해 과거 기준원질의회신과 일관된 내용으로 회신한 바 있다. 아래는 기준원의 의견을 정리한다.

대출채권의 발생과 직접 관련되어 추가적으로 발생한 지출항목 즉, 대출모집비용과 근저당권설정료 등은 대출채권의 유효이자율을 조정하여 대출기간 동안 비용으로 인식하는 것이 타당하다. 또한 대출채권의 조기상환시 수취한 조기상환 수수료는 미상각된 비용과 먼저 상계한 후 잔액을 수익으로 인식하여야 한다.

이 2002년 회신내용은 기준원 홈페이지에서 일반인에게 수년간 공개가 되어 왔다. 금감원은 그 후에 개별 사안에 대해서 질의회신과 의견서를 별도로 발표한 상황이다.

금감원은 2003년부터 수차례 질의회신하였으며 가장 최근에는 금년 8월에 질의회신(당기비용으로 인식)하였다.

2008년 회신 금감원의 내용 요약은 다음과 같다.

상기 모집인에게 지급하는 수수료는 대출취급시 필수불가결한 비용이 아니고, 비용부담의 결과로서 나타나는 미래경제적 효익이 대출거래별로 식별, 대응될 수 없으므로 당기비용으로 처리하는 것이 타당함

또한 금감원은 2002년에 해석적용사례 2002-9[대출수익과 대출부대비용의 회계처리]를 발표하였는데 대출부대비용과 관련하여 다음의 입장을 가지고 있다. 이 내용은 위의 감독원의 입장과 동일하지만 이를 다른 각도에서 접근하였다는 점에서는 차이가 있으므로 세 번째 조건을 다시 기술한다.

다음 세가지 요건을 모두 충족하는 경우에만 자산으로 인식함

③ 실질적인 대출기간은 대출부대비용을 충분히 회수할 수 있는 기간 이상이어야 하며(AND), 동 기간 전에 중도상환이 이루어진 경우에는 대출부대비용을 회수할 수 있는 정도의 수수료를 고객에게 부과하여야 한다.

2003년부터 지금까지 금감원의 질의회신은 해석적용사례(나중에 실무의견서로 명칭 변경)의 입장을 유지하여 왔다.

한편 2009년에 기준원에서 일반기업회계기준을 제정할 때, 금감원 실무의견서의 내용을 일반기준 실무지침에 편입한 바 있다. 편입하면서 요건 3의 AND 조건을 OR 조건으로 바꾸었다. 현실세계에서 두 가지 상황이 동시에 충족될 수 없다고 생각하였다.

실질적인 대출기간이란 대출이 실질적으로 유지될 기간을 말하는데, 그 기간에 대출부대비용을 충분히 회수할 수 있거나(OR), 대출부대비용이 미회수된 상황에서 중도해지가 예상된다면 penalty를 통하여 회수하면 족하다고 본 것이다. 따라서 AND 조건을 OR 조건으로 변경하였다.

최근에 이슈가 된 저축은행의 외부모집인 수수료의 회계처리와 관련하여 2011년 8월에 금감원이 답변한 질의회신에서, 금감원은 '상기 세 가지 요건 중 1

과 3이 충족되지 않으며 요건 2는 불확실하다'라는 입장으로 보인다.

회계기준원에서 이와 관련된 답을 보내준 담당자는, 요건 1과 2는 회사가 판단할 문제라고 보았다. 특히 저축은행이 지나친 규모의 모집수수료를 부담하고 있다면 이는 감독원의 경영지도차원에서 거론할 문제라고 보았다. 요건 3은 위에서 논의하였듯이 OR 조건이어야 한다고 판단하였다.

이처럼, 이번에 기준원은 금감원과 사전에 협의하여 금감원의 내부문건(질의회신관련)을 받아서 참고하였지만, 기준원의 과거 질의회신 내용을 변경시킬 만한 근거를 찾을 수 없었으므로 기준원의 종전 질의회신과 일관되게 회신해 준 것이다.

마지막으로 이 이슈와 관련된 국제회계기준의 입장도 자산화하여 유효이자율에 반영하고 있으며, 주요국가의 회계관행과도 일관된다고 판단하고 있다

이와 같이 앞으로도 회계기준에 대한 해석권이 있는 감독원과 기준원이 회계기준의 적용을 달리 수행할 수 있다. 과거에도 상반된 해석을 진행한 경우가 있지만 특히나 원칙 중심의 국제회계기준에서는 기업의 회계담당자가 회계적인 이슈에 대해서 주관적인 판단을 수행하여야 할 경우가 많아서 이러한 기준의 해석을 감독원이나 기준원에 의존할 가능성도 높다.

우려되는 부분은 이를 질의하는 기업이 기회주의적으로 이를 양 기관에 질의하고 기업은 기업의 입맛에 맞는 의견만을 택하는 경우이다. 회신을 수행하였던 양 기관의 해석이 대립될 경우에 양 기관만이 곤혹스러운 입장에 처할 수 있다.

48 chapter

감사의견과 관련된 이견

금융감독이나 회계법인이 감사의견이나 조치에 있어서 어느 정도 엄격하게 조치를 해야 바람직한지에 대해서는 여러 가지 이견이 있다.

최근 저축은행이 문제가 되자 감사를 나갔던 감독기관의 조사반원들이 주관적인 판단 없이 너무 원칙에만 집착하여 피검사자들과 현장에서 이견이 발생한다는 내용이 보도되기도 하였다

아래의 신문기사는 기존의 우리가 생각하던 상식과는 상반된다. 즉, 감독기관은 회계법인보다는 더 보수적으로 감사를 접근하기를 기대하며 회계법인이 더 부정적인 감사의견을 표명하기를 기대한다. 반면에 회계법인의 감사의견은 기업에 우호적인 의견이 표명되기 쉽다.

단, 상장기업에 대한 부정적인 의견은 상장폐지, 저축은행의 경우는 뱅크런(예금인출사태) 등의 결과를 초래할 수도 있어서 매우 조심스럽기도 하고 상당한 정치적인 상황 판단을 필요로 한다.

무조건적으로 엄하게만 대응하는 것이 능사는 아니다. 감사의견은 감사인의 고유권한이라서 감독기관이라고 하여도 어느 정도 이상으로 개입하기는 어렵지만 감독기관은 감독기관 나름대로 금융을 총괄하고 지도하는 입장에서 정책적인 판단을 수행할 수 있다.

아주 오래전의 군사정권 시절에는 외부감사인이 강한 의견을 표명하려고 하면 회계법인이 무엇인데 상장기업을 부도나게 하려는 것이냐는 등의 정부 정보기관의 연락을 받았던 때도 있었다고 한다.

회계법인이 너무 유연한 의견을 표명함도 문제지만 책임을 회피하고자 너무 강한 의견을 표명함도 동시에 문제이다.

조선일보. 2011.9.29.

금융당국, 저축은 구조조정 적당히 하려다 허 찔렸나
삼일회계법인, 정상영업 재무제표 2곳, 재무제표 못 믿어

삼일회계법인이 2개 저축은행에 대해 '의견거절'을 검토하고 있다는 의사를 전달하자 금융당국은 적잖게 당황하고 있다. 두 곳 모두 금융당국의 경영진단 결과 합격판정을 받고 정상 영업중인 곳이기 때문이다. 금융당국은 '의견거절'이 확정될 경우 예금 인출사태 등이 재발될 가능성이 있다고 우려하면서 '신중한 대응'을 당부하고 있는 것으로 알려졌다.

삼일회계법인이 문제를 삼은 A저축은행은 소형 저축은행이다. 하지만 A저축은행은 대주주의 아들이 몇 년 전부터 고객들의 예금 수백억을 빼돌린 사실이 지난 7~8월 금융당국의 경영진단 과정에서 드러났다. 대주주의 아들은 횡령한 돈을 주식에 투자했다가 손실을 본 것으로 전해졌다.

금융 당국 관계자는 '그동안 금융감독원과 감사를 맡은 회계법인은 물론 아버지인 대주주도 이런 사실을 몰랐다'고 말했다. 금감원은 A저축은행은 대주주가 아들이 횡령한 돈을 채워넣자 '합격' 판정을 내렸고, 대주주의 아들을 횡령혐의로, A저축은행을 불법대출 혐의로 검찰에 각각 고발하는 것으로 마무리 지었다.

하지만 삼일회계법인은 묵과할 수 없는 문제라고 봤다. 삼일회계법인측은 '심각한 도덕적 해이를 보였기 때문에 경영진을 믿을 수 없다'는 입장인 것으로 전해졌다.

삼일회계법인이 '의견거절'을 검토중인 다른 저축은행인 B사는 재무상태에 대한 논란이 많은 곳이다. 이 저축은행은 경영진단에서 부채가 자산을 초과하는 것으로 나타났지만 금융당국은 '위험하지 않다'는 판정을 내렸다. 반면 삼일회계법인은 '재무구조가 취약하다'는 판정을 내린 것으로 알려졌다.

28일까지 2010년 회계연도 결산 공고를 낸 64개 저축은행 중 영업정지된 곳을 빼놓고는 모두 '적정'의견이 나왔다.

금감원 관계자는 '의견거절' 움직임과 관련, '삼일회계법인이 뒷감당이 걱정된 나머지 멀쩡한 저축은행에 대해 지나치게 소극적으로 나온 것 아니냐'고 말했다. 반면 대형 회계법인의 한 회계사는 '금융당국이 저축은행 구조조정을 적당히 끝내려다 허를 찔린 것 아니냐'고 지적했다.

삼일회계법인은 금융당국의 의견을 받아들여 최종 결정단계에서 수위를 낮추는 방안도 검토중인 것으로 전해졌다. 삼일회계법인측은 '한정의견이나 부적정의견이 나올 수 있다'고 밝혔다.

감독기관의 의견이 수용 여부를 떠나서 감독기관은 bank run 등의 현상이 발생할 것을 우려하여 회계법인에 의견을 제안할 수는 있지만 동시에 회계감사 의견은 회계법인의 고유 업무영역이므로 매우 조심스러운 부분이다. 아래는 위의 신문기사와 유사한 내용이다.

> 한국경제신문. 2011.9.30.
>
> **저축은 구조조정 '회계감사 변수'**
> **지방 저축은 2곳 '한정'의견. 금융당국 '우려할 일 아니다'**
>
> 국내 최대 회계법인 삼일회계법인이 저축은행 두 곳에 '한정'의견을 통지, 회계감사가 저축은행 구조조정 마무리 국면에 최대변수로 등장했다.
>
> 삼일회계법인은 경남 소재 A저축은행과 부산 소재 B저축은행의 감사보고서에 '적정'의견을 낼 수 없으며 일부 회계처리 항목과 관련해 하자가 있다는 의미의 '한정'의견을 낼 것이라고 29일 통보했다.
>
> 삼일회계법인은 대표가 주식 투자 등을 위해 예금을 사용했고 불법 대출 혐의가 있는 A저축은행의 재무제표가 적정한지 확신할 수 없다고 봤다. 부채가 너무 많아 시장의 우려가 지속적으로 제기돼 왔던 B저축은행에 대해서도 '적정'의견을 내기에는 무리가 있다고 판단했다. 두 저축은행은 금융감독당국으로부터 영업정지 등의 적기시정조치를 당하지 않아 정상으로 분류된 회사이지만 삼일회계법인은 회계처리에 있어서 문제가 있다는 결정을 내놓은 것이다.
>
> 이에 대해 금융당국은 당혹스러워 하는 분위기다. 멀쩡한 것으로 파악됐던 저축은행에 문제가 불거지면 부실감독 논란을 피할 수 없는 데다 무엇보다 저축은행 신뢰도에 타격을 주는 탓이다. 금융감독원 관계자는 B저축은행에 대해서도 '부실 저축은행을 인수해 애당초 좋은 수치가 나올 수 없는 회사였다'며 '2017년까지 장기적으로 살아날 수 있는 판단에 변함이 없고 BIS 비율도 5.2%로 나와 문제될 것이 없다'고 말했다.
>
> 하지만 저축은행업계에서는 금융감독당국의 해명에도 불구하고 불안하다는 반응이다. 감사보고서가 '적정'하지 않은 저축은행에 안심하고 돈을 맡길 수 있겠느냐는 것이다. 2010 회계연도에 회계법인이 적정의견을 내지 않은 곳은 이미 영업정지를 당한 프라임, 토마토, 대영, 제일2저축은행밖에 없다. 지난 회계연도에 적정의견을 받지 못한 대전저축은행은 영업정지를 당했다. 한 대형 저축은행장은 '삼일회계법인의 이번 감사의견은 상징성이 크다'며 '앞으로 적정의견을 받지 못하는 저축은행이 더 나온다면 업계 전반에 충격이 나타날 수 있다'고 말했다.

감독기관과 회계법인간에 표명했던 의견과 관련되어 이견이 있었던 내용은

2002년의 SK글로벌(현 SK네트워크)의 분식회계건에서 찾을 수 있다.[1]

2002년 감사의견에 대해서:

피감사회사가 해외현지법인에 대한 지급보증추정손실 23,927억원을 반영하지 않은 사실과 해외현지법인의 부실규모 등에 대한 관련자료 불충분으로 피감사회사의 재무제표에 미치는 영향을 판단할 수 없는 사안은, 피감사회사의 재무제표에 '매우 중요하고 전반적인 영향을 미치고 있는 사안'임에도 한정의견을 표명한 사실이 있다고 감독원은 의견을 보였다.

한정, 의견거절, 부적정의견의 구분도 매우 주관적인 판단일 수 있다. 이러한 규제기관의 의견에 대해서 감사인의 답변 내용은 다음과 같다.

전반적이라는 용어는 국제회계감사기준의 pervasive를 번역한 것으로 이는 모든 부분에 전체적으로 퍼져있다는 의미이다. 회계감사 준칙상 감사범위제한의 영향 또는 감사인의 경영자간의 의견불일치로 인한 영향이 전반적이라는 것은 기업회계기준의 위반, 감사범위의 제한, 내부통제상의 결함 등으로 인하여 재무제표상 계정과목 대부분이 중요하게 왜곡표시됨으로써 재무제표가 정보이용자들을 오도하거나 정보이용자에게 실질적으로 유용성이 없게 되는 경우를 의미한다.

반면, SK글로벌에 대한 감사인인 영화회계법인의 한정의견을 표명한 이유로는

2002 회계연도 감사보고서에 표시된 한정사항은 해외현지법인과 직접 관련된 항목으로 해외현지법인에 대한 지급보증대지급손실 예상액 23,972억원, 해외현지법인에 대한 매출채권의 대손예상액 등이었는바 이는 추가 손실 예상액 관련 감사범위제한으로서 둘 다 해외현지법인의 재무상황과 관련된 것으로, 이러한 내용은 해외 현지 법인에 대한 지급보증대지급 손실 및 매출채권에만 국한된 항목으로 '전반적'이지 않으며 특정하게 제한된 항목이므로 이들 항목을 제외한 피감사회사의 재무제표는 여전히 정보이용자에게 의미 있는 정보를 제공하고 있다고 판단한다. 이는 전반적이라는 용어의 사용을 몇 개의 계정에 미치는 영향인지의 측면에서 접근한 것이다.

감사의견 표명 당시 SK글로벌의 국내 회계부정에 대한 검찰의 철저한 조사가 있었

1 다음의 내용은 "회계감사이론, 제도 및 적용." 박영사. 2006에서 인용/편집한 것이다.

고, 조사결과 해외 현지 법인과 관련된 항목을 제외하고 회계부정은 감사 당시 이미 재무제표에 반영되어 있다고 판단하였다.

이에 대한 규제당국의 입장은

"'전반적'이라는 의미는 영향을 미치는 계정과목의 항목수를 의미하는 것이 아니라 영향의 정도가 중요하다."

이에 대한 저자의 개인적인 의견은 계정과목의 수가 전체 계정 과목수 몇 항목에 영향을 미쳐야 이것이 전반적인지는 중요성 못지않게 주관적인 판단이다. 아마도 영향을 받는 계정 과목수와 금액이 모두 전반적이라는 용어를 해석함에 중요하다고 할 수 있다. 중요성의 판단에서도 양과 질이 모두 잣대여야 한다.

다시 SK글로벌의 주장은 다음과 같다.

공표된 재무제표상 자산 총계는 55,527억원, 매출액은 188,221억원이었으나, 해외 현지법인에 대한 매출채권 할인액 25,800억원을 포함한 실질적인 자산총계는 8,132억원이다. 지급보증 대지급소실 예상액 23,927억원은 해외 현지법인에 대한 매출채권 할인액을 포함한 실질적 자산 총액 81,327억원의 29%이고 매출액의 13%에 해당되는 바, 동 지급보증 대지급손실 예상액이 단지 특정계정과목에만 국한되고, 미계상으로 인한 영향이 재무제표가 실질적으로 무용하다고 여길 정도로 '대단히 중요하고 전반적'이라고는 판단하지 않는다.

이에 대한 규제기관의 의견은 다음과 같다.

감사인의 주장대로라면 피감사회사가 반영하지 아니한 해외현지법인 지급보증에 따른 대지금손실 추정치 23,927억원과 해외현지법인에 대한 순매출채권 28,677억원은 회사의 실질적인 자산 총계의 64%이고 매출액의 28%에 해당되는 매우 중요한 금액이다.

영화회계법인은 이 내용을 다음과 같이 대응한다.

> 더욱이 해외현지법인에 대한 지급보증 대지급손실 예상액 23,927억원 미계상에 대한 감사인과 경영자간 의견불일치로 인한 영향 및 해외현지법인에 대한 매출채권 추가 대손예상액과 관련된 감사범위 제한은 감사보고서 본문에 충분하고 적절하게 공시되었기 때문에 한정의견의 표명으로도 재무제표의 왜곡표시된 내용을 적절히 공시할 수 있다고 판단하였다.
>
> 결론적으로 본 감사인은 감사인의 입장에서 상기 발견사항이 피감사회사의 재무제표에 미치는 영향이 감사준칙에서 정하고 있는 '매우 중요하고 전반적인' 것에 해당되는 것은 아니라고 판단하여 한정의견을 표명하다.

이러한 의견에 대해 규제기관은

> '전반적'이라는 의미가 영향을 미치는 항목 수를 의미한다고 볼 때, 감사보고서에 표시된 한정의견은, 대지급채무, 매출채권, 이로 인한 투자유가증권(해외현지법인주식) 등에 영향을 미치는 전반적인 사항이라고 볼 수 있다.
>
> 물론, 회계감사기준이나 회계감사준칙에서 또는 기업회계기준에서 중요성을 수치화하여서 정의하고 있지 않기 때문에 이러한 판단은 주관적인 판단이며 그렇기 때문에 위와 같은 동일한 수치에 대해서 다른 판단이 수행되는 것이다.

위의 동일한 현상을 이해하고 해석하는 데도 감사인과 규제당국간의 견해에 차이가 있을 수 있다. '전반적'이라는 의미는 영향을 미치는 계정과목의 항목수인지 영향의 정도인지가 회계감사기준/준칙에서 명확히 구분되지 않는다. 또한 중요성의 판단기준도 매우 주관적인 판단인 것과 같이 전반적이라는 용어의 사용도 매우 주관적이다.

41 chapter
예측공시

경영자가 수행하는 예측공시는 순기능과 역기능이 동시에 존재하여 수년 동안 논란의 대상이었다. 경영자가 내부에서 접근 가능한 정보를 공유한다는 차원에서는 순기능이 존재하지만 정보가 왜곡될 수 있다는 측면에서는 역기능 또한 우려가 되는 부분이다. 순기능이 역기능보다 더 전반적이라면 정책적으로 경영자의 예측공시를 권장하여야 하지만 그렇지 않다고 하면 이를 억제하여야 하는 정책적인 고민이 있다.

예측과정이라는 것이 실제와 어느 정도는 차이가 있을 수 있기 때문에 예측이 정확하지 않다고 해도 이 부분이 순수한 오류에 근거한 것인지 아니면 의도성이 개입된 것인지에 대한 판단은 주관적일 수박에 없다. 예측이 태생적으로 실제와 차이가 있을 수밖에 없으므로 예측정보를 공시할 때, 가정에 근거한다는 점과 실제 실현된 정보와는 상이할 수 있다는 제약점을 한정한다면 예측치가 실제치와 차이가 있더라도 면책특권(safe harbor rule)이 주어질 수 있다.

자본시장법에서는 예측공시와 관련된 한계를 다음과 같이 규정하고 있다.

자본시장법 제162조(거짓의 기재 등에 의한 배상책임) ① 제159조제1항의 사업보고서・반기보고서・분기보고서・주요사항보고서(이하 "사업보고서등"이라 한다) 및 그 첨부서류(회계감사인의 감사보고서는 제외한다) 중 중요사항에 관하여 거짓의 기재 또는 표시가 있거나 중요사항이 기재 또는 표시되지 아니함으로써 사업보고서 제출대상법인이 발행한 증권(그 증권과 관련된 증권예탁증권, 그 밖에 대통령령으로 정하는 증권을 포함한다. 이하 이 조에서 같다)의 취득자 또는 처분자가 손해를 입은 경우에는 다음 각 호의 자는 그 손해에 관하여 배상의 책임을 진다.
다만, 배상의 책임을 질 자가 상당한 주의를 하였음에도 불구하고 이를 알 수 없었음을 증명하거나 그 증권의 취득자 또는 처분자가 그 취득 또는 처분을 할 때에 그 사실을 안 경우에는 배상의 책임을 지지 아니한다. 〈개정 2009.2.3〉

그 사업보고서등의 제출인과 제출당시의 그 사업보고서 제출대상법인의 이사

2. 「상법」 제401조의2제1항 각 호의 어느 하나에 해당하는 자로서 그 사업보고서등의 작성을 지시하거나 집행한 자
3. 그 사업보고서등의 기재사항 및 그 첨부서류가 진실 또는 정확하다고 증명하여 서명한 공인회계사·감정인 또는 신용평가를 전문으로 하는 자 등(그 소속단체를 포함한다) 대통령령으로 정하는 자
4. 그 사업보고서등의 기재사항 및 그 첨부서류에 자기의 평가·분석·확인 의견이 기재되는 것에 대하여 동의하고 그 기재내용을 확인한 자

② 예측정보가 다음 각 호에 따라 기재 또는 표시된 경우에는 제1항에 불구하고 제1항 각 호의 자는 그 손해에 관하여 배상의 책임을 지지 아니한다.

다만, 해당 증권의 취득자 또는 처분자가 그 취득 또는 처분을 할 때에 예측정보 중 중요사항에 관하여 거짓의 기재 또는 표시가 있거나 중요사항이 기재 또는 표시되지 아니한 사실을 알지 못한 경우로서 제1항 각 호의 자에게 그 기재 또는 표시와 관련하여 고의 또는 중대한 과실이 있었음을 증명한 경우에는 배상의 책임을 진다.

1. 그 기재 또는 표시가 예측정보라는 사실이 밝혀져 있을 것
2. 예측 또는 전망과 관련된 가정 또는 판단의 근거가 밝혀져 있을 것
3. 그 기재 또는 표시가 합리적 근거 또는 가정에 기초하여 성실하게 행하여졌을 것
4. 그 기재 또는 표시에 대하여 예측치와 실제 결과치가 다를 수 있다는 주의문구가 밝혀져 있을 것

원천적으로 경영자가 예측정보에 확신이 없다면 이를 공시하지 않는 것이 최선일 것이다. 자신도 확신하지 않는 예측정보를 공시함은 매우 무책임한 처사이다.

2008년부터 한국거래소는 코스닥시장의 건전화를 위하여 실적예측공시 모범기준을 만들어 코스닥 상장사에 배포하고, 실적전망과 실제 실적이 크게 차이나는 회사들에 대해서는 불성실공시 여부를 심사하고 있다. 불성실공시법인 대상은 매출액 예측오차율이 50% 이상이거나 영업이익 흑자예측 후 적자실현, 또는 영업이익 흑자실현 법인 중 오차율이 50%를 넘으면서 매출액 오차율이 30~50%에 해당하는 법인으로 불성실공시법인으로 지정되면 벌점을 받게 되고, 벌점이 15점 이상이 될 경우 관리종목에 편입된다. 이러한 예측공시에 대한 사후심사제도는 규제강화의 차원에서 유가증권상장기업에도 2012년에 도입할 예정이다.

분식회계에 대한 조치에 있어서도 적자를 보일 기업이 분식으로 흑자로 반전되었다면 한 단계 조치를 가중한다.

실제로 한국거래소는 2010년 6월 10일 실적 예측치와 실제 실적간 차이가 과다하게 나타난 루미마이크로, 유비트론, 유일엔시스 등 3개사에 대하여 매매거래를 하루 정지하는 조치를 취하였다(매일경제신문 2010.6.10). 또한 코스닥 96개 업체의 2010년 실적 예측 공시에 대한 사후심사를 실시한 결과, 비합리적으로 실적 예측치를 높게 잡은 것으로 판단되는 기륭전자, 나노엔텍, 모린스, 와이즈파워, 차바이오앤, 화우테크, 에스에이티, 에피밸리 등 8개 기업에 대하여 불성실공시법인 지정을 예고하였다(매일경제신문 2011.7.11). 이러한 거래소의 예측공시에 대한 제재는 경영자로 하여금 자신이 자발적으로 공시한 예측정보의 신뢰성을 높이기 위하여 실제 보고이익이 예측치에 도달하도록 이익조정을 할 유인을 제공한다고도 판단된다.

매일경제신문, 2010.6.10.

실적예측 불성실공시 코스닥 3개사 매매정지

한국거래소는 12월 결산 코스닥기업 가운데 실적예측 공시를 불성실하게 한 3개사의 매매거래를 10일 하루 정지한다고 밝혔다. 거래소는 2009년 실적예측 공시를 한 85개사를 심사한 결과 루미마이크로, 유비트론, 유일엔시스 등 3개사의 실적예측이 실제 실적과 과다하게 차이가 나는 것으로 나타났다며 이같이 조치했다. 또 심사 결과 불성실공시법인으로 지정되지는 않았지만, 실적예측 공시를 보다 신중하게 할 필요가 있는 6개사에 대해서는 재발 방지를 위해 주의를 촉구하는 공문을 발송했다. 다만, 매출액오차율 50% 이상 기업의 비중이 2008년 8.1%에서 지난해에는 4.7%로, 영업이익이 예측과는 달리 적자로 전환한 기업의 비중도 15.7%에서 10.8%로 감소한 것으로 나타났다. 거래소 관계자는 이에 대해 "실적예측 공시 심사가 실적예측 공시를 신중하게 하는 데 이바지한 것으로 파악됐다"고 자평했다.

이러한 제재가 예측정보의 공시를 과도하게 규제하는 것은 아닌지에 대한 우려가 있다. 예측오차라는 것이 기업이 통제할 수 없는 상황에서 발생할 수 있는 것이기 때문이다. 예측할 수 없는 경제위기 등이 도래하여 예측이 모두 잘못될 경우에도 책임을 지우게 되면 이는 너무 가혹한 조치가 될 것이다. 단, 의도적으로 정보를 왜곡할 의사가 있었다고 하면 이 부분에 대해서는 단호하게 조치를 취할 수 있어야 한다.

이러한 새로운 제도의 정책적인 취지는 Chapter 27에서의 조회공시의 사후 심사제도와 유사하다고 할 수 있다. 즉, 예측정보를 공시할 수 있도록 허용하지만 동시에 이에 대한 사후 규제를 수행하는 것이며 조회공시를 번복할 수 있는 가능성을 허용하지만 이 제도가 남용되지 않도록 사후적으로 규제하는 것이다.

잘못된 실무 관행에 대해서 규제하는 것은 적절하지만 이로 인해서 경영자의 예측정보가 공시되지 않는다면 예측정보를 유용하게 사용하는 정보이용자에게는 제공되던 정보가 차단되는 결과를 초래할 것이다.

과거에는 예측공시를 전달하는 경로가 경제신문, 투자설명회 등이었으나 최근에 오면서 예측공시가 거래소의 수시공시의 한 형태인 공정공시로 전달된다. 즉, 예측 공시에 이전의 경로에서 체계적인 제도권 안으로 흡수되었다고 할 수 있다.

과거에 예측정보가 투자설명회 등에서 전달될 때는 투자설명회에 참석하는 일부의 참석자에게만 정보가 배타적으로 전달되어 정보의 불균형적(information asymmetry) 전달이 이슈가 되었다. 또한 투자설명회가 제도권 안에서 진행되는 행사가 아니므로 이 행사에서 전달되는 정보에 대해서 규제기관이 감독을 진행하기도 용이하지 않았다.

chapter 42

공공기관의 외부감사제도

공공기관에 대한 외부감사는 감사인의 입장에서는 수임료는 낮지만 소송에 대한 위험도 없고 제재도 받지 않기 때문에 매력 있는 업무일 수 있다. 또한 회계법인은 자산 규모가 큰 client를 확보하고 있다는 것도 주요한 홍보의 대상인데 공공기관 중에는 매우 큰 규모의 피감기업이 다수 존재한다. monitoring이 작동하지 않으므로 감사가 적절하게 수행되지 않을 위험이 있지만 아직까지 이러한 문제가 이슈화되지 않았다.

공공기관의 외부감사제도는 민간기업의 외부감사제도에 비해서 복잡한 이슈가 더 많다. 일단, 민간의 외부감사제도에 있어서는 회계정보의 이용자가 시장이기 때문에 또한 외감법에 의해서 감사가 진행되기 때문에 분식회계와 부실감사에 대해서는 시장 mechanism에 의해서 소송이 진행되거나 감독기관에 의해서 기업, 회계법인이나 개인 공인회계사가 제재를 받게 된다. 물론 감사인에 대해서는 일반 투자자나 피감기업이 소송을 제기할 수 있다. 피감기업이 소송을 제기하는 경우는 chapter 4에서의 코오롱의 사례가 있다. 투자자들이 감사받은 재무제표에 근거하여 투자활동을 수행하므로 이는 당연한 결과이다. 일반 기업의 경우 CEO나 회계담당 임원이 적절하지 않은 회계정보에 대해서 책임을 지는 것을 보게 되지만 공공기관에 대해서는 이러한 경우를 거의 접할 수 없다.

그러나 공공기관의 재무제표 포함 외부감사는 그 이용자가 누구인지가 명확하지 않다. 단, 이러한 재무제표 또는 외부감사가 잘못될 경우, 공공기관에 있어서 적절하지 않은 회계정보에 의해서 그 피해가 국민에게 가는 것은 명확하다.

감사원에서 공공기관에 대한 업무 및 회계에 관해서는 업무감사 및 회계감사 권한이 있으므로 공공기관에 대해서도 감독이 수행되기는 하지만 재무제표가 적절하지 않다고 해서 또는 감사가 적절히 수행되지 않았다고 해서 제재를 받는 경우는 드물다. 반면에 외감대상 기업에 대해서는 상장기업은 금감원이, 비상장 기업은 한국공인회계사회가 감리를 수행하는데 공공기관의 외부감사에 대해서는 이와 같이 체계적이고 전문적인 monitoring이 진행되지 않는다. 또한 동시에 감사인에 대한 품질관리감리도 진행이 된다.

준 정부기관인 감독원이 공공기관의 감사에 대해서 개입하는 것이 불가하다면 한국공인회계사가 감리를 수행하는 법적인 요건을 갖추어 공공기관에 대해서도 이러한 방향으로 monitoring을 진행할 수도 있다.

공공기관은 공적인 성격을 갖기 때문에 자유수임제도에 대해 예외적인 완전배정제를 시행할 수도 있다. 그러나 민간기업에 대해서 감독기관이 감사인을 지정하는 것과는 달리, 공공기관에 대해서는 정부 총체적으로는 기획재정부가 통제의 권한을 갖지만 각 개별적으로는 각각 별도의 정부기관에 의해서 통제를 받는다. 예를 들어 LH공사는 국토부에 의해서 통제를 받기 때문에 배정제가 시행된다고 해도 배정 업무를 기재부가 수행해야 하는지 국토부가 수행해야 하는지도 이슈가 될 것이다.

감사인선임 과정도 민간에서의 경우와 같이 여러 가지 복잡한 이슈가 있는데 일단 감사위원회나 감사인 선임위원회에 의해서 적법하게 감사인이 선임된다고 해도 감사위원회나 감사인선임위원회 활동을 하는 사외이사가 공공기관일 경우는 거의 대부분 정치적이나 정권 차원에서의 관계에 의해서 선임된 경우가 다수이므로 이들이 전문성과 독립성을 겸비한 인사인지에 대한 원천적인 이슈도 있다.

즉, 공공기관의 외부 감사의 이슈는 공공기관의 지배구조의 이슈와도 맞물린다.

공공기관에는 감사라는 직책이 있으며 사장 다음의 사내 서열 두 번째의 직책이다. 물론, 사외이사도 그러하지만 감사라는 직이 정치권 인사가 임명되는 문제가 있다. 금융기관에도 적임의 상법상의 감사를 찾는 것도 쉽지 않고 또 이 경우도 감독원, 감사원에서 낙하산으로 임명되는 경우가 있어서 이러한 문제를 갖는 감사 제도를 두기보다는 감사위원회가 더 우월한 제도라는 주장도 있지만 사외이사제도 또는 감사위원회 제도에 대한 비판도 많다.

Chapter 5에서는 EU에서 복수로 주총에 감사인을 추천하는 대안이 기술되었는데 공공기관은 주총이라는 것이 존재할 수 없으며 공공기관에는 정부 이외에는 주인이 명확하지 않다는 점도 문제를 복잡하게 만든다. 물론 공공기관 중, 한전과 가스공사는 상장기업이다.

24개 공공기관은 상장기업/금융기관과 같이 2011년까지 IFRS를 도입하도록 되어 있고 그 이외의 100여 개 기관은 2013년까지 IFRS를 도입하도록 되어 있다. 공공기관에 IFRS 도입이 결정되는 시점에도 상장기업의 IFRS 도입은 해외 자본시장에서 자본조달 등의 정당화할 수 있는 이유가 있지만 공공기관은 해외 자본을 조달하는 기회도 많지 않은데 어떠한 이유에서 IFRS가 도입되어야 하는지에 대한 원천적인 비판도 있었다.

공공기관으로 지정된 경우라도 완전히 정부가 지분을 갖는 경우도 있지만 한국거래소와 같이 지분은 민간기관들이 갖고 있는데 공공성을 갖는 거래소의 성격상 공공기관으로 지정된 경우가 있어서 상황은 모두 다를 것이다.

현 법체제하에서 감사인이나 개인 공인회계사에 대한 제재가 가능하지 않다면 유일하게 남는 제재는 기업의 회계담당 임원에 대한 제재이며 이러한 제재는 실효성이 클 수 있다. 이러한 책임을 묻는 과정에서 통제가 적절히 수행될 수 있다.

특히나 공공기관의 감사는 대통령이 임명하도록 되어 있어서 이러한 감사의 선임이 정치적인 이유 때문이라는 비판을 할 수는 있지만 이 임명과정에 하자가 있다고 주장하기는 어렵다.

내부감사 기능의 역할은 민간기업에서는 여러 가지 이슈가 있다. 미국의 내부감사인협회(Institute of Internal Auditor)에서는 내부감사도 외부감사인과 동일하게 외관적으로 또한 실질적으로 독립적이어야 한다고 규정하고 있으며 내부감사의 任免은 감사위원회가 설치된 기업일 경우는 CEO가 독단적으로 수행할 수 없으며 감사위원회의 승인을 득해야 한다고 규정되어 있다.

그러나 내부감사도 기업 내의 직원이기 때문에 어느 정도 이상의 역할을 기대하기 어려우며 신분상으로도 CEO의 통제하에 있기 때문에 그 역할 자체가 제한적일 수밖에 없다. 또한 언제까지나 내부감사 업무에만 종사할 것도 아니다. 외부감사인은 감사계약이 종료되면서 회사와의 관계가 단절되지만 내부감사는 그렇지 않기 때문에 그들의 자유도(degree of freedom)가 높지 않다. 공공기관의 내부감사기능은 회계보다는 업무감사에 치우칠 가능성이 높다.

특히나 내부자 고발(whistle blower) 또는 내부 제보 등을 동료직원에 대한 배신이라고 곱지 않게 보는 우리의 문화적인 요인 때문에 내부감사라는 업무가 생각보다 힘든 기업 내의 영역일 수 있다.

비영리기관에도 거의 동일한 이슈가 발생한다. 특히나 비영리기관의 회계 포함 경영이 투명하게 진행되는지를 누군가가 확인해야 하는데 국제적인 비영리기관 감시기구인 가이드스타가 한국에서도 한국 가이드스타로 이러한 역할을 수행하고 있으며 이들의 더 많은 활동이 기대된다.

43 chapter

상법개정안

2012년 4월 15일부터 적용되는 상법 개정안에 의해서 주주총회가 아니고 이사회가 재무제표를 확정할 수 있도록 변경되었다. 이와 관련하여서는 2002년, 2003년 SOX 이후에 통칭 회계 개혁법안이라는 외감법, 공인회계사법 등이 개정되던 시점에도 이에 대한 고민을 감독기관이 수행하였다. 당시 재무제표 확정을 이사회가 수행하는 대안의 장점으로는 다음 내용이 인용되었다. 즉, 다음의 내용은 재무제표 확정이 주총에서 수행될 경우의 단점이다.

사업보고서 등의 제출시한이 지연됨으로써 시장으로의 정보 흐름이 늦어지고 시장의 정보효율성이 낮아진다. 또한 재무제표상 허위기재 등이 발견된 경우에도 수정 재무제표의 공시가 곤란하여 차기 주총까지 잘못된 재무제표가 통용된다.

단, 이사회에서 재무제표를 확정한다는 것은 배당의 의사결정도 이사회가 수행하는 것이므로 주식회사의 '주주 중심 경영'이라는 대원칙에서 벗어나는 의사결정이다. 단, 이사회에서 재무제표를 확정하는 절차는 정관을 개정하여야 하며 정관 개정은 주주총회 의사결정 사안이므로 이러한 위임을 하는 의사결정은 궁극적으로 주주들의 몫이며 이렇게 접근한다면 주주 중심 경영의 원칙에 대한 위배는 아닐 수 있다.

단, 이러한 정관의 개정은 정관 개정 당시 주주의 의사만을 반영한 것이라는 반론도 가능하겠으나 계속기업의 원칙이나 기업의 연속성 등을 생각한다면 크게 문제가 되지 않는다. 그리고 정관은 주총에서 언제나 개정이 가능하다.

재무제표와 관련되어서는 이사회 내에 감사위원회가 전문성을 가지고 안건을 이사회에 상정하므로 감사위원회의 전원 동의로 확정된 경우에 대해서만 이사회가 재무제표를 확정할 수 있다. 또한 외부감사인의 감사의견이 적정으로 표명됨을 전제로 한다. 이렇게 진행할 경우, 이러한 의사결정에 대한 내부통제도 동시에 진행되는 것이다. 감사위원회의 전원 동의와 감사의견 적정의견은 최소한의 안전장치라고 판단된다.

금번 상법 개정안의 큰 내용 변화는 미실현이익이 배당 가능이익의 범주에서 제외되었다. 즉, 배당한도는 다음과 같다(법 §462① 및 영 §19, 부칙 §6).

배당 한도＝순자산액－자본금－자본준비금－이익잉여금－미실현이익

IFRS도입으로 유가증권, 유형, 무형자산 등에 대한 공정가치 평가가 확대되며 시행령에서는 미실현이익은 회계원칙에 따른 자산 및 부채의 평가로 인하여 증가된 재무상태표의 순자산가액으로 규정하고 있으며 미실현손실과 상계할 수 없다. 미실현이익이 사외유출되지 않음으로써 회사의 자본충실성이 제고되고 또한 선택적으로 자산 및 부채를 공정가치로 회계처리한 회사와 그렇지 않은 회사간 배당가능이익 계산시 형평성을 유지할 수 있게 된다.

결 언

인생은 계속 도전할 때 살 맛이 난다. 교수로서 가장 의미 있는 일이 제자를 배출하며, 좋은 저술과 연구 업적을 남기는 것이다. 또한 사회에 보탬이 되는 봉사활동을 할 수도 있다. 저술은 연구와는 달리 한 영역을 개척하고 정리하는 의미를 갖는다. 본 저술의 이전 판이라고 할 수 있는, "회계감사 이론, 제도 및 적용"이라는 책의 결언에서 이 저술의 개정을 계획하였으나 확신은 없었다. 거의 6년 만에 관련된 주제로 저술을 출간할 수 있어서 또한 3년 만에 신간을 출간할 수 있어서 무척이나 기쁘다. 본 저술에 포함된 모든 잘못은 저자의 책임이다. 특히나 법적인 지식과 회계 이외의 금융과 관련된 지식이 부족하여 많은 조언을 받았지만 부족한 부분이 많다.

저술은 논문에 비해서 장기 프로젝트이다. 지난 3년 동안 지속적으로 이 작업을 성공적으로 마칠 수 있을지에 대한 부담이 있었으며 특히 단독 저자로 진행하여서 내 자신을 계속 동기부여 했어야 했다. 무엇인가를 성취한다는 것은 매우 기쁜 일이다. 학교에서 학생을 가르치는 한 계속 깨어 있고 의미 있는 일을 지속하고 싶으며 지적 호기심을 유지하고 싶다.

앞으로도 회계제도/정책과 관련되어 새로운 내용의 전개 및 발전은 계속적으로 현재 진행형일 것이다. 시간과 에너지가 닿는 한 내용을 계속적으로 update 하여 개정판을 내거나 새로운 저술을 하고 싶다. 학술서적의 저술은 교과서의 저술과는 차이가 있다. 제한된 독자이기는 하지만 이들이 갖는 의문점을 본 저술이 다소간 해결해 줄 수 있다면 나름대로의 목적을 성취한다고 판단하며 의미가 있는 일이다.

좋은 직장에서 근무할 수 있으니 학생, 주위 분들께 항상 감사한다.

참고문헌

경향닷컴. 2008.12.30. 금융위 추진 '회계처리 개선안' 부작용 우려…

고종권, 전규안. 2005.4. 감사인의 손해배상책임한계에 관한 연구. 한국회계학회 심포지움 자료.

국민일보. 2010.11.10. 코스닥사 상장폐지 이대로 좋은가.

금융감독원. 2010.2.10. 금융지주사의 자회사 통제 강화. 준법감시인 선임 의무화.

금융감독원. 2010.11.18. 신용평가회사 비교공시시스템 구축. http://www.fss.or.kr /http://www.kofia.or.kr

금융위원회. 2011.10. 회계서비스 산업 선진화 방안.

김화진. 2009.5.13. 증권집단소송 어떻게 대응하나 수시공시 잘못해도 집단소송 대상. 매경이코노미.

김화진. 2012.3.21. 이사책임제한제에 대한 몇가지 오해. 한국경제신문.

매경이코노미. 2010.8.15. 재계 마일리지 마케팅 긴급점검 국제회계기준 도입 후 부채비율 높아질 수도.

매경이코노미. 2011.4.13. 뒷북치는 신용평가사. 과점체제, 정보 수집력 한계가 원인.

매경이코노미. 2011.6.8. 전략적투자자(SI)가 꼭 알아야 하는 IFRS. '50%+1주'라도 자회사 편입 장담 못해. 정준희.

매경이코노미. 2011.6.15. 주식=자본 공식을 버려라. 정준희.

매경이코노미. 2012.2.15. 한국거래소 직무유기 비난 빗발.

매일경제신문. 2002.3.18. 금감원. 5-6사 배당금환수 여부 검토.

매일경제신문. 2003.4.21. 결산기 변경사 실적 착시 주의.

매일경제신문. 2004.3.23. 백화점 회계기준 또 바뀌 총 판매액을 매출액으로.

매일경제신문. 2004.9.16. 캐피탈그룹엔 달려가 IR 개인투자자엔 꼭꼭 숨겨. 공시위반 아닌가?

매일경제신문. 2005.12.27. 신격호회장, 일부 계열사 등기 이사 사임. 지분법때문? 승계 준비?

매일경제신문. 2006.2.14. 스톡옵션 기준 바뀌 140억 손해.

매일경제신문. 2006.2.28. 산은, 한전 주식 회계처리 논란.

매일경제신문. 2006.6.16. 일 회계법인이 미 감독받는 사연.

매일경제신문. 2006.8.18. 은행 부동산 수익증권 회계논란.

매일경제신문. 2006.9.27. 미공개정보 이용금지 대상자확대. 회계법무 법인도 적용대상 포함.

매일경제신문. 2006.10.4. 이중대표소송제 내년 하반기 시행.

매일경제신문. 2006.10.31. 대형 로펌 유한회사 전환 외면 회계처리 까다롭고 법인세 부담 크다.

매일경제신문. 2006.11.9. 분기보고서가 회계부정 조장. 세계 4대 회계법인 제도개선 촉구.

매일경제신문. 2007.4.3. 미 골리앗 회계법인 로펌과 힘겨운 싸움.

매일경제신문. 2007.7.28. 태평양 유한책임 법무법인 첫 인가. 국내 로펌 대형화 신호탄.

매일경제신문. 2007.9.12. 상법개정안 국무회의 통과. 이르면 내년 시행. 이사회서 배당 결정 가능..

매일경제신문. 2007.9.17. 은행이 사들인 CP 투자냐 대출이냐. 금감원, 회계기준 위반 결론 내린 듯 … 은행권 이견. 금감원, '회계기준 위반' 결론 내릴 듯.

매일경제신문, 2008.7.4. 금감원 휴대폰 보조금 자산처리도 가능. KTF, SKT 주가에 큰 영향 없어.

매일경제신문. 2008.8.22. 주가조작 부당이득 모두 내놔야 금융위 검찰에 먼저 고발하는 긴급조치권 신설.

매일경제신문. 2008.9.8. 이상한 조선회계 혼란만 가중.

매일경제신문. 2008.11.25. 임대주택사업 회계기준 잘못됐다. 회계학회 '임대 보증금 부채로 분류해 사업 위축' 지적.

매일경제신문. 2008.12.8. DART에 기업 고해성사 숨어있다.

매일경제신문. 2008.12.19. 회계기준 바꿔 기업들 환평가손실 줄여준다.

매일경제신문. 2008.12.19. 비상장 6월30일 환율로 결산 허용.

매일경제신문. 2008.12.20. 자산재평가해도 세금 안 낸다. 재평가 후 기업 매각할 때만 부과.

매일경제신문. 2008.12.23. 새 회계기준 대차대조표 어떻게 바뀌나.

매일경제신문. 2009.3.7. 2월 배임, 횡령공시 0 진짜?

매일경제신문. 2009.3.17. 회계법인 실수로 대교 순이익 부풀려져.

매일경제신문. 2009.7.14. 환위험 회피 회계 결국 부메랑되나.

매일경제신문. 2009.7.18. 퇴출대상기업 공시 의무 없다고?

매일경제신문. 2009.9.17. 기업 구조조정 평가기준 개선. 부채비율에서 현금 흐름 중심으로.

매일경제신문. 2009.11.2. 경영지배인 주총서 선임.

매일경제신문. 2009.11.26. IFRS도입 수협 출자금 신경전. 수협 BIS 비율 급락 우려 예보 결손금 해소 먼저.

매일경제신문. 2010.3.12. 회계감사인 위협땐 형사처벌.

매일경제신문. 2010.3.12. IFRS 도입시 리스사 수익 악화 우려.

매일경제신문. 2010.3.29. 우회상장 예정사도 외부감사.

매일경제신문. 2010.4.6. IFRS 때문에 자회사 합병 바람. 회계처리 복잡하고 실익 적은 탓.

매일경제신문. 2010.4.10. IFRS 도입 따른 토지 건물 등 재평가 놓고 영역 다툼 감정평가가 vs 회계사소송비화.

매일경제신문. 2010.4.20. 분식회계 악용 CD 커넥션 적발.
매일경제신문. 2010.4.21. 회계법인 감사보고서 못 믿겠네. '적정의견' 반년새 '의견거절' 뒤집기도.
매일경제신문. 2010.4.22. 부실회계 망령 또 월가 엄습. 부채를 자본으로 둔갑시킨 편법 리포거래 뇌관될 수도. 환매조건부채권.
매일경제신문. 2010.5.15. 미 민주당 신용평가사 지정제 추진.
매일경제신문. 2010.5.20. 삼정 KPMG, 한영 E&Y와 합병 검토.
매일경제신문. 2010.6.10. 실적예측 불성실공시 코스닥 3개사 매매정지.
매일경제신문. 2010.6.17. 준법감시인, 감사와 동급으로 역할 강화. 일각에선 '낙하산 자리 늘리기 꼼수' 지적도.
매일경제신문. 2010.6.24. 이사회 사외이사 과반 의무화, 감사위 전원 사외이사로 구성, 지배구조개선안 금융사들 반발.
매일경제신문. 2010.6.30. IFRS 도입 기업 법인세 2013년까지 안 늘어난다.
매일경제신문. 2010.7.8. 상장폐지 개선 기간 후 3곳, '기사회생'
매일경제신문. 2010.7.19. IFRS로 모자 회사 감사인 다를 땐 혼선. LG 두산 회계감사 통일 논란.
매일경제신문. 2010.7.27. 애널리스트 이력 보고 투자를 금투협 홈피에 성명, 나이, 근무연한 등 공개키로.
매일경제신문. 2010.7.30. 조선사 IFRS 도입해도 부채비율 안 늘어.
매일경제신문. 2010.8.17. 6개 상장사 반기보고서 미제출
매일경제신문. 2010.8.20. 감정평가법인 옥석 가린다.
매일경제신문. 2010.8.24. 금감원 ELS 예상 손실 공개 바람직. IBK 증권, 판매상품 손실 전망치 공개에 업계 논란.
매일경제신문. 2010.9.9. 감사 의견거절 상장사 3년만에 3.5배.
매일경제신문. 2010.9.20. SEC, 금융회사 윈도드레싱 차단.
매일경제신문. 2010.10.16. 회계법인 FTA서 먹을거리 찾는다.
매일경제신문. 2010.12.20. 기업수사 단골 배임.
매일경제신문. 2010.12.17. 케이엔디티(6월상장 새내기주) 분식회계설 진실은.
매일경제신문. 2010.12.18. 원전 관련주 케이엔디티 분식회계 부인에도 급락.
매일경제신문. 2010.12.31. 신평사 신용등급 상향 주가상승 신호탄인가?
매일경제신문. 2011.1.6. IFRS 도입 110조 법인자금 '꿈틀'
매일경제신문. 2011.1.27. 대한해운 법정관리 후 '투기등급'으로 또 뒷북 경고, 신용평가사 신뢰도 날개 없는 추락.
매일경제신문. 2011.3.23. 비상장사 공시 위반 삼성이 최다.
매일경제신문. 2011.4.4. 현대차, 기아차와 '딴살림' … IFRS 결산 연결대상서 제외.

매일경제신문. 2011.4.6. 국민연금, KB금융지주 최대주주로 M&A 백기사냐 관치금융 부활이냐.

매일경제신문. 2011.4.14. 농심 빠진 농심홀딩스?

매일경제신문. 2011.4.30. 코스닥 투자요주의종목 33개 지정.

매일경제신문, 2011.5.6. 검-금융위, 금융범죄 조사권 힘겨루기?

매일경제신문. 2011.6.7. 코스닥 소속부제 한 달 시행해 보니. 투자주의 종목 오르고 우량기업은 하락.

매일경제. 2011.6.9. 하이닉스 인수가능성 열어 둔 현대중. '1개월 이내 또는 구체 내용 확정되면 공시하겠다.'

매일경제신문. 2011.7.1. 대기업 MRO 내부거래 공시 강화.

매일경제신문. 2011.7.6. 준법지원인 대상 기업 20일 결정. 재계 '자산 5조 이상이 적당' 법조 '1000억 이상으로 해야'

매일경제신문. 2011.7.7. 금융위 '외국 상장사 국내등록 회계법인서 감사' 회계감사 한-중 충돌.

매일경제신문. 2011.7.7. 하이닉스 인수 SK, STX 2파전되나. 두 회사 모두 참여 가능성 열어둬.

매일경제신문. 2011.7.11. 기륭전자 등 8개사, 실적예측 불성실공시 법인.

매일경제신문. 2011.7.20. 부실상장 중국고섬의 집단소송은 예고된 사건. 대표 주간사 대우증권 부실실사 논란.

매일경제신문. 2011.7.22. 특수관계자 범위. 대법 전원합의체 판결.

매일경제신문. 2011.7.22. 유회원씨 전 론스타 대표 구속. 론스타 외환은 대주주 자격 박탈될까.

매일경제신문. 2011.7.28. 파생거래정보 빼내 매매하면 형사처벌.

매일경제신문. 2011.8.2. 상장사 30% IFRS에 우발채무 기재 안해. 금감원 1분기 보고서 점검.

매일경제신문. 2011.9.19. 패하면 천문학적 배상금액 … 공시 정보도 제한적. 상장사 국제소송 확인하고 투자를.

매일경제신문. 2011.9.22. 저축은 회계감사 부실 왜 못 끊나.

매일경제신문. 2011.9.28. S&P 부실평가 민사소송 위기.

매일경제신문. 2011.10.1. 자본시장법 위반 과징금 31%는 체납.

매일경제신문. 2011.10.1. 상장사 결산일 환율에 희비 갈려.

매일경제신문. 2011.10.6. 행안부-금감원 공동으로 새마을금고 특별검사한다.

매일경제신문. 2011.10.11. 골프장 회원권 회계 93% 오류.

매일경제신문. 2011.10.15. 내부자 거래 제재 너무도 다른 잣대. 한국은 솜방망이 처벌. 미는 징역 11년 형 응징.

매일경제신문. 2011.10.18. 미공개정보 이용, 처벌 범위 넓힌다. 자본시장법 개정안 탄력

매일경제신문. 2011.10.25. 현대車 불성실공시 논란. 두달 전 본지 보도 땐 녹십자생명 인수계획 없다더니.

매일경제신문. 2011.10.28. 너무 다른 한미 내부자거래 처벌.

매일경제신문. 2011.11.1. 불공정거래 조사 중인 내용도 공개.

매일경제신문. 2011.11.2. 분식회계 지시한 오너도 처벌. 금융위 회계 선진화 방안.

매일경제신문. 2011.11.3. 빅4 회계법인 빼면 소송 한방에 회사 거덜날 수 있다.

매일경제신문. 2011.11.5. 횡령, 주가조작 위해 고의로 공시규정 위반 땐 대주주 대표이사도 형사처벌.

매일경제신문. 2011.11.8. 자본시장 교란 '과징금 강화' 무산.

매일경제신문. 2011.11.17. 신평사 상대 소송 길 열려. EU, 투자자 부당 손실 배상제도 마련.

매일경제신문. 2011.12.1. 하루 전 매각 합의 왜 숨겼나?

매일경제신문. 2011.12.16. 보험 카드사도 대주주 자격심사 정례화.

매일경제신문. 2011.12.28. 계약 맺은 대기업 사외이사로 합동사무소 변호사도 못간다.

매일경제신문. 2011.12.30. SK그룹주 불성실법인 지정될 수도.

매일경제신문. 2012.1.5. 삼성금융계열사 모두 12월 결산.

매일경제신문. 2012.1.7. 영업이익 기준 없는 애매한 K-IFRS. 일회석 HDD 매각 차익 등 7,000억원 포함.

매일경제신문. 2012.1.10. 주가 조작해 챙겨도 벌금은 몇백만원 … 기소율 5% 불과. 금융범죄 처벌 '솜방망이'

매일경제신문. 2012.1.11. "감옥서 좀 살면 떼돈 …" 재범자 75% 초범 때 쉽게 풀려나.

매일경제신문. 2012.1.11. 법조계, 양형기준 강화 목소리. "사기죄보다 더 엄하게 처벌을"

매일경제신문. 2012.1.17. '금융사 징계' 민간 힘 세진다. 제재위 민간위원 과반수 이상.

매일경제신문. 2012.1.25. 당국, 자원개발주 공시 허점 악용 속수무책 "공시전 검증제 도입해야"

매일경제신문. 2012.1.25. 주가조작 '엄벌' 대법, 사기죄수준으로 강화 추진. 집행유예 가능성 크게 줄여.

매일경제신문. 2012.1.31. 주가조작 최고 징역 13년.

매일경제신문. 2012.2.2. 토종 신평사발 '크레디트쇼크'

매일경제신문. 2012.2.7. 사전 심의 평균 13일 걸리는데 한화는 0일 "상장폐지 심의기간 일괄 단축해야"

매일경제신문. 2012.2.8. 상장사 불성실공시 원천차단안 추진. 적발땐 경영자 강제 해임 … 임직원 기소 여부 검찰이 당국 통보.

매일경제신문. 2012.2.9. 작전세력 금감원 검찰 조사.

매일경제신문. 2012.2.14. 금감원 금융위서 독립한 증권수사 전담기구 시급.

매일경제신문. 2012.2.15. 대책 없는 대기업 불성실공시 막으려면 투자사 손배소 등 충격

요법 도입 필요.
매일경제신문. 2012.2.16. 한화 '1일 거래 정지' 처분받나.
매일경제신문. 2012.3.2. 현대차 한진 포스코 LS 이사 책임 앞다퉈 축소.
매일경제신문. 2012.3.15. 외국인 국민연금 '이사책임 축소' 제동 현대 건설 포스코 등에 불똥 튀나.
매일경제신문. 2012.3.16. LG화학 '겸직금지삭제' 투명성 역행.
매일경제신문. 2012.3.22. 국민연금, 횡령, 배임 1심부터 거부권.
머니투데이. 2005.9.23. 코오롱, 삼일회계법인에 216억배상청구.
머니투데이. 2008.4.16. 법에 없는 정체불명의 해결사, '경영지배인' M&A · 구조조정 전권 행사 … 회사법 · 상법에도 없는 '신종지위'
머니투데이. 2008.8.5. 정체불명 '경영지배인' 선임 제동.
머니투데이. 2008.8.20. 경영지배인 선임 사실상 불가능해진다. 금감원, 관련 공시 유의사항 통보.
머니투데이. 2008.8.20. 새회계기준도입, 충당금 늘어날 듯.
머니투데이. 2009.2.24. 자산재평가 숨기는 기업 많다.
머니투데이. 2010.5.7. 회계법인의 '오락가락' 감사.
머니투데이. 2010.5.13. 삼일 · 안진 '감사의견 거절' 최다상장폐지 62개사 중 23개사 '감사의견거절' 사유.
머니투데이. 2010.8.6. 주요그룹 연결회계 대상, 지분율 50%가 대세.
머니투데이. 2011.2.11. 위험회피회계 차감표시 불허에 국내 강력반발.
머니투데이. 2011.7.4. '독립채산' 회계법인, 상장사 감사 제한 추진 "독립채산제 회계법인 불이익 검토" … 8월 구체안 발표 예정.
머니투데이. 2011.11.15. 회계법인, 상장사 경영진 부정에 직접 조치 가능. 혐의사실 이사회에도 통보 … 2주 내 시정내용 알리지 않으면 증선위에 즉시 보고.
문화일보. 2008.5.10. 감사도 분식회계 대출 책임.
문화일보. 2010.9.13. 쌍용차 노조, 회계법인 고발.
문화일보. 2010.9.20. IFRS 대비… 당국, 대손준비금 제도 도입. 은행법 감독규정 변경 예고.
문화일보. 2010.11.1. 국제회계기준도입, 건설업계도 불똥. PF 지급보증도 부채로 잡혀 대출 불이익 불가피. 내년 적용 앞두고 PF 해소 부채 줄이기 안간힘.
문화일보. 2011.7.29. 펀드에도 신용등급 매기나. 법 개정안에 근거 마련 … '투자자 보호' vs '비용 증가' 팽팽
문화일보. 2011.10.10. 금감원 행안부 '새마을 금고 현황? … 몰라요.'
문화일보. 2011.10.20. 은행 고배당 억제책 올 안으로 마련할 것. 금감원 대손충당금 손질.
문화일보. 2012.2.7. 한화에 놀란 거래소, 재발방지 대책. "불성실 공시 경영진 책임 대폭 강화"

박경서. 2010.6. 은행 및 금융지주회사의 지배구조개선. 고려대학교 미게재 논문.
서울경제신문. 2004.3.14. 유통업계 회계기준 총 매출로 환원 추진.
서울경제신문. 2008.2.22. 외감법개정안 통과. 기관투자자－권한 책임 별개 적용 불합리 회계법인 '감사인 입증 책임은 과잉규제'.
서울경제신문. 2008.6.11. 이통사, 휴대폰 보조금 회계방식 신경전.
서울경제신문. 2008.11.26. 환율급등, 회계대란으로 번지나?
세정신문. 2008.1.15. 회계사 손해배상 무한연대책임제, 개정－제자리 걸음. 이성우 동아대 법대 교수, '현실과 괴리감 있는 법 조속 개정해야' 분식회계 저지른 회사 임원은 법적 부자력자－회계사에게 떠넘겨.
세정신문. 2011.4.14. 연결기준 증권신고서, 비재무적 사항도 '연결기준으로'
손성규. 2006. 회계감사이론, 제도 및 적용. 박영사.
손성규. 2007년 2월. 감사의뢰인과 감사인간의 감사계약서와 관련된 이견: 이론과 현황－배상책임 및 면책에 관한 사항을 중심으로. 상장. 상장자료실. 한국상장회사협의회: 70－79.
손성규. 2008년 12월. 미국 재무성의 회계감사에 대한 자문위원회 최종보고서(2008년 10월 6일) 요약. 월간 공인회계사. 특별기고. : 66－69.
손성규. 2009. 수시공시이론, 제도 및 정책. 박영사.
손성규. 2010년 7월. 감사인(법인) 책임, 개인 공인회계사책임. 월간공인회계사 이슈: 56－61.
손성규, 김성환. 2009.3. 조회 공시제도 변경에 따른 공시 유형의 변화. 회계저널: 135－160.
손성규, 이영한, 김태동. 2005. 계속기업 의문에 대한 감사인 의견 표명의 자체예언 실현효과. 회계저널: 169－190.
시사저널. 2008.12.16. 국민감정 상처 내는 엉터리 '감정'.
시사저널. 2011.3.8. 무과실, 의사가 입증해야 한다.
시사저널. 2011.5.3 등기임원 평균 보수 삼성이 단연 최고.
시사저널. 2011.6.9. 한국거래소 소속부제 개편 한 달. 불공정 공시 분식회계 횡령 배임 수백억 적자 … 이런 기업이 우량기업?
시사저널. 2012.1.17. KB 금융지주 회장, 연말 인사 통해 '경영 본색' 드러내 … "지주사 회장이 은행까지 좌우" 불만도.
시사저널. 2012.2.14. 한국 경영진은 직원의 18배 가져간다.
시사저널. 2012.4.24. 상장폐지기업들이 보인 공통 징후들.
아시아경제. 2008.12.16. 단기매매증권 재분류 회계처리 허용.
아시아경제. 2010.10.14. EU 회계법인 big 4 독점규제 나선다.
아시아경제. 2011.7.1. 헷갈리는 IFRS '실질지배력'.

아시아투데이. 2011.1.28. 상장폐지심사 고무줄 잣대. 전문 브로커 판쳐. 원칙 없는 졸속 판정 … 금융위 제도 개선도 미흡.

아주경제. 2010.12.23. 해운업계, IFRS '암초' 만나 … '대응 미숙했다' 자성론 일어.

아주경제. 2011.7.20. 금융당국, 기업공개 때 회계사 보증서 받는다.

sbs/cnbc. 2012.2.8. 시총 상위 100개 기업, 5년 이상 동일회계 회계법인 유지 기업 44%.

연합뉴스. 2011.4.4. "분기보고서 허위제출 외부감사법 위반 아니다"

오수근. 2010.11. IFRS 시행에 따른 감사환경의 변화와 내부감사의 법적책임. 상장회사협의회.

YTN. 2011.10.21. 중국 주식 투자해 수백억 대 피해 … 거래소·대리인 책임 공방.

이경태, 손성규, 최종원. 2007.3. 소송위험이 감사보수에 미치는 영향. 회계저널: 53-80.

이데일리. 2008.4.15. 증권선물위원회 위원장 권한 강화된다.

이데일리. 2008.10.10. 정부 '회계상 자본잠식' 조선사 살린다.

이데일리. 2008.10.16. 조선협회 '파생상품 손익, 주석으로 처리하자.'

이데일리. 2009.3.10. 주주 500명 이상 외감법인 사업보고서 비상.

이데일리. 2010.5.26. 화인경영회계법인 개명 뒤 새출발.

이데일리. 2011.3.30. IFRS 기준 필요적립액 넘으면 이익잉여금으로 적립 … 순이익 규모엔 영향 없어. 배당 가능 금액 축소 … 무수익자본 많아져 ROE도 하락.

이데일리. 2012.2.6. IPO때 증권신고서 재무정보 회계법인 확인 의무화.

이만우. 2011.9.26. 회계법인 본분은 감사다. 동아일보.

이상빈. 2012.2.1. 주가조작이 시장질서 무너뜨리는 주범. 매경이코노미.

이정조. 2011.1.26. IFRS 시대 '분기'감사 필요하다. 매경이코노미.

이창우, 고종권, 전규안. 2006.6. 감사인의 손해배상책임제한제도에 관한 연구. 회계저널: 1-30.

이창우, 이갑재, 정도진, 남혜정. 2010.12. 국제회계기준 도입에 따른 연결범위 및 연결내부 회계 관리제도에 관한 연구. 한국상장회사협의회 내부회계관리제도운영위원회.

이코노미스트, 2006.6.20. 상장사 과도한 공시부담 줄여야.

이코노미스트, 2006.6.20. 오너의 빠른 의사결정 앞으로는 어려워진다.

자본시장연구원, 금융위원회. 2012.2.9. 신용평가 제도 개선을 위한 정책세미나.

정광선, 김영호, 문형구. 1999. 한국형사외이사제도에 관한 연구. 한국상장회사협의회.

조선일보. 2006.12.25. 경영판단 존중의 원칙 도입 검토.

조선일보. 2008.10.15. 잘 나가는 조선업체, 회계 착시 때문에 속앓이.

조선일보. 2008.12.15. 환율아, 30일엔 제발 떨어져다오. 12월 30일 오후 3시가 결산기준.

조선일보. 2008.12.19. '은행 살리기' 20조 투입.

조선일보. 2009.11.11. 분식회계 잡는 비법? 직원 수 변동 확인하라.

조선일보. 2010.3.8. 전 대표이사 탓입니다. 궁색한 횡령, 배임 공시.

조선일보. 2010.5.25. 국제신용평가사 '호시절' 끝나나.

조선일보. 2010.7.20. 빈번한 자금 조달, 최대주주변경, 불성실공시 지정, 상장폐지로 가는 신호탄. 자격미달 기업 유치 '등급 장사' 의혹도.

조선일보. 2010.8.17. 기업 자산재평가는 주가 띄우기용 마법.

조선일보. 2010.12.10. 국제회계기준이 뭐기에 건설사들 지급 보증 거부 속출.

조선일보. 2011.5.3. '투자주의 환기종목' 무더기 하한가.

조선일보. 2011.7.16. 흥국화재 사외이사 5명 징계.

조선일보. 2011.8.4. IFRS 맞추려는 건설사들 … 개발업체가 죽는다.

조선일보. 2011.9.2. 한국기업데이터, 기업 신용등급 6단계 뻥튀기. 지급보증 해주던 건설사들 '우리 부채로 잡힌다' 거절. 돈줄 막혀 문 닫는 업체 속출.

조선일보. 2011.9.17. 퇴출 저축은행 누가 될까 … 운명의 1박 2일.

조선일보. 2011.10.15. 미, 내부자거래에 사상 최고형 … 한국법원은 집유 또는 또 집유.

조선일보. 2012.1.10. 증시 관련 범죄 10%도 적발 안돼.

조선일보. 2012.1.11. 인천 화성 천안시 수천억대 분식회계.

조선일보. 2012.1.11. 하나마나한 조회공시 … 투자자들도 덤덤.

조선일보. 2012.1.17. 모기업 배제한 기업신용평가 도입. 금융위 '독자신용등급' 추진.

조선일보. 2012.2.4. 한화 지주회사 주식거래 정지.

조선일보. 2012.2.6. "일부에선 기소만 돼도 상장폐지 심사 … 제도 자체에 문제"

조선일보. 2012.2.7. 대주주 횡령 배임 혐의로 기소되면 상장폐지 심사 대상되는 규정 유지.

조선일보, 2012.3.9. 박근혜 안철수 주 먹튀, 아저씨 3인방 잡았다.

조세일보. 2006.9.14. 감사인 부담 미 유럽 비해 너무 크다.

조세일보. 2006.10.19. 2000년 이후 분식회계 감사인 처벌 회계법인은 단 한 건뿐.

조세일보. 2008.5.21. '꿈을 현실로' 서태식 회계사회장 4년.

조세일보. 2009.6.23. 상환우선주, '부채'로 분류 … 세법은 '자본'

조세일보. 2010.3.3. 상장폐지기업 91%, 전년부터 '존속능력 의문' 제기.

조세일보. 2010.7.23. 회계업계, "외부감사 대상에 '매출액 기준' 넣어야" "종업원 기준은 실효성 부족, 고용정책 방향과도 역행".

조세일보. 2011.4.13. 상장사 회계감사인 독립성 규정 특수관계자까지 확대.

조세일보. 2011.6.10. 회계사회, '손해배상 비례책임제' 도입 추진.

조세일보. 2011.11.3. 업계 '환영', 기업 '울상', 학계 '반반' … '삼인삼색(三人三色)' 업계, "회계법인 규모 있어야 회계리스크 감당 가능", 기업, "비용부담 가중 … 내부정보 공개 부담스럽다" 학계, "시장 문제점 포괄 성과 … 세부규정 다듬어야".

조인스랜드. 2010.10.27. 건설사 국제회계기준 도입시 부채 11.6% 늘어날 전망 건설산업연구원, 33개 상장 건설사 설문조사.

중앙일보. 2008.9.5. 상장사 10곳 중 7곳, 시가총액 <자산가치>

중앙일보. 2008.10.8 환율 치솟아 평가손 눈덩이 … 조선업계 '회계착시' 속앓이.
중앙일보. 2008.11.8. '조선업계 회계 착시' 바로 잡는다.
최문원. 2011.1. Green paper에 대한 소견. 월간공인회계사. 26－27.
최종학. 2009. 숫자로 경영하라. 원앤원북스.
최현덕. 2010.10. 실질지배. 월간공인회계사: 24－32.
파이낸셜뉴스. 2006.3.18. 외부감사때 정부에서 '보수' 정해준다.
파이낸셜뉴스. 2006.8.29. 깐깐한 회계감사 피해보자. 결산법인 12월행 러시.
파이낸셜뉴스. 2008.10.6. 키코미실현손실 분할처리 검토.
파이낸셜뉴스. 2008.11.8. 파생상품 평가 회계처리 개선.
파이낸셜뉴스. 2010.5.23. 회계감사는 우회상장의 덫.
한겨레신문. 2006.3.6. "'고백하면 정말 봐주나요' '이번이 마지막 기회라니까' 집단소송제 유예 올해 말로 끝나".
한국경제신문. 2005.12.27. 신격호 롯데그룹회장, 지분법평가 번거로움 피하자. 7개 계열사 등기이사 내 놓는다.
한국경제신문. 2006.1.31. 모든 회계법인 금융사 감사 가능.
한국경제신문. 2006.2.2. 외부감사받는 중기 금리우대.
한국경제신문. 2006.3.4. 기아차 임원 '시차임기제'도입.
한국경제신문. 2006.5.18. LG카드 회계감사인이 신한서 인수자문? 산은, 신한 회계법인 바꿔라.
한국경제신문. 2006.8.8. 세계 4대 회계법인 점유율 끌어내려라. 영 보험협회 주장.
한국경제신문. 2006.11.21. 전경련 변협 '경영판단의 원칙'세미나.
한국경제신문. 2006.12.19. 손배소에 기업 맞소송 허용. 무분별 소송 막게.
한국경제신문. 2006.12.29. 미 경영진 보수공개 규정 완화. 스톡옵션은 행사된 것만 … 투자자 등 반발.
한국경제신문. 2007.5.14. 공시 안 하고 분기보고서로 '슬쩍' 얌체 실적 발표 꼼꼼히 챙기세요.
한국경제신문. 2007.7.28. 로펌들 유한회사로 안 바꾸는 까닭은 …
한국경제신문. 2008.1.5. 미기업들 회장 '따로' CEO '따로' S&P 500대 기업 중 36% 권력분화 논쟁 뜨거워.
한국경제신문. 2008.4.2. 한국타이어 '굴욕' 직장 폐쇄로 '한정'감사의견.
한국경제신문. 2008.5.27. 이번엔 KIKO(통화옵션상품) 회계처리 논란.
한국경제신문. 2008.7.29. 외부감사 6년마다 교체 2011년 폐지.
한국경제신문. 2008.10.27. 해운업도 회계기준 바꿔 달라.
한국경제신문. 2008.12.15. 기업 환차손, 연말 결산 때 반영 안 한다.
한국경제신문. 2009.5.21. 미, 기업지배구조 확 바꾼다. SEC, 소액 주주에 사외이사 지명권
한국경제신문. 2009.6.26. 성공보수조건 자산재평가 계약 못한다.

한국경제신문. 2009.7.27. 세금 적립금 폭탄 온다.

한국경제신문. 2009.10.27. 거래 관계 있는 회사 신용평가 금지. 금감원, 수익 10% 이상 기여 때 내부통제 기준 내년부터 시행.

한국경제신문. 2010.2.16. 회계사가 300억대 분식회계 '앞장' '상장폐지 막아 주겠다' 채권자 변호사 끌어들여 기획~실행 도맡아 처리.

한국경제신문. 2010.3.3. 대주주 벗기면 투자 못 살린다. 이만우.

한국경제신문. 2010.3.30. 정유업계, IFRS발 어닝 서프라이즈 온다.

한국경제신문. 2010.3.30. 부실감사회계법인들 '나 떨고 있니'

한국경제신문. 2010.4.13. IFRS 대손충당금 적립 새 기준 연내 제시.

한국경제신문. 2010.4.15. 퇴출기업 소액주주들 '집단행동'나섰다. 경영참여 움직임도 꾸준히 늘어.

한국경제신문. 2010.4.19. 한국조선업계의 외로운 IFRS 투쟁.

한국경제신문. 2010.4.22. '의견거절' 상장사 증자 CB 남발. 작년 1조 달해.

한국경제신문. 2010.4.26. 리스크 초점 맞춘 국제감사기준 도입.

한국경제신문. 2010.5.18. 글로벌 회계법인 KPMG, PWC 신용평가 사업 검토.

한국경제신문. 2010.5.19. 부실증권신고서 수리 거부할 것. 우회상장 유상증사 심사 강화.

한국경제신문. 2010.5.25. 신용등급쇼핑여전. 미 의회 개혁안 비웃는 신평사.

한국경제신문. 2010.5.28. 국내외 회계법인, 갈등 불씨 안고 '불안한 동거'

한국경제신문. 2010.6.10. 애널리스트 공시 아닌 空시. 분석보고서 홈피 링크로 대체. 초안서 대폭 후퇴 … 내달 말 시행.

한국경제신문. 2010.6.18. IFRS '재평가 모형' 꺼리는 까닭은.

한국경제신문. 2010.6.26. 경미한 공시위반, 제재금 내면 벌점 면제.

한국경제신문. 2010.7.1. IFRS 충격 없게 법인세법 고친다.

한국경제신문. 2010.7.9. 금감원 풋백옵션 손실 올 상반기부터 반영하라. 거래실질에 맞게 손실 적용해야. 기업 '수치화 모호한데 갑자기 반발'.

한국경제신문. 2010.7.9. 말 많은 구조조정 … 부채비율 '일방 잣대'가 문제.

한국경제신문. 2010.7.16. 삼정 '자회사 포함 땐 매출 2위?' 안진 '삼정 매출 중복 가능성'

한국경제신문. 2010.7.23. 금감원−거래소 '시간차공시' 논란. 실적공시 등 최대 2시간 차이. 정보공유도 안돼 투자자혼선.

한국경제신문. 2010.7.25. 경영진 바뀔 때마다 적자결산 '불문율'.

한국경제신문. 2010.7.30. 신용평가사 '기업정보' 교류 늘린다? 금감원, 협의 채널 만들기로.

한국경제신문. 2010.7.30. 조선사, IFRS 도입해도 부채비율 영향 없을 듯. IASB, 환헤지 특별 회계인정.

한국경제신문. 2010.8.15. 증시우회상장 문턱 높인다. 금감원지정 외부감사 받아야.

한국경제신문. 2010.8.16. 정정공시, 더 구체적으로 기재해야.

한국경제신문. 2010.8.17. 한경 반기감사 '의견거절' 기업속출.

한국경제신문. 2010.8.18. 스팩은 외부감사 지정에서 제외해야. 일각에선 '낙하산 자리 늘리기 꼼수' 지적도.

한국경제신문. 2010.12.10. IFRS 도입돼도 금융사 '대손충당금' 그대로 쌓여야. 대손충당금 대신 '대손준비금' 제도가 도입된다.

한국경제신문. 2010.12.29. 상장폐지 77곳 '비상장 출자'에 발목.

한국경제신문. 2011.1.11. 공적연금충당금, 정부부채제외논란. 재정부 2011 회계부터 적용

한국경제신문. 2011.1.19. 기업공개 '1~2월 장애물' 사라진다. 전 사업연도 감사보고서 최근 분기 재무제표로 대체.

한국경제신문. 2011.1.25. 코오롱, 삼일회계 '부실감사' 소송서 패소 확정.

한국경제신문. 2011.2.6. 법원 "비상장株 가치, 회계법인 평가 인정해야" "주총 등 정당절차 거쳤다면 우회상장 때 증여세 못 물려"

한국경제신문. 2011.2.7. 법원 "비상장株 가치, 회계법인 평가 인정해야" "주총 등 정당절차 거쳤다면 우회 상장 때 증여세 못 물려"

한국경제신문. 2011.2.10. 회계법인 big 4, 좀 나눠 먹읍시다.

한국경제신문. 2011.2.11. 취임 첫 해는 실적 부진. 금융 CEO의 빅배스.

한국경제신문. 2011.2.26. 이익 내는데 증자 계속하는 곳 주의.

한국경제신문. 2011.3.2. 뒷북 조정 신평사 못 믿겠다. 동양증권, 신용평가 '도전장'

한국경제신문. 2011.3.4. 5월부터 'IFRS 대혼란' PER 다시 계산해야.

한국경제신문. 2011.3.15. 하나금융도 외환노조도 결론 내라는데 … 눈치만 살피는 금융위원회.

한국경제신문. 2011.3.16. 산은지주, 지분 39% 대우증 '연결대상' 포함.

한국경제신문 2011.3.19. IFRS 앞둔 저축은, 자기자본비율 비상.

한국경제신문. 2011.3.25. '상장폐지 모면 브로커 있다' 소문이 사실로.

한국경제신문. 2011.4.7. 국민銀, 4천억 법인세 소송 '승소' 국민카드 합병 때 대손충당금 법원 "부당 회계처리 아니다".

한국경제신문. 2011.4.21. 금융은 자율규제 불가능. 욕먹더라도 관치 불가피.

한국경제신문. 2011.4.23. 대 신평사에 뿔난 EU "유럽 신용등급 매기지 말라" EU "오히려 위기 증폭" 사실상 퇴출 추진 … 신평사 "평가 중단 땐 투자받기 힘들 것" 으름장.

한국경제신문. 2011.4.30. 100여개 예상 투자주의 환기 종목 33개로 줄어 … 외압설 나돌아.

한국경제신문. 2011.5.4. 자회사 지분율 50% 안돼도 '실질지배력' 있으면 실적 연결.

한국경제신문. 2011.7.8. 우리투자증권, 독자적으로 회사채 신용평가.

한국경제신문. 2011.7.9. 증권사 임원 성과급 '오락가락 공시' 혼선.

한국경제신문. 2011.7.18. 서울 리조트 가치 과다 평가 감정원, 170억 배상하라.

한국경제신문. 2011.7.19. 은행, 대손충당금 더 쌓아 순이익 줄여라.

한국경제신문. 2011.9.3. 저축은, 금감원 경영진단 결과에 집단 반발.

한국경제신문. 2011.9.16. 저축은, 생존 몸부림 … 금융당국 '심사 끝났다'

한국경제신문. 2011.9.22. 자산 2조 이상 상장사로 준법지원인제 최소화를.

한국경제신문. 2011.9.30. 우회상장 규제에도 '뒷문 입성' 여전.

한국경제신문. 2011.9.30. 저축은 구조조정 '회계감사변수'

한국경제신문. 2011.10.7. 정부부처 살림살이 회계법인이 감사. 감사원 결산 감사에 참여.

한국경제신문. 2011.10.7. 골프장 회원권, 예탁금반환권 금융상품으로 회계처리해야.

한국경제신문. 2011.10.24. 거래소 '공모가 낮추기' 논란. "시장 활성화" vs "월권 행위"

한국경제신문. 2011.11.15. 금융당국 '뻥튀기 신용평가' 대수술.

한국경제신문. 2011.12.2. 하이마트 매각결정 뒤늦게 발표 … 주가하락 막기 '꼼수'

한국경제신문. 2011.12.16. 은행장 맘대로 부행장 임면 못한다.

한국경제신문. 2011.12.30. 경영진 연루 '불공정 거래' 크게 늘었다.

한국경제신문. 2012.1.9. '꼼수공시'에 속아 투자자 3조 날렸다.

한국경제신문. 2012.1.13. 국민은, 4,000억 법인세 소송 2심도 승소.

한국경제신문. 2012.1.30. 법무부, 증선위원 자리 요구에 주가 조작 과징금 무산.

한국경제신문. 2012.2.2. 금감원 "ELW 증권사 제재는 2심 판결 나온 뒤"

한국경제신문. 2012.2.2. 소니 왜 주저앉았나.

한국경제신문. 2012.2.6. 시총 3조 한화 거래정지 땐 메가톤급 파당, 긴급 진화.

한국경제신문. 2012.2.7. "주주에 사과" 한화, 긴급 이사회.

한국경제신문. 2012.2.10. "좋은 등급 주면 회사채 발행 평가 맡길게"

한국경제신문. 2012.2.28. 대형주에 '상장폐지 실질심사' 적용 혼란.

한국경제신문. 2012.3.7. 사외이사 겸직 줄인다. 상장사 사외이사 맡으면 무조건 2곳 제한.

한국경제신문. 2012.3.13. 불공정거래 과징금 부과 재추진.

한국경제신문, 2012.3.16. 대기업 계열사 '독자신용등급' 받아야.

한국경제신문. 2012.3.19. 금융 공정거래 소송 급증 … 경제학교수 몸값 '상승'

한국경제신문. 2012.4.4. '준법지원인' 자산 1조 이상 기업으로 축소.

한국경제연구원. 2011.12.13. 기업의 사내유보와 현금성 자산, 어떻게 볼 것인가.

한국공인회계사. 2008.3. 감사인에 대한 손해배상소송 관련 입증책임 개정안 국회 본회의 통과. 금융기관의 경우 원고 입증책임으로 환원. 공인회계사.

한국공인회계사회. 2004.12. 감사인 법적 책임의 문제점 및 배상책임제한제도 도입 방안. 손해배상책임제한제도입TFT.

한국기업평가. 2007.7. 복수평가제도 존폐여부에 대한 검토.

한국기업평가. 한국신용정보, 한국신용평가. 2001. 2. 신용평가사의 역할 재정립을 위한 건의사항.

한국보험신문. 2010.9.20. [내년 1월 1일부터 국제회계기준(IFRS) 적용]순조로운 도입 과정,

관련법규 개정 잇달아. 연결재무제표·정기보고서 작성 기준도 마련.
한국상장회사협의회. 감사보고서의 이용에 대한 사전 승인 및 검토 필요성에 대한 의견.
한국상장회사협의회. 2005.3. 상장회사 표준 외부감사계약서 개정(안) 주요논의사항.
한국상장회사협의회. 2009.7.22. 유가증권상장법인 소송 관련 공시현황.
한국상장회사협의회. 2010.12. 기업현장애로 규제개혁 과제.
한국일보. 2011.3.28. 회계법인도 내년부터 감사보고서 의무공시할 듯.
한국회계학회. 2008.12.15. ISA 세미나.
한국회계학회. 2009.4. 연결재무제표 작성상의 지배력 판단 심포지움.
한국회계학회. 2011.12.6. 상장법인 감사인 등록제도 도입을 위한 공청회.
황인태. 2010.12.8. 부채비율, 국제기준에 맞춰야. 중앙일보.
황인태, 강선민. 2007. Big4 감사품질의 우수성은 모든 규모의 기업에 적용되는가? 경영학회 발표 논문집.
황인태, 강선민. 2010. IFRS도입과 지정감사인제도. 한국회계학회 동계학술대회.
헤럴드뉴스. 2007.1.24. 회계결산 12월로 통일하자.
Berenbeim, R. 2004. Ethics Programs: The Role of the Board. Conference Board. "How to Prevent Corporate Corruption." Hills Governance Center Conference at Yonsei. University. Cadbury Report. 1992. *Financial Aspects of Corporate Governance*, London: Gee.
European Union, 2010.10. Green Paper. Audit Policy: Lessons from the Crisis.
Graham, J., C. Havey, and S. Rajgopal. 2005. The economic implications of corporate financial reporting. Journal of Accounting and Economics: 3-73.
Hampel Report. 1997. The Committee on Corporate Governance. Gee Publishing.
IASB. Financial Instruments: Replacement of IAS 39. Hedge Accounting-linked presentation for fair value hedges. Staff Paper. 2010.7.19
Institute of Internal Auditors. 2003. Research Opportunities in Internal Auditing.
International Integrated Reporting Committee, Integral http://www.theiirc.org.
Korea RCP(regulatory contact partners) group. 2006.9. Korea Public Policy Overview.
Levitt, A. 1998. "Numbers Game." New York University Speech.

찾아보기(국문)

찾아보기(영문)

저자소개: 손성규

[경력]
연세대학교 경영학과 졸업
University of California-Berkeley, MBA
Northwestern University, 회계학박사
뉴욕시립대학교 조교수
미국공인회계사
한국회계학회 상임간사
한국경영학회 상임이사
기획예산처 정부투자/산하기관 경영평가위원
한국전력 출자회사/발전자회사 평가위원
금융감독원 감리위원회 위원
한국회계학회 회계학연구 편집위원장
KT재무회계자문단위원
연세대학교 기획실 정책부실장
연세대학교 재무처장
연세대학교 감사실장
YBM시사닷컴 감사
롯데쇼핑 사외이사/감사위원
회계기준위원회 비상임위원
STX엔진 사외이사
한국거래소 유가증권시장 공시위원회 위원장
한국CFO협회 운영위원
한국회계학회 부회장
기획재정부 공공기관 국제회계기준 도입 자문단
현, 연세대학교 경영대학 교수
연세대학교 상남경영원장
금융위원회 증권선물위원회 비상임위원
서울의과학연구소(SCL)재단이사회 감사
하나로의료재단 이사
국가회계기준센터 자문위원

[보고서/용역]
기획재정부, 금융감독원, 한국공인회계사회, 코스닥증권시장, 상장회사협의회, 한국거래소, 한국회계기준원, 삼정회계법인, 아이에이치큐 등

[저서]
회계정보의 유용성. 권수영, 김문철, 최관, 한봉희와 공저. 신영사. 2판. 2010
회계감사이론, 제도 및 적용. 박영사. 2006
회계원리. 주인기, 이호영과 공저. 법문사. 10판. 2011
수시공시이론, 제도 및 정책. 박영사. 2009

[수상]
상경대학 우수업적 교수상
한국공인회계사회 최우수논문상
한국공인회계사회 우수논문상
한국경영학회 우수논문상
2008년 학술원 사회과학부문 우수도서 선정
2010년 학술원 사회과학부문 우수도서 선정

금융감독, 제도 및 정책 - 회계규제를 중심으로

2012년 6월 30일 초판인쇄
2012년 7월 10일 초판발행

저 자 손 성 규
발행인 안 종 만
발행처 (주)박영사
서울특별시 종로구 평동 13-31번지
전화 (733) 6771 FAX (736) 4818
등록 1959. 3. 11. 제300-1959-1호(倫)

저자와 협의하여 인지첩부를 생략함

www.pybook.co.kr e-mail: pys@pybook.co.kr

정 가 35,000원
ISBN 978-89-6454-271-2